中国期货市场发展理论探讨

China Futures Market Development Theory Discussion

常　清◎主编

中国发展出版社
CHINA DEVELOPMENT PRESS

图书在版编目（CIP）数据

中国期货市场发展理论探讨/常清主编．—北京：中国发展出版社，2017.9

ISBN 978－7－5177－0723－3

Ⅰ．①中…　Ⅱ．①常…　Ⅲ．①期货市场—研究—中国　Ⅳ．①F832.53

中国版本图书馆CIP数据核字（2017）第173885号

书　　　名：中国期货市场发展理论探讨
主　　　编：常　清
出 版 发 行：中国发展出版社
（北京市西城区百万庄大街16号8层　100037）
标 准 书 号：ISBN 978－7－5177－0723－3
经　销　者：各地新华书店
印　刷　者：北京明恒达印务有限公司
开　　　本：787mm×1092mm　1/16
印　　　张：37.25
字　　　数：900千字
版　　　次：2017年9月第1版
印　　　次：2017年9月第1次印刷
定　　　价：80.00元

联 系 电 话：（010）68990642　68990692
购 书 热 线：（010）68990682　68990686
网 络 订 购：http：//zgfzcbs.tmall.com//
网 购 电 话：（010）68990639　88333349
本 社 网 址：http：//www.develpress.com.cn
电 子 邮 件：271799043@qq.com

序言

改革开放的基本国策，使中华民族的崛起成为历史的必然。在伟大复兴的征程中，政通人和，百废俱兴。各行各业的仁人志士们都胸怀理想，脚踏实地，添砖加瓦式地为民族复兴而努力拼搏。新兴的期货行业更是在曲折的道路上勇攀高峰，期货人肩负着历史的使命在争议中负重前行，一步一个脚印地为民族的复兴做出自己应有的努力。

诞生于20世纪90年代的期货市场，肩负着完成国内商品价格改革的历史重任，在不断的质疑声中形成了国内商品的统一市场化的价格体系，实现了双轨合一的市场价格模式，使市场成为配置资源的基础，是我国经济体制改革最显著的成就。

我们这些期货市场的早期研究者在20世纪80年代后期就对我国的期货市场发展做出了明确的理论设计：第一阶段力争用3~5年的时间完成期货市场的试点工作；第二阶段在试点的基础上稳健地发展期货市场，充分地发挥期货市场的功能作用，与全面体制改革配套前行；第三阶段随着对外开放的不断发展，将中国的期货市场建设成为国际化的定价中心。

在期货市场建设的前两个阶段，主要是完成商品价格改革的历史任务。在此基础上，随着改革方方面面的深入，期货市场充分发挥其功能作用。期货市场的主要功能是形成时间序列的价格，从而形成合理的商品价格体系。近期的价格成为贸易的基准价，远期的价格将会调节资源的合理配置。从实践来看，虽然期货市场发展一波三折，但是顺利地完成了我国商品价格改革的任务，形成了市场化的商品定价体系，调节生产流通和消费，使市场成为配置资源的基础。

从1996年开始，我就提出将我国期货市场发展的目标调整为建成亚太时区的定价中心。当时最早的体制内期货市场研究设计机构今已不复存在，我也下海经商，自己扮演了一个孤独研究者的角色。正如古人所言："位卑未敢忘忧国。"虽人在江湖之远，却忧庙堂之高，我不断地勤奋研究，延续履行80年代对祖国和民族的承诺。

对于定价中心理论的研究，是我1996年以后研究的重点。最初的研究思考是欧美定价中心形成的历史条件和发展的历史规律，是历史实证性分析研究。围绕着这些问题我写成了《中国期货市场发展的战略研究》一书，在当时的期货研究当中没有引起大家的更多讨论，因为当时我国的期货市场在治理整顿，期货市场生死存亡的问题还在讨论。

为了引起管理者的关注，真实客观地认识期货市场的作用，在2000年之后我又理论结合实际地研究期货市场的国内统一定价功能，恢复期货市场在国民经济运行中的真实地位。由于我国是在计划经济体制的基础上进行改革的，大家对于市场价格体制的认识有一个过程，尤其是期货市场的价格随着供求关系的变化不断地变动，而它的变动将牵涉方方面面的利益，一定会引致人们的非议。

随着对定价中心理论研究的不断深入，我提出了时区分工和品种分工的观点，并根据世界经济发展的变化和我国期货市场建设的进度，为我国期货市场的发展找到更加切实可行的发展目标。在这期间，随着对大宗商品价格变化的追踪研究，我对期货市场在全球化条件下的新作用有了深刻的体会，例如期货市场在不同国家和民族之间进行财富分配的功能就是经济全球化以后衍生出的新功能。为此我对经济全球化条件下的定价中心的一系列重大理论问题进行了系统的研究，写了一系列文章，有一些文章还是科普性的，例如《我国期货市场成为亚洲定价中心有何好处》。

同时结合进出口的具体数据来不断地呼吁大家重视定价中心建设的问题，尤其是在2004年之后中国因素在全球的商品市场发酵，引致大宗商品价格创造历史性的涨势，给加工工业大国带来了灾难性的财富损失。这一阶段的研究可以算是结合我国实际情况研究定价中心的理论，也开始被有责任心的官员和理论界、实业界所接受，有许多青年才俊也对此命题进行了卓有成效的研究。

2005年我受聘于中国农业大学经济管理学院，教授期货投资方面的课程，在指导博士、硕士和MBA撰写论文的时候，我也充分调动大家研究的积极性，鼓励有兴趣的同学深入研究我所提出的定价中心的理论。同学们都结合自己的兴趣和工作写了许多优秀的论文，丰富了定价中心的理论，也拓展了对于期货市场功能作用的研究。本书主要收录了博士生论文的主要研究部分，同时将期货方向的硕士MBA同学的论文目录附后，供后来的研究者参阅，成为他们研究前行的垫脚石。

常　清

二〇一七年农历六月六日

目录

| 第一部分 |

定价中心：目标与挑战

第一章

我国橡胶期货国际定价影响力研究

中国已经成为铜、铁矿石、天然橡胶等矿产与工业原料的最大消费国，自进入21世纪以来，国际大宗商品价格剧烈波动。世界经济发展的历史表明，期货市场是全球大宗商品定价体系中的重要组成部分，并发挥着重要的作用。随着金融与经济全球化的发展，国际大宗商品贸易基本采用期货定价方式。一国期货市场价格的国际影响力，就决定了其在大宗商品定价中的话语权。因此，欧美发达市场经济国家非常重视期货市场的发展。

由于我国大宗商品的价格形成机制不合理，期货市场的建设不完善，企业对国际大宗商品市场的运行规则缺乏了解，参与国际价格形成的竞争意识不强，面对剧烈波动的大宗商品价格，作为全球最大的制造中心和大宗商品的最大买家，中国长期被国际大宗商品定价体系边缘化，在大宗商品国际贸易中屡屡受挫。

2004年，我国共进口原油1.23亿吨，因油价上涨，令我国为进口石油多支付了136亿美元，这个数字是2004年GDP总量的0.9%；2005年国内企业又因高价买石油多支付了150亿美元。2005年度的铁矿石涨价，也令我国多支付34亿美元。与此类似，2004年国内大批榨油企业进口大豆，因为“买涨不买落”，造成了所谓的“大豆风波”，进口大豆原材料成本急剧上升，对我国大豆榨油产业产生了毁灭性的打击。

可见，过去在世界范围内开始广泛显现的“影响因素”并没有真正成为主导世界经济增长的“定价力量”，在国际商品市场上，我国只能被动地接受国际市场上制定的价格，丝毫没有自己的话语权，而国内商品价格也是一直跟随国际市场上的价格走势，被人们冠以“影子市场”的称号。

一个需求大国在价格形成中没有相应的优势地位，缺乏任何话语权，在经济学上是解释不通的。欧美期货市场经历过漫长的历史成长期，一直都是区域化大宗商品价格形成机制中不可替代的成分。随着战后国际化和全球化程度的不断加深，欧美期货市场的国际化和成熟度使其国际定价中心的地位也稳步确立。中国商品期货市场已经有20多个期货品种，各品种之间发展不平衡，其中不乏一批运作相对成熟、具备一定发展潜力的品种，那么，针对我国争取国际定价话语权这一问题，哪个品种相对容易突破？该品种的国际定价影响力如何？决定其国际定价影响力的主导因素有哪些？如何进一步提升其定价影响力？这些关键问题都是我国争取大宗商品定价话语权的前提。

一、橡胶期货国际定价影响力的理论思考

（一）大宗商品期货定价的理论基础

1. 期货市场的完全竞争特性

期货市场中汇集了大量的买方和卖方，任何一个交易者都不能够控制市场，操纵期货价格。期货市场中交易的商品的品质、等级、规格、交割的时间、地点等均是由交易所事先确定的，商品是同质无差异的。交易者可以自由进出期货市场。信息是完全公开的，竞价交易是在公开、公平、公正的环境下进行的。

因此，期货市场是最为接近完全竞争市场的。期货市场的完全竞争特性，使其具有较高的市场效率，充分竞争所产生的期货价格也更为接近均衡价格，能够使大宗商品资源在各个微观部门得到有效配置，使市场机制的特点得到充分发挥。

2. 期货市场的主要功能

期货市场本身具有的特殊交易机制使其能够为经济提供价格发现与风险管理等方面的效益。期货市场的各种功能将其与现货市场紧密联系在一起，共同构成了现代商品市场体系。

如图 1.1 所示，现货参与者通过套期保值与期货市场产生直接联系，期货参与者以市场投机为目的成为现货套期保值者风险转移的对象，众多保值者和投机者的参与为交易融入大量信息，使得期货市场能够充分发挥其价格发现功能，并通过交易所向外发布价格信息，为分散的现货市场定价提供标准。期货市场的价格发现与风险管理功能相互作用，派生出信息传播功能，并最终形成现货市场依据期现价格之差（即基差）为商品定价的功能。

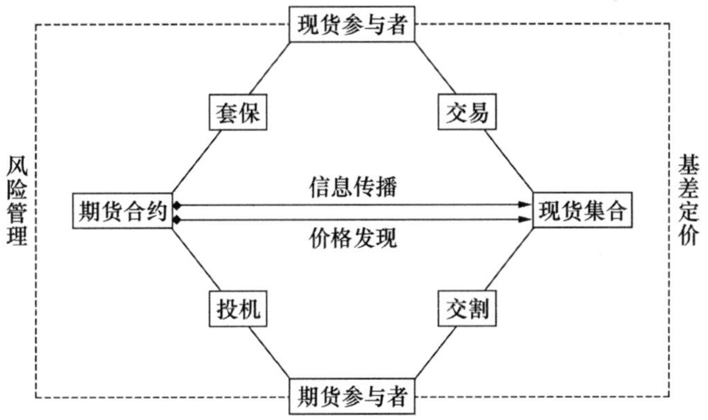

图 1.1　期货市场与现货市场的内在关系

3. 期货定价的制度安排

从 CBOT（芝加哥期货交易所）的产生过程可以看出，期货市场形成的最初动因源自粮食现货市场的价格风险。19 世纪中叶的美国，正处于工业化的进程中，规模经济下的大生产受到经济和技术原因的制约，生产不能间断，所以需要 3 个月到十几个月甚至几年的长期贸易方式，以求稳定生产经营。在产销矛盾突出的农产品领域，粮食生产的季节性和

周期性与仓储运输困境导致的价格波动给生产者、加工商及贸易商带来巨大损失，那么，规避价格波动风险所能增加的潜在利益，也就是制度经济学说中的“外部利润”就成为贸易方式创新的动力，而芝加哥的82位商人则是推进创新的初级行动团体。这样，期货市场的产生就是一个诱致性制度变迁的过程。图1.2描绘了贸易方式演变与期货市场产生的制度变迁过程。在CBOT创立之后，从远期合同交易到标准化合约的期货交易，再到国际定价中心的形成，这一制度安排的演进过程代表了制度绩效的不断提高。

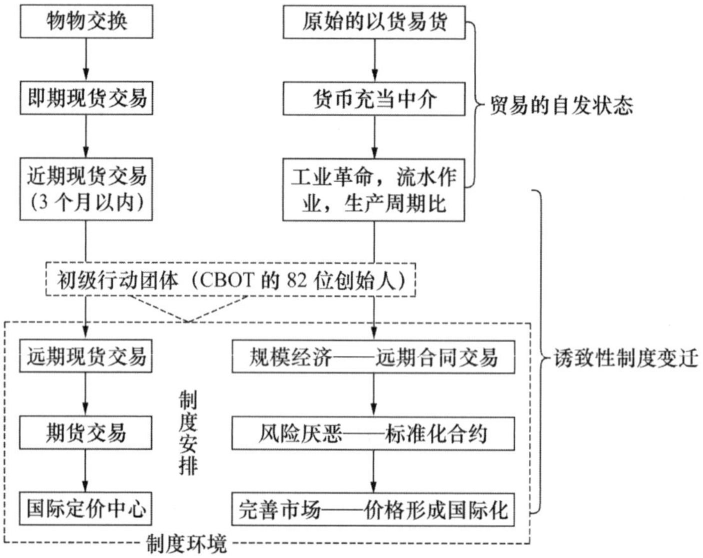

图1.2 贸易模式演变与期货市场产生、期货定价的制度安排

（二）国际定价中心的形成规律

1. 大宗商品国际定价中心的分布

随着全球期货期权市场的发展和基差交易机制的盛行，全球主要交易所的期货价格已经成为诸商品国际贸易的定价基准。这些期货交易所也被惯称为大宗商品的国际定价中心，例如，美国的CBOT是全球公认的农产品国际定价中心，英国的LME（伦敦金属交易所）是铜、铝、铅、锌等基本金属的定价中心，NYMEX（纽约商业交易所）和ICE（洲际交易所）则是国际能源定价中心（见图1.3）。这些交易所，尤其是CBOT和LME已经具有百年多的历史，它们的所在地曾经是大宗商品贸易的集散地，经过多年的发展演变，因其成熟而高效的运作机制，国内外交易者的广泛参与，逐渐成为大宗商品贸易中的价格权威。

2. 国际定价中心的特点

上述国际定价中心都形成于发达国家，说明期货市场的发展是由经济发展水平决定的。这些成为定价中心的交易所基本上都具备以下特点。

（1）成立时间较早，曾是现货贸易的集散地。

CBOT、NYMEX和LME都成立于19世纪，均具有百余年的历史，最晚的TOCOM（东京工业品交易所）橡胶期货上市距今也近60年了。这些交易所的所在地都曾是特定商品的贸易集散地。

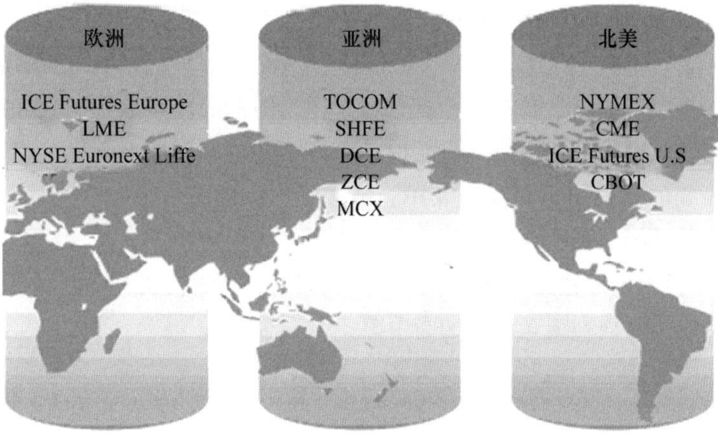

图 1.3　世界主要商品期货交易所

注：CBOT 于 2007 年 7 月 12 日与 CME 合并成为全球最大的衍生品交易所。

（2）参与者结构多样化，拥有现货背景的交易者和机构投资者居多。

在 LME，铜市场的参与者主要以铜生产商、消费商、贸易商、共同基金、对冲基金和投资银行等为主。客户群体多是机构投资者，散户参与更多的是以投资基金的方式。再看 CME（芝加哥商业交易所）和 CBOT（见图 1.4），其市场参与者也是以机构投资者为主，个人投资者比重不足 20%，期货自营商份额最大，占 34%，各种基金、银行、投资银行、企业占到 46%。这些机构投资者的广泛参与不仅扩大了交易所的规模，也是期货合约流动性充足的保障。

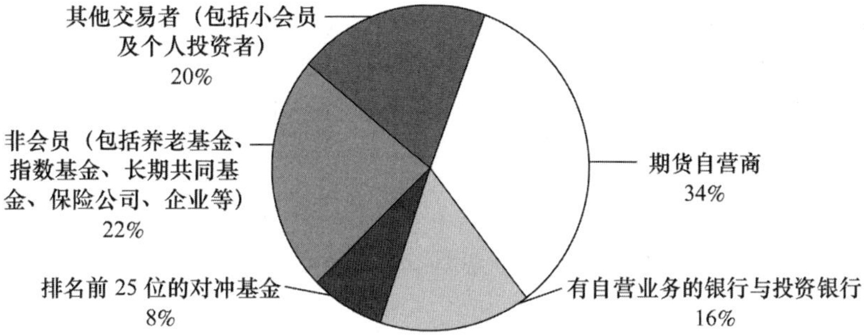

图 1.4　美国 CME 和 CBOT 的市场参与者构成

（3）国际化运作，交易突破了时区和地域限制，构建了全球市场。

LME 和 CME 等期货交易所已经构建了全球电子交易平台，实现了跨时区的连续交易，市场开放程度高，吸引全球各地的投资者参与。LME 的交割仓库分布于各大洲，至少在 12 个国家 42 个地区设立了交割仓库，这充分表明 LME 是个世界性的市场。IPE（伦敦国际原油交易所）则在比利时的安特卫普，荷兰的鹿特丹、阿姆斯特丹均设有交割点。这些欧洲的大港口成为油料现货贸易的中心，IPE 的期货合约与现货相应，确保了其价格的权威性。

3. 国际定价中心的形成规律

纵观期货市场的发展历史，发现大宗商品国际定价中心的演变是有规律可循的。

第一，国际定价中心都形成于发达国家，这些国家在经济发展过程中培育了本土化品种的优势，经济发展水平是国际定价中心形成的根本动力。

图 1.5 是一个封闭的网状图，其由中心向外延伸表明经济增长速度的提高，4 个封闭的多边形分别代表英国、美国、日本与中国，各个国家图形的外延展示了其在不同历史时期的经济增长状况。从图中可以看到，各个时期都有不同国家拥有突出的外沿，而这一情况与该国家定价中心的形成关系密切。其中，最接近内核的多边形代表英国，在 16 ~ 19 世纪，英国无疑是全球经济霸主，在经济发展速度与实力上无出其右。位于英国外围的是美国。由于美国 18 世纪末才建国，1500 ~ 1820 年之间的经济增长状况用虚线描绘。向左下角突出的多边形为日本，向左上角突出的为中国。

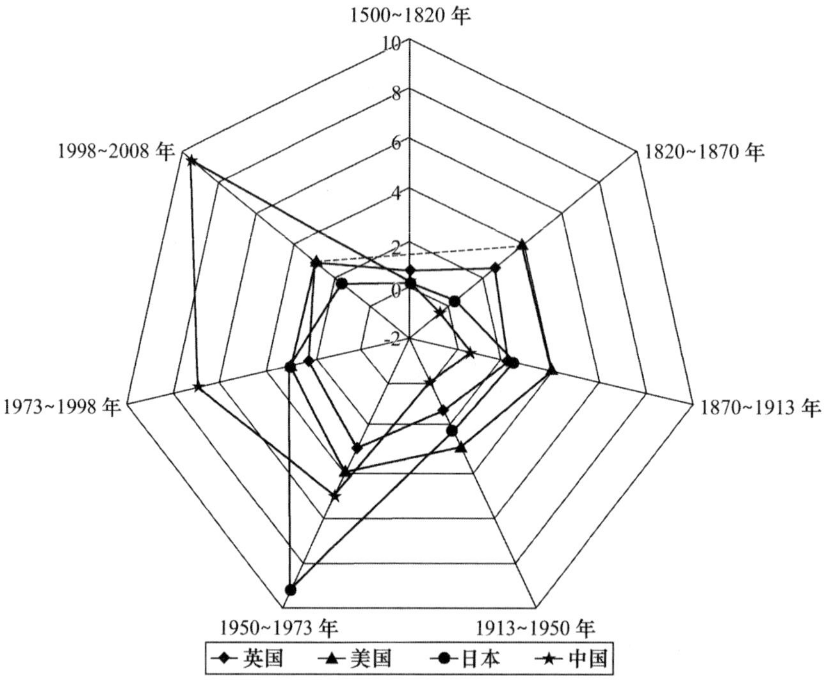

图 1.5　1500 ~ 2008 年主要国家经济增长速度

资料来源：麦迪森：《世界经济千年史》，北京大学出版社 2003 年版。

16 世纪至 19 世纪中叶，英国从建立海上霸权到完成工业革命，其工业化步伐比美、法、德等国提早了 100 多年。大机器生产带动了冶金和矿产业的发展，随着矿产量的下降和需求量的上升，英国开始从西班牙和智利进口铜矿石，铜的国际贸易逐渐发展起来，长途运输途中的风险加大了价格的波动性，于是有了 1876 年 LME 的成立，并最终演变成为铜及其他基本金属的国际定价中心。

在英国已经进入工业化的成熟阶段时，美国仍然是殖民统治下的农业社会，发达的农场主经济和庄园经济决定了农产品期货市场在美国诞生的命运。进入 20 世纪，美国大力发展汽车工业，带动了全球石油的需求。1960 年，OPEC（石油输出国组织）成立，原油进入垄断定价时代。70 年代，由于中东局势不稳造成两次石油危机，油价突破历史高位。作为需求大国的美国和老牌工业国英国先后推出原油期货合约，寻求更加市场化的价格形成机制，逐渐形成了 WTI 和 Brent 原油的国际定价中心。

二战后，日本依赖廉价的国际原材料市场和西方援助重点发展钢铁、机械等重化工业和橡胶工业，经济迅速复苏，1955～1973 年为日本经济高速增长阶段。橡胶工业的发展使日本成为重要的天然橡胶需求国，1952 年，日本 TOCOM 推出橡胶期货合约。至今，TOCOM 的橡胶期货已经成为国际上的大品种期货，其价格的权威性也得到认可。

第二，地区本身是区域性的贸易中心和金融中心，为国际定价中心的形成提供了重要条件。

例如，芝加哥在 19 世纪就是美国的农产品贸易中心，伦敦则是欧洲工业化时期的工业原材料集散地，日本于二战后发展汽车工业，成为亚洲的橡胶交易中心。20 世纪 70 年代后，这些地区聚集了大量金融机构和相关服务产业，全面集中地开展国际资本借贷、债券发行、外汇交易、保险等金融服务业，成为区域性或全球性的金融中心。金融市场齐全、服务业高度密集、对周边地区甚至全球具有辐射影响力，货币国际化、资本市场开放以及金融期货业迅速发展都为商品期货市场的国际化提供了制度环境的便利。目前，伦敦、纽约是公认的全球性国际金融中心，东京则是区域性的国际金融中心。

第三，期货市场逐步国际化，价格形成向全球辐射，是国际定价中心形成的决定性因素。

随着国际贸易的发展，大宗商品市场的交易范围从区域向全球扩展，市场供求的不确定性越来越复杂，商品价格的波动幅度也越来越大。伦敦的金属交易最初只是本国商人参与，只有供给的不确定性，如船运不能如期到达等。后来贸易发展到欧美，20 世纪 70 年代后，又扩展到亚洲。需求的复杂性加剧了价格的波动性，充分发挥期货市场的价格发现功能需要更广泛的市场参与，期货市场也加大了国际化步伐，最终成为国际定价中心。

（三）期货国际定价影响力的概念界定

一直以来，学术界并没有明确地定义期货市场的国际定价影响力，对这一问题的研究主要集中在期货市场的国际关联性，即国内外期货市场相同期货品种的价格互动与相互影响关系。

本文认为，由于期货市场主要功能的充分发挥和国际投资者的广泛参与造就了国际定价中心，所谓国际定价中心就是大宗商品国际基准价格的发源地，国际定价中心产生的期货价格具有辐射全球贸易定价的能力。所以，以国际定价中心为参照，衡量一国期货市场价格在全球范围内的辐射能力就产生了所谓的国际定价影响力的概念。

在前人研究的基础上，为使这一概念能够量化，我们从统计学的角度，定义一国某期货品种的国际定价影响力的外延由以下三个阶段性特征构成。

第一阶段，该品种期货价格走势完全追随国际定价中心的价格走势，在统计上处于被引导的“影子市场”地位；

第二阶段，该品种期货价格走势与国际定价中心价格走势趋同，但统计上表现为与国际定价中心的价格相互引导，摆脱了“影子市场”地位；

第三阶段，该品种期货价格对国际定价中心期货价格呈单项引导关系，能够取代后者成为新的国际定价中心。

第一阶段表明，该期货品种尚不具备国际定价影响力；第二阶段表明，该期货品种已经具有国际定价影响力，但其辐射范围比国际定价中心小，是区域性的；第三阶段则表示，该期货品种的定价影响力已经覆盖全球，即将成为新的国际定价中心。

根据这一概念的内涵和外延，我们可以通过统计学方法来检验一国某期货品种的国际定价影响力及其变化。

（四）研究橡胶期货国际定价影响力的依据

1. 橡胶期货竞争国际定价中心的难度相对较低

由前述内容，像CBOT、LME这样的国际定价中心，其形成的历史过程是短时间内难以超越的。建设国际定价中心也必须遵循比较优势的原则，从相对容易的品种突破，量力而为。通过交易量排名、交易所排名及上市时间①的简单对比，得到如图1.6所示的结果。其中，大连商品交易所（DCE）与CBOT的差距取大豆和玉米两个品种的测算均值，上海期货交易所（SHFE）与LME的差距取铜和铝两个品种的测算均值。可以发现，我国上海期货交易所与LME的差距最大，大连商品交易所与CBOT的差距次之，上海期货交易所与TOCOM的差距最小。

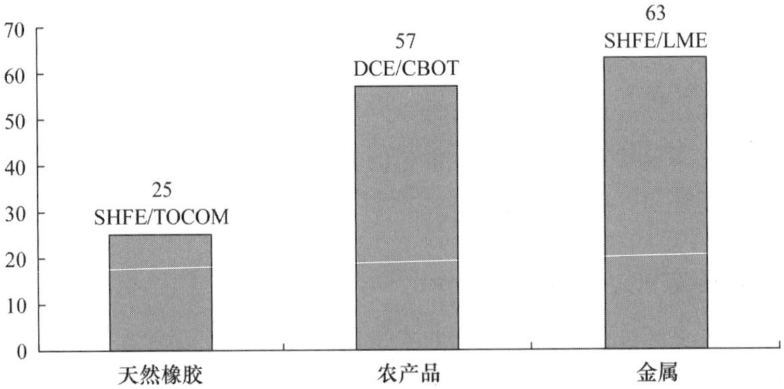

图1.6　我国期货市场与国际定价中心的差距

图1.6形象地表现了这些差距。事实上，相比LME和CBOT，TOCOM不仅起步晚，而且只是区域性的定价中心。日本的总体经济实力虽然位居世界第二，但其金融市场的发达程度与伦敦和纽约不能相提并论，在GFCI（全球金融中心指数）的排名中仅居第7位②，对中国来说是一个相对容易超越的平台。而LME和CBOT则是短时期难以攀登的高峰。这也就是表明，在争取国际定价中心方面，我国上海期货交易所的橡胶品种竞争难度相对较低。

① 期货市场是经济发展与制度变迁的产物，对业已形成的几大国际定价中心来说，其存在的历史本身就代表了对应国家期货市场的发展程度。因为一国的期货市场演变为国际定价中心是宏观经济、产业结构、国际贸易、市场开放、制度环境等诸多因素合力作用的结果。各种因素的变化、作用是相互联系的漫长的历史过程。在此，时间概念完全可以作为衡量这些国家期货市场成熟度的标准。

② GFCI第6期（2009年1~6月）评选结果显示：全球前15大金融中心分别为：伦敦、纽约、香港、新加坡、深圳、苏黎世、东京、芝加哥、日内瓦、上海、悉尼、法兰克福、多伦多、英国泽西岛、英国根西岛。

2. 橡胶期货具战略紧迫性

不仅如此，再考察各品种在国内市场的地位及其标的商品的国内自给率，可以确定橡胶期货在争取国际定价话语权上也极具紧迫性。

表 1.1 体现了国际排名靠前的几大期货品种的国内市场份额与标的商品的战略地位。从成交量与成交额占全国市场的比例来看，天然橡胶均排名第二；从国内需求程度来看，我国已经是天然橡胶的最大消费国，全球消费量排名第一；从国内自给率来看，天然橡胶的对外依存度很高，仅次于铜，国内自给率不足 30%，已经超越了警戒线。同时，作为多年木本植物，国内天然橡胶供应量不足，变动周期长，对国内橡胶产业来说，进口需求越多，意味着要承担的国际市场价格风险越大。

表 1.1　　各期货品种的国内市场份与战略地位　　单位:%

品　种	期货成交金额占比	期货成交量占比	国内自给率	全球消费量排名
天然橡胶	11.47	8.25	≤30	1
铜	25.42	7.53	≈27	1
铝	2.14	1.90	≈47	1
锌	3.59	2.99	≈68	1
白　糖	9.82	13.54	≈85	3
大　豆	2.38	3.94	≤30	1
玉　米	0.44	1.55	≥75	2

资料来源：中国期货业协会。

中国作为最大的天然橡胶消费国，又有地处亚洲的位置优势，理应取代日本成为橡胶的国际定价中心。因此，以橡胶期货品种为载体来研究我国期货市场的国际定价影响力最具战略意义。

二、橡胶期货国际定价影响力实证研究

国际定价影响力是指以国际定价中心为参照来衡量的一国期货市场价格在全球范围内的辐射能力。根据上节所界定的国际定价影响力的概念和其阶段性特征，我们可以通过统计学方法来检验我国橡胶期货的国际定价影响力及其历史变化。

（一）研究方法

本文采用日间价格与日间收益率两组序列来研究中日橡胶期货之间的信息传递。期货作为一项投资工具，其多空双向交易的机制决定了价格无论涨跌都有获取收益的空间，收益率也就意味着期货价格每日波动的大小。本文认为，价格之间的信息传递代表了一个市场对另一个市场价格变动趋势的影响，收益率之间的信息传递则代表了一个市场价格变动幅度对另一个市场价格变动幅度的影响。当样本容量较大时，日收益率序列 R_t 表示期货价格收益率围绕均值水平的双向波动，它所体现的波动程度依次增强，可以在一定程度上衡

量市场风险。

在研究方法上，首先使用引导关系检验确定两个市场信息传递的方向，再由脉冲响应函数描述一个市场所遭受的信息冲击给另一个市场所带来的影响，然后通过方差分解分析每一个市场对信息冲击的反应对另一个市场价格或收益率变动的贡献度，进一步评价两个市场在信息传递过程中的相对重要性。

1. 收益率的度量

参照金融市场的一般做法，本文将天然橡胶期货市场的日收益率 R_t 定义为其价格对数值的一阶差分：

$$R_t = [\ln(P_t) - \ln(P_{t-1})] \times 100\% \tag{1-1}$$

其中 P_t 是第 t 个交易日连续期货合约的收盘价格。严格地说，期货市场价格日收益率应该是期货价格变动的百分比。

2. 引导关系检验

（1）平稳性检验。

根据 ADF 单位根（Unit Root）检验来分析国内外期货价格的平稳性。引导关系检验首先必须进行平稳性检验，如果数据不平稳则还需要进行差分，一直到平稳为止，非平稳数据不能进行引导关系检验。平稳性的检验主要采用增广单位根检验（Argument Dickey-Fuller Test）：

$$X_t - X_{t-1} = u + \beta X_{t-1} + \sum_{i=1}^{m} a_i (X_{t-i} - X_{t-1}) + e_t \tag{1-2}$$

若 OLS 估计值 b 的 ADF 检验 t 统计量小于一定显著性水平 a 下的临界值，则表明不能拒绝原假设 H_0: $b=0$，这说明 X_t 具有单位根，则 X_t 是不平稳的，否则 X_t 是平稳的。

（2）协整检验。

采用 Johansen（1990）的协整检验。考虑一个 p 阶的 VAR：

$$y_t = A_1 y_{t-1} + \cdots + A_p y_{t-p} + Bx_t + \varepsilon_t \tag{1-3}$$

其中 y_t 是一个非平稳的 k 维的向量，一阶单整 x_t 是一个 d 维的确定变量，ε_t 是扰动向量。VAR 可以改写为以下形式：

$$\triangle y_t = \Pi y_{t-1} + \sum_{i=1}^{p-1} \Gamma_i \triangle y_{t-1} + Bx_t + \varepsilon_t \tag{1-4}$$

其中，$\Pi = \sum_{i=1}^{p} A_i - I$，$\Gamma_i = -\sum_{j=t+1}^{p} A_j$。

Granger 定理指出如果系数矩阵 Π 的秩 $r<k$，那么存在 $k \times r$ 阶矩阵 a 和 b 它们的秩都是 r。使得 $\Pi = ab'$ 并且 $b'y_t$ 是稳定的，其中 r 是协整关系的数量协整秩，并且 b 的每列是协整向量 a 中的元素，是向量误差修正模型中的调整参数。Johansen 方法是在无约束的形式下估计矩阵，然后求出 b，从而检验出协整秩，然后得出协整向量，并且给出似然比检验（likelihood ratio，LR）统计量：

$$Q_r = -T\sum_{i=r+1}^{k} \log(1 - \lambda_i) \tag{1-5}$$

$r=0, 1, \cdots, k-1$，而 λ_i 是第 i 个最大的特征值。Q_r 是所谓的迹统计量，它是协整方

程 $H_1(r)$ 对协整方程 $H_1(k)$ 的检验。为了得到协整关系 r 的数值，在序列中含有趋势项的假设下依次取 $r=0$ 到 $r=k-1$，直到接受原假设。

（3）引导及互动关系检验。

格兰杰因果关系检验（Granger Causal Relationship Test）是由 Granger 提出的。Geweke、Meese 和 Dent 给出了检验因果关系的数学模型：

$$y_t = a_{10} + \sum_{i=1}^{m} a_{1i}y_{t-i} + e_{1t}, y_t = a_{20} + \sum_{i=1}^{m} a_{2i}y_{t-i} + \sum_{j=1}^{k} b_{2j}x_{t-j} + e_{2t} \quad (1-6)$$

这里 a_{1i} 和 a_{2i} 是 y_t 及其滞后值的回归系数，b_{2j} 是 x_t 值及其滞后值的回归系数，e_{1t} 和 e_{2t} 是白噪声。检验从 x_t 到 y_t 单向因果关系，即是检验对 b_{2j} 的零假设 $H_0: b_{2j} = 0(j = 1,2,\ldots,k)$。诊断统计量为：

$$F = \frac{(ESS_1 - ESS_2)/m}{ESS_1/T - (k + m + 1)} \quad (1-7)$$

式中 ESS_1 和 ESS_2 分别为上述模型最小二乘法回归方程中的残差的平方和，T 是时间序列 y_t 的样本数。在置信概率 α 下，若 $F > F_\alpha$，则拒绝 H_0 假设，认为 x_t 对 y_t 有因果关系。由于因果关系检验对滞后阶数较为敏感，在实际检验中，根据 AIC 和 SC 准则选取最佳滞后阶数来进行因果关系检验。

3. 脉冲响应函数

Pesaran 和 Shin（1997）提出脉冲响应函数（Generalised Impulse Responses，GIR）方法对国内外期货市场价格发现功能进行研究。脉冲响应函数是利用时间序列模型来分析两个或多个变量相互影响关系的一种研究方法，主要考虑扰动项的影响是如何传播到各变量的，使用向量自回归模型 VAR 来说明脉冲响应函数的基本思想：

$$\begin{cases} x_t = a_1 x_{t-1} + a_2 x_{t-2} + b_1 z_{t-1} + b_2 z_{t-2} + e_{1t} \\ x_t = c_1 x_{t-1} + c_2 x_{t-2} + d_1 z_{t-1} + d_2 z_{t-2} + e_{2t} \end{cases} \quad (1-8)$$

其中 x_t 为现货价格的变动，z_t 为期货价格的变动，a_i、b_i、c_i 和 d_i 为模型的参数，扰动项 $v_t=(e_{1t}, e_{2t})$，假定扰动项 v_t 为具有以下性质的白噪声向量：

$E(e_t)=0$，对于 $\forall t$

$\mathrm{Var}(e_t) = E(e_t e_t') = \sum = \{\sigma_{ij}\}$，对于 $\forall t$

$E(e_{it}e_{is}') = 0$，对于 $\forall t \neq s$

假设 1：上述市场从基期 t 开始交易活动，$x_{t-1}=x_{t-2}=z_{t-1}=z_{t-2}=0$；

假设 2：基期 t 给定了扰动项 e_{1t}，e_{2t}满足：

$$e_{1m=}\begin{cases} 1, m = t \\ 0, m \neq t \end{cases} \quad e_{2t} = 0, \forall t$$

称此为在基期 t 给 x 以脉冲，此时论述 x_t 与 z_t 的变化，基期 $x_t=1$，$z_t=0$，将其结果代入式（1-8），第 $t+1$ 期 $x_{t+1}=a_1$，$z_{t+1}=c_1$，将此结果继续代入式（1-8），第 $t+2$ 期 $x_{t+2}=a_{12}+a_2+b_1c_1$，$z_{t+2}=c_1a_1+c_2+d_1c_1$；继续重复计算下去设求得结果为 x_t，x_{t+1}，x_{t+2}，x_{t+3}，x_{t+4}…称为由 z 的脉冲引起的 x 的响应函数，同样可求得 z_t，z_{t+1}，z_{t+2}，z_{t+3}，z_{t+4}…称为由 x 的脉冲引起的 z 的响应函数。

4. 方差分解

脉冲响应函数描述的是 VAR 模型中的一个内生变量的冲击给其他内生变量所带来的影响。而方差分解是把内生变量中的变化分解为对 VAR 的分量冲击。因此，方差分解给出对 VAR 中的变量产生影响的每个随机扰动的相对重要性的信息。式（1－9）中各括号中的内容是第 j 个扰动项 e_j 从无限过去到现在时点对第 i 个变量 y_i 影响的总和。求其方差，因为 $\{ejt\}$ 无序列相关，故：

$$E[(\psi_{0,ij}e_{jt}+\psi_{1,ij}e_{jt-1}+\psi_{2.ij}e_{jt-2}+\cdots)^2]=\sum_{q=0}^{\infty}(\psi_{q,ij})^2\sigma_{jj},j=1,2,\cdots,k \qquad (1-9)$$

这是把第 j 个扰动项对第 i 个变量的从无限过去到现在时点的影响，用方差加以评价的结果。此处还假定扰动项向量的协方差矩阵 Ω 是对角矩阵。于是 y_{it} 的方差 $r_{ii}(0)$ 是上述方差的 k 项简单和：

$$\mathrm{Var}(y_{it})=r_{ii}(0)=\sum_{j=1}^{k}\{\sum_{q=0}^{\infty}(\psi_{q,ij})^2\sigma_{jj}\} \qquad (1-10)$$

y_{it} 的方差可以分解成 k 种不相关的影响，因此为了测定各个扰动相对 y_{it} 的方差有多大程度的贡献，定义了 RVC（Relative Variance Contribution，相对方差贡献率），根据第 j 个变量基于冲击的方差对 y_{it} 的方差的相对贡献度来作为观测第 j 个变量对第 i 个变量影响的尺度。

5. 信息份额模型

价格发现作为期货市场的一项重要功能，就是要将市场信息及时而有效地融入资产价格中。现货与期货的共同有效价格是由两个市场的共同的有效信息促成的，因此，可以通过信息份额模型来衡量两个市场各自的有效信息对资产的价格发现所做的贡献。

设 Y_{1t}，Y_{2t} 分别表示现货市场和期货市场的价格。如果 $Y=(Y_{1t}, Y_{2t})$ 存在一阶协整关系，根据格兰杰表述定理，(Y_{1t}, Y_{2t}) 可以表示为如下向量误差修正模型的形式。

$$\triangle Y_t=\alpha\beta' Y_{t-1}+\sum_{j=1}^{k}\phi_j\triangle Y_{t-j}+\mu_t \qquad (1-11)$$

其中，a 为误差修正系数向量（短期调整系数）；u_t 为随机扰动项，均值为 0，序列不相关，协方差矩阵为：

$$\Omega=\begin{pmatrix}\sigma_1^2 & \rho\sigma_1\sigma_2\\ \rho\sigma_1\sigma_2 & \sigma_2^2\end{pmatrix} \qquad (1-12)$$

其中，$\sigma_1\sigma_2$ 分别为信息 u_{1t}，u_{2t} 的方差，ρ 为相关系数。

因为现货市场价格与期货市场价格存在一个共同的变化趋势，因此，可以将 Y_t 分解为两部分，一部分是两个市场的共同有效价格（即共因子）C_t，代表了现货市场价格与期货市场价格的共同变化趋势，是两个市场中共同有效信息永久融入价格中的成分。另一部分是各个市场的噪声 U 代表了各个市场中的特定的变化，使两个市场中噪声信息暂时融入价格中的成分。即：$Y_{1t}=C_t+u_{1t}$，$Y_{2t}=C_t+u_{2t}$，Gonzalo-Granger（1995）将共因子 C_t 定义为 (Y_{1t}, Y_{2t}) 的一个线性组合 $C_t=\gamma_1Y_{1t}+\gamma_2Y_{2t}$，即共因子是由现货与期货组成的一种资产组合。$\Gamma=(\gamma_{1,}\gamma_2)$ 为共因子系数向量，或者说是资产组合的权重。Gonzalo-Granger 证明，Γ 同误差修正模型（1）的调整系数向量 α 正交，表示为 $\alpha_\perp=(\gamma_{1,}\gamma_2)$。

当两个市场的信息不存在明显相关的时候，第 j 个市场的信息份额为：

$$S_j = \frac{\gamma_j^2\sigma_j^2}{\gamma_1^2\sigma_1^2 + \gamma_2^2\sigma_2^2} \tag{1-13}$$

当两个市场的信息项存在当期相关时，利用乔里斯基分解方法以及 $S_1 + S_2 = 1$，可以得到第 1、2 个市场的信息份额（价格发现）分别为：

第一个市场的价格发现为：

$$S_1 = \frac{(\gamma_1 m_{11} + \gamma_2 m_{12})^2}{(\gamma_1 m_{11} + \gamma_2 m_{12})^2 + (\gamma_2 m_{22})^2} \tag{1-14}$$

第二个市场的价格发现为：

$$S_1 = \frac{(\gamma_2 m_{22})^2}{(\gamma_1 m_{11} + \gamma_2 m_{12})^2 + (\gamma_2 m_{22})^2} \tag{1-15}$$

其中：

$$M = \begin{pmatrix} m_{11} & 0 \\ m_{12} & m_{22} \end{pmatrix} = \begin{pmatrix} \sigma_1 & 0 \\ \rho\sigma_2 & \sigma_2(1-\rho^2)^{\frac{1}{2}} \end{pmatrix} \tag{1-16}$$①

（二）样本数据来源与处理

本文使用上海期货交易所橡胶期货合约和日本 TOCOM 橡胶合约的日收盘价，按照近月合约构造连续价格并生成对数序列，样本区间为 2000 年 1 月 4 日至 2009 年 12 月 31 日，经过交易日期配对处理，共计 1802 对数据，分别对沪胶和日胶价格（对数序列）、收益率之间的信息传递关系进行分析。据我国期货市场的发展历史所展示的成交量变化，以 2004 年为界，对数据样本进行分段，2000 ~ 2004 年为第一阶段，2005 ~ 2009 年为第二阶段，着重考察在整个样本期间，我国沪胶与日胶之间信息传递的阶段性的变化。数据分别来源于上海期货交易所与日本 TOCOM 的统计数据，使用统计软件 EVIEWS 进行检验。

（三）检验结果

1. 平稳性检验

由表 1.2 的检验结果可以看出，在全样本区间上，沪胶与日胶价格的对数序列差分后在 90% 的置信水平上是平稳序列，即一阶单整序列；在第一阶段，沪胶价格对数序列、日胶价格对数序列在 99% 的置信水平上都是一阶单整序列；第二阶段，沪胶价格对数序列、日胶价格对数序列在 95% 的置信水平上是一阶单整序列。沪胶收益率和日胶收益率则在全样本期间和两个阶段上都是平稳序列。

2. Johansen 协整检验和 Granger 因果关系检验

在平稳性检验的基础上，根据 AIC 和 SC 准则选取适当滞后阶数，进行 Johansen 检验发现（表 1.3），在全样本区间，沪胶与日胶价格之间在 99% 的置信水平上存在一个协整关

---

① 参考文献：王群、张晓峒："原油期货市场的价格发现功能——给予信息份额模型的分析"，载于《工业技术经济》，2005 年第 6 期。

表 1.2 ADF 单位根检验结果

类别		沪胶		日胶		临界值
		价格对数	收益率	价格对数	收益率	
第一阶段	原始序列 一阶差分	-1.142566 -29.74151	-29.74151	-1.704917 -28.45678	-28.45678	-3.4404 (1%)
第二阶段	对数序列 一阶差分	-2.408788 -10.18666	-10.18666	-2.306034 -12.33350	-21.55707	-2.8652 (5%)
全样本	对数序列 一阶差分	-1.324151 -16.60757	-16.60757	-1.669071 -18.46185	-18.46185	-2.5687 (10%)

表 1.3 Johansen 协整检验结果

	项目	特征值	似然比	5%临界值	1%临界值	假设检验
全样本	期货价格	0.017099 0.000818	32.35349 1.465138	15.41 3.76	20.04 6.65	$r\leq0^{**}$ $r\leq1$
	收益率	0.280257 0.194385	974.4793 386.4757	15.41 3.76	20.04 6.65	$r\leq0^{**}$ $r\leq1^{**}$
第一阶段	期货价格	0.017566 0.001637	17.54075 1.484428	15.41 3.76	20.04 6.65	$r\leq0^{*}$ $r\leq1$
	收益率	0.272531 0.207493	498.4179 210.4611	15.41 3.76	20.04 6.65	$r\leq0^{**}$ $r\leq1^{**}$
第二阶段	期货价格	0.025310 0.004434	26.53101 3.919821	15.41 3.76	20.04 6.65	$r\leq0^{**}$ $r\leq1^{*}$
	收益率	0.303528 0.189466	502.6028 184.6442	15.41 3.76	20.04 6.65	$r\leq0^{**}$ $r\leq1^{**}$

注：* * 表示显著性水平为 1%。

系，二者的收益率则在 99% 的置信水平上存在两个协整关系；第一阶段的检验结果与全样本区间类似，在 95% 的置信水平上，沪胶价格与日胶价格之间存在唯一的协整关系，而在 99% 的置信水平上，二者收益率之间则有两个协整关系存在；第二阶段，两个期货价格序列在 95% 的置信水平上存在两个协整关系，其收益率在 99% 的置信水平上存在两个协整关系。这一结果表明，作为对同一商品价格的反映，沪胶与日胶价格之间及其收益率之间具有某种长期均衡关系。

根据表 1.4，首先来解释价格之间的引导关系。从整个区间来看，检验结果拒绝了原假设，沪胶价格与日胶价格之间具有双向引导关系，表明信息传递在中日橡胶期货市场之间是双向的，日本 TOCOM 虽然是公认的橡胶国际定价中心，但其对中国的橡胶期货价格已经不具有绝对的引导实力。从阶段性分解来看，第一阶段，日胶价格对沪胶价格具有单向的信息传递效应，说明 2000～2004 年中国沪胶期货市场还处于绝对的“影子市场”地位，沪胶价格趋势完全被动地接受日胶价格走势的影响，缺乏独立行情，而TOCOM也是绝对的橡胶国际定价中心；第二阶段，沪胶价格与日胶价格之间已经具有双向引导关系，信息传递成为相互的，表明日胶开始接受来自沪胶的价格信息，沪胶不再是追随日胶的卫星市场，而日胶的国际定价中心地位也开始动摇。

表 1.4　　Granger 因果关系检验结果

	原假设	F 统计量	概　率
第一阶段	日胶价格不引导沪胶价格	4.30242	0.01381
	沪胶价格不引导日胶价格	2.72109	0.06634
	日胶收益率不引导沪胶收益率	0.4313	0.6498
	沪胶收益率不引导日胶收益率	3.29406	0.03755
第二阶段	日胶价格不引导沪胶价格	3.94352	0.01972
	沪胶价格不引导日胶价格	6.31743	0.00189
	日胶收益率不引导沪胶收益率	6.49746	0.00158
	沪胶收益率不引导日胶收益率	1.74922	0.17452
全样本	日胶价格不引导沪胶价格	7.41409	0.00062
	沪胶价格不引导日胶价格	6.89525	0.00104
	日胶收益率不引导沪胶收益率	5.23893	0.00539
	沪胶收益率不引导日胶收益率	2.98583	0.05075

反映市场风险的收益率之间的信息传导方向则与价格相反。从整个区间来看，日胶与沪胶收益率近似地呈双向引导关系，因为沪胶收益率不引导日胶收益率的概率是0.05075，近似于0.05，可以说，在95%的置信水平上，拒绝原假设。在本质上，风险主要是从日胶向沪胶传递。分阶段来看，第一阶段，沪胶收益率的单项引导关系说明风向是从沪胶向日胶传递；第二阶段，日胶的单向引导说明风险由日胶向沪胶传递。

这些看似矛盾的结果，恰恰说明了中国上海期货交易所天然橡胶期货定价影响力的变迁。橡胶期货从海南风险事件后沉寂多年，一朝爆发，市场非理性再度暴露，与相对成熟的日胶市场相比，风险自然很大。因此，这一阶段，沪胶期货因其自身的不成熟、不完善而不具备国际定价的影响力。通过近几年的努力，沪胶期货的市场规模已经远大于日胶，运作也日益规范，市场运行相对平稳，价格开始显现国际影响力，并且中国对期货市场的监管严格，在合约设计和交易规则方面设定了很多防止价格过度波动的限制条款。而日本的期货市场对国际开放，合约设计与交易机制也逐渐接近欧美，加上日元的浮动汇率和国际货币地位，以日元标价日胶的风险要大于沪胶。总而言之，引导关系的检验结果充分证明了，沪胶在国际定价上的影响力已经发生了显著的变化。

3. 脉冲响应函数与方差分解

图1.7a描述的是整个区间内沪胶价格对一个标准差新息的反应过程，其中，RS代表沪胶，RT代表日胶。可以看到，沪胶价格对于自身冲击的瞬间反应较大，对来自日胶的冲击的反应起初很小，瞬间值几乎为零，然后逐步上升，超过0.005。图1.7b是日胶对一个

标准差新息的反应过程，日胶对自身所受冲击的瞬时反应要强于沪胶度自身的反应，但其随后呈显著的递减趋势，日胶价格对来自沪胶的信息冲击反应也更加强烈，瞬间值达到 0.010，趋向于超过 0.015。直观上看，沪胶对新息的响应比较平缓，两条函数线在接近第 30 个滞后期时，收敛的口径较宽，趋于平行，而日胶的函数线收敛的口径很窄，趋于相交。这说明，在信息传递的过程中，沪胶对日胶的影响越来越大，日胶对沪胶的影响越拉越小。

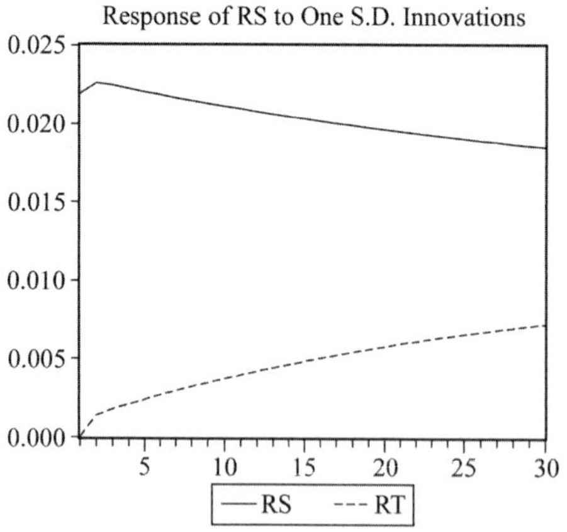

图 1.7a　全样本沪胶的响应

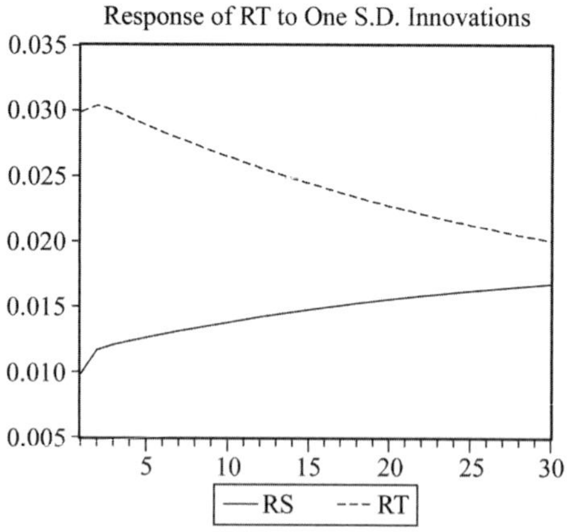

图 1.7b　全样本日胶的响应

通过图 1.8、图 1.9，我们进一步考察中日橡胶期货价格信息传递的阶段性变化。图 1.8 反映的是第一阶段的脉冲响应函数。这一时期，沪胶价格对日胶冲击的反应要强于日胶对沪胶的反应。从图中看出，沪胶对日胶冲击的响应函数线（图 1.8a 中的虚线）的向上倾斜的程度明显大于日胶对沪郊冲击的响应函数线。这说明，2000 ~ 2004 年，沪胶价格跟随日胶价格走势。

第二阶段，二者的价格信息传递过程发生了质的改变，沪胶对日胶冲击的反应比第一阶段减小，日胶对沪胶冲击的反应则增大。图 1.9a 中，在接近末期的时候，两条函数线向中间收敛的趋势不再，图 1.9b 中，两条线在第 5 期后即出现交叉。这很直观地表明，沪胶价格对日胶冲击的反应已经不再敏感，而日胶则在更大程度上受到沪胶的影响，其自身的影响力已经非常明显地减弱。

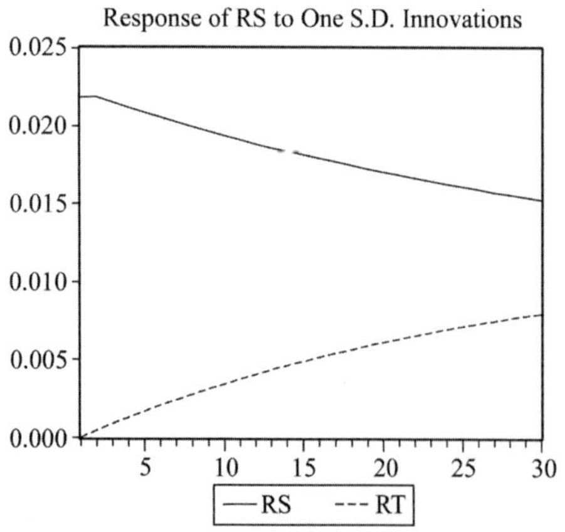

图 1.8a　第一阶段沪胶的响应

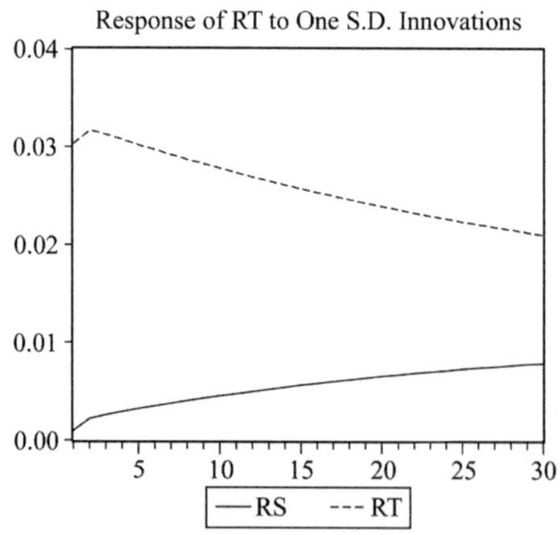

图 1.8b　第一阶段日胶的响应

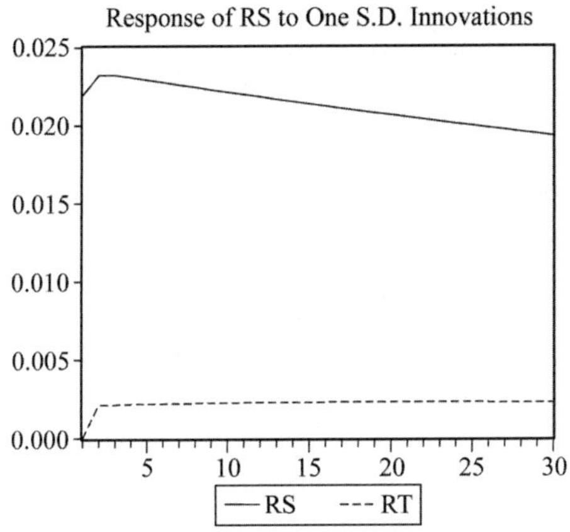

图 1.9a　第二阶段沪胶价格的响应

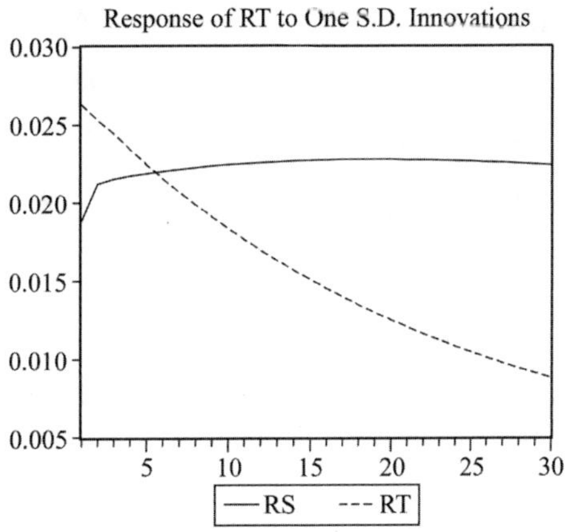

图 1.9b　第二阶段日胶价格的响应

引导关系检验告诉我们沪胶价格是被影响者还是影响者，通过脉冲响应函数我们看到了沪胶价格由被日胶价格影响到影响日胶价格的动态过程，那么，方差分析的结果则仍以滞后 30 期为例。在整个样本区间，由于沪胶和日胶价格之间具有双向引导关系，所以根据方差分解方法在统计上的特征，对两个变量交换顺序得到两组结果。计算两组数据的平均值发现，日胶价格变化对沪胶价格变化的贡献度为 16.09%，沪胶价格波动对日胶价格变化的贡献度为 15.45%。二者对彼此的影响势均力敌，日胶略占上方（见表 1.5）。

表 1.5a　　全样本沪胶与日胶价格方差分解

	沪胶价格		日胶价格	
滞后期	沪胶	日胶	沪胶	日胶
1	100.0000	0.000000	9.718002	90.28200
⋮	⋮	⋮	⋮	⋮
30	94.37612	5.623880	25.63270	74.36730

表 1.5b　　全样本沪胶与日胶价格方差分解（交换顺序）

	沪胶价格		日胶价格	
滞后期	沪胶	日胶	沪胶	日胶
1	90.28200	9.718002	0.000000	100.0000
⋮	⋮	⋮	⋮	⋮
30	73.44698	26.55302	5.268873	94.73113

分阶段来看。第一阶段（表 1.6），由于日胶对沪胶价格的单向传导关系，在冲击的影响下，沪胶价格变化对日胶价格变化的最终贡献度（4.56%）小于日胶价格变化对沪胶价格变化的贡献度（7.40%）；第二阶段（表 1.7），二者之间具有双向传导关系，因此，在检验过程中，通过交换变量顺序，得到两组方差分解结果，沪胶价格变化对日胶价格变化的最终贡献度平均在 38%，日胶价格变化对沪胶价格变化的最终贡献则平均为 23.31%，与第一阶段的结果形成鲜明对比，进一步说明了沪胶期货价格影响力的动态变化。

表 1.6　　第一阶段沪胶价格与日胶价格方差分解

	沪胶价格		日胶价格	
滞后期	沪胶	日胶	沪胶	日胶
1	100.0000	0.000000	0.103151	99.89685
⋮	⋮	⋮	⋮	⋮
30	92.59372	7.406285	4.559993	95.44001

表 1.7a　　第二阶段沪胶价格与日胶价格方差分解

	沪胶价格		日胶价格	
滞后期	沪胶	日胶	沪胶	日胶
1	100.0000	0.000000	33.80262	66.19738
⋮	⋮	⋮	⋮	⋮
30	98.95023	1.049768	64.33135	35.66865

表 1.7b　　第二阶段沪胶价格与日胶价格方差分解（交换变量顺序）

	沪胶价格		日胶价格	
滞后期	沪胶	日胶	沪胶	日胶
1	66.19738	33.80262	0.000000	100.0000
⋮	⋮	⋮	⋮	⋮
30	56.41540	43.58460	11.97873	88.02127

收益率的方差分解结果表明，沪胶对日胶的风险传递在减小，日胶对沪胶的风险传递在增加，这与沪胶价格之间的影响趋势是相衬的，说明沪胶期货市场的成熟度越来越高。但从绝对额来看，整个区间内（表 1.8），沪胶收益率波动对日胶收益率波动的贡献度为 5.24%，日胶收益率波动对沪胶收益率波动的贡献度为 4.94%，分阶段看（表 1.9），沪胶收益率波动对日胶收益率波动的贡献度从第一阶段的 0.8 下降到第二阶段的 0.75，下降了 6.25%，日胶收益率波动对沪胶收益率波动的贡献度从第一阶段的 0.096 上升到第二阶段的 0.144，上升了 5%。这表明，沪胶的风险仍然大于日胶，但其风险传递效应在降低。

4. 信息份额模型检验结果

沿用上文数据，本部分分别对前后两个阶段的日胶和沪胶的信息份额进行计算，得到如下表 1.10 的汇总结果。由最终的结果可以看到，第一阶段，日胶价格占 51% 的信息份额，沪胶价格占 49% 的信息份额，日胶具有优势；第二阶段，沪胶的信息份额占绝对上风，为 99%。可以说，在统计意义上，沪胶的定价影响力变化是显著的，沪胶已经具备国际定价功能。但是收益率的检验结果表明，沪胶的风险度虽有明显下降，但与日胶相比，还是比较高的，在收益率波动方面，沪胶的信息份额从 67% 下降到 56%，降幅为 16.4%，日胶的信息份额从 33% 上升到 44%，升幅为 33%。这与脉冲响应和方差分解的结果基本吻合。

表 1.8a　　全样本沪胶收益率与日胶收益率方差分解

	沪胶收益率		日胶收益率	
滞后期	沪胶	日胶	沪胶	日胶
1	100.0000	0.000000	9.079842	90.92016
⋮	⋮	⋮	⋮	⋮
30	99.39888	0.601115	9.533127	90.46687

表 1.8b　　全样本沪胶收益率与日胶收益率方差分解（交换变量顺序）

	沪胶收益率		日胶收益率	
滞后期	沪胶	日胶	沪胶	日胶
1	90.92016	9.079842	0.000000	100.0000
⋮	⋮	⋮	⋮	⋮
30	90.12244	9.877562	0.344864	99.65514

表 1.9a　　第一阶段沪胶收益率与日胶收益率方差分解

	沪胶收益率		日胶收益率	
滞后期	沪胶	日胶	沪胶	日胶
1	100.0000	0.000000	0.042956	99.95704
⋮	⋮	⋮	⋮	⋮
30	99.90409	0.095909	0.800182	99.19982

表 1.9b　　第二阶段沪胶收益率与日胶收益率方差分解

	沪胶收益率		日胶收益率	
滞后期	沪胶	日胶	沪胶	日胶
1	99.95704	0.042956	0.000000	100.0000
⋮	⋮	⋮	⋮	⋮
30	99.85597	0.144030	0.751726	99.24827

表 1.10　　信息份额模型检验结果

		第一阶段				第二阶段			
		价　格		收益率		价　格		收益率	
γ		（0.53，0.47）		（0.68，0.32）		（0.93，0.07）		（0.63，0.37）	
Ω		0.000477	1.94E－05	0.000571	9.50E－05	0.000480	0.000411	0.000561	0.000539
		1.94E－05	0.000914	9.50E－05	0.000995	0.000411	0.001046	0.000539	0.001251
信息份额	沪胶	49%		67%		99%		56%	
	日胶	51%		33%		1%		44%	

总的来说，虽然引导关系检验表明，2005 年以来，价格波动信息在沪胶与日胶之间是双向传递，但从方差分解和信息份额上来看，沪胶的优势更为明显；同样，第二阶段，收

益率的波动是由日胶引导沪胶，从方差分解和信息份额上来看，沪胶的绝对风险仍然高于日胶，但沪胶收益率波动对日胶的影响力下降的程度低于日胶收益率波动对沪胶影响力上升的程度。换一种说法，这就意味着日胶的国际定价影响力正在衰退，沪胶的定价影响力正在逐渐提高。

不过，统计上的发现只能解释为一种趋势，事实上的橡胶国际定价权威仍是日胶。如何引导这种趋势科学而快速地产生质的飞跃是我国期货市场发展面临的现实问题。

三、橡胶期货国际定价影响力的主导因素研究

根据大宗商品国际定价中心的形成规律，一国期货市场的发展首先是由其经济发展水平决定的，那么，期货市场国际定价影响力的显著提高也是宏观经济发展推动的结果。由上文实证检验结果来看，我国橡胶期货的国际定价影响力已经发生了历史性的变迁，这说明，我国宏观经济的强劲发展为橡胶期货国际定价影响力的上升提供了充足的动力；同时，全球橡胶工业的重心正向亚洲转移，为我国橡胶期货提升国际定价影响力创造了条件；但是，我国尚未能够取代日本成为橡胶的国际定价中心，这是由期货市场的国际化程度决定的。下面将深入研究橡胶期货国际定价影响力的决定因素，通过中日比较借以找到我国橡胶期货市场的差距所在。

（一）动力因素：我国宏观经济发展水平

从图 1.5 已经看到，日本经济的高速增长期集中在 20 世纪 50 ~ 70 年代。在 20 世纪 90 年代爆发经济危机后，日本开始了“失去的十年”。在日本“失去的十年”里，中国经济却步入了高速增长期，改变了世界经济格局。

我国经济增长对世界经济增长的贡献率由 2004 年的 11.4% 上升到 2007 年的 17.1%，年增长率高达 15%。2008 年，由于世界性金融危机的发生，各国经济增长率普遍下降，其中，世界经济增速平均为 2%，发达经济体增长 1.4%，新兴和发展中经济体增长 6.6%，而中国的增长率为 9%，依然是一枝独秀①，对于世界经济增长的贡献超过 20%，贡献率仍然稳居世界第一。据国家统计局初步核算，2009 年全年国内生产总值 33.5353 万亿元，比 2008 年增长 8.7%，按汇率折算在 5 万亿美元左右，或超日本成为世界第二大经济体。如果按照购买力平价测算，我国经济总量早在 2001 年就已超过日本（见图 1.11）。

中国已经步入工业化的中后期时代，国际“制造中心”与“世界工厂”的地位日益坚固，1995 年，我国制造业在全球制造业增加值中仅占 5%，2007 年这一比例升至 14%，与日本并列排在世界第二位。2004 年以来，我国工业增加值逐年提高，即使受金融危机严重影响的 2008 年，也是实现了同比 5.7% 的增速。2009 年，国家刺激政策奏效，工业增加值又恢复了两位数的高速增长，同比增加了 11%。②

---

① 资料来源：世界银行数据库，http：//www.worldbank.org.cn/chinese。

② 资料来源：国家统计局。

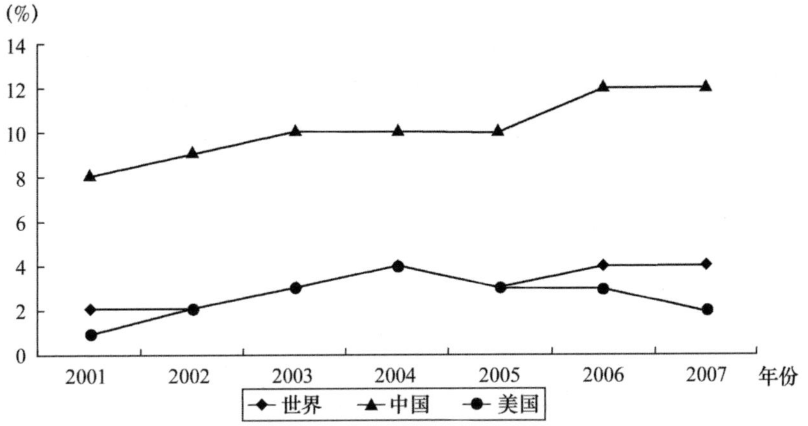

图 1.10 世界、中国以及美国年经济增长率

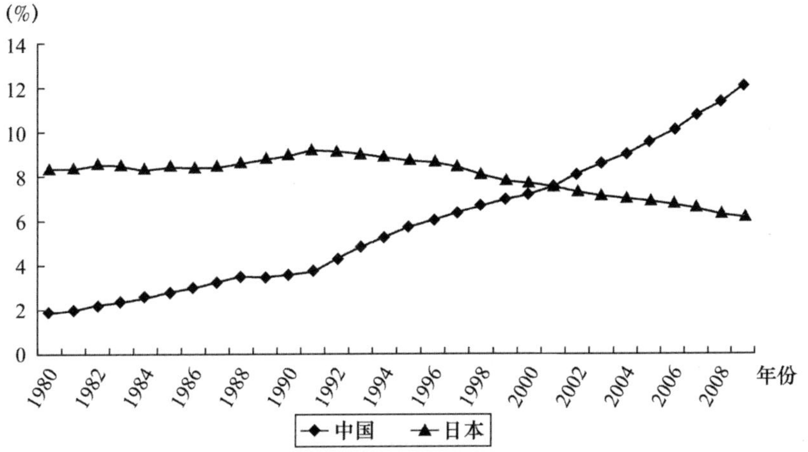

图 1.11 中国与日本 GDP 占世界的比重（按购买力平价计算）

资料来源：世界银行数据库，http：//www. worldbank. org. cn/chinese。

工业化的发展使得中国成为诸多大宗商品的重要消费国，中国的需求成为国际大宗商品价格波动的重要影响因素，在国际商品市场上“中国因素”因而声名鹊起。2001 ~ 2007 年间，代表国际主要商品价格趋势的 CRB 指数的走势与我国 GDP 的走势几乎是一致的。随着我国经济的快速增长，国际市场上大宗商品价格也随之一路上扬。在此期间，我国 GDP 由 109655 亿元上升至 249530 亿元，涨幅为 127%，而 CRB 指数由 190. 61 点上涨至 476. 03 点，涨幅高达 150%（见图 1. 12）。因为缺乏国际定价话语权，大宗商品价格的剧烈波动使中国经济承受了巨大风险。

在蒙受损失的同时，也表明了中国在世界市场上的分量。从宏观经济到微观部门，从国家到企业，在“中国因素”背后暗流涌动着一股要形成“中国价格”的能量，可以说，我国的期货市场承载着把“中国因素”转化为“定价力量”的重大而必需的战略选择，中国的期货市场也完全有可能实现这一战略目标。一方面，宏观经济发展需要期货市场充分发挥价格发现和风险管理功能来引导资源更加有效合理的配置；另一方面，宏观经济背景也为期货市场的发展提供了有力的支撑。

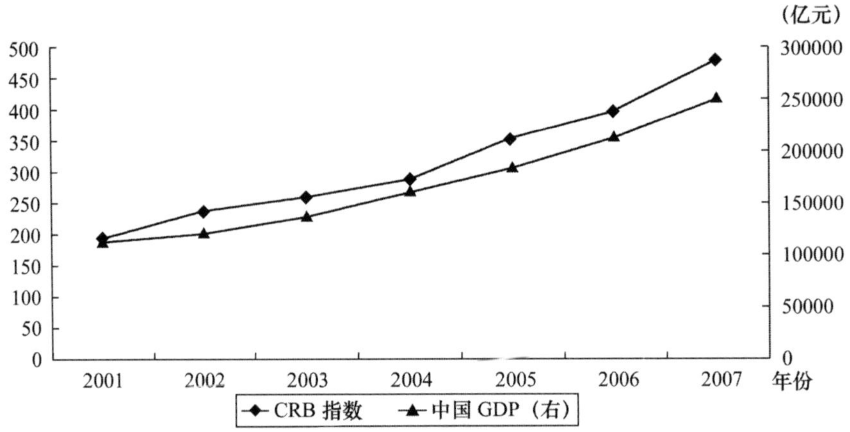

图 1.12　中国 GDP 与 CRB 指数

资料来源：国家统计局与文华财经数据。

中国橡胶期货价格在 10 年间由被日胶引导，做日胶的“影子市场”到与占绝对定价份额与日胶相互引导，这一定价影响力的历史性变迁，其背后的原因正是中国经济的快速增长和整体实力的不断壮大。中国国内集聚了几乎全球最多的大宗商品消费与需求，这些因素都由期货市场参与反映到价格形成中，因此，我国期货市场，尤其橡胶期货市场才能有如此突出的定价影响力变化。而日胶，由于日本经济的低迷和制造业转移，国内的投资和避险需求都是有限的，市场规模得不到提升，价格发现需要的信息和因素不能积聚，虽然价格发现效率仍然高于沪胶，但是沪胶作为后起之秀，已经开始了自己的独立行情。不是日胶的引导能力下降，而是沪胶的影响力太强，已经不再接受引导。

（二）条件因素：全球橡胶工业重心向中国转移

天然橡胶作为一种重要的战略物资，与煤炭、钢铁、原油并列为四大工业原料，其消费总量的 70% 用于汽车轮胎行业。目前，中国是世界上橡胶消费量增长速度最快的国家，2000 年消费量超过日本，2001 年超过美国后，成为世界上最大的橡胶消费国，也是世界上最大的轮胎供应国之一。

2008 年以来，席卷全球的金融危机给世界橡胶工业带来了极为严重的影响，许多发达国家的橡胶消耗量都有大幅下降，唯独中国逆势而上，呈现一枝独秀的亮丽，全球橡胶工业的重心也正向亚洲转移。

权威机构 IRSG（国际橡胶研究组织）最新公布的数字显示，2009 年前三季度世界橡胶消费量为 1577.1 万吨，同比下降 10.6%；产量为 1574.2 万吨，同比下降 10.1%。世界前 10 位橡胶消耗国中，中国橡胶消耗量为 601.1 万吨，增长 20.1%，占全球的 38%；美国为 151.1 万吨，下降 26.8%；日本为 108.3 万吨，下降 29.7%；印度为 90.2 万吨，增长 2.2%；巴西为 50.7 万吨，下降 24.3%；德国为 44.5 万吨，下降 26.2%；韩国为 40.3 万吨，下降 23.8%。在橡胶生产方面，中国的表现也引人关注。前三季度中国合成橡胶产量为 212 万吨，同比增长 23.3%，占世界的 23.7%；美国为 145 万吨，下降 21.3%；日本为 91 万吨，下降 27.8%；韩国为 82 万吨，增长 5.1%；俄罗斯为 73.2 万吨，下降 22.1%。

中国天然橡胶产量增长 12.5%，以 41 万吨超过越南前进至世界第 5 位。位居世界第 1～4 位的分别是：泰国，214.9 万吨，下降 8.9%；印尼，198.7 万吨，下降 7.3%；马来西亚，61.8 万吨，下降 29.2%；印度，53.6 万吨，下降 10.8%。[①]

中国在不久的将来将成为世界橡胶加工厂，进口和消费都将成为世界橡胶市场的主宰。特别是山东地区，以青岛为中心辐射周边的烟台、威海、济南等地区，占了中国现在消费总量的 50% 左右，将是一个重要的价格参考地。天然橡胶期货为国际化商品，其定价中心就在亚洲地区，日本 TOCOM 一直是国际橡胶价格的参考标准，未来，中国将有望成为国际橡胶价格的决定地。

（三）决定因素：我国期货市场国际化程度

期货市场国际化是国际定价中心形成的最终决定性因素，因而也是我国橡胶期货市场国际定价影响力能否提升的决定因素。期货市场国际化的必备条件是期货市场的吸引力和辐射力，这涉及市场运行规则的国际化与法律环境的国际化。一方面，交易规则合理规范，交易公平透明，有大量国际性的、机构性的投资者参与该市场；另一方面，期货市场的监管体制与法规要符合国际一般惯例，尊重期货市场自身的运行规律。这样才能保障期货市场的定价效率，从而提高其国际定价影响力。

我国橡胶期货国际定价影响力发生了历史性变迁，但尚未能够取代日本成为橡胶的国际定价中心，这是由期货市场的国际化程度决定的。通过与日本对比，可以看到，我国橡胶期货市场的国际化程度还很低。

1. 从投资者结构来看

参与者结构多样化，拥有现货背景的交易者和机构投资者居多是国际定价中心的特征之一。期货市场参与主体的构成是影响价格发现效率的关键因素。相关现货生产商、加工商、经销商参与期货交易越多，价格发现效率就越高。因为他们直接与现货市场相联系，能够产生真实的供给和需求，价格中融入的信息真实性较高，投机性较低。此外，机构投资者的参与能作为套期保值者的对手方，可以避免一家大交易量客户对众多小规模散户的成交低效率，也能提高期货市场的定价效率。全球期货市场的发展经验也表明，商品期货市场的功能发挥需要实力强、多元化的机构投资者群体。机构投资者的定价能力与抗风险能力都比较强，有利于促进期货市场的稳定和定价功能的充分发挥。在国际金融市场上，金属和能源、化工等商品交易已经成为银行、信托、证券和基金等金融机构的重要业务领域。

上海期货交易所的会员分为两类，一类是为自己进行套期保值或投机交易的期货自营会员，另一类则是专门从事期货经纪代理业务的期货经纪公司。二者业务没有交叉，自营会员不能从事代理业务，经纪会员也不能从事自营业务。投资者通过期货公司参与期货交易。

我国期货市场参与者以套期保值企业与散户投机者为主。目前的法规允许其他金融机构参与到商品期货的范围非常狭窄，基金尚未准入，银行只能担任第三方资金存管的角色。

---

① 资料来源：IRSG，http：//www.rubberstudy.com。

缺乏机构投资者是我国期货市场的一大特色，且资本市场对外开放程度有限，更没有国外机构投资者参与。

参与天然橡胶套期保值的企业主要是云南农垦、海南农垦等橡胶生产企业以及诸如轮胎制造商之类的用胶企业。2008 年，天然橡胶全年的套保交易量为 6.6 万手，共计 32.8 万吨。这一数字占橡胶期货的全部成交量的比重是微乎其微的。根据 2008 年的交易数据，浙江、广东、上海等经济发达的沿海地区，占据了沪胶成交量的半壁江山。新增客户稳步攀升，其中法人客户数量增长了 7.24%。① 可以看出，我国橡胶期货市场不仅缺乏国际投资者更缺乏机构投资者的参与，套期保值量极小，整个期货市场就是一个以散户为主的投机市场。

TOCOM 的会员分为：经纪人会员、市场会员、一般会员及协会会员。经纪人会员可以参加会员代表大会，拥有投票权，从事代理交易的经济业务和自营业务，可直接在交易所下单，其准入费用最高。市场会员拥有投票权，也可直接在交易所下单，但只能从事自营交易，其初始加入费用较前者略低。一般会员只能通过经纪人会员参与期货交易，同样拥有投票权。协会会员则是为促进外国现货商参与而设立的一种会员制度，其与一般会员的区别就在于没有投票权，也须通过经纪人会员下单，但其初始加入费用最低。个人投资者即客户，其交易由经纪人会员代理，国外客户交易通过国外经纪人再由经纪人会员间接代理（见图 1.13、表 1.11）。此外，2005 年，日本重新修订《商品交易所法》，放松市场准入与金融监管，为 TOCOM 引入离岸会员机制提供了方便。2009 年 12 月，TOCOM 完成了公司化改造，未来的会员结构将更加丰满。

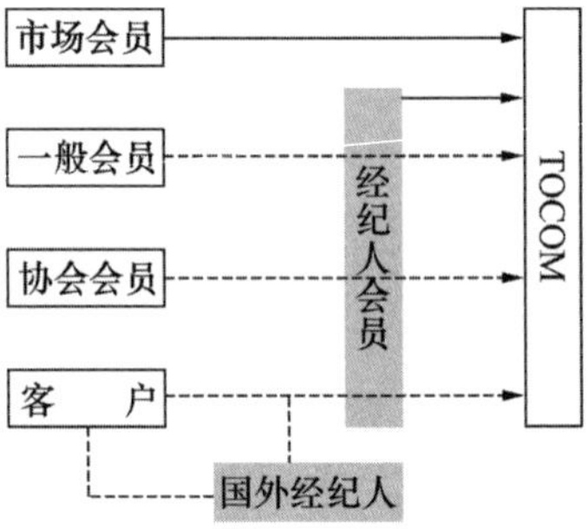

图 1.13　TOCOM 的会员结构

表 1.11　TOCOM 的会员类型

会员类型	经纪人会员	市场会员	一般会员	协会会员
数　目	49	25	25	42
经纪业务	是	—	—	—
直接加入	是	是	—	—
投票权	是	是	是	—
初始加入费用	高	>	>	低

资料来源：上海期货交易所。截至 2008 年 4 月的统计结果。

① 资料来源：上海期货交易所。

在 TOCOM 橡胶市场上的主要参与者有六大类型：交易公司、橡胶生产商、有自营业务的日本期货经纪公司、个人投资商、对冲基金或 CTA（商品交易顾问）以及外国投机商。

通过以上内容，我们知道，我国沪胶期货市场规模远大于日胶，定价效率却低于日胶。市场规模的大小并不代表定价效率的高低，还取决于合约的流动性。一方面，沪胶市场成交量的大规模提高未能对价格发现作出更加有效贡献；另一方面，合约的流动性相对较低，交易成本相对较高，又限制了定价效率的提高。

沪胶虽然有庞大的市场规模，但从交易者结构来看，与日胶相比则太单调了。没有机构投资者参与，套期保值者只能进行一对多的交易，无论建仓还平仓，都需要与众多的散户投机者配对方能成交，影响了交易的效率，使交易成本居高不下。随着越来越多的企业参与套保，散户为主的市场结构会更显压力，因此，正如前述部分所检验的，市场规模的大小并不能有效衡量流动性与交易成本的高低，沪胶要提高定价效率，除量的扩张外还必须优化市场参与者结构，尤其是引入机构投资者参与。

2. 从交易规则来看

交易规则的国际化是反映期货市场国际化程度的重要指标。国际化的规则体现了市场化运作。规则的制定，一方面要能有效控制市场风险，另一方面也要考虑增强市场流动性，降低交易成本，以提高期货市场定价效率。

随着沪胶市场规模的迅速壮大，日胶也在不断地完善自身的市场建设，巩固其国际定价中心的地位。为了增强日胶的竞争力，TOCOM 于 2009 年 5 月 7 日修改了日胶的交易规则，较之以前，更加与欧美期货市场风格靠近。

（1）保证金制度。

保证金制度作为一种交易的履约保证，在设定时主要考虑两个方面：一是保证金的水平能够抵御一日内价格波动风险即最大波动幅度；二是保证金水平对于交易的市场流动性的影响，高的保证金水平固然能够保证交易所的财务安全，但同时增大了交易成本，导致期货交易的市场流动性降低。

当前，国际著名期货交易所都采用动态的保证金制度，通过先进的模型化交易技术系统，动态地调整保证金比例。诸如 CBOT、CME、LME 等大都利用 SPAN（Standard Portfolio Anlysis of Risk）、TIMS（Theoretical Inter-market Margin System）保证金管理系统，采取动态保证金收取方式，每天都计算下一交易日所收取的保证金，并不定期地调整保证金比例。一方面可以利用保证金管理最大限度地控制风险，另一方面在有效控制风险的前提下，提高投资者的资金使用效率，降低交易成本。

1）日胶的动态保证金制度。

日胶施行的是动态的保证金制度，在 2009 年 3 月 24 日之前，保证金收取标准分为 4 个档次，根据价格变动设置相应的数额，随着价格的上涨，保证金逐级增加（见表 1.12）。事实上，按比例测算的话，该规则下的日胶的保证金要求并不比沪胶低，大概在 10% 左右。

全球金融危机之后，TOCOM 重新修订了橡胶期货的保证金制度，将保证金标准进一步调高并细化，保证金比例的动态调整更加向欧美规则靠近。具体规定如表 1.13 所示。

表 1.12　　TOCOM 橡胶期货合约结算保证金收取标准（2002 年版）

标准价格 P（日元/公斤）	初始保证金（日元/合约）
P＜70	45000
70≤P＜120	60000
120≤P＜170	75000
P≥170	90000

注：上述最低保证金数额由日本经济产业省制定，交易所有权提高。

表 1.13　　TOCOM 橡胶期货合约结算保证金收取标准（2009 年版）

<table>
<tr><td colspan="4">初始保证金</td></tr>
<tr><td rowspan="2">客　户</td><td colspan="2">自营商</td><td rowspan="2">会员客户</td></tr>
<tr><td>净持仓头寸</td><td>合并头寸</td></tr>
<tr><td>当前月份合约比例为 50%</td><td>客户标准的 1/2</td><td>客户标准的 1/10</td><td>客户标准的 1/2</td></tr>
</table>

<table>
<tr><td colspan="5">特别结算保证金</td></tr>
<tr><td colspan="4">当前月份合约</td><td>第二月份合约</td></tr>
<tr><td>第 1 天</td><td>第 10 天</td><td>第 15 天</td><td>第 10 天</td><td>第 20 天</td></tr>
<tr><td>＞6000，
30000 日元/合约</td><td>＞5000，
40000 日元/合约</td><td>＞4000，
40000 日元/合约</td><td>＞10000，
10000 日元/合约</td><td>＞7000，
20000 日元/合约</td></tr>
</table>

<table>
<tr><td colspan="3">补充结算保证金</td></tr>
<tr><td>净资产（日元）</td><td>合约数量（张）</td><td>金额（日元）</td></tr>
<tr><td>A＜5 亿</td><td>1300</td><td>30000</td></tr>
<tr><td>5 亿≤A＜10 亿</td><td>2500</td><td>30000</td></tr>
<tr><td>10 亿≤A＜20 亿</td><td>4000</td><td>30000</td></tr>
<tr><td>20 亿≤A＜50 亿</td><td>5000</td><td>30000</td></tr>
<tr><td>50 亿≤A＜100 亿</td><td>8000</td><td>30000</td></tr>
</table>

从表 1.12 与表 1.13 的对比可以看出，TOCOM 的保证金规则调整有两个侧重点：一是强化了保证金比例随价格波动而调整的动态性，提高交易者资金的利用效率，降低交易成本，与欧美市场接轨；二是通过保证金收取标准调整强化风险管理，提高散户的保证金比例，控制散户的信用风险，通过特别结算保证金与补充结算保证金加强对机构投资者的风险控制。

金融危机爆发后，商品价格波动率增加，促使个人投资者对交易采取消极态度；为加强风险管理，TOCOM 保证金水平提高，客观上限制了市场交易规模；雷曼事件之后持续的经济萧条也阻止了 TOCOM 的国际交易者从事交易。因此，2009 年初以来，日胶市场的交易规模下降，主要是由较高的保证金水平导致，而较高的保证金水平又是与市场动荡时期有关。从这一点可以看出，对于一个开放的期货市场，国际金融市场风险的传递和影响效应是显著的，这与我国期货市场交易规模突破性增长的态势形成鲜明对比。但是，交易所定期视最近期价格波动而调整的保证金比例，除了控制风险外，较多考虑提高交易者资金的利用效率，降低交易成本，这是静态保证金制度所不能及的。

2）沪胶的静态保证金制度。

我国的期货市场发展路程曲折，经历了从混乱到现期的逐步规范的过程。保证金制度也朝着比较统一的方向发展。目前我国各大交易所保证金基准值的确定是按照期货合约价值来确定的，通常为合约价值的一定比例。

使用固定比例的静态保证金收取标准，不仅增加投资者的交易成本，降低市场的流动性，而且也不利于期货交易所特别是期货经纪公司的风险控制。

第一，沪胶保证金制度是以最大化控制风险为原则，对具体交易成本考虑较少。例如，与日胶不同，沪胶保证金水平根据持仓总量的扩大而不断提高，其目的主要是为了控制市场的交易规模（见表1.14）。在中国传统的思维里，总是认为，市场规模过大风险就难以控制。事实上，持仓总量扩大在一定程度上可以提高市场流动性，而不一定会增加市场风险，并且扩大交易规模是交易所扩大影响力的有效途径。

表1.14　　上海期货交易所天然橡胶期货保证金收取标准

类别	一般月份	交割月份前2个月	交割月份前1个月		交割月份		持仓量①变化时交易保证金收取标准(保值同投机)			
时间	5%②	第10日	第1日	第10日	第1日	最后交易前2日	N≤12	12<N≤16	16<N≤20	N>20
保证金比例		10%	15%	20%	30%	40%	8%	8%	9%	11%

注：①N表示某一月份合约的双边持仓总量，单位：万手。②根据上期交交字〔2003〕186号文和上海期货交易所《风险控制管理办法》第八条的规定，当合约挂牌之日起，保证金收取比例按7%执行。

第二，沪胶固定保证金比例的确定带有一定的行政色彩，中国主要期货交易品种保证金均为交易金额的5%，主要目的是便于管理。且基本上不同投资者的保证金水平相同，保证金水平通常不变，采用静态的，先存钱后交易的收取方式。总之，沪胶现行的保证金制度不是根据期货市场实际风险大小进行计算可调整的，而是为了控制市场整体风险规模的一种行政决策的结果。

（2）价格波动限制。

1）日胶的熔断制度。

在2002年5月的日胶合约版本中，有如表1.15所示的价格波动限制，与同期的保证金收取标准类似，设置了4个档次，在不同价格区间设定了不同的价格波幅，与沪胶的比例不同，日胶直接设定了波动金额。

长期以来，TOCOM落后交易系统的功能和容量均不能满足全球市场参与者的需求。金融危机爆发后，TOCOM作了很多努力来改善停滞不前的橡胶期货交易。TOCOM引入了基于纳斯达克OMX技术的交易系统，该交易系统2009年5月7日上线，具有“断路器”功能（circuit breakers，是指当市场下跌达到一定幅度时，证券及商品交易所采取的暂停交易的措施），并允许交易所提供主机托管服务。于是，2009年5月7日起，在增加夜盘，延长

表 1.15　　　　日胶合约每日价格波动限制（2002年版）

标准价格P（日元/公斤）	价格限制（日元/公斤）	
P<70	3	交易所可以根据市场情况调整每日价格限制
70≤P<120	4	
120≤P<170	5	
P≥170	6	

交易时间的同时，TOCOM取消了涨跌停板的价格限制，实行熔断机制①。

熔断制度作为一项重要的风险管理制度，其目的是为了更好地控制风险。熔断机制的设立为市场交易提供了一个“减震器”的作用，其实质就是在涨跌停板制度启用前设置的一道过渡性闸门，给市场以一定时间的冷静期，提前向投资者警示风险，并为有关方面采取相关的风险控制手段和措施赢得时间和机会。同时，有利于消除陈旧价格导致期货市场流动性下降。

2）沪胶的涨跌停板制度。

由于天然橡胶价格受诸多因素影响，容易导致天然橡胶期货价格的大涨大跌，为防止和化解市场风险，上海期货交易所设置了每日价格最大波动限制，即每日价格波动幅度达到3%就停板的制度。并且制订了当市场价格波动较大，尤其是出现涨跌停板的情况下化解风险的一系列规定。

有研究表明，对天然橡胶来说，除在出现涨停板的下一个交易日，期货价格仍将上升外，其他情况下期货价格变动趋势和波动方差均不受影响。上海期货交易所期货价格的涨跌停板制度既没有起到防止价格过度反应，也没有起到降低市场波动性的作用。相反，在某种程度上，涨跌停板制度阻碍了期货市场价格发现功能的发挥，增大了市场的波动性。这一点在沪胶市场表现得尤为明显。研究者建议上海期货交易所适度放宽涨跌停板的幅度，尤其是对天然橡胶品种；同时加大市场监管力度，杜绝价格操纵行为的发生，以保证市场健康、有序的运行。

（3）持仓限制。

1）日胶的持仓限制。

从表1.16、表1.17可以看出，前后两个版本的合约持仓限制规定有明显的区别，前者的日胶保证金制度修订为了加强风险控制客观上减少了市场持仓规模，后者新修订的持仓限制则放宽了持仓限额。其中，对散户投资者的当前月份合约持仓限额扩大了2倍，对机构投资者则扩大了3倍，第二月份合约的持仓限额，散户扩大到3倍，机构投资者扩大了2倍，所有投资者的总持仓限额均扩大了2倍。

---

① 熔断制度，是1987年世界股灾发生以后为了控制股票交易风险的一种交易制度。其后，熔断制度又被引入期货市场，它的设立为期货交易提供了一个减震器的作用。所谓熔断制度，就是在期货交易中，当价格波幅触及所规定的点数时，交易随之停止一段时间，或交易可以继续进行，但价幅不能超过规定点数之外的一种交易制度。由于这种情况与保险丝在过量电流通过时会熔断而使得电器受到保护相似，故形象地称之为“熔断制度”。20世纪90年代以来，CME等国际著名交易所均采用熔断制度。

表 1.16　　日胶持仓限制（2002 年版）　　单位：张合约

当前月份合约	100
第二月份合约	300
第三月份合约	800
其他月份合约	1500
总持仓	5000

表 1.17　　日胶持仓限制（2009 年版）　　单位：张合约

	当前月份合约	第二月份合约	总持仓
除信托投资基金以外的客户	200	600	10000
信托投资基金	300	600	10000
会　员	300	600	10000

对于套期保值者，经交易所批准，可保留超出持仓限额的套期保值头寸，但在该合约最后交易日的前 5 个交易日，必须减少包括套期保值头寸在内的持仓部位，使总持仓量小于规定限额。

2）沪胶的持仓限制。

按照上海期货交易所规定，经纪会员、非经纪会员和投资者的天然橡胶期货合约在不同时期限仓的具体比例和数额如表 1. 18 所示。

表 1. 18　　沪胶持仓限制

<table>
<tr><th colspan="4">合约挂牌至交割月前第二月的最后一个交易日</th><th colspan="3" rowspan="2">交割月份前第一月（手）</th><th colspan="3" rowspan="2">交割月份（手）</th></tr>
<tr><th rowspan="2">某一期货合约持仓量（手）</th><th colspan="3">限仓比例（%）</th></tr>
<tr><th>经纪会员</th><th>非经纪会员</th><th>投资者</th><th>经纪会员</th><th>非经纪会员</th><th>投资者</th><th>经纪会员</th><th>非经纪会员</th><th>投资者</th></tr>
<tr><td>≥10 万</td><td>15</td><td>10</td><td>5</td><td>5000</td><td>1500</td><td>300</td><td>1500</td><td>250</td><td>100</td></tr>
</table>

注：表中某一期货合约持仓量为双向计算，经纪会员、非经纪会员、投资者的持仓限额为单向计算；经纪会员的限仓数额为基数，交易所可根据经纪会员的净资产和经营情况调整其持仓限额。

与保证金收取标准类似，沪胶的持仓限制也存在根据市场持仓总量的规模而设定的限仓比例。当某一期的沪胶合约市场持仓量达到 10 万手以上，经纪会员、非经纪会员及客户的限仓比例分别为 15%、10%、5%。这显然也是对市场总规模的限制。交易所对套期保值交易的持仓量和交割量单独计算，在正常情况下不受持仓限量的限制，但在市场发生风险时，为化解风险，可以按规则规定的程序和顺序减仓。

事实上，在行情出现连续单边市的情况下，交易所往往倾向于采用强行平仓的措施来化解风险，这一点破坏了套期保值者的保值策略，为保值者带来风险，这也是沪胶期货套期保值参与者较少的原因之一。

4. 从法律环境来看

（1）日本法制建设推动期货市场的国际化。

在过去的20年里，全球金融衍生品产业迅猛发展。日本政府当局以及决策者们认识到了通过深化改革来重新树立日本市场在亚洲乃至国际市场的领导形象和竞争地位依然迫在眉睫。而且，为提高日本金融衍生品市场价值以便重建其在亚洲金融市场的地位，进而吸引更多国外机构投资，政府多次重新修订《商品交易所法》。其中，2005年的修订内容调整幅度最大，对期货市场的发展带来了深远影响。

重新修订的《商品交易所法》在2005年5月1日实施，期货业监管积极向日本国内证券行业和欧美期货行业的标准、惯例靠拢。建立独立而统一的清算机构，加强对投资者的保护①；各期货经纪公司共同出资设立客户保护基金，对由公司破产而给客户造成的损失进行补偿，补偿上限为每家客户1000万日元；允许美元作为交易保证金，这有助于大幅提升日本期货市场的国际化水平；放宽OTC（场外交易市场）交易限制，允许所有的商品期货品种开展OTC交易；规定了经纪公司最低资本要求，并严格控制经纪商的销售手段（由此带来的结果是商品期货交易量在2006年首次跌破近7年来最低点——1亿份合约，商品期货公司从2005年4月的96家减少到2007年初的80家）；扩大会员范围，商品使用者同样可以成为会员②；航空公司可以以会员的身份直接参与油料期货交易；允许交易所公司化（交易所公司化是近年国际期货市场的一大潮流，有助于交易所摆脱资金不足、决策缓慢等发展障碍，对市场创新起到很大的推动作用），从法律上允许交易所实行公司制，将为日本期货交易所的发展、创新打开一个新的空间。

（2）我国法制建设不完善，制约期货市场的国际化发展。

我国期货市场的立法层次较低。1999年6月2日，国务院颁布了《期货交易管理暂行条例》，该条例规范了交易所的设立、性质、管理结构、人员任职、职能、业务范围与禁止从事的业务、异常情况下紧急措施和权限、收益使用、解散以及须经中国证监会批准的事项等；明确了期货经纪公司设立条件、分支机构的设立、业务范围、解散以及须经中国证监会批准的事项等；明确了期货交易基本规则以及监督管理制度。为了与《期货交易管理暂行条例》配套，证监会制定了《期货交易所管理办法》《期货经纪公司管理办法》《期货经纪公司高级管理人员任职资格管理办法》《期货业从业人员管理办法》，以更加明确期货市场各主体的权利义务，完善《期货交易管理暂行条例》的法律适用，促使规范、有序的期货市场加快形成。2007年3月16日，国务院发布《期货交易管理条例》，1999年6月2日发布的《期货交易管理暂行条例》同时废止。《期货交易管理条例》将适用范围扩大到商品、金融期货和期权合约交易；删除了《期货交易管理暂行条例》中金融机构不得从事期货交易、不得为期货交易融资和提供担保的禁止性规定；增加了期货交易可以实行现金

---

① 之前，日本没有独立于交易所的清算机构，7家商品期货交易所既组织交易，又自己做清算。2004年12月24日，7家商品期货交易所和日本商品期货协会共同出资6亿日元设立日本商品期货清算公司（Japan Commodity Clearing House，简称JCCH）。JCCH的成立不仅是清算制度的重大改革，而且极大地保护了投资者。

② 之前，交易所会员仅限于期货经纪公司以及与所交易品种相关的生产商、贸易商，该商品的使用者不能成为会员，只能间接参与市场交易。

交割的规定；进一步要求期货市场加强基础制度建设，不断完善市场风险控制制度；在完善期货市场监管体制、加强和完善对其他市场主体的监管、国有企业参与期货交易等方面做出了具体规定。《期货交易管理条例》是在总结我国期货市场发展10多年经验教训的基础上制定的，第一次从法律层面对金融期货作了明确定位，意味着我国在制度层面为金融期货的推出清除了“路障”，并且其中诸多强化监管的措施也有利于我国期货市场的稳步健康发展。

现行的期货法律制度已经不能满足期货市场的发展要求。期货立法应当具有前瞻性，为创新和国际化发展预留空间，为进一步规范市场行为，维护市场秩序，为参与者创造良好的投资环境。

四、结论与建议

（一）主要结论

在前述研究的基础上，本文主要得出如下结论。

第一，我国橡胶期货的国际定价影响力发生了历史性变迁。通过实证研究发现，2005年以来，沪胶价格已经摆脱了单纯被日胶价格引导的“影子市场”地位，与日胶价格相互引导，在国际定价领域已经占到一定的信息份额。

第二，宏观经济的强劲发展是我国橡胶期货国际定价影响力发生历史性变迁的根本动力。我国的经济增长力量已经改变了世界经济格局，宏观经济的强劲发展为橡胶期货国际定价影响力的上升提供了充足的动力，这是我国橡胶期货国际定价影响力发生历史性变迁的根本原因。

第三，全球橡胶工业的重心向中国转移，为我国橡胶期货国际定价影响力的提升创造了条件。中国已经成为世界上最大的橡胶消费国，全球橡胶工业的重心也正向中国转移。中国在不久的将来将成为世界橡胶加工厂，进口和消费都将成为世界橡胶市场的主宰。这为我国橡胶期货国际定价影响力的进一步提高创造了重要条件。

第四，我国橡胶期货尚未能够取代日本成为橡胶的国际定价中心，是由期货市场的国际化程度决定的。通过与日本对比，可以看到，我国橡胶期货市场的国际化程度还很低。从投资者结构来看，缺乏国际投资者与机构投资者是我国橡胶期货市场存在的主要问题。实证研究表明，虽然市场规模很大，但以散户为主的市场参与结构影响了我国橡胶期货的定价效率。

从交易规则来看，TOCOM不断修改日胶的交易规则，逐渐与欧美国际期货市场风格靠近，交易规则的设计更加市场化，体现了风险控制与市场流动性之间平衡；我国橡胶期货的交易规则基本保持着本土特色，规则设计考虑风险控制更多，具有一定的行政色彩，不利于市场流动性的提高，从而影响了定价的效率。

从法律环境来看，日本自《商品交易所法》颁布以来，多次修订，为期货市场的国际化设置空间，扫除障碍；我国期货市场法制建设滞后，现行的期货法律法规已经不能满足期货市场的发展要求，制约着期货市场的国际化发展。

（二）提升我国橡胶国际定价影响力的政策建议

在中国期货市场发展壮大的背景下，TOCOM 已经通过一系列革新巩固并强化自己的橡胶国际定价中心地位。中国要进一步提升橡胶期货的国际定价影响力并最终建成国际定价中心，必须面对来自日本的竞争压力。国际国内期货市场的发展状态和经济增长对期货市场发展的需求都决定了我国应当在如下方面加快期货市场建设。

1. 尽快出台《期货法》

2006 年，我国已成立《期货法》起草组，2007 年，草案已经移交给全国人大财经委。我国期货市场成立时间不长，市场发展任务重，期货立法在尊重我国期货市场“新兴加转轨”特征的同时，也应当积极借鉴海外发达国家成熟期货市场的相关经验，加快《期货法》出台的步伐，早日为我国建成国际定价中心创造完善的制度环境。

期货立法应当取消那些限制和阻碍期货市场发展和创新的规定，丰富期货市场中介机构层次，扩大金融机构参与期货市场的范围，放宽机构投资者的市场参与，提高期货市场的定价能力和抗风险能力；期货立法应当具有前瞻性，为创新和国际化发展预留空间，为进一步规范市场行为，维护市场秩序，为参与者创造良好的投资环境。

2. 提升上海期货交易所的国际化

期货市场的国际化程度是期货市场的基本特征。由于期货合约标的的基础性、大宗性要求，与期货商品相联系的现货市场往往是一个国际性商品或金融市场之间的联系，而且与期货市场的国际化程度密切相关。目前，我国期货市场还基本处于封闭的状态，政策上也不允许境外投资者参与国内期货市场的投资，被允许参与境外期货市场投资活动的国内企业也是局限于一些具有套期保值需求的大中型企业。因此，提高期货市场的国际化水平将是促进我国期货市场定价影响力提升的一个有利途径。

TOCOM 一方面努力与国际成熟市场接轨，另一方面也积极应对来自亚洲其他国家期货市场不断提升的竞争力。TOCOM 已经视上海期货交易所为主要竞争对手，为巩固其橡胶国际定价中心的地位，从交易规则、技术系统到交易所体制做出了大刀阔斧的改革。对上海期货交易所来说，加快国际化发展的步伐已是刻不容缓。从中日橡胶期货市场的比较来看，交易规则与投资者结构的国际化是上海期货交易所提升国际化程度的重点领域。研究成熟市场的交易规则，结合我国期货市场的“新兴加转轨”特质，积极与国际市场接轨，努力实现从市场准入到交易、交割以及信息发布等各个环节的国际化，提高合约的流动性，降低交易成本，提高定价效率，为吸引国外投资者参与做好准备，方能充分发挥国际定价的影响力。

3. 培育机构投资者

在实施国际化战略的同时，应当积极培育国内的机构投资者，完善期货市场的参与者结构。研究已经表明，散户为主的投资者结构是影响沪胶定价效率的重要因素。近期，改善橡胶期货的投资者结构应是上海期货交易所的重点工作。

（1）监管层与交易所管理者应当积极研究银行、信托、证券、基金等金融机构进入商品期货市场的方法和途径，推动其以集合理财形式参与期货市场。

（2）加强宣传和培训，扶植与橡胶现货相连接的从事生产、加工、贸易的投资者进入期货市场。通过修改合约和交易规则，提高服务水平和服务意识，降低交易成本，吸引更多的现货企业入市进行套期保值，增强橡胶品种的活力，提高沪胶期货的定价效率和国际影响力。

（3）借鉴国际经验，依托本国国情，培育期货投资基金。加快制度创新的步伐，允许期货公司或其他金融机构组建期货投资基金管理公司，为期货投资基金的顺利运作提供制度性保障。

执笔人：陈　君（浦发银行总行金融市场部）

第二章

我国商品期货国际定价影响力分类比较研究

一、研究的背景与综述

（一）研究背景

多年来，我国一直是天然橡胶、大豆、棉花等工业品和农产品的全球最大进口国，是天然橡胶、铁矿石、铜、锌、玉米等工业品、矿产品和农产品的全球最大消费国，但我国在国际商品贸易中长期被国际大宗商品定价体系边缘化，在大宗商品国际贸易中处于弱势地位，只能被动地接受国际市场上制定的价格，缺乏对大宗商品的定价话语权。近几年来，由于国际市场能源、原材料价格的大幅波动，我国用大量的外汇进口这些大宗商品，付出了惨痛的代价。

以原油为例，2001 年到 2008 年国际金融危机爆发前，原油价格从 20 美元/桶飙升至接近 150 美元/桶。面对原油价格的剧烈波动，我国作为全球主要原油进口国和需求国，却束手无策，不得不为此支付高昂的代价：2004 年，我国共进口原油 1.23 亿吨，因油价上涨，多支付了 136 亿美元，2005 年我国又因高价买油多支付了 150 亿美元。再以大豆为例，2004 年国内大批榨油企业进口大豆，导致进口大豆成本急剧上升，造成了所谓的“大豆风波”，对我国大豆相关产业造成了毁灭性打击①。

出口方面，我国的大宗商品出口量逐年增加，但我国在国际贸易定价上却始终处于被动地位。比如，我国作为稀土、焦炭、淡水珍珠等大宗商品的生产和出口大国，稀土价格长期低迷，被喻为白菜价；2014 年焦炭价格也跌至 2008 年价格的一半；截至 2013 年底，淡水珍珠我国年产量占全球 95%，贸易收入却不足 10%。太多的案例表明，由于商品国际定价权的缺失，已经使我国蒙受了巨大的经济损失。

纵观全球经济发展史可以发现，期货市场作为全球大宗商品定价体系中的重要组成部分，发挥着越来越重要的作用。随着经济全球化的不断深入，国际大宗商品贸易已基本采

---

① 常清：“从‘影响因素’到‘定价力量’”，北京工商大学学报（社会科学版），2009 年第 3 期，第 1～6 页。

用期货定价方式。哪个国家的期货品种市场价格国际影响力大，哪个国家在该大宗商品的定价中话语权就大。特别是进入 21 世纪以来，国家、民族之间的竞争已经从初级资源领域、产品市场领域转向贸易金融领域尤其是全球商品定价权领域。因此，全球各国越来越重视本国期货市场的发展。

我国期货市场经过 20 多年的发展，规模稳步扩大，产品不断丰富，取得了一定的成绩。目前拥有大连商品交易所、郑州商品交易所、上海期货交易所和中国金融期货交易所共 4 家期货交易所，上市交易的期货品种达 40 个，范围涵盖工业品、农产品、化工产品、金融产品等，但是我国期货市场的国际定价影响力仍然不强，还没有哪个品种能够成为全球性的定价基准。

近年来，我国的期货市场出现了一种经济现象，即有的商品期货价格走势完全跟随国际定价中心的价格走势，处于“影子价格”地位；有的商品期货价格走势与国际定价中心价格走势趋同，与国际定价中心的价格相互引导，具有一定的国际定价影响力；有的商品期货价格走势与国际定价中心的价格走势关系不大，两者基本上互不影响。

这说明我国商品期货市场的各个期货品种之间发展不平衡，但从表象看已经有一些期货品种表现出一定的国际定价影响力，具备了一定的发展潜能。那么，针对我国争取国际定价话语权这一终极目标，哪些期货品种相对容易突破？它们的国际定价影响力如何？决定其国际定价影响力的关键因素是什么？如何进一步提升其国际定价影响力？这些都是我国建设国际定价中心，争取大宗商品定价话语权的关键问题，也是本文想要解决的问题。

由于我国是众多大宗商品的全球最大进口国和最大消费国，因此我国大宗商品国际定价影响力如何，事关国家利益和经济安全。只有掌握大宗商品国际定价中的话语权，才能在瞬息万变的国际市场环境中把握主动，实现由经济大国向经济强国的转变。认真学习党的十八大报告关于“实现中华民族伟大复兴”的论断，十八届三中全会通过的《中共中央关于全面深化改革若干重大问题的决定》精神，笔者认为，要打造中国经济升级版，推动经济更有效率、更加公平、更可持续发展，必须把我国建成一个全球性的期货交易中心，使大宗商品价格能够真正反映“中国因素”，这有利于改变 20 世纪形成的殖民价格体系，助推中国加快步入经济强国之路的快车道。因此，我们有必要从战略的高度来研究我国商品期货国际定价影响力的问题，这对我国早日建设成为全球性的定价中心，取得大宗商品国际定价话语权，具有重大的现实意义。

（二）研究综述

在商品期货国际定价影响力方面的研究，国内外已有学者做了一些有益的探索。20 世纪 80 年代以后，随着向量自回归（VAR）模型被引入经济学和自回归条件异方差模型（ARCH）的发展，推动了经济系统动态性分析的广泛应用，学者们开始从动态的角度研究各国商品期货价格之间的关联性。

从 20 世纪 90 年代起，我国学者也开始关注商品期货国际定价影响力的问题。常清（1996）率先提出了建立国际定价中心的期货市场发展战略，认为期货市场要与我国在 21 世纪所承担的国际化任务相适应，必须把我国的期货市场建成全球性的价格形成中心。根据成为国际期货交易中心的历史条件，我国已经具备相应的比较优势。2005 年，他又以品种分工、时区分工为理论基础，阐述了“中国将成为国际性期货交易中心”的观点，分析我国发展期货交易的条件和目前需要解决的问题，提出了先国内、后亚洲的“两步走”战略安排与相关措施，形成了原创性的中国国际定价中心论。2006 年，他还探讨了建立国际定价中心与期货市场国际化的相关问题，认为期货市场国际化应包含以下最基本的要素：规则国际化、品种本土化、市场有吸引力和辐射力、监管体制和法律环境国际化，并指出国际化关键是管理体制和法规的国际化，而不是表面上的外资进入、合资等。

从国内外相关文献综述发现，国外同行的研究主要着眼于期货价格国际关联性研究方法的突破；国内同行的研究热点则主要集中在铜、大豆、天然橡胶等单一品种，以及其与国际定价中心的关系，借鉴国外研究方法对期货品种进行实证检验。综合而言，前人对商品期货国际定价影响力的研究缺乏深入系统的研究，表现为以单品种进行比较研究的多，以分类形式来研究的少；通过实证得出结论的多，深入查找其中原因的少。其主要原因在于缺乏对商品期货国际定价理论体系的梳理，诸多研究以方法为导向，偏重于检验过程与结果，未能深入挖掘所选样本的研究价值，进而有针对性地给出提高我国商品期货国际定价影响力的策略建议。

本文将在前人研究成果的基础上，从商品期货定价理论出发，以分类研究的方式，对我国期货品种的国际定价影响力进行系统分析，尝试通过实证分析、图表分析、案例分析进行比较研究，剖析现实，纵横历史，探讨规律，服务实践，进一步丰富该领域的研究成果，为我国建设全球性的定价中心提供一些启发和思路。

本文将试图依次揭示以下问题：

（1）我国商品期货价格与国际定价中心价格的关联性，为什么有的强，有的弱？

（2）一个市场的价格变动怎样对另一个市场的价格变动行为产生影响，它们具体表现为怎样一种相互作用与影响关系？

（3）在建设国际定价中心目标下，我国要摆脱“影子市场”的现状，更好地提升期货品种国际定价影响力，应采取哪些对策？

二、我国商品期货上市品种及其分类

要分类检验我国商品期货的国际定价影响力，首先需要明确国内现有商品期货品种的分类依据是什么，以什么样的标准进行分类。

（一）我国上市交易的商品期货品种

1. 商品期货

商品期货是指标的物为实物商品的期货合约。商品期货历史悠久，种类繁多，主要包括农副产品、金属产品、能源产品等几大类，是关于买卖双方在未来某个约定的日期以签约时约定的价格买卖某一数量的实物商品的标准化协议。商品期货交易，是在期货交易所内买卖特定商品的标准化合同的交易方式。

2. 商品期货品种

截至2014年10月18日，经中国证监会的批准，国内可以上市交易的期货商品有以下品种。

（1）上海期货交易所：螺纹、热卷、线材、铜、铝、锌、铅、天然橡胶、燃油、黄金、白银、热轧卷板、沥青。

（2）大连商品交易所：大豆、豆粕、豆油、塑料、棕榈油、玉米、聚氯乙烯、焦炭、焦煤、铁矿石、纤板、聚丙烯、鸡蛋、胶板、粳稻。

（3）郑州商品交易所：小麦、棉花、白糖、精对苯二甲酸、菜籽油、早籼稻、甲醇、玻璃、油菜籽、菜籽粕、动力煤、锰铁、硅铁。

（二）我国商品期货分类

1. 分类标准及方法

我们假定商品的价格由供给和需求因素决定，则可以推定商品期货的国际定价影响力与商品对外依存度及期货交易活跃度密切相关。因此，本文将我国目前上市的商品期货分成四类：第一类是对外依存度高、期货交易活跃度高的品种，第二类是对外依存度高、期货交易活跃度低的品种，第三类是对外依存度低、期货交易活跃度高的品种，第四类是对外依存度低、期货交易活跃度低的品种。

具体而言，本文将根据历史统计数据，按照对外依存度大小和交易活跃度高低分别对现有商品期货品种进行测度，然后按上述标准，将品种分成四个类别。

为了研究需要，下面对本文所用的计量公式做一简单介绍。

（1）商品对外依存度的度量方法。

本文所指的对外依存度，是从供给的角度来说的，特指商品的需求依靠国外供给的程度。因为商品的需求量可用国内产量和净进口量来度量，即需求量 = 国内产量 + 净进口量；而需求通过国外满足的部分可以用净进口量来度量，因而对外依存度可用净进口量和需求量的比值来度量，即对外依存度 = 净进口量/（生产量 + 净进口量），其度量公式为：

$$Z = \frac{(X - M)}{P + (X - M)} \times 100\% \qquad (2-1)$$

式中，Z 为对外依存度，X 为进口量，M 为出口量，P 为国内产量。

（2）期货交易活跃度的度量方法。

本文所指的期货交易活跃度，是从流动性的角度来说的，特指该品种在国内期货市场的交易活跃程度。由于成交量指标能够很好地反映各期货品种的交易活跃程度。因此，我们采用样本区间内的各期货品种年交易量与国内商品期货市场年交易量的比值，来度量期货交易活跃度的高低，其计量公式为：

$$F = \frac{Q_n}{Q_0} \times 100\% \qquad (2-2)$$

式中，F 为衡量期货交易活跃度大小的指标，Q_0 为国内商品期货市场年交易量，Q_n 为各期货品种年交易量。

下面，我们按上述依据和标准，将上市交易的商品期货品种逐一进行归类。

2. 样本资料来源及取样说明

我们选用的资料和数据来源于国家统计局、中国海关总署、国家粮油信息中心、中国香港特区政府统计处、上海期货交易所、郑州商品交易所、大连商品交易所、中国石油和化学工业联合会、中国有色金属工业协会、中国期货业协会、美国农业部、美国地质勘探局、Wind 资讯。本文选择的样本期间为 2006～2012 年的年度数据①。玻璃按一箱 50 公斤计算。交易量数据均为单边计算，均不含期转现数据。

3. 我国上市商品期货的分类情况

截至 2012 年底，我国上市的商品期货包括黄金、白银、铜、铝、锌、铅、螺纹钢、线材、燃料油、天然橡胶、玉米、黄大豆、豆粕、豆油、棕榈油、线型低密度聚乙烯（LLDPE）、聚氯乙烯、焦炭、焦煤、小麦、棉花、白糖、精对苯二甲酸（PTA）、菜籽油、早籼稻、甲醇、玻璃、油菜籽、菜籽粕等品种。

通过上面介绍的指标，运用统计数据进行计算归纳，可以从商品对外依存度高低和期货交易活跃度高低等进行品种分类。

（1）按商品对外依存度分类。

根据公式（2－1），可以计算出衡量商品对外依存度高低的指标 Z，结果如表 2.1 所示。

表 2.1　　期货品种对应商品的对外依存度指标　　单位：%

品　种	2006 年	2007 年	2008 年	2009 年	2010 年	2011 年	2012 年	平均值
棕榈油	100	100	100	100	100	100	100	100
黄大豆	63.61	70.48	71.83	75.02	77.78	78.55	83.10	74.34
天然橡胶	74.62	73.59	75.53	72.54	73.65	73.84	73.10	73.84
燃料油	52.87	46.88	39.23	45.31	38.23	43.62	44.02	44.31
LLDPE	44.74	39.25	39.12	50.27	42.21	41.23	42.46	42.75
PTA	51.11	41.60	38.81	34.34	31.95	24.51	21.46	34.83
铜	16.28	28.13	26.41	43.44	38.83	34.16	34.94	31.74
棉花	22.83	23.66	15.86	25.37	28.00	41.85	36.69	27.75
黄金	11.26	11.61	23.35	11.82	24.91	51.18	60.11	27.75
豆油	26.49	27.17	24.79	14.07	11.43	11.66	11.27	18.13
甲醇	11.17	2.56	8.65	31.76	24.75	20.35	15.74	16.42
油菜籽	8.05	7.08	20.05	13.75	6.63	16.34	18.60	12.93
白糖	9.57	9.46	5.45	7.00	11.20	15.58	26.19	12.06
菜籽油	6.36	6.50	8.63	13.11	11.30	15.25	19.77	11.56

① 取样区间之所以选择从 2006 年开始，因为从某种意义上说，2006 年堪称中国经济元年：以金融业开始对外资全面开放为开端，中国开始全面履行入世的各项承诺，以“加速度”全方位地融入世界，GDP 继续保持 10% 的高速增长，外汇储备以每个月近 200 亿美元的速度增长，并首次突破 1 万亿美元，超过日本成为全球外汇储备最多的国家。

续表

品　种	2006 年	2007 年	2008 年	2009 年	2010 年	2011 年	2012 年	平均值
聚氯乙烯	10.37	5.37	5.17	15.51	9.93	6.33	5.42	8.30
菜籽粕	3.66	3.01	-0.10	8.64	13.65	5.73	-0.47	4.88
焦煤	0.30	1.63	1.50	4.63	8.47	7.12	8.83	4.64
锌	-0.22	-3.49	2.68	13.01	5.10	5.47	9.53	4.58
铝	2.09	0.78	0.82	10.27	1.31	1.15	2.46	2.70
玉米	-3.59	-0.34	-0.07	0.70	0.49	2.60	1.41	0.17
小麦	-2.26	-2.62	-0.21	0.43	-0.01	1.63	1.62	-0.20
玻璃	-0.25	-0.23	-0.18	-0.22	-0.41	-0.38	-0.36	-0.29
线材	-0.43	-0.63	-1.45	-0.72	-0.69	-0.87	-1.01	-0.83
豆粕	1.02	-2.44	-0.98	-2.63	-1.94	-0.39	-2.53	-1.41
螺纹钢	-4.27	-5.25	-1.03	-0.17	-0.12	-0.11	-0.10	-1.58
焦炭	-5.12	-4.78	-3.93	-0.11	-0.84	-0.74	-0.21	-2.25
铅	-22.77	-8.17	-0.08	3.43	-0.04	0.01	0.10	-3.93
白银	318.32	282.38	1026.78	-3389.35	-31.17	-22.35	-12.53	-261.13

资料来源：国家统计局，中国海关总署，国家粮油信息中心，中国香港特区政府统计处，中国石油和化学工业联合会，中国有色金属工业协会，美国农业部，美国地质勘探局，Wind 资讯。

对外依存度的值越接近 100，说明对外依存度越高；对外依存度的值为负，说明我国在该种商品上出口量大于进口量，表现为净出口，对外依存度低。早籼稻期货品种由于获取不到相应数据、白银期货品种由于出现数据异常，均予以剔除。我们将划分的临界值定为 10，大于 10 则表明对外依存度高，小于 10 则表明对外依存度低。为直观起见，我们将各期货品种对应商品的对外依存度平均值做成图例，如图 2.1 所示。

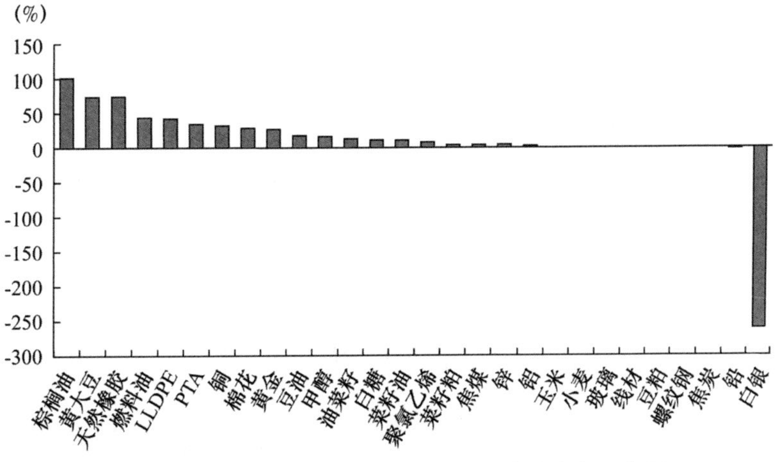

图 2.1 期货品种对应商品的对外依存度高低示意图

资料来源：国家统计局，中国海关总署，国家粮油信息中心，中国香港特区政府统计处，中国石油和化学工业联合会，中国有色金属工业协会，美国农业部，美国地质勘探局，Wind 资讯。

因此，我们可以将我国的商品期货划分为两类。

一是对外依存度高的品种。根据对外依存度高低，依次为：棕榈油、黄大豆、天然橡胶、燃料油、线型低密度聚乙烯、精对苯二甲酸、铜、棉花、黄金、豆油、甲醇、油菜籽、白糖、菜籽油。

二是对外依存度低的品种。根据对外依存度高低，依次为：聚氯乙烯、菜籽粕、焦煤、锌、铝、玉米、小麦、玻璃、线材、豆粕、螺纹钢、焦炭、铅。

（2）按期货交易活跃度分类。

根据公式（2－2），可以计算出衡量期货交易活跃度高低的指标 F，结果如表 2.2 和图 2.2 所示。

表 2.2　期货品种交易活跃度指标　　单位：%

品　种	2006 年	2007 年	2008 年	2009 年	2010 年	2011 年	2012 年	平均值
白糖	13.06	12.48	24.26	13.54	20.07	12.77	11.02	15.32
豆粕	14.04	17.77	11.92	14.41	8.26	5.00	24.22	13.66
螺纹钢	—	—	—	14.98	14.83	8.16	13.42	12.85
天然橡胶	11.59	11.58	6.81	8.25	11.01	10.39	5.59	9.32
玉米	30.10	16.32	8.79	1.55	2.37	2.68	2.81	9.23
黄大豆一号	3.96	13.02	16.67	3.94	2.46	2.51	3.38	6.56
豆油	4.60	3.65	6.55	8.79	6.01	5.78	5.12	5.79
PTA	0.07	1.36	2.58	4.89	4.04	12.01	9.01	4.85
锌	—	2.80	3.45	2.99	9.64	5.35	1.57	4.30
铜	2.40	4.48	3.05	7.53	3.34	4.88	4.26	4.28
LLDPE	—	0.10	1.94	4.15	4.11	9.49	5.34	4.19
优质强筋小麦	6.53	10.70	4.03	0.63	0.38	0.79	1.92	3.57
一号棉	0.92	0.81	0.79	0.79	5.72	13.85	1.56	3.49
燃料油	5.67	3.30	4.52	4.24	0.70	0.20	0.00	2.66
棕榈油	—	0.09	0.92	4.12	2.75	2.25	3.22	2.23
铝	6.20	1.32	2.17	1.90	1.13	0.99	0.29	2.00
白银	—	—	—	—	—	—	1.58	1.58
焦炭	—	—	—	—	—	0.15	2.45	1.30
玻璃	—	—	—	—	—	—	1.20	1.20
聚氯乙烯	—	—	—	1.68	0.56	0.94	0.51	0.92
早籼稻	—	—	—	0.18	1.77	0.59	0.29	0.71
菜籽油	—	0.18	0.94	1.02	0.63	0.43	0.46	0.61
黄金	—	—	0.57	0.32	0.22	0.72	0.44	0.45
甲醇	—	—	—	—	—	0.03	0.28	0.16

续表

品　种	2006 年	2007 年	2008 年	2009 年	2010 年	2011 年	2012 年	平均值
黄大豆二号	0.86	0.01	0.01	0.00	0.00	0.00	0.00	0.12
菜籽粕	—	—	—	—	—	—	0.03	0.03
线材	—	—	—	0.10	0.01	0.00	0.00	0.03
铅	—	—	—	—	—	0.03	0.01	0.02
油菜籽	—	—	—	—	—	—	0.01	0.01
普通白小麦	0.01	0.01	0.02	0.00	0.00	0.02	0.00	0.01

注：由于焦煤为 2013 年 3 月上市品种，不在样本区间内，分类时予以剔除。表中"—"表示该品种尚未上市交易。

资料来源：中国期货业协会网站。

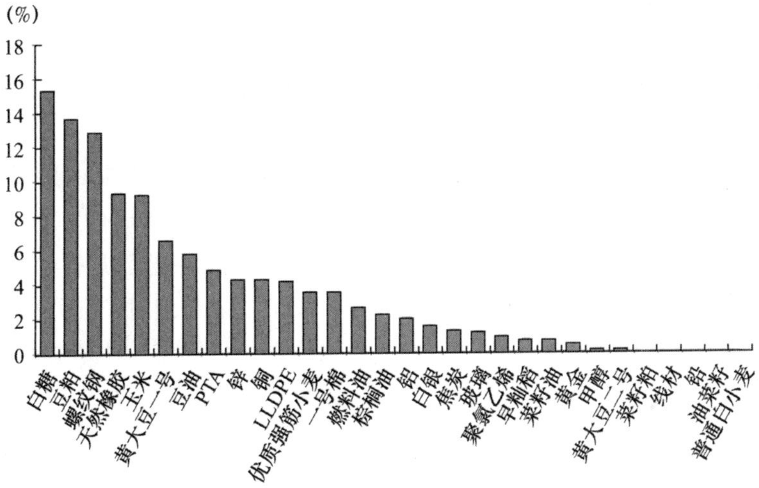

图 2.2　期货品种交易活跃度高低示意图

资料来源：中国期货业协会网站。

如果从交易量占比的角度看，如果某期货品种的交易活跃度指标 F 超过均值 3.3%，表明该品种为交易活跃品种，但从表 2.2 的实际计算结果看，为了使研究结果更具客观性和说服力，本文将交易活跃度大于白银期货的品种均归为交易活跃品种。因此，可以根据图 2.2 将商品期货种划分为以下两类。

一是交易活跃的品种。根据交易活跃度高低，依次为：白糖、豆粕、螺纹钢、天然橡胶、玉米、黄大豆一号、豆油、精对苯二甲酸、锌、铜、线型低密度聚乙烯、优质强筋小麦、一号棉、燃料油、棕榈油、铝。

二是交易不活跃的品种。根据交易活跃度高低，依次为：白银、焦炭、玻璃、聚氯乙烯、早籼稻、菜籽油、黄金、甲醇、黄大豆二号、菜籽粕、线材、铅、油菜籽、普通白小麦。

综合上述两方面的依据和标准，本文将目前上市交易的商品期货品种逐一进行归类，分类结果如下。

一是符合第一类对外依存度高、期货交易活跃度高的品种，包括棕榈油、黄大豆、天然橡胶、燃料油、线型低密度聚乙烯、精对苯二甲酸、铜、棉花、豆油、白糖。

二是符合第二类对外依存度高、期货交易活跃度低的品种，包括黄金、甲醇、菜籽油、油菜籽。

三是符合第三类对外依存度低、期货交易活跃度高的品种，包括锌、铝、玉米、小麦、豆粕、螺纹钢。

四是符合第四类对外依存度低、期货交易活跃度低的品种，包括聚氯乙烯、菜籽粕、玻璃、线材、焦炭、铅。

本部分介绍了什么是商品期货以及我国各交易所上市交易的商品期货的品种，并根据经济学的相关基础理论，按照商品对外依存度和期货交易活跃度高低的标准，运用历史统计数据进行计算归纳，将我国上市的商品期货分成了四个类别，分别是：对外依存度高、交易活跃度高；对外依存度高、交易活跃度低；对外依存度低、交易活跃度高；对外依存度低、交易活跃度低。这是本文研究的基础，主要解决了分类检验我国商品期货的国际定价影响力的理论假设是什么，对国内现有商品期货的分类依据是什么，分类的标准是什么，分类的结果怎么样等问题。

之所以这样对商品期货进行分类，目的是为了对研究我国商品期货的国际定价影响力打下基础。由于第二类和第四类商品期货的交易活跃度低，不可能具有太大的国际定价影响力，故不在本研究之列。接下来将从第一和第三类商品期货中选取具有代表性的期货品种，把其与国际定价中心的期货品种的价格进行比较分析，希望通过实证分析和比较研究，纵横历史，剖析现实，探讨规律，服务实践，为我国建设国际定价中心提供一些启发和思路。

三、我国商品期货国际定价影响力实证研究

根据对商品期货分类的结果，接下来将通过计量经济学的方法来检验我国各类商品期货的国际定价影响力异同。

（一）研究方法

我们知道，期货价格之间的信息传递，代表着一个市场对另一市场价格变动趋势的影响，因此，本文从每类商品期货中各选取具有代表性的品种，采用日收盘价格数据来研究其与国际定价中心期货价格之间的信息传递，检验各期货品种的国际定价影响力差异。

具体而言，第一步使用引导关系检验，确定两个市场信息传递的方向；第二步使用脉冲响应函数，描述一个市场所遭受的信息冲击给另一个市场所带来的影响；第三步通过方差分解，分析每个市场对信息冲击的反应对另一市场价格变动的贡献度。

（二）样本数据来源与处理

基于品种特性，本文选取棕榈油、大豆、天然橡胶、铜、棉花、白糖和锌、玉米、小

麦分别作为第一和第三类品种的代表进行研究。

选择过程如下：一是在上海期货交易所（SHFE）、大连商品交易所（DCE）、郑州商品交易所（ZCE）各选取3个主力品种作为代表进行比较，其中，第一类品种各选取2个品种，第三类品种各选取1个品种。二是根据目前业内公认的国际定价中心选取，其中包括美英等欧美发达国家、日本等亚洲经济强国和马来西亚等东南亚国家。三是根据对外依存度选取，其中棕榈油的对外依存度为100%、大豆的对外依存度为74.34%、天然橡胶的对外依存度为73.83%，为完全依赖进口或高度依赖进口的品种；铜的对外依存度为31.74%、棉花的对外依存度为27.75%、白糖的对外依存度为12.06%，属于对外依存度较高的品种；而锌的对外依存度为4.58%、玉米的对外依存度为0.17%、小麦的对外依存度为-0.20%，均为基本自给自足的品种。

样本使用以下指数的日收盘价数据进行分析，分别是：DCE 棕榈油指数（简称大棕指数）、马来西亚布尔萨衍生品交易所（BMD）棕榈油指数（简称马棕指数），DCE 豆一指数（简称豆一指数）、芝加哥商业集团（CME）美豆指数（简称美豆指数），SHFE 沪胶指数（简称沪胶指数）、东京商品交易所（TOCOM）日胶指数（简称日胶指数），SHFE 沪铜指数（简称沪铜指数）、伦敦金属交易所（LME）伦铜指数（简称伦铜指数），ZCE 郑棉指数（简称郑棉指数）、洲际交易所（ICE）美棉指数（简称美棉指数），ZCE 郑糖指数（简称郑糖指数）、ICE 美糖指数（简称美糖指数），SHFE 沪锌指数（简称沪锌指数）、LME 伦锌指数（简称伦锌指数），DCE 玉米指数（简称玉米指数）、CME 美玉米指数（简称美玉米指数），ZCE 郑麦指数（简称郑麦指数）、CME 美麦指数（简称美麦指数）。

以上期货数据来源于文华财经软件，汇率数据来源于 Wind 资讯。

多数品种样本区间为 2006 年 6 月 1 日至 2012 年 11 月 19 日，剔除因节假日差异导致的非配对数据，样本容量为：大豆指数 1535 个、天然橡胶指数 1501 个、铜指数 1534 个、棉花指数 1535 个、糖指数 1532 个、玉米指数 1532 个、小麦指数 1534 个。

由于国家外汇管理局自 2010 年 8 月 19 日起才公布人民币兑林吉特汇率中间价，故棕榈油的样本区间选取 2010 年 8 月 19 日至 2013 年 12 月 13 日，样本容量为 760 个；沪锌品种为 2007 年 3 月 26 日上市品种，故锌的样本区间选取 2007 年 3 月 26 日至 2013 年 8 月 30 日，样本容量为 1532 个。

各合约报价单位统一调整为元/吨，汇率为中国人民银行公布的人民币日汇率中间价，1 磅取值 0.00045359237 吨，1 蒲式耳取值 0.027216 吨。

由于数据的对数化变换不改变原来数据之间的协整关系，却能使数据的趋势线性化，并可消除时间序列之间异方差现象，所以本文将数据作了对数化处理，LNDCP、LNBMP、LNDCS、LNUSS、LNSHR、LNTOR、LNHT、LNLT、LNZM、LNMM、LNZT、LNMT、LNHX、LNLX、LNDCC、LNUSC、LNZCW、LNUSW 分别代表大棕指数、马棕指数、豆一指数、美豆指数、沪胶指数、日胶指数、沪铜指数、伦铜指数、郑棉指数、美棉指数、郑糖指数、美糖指数、沪锌指数、伦锌指数、玉米指数、美玉米指数、郑麦指数、美麦指数的对数值。计量软件采用 EViews 6.0。

（三）模型选取

研究模型的选取，基于不同期货市场价格波动之间的关联性是一个动态的过程。因为时差关系，国际国内市场参与者在操作实践中，通常相互参考另一市场的同期价格来做决策。本文采用结构化向量自回归（SVAR）模型进行实证研究，即在VAR模型的基础上，加入变量间的同期影响关系，来分析结构冲击对系统变量的动态影响。本书构建的两变量SVAR模型表示如下：

$$\begin{bmatrix} 1 & -c_{12} \\ -c_{21} & 1 \end{bmatrix}\begin{bmatrix} x_t \\ z_t \end{bmatrix} = \begin{bmatrix} \gamma_{10} \\ \gamma_{20} \end{bmatrix} + \begin{bmatrix} \gamma_{11} & \gamma_{12} \\ \gamma_{21} & \gamma_{22} \end{bmatrix}\begin{bmatrix} x_{t-1} \\ z_{t-1} \end{bmatrix} + \begin{bmatrix} \mu_{xt} \\ \mu_{zt} \end{bmatrix} \tag{2-3}$$

本书采用短期约束形式，式中变量和参数矩阵为：

$$A = \begin{bmatrix} 1 & 0 \\ NA & 1 \end{bmatrix}, B = \begin{bmatrix} NA & 0 \\ 0 & NA \end{bmatrix} \tag{2-4}$$

式中，x_t 和 z_t 均是平稳随机过程；随机误差项 μ_{xt} 和 μ_{zt} 是白噪声序列，并且它们之间不相关；系数 c_{12} 表示变量的 z_t 的变化对变量 x_t 的影响；γ_{21} 表示 x_{t-1} 的变化对 z_t 的滞后影响。

（四）模型检验

1. Johnsen 协整检验

利用ADF单位根检验法检验期货品种价格序列的平稳性。通过ADF单位根检验可以看出，棕榈油、大豆、天然橡胶、铜、棉花、糖、锌、玉米、小麦这9组价格序列在1%～10%的显著性水平下，水平序列均不平稳，但一阶差分后均为单整序列，满足协整检验的前提。

根据LR、FPE、AIC、SC、HQ准则选取适当滞后阶数，本文分别对棕榈油、大豆、天然橡胶、铜、棉花、糖、锌、玉米、小麦共9组价格序列的协整关系进行Johansen检验。通过Johansen协整检验可以看出，在样本区间内，LNDCP与LNBMP、LNDCS与LNUSS、LNSHR与LNTOR、LNLT与LNHT、LNLX与LNHX之间在95%的置信水平上存在一个协整关系，LNMM与LNZM、LNMT与LNZT、LNDCC与LNUSC、LNZCW与LNUSW之间不存在协整关系。这一结果表明，作为对同一商品价格的反映，大棕指数与马棕指数、豆一指数与美豆指数、沪胶指数与日胶指数、沪铜指数与伦铜指数、沪锌指数与伦锌指数具有某种长期均衡关系；而美棉指数与郑棉指数、美糖指数与郑糖指数、玉米指数与美玉米指数、郑麦指数与美麦指数之间不存在长期均衡关系，即两个市场之间不存在一个市场的价格影响另一个市场的价格的问题。

2. Granger 因果关系检验

Granger因果关系检验的结果如表2.3所示。引导关系检验表明，在5%的显著性水平下，LNBMP是LNDCP变化的Granger原因，LNDCP不是LNBMP变化的Granger原因，即马棕指数价格变动对大棕指数具有单向引导关系；LNDCS是LNUSS变化的Granger原因，LNUSS也是LNDCS变化的Granger原因，即豆一指数价格变动与美豆指数价格变动具有双向引导关系；LNSHR是LNTOR变化的Granger原因，LNTOR不是LNSHR变化的Granger原因，即沪胶指数价格变动对日胶指数具有单向引导关系；LNHT 是 LNLT 变化的 Granger 原因，LNLT 也是 LNHT 变化的 Granger 原因，即沪铜指数价格变动与伦铜指数价格变动具有双向引导关系；LNHX 是 LNLX 变化的 Granger 原因，LNLX 也是 LNHX 变化的 Granger 原因，即沪锌指数价格变动与伦锌指数价格变动具有双向引导关系。

表 2.3　棕榈油、大豆、天然橡胶、铜、锌 5 组价格序列的引导关系检验结果

Null Hypothesis	Obs	Lags	F-Statistic	Prob.
LNBMP does not Granger Cause LNDCP LNDCP does not Granger Cause LNBMP	757	3	10.9496 1.71784	5.00E-07 0.1619
LNDCS does not Granger Cause LNUSS LNUSS does not Granger Cause LNDCS	1532	3	2.99814 123.171	0.0297 2.00E-71
LNSHR does not Granger Cause LNTOR LNTOR does not Granger Cause LNSHR	1499	2	20.7899 1.00263	1.00E-09 0.3672
LNHT does not Granger Cause LNLT LNLT does not Granger Cause LNHT	1528	6	3.70217 154.038	0.0012 9.00E-153
LNHX does not Granger Cause LNLX LNLX does not Granger Cause LNHX	1518	4	4.90283 131.444	0.0006 2.00E-96

注：最大滞后除数 Lag 的确定是根据 LR、FPE、AIC、SC、HQ 准则选取的。

3. 脉冲响应函数分析

基于上文构建的 SVRA 模型，通过脉冲响应函数进一步分析外部冲击对变量的影响速度和程度。图 2.3、图 2.4、图 2.5、图 2.6、图 2.7 是模拟脉冲响应函数的曲线，横轴代表滞后期，纵轴代表对冲击的响应程度，变动比例由响应程度比 SVAR 系统残差的标准差计算得到。

其中图 2.3 显示的是在 100 期内 LNDCP 与 LNBMP 分别对来自一个标准差冲击响应的变化趋势；图 2.4 显示的是在 100 期内 LNUSS 与 LNDCS 分别对来自一个标准差冲击响应的变化趋势；图 2.5 表示在 100 期内 LNTOR 与 LNSHR 分别对来自一个标准差冲击响应的变化趋势；图 2.6 显示的是在 100 期内 LNLT 与 LNHT 分别对来自一个标准差冲击响应的变化趋势；图 2.7 表示在 100 期内 LNLX 与 LNHX 分别对来自一个标准差冲击响应的变化趋势。

从图 2.3 可以看出，对于来自扰动项的一个标准差冲击，LNDCP 的脉冲响应结果为：第 1 期，LNDCP 的值为 0.1，LNBMP 的值为 0；第 2 期 LNDCP 的值快速降至 0.073857；第 3 期快速回升到 0.078560；第 4 期又降至 0.074231；然后随着滞后期推移，LNDCP 的值逐渐减小，LNBMP 的值逐步增加；到第 100 期，LNDCP 的值降至 -0.008578，LNBMP 的值升至 0.094334。

LNBMP 的脉冲响应结果为：第 1 期，LNBMP 的值为 0.1，LNDCP 的值为 -0.01；第 2 期，LNBMP 的值减少为 0.093298，LNDCP 的值快速上升为 -0.002626；第 3 期，LNBMP 的值又快速上升为 0.095767；然后随着滞后期推移，LNBMP 的值逐渐减小，LNDCP 的值也逐步减少；到第 100 期，LNBMP 的值为降至 0.079659，LNDCP 的值降至 -0.013332。

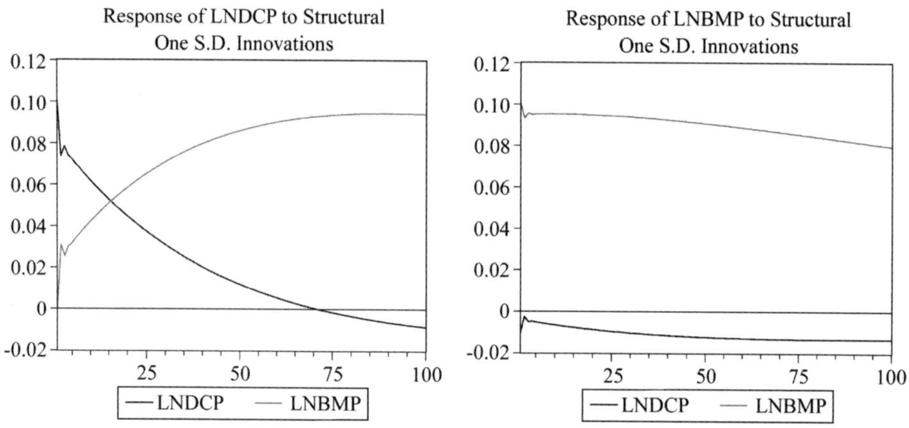

图 2.3　LNDCP、LNBMP 对一个标准差的脉冲响应图

从图 2.4 可以看出，对于来自扰动项的一个标准差的冲击，LNUSS 的脉冲响应结果为：第 1 期，LNUSS 的值为 50.27，LNDCS 的值为 0；然后随着滞后期推移，LNUSS 的值逐渐减小、LNDCS 的值逐步增加；到第 100 期，LNUSS 的值降至 23.72，LNDCS 的值升至 14.16。

LNDCS 的脉冲响应结果为：第 1 期，LNDCS 的值为 40.71，LNUSS 的值为 18.86；第 2 期，LNDCS 的值快速减少为 30.89，LNUSS 的值快速上升为 36.78；第 3 期，LNDCS 的值快速上升为 33.18，LNUSS 的值快速减少为 32.58；然后随着滞后期推移，LNDCS 的值逐渐减小，LNUSS 的值也逐步减少；到第 100 期，LNDCS 的值为降至 23.11，LNUSS 的值降至 25.20。

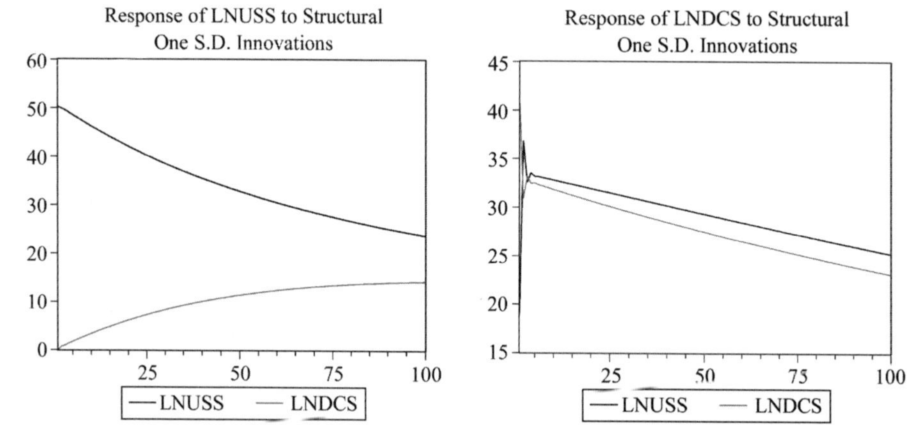

图 2.4　LNUSS、LNDCS 对一个标准差的脉冲响应图

从图 2.5 可以看出，对于来自扰动项的一个标准差冲击，LNTOR 的脉冲响应结果为：第 1 期，LNTOR 的值为 460.82，LNSHR 的值为 0；第 2 期，LNTOR 的值为峰值 486.46，LNSHR 的值为 74.54；然后随着滞后期推移，LNTOR 的值逐渐减小，LNSHR 的值逐步增加；到第 100 期，LNTOR 的值减至 325.91，LNSHR 的值升至 166.90。

LNSHR 的脉冲响应结果为：第 1 期，LNSHR 的值为 340.98，LNTOR 的值为 351.84；第 2 期，LNSHR 的值为峰值 347.54，LNTOR 的值为 374.50；然后随着滞后期推移，LNSHR 的值逐渐减小，LNTOR 的值也逐步减少；到第 100 期，LNSHR 的值为降至 171.42，LNUSS

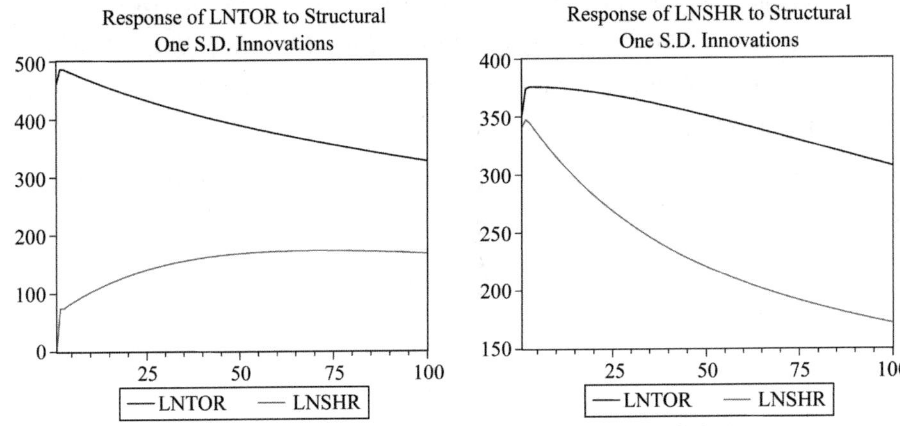

图 2.5　LNTOR、LNSHR 对一个标准差的脉冲响应图

的值降至 306. 84。

从图 2. 6 可以看出，对于来自扰动项的一个标准差冲击，LNLT 的脉冲响应结果为：第 1 期，LNLT 的值为 1026. 355，LNHT 的值为 0；第 2 期，LNLT 的值快速降至 933. 0342；第 3 期快速回升到 976. 1422；第 4 期又降至 948. 1638；然后随着滞后期推移，LNLT 的值逐渐减小，LNHT 的值逐步增加；到第 100 期，LNLT 的值降至 577. 4918，LNHT 的值升至 102. 3683。

LNHT 的脉冲响应结果为：第 1 期，LNHT 的值为 770. 5499，LNLT 的值为 376. 1909；第 2 期，LNHT 的值减少为 548. 1047，LNLT 的值快速上升为 894. 6855；第 3 期，LNHT 的值上升为 578. 9063；而后随着滞后期推移，LNHT 的值逐渐减小，LNLT 的值先增加后减小；到第 100 期，LNHT 的值为降至 114. 58，LNLT 的值降至 646. 3126。

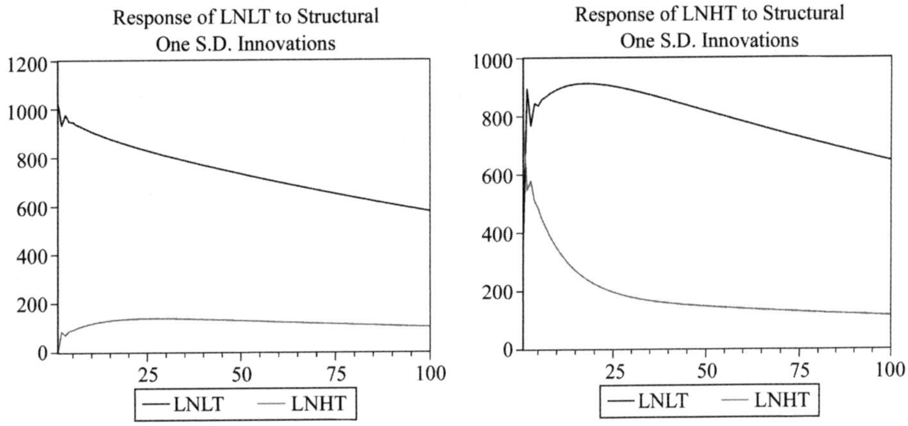

图 2. 6　LNLT、LNHT 对一个标准差的脉冲响应图

从图 2. 7 可以看出，对于来自扰动项的一个标准差冲击，LNLX 的脉冲响应结果为：第 1 期，LNLX 的值为 338. 8209，LNHX 的值为 0；第 2 期，LNLX 的值快速降至 322. 8865；第 3 期回升到 328. 9266；然后随着滞后期推移，LNLX 的值逐渐减小；LNHX 的值则从第 2 期开始逐步增加；到第 100 期，LNLX 的值降至 181. 2643，LNHX 的值升至 85. 51351。

LNHX 的脉冲响应结果为：第 1 期，LNHX 的值为 261. 8047，LNLX 的值为 132. 7918；

第 2 期，LNHX 的值快速减少为 204.0276，LNLX 的值快速上升为 275.4164；第 3 期，LN-HX 的值又回上升为 217.0261，LNLX 的值则减少为 244.4666；然后随着滞后期推移，LN-HX 的值逐渐减小，LNLX 的值先小幅上升后逐步减少；到第 100 期，LNHX 的值为降至 87.35909，LNLX 的值降至 183.5751。

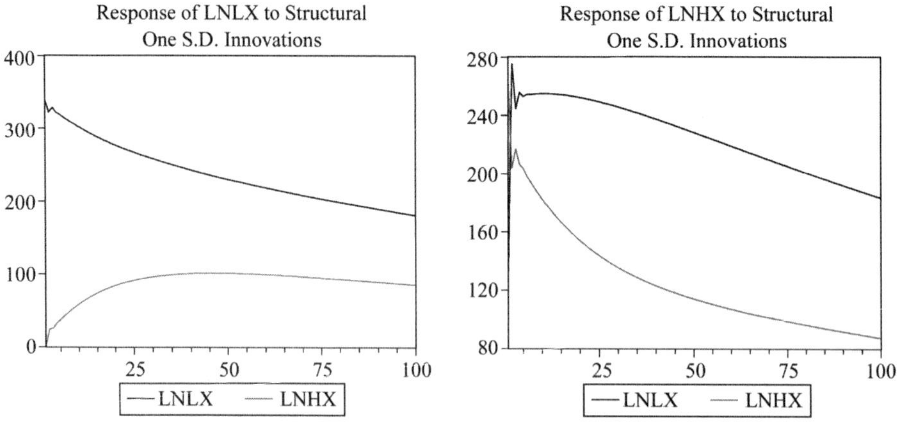

图 2.7　LNLX、LNHX 对一个标准差的脉冲响应图

由上可知，对于棕榈油来说，大棕指数受到来自马棕指数一个标准差的冲击，波动非常敏感，两者呈现正相关性，而马棕指数受到来自大棕指数一个标准差的冲击，却不太敏感，两者呈现负相关性。这说明马棕指数价格变化对大棕指数影响大，大棕指数价格变化对马棕指数没什么影响。

对于大豆、天然橡胶、铜和锌来说，不管是国际市场还是国内市场，受到的影响都是正面的，说明国际国内期货市场价格波动关系联系紧密。就具体品种而言，随着滞后期的推移，LNUSS 的波动是快速减弱，LNDCS 的波动则是先快速增强后缓慢减弱，说明 LNUSS 对来自 LNDCS 的冲击不敏感，而 LNDCS 对于自来 LNUSS 的冲击非常敏感，即美豆指数对豆一指数的冲击不太敏感，豆一指数对美豆指数的冲击非常敏感；LNTOR 的波动先快速增加，后逐渐减弱，LNSHR 的波动与 LNTOR 类似，但减弱速度较 LNTOR 快，说明 LNTOR 与 LNSHR 对来自对方的冲击都敏感，双方存在互为引导关系，国内市场受国际市场影响的持续性更长，LNTOR 比 LNSHR 具有更强的国际影响力；LNLT 的波动先快速减小，后迅速回升，后逐渐减弱，LNHT 的波动与 LNLT 类似，但减弱速度较 LNLT 快，说明 LNLT 与 LNHT 对来自对方的冲击都敏感，双方存在互为引导关系，国内市场受国际市场影响的持续性更长，LNLT 比 LNHT 具有更强的国际影响力；锌品种的脉冲响应图与铜类似，也说明 LNLX 与 LNHX 对来自对方的冲击都敏感，双方存在互为引导关系，国内市场受国际市场影响的持续性也更长，伦锌比沪锌更具国际影响力。

4. 方差分解分析

为掌握各期货品种在价格波动中的贡献率，根据所建立的 SVAR 模型对各组序列进行方差分解。为了得到各变量信息份额稳定时的百分比值，本文选择滞后期为 100 进行分析，方差分解结果分别如图 2.8、图 2.9、图 2.10、图 2.11、图 2.12 所示。

从图 2.8 可以看出，LNDCP 的方差分解结果为：第 1 期，LNDCP 的方差分解值为 0.1，占比为100%，LNBMP的占比为0；然后随着滞后期的推移，LNDCP的占比逐渐减小，LNBMP的占比逐渐增大；到第100期，LNDCP的方差分解值为0.86，占比为14.24%，此时LNBMP的占比为85.76%。

LNBMP的方差分解结果为：第1期，LNBMP的方差分解值为0.1，占比为99.01%，LNDCP的占比为0.99%；第2期，LNBMP的方差分解值为0.14，占比为99.43%，LNDCP的占比为0.57%；然后随着滞后期的推移，受LNDCP的影响逐渐减小；到第7期达到极值，这时LNBMP的方差分解值为0.25，占比为99.62%，LNDCP的占比为0.38%；而后随着滞后期的推移，受LNDCP的影响又逐渐变大；到第100期，LNBMP的方差分解值为0.91，占比为98.38%，此时LNDCP的占比为1.62%。

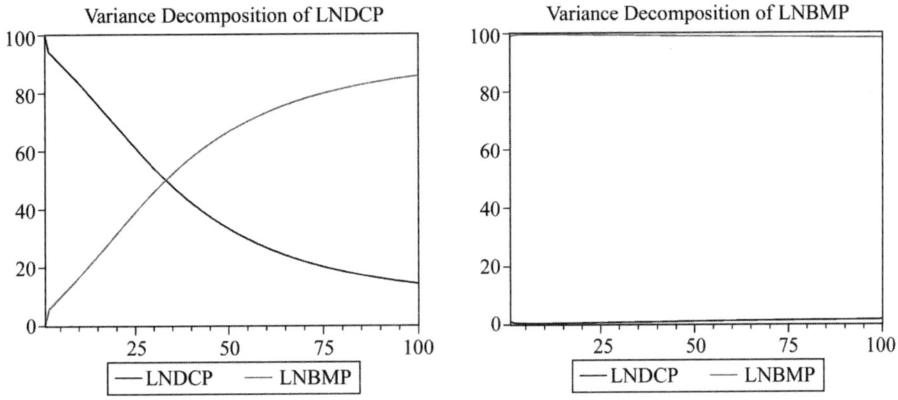

图2.8　LNDCP与LNBMP方差分解的输出结果图

从图2.9可以看出，LNUSS的方差分解结果为：第1期，LNUSS的方差分解值为50.27，占比为100%，LNDCS的占比为0；然后随着滞后期的推移，LNUSS的占比逐渐减小；到第100期，LNUSS的方差分解值为366.42，占比为91.37%，此时LNDCS的占比为8.63%。

LNDCS的方差分解结果为：第1期，LNDCS的方差分解值为44.87，占比为82.33%，LNUSS的占比为17.67%；第2期，LNDCS的方差分解值为65.73，占比为60.46%，LNUSS的占比为39.54%；然后随着滞后期的推移，受LNUSS的影响逐渐加大；到第100期，LNDCS的方差分解值为404.35，占比为47.46%，此时LNUSS的占比为52.54%。

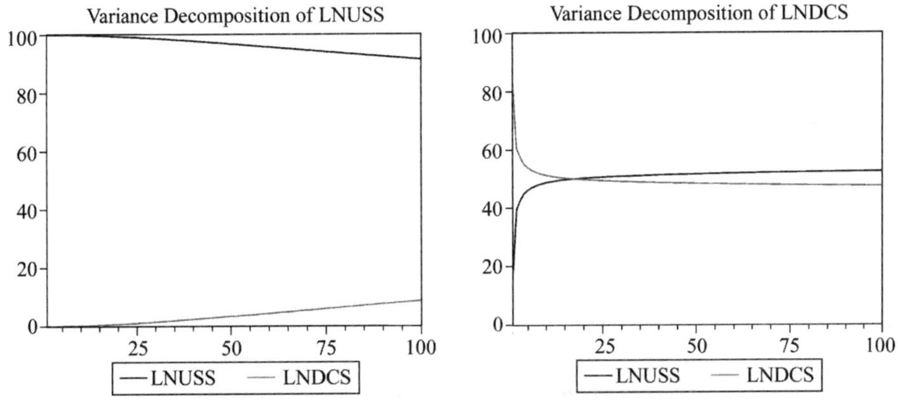

图2.9　LNUSS与LNDCS方差分解的输出结果图

从图 2.10 可以看出，LNTOR 的方差分解结果为：第 1 期，LNTOR 的方差分解值为 460.82，占比为 100%，LNSHR 的占比为 0；然后随着滞后期的推移，LNTOR 的占比逐渐变小，LNSHR 的占比逐渐增加；到第 100 期，LNTOR 的方差分解值为 4255.19，占比为 86.88%，此时 LNSHR 的占比为 13.12%。

LNSHR 的方差分解结果为：第 1 期，LNSHR 的方差分解值为 489.95，占比为 48.43%，LNTOR 的占比为 51.57%；随着滞后期的推移，LNSHR 的占比逐渐减少，LNTOR 的占比逐渐增加；到第 100 期，LNSHR 的方差分解值为 4219.31，占比为 31.94%，此时 LNTOR 的占比为 68.06%。

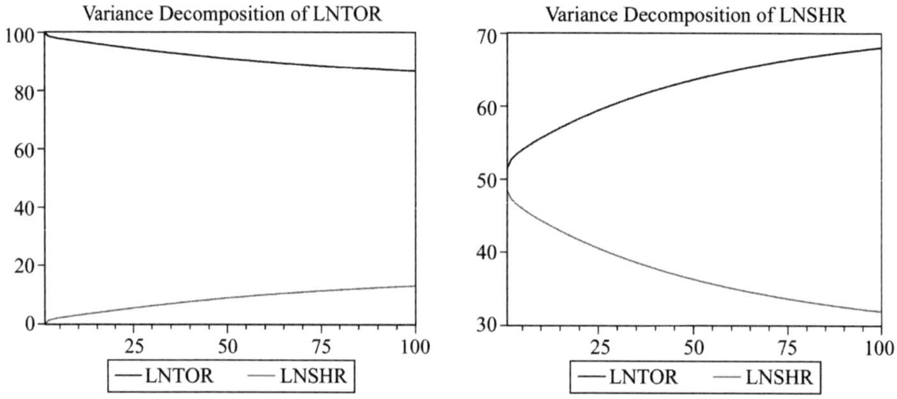

图 2.10　LNTOR 与 LNSHR 方差分解的输出结果图

从图 2.11 可以看出，LNLT 的方差分解结果为：第 1 期，LNLT 的方差分解值为 1026.355，占比为 100%，LNHT 的占比为 0；然后随着滞后期的推移，LNLT 的占比缓慢变小，LNHT 的占比逐渐增加；到第 100 期，LNLT 的方差分解值为 7608.899，占比为 97.45341%，此时 LNHT 的占比为 2.54659%。

LNHT 的方差分解结果为：第 1 期，LNHT 的方差分解值为 857.4769，占比为 80.75262%，LNLT 的占比为 19.24738%；随着滞后期的推移，LNHT 的占比快速减少，LNLT 的占比快速增加；到第 100 期，LNHT 的方差分解值为 8326.331，占比为 7.22555%，此时 LNLT 的占比为 92.77445%。

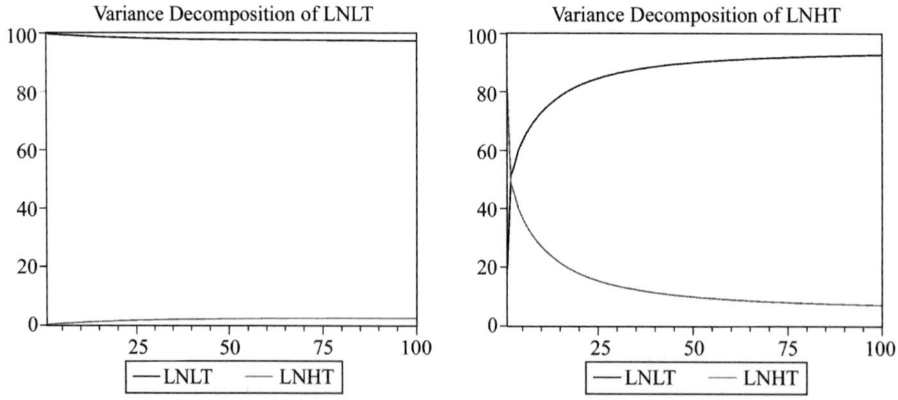

图 2.11　LNLT 与 LNHT 方差分解的输出结果图

从图 2. 12 可以看出，锌的方差分解图与铜的方差分解图类似。LNLX 的方差分解结果为：第 1 期，LNLX 的方差分解值为 338. 8209，占比为 100%，LNHX 的占比为 0；然后随着滞后期的推移，LNLX 的占比逐渐变小，LNHX 的占比逐渐增加；到第 100 期，LNLX 的方差分解值为 2572. 742，占比为 87. 91388%，此时 LNHX 的占比为 12. 08612%。

LNHX 的方差分解结果为：第 1 期，LNHX 的方差分解值为 293. 5564，占比为 79. 53747%，LNLX 的占比为 20. 46253%；然后随着滞后期的推移，LNHX 的占比快速变小，LNLX 的占比快速增加；到第 100 期，LNHX 的方差分解值为 2609. 144，占比为 24. 99703%，此时 LNLX 的占比为 75. 00297%。

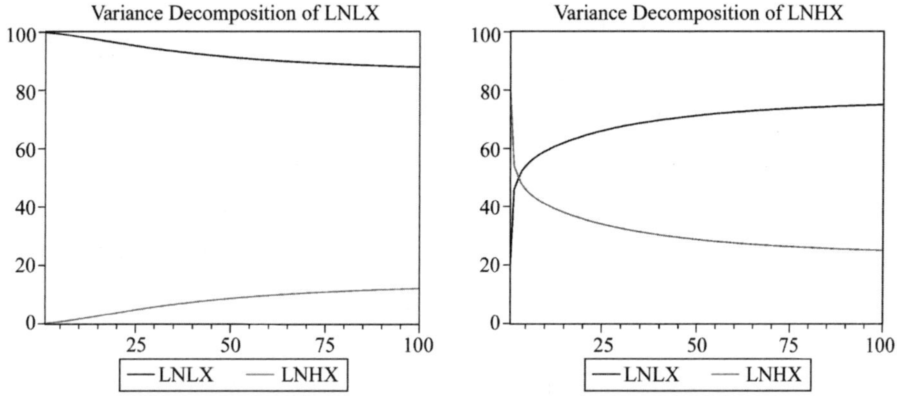

图 2. 12　LNLX 与 LNHX 方差分解的输出结果图

由上可知，马棕指数、美豆指数、日胶指数、伦铜指数和伦锌指数的价格波动受自身影响大：LNBMP 价格变动的 98. 38% 以上可由自身解释，LNUSS 价格变动的 91. 37% 以上可由自身解释，LNTOR 价格变动的 86. 88% 以上可由自身解释，LNLT 价格变动的 97. 45% 以上可由自身解释，LNLX 价格变动的 87. 91 以上可由自身解释。而大棕指数、豆一指数、沪胶指数、沪铜指数和沪锌指数的价格则受对方影响较大：LNDCP 在期初 100% 的变动由自身解释，但到期末只有 14. 24% 的变动可由自身解释；LNDCS 在期初有 82. 33% 的变动可由自身解释，但到期末只有 47. 46% 的变动可由自身解释；LNSHR 在期初有 48. 43% 的变动可由自身解释，到期末只有 31. 94% 的变动可由自身解释；LNHT 在期初有 80. 75% 的变动可由自身解释，到期末只有 7. 23% 的变动可由自身解释；LNHX 在期初有 79. 54% 的变动可由自身解释，到期末只有 25% 的变动可由自身解释。这说明大棕指数基本没有什么国际影响力，豆一指数、沪胶指数、沪铜指数、沪锌指数虽已具备一定的国际定价影响力，但美豆、日胶、伦铜、伦锌作为国际定价中心的地位却依然没有改变。

从方差分解得到的结果来看，与脉冲响应分析所得的结论一致。

根据对商品期货分类的结果，本部分选取了棕榈油、大豆、天然橡胶、铜、棉花、糖、锌、玉米、小麦作为第一类和第三类品种的代表，通过构建两变量的结构化向量自回归（SVAR）模型，对上述期货品种进行实证研究，得到的实证结果如下。

协整检验显示：对外依存度高、交易活跃度高的期货品种棉花、糖和对外依存度低、交易活跃度高的期货品种玉米、小麦与其国际定价中心之间均没有长期均衡关系，表明两个市场的价格相互之间没有影响，即我国棉花、糖、玉米和小麦的期货市场是独立运行的，与国际期货价格关系不大。

引导关系检验显示：在5%的显著性水平下，马来西亚棕榈油期货价格对大连棕榈油期货价格具有单向引导关系；美豆期货价格与豆一期货价格具有双向引导关系；沪胶期货价格对日胶期货价格具有单向引导关系；伦铜期货价格与沪铜期货价格具有双向引导关系；伦锌期货价格与沪锌期货价格也具有双向引导关系。

脉冲响应和方差分解显示：马来西亚棕榈油、美豆、日胶、伦铜和伦锌的期货价格波动受自身影响大。大连棕榈油期货价格基本谈不上具有国际影响力；豆一期货、沪胶期货、沪铜期货、沪锌期货已经具有一定的国际定价影响力，但却依然没有改变美豆期货、日胶期货、伦铜期货、伦锌期货的国际定价中心地位。

通过上面实证结果，可以得出以下结论。

第一，我国商品期货的国际影响力存在差异。有的品种影响力大，有的品种影响力小，有的品种没有影响力，即便对外依存度相当的品种，其国际影响力也不尽相同。

第二，我国棕榈油市场是一个“影子市场”。大连棕榈油期货价格完全跟随马来西亚棕榈油期货价格。

第三，我国大豆、天然橡胶、铜和锌期货已经具备一定的国际定价影响力，上海甚至有可能取代日本成为天然橡胶期货国际定价中心，这一点可从沪胶期货的价格对日胶期货呈现单向引导关系上得以证实。

第四，商品对外依存度不是国际定价影响力的关键因素，从实证结果看不出商品的对外依存度高低与国际定价影响力之间有必然的联系。

四、我国商品期货国际定价影响力关键因素研究

根据上文我国商品期货国际定价影响力实证研究所得到的结果：商品对外依存度不是其国际定价影响力的关键因素。那么，影响期货品种国际定价影响力的关键因素究竟是什么呢？下面将结合经济学原理和商品期货国际影响力的理论依据，分析我国各类期货品种国际定价影响力异同及其原因，进一步探讨造成我国商品期货国际定价影响力差异的因素。

下面将根据传统的供需决定价格的经济学理论，分析比较导致我国不同种类的商品期货国际定价影响力产生差异的原因。仍以棕榈油、大豆、天然橡胶、铜、棉花、糖、锌、玉米、小麦为例，把它们分为有影响力的期货品种、无影响力的期货品种、与国际定价中心价格互不影响的期货品种三类，从商品的国内需求量、对外依存度、国内需求度、期货交易活跃度和成交量等角度进行比较研究。

为了研究需要，下面对所用的计量公式简单介绍。

（一）国内需求度的度量方法

国内需求度，是从需求的角度来说，特指国内对商品需求的增长程度。为了比较商品

国内需求度的大小，我们采用样本数据的年平均增长率来度量，即商品国内产量的大小的计量公式为：

$$\bar{\gamma} = \left(\sqrt{\frac{Q_n}{Q_0}} - 1\right) \times 100\% \qquad (2-5)$$

式中，$\bar{\gamma}$ 为衡量国内需求度大小的指标，Q_0 为国内期初需求量，Q_n 为国内期末需求量。

（二）有国际定价影响力的期货品种分析

在本文所选取的样本中，有 4 个期货品种具有一定的国际定价影响力，分别是大豆、天然橡胶、铜和锌。其中，豆一期货价格与美豆期货价格具有双向引导关系；沪胶期货价格对日胶期货价格具有单向引导关系；沪铜期货价格与伦铜期货价格具有双向引导关系；沪锌期货价格与伦锌期货价格也具有双向引导关系。本文将以 2006～2012 年的年度数据为依据，从商品的国内需求量、对外依存度、国内需求度、期货交易活跃度和成交量共五个方面，对我国的大豆、天然橡胶、铜和锌 4 个期货品种进行比较分析，试图找出影响国际定价影响力的关键因素。

1. 商品国内需求量比较

商品国内需求量采用的是替代数据，即需求量 = 生产量 + 净进口量。

（1）大豆需求情况。

从大豆生产方面来看，受进口大豆的冲击，我国大豆产量呈现逐年下降的趋势，2006 年中国自产大豆 1596 万吨，而 2012 年产量则只有 1181 万吨。但作为全球最大的大豆进口国，2006～2012 年间我国共进口了 3.04 亿吨大豆，占全球产量的 17.86%，并且进口量呈现逐年上升趋势。而相比较进口量而言，我国大豆出口量不大，2006～2012 年共出口 231.22 万吨，占全球产量的 0.14%，出口量处于低位徘徊。出口量最高的为 2008 年的 46.44 万吨，出口量最低的为 2010 年的 16.36 万吨。

从需求角度看，大豆的特点是，我国是全球最大的进口国，进口量逐年上升；国内对大豆的需求量不断攀升，2010 年达到 7021.64 万吨的峰值，后虽略有回落，但偏离幅度不大。

（2）天然橡胶需求情况。

从天然橡胶生产情况看，根据中国农业部南亚办的统计数据，截至 2012 年底，全国天然橡胶种植面积 1695.88 万亩，种植面积位居全球第 4 位；全国天然橡胶产量达 80.22 万吨，年产量位居全球第 6 位。样本期内，我国天然橡胶产量走势如图 2.13 所示。

从天然橡胶进出口情况看，从样本期内观察，我国天然橡胶进口量呈现逐年上升趋势，2006 年进口量为 158.21 万吨，到 2012 年已经增长到 218 万吨，7 年共进口 1275.21 万吨，占全球产量的 17.62%。相比较而言，我国天然橡胶出口量不大，2006～2012 年我国共出口天然橡胶 0.19 万吨，除 2010 年出口量超过 900 吨外，其余年份出口量均不超过 400 吨。

从需求角度看，天然橡胶的特点是，随着我国逐渐成为“世界工厂”，需求量持续增加，进口量不断上升。2002 年起，我国天然橡胶的消费量超过美国，居全球第一。目前，我国是全球最大的天然橡胶消费国和进口国，需求量占全球总量的 1/3 左右，呈现逐年上

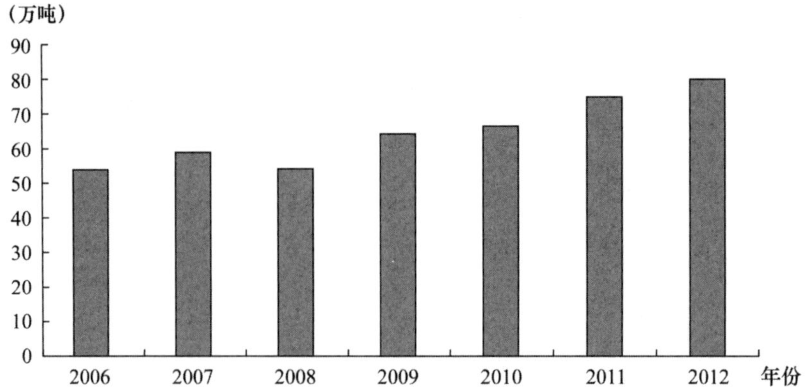

图 2.13　2006～2012 年我国天然橡胶产量趋势

资料来源：中国农业部发展南亚热带作物办公室。

升趋势，2012 年国内的消费量更是达到破纪录的近 300 万吨。

（3）铜需求情况。

从铜生产情况看，我国是全球最大的精炼铜生产国，2012 年精炼铜产量为 582.35 万吨，为全球产量的 28.47%。由于国内产量不能满足生产需求，我国每年需要从国外大量进口铜精矿[①]。样本期内，我国铜产量走势如图 2.14 所示。

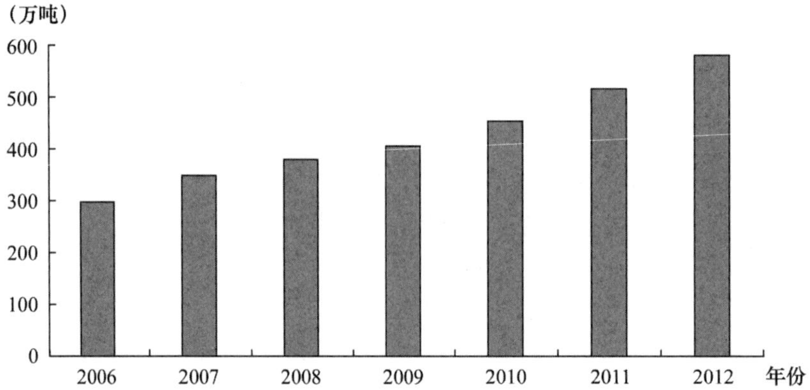

图 2.14　2006～2012 年我国铜产量趋势

资料来源：Wind 资讯。

从铜进出口情况看，改革开放以来，随着我国“世界工厂”的角色不断突出，国际制造业不断向国内转移，我国铜资源的供需矛盾越来越突出[②]。从样本期内观察，我国铜进口量呈现逐年上升趋势，2006 年进口量为 82.7 万吨，到 2012 年已经增长到 340.21 万吨，7 年共进口 1612.38 万吨，占全球产量的 12.22%。相比较而言，我国铜出口量不大，2006～2012 年我国共出口铜 100.72 万吨，但 2010 年以来，出口量呈现逐年上升趋势。

从需求角度看，铜的特点是，我国是全球最大精炼铜生产国，也是全球最大铜消费国。20 世纪 90 年代以来，我国国民经济高速发展和基础建设集中上马，导致铜消费快速增长，

①② 上海期货交易所：铜的需求与供给［EB/OL］. http：//finance. sina. com. cn/money/future/futuresroll/20120515/141712068540. shtml，2012－05－15。

与铜的相关行业进入一个迅速发展的时期。在过去的 20 多年里，我国精铜消费量的全球占比节节高升，到 2012 年，我国消费精铜 884.01 万吨，占全球铜消费总量的 43.02%，几乎占了一半。

（4）锌需求情况。

从锌生产情况看，近年来，我国锌的产量在不断增长。中国有色金属工业协会统计数据显示，2012 年我国锌产量 482.94 万吨，占全球总产量的 38.25%。

从锌进出口情况看，从样本期内观察，我国锌进口量总体呈现上升趋势，2006 年进口量为 31.8 万吨，到 2012 年已经增长到 51.51 万吨，7 年共进口 250.63 万吨，占全球产量的 3%。出口方面，我国锌出口量不大，2006～2012 年我国共出口铜 79.72 万吨，2008 年以来，出口量更趋减少。

从需求角度看，锌的特点与铜类似，随着国民经济高速增长，特别是交通运输、建筑和基础设施建设等行业的快速发展，推动了我国的锌消费量快速增加。2012 年，我国的锌消费量达到 539.62 万吨，为全球锌消费总量的 43.41%。样本期内，我国锌的需求情况如图 2.15 所示。

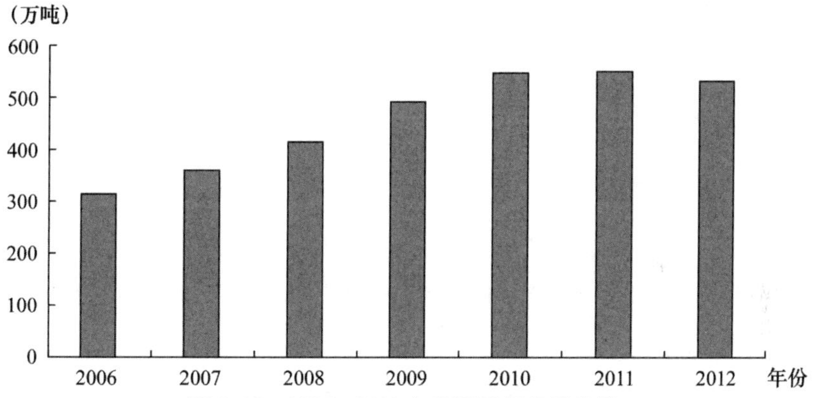

图 2.15　2006～2012 年我国锌需求量趋势

从上文分析可以得知，我国具有国际定价影响力的 4 个期货品种的共同特点是：国内需求量大幅增加，占全球份额较大，进口量逐年上升。其中，天然橡胶和铜的消费量均占全球第一，大豆进口量居全球第一。从图 2.16 中可以看出，2006～2012 年，我国对大豆、天然橡胶、铜、锌的需求总体呈现上升趋势。其中，铜的需求最旺盛，增长了 149.53%，大豆增长了 59.26%，天然橡胶增长了 40.68%，锌增长了 69.15%。

2. 商品对外依存度比较

商品对外依存度，表示我国对商品的需求所依靠国外供给的程度，是从供给的角度考量我国商品需求对国外依赖性大小。

从对外依存度的角度可以看出，我国大豆、天然橡胶、铜和锌没有形成特别明显的共同点。大豆、天然橡胶的对外依存度较高，达 70% 以上；铜和锌的对外依存度较低，其中铜为 30% 左右，锌则不足 10%。但从图 2.17 可以看到，大豆、铜和锌的对外依存度总体呈现上升趋势，而天然橡胶的对外依存度大体维持在 74% 的水平。

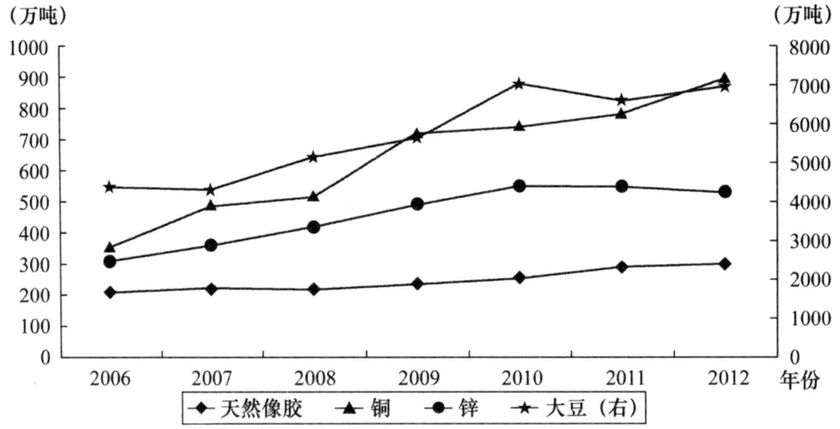

图 2.16　2006 ~ 2012 年我国大豆、天然橡胶、铜、锌需求量趋势

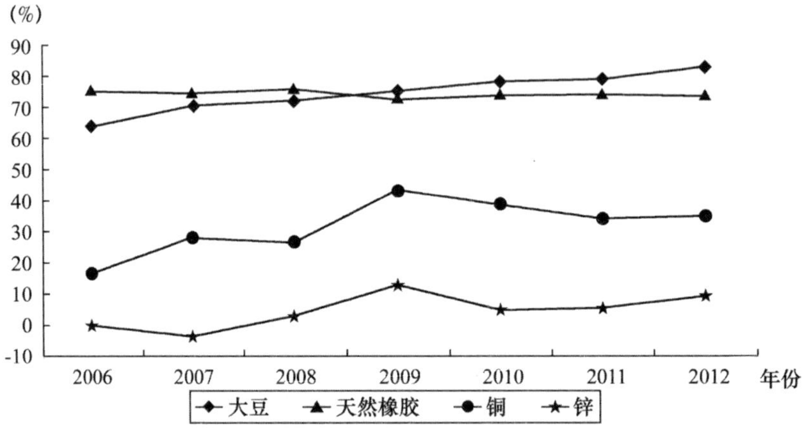

图 2.17　2006 ~ 2012 年我国大豆、天然橡胶、铜、锌对外依存度趋势

3. 商品国内需求度比较

商品国内需求度，特指国内对商品需求的增长程度，是从需求的角度来刻画我国对商品需求的年平均增长率。

从国内需求度来看，我国大豆、天然橡胶、铜、锌也没有形成明显的共同特征，有的品种国内需求度高，有的较低；有的品种国内需求度呈现上升趋势，有的呈现下降趋势。从图 2.18 可以看出，大豆、天然橡胶基本呈现上升趋势，铜和锌则呈现先扬后抑趋势，其中铜的国内需求度最大，锌次之，大然橡胶最小。

4. 商品期货交易活跃度比较

期货交易活跃度，是从流动性的角度考量商品期货交易是否活跃。

从期货交易活跃度看，我国大豆、天然橡胶、铜和锌的共同特点是均属于活跃品种。从图 2.19 中可以看出，2006 ~ 2012 年我国大豆、天然橡胶、铜、锌的期货交易活跃度情况，其中，天然橡胶最为活跃，基本保持在 6% 以上水平，铜也相对平稳，大致在 4% 水平波动，而大豆和锌则忽高忽低，波动较大。

5. 商品期货成交量比较

本文的商品期货成交量，是从自身角度考察期货品种的成长情况。从成交量角度看，

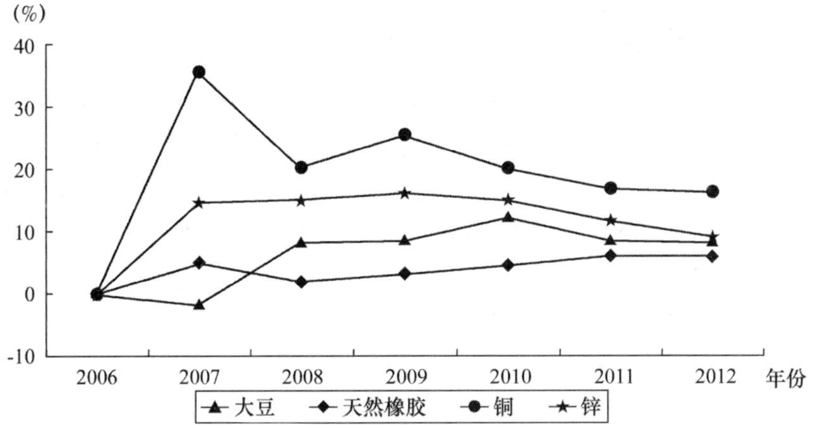

图 2.18　2006～2012 年我国大豆、天然橡胶、铜、锌国内需求度趋势

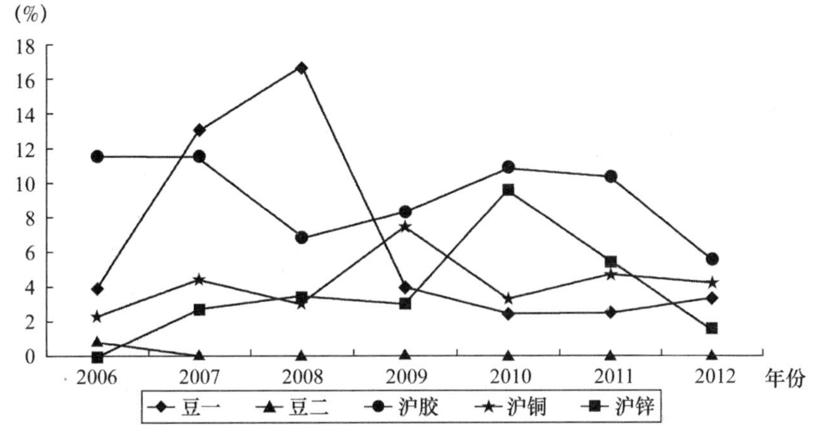

图 2.19　2006～2012 年我国大豆、天然橡胶、铜、锌期货交易活跃度趋势

我国大豆、天然橡胶、铜和锌的期货成交量虽然波幅较大，但总体呈现增长趋势。从图 2.20 可以看出，沪铜呈现明显的震荡上升趋势；沪胶与沪锌的走势基本一样，表现为冲高回落的过程，只不过沪锌波动幅度更大一些；豆一则表现为冲高回落，探底回升的态势；豆二基本没有成交量，可以判断为不成功的品种。

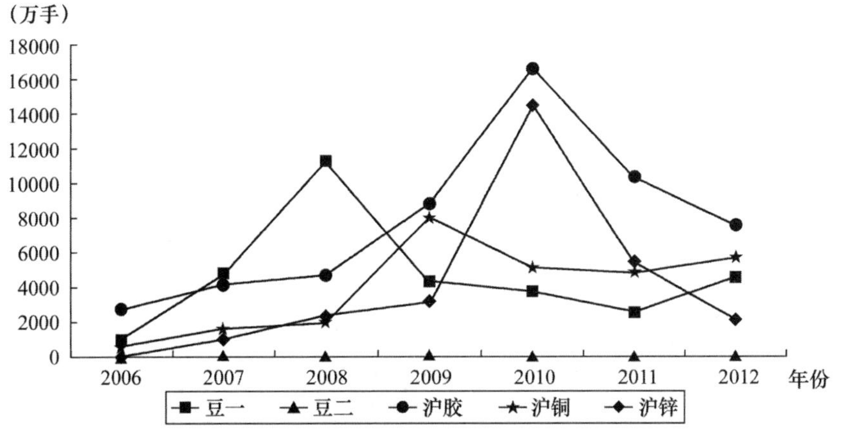

图 2.20　2006～2012 年我国大豆、天然橡胶、铜、锌期货成交量趋势

（三）无国际定价影响力的期货品种分析

在本文所选的样本中，只有棕榈油这一个期货品种属于无国际定价影响力的品种，表现为价格走势完全跟随国际定价中心价格走势，属于“影子价格”。本文也以2006～2012年的年度数据为依据，从商品的国内需求量、国内需求度、期货交易活跃度和成交量等四个方面进行分析，借以考察这一类品种的表现情况。①

1. 棕榈油国内需求量

由于我国是棕榈油的完全进口国，所以棕榈油的国内需求量近似等于当年进口量。2006～2012年，我国共进口棕榈油3987.86万吨，平均每年进口量约570万吨，占全球年产量的11%以上。样本期内，我国棕榈油需求情况如图2.21所示。

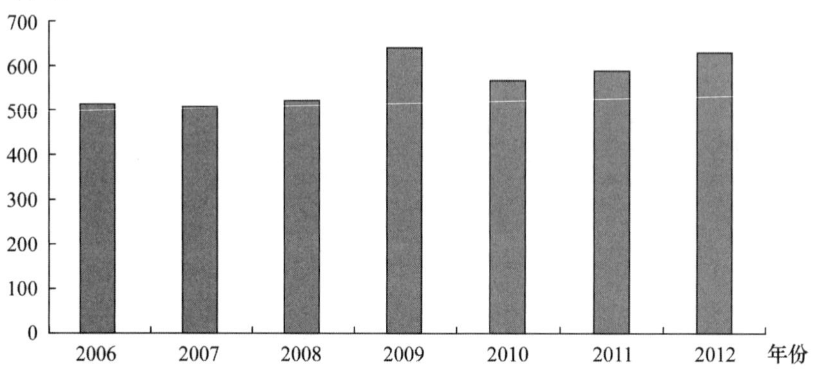

图2.21　2006～2012年我国棕榈油需求量趋势

资料来源：美国农业部。

2. 棕榈油国内需求度

棕榈油的国内需求度，特指国内对棕榈油需求的增长程度，是从需求的角度来刻画我国对棕榈油需求的年平均增长率。从样本期间内观察，以2006年为基期，除2007年国内棕榈油需求量骤减，导致年增长率为－0.85%外，其他年份的年平均增长率都为正数，说明我国对棕榈油的需求逐年上升，2009年还一度达到7.81%，2010年以来，基本保持在2%～3%的水平。我国棕榈油国内需求度趋势如图2.22所示。

3. 棕榈油期货交易活跃度

从图2.23中可以看出，棕榈油期货自2007年上市交易后，交易活跃度不稳定，根据上文对交易活跃度的分类标准，只有2009年超过3.3%的均值，其他年份都处于交易不活跃状态，2012年的活跃度为3.22%，属于不太活跃的期货品种。

4. 棕榈油期货成交量

从图2.24中可以看出，我国棕榈油期货自2007年上市以来，成交量于2009年达到峰值，随后成交量呈现逐年萎缩趋势。2012年的成交量仅为2009年的46.63%。

① 因为我国不生产棕榈油，国内需求100%依靠进口，故对外依存度不列入本文分析指标。

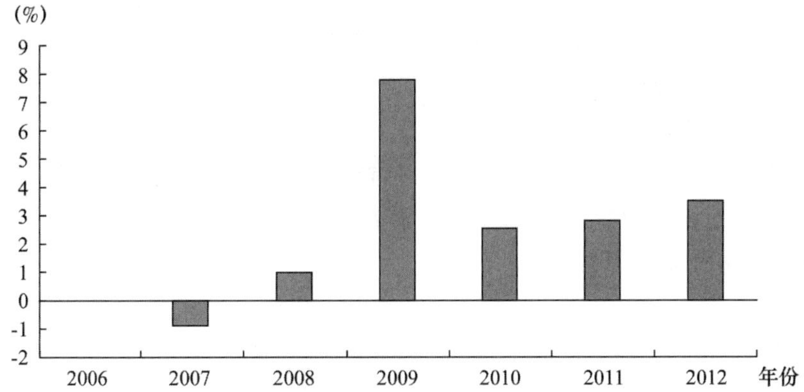

图 2.22　2006～2012 年我国棕榈油国内需求度趋势

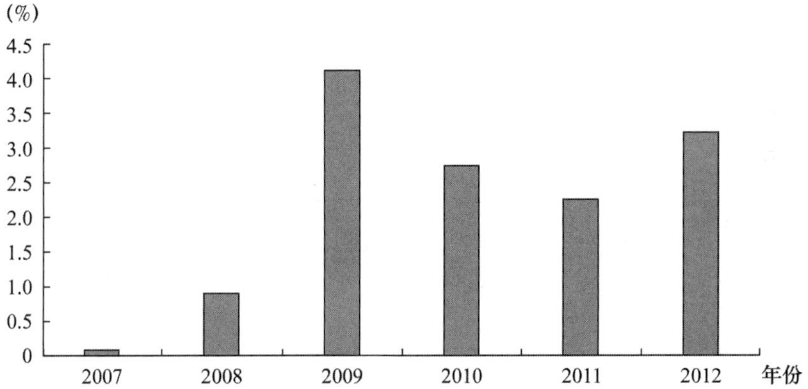

图 2.23　2007～2012 年我国棕榈油期货交易活跃度趋势

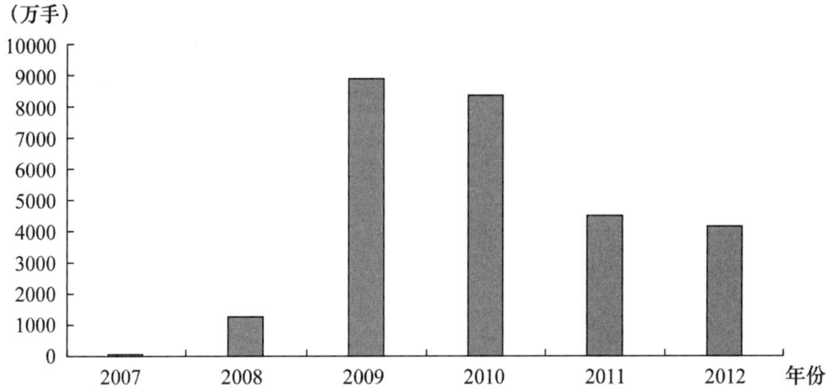

图 2.24　2007～2012 年中马棕榈油期货成交量趋势

资料来源：文华财经软件。

（四）与国际定价中心价格互不影响的期货品种分析

在本部分所选的样本中，有 4 个期货品种与国际定价中心价格相互之间没有影响，表现为两个市场价格之间没有长期均衡关系。这 4 个期货品种分别是棉花、糖、玉米和小麦。本部分仍以 2006～2012 年的年度数据为依据，从商品的国内需求量、对外依存度、国内需求度、期货交易活跃度和成交量等五个方面，对我国的棉花、糖、玉米和小麦品种进行比较分析，试图找出这一类期货品种影响国际定价影响力的主要因素。

1. 商品国内需求量比较

（1）棉花需求情况。

我国是全球棉花产量最大的国家。近年正常年景棉花产量已超过700万吨，占全球棉花产量的1/4以上。我国也是全球最大棉花消费国，消费量占全球消费量的1/2左右；全球最大棉花进口国，进口量占全球产量1/7左右。从样本期内观察，我国棉花进口量呈现上升趋势，2006年进口量为232.98万吨，到2012年已经增长到447.26万吨，7年共进口2130.92万吨。我国棉花出口量不大，2006~2012年我国共出口棉花10.56万吨。

从需求角度看，棉花的特点是，我国是棉花产量最大的国家，也是全球最大棉花消费国，全球最大棉花进口国，进口量呈现上升趋势。样本期内，我国棉花的需求情况如图2.25所示。

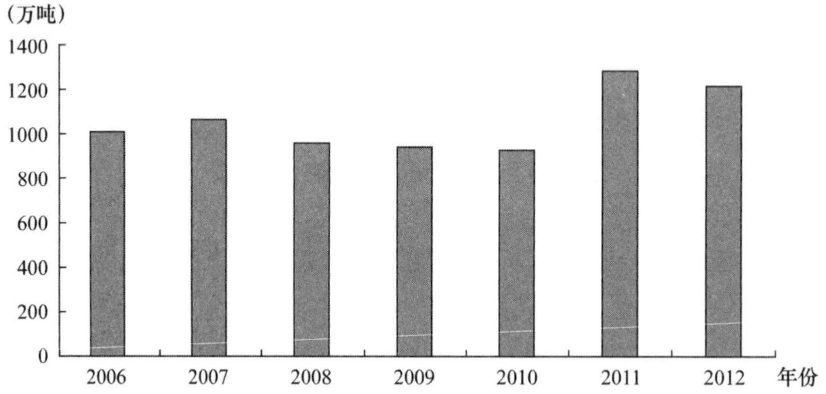

图2.25　2006~2012年我国棉花需求量趋势

（2）糖需求情况。

我国是糖的主产国之一，糖产销量位居全球第四，2008年白糖产量为1590万吨，其他年份基本保持在1200万吨左右。从近10年的统计数据来看，我国糖的生产大致以5~6年为一个生产周期，其基本规律是：2~3年连续增产，紧接着的2~3年连续减产①。

从样本期内观察，我国糖进口量不断加大且呈现加速上升趋势，2008年、2009年分别进口了97.2万吨和107.7万吨，而2011年和2012年则大幅增加到214.3万吨和443万吨。与进口方面几乎相反，我国的白糖出口量不仅较小，2006年也仅为23.4万吨，且呈现不断下降的趋势，2012年出口量仅为5.2万吨。

可以看出，糖的需求特点是，我国是重要的糖生产国和消费国，进口量呈现逐年增长趋势。样本期内，我国糖的需求情况见图2.26所示。

（3）玉米需求情况。

玉米在我国粮食生产中的地位不断上升。2012年，玉米产量达20812万吨，占全国粮

① 郑州商品交易所：白糖期货宣传材料［EB/OL］，http：//www.czce.com.cn/portal/sspz/bt/A090202index_1.htm，2012-06-18。

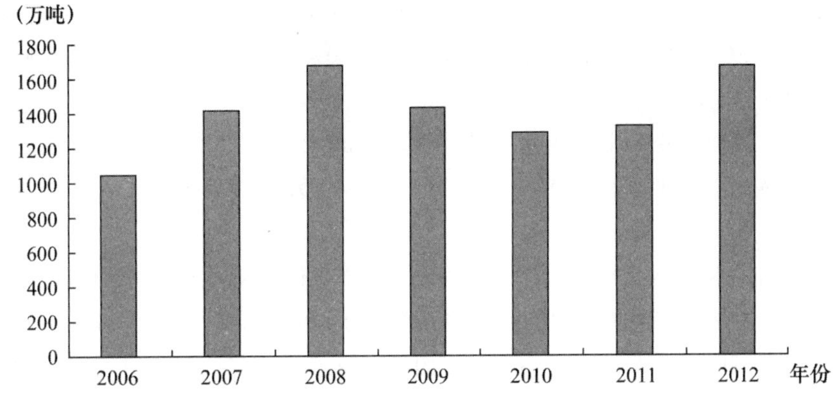

图 2.26　2006～2012 年我国糖需求量趋势

食总产量的 35.3%，超过稻谷产量 383 万吨，成为我国第一大粮食作物品种①。

长期以来，我国是玉米主要出口国之一，2006～2008 年只进口了 11 万吨玉米，但 2009 年以来，已经从净出口国变成了净进口国，2009～2012 年共进口 1051 万吨，其中 2011 年一年就进口玉米 523 万吨。与此相对应，我国玉米出口量呈现断崖式下降态势，2006 年出口量为 527 万吨，2007 年出口量锐减为 55 万吨，到 2012 年出口量只有 5 万吨。

从需求的角度看，玉米的特点是，2012 年已成为我国第一大粮食作物品种，2009 年以来已从净出口国变成了净进口国，进口量有增长趋势。我国对玉米的需求呈现逐年上升趋势。2006 年我国的玉米需求量为 14635 万吨，2012 年玉米需求量已经达到 20855 万吨，期末玉米需求量为期初玉米需求量的 1.425 倍，增幅达 42.5%。样本期内，我国玉米需求情况如图 2.27 所示。

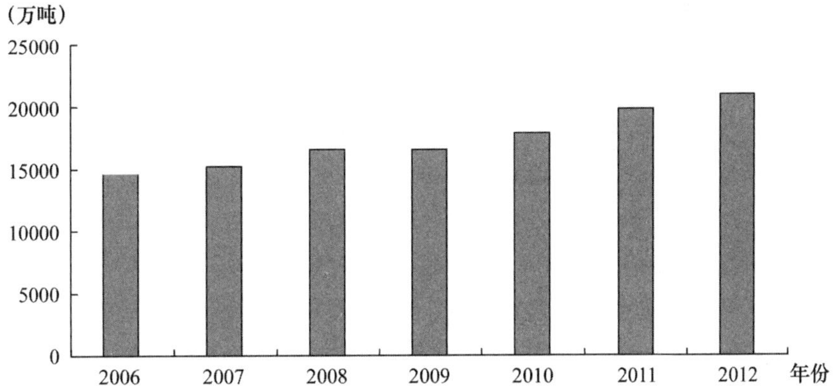

图 2.27　2006～2012 年我国玉米需求量趋势

（4）小麦需求情况。

我国的小麦播种面积基本稳定在 2300 万～2500 万公顷之间。最近 8 年，我国小麦产量连续丰收，每年均超过 1 亿吨，其中，2012 年我国小麦总产量为 1.21 亿吨。虽然国内小麦

① 刘铮："2012 年我国粮食总产量达 58957 万吨实现'九连丰'"，http://www.gov.cn/jrzg/2012-12/02/content_2280352.htm，2012-04-11。

已经能够自给自足，但随着人民群众生活水平的不断提高，对高档小麦的需求日益增加。为满足国内需求，近几年对小麦的进口有所增多，2009 年进口小麦突破 100 万吨，2012 年进口量达到 296 万吨。

出口方面，我国小麦的出口量始终维持在较低的水平①。2006 ~ 2012 年中国共出口小麦 1012 万吨，除了 2006 年和 2007 年出口量超过 200 万吨，其余年份出口量不超过 100 万吨。

从需求的角度看，小麦的特点是，我国是全球最大的小麦生产国和消费国，产量和消费量基本维持在 1 亿吨左右。同时，我国也是全球小麦进口大国，且进口量呈现逐年上升趋势。我国小麦出口量不大，国内小麦主要用于自身消费，保证粮食供需平衡格局。从样本期内观察，从 2006 年起我国小麦的需求量呈现逐年上升趋势，2006 年小麦需求量为 10607 万吨，2012 年需求量达 12299 万吨，为 2006 年的 116%。样本期内，我国小麦的需求情况如图 2. 28 所示。

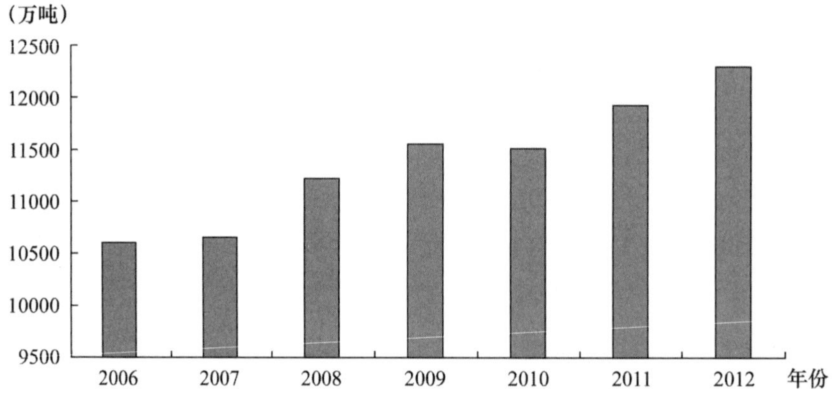

图 2. 28　2006 ~ 2012 年我国小麦需求量趋势

从上文的分析可以知道，我国与国际定价中心价格互不影响的 4 个期货品种，其共同特点是，生产量和消费量都很大，如棉花、小麦的生产量和消费量均为全球第一，糖的产销量居全球第四，且进口量均呈现上升趋势。

从图 2. 29 中可以看出，2006 ~ 2012 年，我国对棉花、糖、玉米和小麦的需求情况，其中糖的需求最为旺盛，增长了 60. 05%，玉米的需求增长了 42. 5%，棉花的需求增长了 20. 17%，小麦的需求最为平缓，只增长了 12. 52%。

2. 商品对外依存度比较

从对外依存度看，我国棉花、糖、玉米、小麦的共同特点是，对外依存度虽然总体呈现上升趋势，但都不高，只有棉花近两年的对外依存度超了 30%，其他年度均为 30% 以下，玉米和小麦近几年才从净出口转变为净进口。从图 2. 30 中可以看出，2006 ~ 2012 年，我国棉花、糖、玉米、小麦的对外依存度情况，其中棉花的对外依存度最大，糖的对外依存度上涨最快，而玉米和小麦则大体维持在自给自足的水平。

---

① 郑州商品交易所：小麦期货宣传材料，http：//www. czce. com. cn/portal/sspz/xm/A090201index_ 1. htm，2012 - 04 - 18。

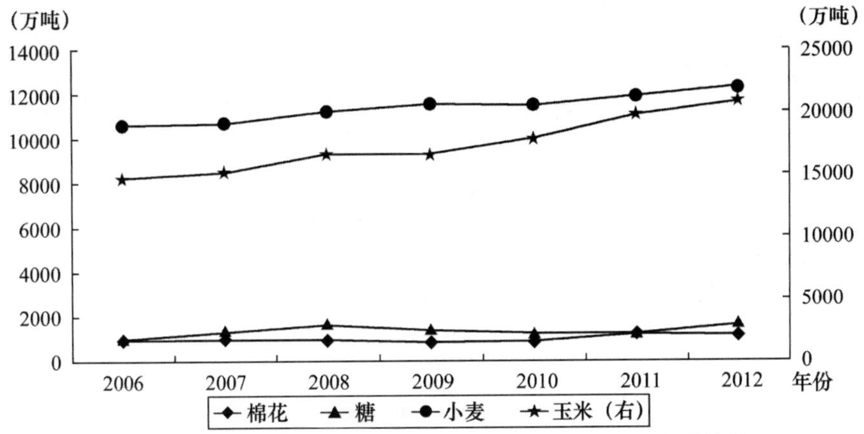

图 2.29　2006~2012 年我国棉花、糖、玉米、小麦需求量趋势

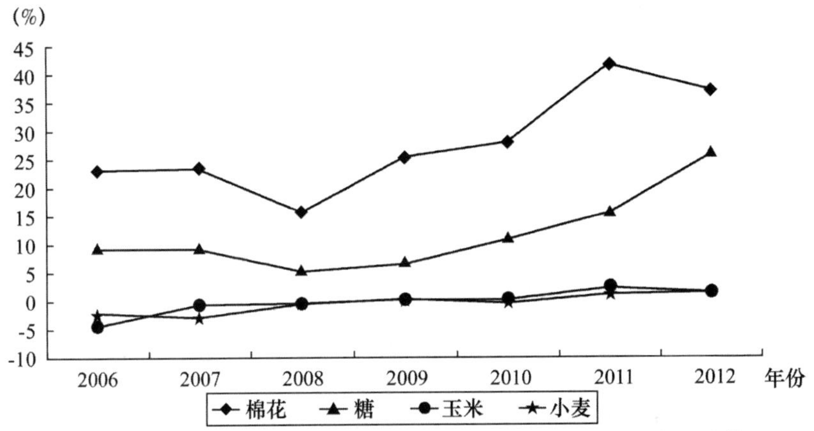

图 2.30　2006~2012 年我国棉花、糖、玉米、小麦对外依存度趋势

3. 商品国内需求度比较

我国棉花、糖、玉米、小麦的国内需求度没有明显的共同特征。从图 2.31 中可以看出，2006~2012 年我国棉花、糖、玉米、小麦的国内需求度趋势，其中糖的国内需求度最大，表现为前高后低，波动剧烈；玉米和小麦的需求度处于平稳上升趋势，但增幅不大；棉花的国内需求度最小，基本围绕 0 上下波动。

4. 商品期货交易活跃度比较

从期货交易活跃度看，除了糖能够保持长期活跃的状态，其他品种的活跃度都不稳定，从图 2.32 可以看出，2006~2012 年糖品种最为活跃，平均保持在 15% 左右水平；玉米曾一度是整个国内市场活跃度最高的品种，2006 年达 30.1%，可是昙花一现，2007 年起快速回落，2012 年活跃度仅为 2.81%；棉花和强麦则忽高忽低，波动巨大；普麦的活跃度接近于 0，属“僵尸型”品种。

5. 商品期货成交量比较

从成交量角度看，我国棉花、糖、玉米、小麦的期货成交量的共同点是波幅较大。从图 2.33 中可以看出，糖品种成交量呈现震荡上升趋势，其他品种找不到明显规律；玉米与强麦的走势类同，但玉米成交量更大一些；棉花表现为一种冲高回落的态势；普麦基本没

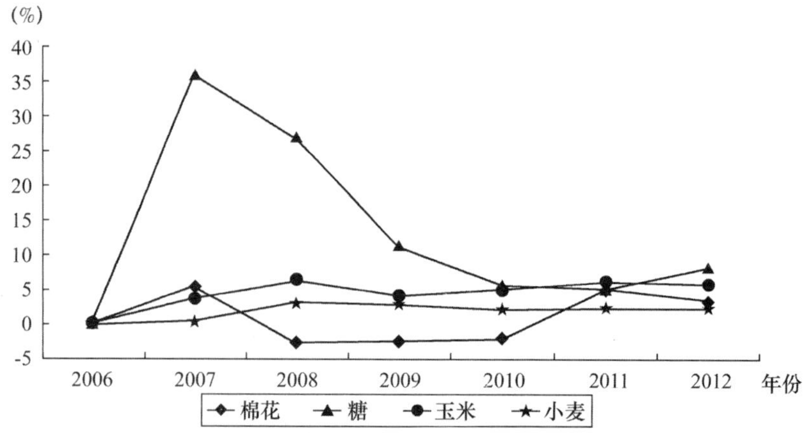

图 2.31　2006~2012 年我国棉花、糖、玉米、小麦国内需求度趋势

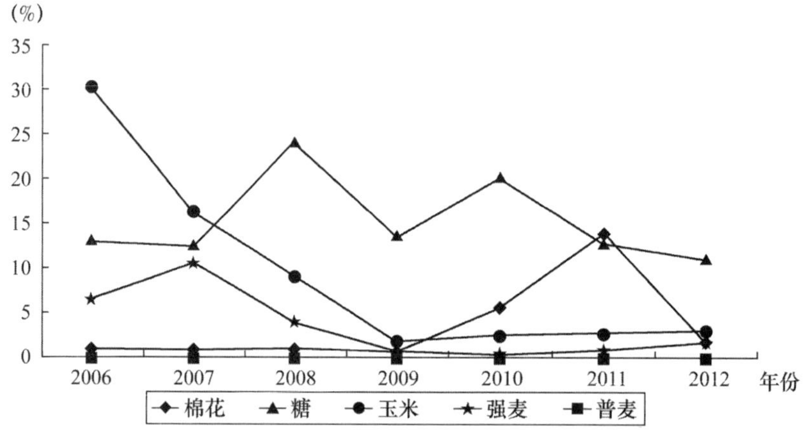

图 2.32　2006~2012 年我国棉花、糖、玉米、小麦期货交易活跃度趋势

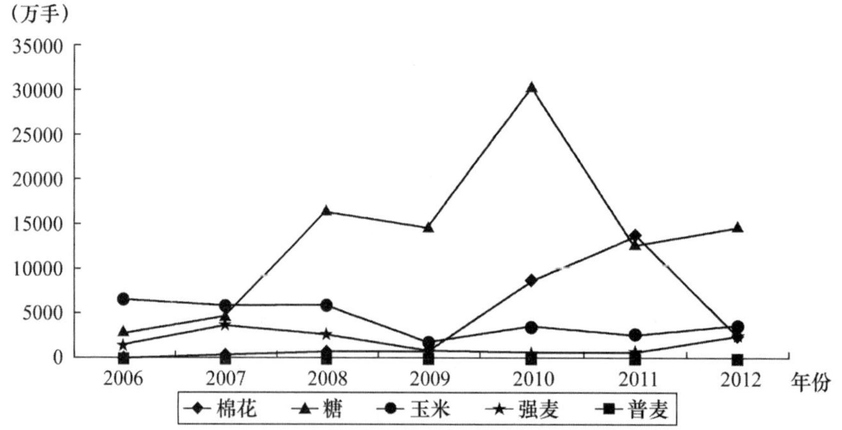

图 2.33　2006~2012 年我国棉花、糖、玉米、小麦期货成交量趋势

有成交量。

根据传统的供需决定价格的经济学理论，本部分从商品国内需求量、对外依存度、国内需求度、期货交易活跃度以及期货成交量等角度，对各类期货品种进行了比较研究，进一步探讨造成各类商品期货国际定价影响力差异的因素。经过上述各种因素的组合实证，

得出的研究结论是：商品的需求情况和对外依存度都是国际定价影响力的影响因素，但却不是主要因素，真正对国际定价影响力起主导作用的因素是商品期货的交易活跃度和成交量。具体理由如下。

第一，需求是国际定价影响力的影响因素，但不是主要因素。随着我国经济快速发展，经济总量不断增加，对大宗商品，特别是工业品的需求越来越大，“中国因素”的影响也越来越大。比如，我国是全球最大的铜、锌、天然橡胶、大豆等商品消费国和进口国，所以市场参与者在看国际定价中心价格的同时，也看中国的价格，导致中国的价格也有一定的国际定价影响力。之所以说它不是主要影响因素，因为我国不生产棕榈油，可对棕榈油的需求非常大，每年进口量占全球产量的11%以上，但需求量不断增大并不能提升我国的国际定价影响力，而英国既不生产铜、铝、锌等金属，也不大量消费这些商品，但LME国际定价中心的地位却依然稳固。

第二，对外依存度是国际定价影响力的影响因素，但不是主要因素。按照需求理论，对外依存度大，说明依赖进口的程度高，“中国因素”的影响也就越大，但从实证结果看，我国棕榈油、大豆、天然橡胶、铜、棉花、糖的对外依存度高，锌、玉米、小麦的对外依存度低，但它们不存在对外依存度高、国际影响力大以及对外依存度低、国际影响力小的必然联系；棉花、糖、玉米、小麦等农产品虽然进口量呈现逐年增加趋势，但期货价格与国际定价中心之间并没有长期稳定的均衡关系。

第三，期货交易活跃度和成交量是国际定价影响力的关键因素。从严格意义上说，期货交易活跃度与成交量是一回事，是同一个问题的两个不同角度，两者呈现线性关系，即交易活跃度高的品种，其成交量必然大；交易活跃度低的品种，成交量必然小。换而言之，期货交易活跃度和成交量从本质上讲是同一意思，指的都是商品期货的成交量。从实证结果看，我国的大豆、天然橡胶、铜、锌之所说有一定的国际定价影响力，主要是这些品种的成交量大，加上我国是这些商品的主要进口国和消费国，所以导致了我国的期货价格具有一定的国际定价影响力；而棕榈油、棉花、玉米、小麦品种，除了个别年度以外，成交量均不大，所以没有什么国际定价影响力。

需要特别解释的是，我国的白糖期货品种可以说是国内期货市场最活跃、成交量最大的品种之一，但它却不但没表现出具有较强的国际定价影响力，而且与国际定价中心的价格之间连均衡关系都不存在，完全属于独立的市场。这主要是因为各国政府为了保护并维持国内糖市场供求总量平衡和国内糖价格稳定，无论是发达国家还是发展中国家，均设置了一整套保护政策，把本国市场和全球市场相对隔离开来。我国加入WTO后，也对糖的进出口实行了关税配额管理，因此，我国的白糖期货价格虽然在国内市场是定价基准，但与国际价格却关系不大。

五、我国建设国际定价中心的借鉴研究

从前文的研究得出，我国商品期货的国际定价影响力与商品的需求情况和对外依存度

等因素有关系，但真正起关键性作用的因素是期货市场成交量。这是在同一个经济环境、同一个监管体系、同一个交易制度下，以我国期货市场上市的9个品种为样本研究得出的结论。本文研究的目的是为我国建设国际定价中心提供启发和思路。接下来，我们将选取有代表性的品种，以案例形式与该品种的国际定价中心进行比较，进一步深入研究，尝试通过中外比较的方法，找出我国建设国际定价中心的有效切入点和努力方向。

（一）天然橡胶期货的中外比较

从前文实证结果得出，我国沪胶期货已经具备了一定的国际定价影响力，与国际定价中心的日胶期货价格表现为单向引导关系。众所周知，日本不生产天然橡胶，但TOCOM却是目前公认的天然橡胶国际定价中心。日胶期货品种上市后，正是由于交易活跃，才逐步铸就了其国际定价中心的地位。那么，是什么原因造成了当前的情形呢？本文以此切入，进一步挖掘其深层次原因。

1. 中日天然橡胶期货成交量比较

本文仍以2006～2012年年度数据为依据，比较中日两国天然橡胶市场的成长情况。从图2.34中可以看出，样本期内，我国天然橡胶期货品种从2006年起，成交量呈现逐年上升趋势，2010年达到峰值1.67亿手，然后呈现逐年下降趋势。日本天然橡胶期货品种的交易情况则始终处于逐年萎缩状况，2006年成交量为964.7万手，到2012年日胶期货的成交量仅为225.2万手，降幅为76.66%。

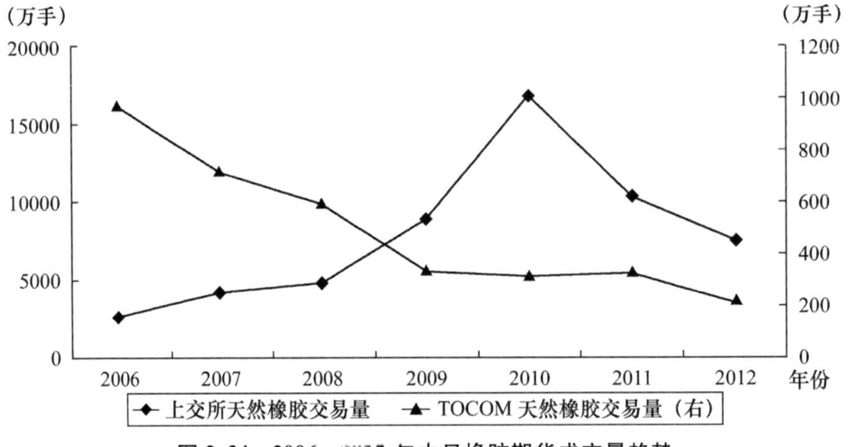

图2.34 2006～2012年中日橡胶期货成交量趋势

注：上海期货交易所从2011年8月1日开始，扩大了天然橡胶期货交易单位，由5吨/手扩大为10吨/手。为使图表客观准确，本图已经将2008年8月至2012年12月的交易量做加倍处理。

资料来源：中国期货业协会，文华财经软件。

根据本文所得出的期货国际定价影响力的关键因素是期货成交量的结论，日胶的期货定价影响力趋弱，是由它的成交量逐年萎缩造成的。这说明我国橡胶期货国际定价影响力的增加，不单纯是由于自身影响力提高了，主要是因为作为国际定价中心的日胶期货的影响力在逐年减弱，所以映衬出我国的影响力在增加。然而，又是什么原因导致了日胶的成交量逐年萎缩？下文将进一步探究。

2. 日本期货市场走向没落的原因

第二次世界大战结束后，随着日本经济迅速腾飞，期货市场也迎来了较长时间的黄金发展期。据美国期货业协会统计，1955 年全球交易量最大的 20 个期货品种中，日本占了一半，可见日本期货市场十分繁荣。2004 年上半年日本的期货交易量一度排名全球第二。强大的经济实力及活跃的交易氛围，为日本建设大宗商品国际定价中心奠定了坚实基础。但是 2005 年以后，日本商品期货市场却出现了戏剧性转变，从蓬勃发展变成了没落衰退[①]。日本商品期货市场为什么会从繁荣发展走向没落衰退？探究其原因，主要有以下几个方面。

一是政府改革措施失当。日本政府 1950 年就制定了详细的交易规则，颁布实施了《商品交易所法》（下称“商交法”）及与其相配套的施行令。然而，正可谓“成也萧何，败也萧何”，正是由于日本政府 2004 年对商交法的修改失当，力度和方法超出了市场承受能力，导致了商品期货业的历史性转变。

二是多头监管不利发展。众所周知，日本实行的是多头监管体制。由于监管体制分割，主管部门各自为政，相互之间难以协调，导致交易所难以实施多元化发展战略，交易规模不可能迅速扩张[②]。

三是现货基础差，受国际影响大。日本自然禀赋差，资源贫乏，现货基础差等不利因素，抑制了产业投资者参与期货市场的冲动，加上日本的消费量在全球总需求量中所占比重较小，导致日本国内消费市场对国际价格的影响不大，这就从客观上决定了日本市场受外盘的影响会非常的显著[③]。

3. 日本期货市场失败教训带来的启示

日本由于修改商交法，导致了期货市场从此一蹶不振，市场交易量逐年萎缩。可见，期货市场法律环境是成交量的重要决定因素，一项不科学的法律监管制度的出台有可能将一个本来发展良好的市场毁于一旦。从日本期货市场的失败教训，可以得到以下启示。

（1）制度改革要适应市场实际。

日本政府对商交法进行相应修订，本意是为了进一步规范市场行为，扭转当时日本期货业存在的经营混乱和管理低效等突出问题，但改革不能适应市场实际，力度和手段均大大超过市场当时所能承受的能力。从商品期货的发展历程来看，市场流动性和市场成交量是两个最为关键的指标，只有这两个指标实现良性发展，期货市场才会与现货市场交相辉映，较好地发挥价格发现和套期保值的功能。因此，要改革现行的制度体系，必须充分考虑市场实际，把握市场脉搏，只有在市场成交活跃的基础上，才能稳步推进市场制度和交易规则的改革[④]。

（2）监管机构要统一。

日本是典型的多头监管模式，商品期货市场由多个部门进行监管，这种条块分割监管模式，无形中会增加投资者的交易成本，加上部门之间各自为政，在交易规则的制定上又

---

①②③④ 苗瑾：“交易制度改革应结合市场承受能力——日本商品期货市场的制度变革分析及对我国的启示”，载于《期货日报》，2011 - 07 - 27（4）。

不统一，从客观上对期货市场的发展造成了许多障碍。因此，在对市场监管中，应进一步完善合作监管机制，加强各监管组织的资源共享和相互配合，提高工作效率，降低市场风险[①]。

（3）现货产业要加快发展。

日本因为自身条件限制，上市交易的品种大多数在国内不生产，个别品种即使能够生产，产量也非常低。从需求角度分析，日本对商品的需求量全球占比也不高。所以，不管是从供给角度，还是从需求角度来看，日本的商品市场都不具备左右国际大宗商品价格的比较优势。再加上与期货品种相关的生产、加工和流通贸易等实体企业从总体规模来看，也整体偏小。因此，日本的商品期货市场受国际价格影响非常敏感。这也在一定程度上压制了日本现货企业运用国内市场进行套期保值、规避市场风险的主观能动性。由于缺乏现货商的避险资金入市，市场成交量肯定不会大幅上升，必然会造成市场流动性短缺。因此，只有加强现货产业基础发展，加快商品期货市场建设，不断提升期货市场的价格发现功能，才能吸引着越来越多机构投资者和现货商的参与期货交易，才能对全球大宗商品价格的影响力越来越强，才能在国际市场上的话语权越来越大[②]。

（二）棕榈油期货的中外比较

从本文实证结果得出，我国棕榈油期货没有国际定价影响力，国内期货价格完全跟随马来西亚棕榈油价格走势。我们知道，马来西亚是东南亚的一个小国家，虽然与印度尼西亚同为棕榈油主产国，两国产量占全球产量80%以上，但其经济总量很小，GDP仅为我国的4%左右。而我国是全球第二大经济体，虽然不生产棕榈油，但却是棕榈油的进口和消费大国，棕榈油消费量全球第一，且进口量逐年增加。2007年10月29日，我国正式上市棕榈油期货品种，本意是想效仿日本成为棕榈油的国际定价中心，可是为何我国的棕榈油期货却毫无国际定价影响力呢？本文从此切入，对马来西亚的情况作进一步研究，寻找其中深层次的原因。

1. 中马棕榈油期货成交量比较

从图2.35中可以看出，我国棕榈油期货2007年上市交易，成交量一度大幅上升，到2009年达到峰值，随后成交量呈现逐年萎缩趋势；马来西亚棕榈油期货成交量则呈现逐年上升趋势。

从成交量分析可以知道，马来西亚的棕榈油期货价格之所以能够主导价格走势，是因为其成交量在逐年增加，发展势头非常好，而我国的棕榈油期货成交量忽高忽低，波动太大，没有规律可循。接下来，我们进一步深入研究，看看马来西亚是通过什么途径，保证了其棕榈油期货的成交量实现不断增长的。

2. 马来西亚期货市场的特点

马来西亚只有1家期货交易所，即马来西亚衍生品有限公司（BMD），旧称马来西亚衍

①② 苗瑾："交易制度改革应结合市场承受能力——日本商品期货市场的制度变革分析及对我国的启示"，载于《期货日报》，2011-07-27（4）。

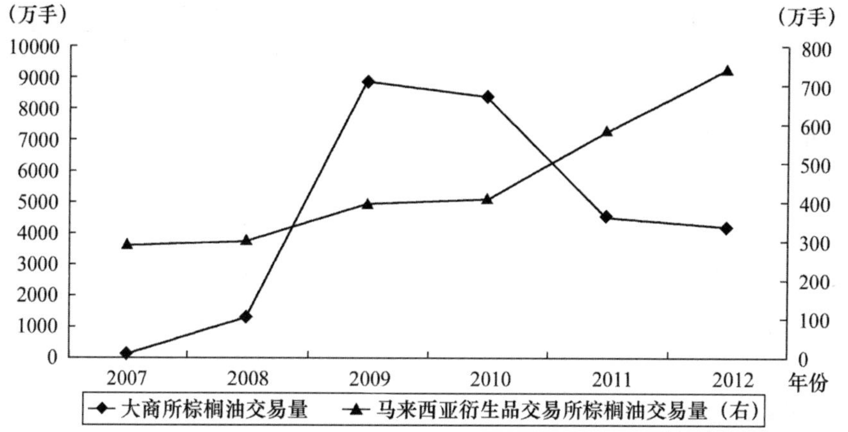

图 2.35　2007～2012 年中马棕榈油期货成交量趋势

资料来源:中国期货业协会,文华财经软件。

生品交易所。该公司是由商品期货交易所和金融期货交易所合并而成,主要提供 4 种产品:商品期货、股指期货、银行同业拆放利率期货(有息期货)、证券债券期货。目前,该公司现有的产品有 11 种,其中,最具流动性的和最为成功的品种是原棕榈油期货。马来西亚自 1980 年以来就是全球最大的棕榈油期货交易市场,其主要期货合约原棕榈油期货 FCPO 是全球棕榈油市场的定价基准。

马来西亚衍生品有限公司是一家中外合资公司。2009 年 9 月 17 日,马来西亚有限公司与芝加哥商品交易所(CME)签订了战略合作伙伴关系,授权 CME 通过其全球分销系统——Globex 电子交易平台将棕榈油期货推向全球。以此为交换的是 CME 持有 BMD 的部分股权。这一举措,进一步提高了马来西亚棕榈油期货的定价中心地位。目前,CME 在马来西亚衍生品有限公司拥有 25% 的股权,而其余的 75% 股权由马来西亚衍生品有限公司持有。

马来西亚期货市场是一个几乎完全开放的市场。马来西亚的期货市场投资者结构,从交易金额来看,机构投资者占比超过 60%,其中,国内机构投资者约占交易额的 40%;从交易量来看,国内个人投资者占比约为 50%。以其主要期货合约原棕榈油期货 FCPO 为例,2010 年成交量 410 万张合约,其中,25% 的成交来自海外机构投资者。

3. 马来西亚期货市场成功案例带来的启示

马来西亚虽然占有棕榈油主产国的优势,但作为一个东南亚小国,能够使其棕榈油国际定价中心地位得到确立并不断巩固,与其所采取的措施是密切相关的。从马来西亚期货市场的成功案例,可以得到以下启示。

一是建立健全适合国情的法律法规。马来西亚通过制定、颁布一系列法律法规,实现了对商品期货市场的监管,保障了商品期货市场的健康发展。

二是实行混合所有制的公司化运作。通过与 CME 结成战略合作伙伴关系,借助了 CME 的 Globex 电子交易平台将棕榈油期货推向全球,进一步提高了马来西亚棕榈油期货的定价中心地位。

三是允许海外投资者参与期货交易。马来西亚期货市场允许全球的投资者参与交易,这确保了全球各个角落的各种类型投资者，均能通过这个市场，达到投机、套保的目的。从期货市场成交量看，25%的成交来自海外机构投资者，说明海外参与者众多。

（三）铜期货的中外比较

从本文实证结果可知，我国沪铜期货具有一定的国际定价影响力，与国际定价中心的伦铜期货价格表现为双向引导关系。我们知道，英国在19世纪中期曾是全球最大的铜生产国，但目前的英国却成了既不生产铜，对铜的消费也很少的国家，那为何从21世纪初开始伦敦金属交易所（LME）发布的交易价格会被当成全球金属贸易的价格基准并受到广泛认同呢？下文将对英国的情况进行研究，进一步挖掘其深层次原因。

1. 中英铜期货成交量比较

从图2.36中可以看出，样本期内，我国铜期货品种从2006年起成交量呈现逐年上升趋势，2009年达到峰值8121.7万手，然后大幅回落，2010年到现在，每年成交5000万手左右；英国铜期货品种的交易情况则始终处于逐年上升状况，2006年成交量为1889.1万手，到2012年伦铜期货的成交量为3499.1万手，增幅为85.23%。

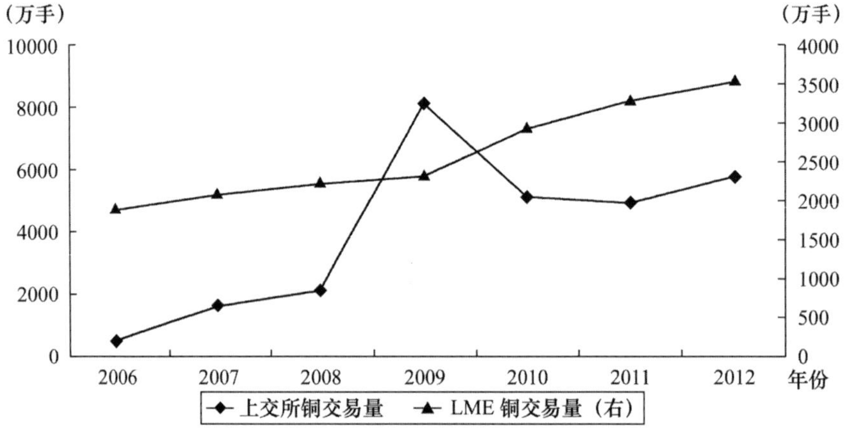

图2.36　2006~2012年中英铜期货成交量趋势

资料来源：中国期货业协会，文华财经软件。

从成交量看，伦铜期货的价格之所以能够作为全球铜交易的价格基准，是因为其成交量在逐年稳步增加，发展势头非常好，而我国的沪铜期货成交量虽然也呈现增长态势，但忽高忽低，波动太大。下面，我们将进一步探究伦敦金属交易所保持伦铜期货成交量不断增长的实现途径。

2. 英国期货交易市场成功的原因

依据FIA的统计报告，2012年年末，英国有两家主要的期货交易所（或交易所集团），分别是：伦敦证券交易所集团（LSEG）和伦敦金属交易所（LME）。从美国FIA的统计报告来看，2012年LME交易量占英国市场交易量的69.96%，说明商品期货交易仍是英国期货交易的主流。

通过研究英国期货交易所，我们会发现一个非常有意思的现象，即英国基本没有自己真正意义上的交易所，所有交易所都是合资公司。事实上，英国本土的主要交易所，除了上述两家以外，还有伦敦国际金融期货及期权交易所（LIFFE）和伦敦国际石油交易所（IPE），但这两家交易所都被别国公司并购了，就连 LME 这样的老牌交易所，也于 2012 年 12 月 6 日成为我国香港交易所集团的一分子。

英国期货交易所的最大特点是高度国际化。具体表现在三个方面：一是交易所股权的国际化。英国现在的主要交易所都是合资公司，其中大部分是外国控股公司，如 LME 归属于香港交易所、LIFFE 归属于欧洲交易所、IPE 归属于洲际交易所。二是交易所的会员国际化。以 LME 为例，LME 采用国际会员资格制，其中多于 95% 的交易来自海外市场。三是交易所形成的价格国际化。这些期货交易所形成的价格通常被当作国际现货合同定价的依据，对国际市场的供给和需求有着极大的影响。

通过对英国的期货交易所的研究，可以知道，其之所以能够取得今天的成就，源于以下几个方面的原因：一是适应了经济全球化发展趋势；二是符合资金避险需求；三是紧紧围绕“国际话语权”开展工作。

3. 英国期货市场成功案例带来的启示

（1）期货监管体系方面。

英国在管理的组织体系方面，虽然强调“三层监管”，但英国却没有专门的政府机构对期货市场进行监管，管理期货市场的组织机构是 SFA 等非政府组织。英国对期货市场管理的手段和侧重点方面，则强调政府侧重从宏观角度对期货市场进行管理，强调法律手段。在管理模式上，英国政府只对期货市场做一些必要的立法，很少对其进行干预，而是强调期货市场的自我约束和自我管理；只有期货市场出现不正常的状况时，才会通过法律手段进行间接管理和市场调控。可以看出，作为资本主义发达国家，在金融服务方面，英国有着完善健全且适合本国国情的制度体系，能够通过对其境内的金融服务机构的严格监管，使之促进本国金融市场健康发展，而不像日本那样，通过市场监管限制了本国期货市场的发展。

（2）交易所建设方面。

一是商品交易所公司化。推动商品交易所在境内外上市，使其成为管理规范、治理科学、有国际影响力的公众公司，促进交易所不断提升综合实力。二是商品交易所股份制。推动商品交易所股份制改革，允许期货公司持有交易所股份，从制度层面优化交易所与期货公司的利益关系，使之形成期货市场各类主体风险共担、利益共享的良好格局。三是加快国际化进程。目前，全球各国的期货交易所竞争非常激烈。发达国家的期货交易所纷纷制订并实施全球化计划，打破国家界限，在全球各国发展会员，或在交易所之间进行联网交易，扩大市场份额。可以看出，机制创新是各国交易所之间竞争的一个重要方面①。美国、英国、马来西亚等国通过创新，使得交易所走上了良性发展之路。我国也应该加快交易所改革发展，加强国际合作，吸收境外会员参与市场交易，使之适应市场竞争，提高期货市场价格发现功能，增强国际定价影响力，成为促进经济发展和保护国家利益的有效工具。

---

① 常清：《中国期货市场发展的战略研究》，经济科学出版社 2001 年版，第 293 ~ 352 页。

本部分对上文对我国商品期货国际定价影响力关键因素研究的结论，以案例分析的形式，通过天然橡胶、棕榈油和铜等期货品种，与其国际定价中心的成交量进行比较，查找其中差异，并进一步探究了国际定价中心品种成交量大的深层因素，进一步印证了期货市场成交量是决定期货国际定价影响力的关键因素的结论。

本文研究认为，期货市场的监管体制、法律法规和交易交割规则在成交量中起决定作用，只有在适合本国期货市场的监管体制、法律法规和交易交割规则下，商品期货成交量才可能实现健康持续增长，进而才可能建成国际定价中心。具体理由如下。

第一，国家的宏观经济发展水平是期货市场成交量的影响因素，但不是决定因素。一国的经济总量较大，客观上会增加期货市场的成交量，但只是外因，并不能决定期货市场成交量的健康持续增长。如我国的期货品种成交量时高时低，呈现有量而无质的状况，国际定价影响力不能持续提高。马来西亚虽然经济总量不大，但凭借科学的监管体制、法律法规和交易交割规则，棕榈油国际定价中心的地位不断得到巩固。

第二，科学的期货市场监管体制、法律法规和交易交割规则是建成国际定价中心的关键，一项不科学的法律制度的出台会毁掉一个发展良好的市场。首先，市场制度体系必须有利于促进期货交易。从英国、马来西亚等国来看，只要符合他们国情的法律制度，不管什么类型的投资者，也不管来自境内境外的投资者，都可以参与交易，这从根本上为期货交易量的提高夯实了基础。其次，一项不科学的法律制度的出台会毁掉一个市场。从日本的教训来看，日本的商品期货市场在二战结束后快速发展壮大，于2003年达到鼎盛，当年的交易规模为1.56亿手，奠定了其亚洲商品期货交易中心的地位。然而日本政府在2005年正式对商交法进行大幅修改，由于没有充分考虑日本当时的国情，力度和手法超越了当时市场的承受能力，使市场发生巨大转变，交易量直线下降，自此由繁荣走向了衰退。这也说明我国橡胶期货国际定价影响力的增加，不单纯是由于自身影响力提高了，更可能是由于作为国际定价中心的日胶期货成交量逐年大幅萎缩造成了影响力在逐年减弱，所以映衬出我国的影响力在不断增加。可见，市场监管体制、法律法规和交易交割规则是提高期货市场成交量，建设国际定价中心的决定因素。

第三，交易所体制和投资者构成也是期货市场成交量的重要因素。要提高期货市场成交量，交易所必须适应国际市场竞争环境，提供有利于促进期货交易的条件；投资者构成必须合理，能够确保期货市场正常功能的发挥，但所有这些都需植根于市场监管体制、法律法规和交易交割规则之上，与市场监管体制、法律法规和交易交割规则是充分必要条件的关系。从我国期货市场现状来看，我国虽然借助宏观经济快速发展，推动期货交易量不断增加，但在“官本位”体制下，交易所的竞争力并不强，表现在品种的成交量波动较大，无法形成良性发展态势。另一方面，由于国际化程度不高，投资者构成单一，是以散户为主的市场，投机氛围偏重，负和博弈特征明显，影响了期货市场正常功能的发挥，所以难以成为国际定价中心。

六、我国期货市场建设应对之策

根据前文的实证分析和比较研究，我们可以得出如下结论。

第一，我国已经有一批期货品种具备了国际定价影响力。通过实证研究发现，我国商品期货的国际定价影响力存在差异。有的品种影响力大，有的品种影响力小，有的品种没有影响力。如黄大豆一号、沪胶、沪铜、沪锌期货已具了一定的国际定价影响力，沪胶甚至有可能取代日胶成为天然橡胶期货国际定价中心；大连棕榈油期货价格没有国际影响力；郑棉、郑糖、强筋小麦和玉米期货则是独立运行的行情，与国际期货价格关系不大。

第二，商品对外依存度不是国际定价影响力的关键因素。通过实证研究发现，商品对外依存度的高低与国际定价影响力之间不存在必然的联系。两个对外依存度相当的品种，其国际影响力也不尽相同。如我国大豆和天然橡胶均高度依赖进口，且对外依存度相当，但它们的国际定价影响力却不一样。

第三，期货交易活跃度和成交量是国际定价影响力的关键因素。从严格意义上说，期货交易活跃度与成交量是一回事，是同一个问题的两个不同角度，两者呈现线性关系，即交易活跃度高的品种，其成交量必然大，交易活跃度低的品种，成交量必然小。从实证结果看，我国的大豆、天然橡胶、铜、锌之所说有一定的国际定价影响力，主要是这些品种的成交量大，加上我国是这些商品的主要进口国和消费国，所以导致了我国的期货价格具有一定的国际定价影响力。而棕榈油、棉花、玉米、小麦品种，除了个别年度以外成交量均不大，所以没有什么国际定价影响力。

第四，我国橡胶期货品种国际定价影响力增加，不是由于自身影响力提高了，而是由于作为国际定价中心的日本橡胶的影响力减弱的原因。根据 2006 ~ 2012 年中日两国天然橡胶期货成交量的比较，可以看出我国沪胶期货的成交量虽然波动较大，但总体呈现上升趋势，而日胶期货的交易量则始终处于逐年萎缩状况，且跌幅惊人。这说明我国橡胶期货国际定价影响力的增加，不单纯是由于自身影响力提高了，更可能是因为作为国际定价中心的日胶期货的影响力在逐年减弱，所以映衬出我国的影响力在增加。

第五，我国要建成国际定价中心需要在改进和完善现有监管体制、法律法规和交易交割规则上下功夫。通过天然橡胶、棕榈油和铜等期货品种的案例分析，可以发现，一国经济总量的大小，经济发展的好坏，会对期货市场的成交量产生一定影响，但并不能决定期货市场成交量的健康持续增长。在成交量中起决定作用的是期货市场的监管体制、法律法规和交易交割规则。只有在科学的、适合本国国情的期货市场监管体制、法律法规及交易交割规则下，商品期货成交量才能实现健康持续增长，进而才可能建成国际定价中心。从英国、马来西亚等国来看，其监管体制、法律法规和交易交割规则能够符合本国的国情，所以从根本上为期货成交量的提高夯实了基础。从日本来看，一项不科学的法律制度的出台，将导致市场发生巨大转变，成交量直线下降，可能会毁掉一个原本发展良好的市场。因此，监管体制、法律法规和交易交割规则是提高期货市场成交量，建设国际定价中心的决定因素。

基于以上研究结论，结合我国国情及期货市场现状，本文提出如下应对之策。

第一，按照十八届三中全会精神，正确处理好监管部门和期货市场的关系，明确监管部门的权力清单管理，使期货市场在资源配置中起决定性作用，避免监管部门不必要的干预，制约着期货市场的有序发展；完善主要由市场决定价格的机制，凡能由市场形成价格的都交给市场，监管部门实行责任清单管理；责任清单之外，监管部门不可以越位做更多的事情，增加市场、企业、个人的束缚。比如，尽快对期货交易所的现行人事管理制度进行改革，使交易所高级管理人员的产生符合国际惯例，而不是由中国证监会直接任免，即彻底改变中国证监会对期货交易所进行直管的现状，回归其市场监管者的角色；建立公平开放透明的市场规则，实行统一的市场准入制度，市场实行负面清单管理，在监管部门罗列的负面清单外，市场什么都可做，可以各显其能，大胆创新，搞活市场；改革市场监管体制，实行统一的市场监管，营造公平竞争的市场环境；加强国际化进程，保证境内外各类投资主体平等参与市场，促进投资者结构更加合理，使期货市场功能得到正常发挥，等等。

第二，按照十八届四中全会精神，大力推进期货市场法治化进程，尽快制定出台《期货法》。期货市场本质上是国际市场，国际经验证明，对外开放是提高期货市场核心竞争力和国际影响力的必由之路，从境外发达国家期货市场的立法看，针对市场开放，跨境监管等问题，均从法律层面做出了明确规定，因此我国需要从法律层面为期货市场的对外开放，以及跨境监管提供法律依据。

第三，加快期货交易所的公司制改造，使我国的期货交易所真正能够成为市场经济的竞争主体，以进一步适应国际市场竞争环境，紧紧围绕提高“国际话语权”开展业务，为期货市场提供各种有利于促进期货交易的机会和条件。积极推进公司化的期货交易所在境内与境外上市，提升期货交易所综合实力，使其成为更加规范、在国际上有影响力的公众公司。此举从内部来说，可以进一步改善治理机构，解决好市场创新的内部动力源问题；从外部来讲，成为上市公司后，受到社会公众的关注和监督，这不仅可以提高自身的知名度，同时可利用市场化的手段，增大自己的核心资本并利用兼并重组的方式，将自己的交易文化扩展到全球各地。

第四，改革期货市场现有利益分配体制，从制度上改变期货交易所与期货公司等会员机构风险共担，利益不共享的局面，充分调动期货公司等各类会员参与市场、发展市场、做大市场的积极性，使得各类市场主体能够形成合力，不断推动我国期货市场健康快速发展。比如，可以进行期货交易所的股份机制试点，从制度上改善期货经营机构与交易所的长期利益关系，形成期货各市场主体风险共担，利益共享的统一体。具体而言，可将交易所改制成为有期货公司参与股东构成的股份制公司，此举可以使期货公司在为产业客户、为机构客户的开发与服务中投入大量的人力和财力，无后顾之忧地大力开发产业客户和企业客户，从而改善期货市场的投资者结构；可以为期货公司留住和吸引高素质人才构建厚实的平台，形成期货公司人才吸引、人才使用、人才提高的良性循环；可以为期货公司在加大为投资者服务的力度上提供较强的财务支持，从而避免期货公司对市场过度开发，而不注重长期培育市场的短期效应。另外，从国际视角来看，目前，全球各国的期货交易所竞争非常激烈。发达国家的期货交易所纷纷制订并实施全球化计划，打破国家界限，在全球各国发展会员，或在交易所之间进行联网交易，扩大市场份额。交易所要做大做强，收购兼并是一条有效的途径，中国的期货市场要想在国际市场上具有话语权，其重要的基础就是要实现交易所的股份化和公司化。因此，可以先在国内用一个或两个交易所来进行公司化试点，待条件成熟再成立中国期货交易所控股集团，在中国证监会的引导下，择机在国际上参股或并购其他交易所，增强中国期货交易所的国际影响力。

第五，大力加强机制创新，不断加大国际合作力度，逐步实现交易所跨国化经营。从美国、英国、马来西亚等国的期货交易所发展历程可以看出，它们均是通过机制创新，使得交易所走上了良性发展之路。我国也应该加快交易所改革发展，加强国际合作，吸收境外会员参与市场交易，使之适应市场竞争，逐步实现交易所的跨国化经营，以提高期货市场价格发现功能，增强国际定价影响力，成为促进经济发展和保护国家利益的有效工具。另外，国家有关部门要重点研究我国期货市场成交量大的品种，从中发现自身比较优势，并加大力度加以培育，这是我国建成国际定价中心的重要基础。

执笔人：李自学（宁夏交通投资集团有限公司副总经理、
中国交通建设股份有限公司金融规划处处长）

| 第二部分 |

制度思考与比较

第三章

中美期货交易所体制比较研究

——期货市场价格发现功能分析

一、价格发现功能的含义与实现条件

期货市场和期货交易所的存在和运行给整个社会组织经济活动贡献了两个重要的手段：一是促进了价格发现；二是提供了风险转移（套期保值）的工具（Isabel Figuerola-Ferretti和Jesús Gonzalo，2010）。期货市场的价格发现是指利用期货价格为现货市场的交易定价（Working，1948；Wiese，1978；Lake，1978；Isabel Figuerola-Ferretti 和 Jesús Gonzalo，2010）；或者价格发现通常被定义为利用期货价格来确定的（未来）现货市场价格的预期（Working，1948；Schroeder 和 Goodwin，1991；Jian Yang，David A. Bessler 和 David J. Leatham，2001）；这两个价格发现的定义是从期货市场的实际应用角度给出的，实际上，从本质上来说，价格发现是市场价格纳入新信息的动态过程（Bingcheng Yan 和 Eric Zivot，2010），既然价格发现是纳入新信息的动态过程，那么就存在究竟是哪个价格首先纳入新信息，也就说价格发现是发生在期货市场上，还是发生在现货市场上？一般来说，由于期货交易所具有的“公开、公正、公平”的三公运行原则和买空卖空的交易机制以及比现货市场低得多的交易成本和完全竞争的市场特点，使期货市场在纳入新信息的作用方面远远强于现货市场，因此从理论上来说，期货交易所在商品的价格发现上应该具有明显的优势。

尽管从理论上来说，期货交易所在商品的价格发现上具有优势，但是期货交易所要真正实现商品的价格发现有一系列的条件必须要得到满足。首先，要具有充分的流动性，流动性好意味着交投活跃，人们通过买卖期货合约将信息带到了市场上，并且通过自己的买卖行为将新信息融入价格中；如果流动性不足，期货价格就不能充分反映出商品市场供求的新信息，价格发现功能就不能体现出来。而要保障期货市场具有充分的流动性，期货交易所就必须要公平地对待投机者，保障投机者的权利，因为投机者是期货市场流动性的主要提供者。由于中国期货交易所没有像美国交易所那样，有专门提供即时流动性的做市者存在，因此公平对待投机者和保障投机者的权益这两点对于中国期货交易所尤其重要。其次，要加强期货市场与现货市场的联系。价格发现功能是在期货市场上体现出来的，但并不等于和现货市场没有关系，毕竟期货价格最终体现的是现货市场的供求关系，因此期货交易所要构建有效地与现货市场联系的通道和机制，使期货市场能高效、快捷地反映现货市场供求信息，更好地发挥价格发现功能。所以除了交割制度的完善外，对套利力量的吸引和利用也是非常重要的，一般来说，套利力量的来源是机构投资者，因此机构投资者的培育有助于价格发现功能的实现。国内外学者对期货市场价格发现功能进行了很多的研究，得到的并不是一致的结论，有的研究认为价格发现发生在期货市场，但也有研究认为价格发现发生在现货市场。

无论是国外还是国内，价格发现功能的研究方法有一个从简单到复杂的过渡过程，即从传统的最小二乘法估计到采用较新的统计分析方法，如协整检验、误差修正模型和向量自回归模型等方法。价格发现功能的研究内容上主要有三个方面：一是研究当前时刻期货价格与未来（期货合约到期时刻）现货价格的关系，即研究期货价格是不是未来现货价格的无偏估计；二是研究期货价格与同期现货价格的关系，即研究它们之间的相互引导关系和定量分析期货市场与现货市场在价格发现过程的作用大小；三是研究结果也是一种混合证据，但大多数研究表明期货市场在价格发现过程中居于主导地位。

尽管中外对价格发现功能的研究有上述的共同之处，但国内外的研究也明显存在如下的差异。首先，国外研究重视理论依据的推导，而国内的研究大多只是简单利用国外研究中的计量经济学模型来分析国内数据。其次，在期货价格数据序列构建方面也存在明显不同，美国期货交易所期货价格数据序列一般是使用近月合约（nearbys）的价格数据来构建，由于美国期货交易所近月合约一般就是其主力合约①（Dominant Future），因此在美国使用近月合约构建价格序列实际上就是在用主力合约来构建价格序列；对于 LME（伦敦金属交易所）来说，由于其特殊的三月期合约本质上是一种日合约，其价格本身就是连续的，无须特意去构建连续价格序列数据。但这里也要强调，在 LME 最活跃也是三月期合约，因此在对英美期货市场进行价格发现功能研究时，其连续的期货价格数据序列多数是由其主力合约的价格数据构成的。在对中国期货市场价格发现功能进行研究时，为了与国外相对应，在构建连续期货价格数据序列时，一般也采用这两种方式，一是用近月合约价格数据来构建，二是用三个月后到期的期货合约价格来构建。但是这种构建数据序列的方法有可能将主力合约排除在研究范围外，而实际上，各个市场的价格发现效率是其市场规模大小的函数，主力合约作为交易量最大的合约最有可能是价格发现功能的主要承担者。

二、价格发现度量方法的文献回顾

二十世纪二三十年代，人们认为现货价格是由当前市场供求状况决定的，期货价格是由预期的市场供求状况决定的，因此，期货价格被认为是独立的预测，期货价格和现货价格之间没有什么关系。可是，沃金（Working）1942 年的研究却指出，在谷物市场上，现货价格与期货价格是紧密联系在一起的，而这种联系是靠库存的持有来建立的。因此随着对期货市场研究的深入，那种认为期货价格和现货价格无关的论点就逐渐消失了。

① 主力合约一般是指在某个时间点上同种商品期货不同到期日合约中交易量和持仓量最大的合约。

Fama 和 French（1987）将远期和期货合约的定价方法分为两类：一是由 Kaldor（1939）、Working（1949）和 Telser（1958）提出的持有成本假说（the Cost-of-Carry hypothesis），认为期货价格和现货价格的差（即持有成本）由三部分组成：融资利息，仓储费用和便利收益；二是由 Houthakker（1968）和 Dusak（1973）提出的风险溢价假说（the Risk Premium hypothesis），认为期货价格等于未来现货价格的预期值加上风险溢价。在这两种理论中，持有成本假说得到了普遍的认同，特别是在可储存商品的价格发现功能上。

对价格发现的度量实际上就是要判断：现货市场和期货市场谁处于价格发现中心地位？并且各自的贡献是多少？这一点在文献中已经讨论了很长一段时间。Stein（1961）指出，对于一个给定商品，其期货价格和现货价格是同时被确定的。Bigman、Goldfarb 和 Schechtman 在 1983 年利用传统的 OLS（普通最小二乘法）方法对模型 $S_T = \alpha + \beta \times F_{t,T} + \varepsilon_t$ 进行了检验，以此来判断期货价格是否是未来现货价格的无偏估计。这里的 S_T 是合约到期日的现货价格，$F_{t,T}$ 是到期日为 T 的期货合约在 t 时的价格，并且 $T-t$ 是一个常数。他们认为当期货价格是现货价格的无偏估计时。回归系数满足 $\alpha = 0$ 且 $\beta = 1$ ①。他们使用 CBOT（芝加哥期货交易所）交易的小麦、玉米和大豆等期货合约从 1975 年 1 月到 1980 年 9 月的价格数据，将交割日的现货价格对前 j 个星期的期货价格进行简单回归（$j = 1 \sim 24$），发现 $\alpha > 0$，$\beta < 1$，由此认为期货价格不是相应的到期日现货价格的无偏估计，期货市场的“简单效率”不能成立。

Hoffman（1932）认为：期货市场价格发现功能的本质依赖于新信息是首先反映在期货市场上，还是反映在现货市场上。依据这一观点，Garbade 和 Silber（1983）发展了一个同期价格动态关系模型，简称为 GS 模型，他们认为价格发现是在参与人数最高的市场上，并且使用该模型来分析哪一个市场在信息流及价格发现方面更具优势。他们使用此分析框架对 CBOT 的小麦、玉米和燕麦，NYCE（纽约棉花交易所）的橙汁，COMEX（纽约商业交易所）的铜、黄金和白银进行了分析，他们发现：一般情况下，在价格发现上是期货市场主导现货市场，并且小麦、玉米和橙汁的现货市场是期货市场的卫星市场，这 3 种商品 75% 以上的新信息是首先融入期货价格，然后再流向现货市场影响现货价格；铜、燕麦新信息的 54% 是首先融入期货价格；对于黄金和白银的期现货价格之间的关系，由于黄金使用的现货价格是 LME 的现货价，此价格是伦敦时间中午发布的，相当于美国纽约时间上午 10：00，因此当采用 COMEX 开盘价时，现货价格居于价格发现的领导地位，当采用 COMEX 收盘价时，期货价格居于价格发现的领导地位；白银现货价格使用的是黄金交易商汉迪哈曼（the bullion dealer Handy and Harman）在中午 12：00 的报价，也出现了与黄金同样的情况，当采用 COMEX 开盘价时，现货价格居于价格发现的领导地位，当采用 COMEX 收盘价时，期货价格居于价格发现的领导地位；当将现货月的期货合约价格作为现货价格时，考察它与距离现货月 1 ~9 月的期货合约价格之间关系，并且将这 9 个回归结果进行平均，发现白银新信息的 67%，黄金新信息的 86% 是首先融入期货价格。Oellermann 等

① 这种检验现在被称为简单效率检验，它实际上是一种联合检验，只有当市场效率和风险中性同时得到满足时，回归系数才满足 $\alpha = 0$ 且 $\beta = 1$。

（1989）检验了肥牛市场，Schroede 和 Goodwing（1991）检验了活猪市场，结果都发现期货价格领先于现货价格。Schwarz 和 Szakmarytlsl（1994）对原油期现货、取暖油期现货、无铅汽油期现货，MoosaI（2002）对原油期现货等也使用 GS 模型对价格发现功能进行检验，发现都是期货市场具有价格发现的功能。

由于 OLS 适用于分析平稳型数据，而时间序列数据一般来说都是非平稳的，所以使用 OLS 得出的结论就无法令人信服。Maberly（1985）对 Bigman 等人的研究表示怀疑并指出，$\alpha > 0, \beta < 1$ 的结果并不意味着期货价格不具有价格发现功能，上述现象的产生是由于应用 OLS“删除样本”数据的结果。Elam 和 Dixon（1988）认为，由于期货价格和现货价格数据是非平稳数据，因此就不能使用传统的 OLS。由此可知，在 1987 年 Engle 和 Grange 提出协整概念以前，使用 OLS 进行价格发现功能研究的文献应该都存在或多或少的问题，总的说来，就是时间序列的平稳性问题以及由此带来的谬误回归的可能性。

Engle 和 Grange 在 1987 年提出的协整概念，解决了在 OLS 中使用非平稳数据的问题，但 Engle 和 Grange 方法（下文简称为 E-G 方法）存在两个问题：第一，在建立回归模型时，首先必须要确定期货价格和现货价格谁是外生变量，谁又是内生变量，但这一点本来就是我们要研究的目的，因为外生变量才是价格发现的主导者，处于价格发现的中心位置；第二，E-G 方法建立的模型是一个双变量模型，只包含了一个期货价格和一个现货价格，而在同一个时间点上，具有多个不同到期日的期货合约，具有多个期货价格，这样的双变量模型就不能捕捉到所有的相关信息。

Johansen（1988，1991），Johansen 和 Juselius（1990）进一步发展了协整方法，利用极大似然方法推导出协整检验以及参数检验的统计推断工具，并且可通过构建向量自回归模型（VAR）和向量误差修正模型（VEC）来避免 E-G 方法中的两个问题，由此，这种比较适合用于检验期货市场的价格发现功能及其市场效率的 Johansen 方法得到了大力地发展和使用。

在 Johansen 和 Juselius 方法的基础上，经济学家发展了两种共因子模型来探讨价格发现机制——Hasbrouck（1995）的信息份额模型（简称 IS 模型）和 Gonzalo-Granger（1995）的永久短暂模型（简称 PT 模型）。两种分析方法都是以 VEC 模型作为分析的基础。Hasbrouck（1996）指出 VEC 模型同现有文献中的市场微观结构模型是一致的。除了这种以 VEC 模型作为分析基础的相同点，IS 模型和 PT 模型对价格发现使用了不同定义。Hasbrouck（1995）是按照共因子的新息方差来定义价格发现，它提出的 IS 模型测量了每个市场的新息对共因子方差的贡献，把每个市场的贡献比例作为这个市场的信息份额，这也是被称为信息份额模型的原因。Gonzalo-Granger（1995）所提出的 PT 模型所关注的是 VEC 模型中的误差修正机制。误差修正机制只包括导致非均衡（价格的相互偏离）的永久性冲击（相对于暂时性）。在价格发现文献中，非均衡的产生是源于每个市场处理信息的速度不同。PT 模型通过定义误差修正系数的函数来测量每个市场对共因子的贡献。

无论是 VAR 模型还是 VEC 模型都不需要建立在经济理论的基础上，避免了要提前知道用于分析的变量谁是内生变量、谁是外生变量的麻烦，但却带了另外的麻烦——无法就模型的参数进行解释以及无法就 VEC 模型中的协整方程系数给出一个先验性的判断。为此，

Isabel Figuerola-Ferretti 和 Jesús Gonzalo 在 2010 年提出了一个能对参数进行经济学解释的 VAR 模型和 VEC 模型。为了建立一个对中国期货市场的价格发现进行测量的实证模型，下文对此模型进行了阐释。

（一）套利服务无限供给弹性下的均衡价格

本部分的目的是刻画商品在无套利均衡模型中，在套利服务是有限弹性以及便利收益内生化条件下，现货价格和期货价格之间的动态关系。这里的分析是将 GS 模型与 PT 模型联系在一起，并最终完成一个能对协整检验和 VEC 模型的估计提供一些具有经济学意义的先验性判断的价格发现测量模型；鉴于套利服务在价格发现中的重要作用，为此，我们将对套利服务处于无限弹性和有限弹性的情况分别进行讨论。

1. 无套利均衡

无套利均衡是金融学中分析衍生品定价最常用的工具，结合前面的持有成本模型，当市场处于无套利均衡时，期货价格与现货价格之间一定存在如下的关系：

$$F_t^T = S_t \times e^{(r_t + c_t) \cdot (T-t)} \qquad (3-1)$$

其中，F_t^T 指的是交割期为 T 的期货合约在 t 时的价格，S_t 指的是在 t 时的现货价格，r_t 指的是 t 时的市场无风险连续利率，c_t 代表的是商品的储存成本。式（3－1）表示：同期现货价格和期货价格之间的差额是投资者持有现货与持有期货之间的持有成本。如果式（3－1）不成立，无论是方程左边大于右边，还是方程右边大于左边，市场的套利力量都会通过卖期货买现货或通过卖现货买期货的方式获取无风险利润，直到式（3－1）重新成立，市场达到无套利均衡。不仅期货现货价格之间存在这样的关系，实际上不同到期日的期货合约价格之间也存在类似的关系，只是不存在现货的存储成本，但利息成本是肯定存在的。

2. 模型假设

实际上要得到如此简洁的式（3－1），必须要满足一系列的假设，为了随后的分析方便，我们将假设集中列举在此处。

假设 1：无税收或交易成本；

假设 2：借贷没有限制；

假设 3：除了为了维持多头或空头期货头寸的融资成本以及保存商品的储存成本，没有其他成本存在；

假设 4：在现货市场上卖空商品没有限制；

假设 5：利率 r_t 由过程 $r_t = \bar{r} + I(0)$ 来决定，这里的 $\bar{r}$ 是 r_t 的均值，$I(0)$ 是具有零均值和有限正方差的平稳过程；

假设 6：储存成本 c_t 由过程 $c_t = \bar{c} + I(0)$ 来决定，这里的 $\bar{c}$ 是 c_t 的均值，$I(0)$ 同假设 5；

假设 7：现货价格 S_t 的自然对数 s_t 是 $I(1)$ 过程，也就是说 s_t 的一阶差分 $\triangle s_t = s_t - s_{t-1}$ 是平稳序列，期货价格 F_t^T 的自然对数 f_t 也是 $I(1)$ 过程，也就是说 f_t 的一阶差分 $\triangle f_t = f_t - f_{t-1}$ 是平稳序列。

3. 均衡价格模型

当假设 1 至假设 4 成立时，式（3－1）就能成立，由此将式（3－1）两边取自然对数，可得：$\ln F_t^T = \ln S_t + (r_t + c_t) \cdot (T - t)$，在此假定 $T - t = 1$，可得：

$$f_t = s_t + r_t + c_t \tag{3-2}$$

考虑假设5、假设6，将 $r_t = \bar{r} + I(0)$ 与 $c_t = \bar{c} + I(0)$ 带入式（3-2）中，注意到均值为零的平稳序列 $I(0)$ 之和依旧是均值为零的平稳序列，由此得：

$$f_t = s_t + \bar{r} + \bar{c} + I(0) \Rightarrow f_t = s_t + \overline{rc} + I(0) \tag{3-3}$$

其中 $\overline{rc} = \bar{r} + \bar{c}$，我们将式（3-3）表示为滞后一期的形式，即：

$$f_{t-1} = s_{t-1} + \overline{rc} + I(0) \tag{3-4}$$

将式（3-3）与式（3-4）相减可得：

$$\triangle f_t = \triangle s_t + I(0) \tag{3-5}$$

由假设7，就可以知道 f_t 和 s_t 之间是协整的，并且其协整向量为（1，-1），这实际上就是早期价格发现研究想要证明的结论，但在这里没有考虑造成市场套利服务是有限弹性的，如存在便利收益等因素影响。

（二）套利服务有限供给弹性下的均衡价格

上文我们通过无套利模型得到了在套利服务具有无限弹性下的期货价格和现货价格关系的模型，但现实世界中，由于存在基差风险、便利收益（Convenience yield）以及仓储面积的限制和短期资金的可获得性等问题，即使上文中所有假设都能得到满足，套利服务也不会是无限弹性的。而在商品期货市场上，造成套利服务是有限弹性的一个重要因素就是便利收益的存在。下面我们就针对便利收益的存在对期现货价格关系的影响进行讨论。

1. 便利收益

便利收益指的是持有现货商品能够带来的额外收益，依据 Brenan 和 Schwartz（1985）的定义，便利收益是拥有实物商品而带来的服务现金流，而这种服务现金流是拥有未来交付商品的期货合约所没有的。便利收益的存在有可能使现货价格超过期货价格，出现现货溢价，而且这种现货的升水等于库存商品的边际便利收益的现值。由于期货价格小于现货价格加上持有成本（持有成本等于利息加上库存成本），因此这就意味着厂商从持有存货中得到了某种回报，比如生产企业持有库存就能在其产品需求发生变化时，及时地利用库存进行生产以满足需求的变化。这一点是持有相同数量期货合约所没有的，因此即使出现了现货价格高于期货价格的情况，厂商也不会进行卖出现货买进期货的套利行为。便利收益所导致的套利服务供给弹性的变化与主力合约①的时间特性存在密切关系，当主力合约是中远期合约时，套利服务的弹性下降就比主力合约是近月合约时多，这是因为当主力合约是近月合约时，在短时间内产品需求发生较大变化的可能性较小，因此当期货价格低于现货价格时，厂商能够放心地卖出现货、买入期货，并持有期货等待交割，顺利实现套利收益；而主力合约是中远期合约时，厂商产品需求发生变化的可能性较大，另外，由于距离交割日较远，厂商不能较快地补回卖出的现货，因此当卖出现货，持有期货后，厂商就不能较好抓住需求变化的机会以获取较高收益，因此他们就不太愿意进行这种期现套利行为。便

---

① 这里的主力合约指的是在某一个特定时点上同一期货品种不同到期日的合约中交易量最大的那个合约。

利收益的存在是现货溢价存在的主要原因，反过来，现货溢价的存在也是便利收益存在的直接证据。有大量的文献显示了商品期货市场存在现货溢价的现象，例如，Litzenberger 和 Rabinowitz（1995）就指出，在原油期货市场上，有 77% 的时间是 9 月合约的价格低于 1 月合约的价格。

对于便利收益如何计算或建模存在两种观点，一种是 Brennan 和 Schwartz（1985）、Gibson 和 Schwartz（1990）将便利收益看成是外生的红利；另一种是 Routledge 等（2000）和 Bessembinder 等（1995）将便利收益看成是内生的，并且是期货价格和现货价格的函数。从上面的论述中，我们已经知道便利收益的存在会影响套利行为，期货价格和现货价格之间的关系会由于套利行为的存在而受到影响，反过来套利行为也会受到现货价格与期货价格之间关系的影响，进而影响到人们对于便利收益的判断。由此，可以认为便利收益是内生的，并且将便利收益 cy_t 设定为现货价格和期货价格的线性组合，即：

$$cy_t = \gamma_1 s_t - \gamma_2 f_t \qquad 0 < \gamma_i < 1 \qquad i = 1,2 \tag{3-6}$$

2. 考虑了便利收益的均衡价格模型

在我们考虑到便利收益的存在时，表示无套利均衡方程式 $f_t = s_t + r_t + c_t$ 就转变成：

$$f_t + cy_t = s_t + r_t + c_t \tag{3-7}$$

再将式（3-6）带入式（3-7）中，$f_t + \gamma_1 s_t - \gamma_2 f_t = s_t + r_t + c_t \Rightarrow (1-\gamma_2) f_t = (1-\gamma_1) s_t + r_t + c_t$，考虑到上文中的假设 5 至假设 7，期货价格和现货价格之间的长期均衡关系就由下面的方程来表示：

$$s_t = \beta_1 f_t + \beta_0 + I(0) \tag{3-8}$$

其协整向量为 $(1, -\beta_1, -\beta_0)$，这里的 $\beta_1 = (1-\gamma_2)/(1-\gamma_1)$，$\beta_0 = (-\overline{rc})/(1-\gamma_1)$。

在这里，我们要注意到与文献中常见的 $\beta_1 = 1$ 假定不同，这里 β_1 存在不等于 1 的可能，而且 β_1 的取值取决于便利收益方程式（3-6）中系数的相对大小，当 β_1 取不同值时，期现货市场的相互关系是不一样的：

（1）当且仅当 $\gamma_1 > \gamma_2$ 时，$\beta_1 > 1$；而当 $\beta_1 > 1$ 时，市场处于长期现货溢价（即 $s_t > f_t$）；

（2）当且仅当 $\gamma_1 = \gamma_2$ 时，$\beta_1 = 1$；而当 $\beta_1 = 1$ 时，我们在市场上既不会观察到现货溢价也不会观察到期货溢价；

（3）当且仅当 $\gamma_1 < \gamma_2$ 时，$\beta_1 < 1$；而当 $\beta_1 < 1$ 时，市场处于长期期货溢价（即 $s_t < f_t$）。

除了关注 β_1 的取值，我们也要注意 β_0 的取值范围，由于 $\bar{r}$ 和 $\bar{c}$ 一般是大于等于 0 的数，因此 β_0 一般是小于等于 0 的数，也就是 β_0 不能大于 0。

（三）价格发现的度量模型——GS 模型和 PT 模型

当我们考虑便利收益存在而导致套利服务只是有限供给弹性时，通过无套利均衡条件以及便利收益是期货价格和现货价格的线性组合的假设，我们得到了方程式（3-8）。尽管依据经典计量经济学，当我们将期货价格和现货价格之间的关系描述成方程式（3-8）时，就隐含了是将期货价格视为外生变量，但实际上这里只是理论推导上的方便，我们并没有解决期货价格与现货价格谁是外生变量的问题，也就是并没有判断出谁处于价格发现的中心地位。事实上，它们都有可能对价格发现做出贡献，也都有在价格发现中居于领导地位的可能，这一点我们无法从方程式（3－8）中得到，因此为了更好地度量价格发现，我们必须以方程式（3－8）为条件，对期货价格和现货价格之间的相互作用进行描述，以确定价格发现的度量模型。

1. 期现货价格相互作用下的价格发现度量模型

期货价格和现货价格之间的相互作用源于市场参与者的行为，因此为了描述期货价格与现货价格之间相互作用的机理，我们必须对市场参与者进行设定。采用 Garbade 和 Silber（1983）提出 GS 模型的程序和方法，假定现货市场有 N_s 个参与者，期货市场有 N_f 个参与者，$E_{i,t}$ 是第 i 个市场参与者在时间点 t 之前又非常临近时间点 t 的某个时间点上所拥有的资源禀赋，$R_{i,t}$ 是该市场参与者愿意持有这个资源禀赋 $E_{i,t}$ 的保留价格，由此可得出现货市场的第 i 个市场参与者在时间点 t 时对现货商品的需求为：

$$E_{i,t} - A(s_t - R_{i,t}), A > 0, \quad i = 1,2,\cdots,N_s \tag{3-9}$$

这里的 A 是需求弹性，假设所有的市场参与者其需求弹性是一样的。

在时间点 t，套利者在现货市场的总需求是：

$$H\{(\beta_1 f_t + \beta_0) - s_t\}, H > 0 \tag{3-10}$$

这里 H 是套利者在现货市场的需求弹性。当套利者买现货卖期货或卖现货买期货的交易行为不是小风险状态时，H 的大小是有限的。

当方程式（3－11）成立时，现货市场出清。

$$\sum_{i=1}^{N_s} E_{i,t} = \sum_{i=1}^{N_s} \{E_{i,t} - A(s_t - R_{i,t})\} + H\{(\beta_1 f_t + \beta_0) - s_t\} \tag{3-11}$$

同理，当方程式（3－12）成立时，期货市场出清。

$$\sum_{j=1}^{N_f} E_{j,t} = \sum_{j=1}^{N_f} \{E_{j,t} - A(f_t - R_{j,t})\} - H\{(\beta_1 f_t + \beta_0) - s_t\} \tag{3-12}$$

解联立方程组（3－11）和（3－12），求出 s_t 和 f_t，并且将 s_t 和 f_t 表示成现货市场参与者保留价格平均值以及期货市场参与者保留价格平均值的函数。

现货市场参与者保留价格平均值 $R_t^s = \frac{\sum_{i=1}^{N_s} R_{i,t}}{N_s}$，期货市场参与者保留价格平均值 $R_t^f = \frac{\sum_{j=1}^{N_f} R_{j,t}}{N_f}$，由此得到：

$$s_t = \frac{(AN_f + H\beta_1)N_s R_t^s + HN_f\beta_1 R_t^f + HN_f\beta_0}{(H + AN_s)N_f + HN_s\beta_1}$$

$$f_t = \frac{HN_s R_t^s + (H + AN_s)N_f R_t^f - HN_s\beta_0}{(H + AN_s)N_f + HN_s\beta_1} \tag{3-13}$$

从方程式（3－13）中我们可以看到期货价格 f_t 和现货价格 s_t 均表达为各个市场平均保留价格的函数，如果能够将保留价格动态化，并在动态化的过程中与期现价格发生联系，我们就能导出期现价格的动态关系。假设市场在时间点 $t-1$ 出清后极短的一个瞬间，第 i 个市场参与者愿意在价格 s_{t-1} 而持有 $E_{i,t}$ 数量商品或在价格 f_{t-1} 而持有 $E_{j,t}$ 数量合约，这就意味

着价格 s_{t-1}（或f_{t-1}）是在市场出清后第 i 个参与者的保留价格。进一步，我们假设这些价格是依据如下的方程演变成时间点 t 的保留价格 $R_{i,t}$：

$$R_{i,t} = s_{t-1} + v_t + w_{i,t},\ i = 1,2,\cdots,N_s$$
$$R_{j,t} = f_{t-1} + v_t + w_{j,t},\ j = 1,2,\cdots,N_f$$
$$\mathrm{cov}(v_t, w_{i,t}) = 0, \forall i$$
$$\mathrm{cov}(w_{i,t}, w_{j,t}) = 0, \forall i \neq j \tag{3-14}$$

这里的误差项 $w_{i,t}$，$w_{j,t}$，v_t 均为有限方差的白噪声随机量。

价格的变化（$R_{i,t} - s_{t-1}$ 或 $R_{j,t} - f_{t-1}$）反映了从时间点 $t-1$ 到 t 之间到达市场的新信息，而这些新信息改变了第 i 个市场参与者愿意持有 $E_{i,t}$ 数量商品或 $E_{j,t}$ 数量合约的保留价格。从 $R_{i,t} - s_{t-1} = v_t - w_{i,t}$ 与 $R_{j,t} - f_{t-1} = v_t - w_{j,t}$ 中，我们可以看到价格变化包含了两个部分，一个部分（v_t）对所有参与人来说是相同，另一部分（$w_{e,t}, e = i,j$）是第 e 个参与人特有的部分。从方程式（3－14）可以得到在时间点 t 每个市场平均保留价格是：

$$R_t^s = s_{t-1} + v_t + w_t^s,\ i = 1,2,\cdots,N_s$$
$$R_t^f = f_{t-1} + v_t + w_t^f,\ j = 1,2,\cdots,N_f \tag{3-15}$$

其中，$w_t^s = \dfrac{\sum_{i=1}^{N_s} w_{i,t}}{N_s}, w_t^f = \dfrac{\sum_{j=1}^{N_f} w_{j,t}}{N_f}$。

将方程式（3－15）带入方程式（3－13）中，并将它们改造成如下的 VAR 模型：

$$\begin{pmatrix} s_t \\ f_t \end{pmatrix} = \frac{H\beta_0}{d}\begin{pmatrix} N_f \\ -N_s \end{pmatrix} + M\begin{pmatrix} s_{t-1} \\ f_{t-1} \end{pmatrix} + \begin{pmatrix} u_t^s \\ u_t^f \end{pmatrix} \tag{3-16}$$

这里的 $\begin{pmatrix} u_t^s \\ u_t^f \end{pmatrix} = M\begin{pmatrix} v_t + w_t^s \\ v_t + w_t^f \end{pmatrix}$，$M = \dfrac{1}{d}\begin{pmatrix} N_s(\beta_1 H + AN_f) & \beta_1 HN_f \\ HN_s & (H + AN_s)N_f \end{pmatrix}$，$d = (H + AN_s)N_f + \beta_1 HN_s$。

将方程式（3－16）两边同时减去列向量 $(s_{t-1}, f_{t-1})'$，我们就可以得到 VEC 模型：

$$\begin{pmatrix} \triangle s_t \\ \triangle f_t \end{pmatrix} = \frac{H\beta_0}{d}\begin{pmatrix} N_f \\ -N_s \end{pmatrix} + (M - I)\begin{pmatrix} s_{t-1} \\ f_{t-1} \end{pmatrix} + \begin{pmatrix} u_t^s \\ u_t^f \end{pmatrix} \tag{3-17}$$

这里的 I 是 2×2 单位矩阵，因此，$M - I = \dfrac{1}{d}\begin{pmatrix} N_s\beta_1 H + AN_sN_f & \beta_1 HN_f \\ HN_s & HN_f + AN_sN_f \end{pmatrix} - \begin{pmatrix} 1 & 0 \\ 1 & 0 \end{pmatrix} = \begin{pmatrix} -HN_f & \beta_1 HN_f \\ HN_s & -\beta_1 HN_s \end{pmatrix}$。

由此，对方程式（3－17）右边的各项进行重新安排，得：

$$\begin{pmatrix} \triangle s_t \\ \triangle f_t \end{pmatrix} = \frac{H}{d}\begin{pmatrix} -N_f \\ N_s \end{pmatrix}(1 \ -\beta_1 \ -\beta_0)\begin{pmatrix} s_{t-1} \\ f_{t-1} \\ 1 \end{pmatrix} + \begin{pmatrix} u_t^s \\ u_t^f \end{pmatrix} \tag{3-18}$$

即：

$$\begin{pmatrix} \triangle s_t \\ \triangle f_t \end{pmatrix} = \alpha\beta'\begin{pmatrix} s_{t-1} \\ f_{t-1} \\ 1 \end{pmatrix} + \begin{pmatrix} u_t^s \\ u_t^f \end{pmatrix} \tag{3-19}$$

到现在为止，我们在商品持有成本模型以及便利收益内生化的基础上，通过市场参与者的套利行为建立了期货价格和现货价格之间的动态关系，推导出 VAR 模型式（3－16）和 VEC 模型式（3－17），这与一般的 VAR 模型和 VEC 模型最大的不同在于：模型中的参数带有经济学意义，而且我们能够先验地知道参数取值的正负。例如式（3－18）中的 $(1-\beta_1-\beta_0)$ 是协整向量，且 $\beta_1=\dfrac{(1-\gamma_2)}{(1-\gamma_1)}>0$，$\beta_0=\dfrac{(-\overline{rc})}{(1-\gamma_1)}\leqslant 0$；在 VEC 模型式（3－18）中还可以看到：从非均衡向均衡调整的速度取决于市场参与者数量（N_f,N_s）以及参与者的需求价格弹性（A）、套利服务的供给弹性（H）和 β_1 的大小。这里有一个重要的、代表连接现货市场和期货市场力量的参数——套利服务的供给弹性（H）：

（1）当 $H=0$ 时，表示市场上缺少套利服务，此时 VAR 模型式（3－16）中的 $M=\begin{pmatrix}1&0\\0&1\end{pmatrix}$，这就意味着现货价格和期货价格各自服从独立的随机游走过程，期货市场与现货市场之间不存在任何关系，并且一个市场的价格对另一个市场的价格无任何预测作用，这将导致期货市场价格发现功能和套期保值功能的消失；

（2）当 $H=\infty$ 时：$M=\dfrac{1}{N_f+\beta_1N_s}\begin{pmatrix}\beta_1N_s&\beta_1N_f\\N_s&N_f\end{pmatrix}$，用 $(1-\beta_1)$ 左乘式（3－16）得：$s_t=\beta_1f_t+\beta_0$，这样期货价格与现货价格之间的关系变成了一个无随机因素存在的确切关系。期货合约成为现货头寸的完美替代，价格是在两个市场中被同时发现的。

到现在为止，我们知道了期现货价格的均衡关系，但我们依旧没有解决价格发现的测量问题，为了能测量价格发现，我们必须将推导出的新模型与 GS、PT 模型进行比较。

2. GS 模型和 PT 模型的重新诠释

（1）GS 模型。

Garbade 和 Silber 在 1983 年提出的用于价格发现度量的模型（GS 模型）是：

$$\begin{pmatrix}C_k\\F'_k\end{pmatrix}=\begin{pmatrix}1-a&a\\b&1-b\end{pmatrix}\begin{pmatrix}C_{k-1}\\F'_{k-1}\end{pmatrix}+\begin{pmatrix}u_k^c\\u_k^f\end{pmatrix}\qquad(3-20)$$

其构建的用于度量期货市场价格发现效率的公式是 $\dfrac{a}{a+b}$，并且他们还证明了：

$$\frac{a}{a+b}=\frac{N_f}{N_f+N_s}\qquad(3-21)$$

即价格发现效率是市场规模大小的函数。

在模型式（3－16）中，当 $\beta_1=1$ 时，矩阵 M 的取值为：

$$M=\frac{1}{HN_f+AN_sN_f+HN_s}\begin{pmatrix}HN_s+AN_sN_f&HN_f\\HN_s&HN_f+AN_sN_f\end{pmatrix}$$

当我们取 $\beta_c=\dfrac{HN_f}{HN_f+AN_sN_f+HN_s}$，$\beta_f=\dfrac{HN_s}{HN_f+AN_sH_f+HN_s}$时，则 $M=\begin{pmatrix}1-\beta_c&\beta_c\\\beta_f&1-\beta_f\end{pmatrix}$，那么 VAR 模型式（3－16）就变成了：

$$\begin{pmatrix} s_t \\ f_t \end{pmatrix} = \frac{H\beta_0}{HN_f + AN_sN_f + HN_s}\begin{pmatrix} N_f \\ -N_s \end{pmatrix} + \begin{pmatrix} 1-\beta_c & \beta_c \\ \beta_f & 1-\beta_f \end{pmatrix}\begin{pmatrix} s_{t-1} \\ f_{t-1} \end{pmatrix} + \begin{pmatrix} u_t^s \\ u_t^f \end{pmatrix} \quad (3-22)$$

比较式（3－20）和式（3－22），方程右边滞后变量的系数矩阵在形式上是完全一样，并且 $\frac{\beta_c}{\beta_c+\beta_f} = \frac{N_f}{(N_f+N_s)}$ 与式（3－21）的结果完全一样，因此我们可以认为 GS 模型是模型（3－17）在 $\beta_1 = 1$ 时的特殊情形。

（2）PT 模型。

Gonzalo 和 Granger（1995）的 PT 模型是从如下的 VEC 模型出发的：

$$\triangle P_t = \alpha\beta' P_{t-1} + \sum_{i=1}^{k}\Gamma_i \triangle P_{t-i} + u_t \quad (3-23)$$

其中 $P_t = (s_t, f_t)', \triangle P_t = (\triangle s_t, \triangle f_t)', \alpha = (\alpha_1, \alpha_2)', \beta' = (1, -\beta_1), u_t$ 是白噪声向量，即 $E(u_t) = 0, \mathrm{Var}(u_t) = \Omega > 0$。

Harris（1997）和 Harris 等（2002）最先使用 Gonzalo 和 Granger 的 PT 模型来测量价格发现。PT 模型将变量分解成持久组分（W_t）和暂时组分（Z_t），而且这种分解是将变量中的持久组分看成原始变量（X_t 表示是原始变量组成的向量）的线性组合，这也就意味着暂时组分也是原始变量的线性组合（事实上，暂时组分就是协整回归的残差向量，即暂时组分 $Z_t = \beta' X_t$）。由线性组合的假设再加上 PT 分解的定义，我们可以得到永久组分 $W_t = \alpha'_\perp X_t$，这里的 $\alpha_\perp$ 是如式（3－23）这样的 VEC 模型中调整向量 α 的正交向量，即 $\alpha'_\perp \alpha = 0$。这样，原始变量 X_t 的 PT 分解就是 $X_t = A_1\alpha'_\perp X_t + A_2\beta' X_t$，其中 $A_1 = \beta_\perp(\alpha'_\perp\beta_\perp)^{-1}, A_2 = \alpha(\beta'\alpha)^{-1}$；这里的 $\beta_\perp$ 是如式（3－23）这样的 VEC 模型中协整向量 β 的正交向量，即 $\beta'_\perp\beta = 0$。永久组分 W_t 是 X_t 长期的驱动因素，那些不影响永久组分 W_t 的信息就不会对 X_t 有永久性影响，因此 $W_t = \alpha'_\perp X_t$ 中 $\alpha_\perp$ 向量的各个组分就代表了各个市场对价格发现的贡献。如果仅考察期货市场和现货市场的情况，$\alpha_\perp$ 为 2×1 向量，$\alpha'_\perp = (\alpha_\perp^1, \alpha_\perp^2)$，那么市场一价格发现的贡献：

$$CS_1 = \frac{\alpha_\perp^1}{\alpha_\perp^1 + \alpha_\perp^2} \quad (3-24)$$

市场二价格发现的贡献：

$$CS_2 = \frac{\alpha_\perp^2}{\alpha_\perp^1 + \alpha_\perp^2} \quad (3-25)$$

另外，依据 $\alpha'_\perp\alpha = 0$，当 $\alpha' = (\alpha_1, \alpha_2)$ 时，$\alpha'_\perp\alpha = \alpha_\perp^1\alpha_1 + \alpha_\perp^2\alpha_2 = 0$，由此 $\alpha_\perp^1 = \frac{-\alpha_\perp^2\alpha_2}{\alpha_1}$，那么我们就可以用 VEC 模型的调整系数来计算各个市场的贡献，市场一价格发现的贡献变成：

$$CS_1 = \frac{\alpha_2}{\alpha_2 - \alpha_1} \quad (3-26)$$

而市场二价格发现的贡献的计算公式就变成：

$$CS_2 = \frac{-\alpha_1}{\alpha_2 - \alpha_1} \quad (3-27)$$

依据式（3 - 18），可以知道式（3 - 23）中的 $\alpha' = \left(\frac{-HN_f}{d}, \frac{HN_s}{d}\right)$，因此，现货市场对价格发现的贡献为：

$$CS_1 = \frac{N_s}{N_s + N_f} \tag{3-28}$$

期货市场对价格发现的贡献：

$$CS_2 = \frac{N_f}{N_s + N_f} \tag{3-29}$$

所以，各个市场对价格发现的贡献与 GS 模型是一样的，都取决于市场规模的大小，但是这里依旧没有 $\beta_1 = 1$ 的限制。

由于 PT 模型是建立在 VEC 模型之上的，并没有对模型参数给予经济学意义上的解释，也就无法对应该使用什么样的模型进行协整检验以及在对 VEC 模型进行估计时应该采用哪种形式的协整方程提出先验性的判断，而这两点完全可由新模型式（3 - 18）或（3 - 19）给予解决，这也是为什么我们要采用新模型对中国期货市场价格发现功能进行研究的原因。

三、实证研究的数据和模型

由于期货合约具有到期日，因此单个合约的价格是非连续的，而在研究中需要长达一年以上甚至多年以上的数据，由此必须拿出构建出连续的价格序列的办法。在上文中，我们讨论了度量价格发现的方法，这里我们也需要将这些方法转变成本研究所需要的具体形式。

（一）期货价格连续数据序列的构建及预处理

依据墨菲的观点，构建连续期货价格序列的方法有以下四种。

第一种方法是："最普遍采用的一种技法只需把一串合约接续起来，以提供连续性。当一种合约到期时，就用另一种合约。为了做到这一点，最简单的以及大多数走势图服务公司采用的方法是，始终用即将到期的合约的价格。如果即将到期的合约停止交易，那么下期合约就成了即将到期的合约，也就是要绘制的合约。连接即将到期的合约的技法相对简单，而且的确解决了提供价格持续性的问题。然而，这种方法也有一些问题。有时，即将到期的合约可能正在以下期合约的显著升水或贴水进行交易，而且这种向新合约的转变可能会导致走势图上的价格骤升或者骤降。另一个潜在的扭曲是某些热门合约在到期前所经历的极端价格波动。期货技术分析人士已经发明了许多方法来处理这些偶尔发生的扭曲。有些人在近月合约到期前的一两个月停止绘制，以避开热点月的波动性。其他人则避免一起使用近月合约，而绘制第二或第三个到期的合约的走势图。"

第二种方法是："绘制持仓量最高的合约，因为从理论上说这种交割月才真正代表了市场价值。"

第三种方法是："持续走势图还能够通过连接特定的日历月来构建。例如，11 月大豆连续走势图就是连接每年11月到期的大豆合约的历史数据。”

第四种方法是：“把几种合约的价格加以加权平均，或者构造某种指数以图通过调整升水或贴水来平滑走势图的转换。”这就是我们常见的交易所或期货公司所提供的某种商品的连续价格指数。

本文对于价格发现功能的研究集中在两个方面：近月合约的定价功能和远期合约的预测功能。又由于中国期货合约流动性的特点——主力合约与近月合约出现了较大的偏离，因此我们在构建连续的期货价格数据序列时，采用两种方式来构建，一种是用近月合约价格数据来构建，另一种是用主力合约价格，也就是成交量最大的合约价格数据来构建。近月合约价格数据检验的是价格发现功能中的定价功能，而主力合约检验的是价格发现功能中的对未来现货价格的预测能力。

在中国期货市场上，当合约进入交割月后表现为低流动性，有时会出现无交易的情况。因此为避免上面提到的极端价格变化以及这种无交易的情况，我们在构建近月合约价格序列时，舍弃掉合约交割月的价格数据，也就是当合约进入交割月时，我们就使用下一个交割月的期货合约的价格数据。如对上海期货交易所的铜期货，其全年12个月份均有合约，那么在1月份时，我们使用同年2月份交割的期货合约的日结算价格数据，当进入2月份时，我们使用同年3月交割的期货合约的日结算价格数据。而对于那些不是全年12个月份均有合约的商品，我们依旧采用最近交割月的期货合约的日结算价格。例如，对大连商品交易所的大豆期货，只有单月合约，即只有在1、3、5、7、9、11月份上有合约，那么在1月份和2月份，我们使用同年3月交割的期货合约的日结算价格数据来构建连续价格序列，而在3月份和4月份，我们使用同年5月交割的期货合约的日结算价格数据来构建连续价格序列。对于主力合约价格序列，我们知道每天都有多个不同交割月的合约在同时交易，但合约的活跃程度却大不一样，因此我们使用每天交易量最大的期货合约的结算价来构建连续的价格数据序列，这就形成了主力合约的日价格数据序列。这里使用的期货价格均为日结算价，原因在于我们认为日结算价作为全天交易的平均价格比开盘价和收盘价更具代表性。

为降低数据序列的相关性，依据普遍的做法，我们对原始数据取自然对数进行预处理，现货价格序列的自然对数我们用*ps*表示，近月合约的日结算价格序列我们用*fsp*1表示，主力合约的日结算价格序列我们用*fsp*2表示。在实证分析中，平稳性检验、协整检验以及VEC模型的估计均使用软件EViews 6。

（二）中国期货市场价格发现功能的实证模型

结合上文中的理论模型式（3-18）和式（3-19），我们采用PT分解方法进行价格发现的度量。由下面重新列出的理论模型式（3-18）和式（3-19）：

$$\begin{pmatrix}\Delta s_t\\ \Delta f_t\end{pmatrix}=\frac{H}{d}\begin{pmatrix}-N_f\\ N_s\end{pmatrix}(1\ -\beta_1\ -\beta_0)\begin{pmatrix}s_{t-1}\\ f_{t-1}\\ 1\end{pmatrix}+\begin{pmatrix}u_t^s\\ u_t^f\end{pmatrix}\tag{3-18}$$

$$\begin{pmatrix} \triangle s_t \\ \triangle f_t \end{pmatrix} = \alpha\beta' \begin{pmatrix} s_{t-1} \\ f_{t-1} \\ 1 \end{pmatrix} + \begin{pmatrix} u_t^s \\ u_t^f \end{pmatrix} \quad (3-19)$$

我们确定了用于进行实证分析的模型：

$$\begin{pmatrix} \triangle s_t \\ \triangle f_t \end{pmatrix} = \alpha\beta' \begin{pmatrix} s_{t-1} \\ f_{t-1} \\ 1 \end{pmatrix} + \sum_{i=1}^{k} \Gamma_i \begin{pmatrix} \triangle s_{t-i} \\ \triangle f_{t-i} \end{pmatrix} + \begin{pmatrix} u_t^s \\ u_t^f \end{pmatrix} \quad (3-30)$$

其中，$\alpha' = (\alpha_1, \alpha_2)$，$\beta' = (1, -\beta_1, -\beta_0)$，依据 PT 方法，市场 1 的价格发现贡献为：

$$CS_1 = \frac{\alpha_2}{\alpha_2 - \alpha_1} \quad (3-31)$$

市场 2 的价格发现贡献为：

$$CS_2 = \frac{-\alpha_1}{\alpha_2 - \alpha_1} \quad (3-32)$$

四、实证分析结果

本文主要分析了上海期货交易所铜、铝和锌，大连商品交易所大豆、玉米、豆粕和豆油，郑州商品交易所棉花、白糖和强麦价格发现功能。整个分析过程包含以下步骤：第一步，对数据进行说明和描述；第二步，对数据进行平稳性检验；第三步，确定 VAR 模型滞后项和进行协整检验；第四步，估计 VEC 模型并计算各个市场的价格发现的贡献率。基于篇幅的考虑，这里给出上海期货交易所铜期货的详细分析过程，其余的只给出结果。

（一）上海期货交易所铜价格发现功能实证分析

1. 数据说明和描述表

铜的实证分析数据区间为 2008 年 1 月 2 日至 2011 年 12 月 30 日，数据样本共计 976 个，*fsp*1 为近月合约日结算价自然对数值（后面简称为近月价格），*fsp*2 为主力合约日结算价自然对数值（后面简称为主力价格），*ps* 为长江现货铜的日交易平均价的自然对数值（后面简称为现货价格），期货价格来源于上海期货交易所网站交易数据的历史数据下载①，现货数据来源于中铝网历史行情数据②。从图 3.1 中我们可以看到这 3 个价格序列变动具有较大相关性，其变化趋势具有一致性；由表 3.1 中相关系数值的大小也证实了这种相关性，他们两两之间的相关系数均超过 0.99。

2. 数据的平稳性检验

在 EViews 6 软件中平稳性检验具有 3 个检验模型，第 1 个检验模型带截距项，第 2 个

① 网站地址为：http：//www. shfe. com. cn/statements/download. html。

② 网站地址为：http：//market. cnal. com/historical/。

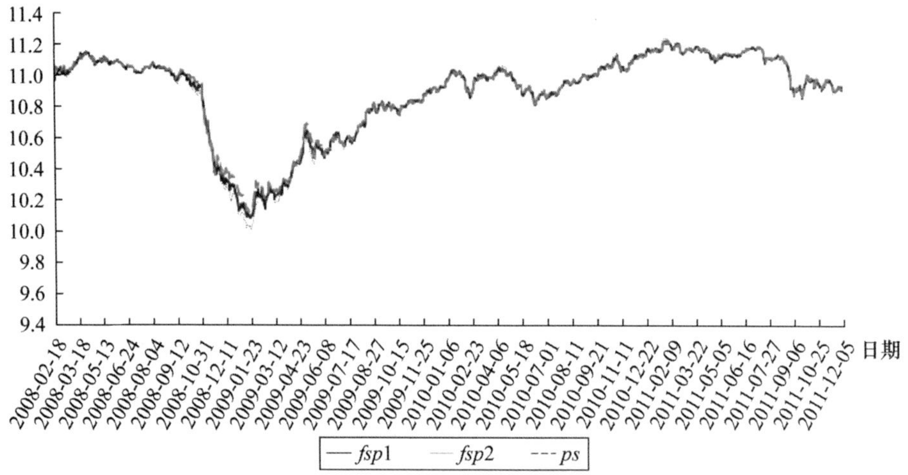

图 3.1　2008 年 1 月至 2011 年 12 月上海期货交易所
铜期货近月、主力价格和长江现货铜价格的变化图

表 3.1　　　　铜 3 组价格序列自然对数值的相关系数

	*fsp*1	*fsp*2	*ps*
*fsp*1	1.0000	0.9992	0.9985
*fsp*2	0.9992	1.0000	0.9964
ps	0.9985	0.9964	1.0000

检验模型带截距项和时间趋势项，第 3 个检验模型既无截距项也无时间趋势向。在具体检验时，3 种检验模型均完成，但在这里只报告第 3 个检验模型的结果，滞后项个数由软件自动给出。

从表 3.2 和表 3.3 中我们可以得出铜期货的近月价格、主力价格以及长江现货铜价格均是非平稳序列，但由于其一阶差分均是平稳序列，因此原序列为一阶单整，即均是 $I(1)$ 过程。

表 3.2　　　铜近月价格、主力价格和现货价格的平稳性检验（ADF 检验）

品种	价格序列	检验模型（C，T，L）	t 统计值	概率值	结论
铜	近月合约日结算价格（*fsp*1）	（0，0，1）	-0.104559	0.6475	非平稳
	主力合约日结算价格（*fsp*2）	（0，0，1）	-0.096898	0.6501	非平稳
	现货日平均价格（*ps*）	（0，0，5）	-0.216703	0.6082	非平稳
	近月合约价格一阶差分	（0，0，0）	-27.86704	0.0000	平稳
	主力合约价格一阶差分	（0，0，0）	-27.98460	0.0000	平稳
	现货价格一阶差分	（0，0，4）	-12.59908	0.0000	平稳

注：检验模型（C，T，L）中，C 表示数据是否具有截距项，0 表示无截距项，1 表示具有截距项，T 表示数据是否具有时间趋势，0 表示无时间趋势，1 表示有时间趋势，L 表示滞后项个数。

表 3.3　　铜近月价格、主力价格和现货价格的平稳性检验（PP 检验）

品种	价格序列	检验模型（C，T，L）	t 统计值	概率值	结论
铜	近月合约日结算价格（*fsp*1）	（0，0，7）	-0.099588	0.6492	非平稳
	主力合约日结算价格（*fsp*2）	（0，0，6）	-0.089810	0.6525	非平稳
	现货日平均价格（*ps*）	（0，0，6）	-0.131224	0.6383	非平稳
	近月合约价格一阶差分	（0，0，3）	-27.92793	0.0000	平稳
	主力合约价格一阶差分	（0，0，3）	-28.07613	0.0000	平稳
	现货价格一阶差分	（0，0，3）	-28.13157	0.0000	平稳

3. VAR 模型滞后项确定和协整检验

在估计 VAR 模型时，我们采用 EViews 6 软件给定的默认的滞后项等于 2，在此基础上由 EViews 6 软件给定的滞后项选择程序来确定 VAR 模型最优的滞后项个数。对于铜 *ps* 和 *fsp*1，当选择程序中确定最大滞后项为 8 时，FPE 和 AIC 的最小值出现在 VAR 模型的滞后项为 7 时，但当选择最大滞后项为 16 时，FPE 和 AIC 的最小值出现在 VAR 模型的滞后项为 15 时，继续扩大最大滞后项至 32，FPE 和 AIC 的最小值依旧出现在 VAR 模型的滞后项为 15 时，因此对 *ps* 和 *fsp*1 的 VAR 模型我们选择的滞后项为 15。但当进行协整检验和估计 VEC 模型时，由于对原始变量取了一阶差分，因此在协整检验和估计 VEC 模型时取滞后项数目为 14。

对于 *ps* 和 *fsp*2，当选择最大滞后项为 8 时，FPE 和 AIC 的最小值出现在 VAR 模型的滞后项为 7 时，当但当选择最大滞后项为 16 时，FPE 和 AIC 的最小值出现在 VAR 模型的滞后项为 14 时，继续扩大最大滞后项至 32，FPE 和 AIC 的最小值依旧出现在 VAR 模型的滞后项为 14 时，因此对 *ps* 和 *fsp*2 的 VAR 模型我们选择的滞后项为 14。但当进行协整检验和估计 VEC 模型时，由于对原始变量取了一阶差分，因此在协整检验和估计 VEC 模型时取滞后项数目为 13。

对于 *fsp*1 和 *fsp*2，当选择最大滞后项为 8 时，FPE 和 AIC 的最小值出现在 VAR 模型的滞后项为 6 时，当但当选择最大滞后项为 16 时，FPE 和 AIC 的最小值出现在 VAR 模型的滞后项为 15 时，继续扩大最大滞后项至 32，FPE 和 AIC 的最小值依旧出现在 VAR 模型的滞后项为 15 时，因此对 *fsp*1 和 *fsp*2 的 VAR 模型我们选择的滞后项为 15，但当进行协整检验和估计 VEC 模型时，由于对原始变量取了一阶差分，因此在协整检验和估计 VEC 模型时取滞后项数目为 14。

根据数据的趋势情况以及协整方程是否含有截距项和时间趋势项，EViews 6 软件提供的 Johansen 协整检验有 5 种模型，而依据理论模型（3-19）推导出的实证模型（3-30）和数据的特点。我们在做协整检验和估计 VEC 模型时，我们选择数据无趋势、协整方程设定为具有常数项、无时间趋势项的模型二，但为了更直观地观察变量间的协整关系，我们将 EViews 6 软件中提供的一个 5 种模型总的协整检验结果复制在表 3.4 中。从表 3.4 中我们可看到，除了 *fsp*1 和 *fsp*2 在检测模型一上不存在协整关系，其他情况下均存在协整关系，而且协整方程数量为1。表3.5提供了模型二的具体检测结果，无论是从迹统计量还是最大特征值统计量均表明铜的期货价格与现货价格之间在检验模型二下存在协整关系。

表3.4　　铜不同价格序列组合的协整检验结果总结

不同检验模型在0.05显著性水平下给出的协整关系数量								
品种	价格序列	滞后项	数据趋势	无	无	线性	线性	二次项
			测试类型	无截距 无趋势	截距 无趋势	截距 无趋势	截距 趋势	截距 趋势
铜	*ps*、*fsp*1	14	迹统计量	1	1	1	1	1
			最大特征根	1	1	1	1	1
	ps、*fsp*2	13	迹统计量	1	1	1	1	1
			最大特征根	1	1	1	1	1
	*fsp*1、*fsp*2	14	迹统计量	0	1	1	1	1
			最大特征根	0	1	1	1	1

表3.5　　铜不同价格序列组合的协整模型二的检验结果

品种	价格序列	滞后项	原假设	特征根	迹统计量	迹统计量5%显著临界值	最大特征值统计量	最大特征值统计量5%显著临界值	结论
铜	*ps* *fsp*1	14	0个协整向量	0.040003	41.77394	20.26184	39.23325	15.89210	存在协整关系
			1个协整向量	0.002640	2.540698	9.164546	2.540698	9.164546	
	ps *fsp*2	13	0个协整向量	0.042512	43.99075	20.26184	41.79120	15.89210	存在协整关系
			1个协整向量	0.002284	2.199551	9.164546	2.199551	9.164546	
	*fsp*1 *fsp*2	14	0个协整向量	0.026369	28.20380	20.26184	25.68058	15.89210	存在协整关系
			1个协整向量	0.002622	2.523221	9.164546	2.523221	9.164546	

4. VEC模型

依据理论模型（3-18）和（3-19）以及由此确定下来的实证分析模型（3-30），我们将要估计的VEC模型以及各个市场价格发现贡献的计算公式重新表述如下。

考察期货市场近月合约价格、主力合约价格与现货价格关系的VEC模型为：

$$\triangle P_t = \alpha\beta' P_{t-1} + \sum_{j=1}^{k} \Gamma_i \triangle P_{t-j} + u_t \tag{3-33}$$

其中，$\triangle P_t = \begin{pmatrix} \triangle ps \\ \triangle fspi \end{pmatrix}$；$i=1，2$；$\beta = \begin{pmatrix} 1 \\ -\beta_1 \\ -\beta_0 \end{pmatrix}$；$\alpha = \begin{pmatrix} \alpha_1 \\ \alpha_2 \end{pmatrix}$。$P_{t-1} = \begin{pmatrix} ps_{t-1} \\ fspi_{t-1} \\ 1 \end{pmatrix}$；$i=1，2$；$\beta_1 > 0$，$\beta_0 \leqslant 0$；$\alpha_1 \leqslant 0$，$\alpha_2 \geqslant 0$，且$\alpha_1$和$\alpha_2$不能同时为零。

考察近月合约价格与主力合约价格关系的VEC模型为：

$$\triangle P_t = \alpha\beta' P_{t-1} + \sum_{j=1}^{k}\Gamma_i \triangle P_{t-j} + u_t \qquad (3-34)$$

其中，$\triangle P_t = \begin{pmatrix}\triangle fsp1 \\ \triangle fsp2\end{pmatrix}$，$\beta = \begin{pmatrix}1 \\ -\beta_1 \\ -\beta_0\end{pmatrix}$，$\alpha = \begin{pmatrix}\alpha_1 \\ \alpha_2\end{pmatrix}$，$P_{t-1} = \begin{pmatrix}fsp1_{t-1} \\ fsp2_{t-1} \\ 1\end{pmatrix}$，$\beta_1 > 0$，$\beta_0 \leqslant 0$，$\alpha_1 \leqslant 0$，$\alpha_2 \geqslant 0$，且 α_1 和 α_2 不能同时为零。

价格发现的度量，市场一的贡献 $CS_1 = \dfrac{\alpha_2}{\alpha_2 - \alpha_1}$，市场二的贡献 $CS_2 = \dfrac{-\alpha_1}{\alpha_2 - \alpha_1}$。

估计 VEC 模型（3－30），各个系数的估计值以及它们的标准差和 t 统计量见表 3.6。从表 3.6 中我们发现，在估计的现货价格和近月合约价格的 VEC 模型中有两个系数符号与理论预期不符。第一个是β_0。在理论模型推导中，我们知道$\beta_0 = \dfrac{-\overline{rc}}{1-\gamma_1}$，原则上$\overline{rc} = \bar{r} + \bar{c} \geqslant 0$，因此$\beta_0 \leqslant 0$，而此处$\beta_0 > 0$，这有可能是协整方程中遗漏了重要的解释变量，从而导致β_0的符号与理论模型不一致。考虑到我国金属类期货价格甚至我国的现货价格受到 LME 影响较大的事实，因此这个遗漏的变量可能就是相应的 LME 的金属价格。第二个是 α_2。依据协整方程的设定，α_2 应为正值。如果我们认为该系数不显著，使其等于零，那么在 CS_1 和 CS_2 计算中就直接取为0，这样计算出的 $CS_1 = 0$ 和 $CS_2 = 1$，可以让我们得出期货市场在价格发现中居于主导地位的结论。但是由于 β_0 的符号与理论预期不符，因此该结论非常值得怀疑，由此我们在表 3.6 中将其判定为不存在协整。

表 3.6　铜现货价格与期货近月合约价格 VEC 模型的估计结果及价格发现贡献值

ps 与 $fsp1$	$-\beta_1$	$-\beta_0$	α_1	α_2	k	CS_1	CS_2
系数值	－0.957522	－0.468140	－0.223264	－0.097327	14	无	无
标准差	(0.00615)	(0.06702)	(0.05213)	(0.05151)	价格发现	不存在协整	
t 统计值	[－155.624]	[－6.98498]	[－4.28316]	[－1.88966]			

注：①在表格中用灰底标明的估计值表示此估计值存在与理论预期不符或不显著。②由于 β_0 的估计值显著并且符号与理论模型的预期相反，因此我们判定不存在协整。

为了解决 β_0 的符号与理论预期不一致，我们将国内期货价格和现货价格作为因变量，将 LME 的期货价格作为自变量，进行带常数项的一元回归，以消除 LME 期货价格对国内现货价格和期货价格的影响，因此我们做如下处理。第一步将 2008 年 1 月 2 日至 2011 年 12 月 30 日的 LME 场内铜收盘价的美元报价通过美元兑人民币的汇率①，将其转换成人民币报价，将这样得到 LME 收盘价的人民币报价命名 $L1$，扣除掉 $L1$ 与 ps、$fsp1$ 不配对的数据，最终的样本量为 952 个。第二步做如下的简单回归：$ps_t = b_0 + b_1 L1_{t-1}$，$fsp1_t = c_0 + c_1 L1_{t-1}$，$fsp2_t = h_0 + h_1 L1_{t-1}$ 并将这 3 个简单回归的残差分别命名为 lps、$lfsp1$ 和 $lfsp2$，这样就从 ps、$fsp1$ 和 $fsp2$ 中扣除了 LME 的影响。经平稳性检验发现 lps、$lfsp1$ 和 $lfsp2$ 均是 $I(0)$ 过程，在这里就不在考虑他们之间是否存在协整关系，通过它们的 VAR 模型选择使 AIC 最小的滞后项，然

① 美元/人民币汇率来源于国家外汇管理局网站，http：//www.safe.gov.cn/model_ safe/index.html。

后用这个滞后项减 1 去直接估计 VEC 模型（3-30），结果见表 3.7。比较表 3.6 和表 3.7，我们可以看到在价格发现的主导力量上，它们得出了不同的结果。由于表 3.7 是扣除了 LME 影响后得出的结果，并且与理论模型相一致，因此我们认为这一结果更可信，因此判定在中国铜市场上是现货市场占据了价格发现的主导位置。

表 3.7　　lps 与 $lfsp1$ VEC 模型的估计结果及价格发现贡献值

lps 与 $lfsp1$	$-\beta_1$	$-\beta_0$	α_1	α_2	k	CS_1	CS_2
系数值	-1.155645	0.000375	0.019095	0.124709	5	1	0
标准差	(0.09661)	(0.00220)	(0.04038)	(0.04017)	价格发现	现货市场占主导地位	
t 统计值	[-11.9617]	[0.17021]	[0.47289]	[3.10487]			

注：α_1 不显著，因此在计算 CS_1 和 CS_2 时，将 α_1 取为 0。

从表 3.8 中我们可以发现：ps 与 $fsp2$ 的 VEC 模型和 ps 与 $fsp1$ 的 VEC 模型存在同样的问题，因此我们采用同样的方法去处理，估计结果见表 3.9。比较表 3.8 和表 3.9，当我们消除了 LME 价格的影响后，在价格发现上依旧是现货价格占主导地位。

表 3.8　铜现货价格与期货主力合约价格 VEC 模型的估计结果及价格发现贡献值

ps 与 $fsp2$	$-\beta_1$	$-\beta_0$	α_1	α_2	k	CS_1	CS_2
系数值	-0.918830	-0.895078	-0.142647	-0.061776	13	无	无
标准差	(0.01004)	(0.10928)	(0.03008)	(0.03104)	价格发现	不存在协整	
t 统计值	[-91.5387]	[-8.19085]	[-4.74234]	[-1.99044]			

注：由于 β_0 的估计值显著并且符号与理论模型的预期相反，因此我们判定不存在协整。

表 3.9　　铜 lps 与 $lfsp2$ VEC 模型的估计结果及价格发现贡献值

lps 与 $lfsp2$	$-\beta_1$	$-\beta_0$	α_1	α_2	k	CS_1	CS_2
系数值	-1.540943	0.000320	0.022222	0.071272	4	1	0
标准差	(0.23268)	(0.00544)	(0.01836)	(0.01934)	价格发现	现货市场占主导地位	
t 统计值	[-6.62273]	[0.05887]	[1.21037]	[3.68429]			

注：α_1 不显著，因此在计算 CS_1 和 CS_2 时，将 α_1 取为 0。

表 3.10 中结果与表 3.6 和表 3.8 存在同样的问题，因此采用同样的处理方法。但是在这里发生了一个在前面的处理中没有出现过问题——就是在用 VAR 模型来确定滞后项个数时，随着我们在 EViews 6 软件中选择最大滞后项数的变化，使 AIC 最小的 VAR 模型滞后项个数也随着发生变化，直到最大滞后项取到 64 和 128 时，使 AIC 最小的 VAR 模型滞后项个数才稳定在 53，但 SC 值却比较稳定，当最大滞后项取 8、16、32 时，SC 取得最小值的滞后项都是 4，因此我们先用滞后值 3 来估计模型，结果见表 3.11。

从表 3.11 中，我们看到 β_0 的符号依旧与理论预期不符，但由于其不显著，因此可以忽略。真正的问题是 α_1 的取值，该值不仅符号与理论预期不符，而且还显著，在该模型下，一个冲击就会使 $lfsp1$ 与 $lfsp2$ 发生越来越大的偏离，不会有误差修正机制的存在。为确保结

表 3.10　　铜 *fsp*1 与 *fsp*2 VEC 模型的估计结果及价格发现贡献值

*fsp*1 与 *fsp*2	$-\beta_1$	$-\beta_0$	α_1	α_2	k	CS_1	CS_2
系数值	-0.959789	-0.443703	-0.192383	-0.123121	14	无	无
标准差	(0.00616)	(0.06706)	(0.06187)	(0.06454)	价格发现	不存在协整	
t 统计值	[-155.818]	[-6.61671]	[-3.10936]	[-1.90774]			

注：由于 β_0 的估计值显著并且符号与理论模型的预期相反，因此我们判定不存在协整。

表 3.11　　铜 *lfsp*1 与 *lfsp*2 VEC 模型的估计结果及价格发现贡献值（SC）

*lfsp*1 与 *lfsp*2	$-\beta_1$	$-\beta_0$	α_1	α_2	k	CS_1	CS_2
系数值	-1.251524	-3.93E-05	0.121395	0.188895	3	无	无
标准差	(0.08992)	(0.00214)	(0.03863)	(0.04078)	价格发现	不存在协整	
t 统计值	[-13.9184]	[-0.01837]	[3.14266]	[4.63235]			

果的可信度，我们用滞后值 52 再估计模型，结果见表 3.12，这时出现问题的是 α_2，也是导致误差修正机制的缺乏。由此我们判定铜近月合约价格与主力合约价格之间不存在协整关系。

表 3.12　　铜 *lfsp*1 与 *lfsp*2 VEC 模型的估计结果及价格发现贡献值（AIC）

*lfsp*1 与 *lfsp*2	$-\beta_1$	$-\beta_0$	α_1	α_2	k	CS_1	CS_2
系数值	-0.487505	0.000515	-0.179270	-0.154437	52	无	无
标准差	(0.14390)	(0.00250)	(0.06014)	(0.06365)	价格发现	不存在协整	
t 统计值	[-3.38785]	[0.20543]	[-2.98078]	[-2.42653]			

（二）其余品种的价格发现功能

1. 铝

铝的实证分析数据区间为 2008 年 1 月 2 日至 2011 年 12 月 30 日，数据样本共计 976 个，*fsp*1 为铝近月合约日结算价自然对数值，*fsp*2 为铝主力合约日结算价自然对数值，*ps* 为长江现货铝的日交易平均价自然对数值，期货价格来源于上海期货交易所网站交易数据的历史数据下载①，现货数据来源于中铝网历史行情数据②。

从表 3.13 中我们看到除了 *ps* 和 *fsp*1 在协整检验模型为模型三时，迹统计量显示存在协整关系，其余情况不存在协整关系。按照理论模型的要求，我们的检验模型应该是模型二，因此我们判定铝的不同价格序列之间不存在协整关系。即使我们采用检验模型三定义的协整关系来估计 VEC 模型，得到 $\alpha_1=-0.057891$，$\alpha_2=-0.007279$，它们 t 统计量分别为 -1.81710和 -0.20209，均不显著。依据如果两变量之间存在协整关系，其调整系数不能全为零、全为正或全为负，可以判定 *ps* 和 *fsp*1 之间不存在协整关系，因此铝期货近月合约、主力合约价格和长江现货铝价格之间不存在长期均衡关系。

---

① 网站地址：http：//www. shfe. com. cn/statements/download. html。

② 网站地址：http：//market. cnal. com/historical/。

表 3.13　　铝不同价格序列组合的协整检验结果总结

不同检验模型在 0.05 显著性水平下给出的协整关系数量								
品种	价格序列	滞后项	数据趋势	无	无	线性	线性	二次项
			测试类型	无截距 无趋势	截距 无趋势	截距 无趋势	截距 趋势	截距 趋势
铜	*ps*、*fsp*1	19	迹统计量	0	0	1	0	0
			最大特征根	0	0	0	0	0
	ps、*fsp*2	15	迹统计量	0	0	0	0	0
			最大特征根	0	0	0	0	0
	*fsp*1、*fsp*2	15	迹统计量	0	0	0	0	0
			最大特征根	0	0	0	0	0

2. 锌

锌的实证分析数据区间为 2008 年 1 月 2 日至 2011 年 12 月 30 日，数据样本共计 976 个，*fsp*1 为锌近月合约日结算价自然对数值，*fsp*2 为锌主力合约日结算价自然对数值，*ps*1 为长江现货 0#锌的日交易平均价自然对数值，*ps*2 为长江现货 1#锌的日交易平均价自然对数值，期货价格来源于上海期货交易所网站交易数据的历史数据下载①，现货数据来源中铝网历史行情数据②。

从表 3.14 至表 3.19，我们发现所有的 VEC 模型中 β_0 估计值的符号都与理论预期不符，而且均显著，与前面讨论的铜的情况类似。另外，从表 3.14 至表 3.16 中可以看到 α_1、α_2 的系数均不显著，这就意味着：即使我们忽略 β_0 与理论预期不符的情况，单从 α_1、α_2 的情况来看，0#锌的现货价格和期货近月合约价格之间、0#锌的现货价格和期货主力价格之间以及锌期货近月价格和主力价格之间的协整关系并不明显。尽管依据协整检验的结果，它们之间存在协整关系，但从 VEC 模型出发，我们认为它们不存在协整关系。即使存在，也是非常微弱的协整关系。如果我们认为它们存在协整关系，那么从 CS 值来判断，在现货价格与期货价格的两种组合中是期货价格占主导地位，在近月价格和主力价格之间是近月价格占主导地位，但是这些结论都由于 β_0 估计值的符号与理论预期不符而不可信。

表 3.14　0#锌现货价格与期货近月合约价格 VEC 模型的估计结果及价格发现贡献值

*ps*1 与 *fsp*1	$-\beta_1$	$-\beta_0$	α_1	α_2	k	CS_1	CS_2
系数值	-0.951519	-0.496903	-0.052704	0.016717	2	无	无
标准差	(0.01518)	(0.14672)	(0.02770)	(0.03338)	价格 发现	不存在协整	
t 统计值	[-62.6645]	[-3.38669]	[-1.90279]	[0.50077]			

注：由于 β_0 的估计值显著并且符号与理论模型的预期相反，因此我们判定不存在协整。

---

① 网站地址：http：//www.shfe.com.cn/statements/download.html。

② 网站地址：http：//market.cnal.com/historical/。

表 3.15　0#锌现货价格与期货主力合约价格 VEC 模型的估计结果及价格发现贡献值

$ps1$ 与 $fsp2$	$-\beta_1$	$-\beta_0$	α_1	α_2	k	CS_1	CS_2
系数值	-0.928896	-0.705550	-0.036356	0.012592	2	无	无
标准差	(0.02119)	(0.20499)	(0.02314)	(0.02824)	价格发现	不存在协整	
t 统计值	[-43.8320]	[-3.44185]	[-1.57103]	[0.44592]			

注：由于 β_0 的估计值显著并且符号与理论模型的预期相反，因此我们判定不存在协整。

表 3.16　锌期货近月合约价格与主力合约价格 VEC 模型的估计结果及价格发现贡献值

$fsp1$ 与 $fsp2$	$-\beta_1$	$-\beta_0$	α_1	α_2	k	CS_1	CS_2
系数值	-0.975334	-0.228270	-0.016650	0.056470	1	无	无
标准差	(0.00798)	(0.07722)	(0.06114)	(0.06196)	价格发现	不存在协整	
t 统计值	[-122.176]	[-2.95611]	[-0.27231]	[0.91146]			

注：由于 β_0 的估计值显著并且符号与理论模型的预期相反，因此我们判定不存在协整。

表 3.17　1#锌现货价格与近月合约价格 VEC 模型的估计结果及价格发现贡献值

$ps2$ 与 $fsp1$	$-\beta_1$	$-\beta_0$	α_1	α_2	k	CS_1	CS_2
系数值	-0.978151	-0.204875	-0.109047	0.159727	2	无	无
标准差	(0.00387)	(0.03739)	(0.07050)	(0.07764)	价格发现	不存在协整	
t 统计值	[-252.817]	[-5.48013]	[-1.54675]	[2.05734]			

注：由于 β_0 的估计值显著并且符号与理论模型的预期相反，因此我们判定不存在协整。

表 3.18　1#锌现货价格与期货主力合约价格 VEC 模型的估计结果及价格发现贡献值

$ps2$ 与 $fsp2$	$-\beta_1$	$-\beta_0$	α_1	α_2	k	CS_1	CS_2
系数值	-0.954845	-0.420265	-0.025884	0.055929	2	无	无
标准差	(0.01305)	(0.12620)	(0.03677)	(0.04115)	价格发现	不存在协整	
t 统计值	[-73.1863]	[-3.33013]	[-0.70396]	[1.35916]			

注：由于 β_0 的估计值显著并且符号与理论模型的预期相反，因此我们判定不存在协整。

表 3.19　0#锌现货价格与 1#锌现货价格 VEC 模型的估计结果及价格发现贡献值

$ps1$ 与 $ps2$	$-\beta_1$	$-\beta_0$	α_1	α_2	k	CS_1	CS_2
系数值	-0.972827	-0.296967	-0.049288	-0.003085	3	无	无
标准差	(0.01458)	(0.14075)	(0.03569)	(0.03943)	价格发现	不存在协整	
t 统计值	[-66.7417]	[-2.10987]	[-1.38085]	[-0.07823]			

注：由于 β_0 的估计值显著并且符号与理论模型的预期相反，因此我们判定不存在协整。

如果忽略 β_0 估计值的符号与理论预期不符，从表 3.17 至表 3.19 中我们还可看到，1#锌的现货价格与锌期货近月价格、主力价格以及 0#锌的现货价格组成的价格组合中，1#锌的现货价格均占据了价格发现的主导地位。当然也是由于 β_0 估计值的符号与理论预期不符，这些结论同样不可信。

为了得到较为可信的结论，本文使用与分析铜时相同的处理方法——从国内的各个价格序列中消除 LME 锌价格的影响，使用的数据也是 LME 场内锌的收盘价，样本区间为 2008 年 1 月 2 日至 2011 年 12 月 30 日，删除不匹配的数据，最终得到的样本数为 956 个，将国内各个价格序列作为因变量、LME 场内锌收盘价作为自变量做一元线性回归，取各个回归的残差作为新的价格序列取代各自的原始序列，重新估计 VEC 模型，具体结果见表 3.20 至表 3.25。

从表 3.20 至表 3.25 中，我们可以看到：当扣除掉 LME 价格的影响后，β_0 的估计值为负，但均不显著，这应该是源于我们在做扣除回归时，加入了截距项的缘故。从表 3.21、

表 3.20　　锌 *lps*1 与 *lfsp*1 VEC 模型的估计结果及价格发现贡献值

*lps*1 与 *lfsp*1	$-\beta_1$	$-\beta_0$	α_1	α_2	k	CS_1	CS_2
系数值	-1.285431	0.001117	0.061035	0.117736	7	2.08/1	-1.08/0
标准差	(0.12979)	(0.00378)	(0.03350)	(0.03537)	价格发现	现货市场占主导地位	
t 统计值	[-9.90426]	[0.29563]	[1.82202]	[3.32884]			

注：CS_1 和 CS_2 中前一个数值是用 α_1、α_2 估计值计算的，后一个是将既不显著、符号又与理论预期不符的 α_1 取为 0 计算得到的。

表 3.21　　锌 *lps*1 与 *lfsp*2 VEC 模型的估计结果及价格发现贡献值

*lps*1 与 *lfsp*2	$-\beta_1$	$-\beta_0$	α_1	α_2	k	CS_1	CS_2
系数值	-2.305949	0.004913	0.049320	0.058568	9	无	无
标准差	(0.37866)	(0.01032)	(0.01445)	(0.01557)	价格发现	不存在协整	
t 统计值	[-6.08973]	[0.47603]	[3.41390]	[3.76103]			

注：α_1 估计值的符号与理论预期不符且显著，因此误差修正机制不存在。

表 3.22　　锌 *lfsp*1 与 *lfsp*2 VEC 模型的估计结果及价格发现贡献值

*lfsp*1 与 *lfsp*2	$-\beta_1$	$-\beta_0$	α_1	α_2	k	CS_1	CS_2
系数值	-1.455859	0.002133	0.122835	0.137878	10	无	无
标准差	(0.15239)	(0.00414)	(0.03964)	(0.04025)	价格发现	不存在协整	
t 统计值	[-9.55374]	[0.51567]	[3.09862]	[3.42546]			

注：α_1 估计值的符号与理论预期不符且显著，因此误差修正机制不存在。

表 3.23　　锌 *lps*2 与 *lfsp*1 VEC 模型的估计结果及价格发现贡献值

*lps*2 与 *lfsp*1	$-\beta_1$	$-\beta_0$	α_1	α_2	k	CS_1	CS_2
系数值	-1.061232	0.000151	0.094625	0.357430	9	1.36/1	-0.36/0
标准差	(0.02775)	(0.00080)	(0.10925)	(0.11110)	价格发现	现货市场占主导地位	
t 统计值	[-38.2402]	[0.18980]	[0.86616]	[3.21713]			

注：CS_1 和 CS_2 中前一个数值是用 α_1、α_2 估计值计算的，后一个是将既不显著、符号又与理论预期不符的 α_1 取为 0 计算得到的。

表 3.24　　锌 *lps*2 与 *lfsp*2 VEC 模型的估计结果及价格发现贡献值

*lps*2 与 *lfsp*2	$-\beta_1$	$-\beta_0$	α_1	α_2	k	CS_1	CS_2
系数值	-1.198347	0.001490	0.075277	0.131202	9	2.35/1	-1.35/0
标准差	(0.12782)	(0.00347)	(0.04301)	(0.04478)	价格发现	现货市场占主导地位	
t 统计值	[-9.37561]	[0.42889]	[1.75007]	[2.92965]			

注：CS_1 和 CS_2 中前一个数值是用 α_1、α_2 估计值计算的，后一个是将既不显著、符号又与理论预期不符的 α_1 取为 0 计算得到的。

表 3.25　　锌 *lps*1 与 *lps*2 VEC 模型的估计结果及价格发现贡献值

*lps*1 与 *lps*2	$-\beta_1$	$-\beta_0$	α_1	α_2	k	CS_1	CS_2
系数值	-1.304162	0.001348	0.084995	0.119116	7	无	无
标准差	(0.11856)	(0.00370)	(0.03687)	(0.03790)	价格发现	不存在协整	
t 统计值	[-11.0003]	[0.36432]	[2.30528]	[3.14307]			

注：α_1 估计值的符号与理论预期不符且显著，因此误差修正机制不存在。

表 3.22 和表 3.25 中，我们可以看到 α_1 与 α_2 的估计值均显著，但是 α_1 的估计值是正值，与理论预期不符，这导致了变量间的误差修正机制不存在，因此从长期来看 *lps*1 与 *lfsp*2、*lfsp*1 与 *lfsp*2 以及 *lps*1 与 *lps*2 之间的均衡关系不存在。排除不存在长期均衡关系的变量，其余变量均是现货市场占据价格发现的主导地位。

3. 豆一

实证分析数据区间为 2008 年 10 月 7 日至 2011 年 12 月 30 日，数据样本共计 792 个，*fsp*1 为近月合约日结算价的自然对数值，*fsp*2 为主力合约日结算价的自然对数值，*ps* 为大连大豆现货交易日平均价的自然对数值，期货价格来源于大连商品交易所网站历史行情数据①，现货数据来源郑州商品交易所易盛数据库②。

从表 3.26 中我们可看到 *ps* 和 *fsp*2 在检测模型二上不存在协整关系，其他变量组在检测模型二上存在协整关系，而且协整方程数量为 1。表 3.27 提供了模型二的具体检测结果。

依据与前面相同的过程，我们估计了存在协整关系的豆一价格的各个 VEC 模型，计算了各个价格（或市场）的价格发现贡献值，具体结果见表 3.28 和表 3.29。

从表 3.28 中，我们看到，估计的 VEC 模型各个系数估计值的符号与理论预期一致且显著，从 CS 值可判断出现货价格在价格发现中居于主导地位。表 3.29 的 β_0 估计值的符号与理论预期不一致并且显著，α_2 估计值的符号与理论预期不一致，但是它不显著。如果我们忽略 β_0 估计值的问题，可以得出主力合约的价格引导近月合约的价格，但由于 β_0 存在的问题，导致这一结论不可信。

① 网站地址：http：//www.dce.com.cn/portal/cate? cid=1277712956100。

② 网站地址：http：//218.28.131.109/CIDwebApp/Login.aspx。

表 3.26　　豆一不同价格序列组合的协整检验结果总结

不同检验模型在 0.05 显著性水平下给出的协整关系数量								
品种	价格序列	滞后项	数据趋势	无	无	线性	线性	二次项
			测试类型	无截距 无趋势	截距 无趋势	截距 无趋势	截距 趋势	截距 趋势
豆一	*ps*、*fsp*1	4	迹统计量	1	1	1	1	2
			最大特征根	1	1	1	1	2
	ps、*fsp*2	1	迹统计量	0	0	1	1	2
			最大特征根	0	0	1	1	2
	*fsp*1、*fsp*2	4	迹统计量	0	1	1	1	2
			最大特征根	0	1	1	0	2

表 3.27　　豆一不同价格序列组合的协整模型二的检验结果

品种	价格序列	滞后项	原假设	特征根	迹统计量	迹统计量 5% 显著临界值	最大特征值统计量	最大特征值统计量 5% 显著临界值	结论
豆一	*ps* *fsp*1	4	0 个协整向量	0.028808	26.54768	20.26184	23.00497	15.89210	存在协整关系
			1 个协整向量	0.004491	3.542700	9.164546	3.542700	9.164546	
	ps *fsp*2	1	0 个协整向量	0.018586	18.18834	20.26184	14.82118	15.89210	不存在协整关系
			1 个协整向量	0.004253	3.367169	9.164546	3.367169	9.164546	
	*fsp*1 *fsp*2	4	0 个协整向量	0.023683	22.25916	20.26184	18.86300	15.89210	存在协整关系
			1 个协整向量	0.004306	3.396159	9.164546	3.396159	9.164546	

表 3.28　豆一期货近月合约价格与现货价格 VEC 模型的估计结果及价格发现贡献值

ps 与 *fsp*1	$-\beta_1$	$-\beta_0$	α_1	α_2	k	CS_1	CS_2
系数值	-1.267574	2.240153	-0.022650	0.031091	4	0.58	0.42
标准差	(0.12754)	(1.05473)	(0.00793)	(0.00897)	价格发现	现货市场占主导地位	
t 统计值	[-9.93846]	[2.12392]	[-2.85593]	[3.46474]			

注：α_1、α_2 均不显著，因此计算 CS_1 和 CS_2 就使用估计的系数值。

表 3.29　豆一期货近月合约与主力合约价格 VEC 模型的估计结果及价格发现贡献值

*fsp*1 与 *fsp*2	$-\beta_1$	$-\beta_0$	α_1	α_2	k	CS_1	CS_2
系数值	-0.453533	-4.514264	-0.054959	-0.015440	4	-0.39/0	1.39/1
标准差	(0.04892)	(0.40531)	(0.01342)	(0.01732)	价格发现	*fsp*2 占主导地位	
t 统计值	[-9.27160]	[-11.1379]	[-4.09420]	[-0.89146]			

注：α_2 估计值与理论预期不一致且不显著，CS_1 和 CS_2 前一组数据用 α_1 和 α_2 估计值计算，后一组是将 α_2 取为 0 计算得来的。

在农产品期货市场上，美国 CBOT 居于定价中心，我国农产品价格也可能会受到 CBOT 价格的影响，因此我们使用与分析铜时相同处理方法来扣除这种影响，从国内的各个价格序列中消除 CBOT 大豆价格的影响，使用 CBOT 收盘价的数据，样本区间为 2008 年 10 月 7 日至 2011 年 12 月 30 日，删除不匹配的数据，最终得到的样本数为 758 个。将国内各个价格序列作为因变量、CBOT 收盘价作为自变量做一元线性回归，取各个回归的残差作为新的价格序列替代各自的原始序列，对此新的数据序列进行平稳性检验，发现它们是非平稳的。从这一点来看，我国农产品期货受 CBOT 的影响没有金属期货受 LME 的影响大，上海期货交易所铜、锌价格在扣除 LME 的影响后，其残差序列均是平稳序列，结果见表 3. 30。对这些数据的协整关系进行检验，发现除 *lps* 和 *lfsp*2 之间只存在很弱协整关系，其他均存在较明显的协整关系，具体结果见表 3. 31。

表 3. 30　豆一扣除 CBOT 价格影响后的近月价格、主力价格和现货价格的平稳性检验

品种	价格序列	检验模型（C，T，L）	t 统计值	概率值	结论
豆一	*lfsp*1	（1，0，1）	-2. 996623	0. 0357	非平稳
	*lfsp*2	（1，0，1）	-2. 026485	0. 2755	非平稳
	lps	（1，0，0）	-2. 686099	0. 0769	非平稳
	△*lfsp*1	（1，0，0）	-31. 44355	0. 0000	平稳
	△*lfsp*2	（1，0，0）	-37. 87422	0. 0000	平稳
	△*lps*	（1，0，0）	-29. 73521	0. 0000	平稳

注：检验模型（C，T，L）中，C 表示数据是否具有截距项，0 表示无截距项，1 表示具有截距项；T 表示数据是否具有时间趋势，0 表示无时间趋势，1 表示有时间趋势；L 表示滞后项个数。

表 3. 31　豆一扣除 CBOT 价格影响后的不同价格序列组合的协整检验结果总结

不同检验模型在 0. 05 显著性水平下给出的协整关系数量								
品种	价格序列	滞后项	数据趋势	无	无	线性	线性	二次项
			测试类型	无截距 无趋势	截距 无趋势	截距 无趋势	截距 趋势	截距 趋势
豆一	*lps*1、*lfsp*1	3	迹统计量	2	1	2	1	2
			最大特征根	2	1	2	1	2
	*lps*1、*lfsp*2	1	迹统计量	1	0	0	0	2
			最大特征根	0	0	0	0	0
	*lfsp*1、*lfsp*2	3	迹统计量	2	1	2	1	2
			最大特征根	2	1	2	1	2

再重新估计 VEC 模型，具体结果见表 3. 32、表 3. 33。

从表 3. 32 和表 3. 34 中，我们可以看到，当扣除掉 CBOT 大豆价格的影响后，β_0 的估计值在 *lps* 与 *lfsp*1 的 VEC 模型中为负，但不显著；尽管在 *lfsp*1 与 *lfsp*2 的 VEC 模型中为正，但不显著，所以不会影响到我们对价格发现的分析。表 3. 32 和表 3. 34 中的 CS 值证实从原数据序列中得到结论，即在现货价格和近月合约价格中，现货价格在价格发现中居于主导地位，在近月合约价格和主力合约价格中，主力合约价格占主导地位。另外，从表 3.30 和表 3.31 中可看出经过 CBOT 扣除后的现货价格和主力价格在我们所要求的检验模型二上依旧不存在协整关系。

表 3.32　　豆一 *lps* 与 *lfsp*1 VEC 模型的估计结果及价格发现贡献值

lps 与 *lfsp*1	$-\beta_1$	$-\beta_0$	α_1	α_2	k	CS_1	CS_2
系数值	-1.262985	0.002786	-0.023674	0.036358	3	0.61	0.39
标准差	(0.16835)	(0.00687)	(0.00940)	(0.00994)	价格发现	现货市场占主导地位	
t 统计值	[-7.50206]	[0.40564]	[-2.51761]	[3.65800]			

表 3.33　　豆一 *lps* 与 *lfsp*2 VEC 模型的估计结果及价格发现贡献值

lps 与 *lfsp*2	$-\beta_1$	$-\beta_0$	α_1	α_2	k	CS_1	CS_2
系数值	-0.585687	无	-0.020426	0.019822	1	0.49/0	0.51/1
标准差	(0.16061)	无	(0.00952)	(0.01365)	价格发现	主力合约占主导地位	
t 统计值	[-3.64669]	无	[-2.14599]	[1.45172]			

注：这里使用的是协整方程不存在常数项的模型，在理论模型所要求模型二上不存在协整关系。

表 3.34　　豆一 *lfsp*1 与 *lfsp*2 VEC 模型的估计结果及价格发现贡献值

*lfsp*1 与 *lfsp*2	$-\beta_1$	$-\beta_0$	α_1	α_2	k	CS_1	CS_2
系数值	-0.465251	-0.001358	-0.045624	0.018598	3	0.29/0	0.71/1
标准差	(0.07926)	(0.00522)	(0.01470)	(0.02051)	价格发现	*lfsp*2 占主导地位	
t 统计值	[-5.86981]	[-0.26011]	[-3.10261]	[0.90696]			

注：α_2 估计值与理论预期一致但不显著，CS_1 和 CS_2 前一组数据用 α_1 和 α_2 估计值计算，后一组是将 α_2 取为 0 计算得来的。

4. 玉米

实证分析数据区间为 2008 年 10 月 6 日至 2011 年 12 月 30 日，数据样本共计 793 个，*fsp*1 为近月合约日结算价的自然对数值，*fsp*2 为主力合约日结算价的自然对数值，*ps* 为吉林玉米现货交易日平均价的自然对数值，期货价格来源于大连商品交易所网站历史行情数据①，现货数据来源于郑州商品交易所易盛数据库②。

依据与前面相同的过程，我们估计了在协整检验模型二上存在协整关系的玉米现货与近月合约价格的 VEC 模型，计算了各个价格（或市场）的价格发现贡献值，具体结果见表 3.37。对于不存在协整关系则不去估计其 VEC 模型，在表 3.35 中玉米近月合约价格和主力合约价格在协整检验模型二上不存在协整关系，但是在协整检验模型一上存在协整关系。考虑到不同合约之间的持有成本以及不同合约之间的套利成本较小，因此在这里也估计其

① 网站地址：http：//www. dce. com. cn/portal/cate? cid = 1277712956100。

② 网站地址：http：//218. 28. 131. 109/CIDwebApp/Login. aspx。

VEC 模型，估计结果见表 3.38。

表 3.35　　玉米不同价格序列组合的协整检验结果总结

不同检验模型在 0.05 显著性水平下给出的协整关系数量								
品种	价格序列	滞后项	数据趋势	无	无	线性	线性	二次项
			测试类型	无截距无趋势	截距无趋势	截距无趋势	截距趋势	截距趋势
玉米	*ps*、*fsp*1	0	迹统计量	1	1	1	1	2
			最大特征根	1	1	1	1	2
	ps、*fsp*2	7	迹统计量	1	0	0	1	2
			最大特征根	1	0	0	1	2
	ps、*fsp*2	7	迹统计量	1	0	0	0	2
			最大特征根	1	0	0	0	2

表 3.36　　玉米不同价格序列组合的协整模型二的检验结果

品种	价格序列	滞后项	原假设	特征根	迹统计量	迹统计量 5% 显著临界值	最大特征值统计量	最大特征值统计量 5% 显著临界值	结论
玉米	*ps* *fsp*1	0	0 个协整向量	0.086582	75.33443	20.26184	71.72463	15.89210	存在协整关系
			1 个协整向量	0.004547	3.609799	9.164546	3.609799	9.164546	
	ps *fsp*2	7	0 个协整向量	0.016951	15.98573	20.26184	13.42081	15.89210	不存在协整关系
			1 个协整向量	0.003262	2.564918	9.164546	2.564918	9.164546	
	*fsp*1 *fsp*2	0	0 个协整向量	0.017625	16.64552	20.26184	14.08382	15.89210	不存在协整关系
			1 个协整向量	0.003229	2.561700	9.164546	2.561700	9.164546	

表 3.37　玉米期货近月合约价格与现货价格 VEC 模型的估计结果及价格发现贡献值

ps 与 *fsp*1	$-\beta_1$	$-\beta_0$	α_1	α_2	k	CS_1	CS_2
系数值	−1.055650	0.467695	−0.050359	0.009287	0	0.16/0	0.84/1
标准差	(0.02334)	(0.17620)	(0.00593)	(0.00990)	价格发现	近月价格占主导地位	
t 统计值	[−45.2296]	[2.65440]	[−8.49413]	[0.93837]			

注：α_2 估计值不显著，CS_1 和 CS_2 前一组数据用 α_1 和 α_2 估计值计算，后一组是将 α_2 取为 0 计算得来的。

表 3.38　玉米期货近月合约价格与主力合约价格 VEC 模型的估计结果及价格发现贡献值

*fsp*1 与 *fsp*2	$-\beta_1$	$-\beta_0$	α_1	α_2	k	CS_1	CS_2
系数值	−0.997512	无	−0.023714	−0.001001	0	0	1
标准差	(0.00157)	无	(0.00666)	(0.00607)	价格发现	主力合约占主导地位	
t 统计值	[−635.772]	无	[−3.55907]	[−0.16482]			

注：α_2 估计值不显著，CS_1 和 CS_2 的值是将 α_2 取为 0 计算得来的。

5. 豆粕、豆油

豆粕实证分析数据区间为2008年8月14日至2012年2月15日，数据样本共计849个；豆油实证分析数据区间为2008年10月13日至2012年2月15日，数据样本为814个。*fsp*1代表这两个商品的近月合约日结算价的自然对数值，*fsp*2代表这两个商品的主力合约日结算价的自然对数值，*ps*代表这两个商品的现货价，其中豆粕的现货价为大连豆粕日交易均价，豆油的现货价为广东四级豆油日交易均价。期货价格来源于大连商品交易所网站历史行情数据①，现货数据来源于郑州商品交易所易盛数据库②。

从表3.39和表3.40中我们可看出，无论是豆粕还是豆油其现货价格和主力合约价格之间均不存在协整。不仅如此，豆粕的近月合约价格和现货价格在理论模型要求的检验模型二上也不存在协整，只在检验模型一上存在协整。根据这些结论，我们估计了存在协整的价格序列之间的VEC模型。

表3.39　　豆粕不同价格序列组合的协整检验结果总结

不同检验模型在0.05显著性水平下给出的协整关系数量								
品种	价格序列	滞后项	数据趋势	无	无	线性	线性	二次项
			测试类型	无截距 无趋势	截距 无趋势	截距 无趋势	截距 趋势	截距 趋势
豆粕	*ps*、*fsp*1	4	迹统计量	1	2	2	2	2
			最大特征根	1	2	2	2	2
	ps、*fsp*2	2	迹统计量	0	0	1	0	2
			最大特征根	0	0	0	0	0
	*fps*1、*fsp*2	3	迹统计量	0	1	2	2	2
			最大特征根	0	1	2	2	2

表3.40　　豆油不同价格序列组合的协整检验结果总结

不同检验模型在0.05显著性水平下给出的协整关系数量								
品种	价格序列	滞后项	数据趋势	无	无	线性	线性	二次项
			测试类型	无截距 无趋势	截距 无趋势	截距 无趋势	截距 趋势	截距 趋势
豆油	*ps*、*fsp*1	2	迹统计量	1	1	1	1	2
			最大特征根	1	1	1	1	2
	ps、*fsp*2	2	迹统计量	0	0	1	0	2
			最大特征根	0	0	0	0	0
	*fsp*1、*fsp*2	2	迹统计量	1	1	1	1	2
			最大特征根	1	1	1	1	2

① 网站地址：http：//www.dce.com.cn/portal/cate？cid=1277712956100。

② 网站地址：http：//218.28.131.109/CIDwebApp/Login.aspx。

依据与前面相同的过程，我们估计了存在协整关系的豆粕现货与近月合约价格、豆粕近月合约和主力合约价格，豆油现货与近月合约价格、豆油近月合约和主力合约价格 VEC 模型，计算了各个价格（或市场）的价格发现贡献值，具体结果见表 3.41、表 3.42，对于不存在协整关系则不去估计其 VEC 模型。

表 3.41　豆粕期货近月合约价格与现货价格 VEC 模型的估计结果及价格发现贡献值（模型二）

ps 与 $fsp1$	$-\beta_1$	$-\beta_0$	α_1	α_2	k	CS_1	CS_2
系数值	-1.071424	0.548264	-0.000394	0.056301	4	0.993/1	0.007/0
标准差	(0.11733)	(0.94406)	(0.00791)	(0.01206)	价格发现	现货市场占主导地位	
t 统计值	[-9.13170]	[0.58075]	[-0.04980]	[4.66857]			

注：α_1 估计值不显著，CS_1 和 CS_2 前一组数据用 α_1 和 α_2 估计值计算，后一组是将 α_1 取为 0 计算得来的。

表 3.42　豆粕期货近月合约价格与现货价格 VEC 模型的估计结果及价格发现贡献值（模型一）

ps 与 $fsp1$	$-\beta_1$	$-\beta_0$	α_1	α_2	k	CS_1	CS_2
系数值	-1.003207	无	-0.004191	0.057658	4	0.932/1	0.0678/0
标准差	(0.00113)	无	(0.00834)	(0.01273)	价格发现	现货市场占主导地位	
t 统计值	[-891.419]	无	[-0.50248]	[4.53085]			

注：α_1 估计值不显著，CS_1 和 CS_2 前一组数据用 α_1 和 α_2 估计值计算，后一组是将 α_1 取为 0 计算得来的。

表 3.41 中，豆粕现货与近月合约尽管在协整检验时，其在理论模型要求的检验模型二上不存在协整，但以协整检验模型二为基础的 VEC 模型的各项估计值非常优异，并且 β_0 不显著，再考虑到其在协整检验模型一上存在协整关系，由此我们估计以协整检验模型一为基础的 VEC 模型，结果见表 3.42，各项系数符合理论模型，因此我们判定豆粕现货与近月合约存在协整，并且现货价格在价格发现中占据主导地位。表 3.43 中，由于 β_0 与 α_2 的估计值符号与理论预期不符而且显著，因此豆粕近月合约与主力合约之间不存在协整。表 3.45 中，β_0 估计值的符号与理论预期不符且显著，从这里我们判断豆油近月合约价格与主力合约价格之间无协整存在。但是从表 3.40 中我们可以看到，豆油近月合约价格和主力合约价格在协整检验模型一上也存在协整关系，与玉米类似，考虑到不同合约之间的持有成本以及不同合约之间的套利成本较小，在这里也估计其基于协整检验模型一上的 VEC 模型，估计结果见表 3.46。从此表中的估计结果，我们认为豆油近月合约价格与主力合约价格组成的价格组中，主力合约完全占据了价格发现的主导地位。

表 3.43　豆粕期货近月合约价格与主力合约价格 VEC 模型的估计结果及价格发现贡献值

$fsp1$ 与 $fsp2$	$-\beta_1$	$-\beta_0$	α_1	α_2	k	CS_1	CS_2
系数值	-0.164712	-6.721953	-0.026571	-0.019363	3	无	无
标准差	(0.18160)	(1.45317)	(0.00757)	(0.00623)	价格发现	无协整存在	
t 统计值	[-0.90702]	[-4.62571]	[-3.50825]	[-3.10921]			

注：β_0 与 α_2 估计值的符号与理论模型不符且显著，因此不存在协整。

表 3.44　豆油期货近月合约价格与现货价格 VEC 模型的估计结果及价格发现贡献值

ps 与 $fsp1$	$-\beta_1$	$-\beta_0$	α_1	α_2	k	CS_1	CS_2
系数值	-1.006839	0.061335	-0.035908	0.116614	2	0.76	0.24
标准差	(0.02199)	(0.19740)	(0.01332)	(0.01901)	价格发现	现货市场占主导地位	
t 统计值	[-45.7959]	[0.31071]	[-2.69566]	[6.13292]			

表 3.45　豆油期货近月合约价格与主力合约价格 VEC 模型的估计结果及价格发现贡献值（模型二）

$fsp1$ 与 $fsp2$	$-\beta_1$	$-\beta_0$	α_1	α_2	k	CS_1	CS_2
系数值	-0.893202	-0.936497	-0.074927	-0.003328	2	无	无
标准差	(0.03831)	(0.34509)	(0.01365)	(0.01187)	价格发现	无协整存在	
t 统计值	[-23.3136]	[-2.71375]	[-5.49119]	[-0.28041]			

注：β_0 估计值的符号与理论模型不符且显著，因此不存在协整。

表 3.46　豆油期货近月合约价格与主力合约价格 VEC 模型的估计结果及价格发现贡献值（模型一）

$fsp1$ 与 $fsp2$	$-\beta_1$	$-\beta_0$	α_1	α_2	k	CS_1	CS_2
系数值	-0.997133	无	-0.058838	0.003574	2	0	1
标准差	(0.00091)	无	(0.01234)	(0.01068)	价格发现	主力合约占主导地位	
t 统计值	[-1099.97]	无	[-4.76887]	[0.33461]			

注：α_2 估计值不显著，计算 CS 值时，将其取为 0。

6. 棉花

实证分析的数据区间为 2008 年 8 月 14 日至 2012 年 2 月 15 日，数据样本共计 850 个，$pf1$ 表示近月合约日结算价的自然对数值，$pf1$ 表示主力合约日结算价的自然对数值，$ps1$ 表示 CCindex328 棉花指数的自然对数值，$ps2$ 表示 CNcottonB 棉花指数的自然对数值，期货价格和现货价均来源来源于郑州商品交易所易盛数据库。

从表 3.47 中我们看到，只要价格组合中包含了主力合约的在检测模型二上均不存在协整关系；其他变量的组合在检测模型二上均存在协整关系，表 3.48 提供了模型二的具体检测结果。

表 3.47　棉花不同价格序列组合的协整检验结果总结

品种	价格序列	滞后项	不同检验模型在 0.05 显著性水平下给出的协整关系数量					
			数据趋势	无	无	线性	线性	二次项
			测试类型	无截距无趋势	截距无趋势	截距无趋势	截距趋势	截距趋势
棉花	$ps1$、$pf1$	15	迹统计量	1	1	1	1	1
			最大特征根	1	1	1	1	1
	$ps1$、$pf2$	15	迹统计量	0	0	0	0	0
			最大特征根	0	0	0	0	0

续表

品种	价格序列	滞后项	数据趋势	无	无	线性	线性	二次项
			测试类型	无截距 无趋势	截距 无趋势	截距 无趋势	截距 趋势	截距 趋势
棉花	*pf*1、*pf*2	8	迹统计量	0	0	0	0	0
			最大特征根	0	0	0	0	0
	*ps*2、*pf*1	7	迹统计量	1	1	1	1	1
			最大特征根	1	1	1	1	1
	*ps*2、*pf*2	7	迹统计量	0	0	0	0	0
			最大特征根	0	0	0	0	0
	*ps*1、*ps*2	11	迹统计量	1	1	1	1	1
			最大特征根	1	1	1	1	1

依据与前面相同的过程，我们估计了存在协整关系的棉花现货指数 CCIndex328、CNcottonB 与近月合约价格以及棉花现货指数 CCIndex328、CNcottonB 之间的 VEC 模型，计算了各个价格（或市场）的价格发现贡献值，具体结果见表 3.49 至表 3.51，对于不存在协整关系的则不去估计其 VEC 模型。

表 3.48　　棉花不同价格序列组合的协整模型二的检验结果

品种	价格序列	滞后项	原假设	特征根	迹统计量	迹统计量5%显著临界值	最大特征值统计量	最大特征值统计量5%显著临界值	结论
棉花	*ps*1 *pf*1	15	0 个协整向量	0.030930	28.00949	20.26184	26.20264	15.89210	存在协整关系
			1 个协整向量	0.002164	1.806851	9.164546	1.806851	9.164546	
	*ps*1 *pf*2	15	0 个协整向量	0.009809	10.03372	20.26184	8.221047	15.89210	不存在协整关系
			1 个协整向量	0.002171	1.812674	9.164546	1.812674	9.164546	
	*pf*1 *pf*2	8	0 个协整向量	0.011640	11.50482	20.26184	9.846525	15.89210	不存在协整关系
			1 个协整向量	0.001970	1.658299	9.164546	1.658299	9.164546	
	*ps*1 *pf*1	7	0 个协整向量	0.024458	22.49376	20.26184	20.84990	15.89210	存在协整关系
			1 个协整向量	0.001950	1.643861	9.164546	1.643861	9.164546	
	*ps*2 *pf*2	7	0 个协整向量	0.009662	9.778306	20.26184	8.175304	15.89210	不存在协整关系
			1 个协整向量	0.001902	1.603002	9.164546	1.603002	9.164546	
	*ps*1 *ps*2	11	0 个协整向量	0.032234	29.20128	20.26184	27.45725	15.89210	存在协整关系
			1 个协整向量	0.002079	1.744036	9.164546	1.744036	9.164546	

表 3.49 棉花近月价格与现货价格指数 CCIndex328 的 VEC 模型估计结果及价格发现贡献值

$ps1$ 与 $pf1$	$-\beta_1$	$-\beta_0$	α_1	α_2	k	CS_1	CS_2
系数值	-0.998445	0.014837	-0.020496	0.044547	15	0.68	0.32
标准差	(0.01320)	(0.12908)	(0.00527)	(0.01926)	价格发现	CCIndex328 占主导地位	
t 统计值	[-75.6503]	[0.11494]	[-3.89200]	[2.31322]			

表 3.50 棉花近月价格与现货价格指数 CNcottonB 的 VEC 模型估计结果及价格发现贡献值

$ps2$ 与 $pf1$	$-\beta_1$	$-\beta_0$	α_1	α_2	k	CS_1	CS_2
系数值	-0.996263	-0.008619	-0.026758	0.028298	7	0.51	0.49
标准差	(0.01782)	(0.17429)	(0.00712)	(0.01593)	价格发现	CNcottonB 与近月合约分享价格发现	
t 统计值	[-55.9041]	[-0.04945]	[-3.75645]	[1.77681]			

表 3.51 棉花 CCIndex328 和 CNcottonB 指数的 VEC 模型估计结果及价格发现贡献值

$ps1$ 与 $ps2$	$-\beta_1$	$-\beta_0$	α_1	α_2	k	CS_1	CS_2
系数值	-1.001243	0.014913	-0.007974	0.088484	11	0.92/1	0.08/0
标准差	(0.00422)	(0.04114)	(0.01805)	(0.02719)	价格发现	CCIndex328 占主导地位	
t 统计值	[-237.403]	[0.36247]	[-0.44189]	[3.25435]			

注：α_1 估计值不显著，CS_1 和 CS_2 前一组数据用 α_1 和 α_2 估计值计算，后一组是将 α_1 取为 0 计算得来的。

从前面的分析，我们可以看出，棉花的主力合约与现货价格之间不存在协整关系，也就是说它们之间不存在长期均衡关系；近月合约与现货价格之间存在协整关系，但是在价格发现上却没有任何优势。当现货价格使用 CCindex328 时，现货价格主导了价格发现，当使用 CNcottonB 时，在价格发现中期货价格也仅占到一半的份额，因此棉花期货价格在价格发现中不存在任何优势。

7. 白糖

实证分析的数据区间为 2008 年 8 月 14 日至 2012 年 2 月 23 日，数据样本共计 856 个，$pf1$ 表示近月合约日结算价的自然对数值，$pf2$ 表示主力合约日结算价的自然对数值，ps 表示南宁白糖现货日交易平均价的自然对数值，期货价格和现货价均来源来源于郑州商品交易所易盛数据库。

从表 3.52 中我们看到，$pf1$ 和 $pf2$ 只在检验模型一时存在协整关系，在其他检验模型下均不存在协整关系，特别是在理论模型要求的检验模型二下不存在协整关系（见表 3.53），因此我们判定 $pf1$ 和 $pf2$ 不存在协整关系。

依据与前面相同的过程，我们估计了存在协整的白糖现货与近月合约价格以及白糖现货与主力合约的 VEC 模型，计算了各个价格（或市场）的价格发现贡献值，具体结果见表 3.54 至表 3.56。

从表 3.54 和 3.55 中，我们可以看到白糖主力合约在价格发现中占据了主导地位，近月合约在价格发现上没有任何优势，另外主力合约与近月合约在协整检验模型二上不存在协整关系，但在协整检验模型一上存在协整关系。基于与玉米、豆油相同的原因，我们估计了其基于协整检验模型一上的 VEC 模型，估计结果见表 3.55。从此表中的估计结果，我们认为白糖近月合约价格与主力合约价格组成的价格组中，主力合约完全占据了价格发现的主导地位。

表 3.52　　白糖不同价格序列组合的协整检验结果总结

不同检验模型在 0.05 显著性水平下给出的协整关系数量								
品种	价格序列	滞后项	数据趋势	无	无	线性	线性	二次项
			测试类型	无截距 无趋势	截距 无趋势	截距 无趋势	截距 趋势	截距 趋势
白糖	*ps*、*pf*1	4	迹统计量	2	1	1	1	1
			最大特征根	2	1	1	1	1
	ps、*pf*2	5	迹统计量	1	1	1	0	0
			最大特征根	1	1	0	0	0
	*pf*1、*pf*2	1	迹统计量	1	0	0	0	0
			最大特征根	1	0	0	0	0

表 3.53　　白糖不同价格序列组合的协整模型二的检验结果

品种	价格序列	滞后项	原假设	特征根	迹统计量	迹统计量 5% 显著临界值	最大特征值统计量	最大特征值统计量 5% 显著临界值	结论
白糖	*ps* *pf*1	4	0 个协整向量	0. 036312	39. 81120	20. 26184	31. 47632	15. 89210	存在协整关系
			1 个协整向量	0. 009746	8. 334887	9. 164546	8. 334887	9. 164546	
	ps *pf*2	5	0 个协整向量	0. 019728	21. 91310	20. 26184	16. 93654	15. 89210	存在协整关系
			1 个协整向量	0. 005838	4. 976560	9. 164546	4. 976560	9. 164546	
	*pf*1 *pf*2	1	0 个协整向量	0. 015505	17. 86948	20. 26184	13. 34466	15. 89210	存在协整关系
			1 个协整向量	0. 005284	4. 524826	9. 164546	4. 524826	9. 164546	

表 3.54　　白糖现货与近月合约的 VEC 模型估计结果及价格发现贡献值

ps 与 *pf*1	$-\beta_1$	$-\beta_0$	α_1	α_2	k	CS_1	CS_2
系数值	-1. 015505	0. 113568	-0. 045609	0. 035562	4	0. 44/0	0. 56/1
标准差	(0. 01363)	(0. 11628)	(0. 01129)	(0. 02004)	价格发现	近月合约占主导地位	
t 统计值	[-74. 5016]	[0. 97670]	[-4. 04126]	[1. 77421]			

表 3.55　　白糖现货与主力合约的 VEC 模型估计结果及价格发现贡献值

ps 与 *pf*2	$-\beta_1$	$-\beta_0$	α_1	α_2	k	CS_1	CS_2
系数值	-1. 117570	0. 980547	-0. 016348	-0. 003536	5	0	1
标准差	(0. 05921)	(0. 50655)	(0. 00415)	(0. 00657)	价格发现	主力合约占主导	
t 统计值	[-18. 8752]	[1. 93573]	[-3. 94360]	[-0. 53781]			

表 3.56　　白糖近月合约与主力合约的 VEC 模型估计结果及价格发现贡献值

ps 与 *pf*2	$-\beta_1$	$-\beta_0$	α_1	α_2	k	CS_1	CS_2
系数值	-1.001594	无	-0.019894	-0.006602	5	0	1
标准差	(0.00270)	无	(0.00622)	(0.00565)	价格发现	主力合约占主导	
t 统计值	[-371.268]	无	[-3.20078]	[-1.16874]			

注：α_2 估计值不显著，CS_1 和 CS_2 的值是将 α_2 取为 0 计算得来的。

8. 强麦

实证分析的数据区间为 2008 年 8 月 14 日至 2012 年 2 月 24 日，数据样本共计 857 个，*pf*1 表示近月合约日结算价的自然对数值，*pf*2 表示主力合约日结算价的自然对数值，*ps* 表示郑州强麦出库价的自然对数值，期货价格和现货价均来源来源于郑州商品交易所易盛数据库。

表 3.58 专门提供了协整检验模型二的迹检验和最大特征根检验的检验结果。从表 3.57 和表 3.58 中我们看到，*ps* 和 *pf*1 在检验模型二时最大特征根检验表明存在协整关系，而迹检验则表明不存在协整检验。强麦主力合约价格和现货价格只在检验模型一时存在协整关系，在其他检验模型下均不存在协整关系，因为理论模型要求 $\beta_0 \leqslant 0$，因此我们也估计以协整检验模型一为基础的 VEC 模型。*pf*1 和 *pf*2 在 5 种检验模型下均不存在协整关系。

依据协整检验的结果，在这里我们估计 *ps* 和 *pf*1 以及 *ps* 和 *pf*2 的 VEC 模型，具体的估计结果见表 3.59 和表 3.60。表 3.59 中，β_0 与 α_2 估计值的符号与理论模型的预期不一致，但由于它们不显著，因此将此忽略。认为该模型通过理论检测，将 α_2 取为 0，计算 CS 值，发现在强麦现货和近月期货合约中，近月合约占据了绝对的价格发现主导地位。从表 3.60 中我们可以看到，各项估计值符合理论预期，在结合表 3.59 中 β_0 不显著，意味着构成 β_0 的各项成本较小，因此估计协整检验模型一为基础的 VEC 模型是合理的，我们认同表 3.60 中的结果。

表 3.57　　强麦不同价格序列组合的协整检验结果总结

品种	价格序列	滞后项	数据趋势	无	无	线性	线性	二次项
			测试类型	无截距 无趋势	截距 无趋势	截距 无趋势	截距 趋势	截距 趋势
强麦	*ps*、*pf*1	9	迹统计量	1	0	0	0	0
			最大特征根	1	1	0	0	0
	ps、*pf*2	2	迹统计量	1	0	0	0	0
			最大特征根	1	0	0	0	0
	*pf*1、*pf*2	3	迹统计量	0	0	0	0	0
			最大特征根	0	0	0	0	0

注：表头为“不同检验模型在 0.05 显著性水平下给出的协整关系数量”。

表 3.58　　强麦不同价格序列组合的协整模型二的检验结果

品种	价格序列	滞后项	原假设	特征根	迹统计量	迹统计量5%显著临界值	最大特征值统计量	最大特征值统计量5%显著临界值	结论
强麦	*ps* *pf*1	9	0个协整向量	0.019987	19.68715	20.26184	17.10013	15.89210	存在协整关系
			1个协整向量	0.003050	2.587026	9.164546	2.587026	9.164546	
	ps *pf*2	2	0个协整向量	0.015447	16.29518	20.26184	13.29499	15.89210	不存在协整关系
			1个协整向量	0.003507	3.000194	9.164546	3.000194	9.164546	
	*pf*1 *pf*2	3	0个协整向量	0.014796	15.41265	20.26184	12.71563	5.89210	不存在协整关系
			1个协整向量	0.003157	2.697020	9.164546	2.697020	9.164546	

表 3.59　　强麦现货与近月合约的 VEC 模型估计结果及价格发现贡献值

ps 与 *pf*1	$-\beta_1$	$-\beta_0$	α_1	α_2	k	CS_1	CS_2
系数值	-0.993726	-0.068343	-0.011396	-0.002184	9	0	1
标准差	(0.14651)	(1.13012)	(0.00281)	(0.00410)	价格发现	近月合约占主导地位	
t统计值	[-6.78284]	[-0.06047]	[-4.05876]	[-0.53322]			

注：β_0 与 α_2 估计值的符号与理论模型的预期不一致，但由于它们不显著，因此将此问题忽略。α_2 的估计值不显著，在计算 CS 值时将其取为 0。

表 3.60　　强麦现货与主力合约的 VEC 模型估计结果及价格发现贡献值（模型一）

ps 与 *pf*1	$-\beta_1$	$-\beta_0$	α_1	α_2	k	CS_1	CS_2
系数值	-0.996058	无	-0.008486	0.000918	2	0	1
标准差	(0.00281)	无	(0.00237)	(0.00410)	价格发现	主力合约占主导地位	
t统计值	[-354.094]	无	[-3.58428]	[0.22361]			

注：α_2 的估计值不显著，在计算 CS 值时将其取为 0。

五、结　论

本文分析了 10 个期货品种的价格发现功能——上海期货交易所的铜、铝和锌，大连商品交易所的豆一、玉米、豆粕和豆油，郑州商品交易所的棉花、白糖和强麦。涉及的期货价格序列有 20 个，现货价格序列有 12 个，同种商品的不同价格序列进行组合，共形成了 36 个价格组合——现货价格与近月合约价格组合有 12 个、现货价格与主力合约价格组合 12 个、近月合约价格与主力合约价格组合 10 个、现货价格组合 2 个。在这 36 个价格组合中，存在协整的有 21 个，占 58%；不存在协整有 15 个，占 42%。在存在协整的 21 个价格组合中，现货价格与近月合约价格组合有 11 个，占 52%；现货价格与主力合约价格组合有

5 个，占 24%；近月合约价格与主力合约价格组合有 4 个，占 19%。在协整的价格组合中扣除掉现货与现货的组合以及近月和主力合约的组合，剩下 16 个期货价格与现货价格的组合，而在这 16 个期货价格与现货价格组合中，期货价格占据价格发现主导地位的仅有 6 个，占 37.5%；另外有 1 个（棉花 CNcottonB 指数与近月合约）是现货与期货平分价格发现的主导地位。从一点来看，无论是近月合约的定价功能还是远期合约的预测功能，我国期货市场的价格发现功能没有得到顺利的发挥。从表 3.61 和表 3.62 中，我们可以看到在 12 个近月合约价格与现货价格的组合中，存在协整的有 11 个，但这 11 个协整的价格组合中仅有 3 个（玉米、白糖和强麦）是期货价格占据了价格发现的主导地位，仅占 27%；而在主力合约价格与现货价格的 12 个组合中，存在协整的仅有 5 个（铜、1#锌，豆一、白糖和强麦），但在 5 个存在协整价格组合中就有 3 个（豆一、白糖和强麦）是期货价格占据价格发现的主导地位，在存在协整的价格组合中占 60%。

3.61　　各品种各个价格组合的协整关系和价格发现情况

交易所	品种	价格序列组合			
		现货与近月合约	现货与主力合约	近月合约与主力合约	现货 1 与现货 2
		是否存在协整/价格发现主导地位			
上海期货交易所	铜	协整/现货	协整/现货	不存在协整	/
	铝	不存在协整	不存在协整	不存在协整	/
	锌	协整/现货（0#）	不存在协整	不存在协整	不存在协整
		协整/现货（1#）	协整/现货（1#）		
大连商品交易所	豆一	协整/现货	协整/主力合约	协整/主力合约	/
	玉米	协整/近月合约	不存在协整	协整/主力合约	/
	豆粕	协整/现货	不存在协整	不存在协整	/
	豆油	协整/现货	不存在协整	协整/主力合约	/
郑州商品交易所	棉花	协整/现货 328	不存在协整	不存在协整	协整/现货 328
		协整/现货、期货	不存在协整		
	白糖	协整/近月合约	协整/主力合约	协整/主力合约	/
	强麦	协整/近月合约	协整/主力合约	不存在协整	/

依据价格发现理论，流动性是确保价格发现功能实现的必要条件，如表 3.63 中所显示的，我国期货交易所的三大主要品种（铜、豆一和白糖），其近月合约在日交易量中所占比重的年平均值明显偏低，因此我国近月合约由于其低流动性很难承担起价格发现的作用。这一点在 12 个近月合约价格与现货价格的组合中，近月价格占据价格发现主导地位仅有 3 个就可以得到明显的证明。反观美国期货市场，其近月合约一般是其主力合约，即使近月合约与主力合约有所偏离，但近月合约依旧能够占据交易量第二的位置。这一点在表 3.63 中就可以看出，其主力合约占日交易量的比重在 2011 年平均为 57.92%，其近月合约占日交易量的比重在 2011 年平均为 45.89%，这样就满足了价格发现的必要条件。

表 3.62　　不同价格组合的协整和价格发现情况的数量总结

价格序列	价格组合数	存在协整（比重）	现货占主导（在相应协整中的比重）	近月占主导（在相应协整中的比重）	主力占主导（在相应协整中的比重）	不存在协整
现货与近月合约	12	11（92%）	7/1（64%）	3/1（27%）	\	1
现货与主力合约	12	5（42%）	2（40%）	\	3（60%）	7
近月合约与主力合约	10	4（40%）	\	0（0%）	4（100%）	6
现货与现货	2	1（50%）	\	\	\	1
合计	36	21（58%）	9/1（43%）	3/1（14%）	7（33%）	15

注：第 4 列、第 5 列中/后的数字代表两价格序列平分价格发现的主导地位的品种数。

表 3.63　2011 年每日成交量前五的合约与近月合约在日交易量中所占比重的一年平均值

单位:%

品种	主力合约（成交量第一）	成交量第二的合约	成交量第三的合约	成交量第四的合约	成交量第五的合约	近月合约
沪铜	76. 25	16. 87	3. 81	1. 86	0. 74	2. 85
连豆一	82. 45	14. 73	2. 22	0. 49	0. 068	0. 29
郑糖	83. 06	14. 03	2. 27	0. 43	0. 11	0. 67
美豆	57. 92	21. 35	11. 33	5. 35	2. 6	45. 89

资料来源：用各交易所原始数据计算而得。

另一方面，我国期货市场主力合约具有高流动性，但呈现出来的却是低的价格发现率，在 12 个主力合约与现货价格的组合中，只有 3 个组合是主力合约占据价格发现的主导地位，仅占 25%；但在 12 个主力合约与现货价格组合中存在协整的只有 5 个，而在这 5 个组合中就有 3 个是主力合约占据价格发现的主导地位，因此我们可以认定，导致主力合约价格发现效率偏低的原因在于其低协整率。而期货价格与现货价格之间的协整关系是由参与市场交易的套利者和套期保值者的数量和行为决定的，而交易所的交易规则又会对参与市场交易的套利者和套期保值者数量和行为造成影响，并且这种影响正是通过对合约的流动性格局来实现的。因此我们认为导致中国期货市场价格发现功能未能顺利发挥的原因应该就是期货合约的流动性格局，也就是主力合约的非近期化（中远期化）；如果我们的主力合约能够近期化，那么完全可以预计我国期货市场价格发现效率能够得到大幅度的提高。

总之，在中国期货市场，期货近月合约由于缺乏流动性，导致其价格发现功能受阻，但由于期货市场交割制度的作用，使近月合约价格强制性地向现货价格收敛，这就形成了近月合约价格与现货价格协整的高比率但又不能承担价格发现过程的现象。而主力合约的高流动性确保了有效新信息能及时融入价格，但由于主力合约的中远期特征又导致了融入价格的不仅是有效新信息，还包含各类噪音，再加上套保力量的不足，就使得主力合约价格与现货价格的协整受到了较大的影响，呈现出一种低协整比率的状况。中国期货市场缺乏套保力量的证据主要体现在近月合约与主力合约的协整比率上，在 10 个近月合约与主力合约的价格组合中，仅有4个组合（豆一、玉米、豆油和白糖）存在协整。

尽管我们只分析了中国期货市场三大商品期货交易所的10个品种，但这10个品种均是中国期货市场具有代表性的品种，我们认为实证结果足以代表中国期货市场价格发现功能的状况，所以我们可以得出这样的结论：中国期货市场价格发现功能的两个方面——近期的定价功能和远期的预测功能均没有得到较好的发挥，这实际上已经影响了中国期货交易所承担价格发现功能的能力。

执笔人：赵栋强（贵州财经大学经济学院副教授）

第四章

我国期货市场统一结算体系研究

20世纪末，国际期货市场发展迅速，期货品种不断创新，市场规模不断壮大。虽然目前我国期货市场尚未对外开放，但世界期货市场的发展给我国带来了很大的挑战。我国期货结算应该怎样完善自身的制度来应对国际竞争的冲击呢？我国应该先从期货制度上入手，从基本的、简单的结算制度进行改革，借鉴国际市场经验，立足于中国实际，充分认识期货市场风险特征，设计合理的市场结构。为提升资本的充足水平和风险管理能力，对期货结算机构进行改革。本文总结世界成熟期货结算机构设置的经验，结合结算会员期货保证金规模的实证分析和对结算风险的压力评估，建议建立一个不受任何期货交易所控制的独立统一结算机构。

一、我国期货结算机构现状及所面临的问题

一个完整的期货交易包括：开户－交易－清算－结算（或交割）四个过程。期货的清算是指期货结算机构对期货参与人的资金和头寸进行应收、应付的计算过程；期货的结算是指对清算的结果进行“钱货两清”的过程，也即该付的付，该收的收。对于我国期货结算机构来说，期货的清算和结算同属期货交易所管理，期货的清算和结算区分不是太大。

（一）期货结算机构的设置模式

整个期货结算体系可以分为结算机构、结算制度和结算系统三个部分。从结算机构的组织形式来说，可以分为交易所的分支机构形式、交易所的内设部门形式和独立结算机构形式。具体情况如图4.1所示。

1. 交易所分支机构模式

在这种模式下，期货结算机构并没有独立的法人资格，结算机构不能行使和承担独立的民事责任。结算机构只是交易所的一个分支机构，但是对于期货结算机构来说，虽然不是独立的法人主体，但是有风险管理的决策权。例如，美国CME清算所的风险控制官就有一票否决的权力。

2. 交易所内设结算机构模式

期货交易所内设结算机构模式是指在期货交易所内设一个部门结算本交易所的期货合

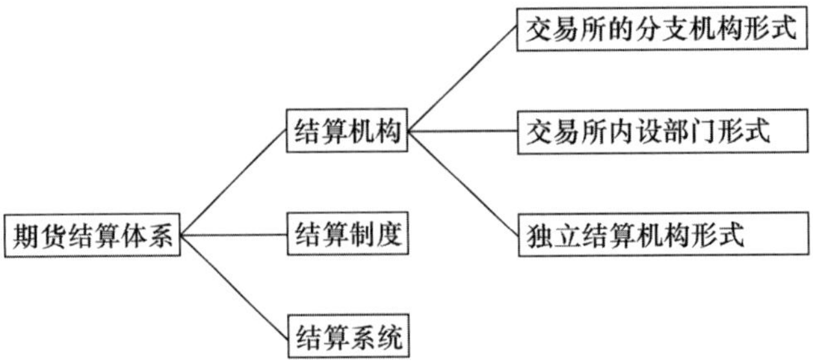

图 4.1　期货结算体系

约。结算部是交易所的一个部门，没有独立的法人资格，当发生期货结算风险时不能做出独立的结算决策。这种结算机构设置模式的优点是：避免了交易和结算平台不兼容的问题；期货的交易和结算可以进行很好的协调，有利于新合约的制定。[①] 但是不足之处也很明显，主要体现在：交易所内设结算部模式垄断了本交易所的结算；期货结算会员需要在不同的交易所获得结算资格和存放保证金；结算会员的保证金在各个期货交易所之间不能对冲。

3. 独立法人机构模式

独立法人设置模式又可分为：完全的独立法人机构模式，例如 LCH. Clearnet 集团；附属于交易所的结算机构模式，如欧洲期货交易所清算所。独立的期货结算机构不管是完全独立还是附属于交易所，都具有独立的法人资格，能够做出独立的结算决策。

独立法人资格的结算机构可以利用规模经济的优势在降低每个客户成本的同时实现最大化的效率；客户的保证金只需在一家结算机构存入，便可以进行各种品种的期货结算。但是这种形式的结算机构设置方式也有不足之处：统一结算容易造成自然的垄断；一旦建立便很难放弃，形成“大而不能倒”的现象。

（二）国内期货结算的现状

我国目前的期货结算机构设置模式是期货交易所内设结算部模式。结算部是期货交易所的一个内设部门，不是独立的法人主体，也不能独立承担民事责任。这种交易所内设结算部的模式在我国期货市场发展早期，有利于期货交易和结算的协调，促进了我国期货市场的发展。随着我国期货市场的发展，期货市场相关制度不断完善，交易所内设结算部的期货结算制度与期货市场的发展不相适应。主要原因如下。

首先，我国是照搬西方成熟期货市场建立的期货结算机构。当时世界上大多数期货结算机构都实行期货交易所内设结算部的模式，如美国和日本的期货市场，所以我国在建立期货结算机构之初就确立了期货交易所内设结算部的模式。

其次，期货结算机构设置模式的路径依赖因素。在建立期货交易所内设结算部模式后，也就同时建立了与之相对应的市场结构和利益分配形式。交易所在设计新合约时不用考虑与结算机构协调的问题，期货结算也是交易所一项主要业务和收入来源。在这种情况下，

---

① 伦敦国际金融期货交易所（LIFFE）和美国洲际交易所（ICE）没有自己的结算机构，在新品种革新时，和结算机构无休止的沟通影响了新合约的制定。

如果没有外在冲击力量的发生，期货交易所是没有动力来改变现有的期货结算模式的。

（三）国内期货结算机构面临的问题

1. 我国交易所内设结算部的模式与期货市场发展状况不相适应

首先，期货结算风险的前端风险控制成本较高。目前我国实行静态的期货保证金制度，每种期货品种交易所都规定了保证金水平。在期货保证金水平的研究中，许多学者都认为目前的期货保证金水平过高，过多地占用了结算会员的资金，降低了结算会员的结算效率。

其次，结算风险的后端承担能力较差。各个期货交易所不但承担了本交易所的期货结算业务，而且承担了本交易所的结算风险。当发生期货结算事件时，单个期货交易所的资金力量毕竟有限，抵抗结算风险的能力不强（王性玉和王彦奇，2006）。如果期货的结算风险传导至整个金融市场，将会给经济带来严重的影响；同时，每个交易所的结算部只知道本交易所结算会员的资金状况，并不全面了解结算会员的经营状况、资信状况和风险承受能力。各个交易所对结算会员的风险评估存在误差，容易形成潜在的结算风险（胡俞越，2005）。

最后，交易所内设结算部模式与期货市场的战略规划不相适应。经过 2008 年的金融危机，人们都感觉到信息透明、标准化的场内结算方式有利于防范结算风险。目前世界上的场外交易纷纷进入场内进行结算。美国商品期货交易委员会（CFTC）规定，符合一定条件的场外产品的结算必须在场内进行结算。在这种发展趋势下，建立统一的期货结算机构，可以为以后我国场外市场的结算纳入场内做好制度上的准备。

2. 不利于结算机构全面评估客户的结算风险

首先，对于我国现阶段的交易所来说，虽然追求交易量和利润不是主要的目标，但是交易量上升可以增加交易所的影响力。加上交易所进行公司制改革是方向，追求交易量和结算费是将来的目标。当结算机构通过强行平仓、强行减仓、提高保证金等手段进行结算风险控制时或多或少都会影响交易所的交易量。由于交易所和结算机构的主要目标不同，在防范、控制和处理期货风险时可能会存在不协调的地方。

其次，期货结算业务从交易所剥离后，也剥离了交易所的结算风险（交易风险仍然存在），交易所和结算机构可以各司其职做好自己的事情。交易所可以专注进行新品种的创新、老品种的维护和对交易系统进行更新；结算机构可以在控制结算风险的前提下，为交易所提供低成本高效率的结算服务。

最后，交易所内设结算部模式导致了结算的垄断。① 交易所的结算部对本交易所的合约进行结算，这样就使得交易所集交易、结算于一身，期货交易、结算封闭运行，形成交易所对期货结算的垄断，造成整个行业的竞争效率低下。

3. 降低了结算会员的资金效率，增加了整个社会的成本

增加了整个社会的成本主要体现在两个方面：一方面是 4 家期货交易所分别进行所内结算，就需要 4 套设备和人力，造成了整个社会成本的增加；另一方面，结算会员需要在 4

① 如果实行统一结算公司进行结算，也会遇到相同的问题。即结算机构形成了垄断，排除了其他机构的进入，而且容易形成“大而不能倒”的情况。

家期货交易所分别存入保证金，增加了结算会员的资金占用量，降低了结算会员的资金使用效率。实行统一结算后，期货的交易保证金和结算费用并没有减少，主要是减少了两部分成本：一是结算会员在几家交易所进行资金划转的资金划转成本；二是结算会员为保证客户进行正常交易垫付的结算准备金。

首先，增加了结算会员的资金划转成本。对于结算会员来说，为了保证客户在各个交易所进行交易，需要在各个交易所分别存入充足的结算准备金。在电子化的交易方式下，期货的热点可能随时出现，结算会员并不知道客户会在哪家交易所进行期货交易。这就需要结算会员根据市场波动在不同的交易所账户进行资金的划转，这样就增加了结算会员的资金划转成本。

图 4. 2 为 2010 年 5 月至 2012 年 8 月国内 4 家交易所的交易量[①]。

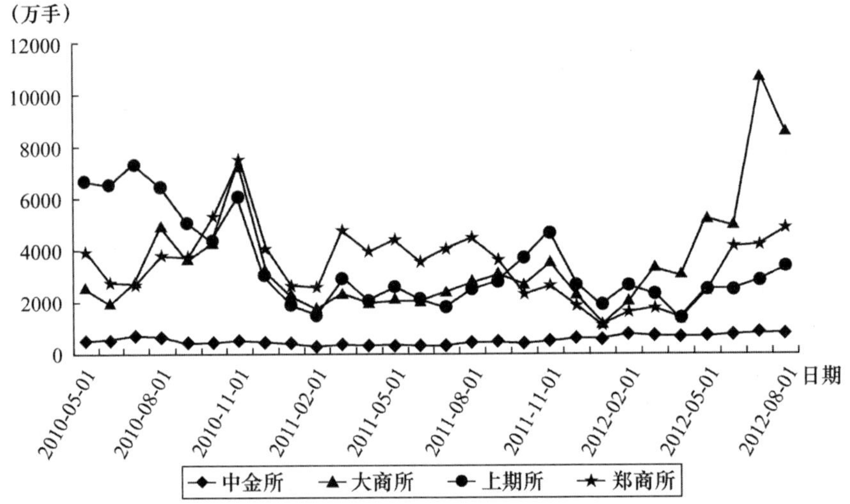

图 4. 2　国内 4 家交易所交易量

资料来源：FOW。

由图 4. 2 我们可以看到，4 家期货交易所的交易热点出现的时间和持续的时间段均不相同。结算会员无法确切知道客户将要在哪个交易所进行交易，当热点发生时，为了保证客户的正常交易，结算会员需要在交易所间的账户进行资金的划转；如果结算会员的资金划转不及时就是影响客户的期货交易。

其次，增加了结算会员垫付的结算准备金成本。为了保证客户交易不受影响，结算会员除了客户的保证金之外，还需要在各个交易所存入一定量的资金作为临时交易使用。目前我国的期货品种覆盖面越来越广，新品种上市速度越来越快。如果实行统一结算，会员在结算准备金方面可以相互冲抵，节约会员的资金使用成本。

（四）建立全国统一结算机构的优势

根据我国期货市场发展的现状和对期货结算“成本 - 收益”的分析，笔者认为建立全

① 中金所的股指期货 2012 年 4 月 16 日开始上市，为了数据的可比性选取了从 2012 年 5 月的交易量为起始点。数据来源于 FOW。

国统一的结算机构更适合我国期货市场的发展。这种形式也与美国结算机构设置的经验相近：把期货结算由内部转为外部；使结算与交易相互独立；并在能力范围内（全国）实行统一结算。这种机构设置模式有利于结算机构履行“三公”的监管原则，维护市场的公平和稳定，保持期货结算机构的客观性和独立性。实行统一结算对于客户来说优势不是太明显，可能就是更方便客户而已；而对结算会员来说，可以提高资金的使用效率，并且面对统一的结算标准和规则。

1. 统一结算机构容易形成规模经济，降低沉淀成本，提高资金使用效率

首先，结算机构通过收购、兼并或者改制形成统一的结算机构。

世界上的结算机构利用合并或联盟的形式相互进入对方的保证金系统进行冲抵。在欧洲，2000 年法国巴黎证交所、荷兰阿姆斯特丹证交所、比利时布鲁塞尔证交所合并成立欧洲证券交易所（Euronext），随后又先后收购了葡萄牙里斯本证交所和伦敦国际金融期货交易所，德国期货交易所和瑞士期权及金融期货交易所，合并成立欧洲期货交易所；法国、荷兰、比利时、葡萄牙、英国的一些交易所通过合并或收购成立泛欧交易所①；俄罗斯两家交易所 MICEX 与 RTS 合并形成俄罗斯 MICEX-RTS 交易所集团；2006 年芝加哥商业交易所和芝加哥期货交易所宣布合并。

其次，结算机构通过信息共享来提高结算风险的控制。

随着电子技术的运用，各主要期货结算机构开始相互寻找合作机会。最有代表性的合作便是 2003 年美国期货结算机构 BOTCC 与欧洲期货交易所达成合作协议，希望建立一家全球性的结算平台来为两家交易所的结算会员提供结算服务。2008 ~ 2009 年，场外交易的互换交易进入了清算体系；2012 年 3 月，芝加哥商品交易所（CME）宣布与中国银行签署合作备忘录；与此同时巴西、新加坡、俄罗斯等国家和地区的交易所和结算机构也纷纷进行合作、共享市场数据、进行跨国的结算活动。

2. 统一结算机构有利于全面评估结算风险

一个成熟的期货结算风险控制体系可以从宏观和微观两个方面来实现。从宏观上说，主要是宏观经济环境、法制条件、监管体制、现货市场、交易所自身条件、市场交易主体六个方面；从微观上说，主要是我国的期货结算机构本身的架构和设立组织形式以及内部体系的完善。实行统一结算后，结算机构可以看到客户的整体风险情况，改善信息质量，从整体上把握和控制潜在的结算风险隐患。

二、成熟期货市场结算机构设置模式比较分析

美国被认为是现代期货的发源地，美国的期货结算机构也最为复杂，有其独特的特点；英国期货结算的历史较长，比较有名的期货结算机构是 LCH. Clearnet 集团；德国的期货属于后起之秀，但是德国的期货发展速度非常快，德交所集团已经成为欧洲最有影响的交易所。仔细分析研究世界成熟期货结算机构设置方式，研究各国期货结算机构的设置现状，

① 根据有关网站信息编。

有利于我们总结和探索期货结算机构设置的一般规律和内部驱动力量，为我国期货结算机构设置提供政策上的参考。本部分采用历史分析的方法，分析了美国、英国和德国期货发展历史和期货清算机构设置的变化过程，研究了美国、英国和德国目前的清算机构设置现状。通过对清算机构设置的历程研究，得出美国、英国、德国结算机构设置的经验和影响美国期货结算机构设置的驱动力量，并总结出成熟期货结算机构设置的一般经验。

（一）美国期货市场结算机构设置模式

1. 美国期货结算机构发展历程

美国建立了第一个独立法人的期货结算机构——芝加哥期货交易所结算公司（BOTCC），至今美国CME集团的分支机构（CME清算所）仍然是世界上最主要的期货结算机构之一。目前美国最大的期货清算机构是CME清算所，最大的期权清算机构是美国期权清算公司（OCC）。美国期货结算发展历程及特点如表4.1所示。

表4.1　　美国期货结算发展历程及特点

	结算制度起步阶段（1920年之前）	结算制度建立阶段（1921～1962年）	结算系统电子化阶段（1993～2000年）	结算机构竞争、合作阶段（1990年至今）
背景	1848年，CBOT成立。1965年，期货交易合约化，成为真正意义上的期货交易。这个阶段，期货市场法律不健全，操纵、逼仓事件时有发生	期货市场已有相当规模，商品范围不断扩大，期货交易法律框架基本建立，市场操纵、逼仓事件减少。期货结算成本高、效率低	期货法律、监管体系确立，期货市场进入规范运营阶段	随着国际化和IT技术的发展，世界期货市场不断壮大，竞争格局形成
典型事件	1. 1902年，银行破产事件。 2. 一战期间，农产品价格波动较大，农民与交易所关系紧张	1925年9月3日，BOTCC从CBOT中独立出来	1. 期货交易与结算实行电子化，计算机提高了期货的清算能力，节约了结算成本。 2. OCC从CBOE（芝加哥期权交易所）中分离出来	1. Eurex（欧洲期货交易所）与BOTCC协调合作。 2. 2007年，世界两大期货巨头CME和CBOT合并，CME清算所为CME和CBOT进行清算。 3. 2009年3月6日，BOTCC被ICE收购
特点	期货市场自律为主，没有正式结算机构	期货市场有了期货结算机构BOTCC，为期货交易起保障作用	电子化的引入，不但降低了成本，而且提高了效率，并为跨交易所交易结算提供技术支持	期货交易和结算的竞争超越了国界和地域的限制，结算成为交易所竞争的又一领域

资料来源：根据有关材料整理。

2. 美国期货结算机构的现状

根据期货交易所与期货结算机构的关系，美国的结算机构设置模式可以分为以下三种：一种是结算机构是交易所的分支机构模式，如美国的 CME 清算所就是 CME 集团持有和运营的一个分支机构，有相对独立的决策权；另一种是交易所内设结算部的模式，如明尼阿波利谷物交易所内设结算部为本交易所的合约提供结算（李团团，2012）；还有一种是具有独立法人的结算机构模式，除了 CME 清算所和明尼阿波利交易所内设结算部，其余结算机构均是具有独立法人资格的结算机构。

目前在美国注册有效的期货（期权）结算机构（DCOs）有 14 家。在这 14 家期货结算机构中，CME 清算所、OCC、美国证券集中保管结算公司、ICE 美国清算所的结算量占了美国期货（期权）市场的 97%。2011 年美国主要结算机构结算的交易量如表 4.2 所示①。

表 4.2　　2011 年美国的期货、期权交易量及结算机构

交易所	交易量（亿手）	交易量占全国交易量比（%）	清算机构
芝加哥商业交易所（CME）	18.04	23.36	CME 清算所
芝加哥期货交易所（CBOT）	10.36	13.42	
纽约商品交易所（NYMEX）	4.51	5.84	
商品交易所（COMEX）	0.94	1.22	
美国国际证券交易所（ISE）	7.78	10.08	OCC
芝加哥期权交易所（CBOE）	11.52	14.92	
NASDAQ OMX PHLX	9.83	12.73	
纽交所泛美期权市场（NYSE Amex Options）	6.19	8.02	美国证券集中保管结算公司
纽交所高增长板市场（NYSE Arca Options）	4.95	6.41	
洲际交易所美国分部（ICE Futures U.S.）	1.07	1.39	ICE 美国清算所
其他	2.02	2.62	其他
合计	77.21	100.00	

资料来源：FOW。

从美国期货结算机构设置的现状我们可以看到，美国的期货结算是一个行业集中度非常高的市场。CME 清算所、OCC、美国证券集中保管结算公司②和 ICE 美国清算所的结算量占整个行业的 97%。其中，CME 清算所和 OCC 结算了全国 82% 的交易量，分别为 44% 和 38%。CME 清算所主要为期货交易进行结算，结算了美国 85% 的期货合约；OCC 主要为期权进行结算，结算了美国 62.43% 的期权合约。值得一提的是美国的纽约－泛欧交易所集

① 2011 年美国全年期货、期权的交易量 77.2 亿手。其中，期货交易量 30.6 亿手，期权交易量 46.6 亿手。

② 美国证券集中保管结算公司成立于 1999 年，是由存管信托公司（DTC）和全国证券清算公司（NSCC）合并成立的控股公司。为美国的证券市场提供清算，图中所列示的是为纽交所泛美期权市场（NYSE Amex Options）和纽交所高增长板市场（NYSE Arca Options）两家交易所的交易量。在美国 CFTC 登记的期货结算机构不包括此公司。

团，它的结算模式是多种多样的，涉及期货业务的纽约泛欧美国证券交易所、纽交所群岛交易所、LIFFE 的美国分部都通过 OCC 进行结算。

3. 美国期货结算机构设置的经验

通过对美国期货结算史和现状的分析，我们可以看到，期货的结算经历了从期货交易所内部结算到期货交易所外部结算的过程；从结算机构与交易所的关系上来看，目前的美国结算机构与交易所保持着相互独立或者相对独立的地位；从结算机构的结算范围来看，美国的结算机构都尽可能在能力范围内实行统一结算。

首先，美国的期货结算经历了从内部结算到外部结算的过程。

在期货市场发展的早期，并没有专门的期货结算组织，期货结算机构是一个解决矛盾纠纷的机构。1865 年，CBOT 开始要求谷物市场上的买卖双方交纳抵押担保，称为“保证金”，从而创立了世界上最早的期货清算处理服务。直到 1925 年，才将 BOTCC 从 CBOT 中独立出来建立了独立法人的结算机构，期货的结算由交易所内部转向交易所外部。

其次，美国的期货结算机构与交易所相互独立或者相对独立。

期货结算机构的独立包括形式上的独立（独立的法人机构）和实质上的独立（独立的结算决定权）两种。从美国的结算机构发展过程我们可以看到，大的交易所与结算机构是相互独立的形式；小的交易所一般拥有结算所。CME 清算所属于形式上不独立，但是实质上独立的形式。BOTCC 和 OCC 都是完全独立的法人机构，不但在形式上还是实质上都具有独立的经营自主权。

2003 年 CME 总裁兼 CEO James McNulty 在接受采访时表示，CME 清算所独立结算有两点好处：一是 CME 和 CBOT 的清算业务占了美国期货市场的 85%，结算会员可以在单一的证券组合中获得所有风险保证金的好处；二是独立的清算方式将把客户存放在清算所的保证金降低了 70%。

最后，统一结算或者相对统一的结算成为美国期货结算发展的趋势。

统一结算就是一个结算机构同时为几家交易所提供集中结算的形式；相对统一的结算就是一家结算所为整个交易所集团提供结算的形式。现在美国期权结算市场，OCC 结算了美国 62.43% 的期权；期货结算市场，CME 集团的期货交易量占美国 85%，现在全部由 CME 清算所结算，实现了全国相对统一、CME 集团内部绝对统一的结算形式。

（二）英国期货市场结算机构设置模式

英国期货市场起步较早，但其现代意义的期货市场产生、发展远远落后于美国。在英国，影响力较大的期货清算机构是 LCH. Clearnet 集团。该集团旗下有 LCH. Clearnet Ltd 和 LCH. Clearnet SA 两个子公司。在伦敦交易的衍生品由 LCH. Clearnet Ltd 提供结算服务，欧洲大陆的巴黎、布鲁塞尔、阿姆斯特丹和里斯本几个市场交易的衍生产品由 LCH. Clearnet SA 负责结算。

1. 英国期货结算机构的发展历程研究

仔细研究英国结算机构的发展史，可以将英国的期货演变过程大体上分为四个阶段：起步发展阶段、结算制度建立阶段、结算系统电子化阶段和结算机构竞争、合作阶段。英国期货结算发展的历程和特点如表 4. 3 所示。

表 4. 3　　英国期货结算发展历程与特点

	结算制度起步发展阶段（1887 年之前）	结算制度建立阶段（1887 ~ 1986 年）	结算系统电子化阶段（1987 ~ 2003 年）	结算机构竞争、合作阶段(2003 年至今)
背景	工业革命后，英国成为世界上最大的金属生产国，在巨大的工业需求下，英国产生了伦敦皇家交易所	对金融服务业进行重大改革，历称“金融大爆炸”。监管由自由松散变为“多元化”体制	金融监管由“多元化”监管变为统一监管	对期货市场的监管实行自由化政策，对交易所、结算所实行开放的态度
典型事件	1. 1571 年，成立伦敦皇家交易所。 2. 1877 年，LME 成立	1. 1986 年，国会通过《金融服务法》。 2. 1982 年，LIFFE 成立	1. 1990 年，伦敦交易期权市场和伦敦国际期货交易所合并为 LIFFE。 2. 1991 年伦敦清算所改名为 LCH。 3. 2001 年 Eruonext 收购 LIFFE	1. LIFFE 与阿姆斯特丹、布鲁塞尔、里斯本、巴黎金融衍生品交易所等合并成为泛欧交易所。 2. 2007 年，纽约证交所与泛欧交易所合并
特点	期货交易机构没有自己的结算机构，期货的清算委托清算机构进行清算	建立了综合性质的清算所——伦敦清算所	期货交易所和结算机构合并、收购较多	收购、兼并、竞争成为这个阶段的主题

资料来源：根据有关资料整理。

2. 英国期货结算机构的现状

英国的期货结算机构主要有：LCH. Clearnet 集团、ICE 期货交易所清算所欧洲分部和 CME 欧洲清算所（CME Clearing Europe Ltd）。英国本土的期货结算机构只有 LCH. Clearnet 集团一家。2011 年英国主要的期货期权交易所的交易量如表 4. 4 所示。

表 4. 4　　2011 年英国的期货、期权交易量

交易所	交易量（亿手）	交易量占全国交易量比（%）	清算机构
LIFFE①	9. 32	67. 10	LCH. Clearnet
LME	1. 47	10. 58	LCH. Clearnet
ICE 欧洲分部	2. 68	19. 29	ICE futures EUROPE
Turquoise Derivatives	0. 42	3. 02	
合计	13. 89	100. 00	

注：纽约 - 泛欧交易集团（NYSE Euronext）旗下的 LIFFE 交易所日前正式公布，将终止与 LCH. Clearnet 的结算合作业务，转而使用纽约 - 泛欧交易集团在伦敦新设的结算所 NYSE LIFFE Clearing。该集团表示，新的结算所计划在 2013 年 6 月 1 前成为全面的中央结算平台，满足监管新规则。

资料来源：FOW。

从英国期货结算机构设置的现状我们可以看到，英国的期货结算是一个行业集中度非常高的市场。LCH. Clearnet 集团的结算量占整个行业的 77.68%。英国的期货结算同样和美国一样，同样达到了极高的寡占市场状态。

3. 英国期货结算机构设置的经验

英国目前的期货结算机构设置模式与英国的监管制度、期货市场发展过程有关。英国期货结算机构的设置经验有以下几点。

首先，外部独立统一的结算体系。

英国实行金融混业监管，由于实行混业监管，金融服务局不可能所有的事情都亲力亲为，而期货风险的管理是期货市场发展的基石，英国需要建立外部的统一结算体系来防范和控制期货结算风险。独立统一的外部清算机构，使清算所拥有更多的自由和决策权。期货结算事件发生时，结算机构可以根据市场的实际情况，站在客观的立场上对风险进行防范和处理。英国独立的外部清算机构不但充当了中央对手方，防范了结算风险，而且充当了风险管理的角色。

其次，期货监管的有益补充。

在英国混业监管的情况下，英国金融服务局只是充当一个金融市场管理者的角色，并不亲自监管所有的事情。这就需要一个外部的期货结算机构来为期货的交易保驾护航。LCH. Clearnet 集团便承担了这种角色。因为英国属于欧洲，LCH. Clearnet 集团不仅要遵守英国本土的《金融服务与市场法》，也要遵守欧盟的法律即《欧盟金融工具市场法规》（*Markets in Financial Instument Directive*，*MIFID*）。

（三）德国期货市场结算机构设置模式

欧洲是期货的发源地，早在古希腊和古罗马时期就出现过中央交易所。目前欧洲证券期货市场正走向统一的趋势。欧洲货币的统一，加剧了市场统一趋势。在欧洲大陆，影响力较大的期货清算机构有两家：一家是 LCH. Clearnet 集团的 LCH. Clearnet SA，主要为在巴黎、布鲁塞尔、阿姆斯特丹和里斯本几个市场交易的衍生产品提供清算；另一家是欧洲期货交易下属的 Eurex Clearing，主要为德交所集团欧洲期货交易所的衍生品提供清算。

1. 德国期货结算机构的发展历程研究

德国的期货交易所建立时间比英、法等国家要晚，在前期发展较为缓慢。2006 年以后德国的期货证券期货市场迅速发展。德国的期货结算发展主要经历了如表 4.5 所示三大阶段。

2. 德国期货结算机构的现状

联邦金融监管局（Federal Financial Supervisory Authority，BaFin），是德国唯一的金融监管机构，负责德国境内金融机构的偿付能力和监督全市场的公平透明，也致力于保护消费者权益和与各国监管机构合作。德国在市场发展过程中形成交易所自律监管的格局。目前德国的主要期货结算机构是德交所集团欧洲期货交易所（Eurex）的清算所。Eurex 清算所是欧洲期货交易所的附属结算机构，2011 年结算了欧洲 59.13% 的交易量。表 4.6 是欧洲期货交易所 2011 年的期货交易量。

表 4.5　　　　　　　　德国期货结算发展历程及特点

	结算制度起步发展阶段（1994 年之前）	结算制度建立阶段（1994～2003 年）	结算机构单一市场阶段（2004 年至今）
背景	证券交易主要是公债交易，政府对证券市场的干预较强	1994 年第 2 部《金融市场促进法案》颁布，建立"联邦证券监管局"（BAWe），并于 1995 年 1 月 1 日开始运作。这是德国历史上第一次在联邦层面设立了对证券市场的监管权	对期货市场的监管实行自由化政策，对交易所、结算所实行开放的态度
典型事件	1. 1987 年，德国期货交易所成立。 2. 1896 年，通过《交易所法》	1. 1998 年德交所成立。 2. 2002 年初，德交所收购 LIFFE。 3. 2003 年 Clearnet 与 LCH 合并为 LCH. Clearnet 集团	1. LIFFE 与阿姆斯特丹、布鲁塞尔、里斯本、巴黎金融衍生品交易所等合并成为泛欧交易所 2. 2007 年，纽约证交所与泛欧交易所合并
特点	证券市场管理的基本形式是自律管理	经过兼并与重组，欧洲大陆形成两家大型清算机构：LCH. Clearnet 集团和欧洲期货交易所清算所	收购、兼并、竞争成为主题

资料来源：根据有关资料整理。

表 4.6　　　　　　2011 年欧洲大陆主要期货交易所交易量

交易所	交易量（亿手）	交易量占全国交易量比（%）	清算机构
Eurex	20. 43	59. 13	Eurex Clearing
NYSE Euronext-Paris	1. 02	2. 95	LCH. Clearnet SA
NYSE Euronext-Amsterdam	1. 12	3. 24	
NASDAQ OMX（纳斯达克 OMX 集团）	1. 17	3. 39	National Securities Clearing Corporation（NSCC） & Depository Trust Company（DTC）
俄罗斯 MICEX-RTS 交易集团	10. 81	31. 29	National Clearing Center-FX clearing MICEX Settlement House-cash settlement National Depository Center-securities settlement
合　计	34. 55	100. 00	

资料来源：FOW。

3. 德国期货结算机构设置的经验

德国期货结算机构设置模式对我国主要有以下经验。

第一，独立、合作的股权结构和组织架构。

Eurex 清算所是欧洲期交所的附属公司，具有独立的法人资格，能够进行独立的民事活动，可使客户享受到德交所集团整个交易清算托管的直通式服务。2007 年，Eurex 收购美国国际证券交易所（ISE）和美国财经新闻服务商（Need to Know News）；2008 年收购美国国际市场新闻（MNI）。这种收购和合并活动顺应了资本市场内部动作的规律，同时有利于集团的各个公司相互协调、共同控制结算风险，使得德交所集团成为全球经济效益最好的交易所经营机构之一。

第二，低成本、高效率的规模化经营。

德交所通过不断的收购与合并来完善自己的基础设施建设，并建立强大的计算机网络技术。在德交所成立初期便确立了电子化撮合交易的思想。Eurex 清算所一站式的服务体系使得交易没有任何国界和货币的限制。

第三，严密的结算风险控制体系。

Eurex 清算所是德交所集团的附属机构，对期货交易所的交易实行实时的清算服务，清算的每一个步骤都进行高的标准来降低会员和清算所的风险。清算所建立了严密的风险控制体系，为 Eurex 的交易提供保障，保障投资者的权益。在 9・11 事件、雷曼兄弟事件、法兴银行事件等出现时，清算所充分利用合理、高效的一体化动作模式，为金融资本市场的稳定和有序发展作出了巨大的贡献。

（四）成熟期货市场结算机构设置模式的国际经验

通过对世界上成熟期货市场结算机构设置模式的研究和分析，我们可以看到，各个国家和地区都根据自己期货市场的实际情况建立了适合的期货结算模式。世界上各个期货结算机构实行什么样的设置方式是一个仁者见仁、智者见智的问题。对于我国期货结算来说，首先是各个交易所的期货结算部要从交易所中独立出来，这样才能解决目前我国期货结算市场上面临的问题（王新政编译，1991）。

总结世界上成熟期货结算机构的设置模式，主要有以下几方面经验。

1. 与期货市场发展的规模相适应

期货的结算是为保证期货的交易而服务的，所以期货结算机构的设置一定要与当时的期货市场发展程度和规模相适应。

第一，在期货市场发展的初级阶段，期货交易所内部结算有利于期货市场的发展。

从世界成熟期货市场结算机构设置的演变过程我们可以看到：在期货市场发展的初级阶段，由于期货市场的监管不成熟，市场的规则和制度还不被人理解和接受，各国的期货市场发展的早期，都伴随着欺诈和操纵的现象。这时应该把对期货市场的风险控制放在首位，实行严格的期货监管制度。在期货市场规模不是很大的情况下，交易和结算的有力配合在一定程度上有利于结算风险的控制。期货交易所内设结算部的形式不但有利于交易所控制结算风险，而且交易和结算同属一家机构有利于期货市场规范的发展。

第二，期货市场发展规模扩大阶段，独立统一有利于期货市场的发展。

当期货市场发展到一定程度后，各个期货交易所分别进行结算不但提高了结算的成本，并且还在一定程度上影响了结算的效率，不利于期货市场的发展。这时期货结算的效率和期货市场功能发挥提上日程。实行全国统一的结算机构设置模式不但可以降低成本，更可以提高结算的效率，有利于期货市场发展。

第三，期货市场成熟阶段，多个结算机构相互竞争有利于期货市场的发展。

这个阶段也是经济学上所说的“完全竞争”的阶段，各个期货交易所公平地进行竞争，通过提供优质的服务和公平的价格为投资者提供结算服务。在这样的理想市场中最主要的前提是期货市场发展成熟，期货的结算机构防范结算风险的功能良好，世界各个期货市场相互可以进入，期货实际全球化。这时世界上多家结算机构相互渗透和竞争，为了争夺结算市场的份额，多家结算机构会不断地降低自己的成本，提高自己的结算效率来为期货市场服务。

2. 经历了从内部结算到外部结算的过程

在期货市场发展的早期，期货的结算是由投资者通过“直接结算”实现的，并没有专门的期货结算组织。后来发展到“环形结算”。1865 年，CBOT 开始要求谷物市场上的买卖双方交纳抵押担保金，称为“保证金”，从而创立了世界上最早的期货清算服务。这时期货的结算机构在期货交易所的内部，是交易所的一个部门。直到 1925 年，BOTCC 建立才有了真正意义上的期货结算机构。这也是期货结算机构由内部到外部的过程。

在成熟的期货市场上许多结算机构都进行了改革和创新，通过相互收购、并购来增强自己的实力和抗风险能力，并逐渐形成较大规模的期货结算机构。例如，美国的 CME 清算所目前为 CME 集团的 4 家期货交易所进行结算；欧洲也形成了 Eurex 结算所为德交所集团进行结算。这些结算机构在形成统一的前期都进行了基础设施的改革，如欧洲各个较小的交易所进行公司化改制，交易和结算进行相互的分离。目前期货交易所和清算机构公司制成为期货市场体制创新的潮流。我国的中金所在设立的时候也充分考虑了机构设置类型问题，设立了公司制的期货交易所。在公司制下，企业的管理效率、融资能力、创新能力、抵抗风险能力以及市场服务等方面有很大提高，并且在自律与监管方面也实现了平稳运作（肖成，2010）。

三、两种结算模式结算会员资金使用效率

期货结算机构最有效的目标是：在控制期货结算风险的前提下，降低结算成本，提高结算效率。对于期货结算会员来说，降低结算成本的方法之一就是提高资金的使用效率。提高期货结算会员的资金使用效率就是用较少的资金来覆盖期货价格的波动风险，而研究期货价格的波动风险主要利用风险价值模型（VaR）。由于期货价格波动具有尖峰厚尾的特性，一般用 GARCH 族模型来拟合期货价格的波动，再用 VaR 来计算期货价格波动的风险价值。

（一）利用 GARCH-VaR 模型度量期货保证金规模的思路

根据我国 4 家期货交易所的规定，结算会员要在 4 家期货交易所做期货交易，需要分

别在4家期货交易所的账户存入一定量的资金。资金包括交易保证金、结算准备金和相关的手续费等。客户只需要在1家结算会员的账户存入资金便可以在4家交易所进行期货交易。客户不能直接参与期货交易，需要通过结算会员参与交易和结算。对于结算会员来说存在如下的问题：结算会员需要在每天开市前，将所有客户的资金汇总后分别存入4家期货交易所。除了被合约占用的期货保证金外，还要存入适当的结算准备金。但是期货结算会员并不知道今天期货价格的走势以及客户会在哪个交易所进行交易。这时结算会员就完全凭经验对4家交易所的账户进行资金的分配，如果某一个交易所的交易量波动较大，还需要从其他交易所的账户转入资金来保证客户的交易。在极端行情的时候，各个期货交易所所需资金量起伏很大，这对结算会员的资金量和资金分配比例考验很大。加上结算银行资金划转的时滞，很有可能给客户带来影响，影响客户下单和正常的期货交易。本文的实证目的和思路如下。

1. 模型实证的目的

1982年，Engle首次提出自回归模型（ARCH），1986年，Bollerslev对其进行完善，提出广义自回归模型。加上1952年马可维茨开发的风险价值模型（VaR），构成了后来人们广泛使用的GARCH-VaR模型。本文主要利用GARCH-VaR模型来证明1个结算会员在4家期货交易所分所结算与实行全国统一期货结算所需要的资金规模是否相同？统一结算是否可以节省结算会员的资金使用量，统一结算是否可以提高资金的使用效率？

2. 实证的过程

本文采用GARCH-VaR模型，对结算会员的期货保证金规模的实证过程可以用图4.3表示。

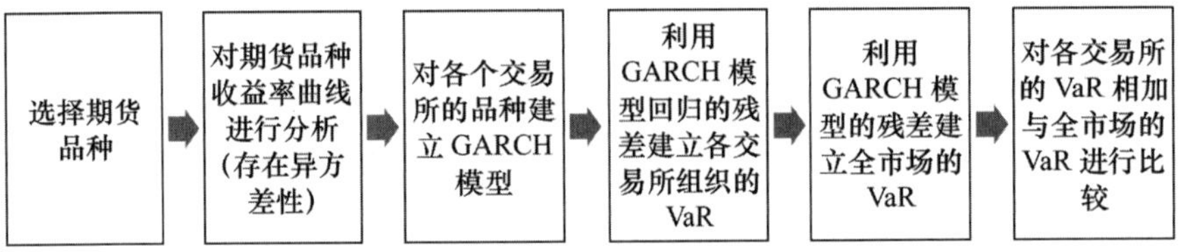

图4.3　结算会员期货保证金规模实证过程

（二）模型的参数选择及初步处理

在进行金融序列的建模过程中，数据和各种参数的选择标准是非常重要的环节，也是模型成功与否的关键所在。根据本文的实证目标和模型设计的过程，主要的数据和参数选择如下。

1. 期货品种选取标准

根据2011年我国上市期货品种运行质量及功能发挥情况评估报告，本文选择了国内4家期货交易所共10种期货品种作为实证分析的对象。选择期货品种的标准是：期货市场规模及价格运行情况；期货品种套期保值功能发挥情况；期货品种价格发现功能发挥情况和期货品种市场流动性情况。具体情况如表4.7所示。

表 4.7　　2011 年期货品种评估体系表

评估标准	指　标	经济意义
市场运行状况	成交量年均增长率	期货品种成交量增长情况
	持仓量年均增长率	期货品种持仓量增长情况
	涨跌停板单边市发生次数	期货品种市场运行稳定情况
	成交量/消费量	期货品种成交规模和现货市场规模匹配度
	持仓量/消费量	期货品种服务实体经济总体规模
套期保值功能	法人持仓占比	期货品种持仓结构
	申报套期保值持仓占比	衡量套期保值规模的一个重要指标
	套期保值效率	期货品种的理论套期保值效果
	基差变异系数	期货品种基差稳定性情况
	到期价格收敛性	期货品种到期期现价差情况
价格发现功能	期现价格相关性	期货价格和现货价格相关程度
	期现价格协整关系	期现价格存在长期稳定的均衡关系
	期现价格引导关系	期货价格对现货价格的引导能力
	期货价格国际影响力	国内期货价格对国外期货价格的影响力
流动性	期现价格波动比率	期货价格波动幅度与现货价格波动幅度比较
	日均换手率	衡量市场流动性的指标
	市场容量	衡量市场流动性的指标
	流动性比率	衡量市场流动性的指标

资料来源：证监会资料。

根据表4.7 所列示的标准，本文选取了4 家期货交易所的10 种期货品种进行实证研究，如表4.8 所示。

表 4.8　　实证选择的期货品种

交易所	期货品种
郑州商品交易所	白糖、棉花、PTA
大连商品交易所	豆油、棕榈油、豆粕
上海期货交易所	铜、锌、铝
中国金融期货交易所	沪深300 合约

资料来源：分析所得。

2. 数据的收集与初步处理

（1）数据的选取。

因为单个期货合约是有期限的，到期要进行平仓或者交割来完结。如果选用一个具体的期货合约，就涉及合约的交割和合约的轮换问题。为了使研究具有连续性和一致性，本文选取了具有连续数据序列的南华指数序列做为研究对象。选取4 个期货交易所从2010 年

1 月 4 日到 2012 年 12 月 31 日的 10 个期货品种，共 729 组连续时序数据作为研究对象。

（2）计算样本报酬率（收益率）。

研究期货市场价格波动率的指标主要是收益率。使用收益率来表示期货价格的波动情况，主要原因有两点：一是对于普通投资者来说，收益率能体现资产的投资机会，并与投资规模无关；二是收益率序列比价格序列更容易处理。基于以上原因，本文使用南华指数序列收盘价的收益率序列作为价格波动的波动率。

期货价格一般为不平稳序列，而 GARCH 族模拟的条件异方差的假设是一个平稳序列。为了使期货的收益率序列能够满足平稳条件，对期货价格序列做收益率处理时采用了对数的方式。经过这样处理的期货收益率序列不但是平稳序列，而且收益率序列具有累加性。本例对期货结算价的收益率计算基于以下的公式：

$$r_t = \ln(p_t) - \ln(p_{t-1}) \tag{4-1}$$

根据公式（4-1），对 4 家期货交易所的 10 种期货品种的南华期货指数序列做收益率处理。

（3）收益率序列的描述性统计。

由 EViews 6 对生成的 10 种期货品种的南华指数做描述性统计如表 4.9 所示。由表 4.9 以及观察收益率分布的直方图可以得到以下结论。

表 4.9　　4 家期货交易所各品种收益率的描述性统计

交易所	品种	均值	中位数	最大值	最小值	标准差	偏度	峰度	JB 统计量
郑商所	白糖	0.000127	0.000391	0.41047	-0.07483	0.01227	-0.45363	6.21	337.40
	PTA	0.000118	0.000635	0.05801	-0.06317	0.01434	-0.06303	5.84	244.69
	棉花	0.015970	0.011160	2.63346	-3.35865	0.59987	-0.14997	9.10	1105.93
大商所	豆粕	0.000331	0.000552	0.04773	-0.04291	0.01103	-0.00692	4.58	75.38
	棕榈油	-0.00018	0.000107	0.05572	-0.44203	0.01227	-0.16809	4.35	59.12
	豆油	0.015658	0.043988	1.68852	-1.76622	0.43511	-0.20089	5.02	125.58
上期所	锌	-0.00059	0.000327	0.05620	-0.61701	0.01635	-0.39643	4.89	127.21
	铝	-0.00031	-0.00012	0.04342	-0.050847	0.008490	-0.708490	10.45	17846.66
	铜	0.000217	0.000224	0.06039	-0.06556	0.01371	0.019017	7.37	579.34
中金所	沪深 300	0.000561	0.000323	0.06627	-0.04806	0.01401	0.233089	4.68	91.69

资料来源：计算所得。

从序列的偏度看，如果序列是正态分布，那么序列分布是对称的，偏度为 0。上期所的铜收益率接近正态分布，偏度为 0.019；中金所的沪深 300 合约偏度为正，意味着序列分布有长的右拖尾；其他期货收益率偏度为负，意味着序列分布有长的左拖尾。

从序列的峰度看，在正态分布下，序列的峰度值为 3。10 种期货收益率序列峰度均大于 3，表示分布的凸起程度大于正态分布，属于尖峰厚尾分布。也说明期货收益率的波动有聚集性，价格波动率以连续的方式随时间变化，波动率的变化对价格大幅上升和大幅下降的反应不同。

从 JB 统计量来看，10 种期货收益率序列都不是正态分布。在正态分布的原假设下，JB 统计量是自由度为 2 的 x^2 分布。表中 JB 统计量很大，对应的 P 值为 0，拒绝原假设，表明 10 种期货收益率序列都不服从正态分布。

综上所述，10 种期货收益率序列都具有尖峰厚尾的特征，有较明显的聚集效用。这意味着期货市场经常发生异常波动，时变方差特征明显，存在着较大的潜在风险（杨士鹏，2005）。

（4）各种期货合约的自相关性检验。

在 95% 的置信度下，棉花、铜、铝、棕榈油、锌合约的收益率序列不存在自相关情况；豆粕、豆油、白糖、PTA 合约的收益率序列存在自相关情况。在建模过程中应对存在自相关情况的期货收益率序列的各项指标进行关注。

（5）数列的平稳性检验。

GARCH 族模型的建模基础是数据是平稳序列。只有以平稳序列数据作为 GARCH 族模型的建模变量观测值，其估计方法、检验过程才可以准确。本文首先对 10 种期货收益率序列的平稳性进行检验，假设该序列存在条件异方差性，选择没有趋势项和漂移项进行 ADF 检验，由 EViews 6 输出的结果见表 4.10。

表 4.10　　9 种期货结算价收益率的 ADF 检验

交易所	期货品种	临界值			t 值	prob
		1%	5%	10%		
郑商所	棉花	-3.439117	-2.865300	-2.568828	-25.03827	0.0000
	白糖	-3.439117	-2.865300	-2.568828	-28.10535	0.0000
	PTA	-3.439117	-2.865300	-2.568828	-27.46537	0.0000
大商所	豆油	-2.568223	-1.941270	-8.494633	-24.40352	0.0000
	豆粕	-3.439117	-2.865300	-2.568828	-27.49705	0.0000
	棕榈油	-3.439117	-2.865300	-2.568828	-28.05439	0.0000
上期所	锌	-3.439117	-2.865300	-2.568828	-28.48097	0.0000
	铝	-3.439117	-2.865300	-2.568828	-29.91000	0.0000
	铜	-3.439117	-2.865300	-2.568828	-29.22061	0.0000
中金所	沪深 300	-2.568147	-1.941259	-1.616406	-27.37539	0.0000

资料来源：计算所得。

由表 4.10 可知，10 种期货收益率序列的 t 值都远远小于 -3，说明序列均为平稳序列，可以进行 GARCH 族模型的建立。

（三）GARCH-VaR 模型的建立

1. 假设条件

本文在设定模型时不关心交易所规定的具体保证金水平是多少，只关心期货结算用多少资金可以覆盖第2天的交易风险；本文模型无法预测客户第2天会在哪个期货交易所进行交易，所以按结算会员的资产组合保持不变的假设，即第2天的风险价值按第1天收市后结算会员拥有的头寸计算。为了计算的简便，本文所有的价格均按照（元/吨）来计算。

假设一：计算VaR的持有期和观察期。

我国4家期货交易所的结算制度均规定实行当日无负债制度。结算会员的保证金如果当日不符合交易所的规定就不允许开新仓，如果持仓使得结算会员的保证金水平不符合规定，在第2天开市前需要补足期货保证金和结算准备金。本文根据我国期货交易所的规定，选择VaR的持有期为1天。从数据的可得性来看，本文选取了连续的南华指数时间序列，4家期货交易所10个期货品种从2010年1月4日到2012年12月31日的729组样本。

假设二：无套利假定。

本文假定，在建立GARCH-VaR模型时，结算会员没有出入金，没有进行期货交易，期货合约的持有量不变。

假设三：置信水平的选择。

因为期货收益率序列具有尖峰后尾的特点，发生极端情况的概率较高，本文对10种期货收益率序列建立的VaR模型选择用的置信水平为99%。

2. 序列的ARCH效应检验

要建立GARCH族模型首先进行ARCH效应检验，如果收益率序列存在ARCH效应就要建立GARCH模型，如果不存在ARCH效应就不需要建立GARCH模型。根据LM准则对10种期货合约收益率序列选择适合的滞后阶数，建立各自的自回归模型，对生成的残差做ARCH效应检验，EViews 6的检验结果如表4.11。

表4.11　　各交易所期货品种分布滞后模型的残差ARCH效应检验

交易所	期货品种	F-statistic	prob	Obs-quared	prob
郑商所	棉花	31.77607	0.0000	30.52416	0.0000
	白糖	19.44482	0.0000	18.98855	0.0000
	PTA	16.05701	0.0001	15.75201	0.0001
大商所	豆油	9.138748	0.0026	9.049762	0.0026
	豆粕	1.722633	0.1898	1.723291	0.1893
	棕榈油	6.011107	0.0145	5.978079	0.0145
上期所	锌	23.78851	0.0000	23.09538	0.0000
	铝	12.80617	0.0004	12.61836	0.0004
	铜	22.06012	0.0000	21.46697	0.0000
中金所	沪深300	0.793213	0.3734	0.794534	0.3727

资料来源：计算所得。

由表4.11可知，在95%的置信度下，中金所的沪深300期货收益率序列进行自回归模型后，生成的残差 F 值较小，伴随概率为 0.3727，不存在 ARCH 效应；其他的 9 种期货合约的 F 值较大，伴随概率很小，拒绝原假设，表明残差存在条件异方差性，残差值的大小与最近的残差值的大小有关。同理，在 99% 的置信度下，沪深 300 和豆粕两种期货合约均存在 ARCH 效应。

3. 各期货品种 GARCH 族模型的建立

标准的 GARCH（1，1）模型可以表示为以下的形式：

$$y_t = \beta_0 x_t + \varepsilon_t \tag{4-2}$$

$$h_t = a_0 + \sum_{i=1}^{q} a_1 \varepsilon_{t-1}^2 + \sum_{j=1}^{p} a\beta_1 h_{t-1}^2 \tag{4-3}$$

式（4-2）为均值方程，式（4-3）为条件方差方程，其中 $\sum_{i=1}^{q} a_1 \varepsilon_{t-1}^2$ 代表残差平方的滞后来度量从前期得到的波动信息，是 ARCH 项，上一期的预测方差 $\sum_{j=1}^{p} a\beta_1 h_{t-1}^2$ 是 GARCH 项。在 EViews 中，这种标准的 GARCH（1，1）误差是条件正态分布的假定下，通过极大似然函数方法估计的。假定生成的残差服从标准正态分布（易丹辉，2008）。在实际的情况下，金融序列还具有一些其他的特性。例如：ARCH-M 模型，表明具有较高可观测到的风险的资产可以获得更高的平均收益。原因是人们一般会认为金融资产的收益与其风险成正比，风险越大，预期的收益率就越高。EARCH 模型认为对股份反向冲击的波动性大于等量的正向冲击产生的波动性。也就是“坏消息”的作用大于“好消息”的作用。PARCH 模型模拟了标准差而不是方差。这种情况下，大幅冲击对条件方差的影响比在标准 GARCH 模型中要小（易丹辉，2008）。

为了更好地模拟这 10 种期货收益率序列，建立了 GARCH（1，1）模型、ARCH-M 模型、EARCH 模型和 PARCH 模型 4 种 GARCH 族模型。由 EViews 6 进行模型回归，得到的主要结果如表 4.12 所示。

表 4.12　　各商品期货交易所品种收益率建模参数

品　种	模型种类	β_0	a_0	a_1	β_1
棉　花	GARCH（1，1）	0.000872	0.0000	0.119003	0.8795
	GARCH-M	0.000609	0.0000	0.119939	0.8787
	EGARCH	-0.023005	-0.3312	0.007355	0.9849
	PARCH	-0.004351	0.0000	-0.011479	0.8823
白　糖	GARCH（1，1）	-0.038618	0.0000	0.076368	0.9066
	GARCH-M	-0.038996	0.0000	0.076534	0.9067
	EGARCH	-0.051075	-0.3312	-0.024928	0.9782
	PARCH	-0.05821	0.0012	0.086569	0.9158
PTA	GARCH（1，1）	0.016625	0.0000	0.116967	0.8581
	GARCH-M	0.016453	0.0000	0.117994	0.8570
	EGARCH	0.024316	-0.6033	0.269523	0.9536
	PARCH	0.026781	0.0006	0.15547	0.9851

续表

品　种	模型种类	β_0	a_0	a_1	β_1
豆　油	GARCH（1，1）	-0.038987	0.0000	0.074474	0.8792
	GARCH-M	-0.039119	0.0000	0.074985	0.8782
	EGARCH	-0.04072	-0.7124	0.179946	0.9371
	PARCH	-0.038799	0.0000	0.034217	0.8739
豆　粕	GARCH（1，1）	-0.049349	0.0000	0.045802	0.9322
	GARCH-M	-0.049729	0.0000	0.046243	0.9312
	EGARCH	-0.055245	-0.2826	0.018969	0.9776
	PARCH	-0.055237	0.0001	-0.187612	0.9381
棕榈油	GARCH（1，1）	-0.048478	0.0000	0.074771	0.8831
	GARCH-M	-0.048485	0.0000	0.074304	0.8838
	EGARCH	-0.045675	-0.6670	-0.019422	0.9409
	PARCH	-0.047458	0.0000	0.047202	0.8784
铜	GARCH（1，1）	-0.085083	0.0000	0.084101	0.8961
	GARCH-M	-0.085895	0.0000	0.084879	0.8950
	EGARCH	-0.096702	-0.4339	-0.076318	0.9647
	PARCH	-0.092133	0.0000	0.320381	0.8963
锌	GARCH（1，1）	-0.073697	0.0000	0.073589	0.9245
	GARCH-M	-0.074225	0.0000	0.073307	0.9248
	EGARCH	-0.076299	-0.1932	-0.030834	0.9923
	PARCH	-0.071745	0.0000	0.085407	0.9231
铝	GARCH（1，1）	-0.08944	0.0000	0.165298	0.8410
	GARCH-M	-0.092057	0.0000	0.163672	0.8426
	EGARCH	-0.063628	-0.5227	-0.032501	0.9694
	PARCH	-0.067099	0.0001	0.093343	0.8518

注：①GARCH-M、EGARCH、PARCH 模型的系数较 GARCH（1，1）模型的系数较多，表中只列了与 GARCH（1，1）模型可比较因变量的系数；②因为中金所的沪深300 合约不存在 ARCH 效应，不需要建立 GARCH 模型，只需要建立普通的一阶滞后回归模型即可。

资料来源：计算所得。

由于本文 9 个期货收益率序列不服从正态分布，所以不使用 F 检验定阶法，而采用准则定阶法，对所建模型进行阶数确定，最终确定模型的滞后期为滞后一期。为了检验 GARCH 族模型对 9 种期货品种的回归准确性，本文建立了 4 个类型的 GARCH 模型，各个期货品种的建模结果如表 4.13 所示。

根据 AIC、SC 和 D. W 指标，所建立的 GARCH 族模型对各交易所品种收益率的估计结果影响差别不是特别明显，因而本文选取 GARCH（1，1）模型作为各期货交易所品种收益

表 4.13　各期货品种 GARCH 族模型回归结果

品　种	模型种类	AIC	SC	Log likelihood
棉　花	GARCH（1，1）	-6.35083	-6.32558	2312.525
	GARCH-M	-6.34832	-6.31675	2312.612
	EGARCH	-6.34164	-6.31008	2310.185
	PARCH	-6.34594	-6.30806	2312.747
白　糖	GARCH（1，1）	-6.12220	-6.09695	2229.420
	GARCH-M	-6.11987	-6.08830	2229.571
	EGARCH	-6.13714	-6.10558	2235.849
	PARCH	-6.13941	-6.10154	2237.676
PTA	GARCH（1，1）	-5.78635	-5.76110	2107.337
	GARCH-M	-5.78415	-5.75259	2107.538
	EGARCH	-5.79438	-5.76282	2111.256
	PARCH	-5.78780	-5.74992	2109.863
豆　油	GARCH（1，1）	-6.28607	-6.26082	2288.985
	GARCH-M	-6.28338	-6.25182	2289.007
	EGARCH	-6.27895	-6.24739	2287.397
	PARCH	-6.28084	-6.24296	2289.084
豆　粕	GARCH（1，1）	-6.22858	-6.20333	2268.089
	GARCH-M	-6.22649	-6.19493	2268.330
	EGARCH	-6.22925	-6.19769	2269.333
	PARCH	-6.22657	-6.18870	2269.358
棕榈油	GARCH（1，1）	-6.02517	-5.99992	2194.149
	GARCH-M	-6.02249	-5.99093	2194.174
	EGARCH	-6.02070	-5.98914	2193.525
	PARCH	-6.01997	-5.98210	2194.259
铜	GARCH（1，1）	-5.72142	-5.69617	2083.737
	GARCH-M	-5.71953	-5.68797	2084.049
	EGARCH	-5.72869	-5.69713	2087.377
	PARCH	-5.72891	-5.69104	2088.460
锌	GARCH（1，1）	-5.62079	-5.59554	2047.158
	GARCH-M	-5.61898	-5.58742	2047.499
	EGARCH	-5.61613	-5.58457	2046.464
	PARCH	-5.61762	-5.57975	2048.006
铝	GARCH（1，1）	-7.10608	-7.08083	2587.059
	GARCH-M	-7.10426	-7.07270	2587.398
	EGARCH	-7.11551	-7.08395	2591.489
	PARCH	-7.10889	-7.07102	2590.083

资料来源：计算所得。

率的模型。由模型的回归结果可知，9 种期货收益率序列的均值方程的系数都是显著的，对应的 P 值很小，说明 GARCH（1，1）模型的拟合效果很好。在表 4.13 所建立的 GARCH（1，1）模型中，ARCH 项和 GARCH 项的系数之和接近 1，说明所建立的 GARCH 族模型是稳定的，并且所受的冲击是持久的，对未来有一定的预测作用。

对 GARCH 族模型残差进行 ARCH 效应检验，EViews 6 的检验结果如表 4.14 所示。

表 4.14　　9 种期货品种用 GARCH 模型估计残差的 ARCH 检验

交易所	期货品种	F-statistic	prob	Obs-quared	prob
棉　花	GARCH（1，1）	0.00663	0.9351	0.00665	0.9350
	GARCH-M	0.00732	0.9319	0.00734	0.9317
	EGARCH	0.11418	0.7355	0.11447	0.7351
	PARCH	0.00023	0.9879	0.00023	0.9879
白　糖	GARCH（1，1）	0.14701	0.7015	0.14738	0.7011
	GARCH-M	0.13982	0.7086	0.14018	0.7081
	EGARCH	0.50595	0.4771	0.50699	0.4764
	PARCH	0.78868	0.3748	0.79000	0.3741
PTA	GARCH（1，1）	0.86198	0.3535	0.86333	0.3528
	GARCH-M	0.90162	0.3427	0.90299	0.3420
	EGARCH	1.01477	0.3141	1.01615	0.3134
	PARCH	0.69227	0.4057	0.69352	0.4050
豆　油	GARCH（1，1）	0.01586	0.8998	0.01590	0.8996
	GARCH-M	0.01954	0.8889	0.01959	0.8887
	EGARCH	0.04268	0.8364	0.04280	0.8361
	PARCH	0.00166	0.9675	0.00167	0.9674
豆　粕	GARCH（1，1）	0.47705	0.4900	0.47806	0.4893
	GARCH-M	0.45842	0.4986	0.45940	0.4979
	EGARCH	0.08785	0.7670	0.08808	0.7666
	PARCH	0.07531	0.7838	0.07551	0.7835
棕榈油	GARCH（1，1）	0.00011	0.9917	0.00011	0.9917
	GARCH-M	0.00022	0.9883	0.00022	0.9882
	EGARCH	0.17009	0.6802	0.17052	0.6796
	PARCH	0.03803	0.8454	0.03814	0.8452
铜	GARCH（1，1）	0.03284	0.8562	0.03293	0.8560
	GARCH-M	0.02454	0.8756	0.02460	0.8754
	EGARCH	0.84340	0.3587	0.84475	0.3580
	PARCH	0.81924	0.3657	0.82057	0.3650

续表

交易所	期货品种	F-statistic	prob	Obs-quared	prob
锌	GARCH（1，1）	0.00054	0.9814	0.00054	0.9814
	GARCH-M	0.00072	0.9786	0.00072	0.9786
	EGARCH	0.01679	0.8969	0.01683	0.8968
	PARCH	0.08688	0.7683	0.08711	0.7679
铝	GARCH（1，1）	0.01790	0.8936	0.01795	0.8934
	GARCH-M	0.01778	0.8940	0.01783	0.8938
	EGARCH	0.01865	0.8914	0.01870	0.8912
	PARCH	0.02246	0.8809	0.02252	0.8807

资料来源：计算所得。

由表4.14可知，9种期货收益率序列用GARCH模型建模后的残差F值很小，伴随概率较大，接受了残差不存在ARCH效应的假设。说明对9个期货的收益率序列用GARCH模型估计有较好的拟合结果。

（四）模型的Kupiec回测检验

只有准确的GARCH-VaR模型才是有用的，这就需要对建立的模型进行伴随校验。模型的校验可以使用回测、压力测试、独立评估和监管等一系列方法。本文利用回测方法来对模型进行检验。最简单的方法是记录其失效率，找出给定样本中发生超过VaR事件的次数。库必可（Kupiec）在1995年建立的思想是：假定计算VaR的置信水平为α，实际考察次数为T，失败次数为N，失败频率P（N/T），零假设为$P=P$。这样对VaR准确性的评估就转化为检验失败频率P是否显著不同于P。Kupiec提出的回测检验主要基于以下的公式：

$$LR = -2\ln[(1-p)^{T-N}p^{N}] + 2\ln\left\{\left[1-\left(\frac{N}{T}\right)\right]^{T-N}(N/T)^{N}\right\} \qquad (4-4)$$

在零假设成立的条件下，统计量服从y（1）。它的95%置信区间的临界值为3.84，所以，如果LR大于3.84，拒绝此模型。90%置信区间的临界值为2.706，如果LR大于2.706，拒绝该模型。通过对模型进行Kupiec回测，模型通过了检验。说明用GARCH-VaR模型进行风险价值的计算比较合理。在进行回测检验时，回测的置信度不能太高，置信水平应该以能保证回测的力度为准。回测的置信水平过高会减少预期的尾部观察事件次数。本文以95%为置信度，对3家商品期货交易所9种期货品种的4种GARCH族模型进行回测检验的结果如表4.15所示。

表4.15　　各交易所品种风险价值的回测检验

品　种	模型种类	T	N	LR统计量
棉　花	GARCH（1，1）	727	68	23.3517
	GARCH-M	727	21	7.9944
	EGARCH	727	23	5.9022
	PARCH	727	21	7.9944

续表

品　种	模型种类	T	N	LR 统计量
白　糖	GARCH（1，1）	727	21	7.9944
	GARCH-M	727	21	7.9944
	EGARCH	727	21	7.9944
	PARCH	727	18	11.8817
PTA	GARCH（1，1）	727	19	10.4796
	GARCH-M	727	19	10.4796
	EGARCH	727	25	4.1696
	PARCH	727	25	4.1696
豆油	GARCH（1，1）	727	25	4.1696
	GARCH-M	727	25	4.1696
	EGARCH	727	24	4.9928
	PARCH	727	22	6.9014
豆　粕	GARCH（1，1）	727	21	7.9944
	GARCH-M	727	21	7.9944
	EGARCH	727	22	6.9014
	PARCH	727	21	7.9944
棕榈油	GARCH（1，1）	727	23	5.9022
	GARCH-M	727	23	5.9022
	EGARCH	727	23	5.9022
	PARCH	727	23	5.9022
铜	GARCH（1，1）	727	0	74.5805
	GARCH-M	727	0	74.5805
	EGARCH	727	0	74.5805
	PARCH	727	0	74.5805
锌	GARCH（1，1）	727	26	3.4293
	GARCH-M	727	26	3.4293
	EGARCH	727	24	4.9928
	PARCH	727	25	4.1696
铝	GARCH（1，1）	727	24	4.9928
	GARCH-M	727	23	5.9022
	EGARCH	727	23	5.9022
	PARCH	727.0000	23	5.9022

资料来源：计算所得。

由表4.15可知，所建立的9种期货合约的GARCH（1，1）模型的回测检验LR统计量均大于3.84，全部通过检验。这表明对9种期货合约所建立的GARCH（1，1）模型符合这9种期货合约的实际波动情况，具有很好的拟合效果，可以进行进一步的分析。

（五）全市场的VaR与各交易所的VaR比较

单个的VaR值代表了结算会员需要存入多少资金才能覆盖这种期货合约第2天的价格波动风险。如果一个结算会员在一家交易所分别交易若干期货品种，那么所需要的资金并不是这几个期货合约所需要风险价值的和，而是这几个期货合约的组合风险价值。因为在一家交易所交易的期货合约，不可能波动方向完全一致。只要一家交易所交易的期货合约的波动方向不一致，那么所需要的期货保证金规模就要比每个单位风险价值简单相加少。现在对国内的期货交易所分别建立交易所的组合风险价值。

1. 各商品期货交易所VaR值的计算

根据GARCH模型回归出来的9种商品期货合约方差，结合风险价值计算公式，在99%的置信度下，我们可以计算出9个期货品种收益率的风险价值。中金所的沪深300期货合约因为不存在ARCH效应，只需要根据最小二乘进行回归，然后根据回归的方差计算风险价值。首先计算郑州商品交易所的组合风险价值。假定郑商所的棉花、白糖和PTA三者不相关，并且期货合约的头寸不变，首先计算组合的收益率的方差，棉花（*cf*）、白糖（*sr*）、PTA（*ta*）的计量单位都为（元/吨），则有：

$$\sum x = \begin{bmatrix} hcf^{\wedge}2 & 0 & 0 \\ 0 & hsr^{\wedge}2 & 0 \\ 0 & 0 & hta^{\wedge}2 \end{bmatrix} \begin{bmatrix} cf \\ sr \\ ta \end{bmatrix} \tag{4-5}$$

投资组合的方差为：

$$\sigma^2 = [cf \quad sr \quad ta] \begin{bmatrix} hcf^{\wedge}2 & 0 & 0 \\ 0 & hsr^{\wedge}2 & 0 \\ 0 & 0 & hta^{\wedge}2 \end{bmatrix} \begin{bmatrix} cf \\ sr \\ ta \end{bmatrix} \tag{4-6}$$

取99%置信度的分位数2.33，期货合约的持有期为1天，基于以下的公式计算郑州商品交易所组合的VaR值：

$$var3 = \sqrt{\sigma^2} \times 2.33 \tag{4-7}$$

同理，可以建立大连商品交易所、上海期货交易所和中国金融期货交易所的组合风险价值。为了比较的方便，先对期货交易所的10种期货合约的收益率序列取绝对值，再以期货交易所为单位计算各个期货交易所的组合风险价值，如图4.4所示。

从图4.4中我们可以看到，3家商品期货交易所的风险价值走势基本平稳。中金所的风险价值走势有上升的趋势。

2. 4家交易所的VaR相加与全市场组合的VaR的比较

根据组合风险价值的概念，用全市场10种期货合约建立组合的风险价值来模拟进行全国统一结算的情景；然后对4家期货交易所的风险价值进行相加模拟在4家期货交易所分别结算的情景。图4.5是全市场的组合风险价值与4家期货交易所各个风险价值相加的比较情况。

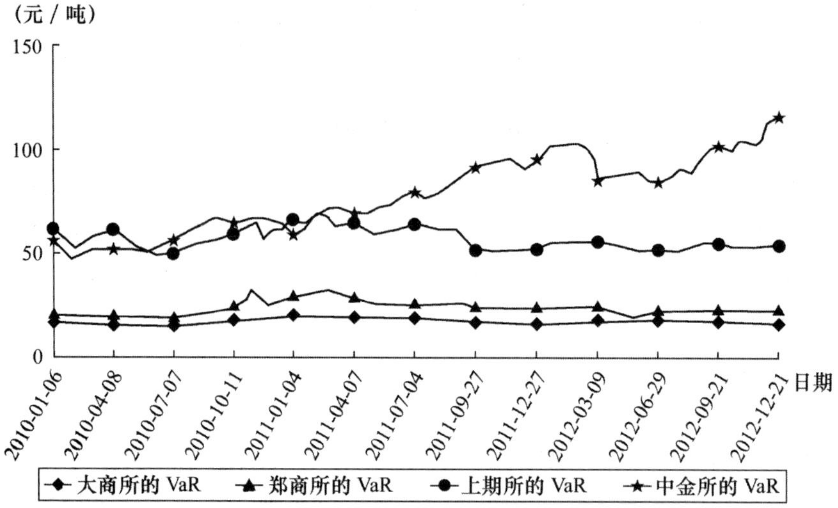

图 4.4　4 家期货交易所的风险价值

资料来源：计算所得。

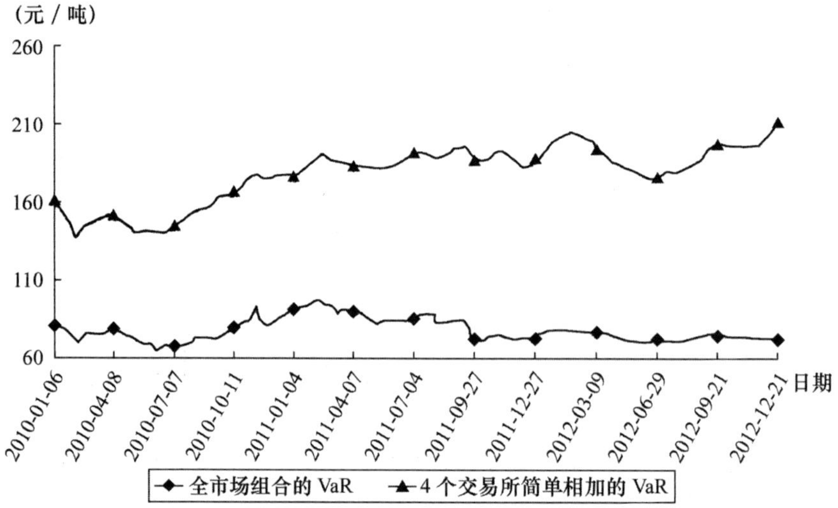

图 4.5　全市场组合的 VaR 与 4 家交易所相加的 VaR 比较

资料来源：计算所得。

从图 4.5 中我们可以清楚地看到代表各个期货交易所分别结算的各个期货的风险价值相加的风险价值曲线的位置，明显高于代表进行全国统一结算的全市场 10 种期货合约组合的风险价值的曲线。也就是说一个结算会员分别在各个期货交易所买入单位为（元/吨）的期货合约所需要的资金规模与期货结算机构设置模式的不同而不同。如果实行全国统一的期货结算机构模式，所需要的资金远远少于实行各个期货交易所分别结算的模式所需要的资金。

同时，由图 4.5 我们可以看到，从 2010 年到 2012 年初，全市场组合的风险价值与各个交易所相加的风险价值的趋势较为相似；从 2012 年开始全市场组合风险价值与各个交易所相加的风险价值的趋势有分离现象。这主要是因为中金所的沪深 300 期货合约在 2012 年的交易额较大。如果一个结算会员分别在 4 家期货交易所买入 10 种期货合约，所需要覆盖风险的资金远远大于此结算会员在一个全国统一结算机构买入相同的期货合约所需要的资金。

（六）计量结果

通过对我国期货市场 4 个期货交易所的 10 种期货合约进行统计描述和计量分析我们可以知道：在选取的 10 种期货品种中，9 种商品期货价格的收益率序列存在 ARCH 效应，沪深 300 的收益率序列不存在 ARCH 效应。根据 GARCH-VaR 模型计算各个期货交易所的组合风险价值与整个市场的组合风险价值相比较，结算会员在全国统一的结算机构中进行结算所需要的资金（风险价值）比此结算会员分别在 4 家期货交易所进行结算需要的资金要小。

全国统一结算比各个期货交易所分所结算所需资金较少的原因有两点：一是结算会员把资金存入一家结算机构后，结算会员交易的期货品种之间可以进行相互的对冲，只结算会员交易的期货品种价格不是高度一致的波动，使可以进行对冲来降低结算会员的费用；二是结算会员将资金存入全国统一的结算机构后免去了资金在各个期货交易所之间的调拨，当期货市场热点在不同交易所交替出现时结算会员不会因为保证金不足被强平。

四、两种结算模式的风险压力测试比较分析

由于期货交易实行保证金交易，所以期货行业是一个高风险的行业，对安全性和效率性的要求较高。这就要求期货的结算机构不但能够为期货的交易保驾护航，更能够对期货市场的风险做到事前的防范作用。目前国际上期货交易所的风险预警主要是由压力测试来完成的。期货结算机构对期货风险做出准确快速的风险压力评估是期货结算机构着重考虑的问题。只有在控制期货结算风险的基础上才能讨论降低结算成本和提高结算效率的问题。本文以我国 2011 年全年的国家法定节假日为研究对象，计算在极端行情波动的时候各个期货交易所所承受的风险压力和整个期货市场的风险压力。对两个风险压力进行对比分析，看看哪个风险压力更能准确地代表整个期货市场的风险价值。

（一）模型的设计

本文利用基于极值理论的压力风险估计方法对 2011 年我国法定节假日的风险压力评估的具体方法如下。

1. 极值理论

（1）极值理论的原理。

图 4.6 可以准确地表示 GARCH 模型与压力测试在计量上的关系。从上文的分析研究中我们可以知道，期货收益率时间序列往往存在尖峰厚尾的特性。在这种特性下，人们利用 GARCH 模型估计和度量的风险有所降低。利用极值理论对期货收益率序列进行风险压力测试是 GARCH 模型的有益补充。1943 年 Gnedendko 建立了著名的极值理论。在极值理论的分析中一般有两种模型：一种是极值定理模型（GEV）；另一种是广义 Pareto 分布模型（GPD）。极值理论认为极值的极限分布与序列本身的分布是相互独立的，不一定是一个正

态分布。在极值理论的广义 Pareto 分布模型中，对序列中所有超过某一门限值的数据进行建模。因为广义 Pareto 分布模型使用了极端观察值，实际运用中比较有现实意义。

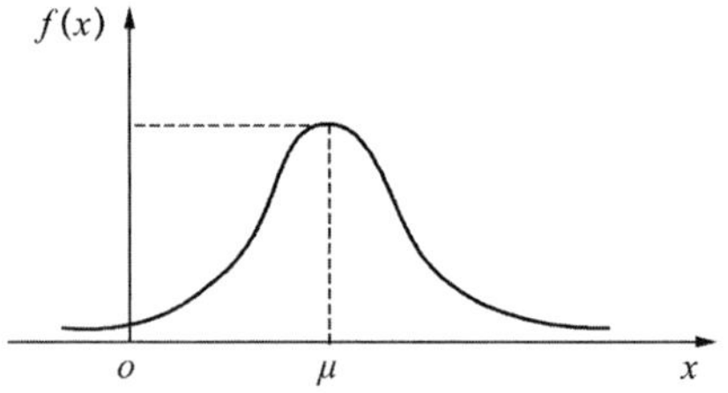

图 4.6 GARCH 模型与压力测试

（2）金融序列的尾部分布。

对于期货收益率序列而言，极值理论对于序列的总体分布并不关心，只考虑其尾部的分布特征，这也是极值理论的关键所在。利用极值理论可以准确地描述分布尾部的分位数。假定期货价格的收益率序列为 $rt = \ln(pt/p_{t-1})$，那么期货收益率的最小收益率为 $r(1) = \min_{1 \leq j \leq n}\{r_j\}$，最大收益率为 $r(n) = \max_{1 \leq j \leq n}\{r_j\}$，标准化的最小收益率和最大收益率分别记为 $x(1) = \left|\frac{r_{(1)} - \beta}{n}\right|$ 和 $x(n) = \left|\frac{r_{(n)} - \beta}{n}\right|$，最大值序列的广义极值分布模型为（徐国祥和吴泽智，2004）：

$$G(x) = \begin{cases} 1 - \left(1 + \varepsilon \dfrac{x}{\beta}\right)^{-1/\varepsilon} & if\varepsilon \neq 0 \\ 1 - e^{-x/\beta} & if\varepsilon \neq 0 \end{cases} \tag{4-8}$$

其中，a 为尺度参数，β 为位置参数，ε 为形态参数，$\tau = \left(1 - \dfrac{1}{\varepsilon}\right)$ 为尾部指数。$\xi < 0$ 时为 Weibull 分布；$\xi = 0$ 时为 Gumbel 分布；$\xi > 0$ 时为 Frechet 分布（厚尾）。因为 Frechet 分布具有厚尾的特性，适合拟合金融资产收益率分布。本文利用非参数估计法来估计这 3 个参数，因为非参数估计法不用假设序列服从某种分部，可以直接估计尾部的指数。

在对期货收益率分布进行研究中，我们不光是对那些极大值的分布进行研究，更关键的是要对那些超过一个门限值 u 的极大值的分布进行研究，给出一个较高的门限值 u，那么超过该门限值 u 的观察值 x 序列的分布就是：

$$F_u(y) = p_r\{X - u \mid X > u\} = \frac{F(y+u) - F(u)}{F(u)} \tag{4-9}$$

式（4－9）表明的是超过门限值 u 的样本容量最大值为 y 的概率。Balkemd（1974）和 Pickands（1975）的研究表明，给予一个充分大的门限值 u，那么这些极值的分布将近似于广义帕累托分布，因此，随着 u 的提高，F_u（y）的分布可以用 GPD 来拟合。

GPD 的定义如下：

$$G(x) = \begin{cases} 1 - \left(1 + \varepsilon \dfrac{x}{\beta}\right)^{-1/\varepsilon} & if\varepsilon \neq 0 \\ 1 - e^{-x/\beta} & if\varepsilon \neq 0 \end{cases} \tag{4-10}$$

其中，ε 称为尾部参数。由于金融资产所估计出来的参数经常都是小于 0.5 的，所以它们的方差都是有限的。GPD 可以通过概率加法或者似然估计法得到。

对郑商所、大商所和上期所3家商品期货交易的9种品种收益率序列做QQ图，图4.7所示。

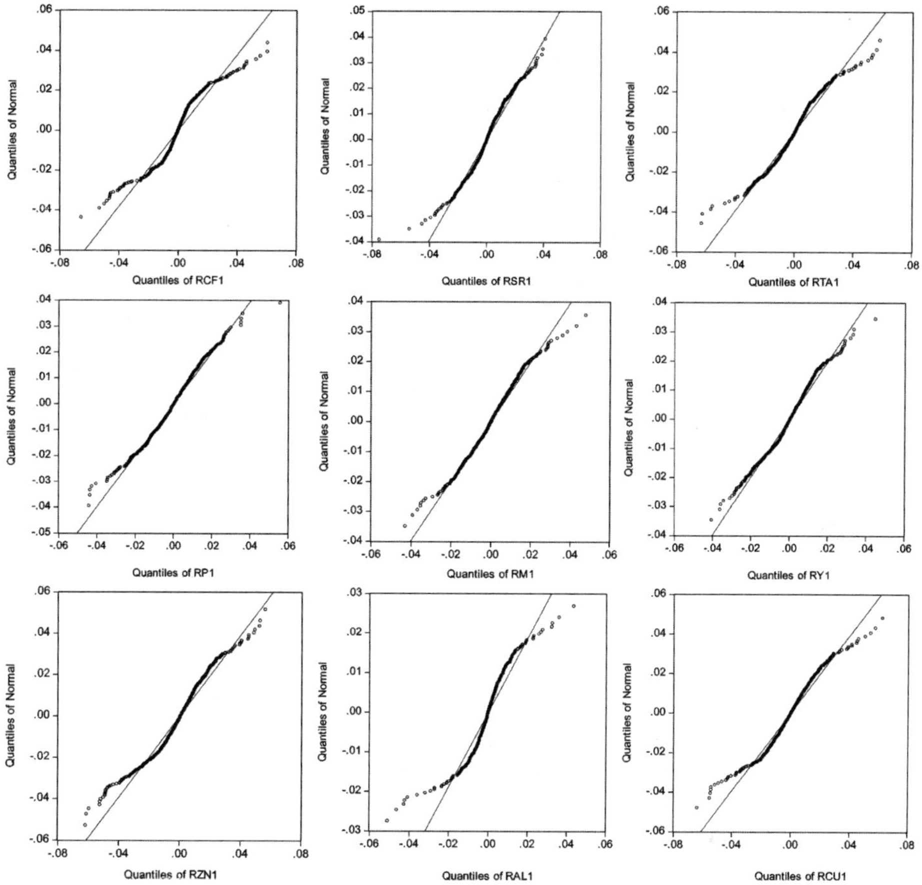

图4.7　9种期货合约的收益率序列QQ图

通过图4.7可以很直观地看出期货收益率序列是否具有特殊的分布。为了了解时序序列的实际情况，把实际数据和指数分布的情况进行对比，如果该数据和指数分布相一致，那么指数QQ图中的拟合线就和直线一致；如果是向下凹，那么就表明该数据具有厚尾性；如果有向下凸的情况，就表明数据具有瘦尾的特征。由QQ图可知，9种商品期货合约的收益率序列都具有尖峰厚尾性。

（3）阈值的选取。

对于极值理论来说，最重要的就是阈值的选择。因为极值理论只对序列的尾部分布进行参数估计而不关心整个序列的分部情况。比较简单的一种阈值选择方法是选择整个序列的10%作为研究对象。另一种方法是Hill阈值选择法。Hill阈值选择法的估计过程如下。

将期货收益率的绝对值按降序排列得到序列 $\{r_j\}$，然后利用最大的 m 个次序统计量计算出尾部指数的一阶矩估计值，计算公式如下（宋曦，2012）：

$$\hat{\tau} = \frac{1}{m}\sum_{i=1}^{m}(\ln r_i - \ln r_m) \tag{4-11}$$

Phillips 等（1996）提出最适合 m 的计算公式为：

$$m = [\lambda n^{2/3}] \tag{4-12}$$

其中，λ 的估计式为：

$$\hat{\lambda} = \left| \frac{\hat{\lambda}_2}{\sqrt{2\left(\frac{m}{n}\right)(\hat{\tau}_1 - \hat{\tau}_2)}} \right|^{\frac{2}{3}} \tag{4-13}$$

其中，$\hat{\tau}_1$ 和$\hat{\tau}_2$ 分别是取尾部收益率数目为 $m1 = [n^A](0 < A < 2/3)$ 和 $m_2 = [n^B](2/3 < B < 1)$ 时计算出的 τ 估计值。Phillips 等（1996）的实证结果指出 $0.5 \leqslant A \leqslant 0.65$ 和 $0.8 \leqslant B \leqslant 0.95$ 为 m 的最佳区间，并建议 A 和 B 分别取 0.6 和 0.9。

在极值理论的研究中，选择阀值的作用是对所研究的数据进行分块。确定阀值后，超过阀值的数据便是极值理论的研究对象。不同的极值研究模型对阀值的选择并没有本质的不同，所以在本文的研究中，选用的是简单的 10% 选择法，即选择全部时间序列的 10% 作为研究对象来进行研究。这时所有的数据集中分布于尾部，增加了分析结果的准确性，但由于样本处于分布的尾部，样本的方差较大。

2. 压力测试

压力测试和 VaR 是期货市场中常用的两种风险计量方法。压力测试的步骤一般包含 3 个过程，如图 4.8 所示。

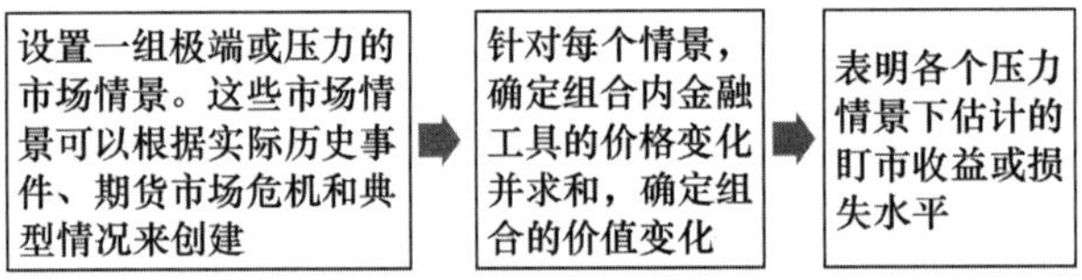

图 4.8　压力测试的步骤

压力测试是 VaR 估计风险的有力补充。因为组合的期货合约存在某些非线性的关系，只利用 VaR 估计不能外推超出 VaR 情况的损失，也不能提供风险暴露的方向。压力测试正好能够弥补 VaR 方法以上的不足之处，压力测试中设定的情景能够包括任何期货价格的波动情况，可以捕获整个期货市场价格波动的信息。

3. 利用极值理论和压力测试度量结算风险的思路

本文首先模拟各种期货收益率变化情况，并根据这些变化情况计算期货的风险价值，进而对各交易所的压力风险价值加总与全市场的风险价值进行比较。本文选取了 2011 年各个法定节假日作为压力测试的时间段，对各个期货交易所选择的品种假设收益率序列跌幅 5%，在这些情景下进行压力测试，并结合当时各期货交易所资金分布的情况进行压力分析。具体的思路如图 4.9 所示。

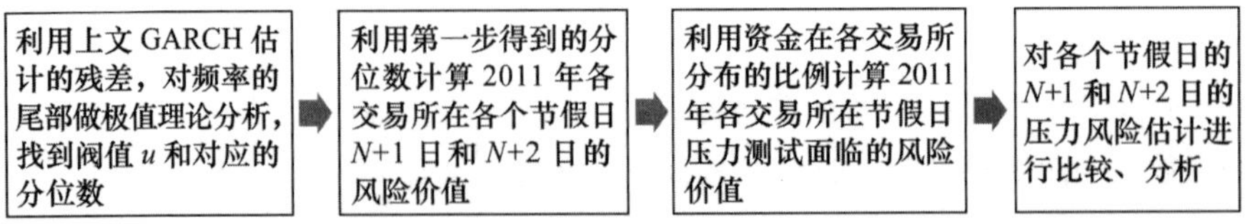

图 4.9　基于极值理论压力测试的思路

（二）压力风险价值估计

1. 研究假定

无套利假定。本文采用各期货品种的收益率数据为研究对象。其中隐含了不考虑交易成本、结算会员没有出入金、结算会员所持有的期货头寸不变等无套利假定，因此期货价格波动等于标的品种的波动。

2. 设置压力情景的方法

设置压力情景主要包括历史模拟法和专家建议法。压力情景设计的原则是既严重又要合理，主要的设置方法如下。

（1）历史模拟法。

历史模拟法是以期货收益率序列在历史上波动最剧烈的情景作为标准，以真实的市场历史极端事件为基础来进行风险压力测试的方法。历史模拟法具有客观性，让人很难否认这些事件的可能性或真实性，但是历史事件很可能与当前的情况并不相关。

（2）专家建议法。

专家建议法是根据相关的行业标准、著名专家或者著名机构建议的标准设定压力情景的方法。我国台湾期货交易就是利用风险价格系数的方法：首先，交易所选择过去30天、60天和90天3个样本区间的收益率；然后对所选择的收益做正态分布假设，并根据经验选择一定的置信区间，最后计算出30天、60天和90天的风险价格系数。我国香港期货交易所采用EWMA法，根据历史数据来预测期货价格的变动，并根据历史数据变动的最大幅度来进行压力测试。

我国4家期货交易所做的压力测试是基于各个期货交易所结算制度规定，根据“当日结算准备金余额＝上一交易日结算准备金＋上一交易日交易保证金－当日交易保证金＋当日盈亏＋其他”的原则进行。对于期货市场来说，就是当期货价格发生剧烈波动时，期货交易所或期货结算机构能否经受住这种极端的行情，是否会面临期货结算风险。

根据我国4家期货交易所的风险管理规定，不同品种的期货合约采用不同的涨跌幅。整个期货市场各个期货合约的涨跌幅分别为3%、4%和5%。由于本文只比较我国4家期货交易所分别结算与全国统一结算的区别，所以本文设置的压力情景为期货价格下跌5%的情景。

3. 各交易所压力风险价值估计

进行压力风险估计的参数主要有以下几种。

（1）期货品种的选择。

本文压力测试所选择的期货品种仍然是根据证监会期货品种评估系统得分较高的期货品种。郑商所的品种有PTA、白糖、棉花，大商所的品种有豆油、棕榈油、豆粕，上期所的品种有，铜、铝、锌和中金所的沪深300。

（2）压力测试的日期选择。

本文选取2011年全年的节假日作为压力测试的对象。原因有两点：一是中金所的指期货2010年4月推出，选用2010年全年的数据进行压力风险测试数据不完整；二是2012年期货市场年鉴中的各交易所资金分布表还没有公布。从实际情况和数据的可得性来说，本文选取了2011年全年的国家法定节假日作为压力测试的日期。

（3）承压指标的选择。

本文的承压指标是压力状态下各交易所的压力风险估计（VaR）和根据2011年各期货交易所资金分布表确定的压力风险估计。

（4）压力指标的选择。

压力指标是指影响承压指标的主要风险因素，往往作为压力测试的冲击对象。本文选取的压力指标是期货收益率波动的涨跌幅。期货是 $T+0$ 的双方向交易，本文的实证假设结算会员做的多单，期货行情下跌5%的情况。（空单的原理一样，只是方向相反而已）

（5）实证过程。

选取2011年全年国家法定的7个节假日，以节假日前1天各期货交易所品种的华南指数收盘价为基础，利用前面极值理论计算的分位数和5%的跌幅进行风险价值计算，具体的计算公式如下：

第 $N+1$ 日的压力风险估计：

$$\mathrm{VaR}_{N+1} = P_0 \times 2.7291 \times 5\% \quad (4-14)$$

第 $N+2$ 日的压力风险估计：

$$\mathrm{VaR}_{N+2} = P_0 \times 2.7291 \times 10\% \quad (4-15)$$

其中，郑商所的 P_0 是节假日前棉花、白糖和PTA的南华指数收盘价；大商所的 P_0 是节假日前的豆油、棕榈油和豆粕的南华指数收盘价；上期所的 P_0 是节假日前铜、铝和锌的南华指数收盘价；中金所的 P_0 是节假日前沪深300指数收盘价。

经过计算，结果如表4.16所示。

表4.16　　统一结算时各交易所压力测试所需资金

节假日	压力测试日期	交易所	P_0	$N+1$ 日	$N+2$ 日	各交易所资金小计
元旦	2010－12－31	郑商所	2775.03	378.67	757.33	4354.65
		大商所	4350.46	593.64	1187.28	
		上期所	6554.48	894.39	1788.78	
		中金所	2276.39	310.62	621.25	
春节	2011－02－01	郑商所	3159.42	431.12	862.24	4595.47
		大商所	4411.46	601.97	1203.93	
		上期所	6746.51	920.60	1841.19	
		中金所	2521.39	344.06	688.11	
清明节	2011－04－01	郑商所	2821.56	385.02	770.03	4362.76
		大商所	4220.24	575.87	1151.74	
		上期所	6299.50	859.60	1719.20	
		中金所	2644.76	360.89	721.78	

续表

节假日	压力测试日期	交易所	P_0	$N+1$ 日	$N+2$ 日	各交易所资金小计
劳动节	2011－04－29	郑商所	2685.86	366.50	733.00	4292.33
		大商所	4080.41	556.79	1113.59	
		上期所	6205.61	846.79	1693.57	
		中金所	2756.11	376.08	752.17	
端午节	2011－06－03	郑商所	2678.17	365.45	730.90	4362.96
		大商所	4235.19	577.91	1155.83	
		上期所	6176.03	842.75	1685.50	
		中金所	2897.42	395.37	790.73	
中秋节	2011－09－09	郑商所	2630.86	358.99	717.99	4390.79
		大商所	4162.05	567.93	1135.87	
		上期所	6134.08	837.03	1674.05	
		中金所	3161.78	431.44	862.88	
国庆节	2011－09－30	郑商所	2436.06	332.41	664.83	4000.89
		大商所	3718.77	507.45	1014.89	
		上期所	5151.91	703.00	1406.01	
		中金所	3353.36	457.58	915.17	

资料来源：计算所得。

由表4.16我们得到了节假日压力风险估计。需要特别指明的是，表4.16中各交易所资金小计是各交易所代表期货品种的价格向反方向变化而需要的资金。这些资金是必需的，是理论上覆盖风险的最低资金（此处忽略了我国期货交易所规定的最低期货结算准备金）。

（三）各期货交易所与全市场压力风险价值估计的比较

上文计算的节假日压力风险估计是会员必须用多少资金才能覆盖行情向反方向波动时的风险，是一种非常理想的状态。参与期货品种的会员必须精确地分配在4家交易所的资金才能达到上面的计算结果。在实际的情况中，结算会员在各个期货交易所的资金分布是根据近期的行情热点和经验进行主观分配的。例如，在 $N-1$ 日，结算会员认为郑商所会有热点出现，便会在郑商所放入充足的资金，在没有热点的交易所放入相对较少的资金。如果第 N 日行情的发展与结算会员预计的不一致，那么结算会员就需要在各期货交易所进行资金的划转。如果资金划转不及时，便会影响客户的交易。

图4.10展示了2011年整个期货市场的资金在4家期货交易所的分配状况。

根据图4.10资金在各个期货交易所的分布情况，计算在符合资金分布的情况下，2011年节假日的压力风险估计。首先假设在各个期货交易所结算时结算会员所用的总资金为 a，然后把 a 按照图4.10的分布比例分配到各个期货交易所，使各期货交易所分配的最低资金满足交易所 $N+2$ 日的风险价值；最后根据分配的最低资金倒推出各个期货交易所需要存入

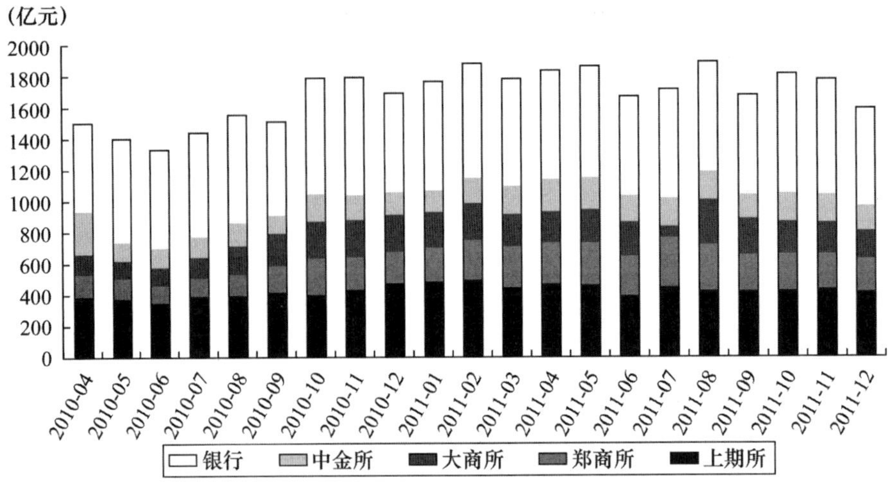

图 4.10　期货市场各月资金分布表

资料来源：《中国期货市场年鉴》(2011 年)。

的资金，把 4 家期货交易所分配的资金相加即得到“分所结算资金小计”。具体数值如表 4.17 所示。

表 4.17　　各交易所分别结算与统一结算压力测试比较

节假日	压力测试日期	交易所	$N+2$ 日	统一结算资金小计	各交易所当月资金分布(%)	分所结算资金小计
元旦	2010－12－31	郑商所	757.33	4354.65	19.07	5457.62
		大商所	1187.28		21.75	
		上期所	1788.78		44.76	
		中金所	621.25		14.41	
春节	2011－02－01	郑商所	862.24	4595.47	21.89	5939.63
		大商所	1203.93		20.27	
		上期所	1841.19		43.22	
		中金所	688.11		14.62	
清明节	2011－04－01	郑商所	770.03	4362.76	22.52	6278.69
		大商所	1151.74		18.34	
		上期所	1719.20		41.14	
		中金所	721.78		18.00	
劳动节	2011－04－29	郑商所	733.00	4292.33	22.52%	6070.66
		大商所	1113.59		18.34%	
		上期所	1693.57		41.14%	
		中金所	752.17		18.00%	

续表

节假日	压力测试日期	交易所	$N+2$ 日	统一结算资金小计	各交易所当月资金分布（%）	分所结算资金小计
端午节	2011－06－03	郑商所	730. 90	4362. 96	24. 31	5387. 43
		大商所	1155. 83		21. 45	
		上期所	1685. 50		37. 81	
		中金所	790. 73		16. 42	
中秋节	2011－09－09	郑商所	717. 99	4390. 79	21. 92	5887. 53
		大商所	1135. 87		22. 98	
		上期所	1674. 05		40. 45	
		中金所	862. 88		14. 66	
国庆节	2011－09－30	郑商所	664. 83	4000. 89	21. 92	6244. 27
		大商所	1014. 89		22. 98	
		上期所	1406. 01		40. 45	
		中金所	915. 17		15. 00	

资料来源：计算所得。

表4. 17清楚地看到，在结合资金分布情况下，各期货交易所的压力风险测试的资金明显高于没有结合资金分布情况的压力风险测试。这主要的原因就是资金分布在各个期货交易所的分布情况不同造成的，此时可认为是各交易所分别结算所需要的资金。

（四）计量结果

1. 结果分析

通过以上的分析，我们可以得到如下的结论：统一结算时，由于不受资金在各期货交易所分布的影响，进行压力风险测试时各结算会员所需要的资金较少；分所结算时，由于受资金在各个交易所分布的影响，进行压力风险测试时需要的资金较全国统一结算所需要的资金要多。造成这种结果的主要原因就是结算会员在各个期货交易的资金分布情况与行情实际走势所需要的资金情况不一致造成的。目前各个期货交易所的分所结算在进行压力测试时并不十分准确，并不能全面了解结算会员的资金状况，只是局限在结算会员在本交易所的资金情况。如果实行统一结算，进行压力测试时，面对的是结算会员全部的资金状况，可以非常精确地了解结算会员的资金状况和风险状况。

2. 结果的讨论

在实际运用中，压力测试一般是作为VaR测试方法的有力补充。由于受研究资料和模型本身的缺陷，进行风险压力估计也存在可讨论之处。

首先，在实际的压力测试中主要利用压力测试来检验客户或者会员的穿仓和透支情况，看会员 N 日的可用资金能否覆盖在行情向相反方向变化时的风险。这就需要这个结算会员在各个交易所的资金状况作为研究的对象。因为各个结算会员的资金状况属于商业机密，本文只是证明需要多少资金才能覆盖风险波动，不能证明结算会员是否存在资金不足的情况。

其次，4 家期货交易所只采用个别品种进行测试，这些品种都是市场功能发挥较好的品种，对整个期货市场有代表性，但并不全面；加上各期货品种的 $N+1$ 日和 $N+2$ 日跌幅均设为 5% 和现实情况不符，在现实中各个期货品种的涨跌幅是不相同的。

最后，本文的资金分布表是根据证监会编写的《期货市场年鉴》而来，代表的是当月期货市场的总资金在各个交易所和银行的分布情况，是一个总体的概念。而结算会员是一个个体的概念，用总体数据来对个体进行估计并不准确。

五、我国期货结算机构设置模式的政策思路

20 世纪末，国际期货市场发展迅速，期货品种不断创新，市场规模不断壮大。虽然目前我国期货市场尚未对外开放，但世界期货市场的发展给我国带来了很大的挑战。我国期货结算应该怎样完善自身的制度来应对国际竞争的冲击呢？我国应该先从期货制度上入手，从基本的、简单的结算制度进行改革，借鉴国际市场经验，立足于中国实际，充分认识期货市场风险特征，设计合理的市场结构。为提升资本的充足水平和风险管理能力对期货结算机构进行改革。本部分总结前文对世界成熟期货结算机构设置的经验和驱动力量的分析，结合结算会员期货保证金规模的实证分析和对结算风险的压力评估，建议建立一个不受任何期货交易所控制的独立统一结算机构。

（一）建立统一结算机构应注意的问题

建立全国统一的期货结算机构可以有效地防范期货结算风险、降低结算成本、提高结算效率，但 4 家期货交易所的结算业务全部集中于 1 家期货结算机构时，有一些问题需要我们特别关注。

1. 防止风险过于集中

对于期货结算机构而言，首要的任务就是控制结算风险。4 家交易所内设结算机构模式增加了结算的成本，但是分别充当了中央对手方，分散了结算风险；如果建立全国独立统一的期货结算机构，那么这个结算机构成了整个期货市场的中央对手方，所有的期货交易对手都是这个结算机构，就将期货市场上所有的结算风险全部集中到统一的结算机构上。加上期货的保证金交易制度，就使统一的结算机构面临较大的潜在违约风险。一旦发生对手方的信用风险，就会导致期货结算无法顺利进行，甚至传导至期货市场的各个方面，后果不堪设想。

2. 防止结算垄断问题

建立独立统一的期货结算机构后，全国只有 1 家期货结算机构，所有的期货结算都需要通过这家唯一的结算机构进行结算，容易形成垄断地位和“大而不能倒”的现象。为了防止统一结算机构的垄断问题可以采取以下的措施。

第一，借鉴成熟期货结算机构的经验，建立严格的外部监管环境。美国实行三级的期货监管方式，CFTC 充当了“警察”的角色，同期货交易所和结算机构全天密切合作监控市场行为和投资者的行为。对于我国来说，为了避免结算过度集中，可以建立严格的外部监管环境，从制度上防止权力滥用或怠于行使。

第二，建立完善的结算风险控制制度。期货结算机构必须以控制结算风险为首要目标，例如，美国的 CME 清算所的风控官具有一票否决的权力；世界上各个成熟期货结算机构也纷纷开发了组合、动态保证金系统来保护和防范期货的结算风险。

3. 统一的期货结算机构必须保持相对独立性

期货结算机构一个最重要的功能就是控制期货结算风险。期货结算机构保持相对的独立性对于控制期货结算风险有重要的意义。世界上的期货结算机构都具有独立或者相对独立的控制期货结算风险的权力。例如，CME 清算所的风控官就有一票否决的权力。根据国际上期货结算机构股权构成的惯例，我国统一期货结算机构的股权构成最好是由各个期货交易所、会员单位以及期货保证金存管银行构成一个有限责任公司，并保证结算机构是一个拥有独立民事主体的独立法人机构。只有这样才能在开展结算业务时拥有更加自主的决定权。

4. 实行统一结算，主要是资金上的统一结算

建立全国统一的期货结算机构之后，所进行的结算主要是资金上的结算。虽然期货合约是标准化合约，但是各个期货合约的交易品种并不相同。各个期货品种都有自己各自的品种特性和对交割的特殊要求，例如，豆粕就是一种对新鲜度要求很高的品种，它对交割的时间和交割库的设置要求很高。有些期货合约是以交割为目的，而交割又因为品种的不同而有不同的交割方式。期货合约的完结需要以平仓或者交割来完结。在这种情况下，交割仓库的设立、仓单的转换以及增值税发票的管理都是实行统一结算后需要考虑的问题。

（二）以期货保证金监控中心为基础建立统一结算机构

通过对国外成熟期货结算机构的分析，以及我国期货结算机构设置的现状，我们可以得到如下启示：在结算机构方面以监控中心为基础建立全国统一的期货结算公司；在结算制度上建立适合股份制和世界潮流的期货结算制度；在结算系统上建立开放的、可以和世界结算机构对接的软件系统。建立全国统一的期货结算机构可以从以下几个方面考虑。

1. 以监控中心为依托建立全国统一期货结算机构的优势

中国期货保证金监控中心（简称监控中心）由上海期货交易所、郑州商品交易所和大连商品交易所出资建立，是一个独立于期货交易所的第三方机构。根据目前的职能划分监控中心充当整个期货市场的“电子眼”，拥有整个期货市场的交易数据、结算数据和开户数据。其基本职能是及时发现并报告期货保证金被挪用的风险状况，配合期货监管部门处置保证金风险事件。① 以监控中心为依托建立全国统一的期货结算机构主要有以下优势。

（1）有利于提高结算风险的控制。各个期货交易所只有本交易所的客户和交易信息，

① 中国期货保证金监控中心官网。

在进行压力风险估计时并不能全面准确地反映结算会员的结算风险状况。特别是在处理关联方客户时，每个期货交易所的信息相对局限。根据期货保证金监控中心的职能，监控中心拥有整个期货市场的开户信息、期货保证金信息、期货交易信息，天生的数据优势可以很好地对期货市场进行准确的风险评估，做到期货结算风险的事前预警；监控中心了解整个期货会员的资金状况，有利于期货公司的分类评价（胡俞越，2005）和为期货公司上市做准备。

（2）降低了期货结算成本。期货结算的硬件和软件都有边际成本递减的特性，如果将4家期货交易所结算部的硬件和软件进行整合，必将会产生规模经济的效应。期货保证金监控中心拥有期货市场的开户信息和期货交易信息，拥有现成的期货开户系统和市场监控系统。只需要对期货保证金监控中心的期货监管系统进行优化升级便能满足整个期货市场的结算需求，节约了整个期货市场的结算成本。

（3）提高了期货的结算效率。以监控中心为基础建立全国统一的期货结算机构后，结算会员的资金全部集中于统一的结算机构。当市场行情波动时结算会员不用把资金在4家期货交易所进行调配，节约了资金的使用，提高了资金的使用效率。

（4）平衡了各方利益关系。监控中心是一个在工商行政管理总局注册的公司制单位，统一期货结算机构的股东构成可由期货交易所、结算会员、结算银行（现在的保证金存管银行）等期货市场参与主体构成。这种股东构成成分有利于期货市场参与各方互相制衡、风险共担、利益共享。

2. 结算机构组织机构的设置

全国统一结算机构的组织机构主要包括机构的性质、职责和管辖范围。

（1）构建全国统一的股份制公司法人。全国统一结算机构可以是一个股份制的独立法人主体，将来也考虑上市。股份制的独立法人可以使所有权和管理权相互分离，形成较高的决策能力。统一结算公司的股东可以由期货交易所、实力雄厚的期货结算会员、结算银行（保证金存管银行）、交易商共同出资。由出资方共同组成董事会，在重大决议方面各个董事都有表决权，可以形成相互的制衡。这样的股份制机构可以使结算机构的利益进行合理的分配，使参与期货市场的各方更加关心期货的结算风险，形成金字塔式的风险控制体系。

（2）增加保证金存放、管理的功能。目前监控中心的主要功能包括四个方面：一是对期货市场运行进行监控和预警功能；二是提供信息服务，包括为会员、期货交易所和监管机构提供信息和查询功能；三是投资者统一开户功能，每一个投资者的开户都要在监控中心备案；四是管理期货投资者保障资金功能。根据目前的职能和分工，监控中心更像是期货市场中的“电子眼”。在实际的运行过程中只有期货市场风险预警功能，没有相应的执法权功能。建立全国统一结算机构之后，监控中心的职能应该是一个全国期货登记结算集中统一运营的机构。主要在原来功能的基础上增加两项功能：期货保证金账户的设立、管理、存管、过户功能和期货保证金的清算交收及相关管理功能。

（3）明确统一结算机构的监管范围。目前我国实行的是交易所和期货业协会的自律管理，各个期货交易所管理着本交易所的保证金。如果要实行全国统一的结算机构，就要在监管范围上给予明确，划清统一结算机构和期货交易所各自的监管范围。只有这样才能使交易所和统一结算机构的行政职能划分清楚，权责清楚。

3. 结算机构运行制度的制定

期货结算机构设置模式属于期货的宏观方面，在期货微观制度方面主要有期货结算会员制度、期货保证金制度和期货风险控制制度。

（1）建立一户一码的开户制度和多层次分级结算的会员制度。对于统一结算机构的结算会员制度主要应该考虑两个方面的内容：一方面是实行分级结算会员制度，可以将结算会员的分级分层更多，使每一级结算会员都能分担期货的结算风险；另一方面就是要实行目前监控中心的统一开户制度和客户一户一码制度。在美国曼氏破产案中，主要是由于期货公司挪用客户的保证金来投资欧债才造成曼氏的破产。目前我国监控中心实行的统一开户制度和一户一码制度可以有效地防范期货结算挪动客户的保证金。

（2）建立动态的期货保证金制度。由上文的分析可知，世界上多数的结算机构实行动态的期货保证金制度，这种动态的保证金制不但可以根据期货价格的波动全面覆盖期货的结算风险，而且使用结算会员的资金量较少，是一种成本低、效率高的保证金制度。与此同时，也应注意期货收益率序列具有尖峰厚尾的特征，发生极端波动的情况较多。在实行动态保证金制度的同时，也应注意做好压力测试工作，特别是在国家法定节假日的时候。

（3）实行严密的风险控制制度。期货结算机构的首要目标就是进行结算风险的防范。世界上各个期货结算机构都对期货结算风险进行了严密的防范，例如，英国 LCH. Clearnet 集团就规定期货结算风险发生时有 7 层防护措施。新建立的期货结算机构可以继续沿用中金所目前实行的结算担保制度，也可以借鉴 LCH. Clearnet 集团给期货结算风险投入商业保险的做法。一些学者认为，在期货结算机构结算风险的控制方面应该做到结算风险的事前防范、结算风险的事中控制和结算风险的事后承担（徐毅，2007）。具体的结算风险管理如图 4. 11 所示。

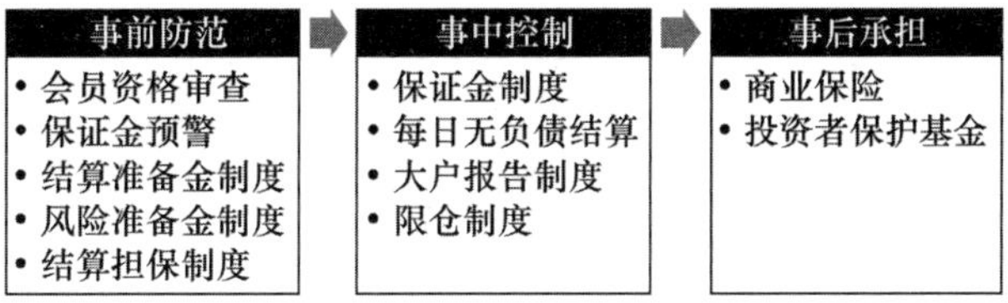

图 4. 11

资料来源：资料整理所得。

执笔人：李团团（中国期货市场监控中心信息规划部）

| 第三部分 |

套期保值理论新思考

第五章

交叉套期保值问题研究

一、研究的背景与意义

（一）研究背景

经历30余年高速发展后，中国已成为世界第二大经济体，并且在市场化改革和全球化进程中，中国的期货市场也取得了骄人的成就，以合约成交量来算已跃居全球第一大商品期货市场。

背景一：近年来，全球大宗商品价格剧烈波动并且呈现出一种趋于常态化的势头，这给社会经济健康发展和企业的正常运营带来了巨大冲击和挑战，这也促使企业利用期货市场对冲价格波动风险的现实需求和潜在需求日益增加。

结合刚刚经历过的全球金融危机，不难发现我们正在经历着全球大宗商品巨幅波动的时代，在2005~2011年间，大宗商品价格，经历2005~2008年间的大幅上涨和急速下跌，以及2008~2011年更为迅猛的攀升。在2005~2008年间，CRB商品指数先是从277.07点上涨了71%，又在7个月里暴跌58%，两年来又大幅攀升83%至366.71点；我国的文华商品指数也经历了先上涨93%，后下跌52%以及再劲升116%的巨幅波动；个别商品的价格波动幅度更是惊人，沪铜价格从2005年1月的每吨28121元涨到2006年5月的84649元，上涨了201%，而在金融危机期间暴跌至22405元，跌幅74%，随后又大幅反弹到2011年2月份的76638元高点，涨幅为242%。

在经济全球化和日益开放的市场化条件下，企业生产经营活动面对各种外部不确定因素，其中很多都通过价格波动来体现。2000年以来，国际大宗商品价格剧烈变动，而经历了2008年全球金融危机的洗礼后，更多的人认识到了风险管理理念落后和风险管理工具匮乏的代价。许多企业发生了巨额亏损甚至濒临倒闭，但国内确实存在少数企业通过期货市场的套期保值功能化险为夷，成功地规避了突如其来的系统性风险，甚至通过本轮全球性的金融危机实现了企业的跨越式发展，期货市场的价格发现功能和套期保值功能充分彰显。

作为全球第二大经济体，全球第一制造大国和第一大贸易国，也无不说明我国具有发展商品期货市场的强大内在需求和肥沃土壤。2008年以来期货市场成交量的急剧攀升可见一斑，该年期货市场成交量增长 87.26%，达到 13.6 亿手，2009 年又提高了 58.18%，增加到 21.6 亿手，一跃成为全球成交量最大的商品期货大国；2010 年更是成交了 31.3 亿手，占全球商品期货成交量的 40% 以上。

背景二：在经历高速发展跃居全球第一大商品期货市场的同时，我们不得不客观而清醒地看到，面对剧烈变动的大宗商品价格和庞大的经济规模，一方面企业的套期保值的需求和潜在需求日益增加，而另一方面却发现真正参与到期货市场中的企业明显不足，期货市场的套期保值功能并没有得到充分发挥。

截至 2010 年 10 月，在 115.28 万期货投资者中，只有不足 5% 的机构投资者，散户为主的市场投资者结构仍未改善，利用期货市场进行套期保值的法人客户明显不足。根据世界掉期与衍生品协会（ISDA）2009 年的研究报告指出，世界 500 强中有 94% 的公司利用衍生品工具来管理和对冲风险，其中英国、荷兰、加拿大、瑞士、法国、日本等国进入 500 强的企业 100% 地运用衍生品工具控制风险，而我国只有 62% 的企业利用衍生品（包括利率、汇率、商品期货、信用衍生品和证券衍生品等工具）进行风险管理，这也是上榜企业数最多 10 国的最低。中国企业整体参与期货市场的比例则更低，虽然缺乏公开的统计数据，但据交易所人士介绍，目前绝大部分行业“规模以上”企业参与期货市场的比例不到 10%，而如果算上中小企业的话，估算这个比例可能会降低到 3% 以下。

当前，世界经济运行日益复杂，不确定性因素不断增多，大宗商品价格的波动有呈现出不断加剧的背景，这些都无疑说明中国具有巨大的套期保值潜在需求。但为何参与套期保值的企业为数仍然不多，问题的原因何在，又将如何破解？

背景三：其他新兴经济体期货市场的迅猛发展以及美国为首的发达国家的持续创新，已经凸显我国期货市场的品种创新和制度供给不足，制约套期保值的有效供给，已经无法满足日益增长的套期保值需求。

目前为止，中国期货市场历经 21 年（1990 ~ 2011 年）的发展，3 家商品期货交易所——郑州商品交易所、大连商品交易所和上海期货交易所——一共才上市了 25 个期货品种，而成立于 2003 年的印度多种商品交易所（Multi Commodity Exchange of India）已累计上市 10 余类共计 50 种合约，已经是全球第一大白银期货市场、第二大黄金、铜和天然气期货市场以及第三大原油期货市场。

美国期货市场的产品创新能力则更是惊人，截至 2011 年 3 月 19 日，商品期货交易委员会（Commodity Futures Trading Commission，简称 CFTC），在 2000 年以来，已经累计批准了 5352 个期货期权合约衍生工具，是中国期货市场上市品种的 200 倍。在全球期货市场向金融衍生品方向发展的背景下，我国期货市场历经多年论证，才最终上市了第一个金融期货合约沪深 300 指数期货。上市期货品种的匮乏，是我国期货市场创新不足制约套期保值参与度不高的重要方面，另一方面制度创新的滞后也是造成我国期货市场套期保值实际供给不足的主要因素。过高的保证金制度、严格的涨跌停板限制、交割制度和套期保值头寸审批制度等大幅提高了套期保值者的交易成本，使得投机者和套期保值者比例严重失衡。

中国的期货保证金要求大大高于国际普遍水平，同时，在进入交割月前一个月开始，交易所还会逐步提高保证金水平，导致近月合约的交易不活跃。从涨跌停板幅度来看，中国的期货交易进入交割月后涨跌停板幅度有所提高，但程度非常有限，不利于期货价格向现货价格的合理回归。中国的交割制度也较为复杂，交割仓库有限、交割手续烦琐、交割品级要求严格等问题造成交割成本大大提高，抑制了现货市场主体参与套期保值的积极性。国内的套期保值头寸审批制度，更加烦琐复杂，并且套期保值头寸只有不受限仓制度限制的“特权”，使得企业套期保值头寸申请上积极性不高。并且，政府决策部门、企业、银行机构及社会公众等主体均在某种程度上对期货认识不足，甚至存在对期货的误解或偏见的问题，致使我国缺乏鼓励企业运用期货市场规避风险的宏观环境。

因此，在套期保值需求日益增长，而我国期货市场的套期保值供给不足的背景下，我们将如何理解这种失衡现象，又将如何破解？带着这样的思考和问题，我们提出可以深化套期保值理论，推广交叉套期保值，为企业进行风险管理提供一个较为有效的工具，弥补当前我国期货市场品种创新和制度滞后的不足，进一步促进期货市场与实体经济的良性互动。

（二）研究意义

1. 理论意义

本文重点分析了全球大宗商品价格不断呈现出的波动加剧的趋势，以实证的方法来说明我国期货市场日益增长的套期保值需求，还以国际比较的视角分析了我国套期保值供给不足的制约因素，这也为进一步完善我国期货市场功能，提高实现期货市场与实体经济良性互动，提出理论建议。

本文不仅指出在套期保值需求日益增长、而供给却严重不足的背景下，需要对套期保值理论进行创新和深化，提出要积极利用交叉套期保值策略广泛地管理价格大幅波动的风险，而且还将交叉套期保值进行了系统的分类，并运用 OLS、ECM 和 B-VAR 等实证方法对 3 种不同的交叉套期保值予以系统分析，将之与传统的直接套期保值进行了深入的比较。也是前人较少论及的，这也是本文的主要创新之处。

2. 现实意义

本文以供给和需求的框架来分析我国期货市场套期保值问题，这一研究思路较为新颖，在学术界还是一种最新的尝试，也将有利于破解高速发展的中国期货市场中套保比例严重不足的谜题。并且，本文在分析交叉套期保值的过程中，并不是仅仅以某个现货品种为核心，而是以产业链上的众多相关品种的风险管理为侧重点，将企业更加充分地利用期货市场进行套期保值的实践向前推进一步，这也将有利于从深层次提高我国期货市场发展之基，实现期货市场与实体经济的良性发展。

二、我国期货市场套期保值需求分析

在各国政府的联合刺激下，全球经济走出低谷、持续复苏，大宗商品价格上扬的幅度更是惊人。结合金融危机前后大宗商品价格的巨幅波动，面对再次高企的价格和不断攀升的通胀压力，我们不仅要分析其深刻原因，更要理性对待，不仅要在政府层面有所作为，更需在市场机制层面顺应日益增加的套期保值需求。

（一）大宗商品价格波动幅度分析

1. 本轮金融危机前后大宗商品价格大幅波动

套期保值的初衷在于规避价格大幅波动的风险，所以当市场发生巨幅波动时，套期保值的重要意义更加彰显。受2011年初以来地缘政治扰动，市场担心供给受限，原油再次突破每桶100美元，而粮食价格也大幅攀升，棉花、天然橡胶、黄金等许多品种创出历史新高，新兴经济体更是面临着巨大的通货膨胀压力，各国政府纷纷采取措施予以应对。再结合经历过的全球金融危机，不难发现我们正在经历着全球大宗商品巨幅波动的时代（见图5.1）。在2005～2011年间，大宗商品价格，经历2005～2008年间的大幅上涨和急速下跌，以及2008～2011年更为迅猛的攀升。

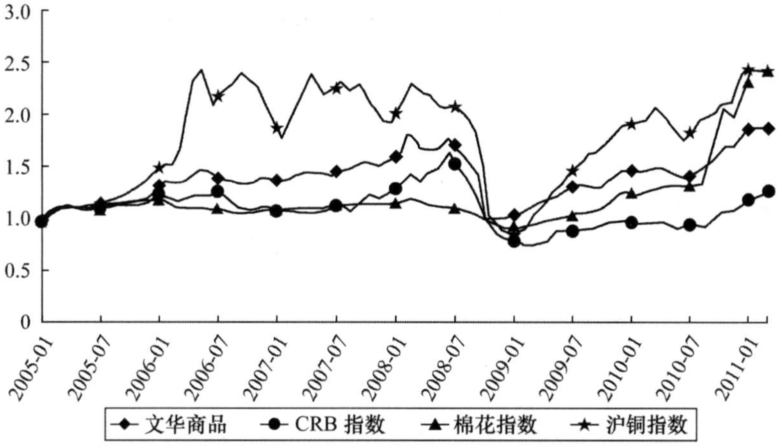

图5.1　2005～2011年大宗商品价格走势

资料来源：文华财经。

在2005～2008年间，代表国际大宗商品价格走势的CRB商品指数先是从277.07点上涨了71%，又在7个月里暴跌58%，两年来又大幅攀升83%至366.71点；我国的文华商品指数也经历了先上涨93%，后下跌52%以及再劲升116%的巨幅波动；个别商品的价格波动幅度更是惊人，沪铜价格从2005年1月的每吨28121元涨到2006年5月的84649元，上涨了201%，而在金融危机期间暴跌至22405元，跌幅74%，随后又大幅反弹到2011年2月份的高点76638元，上涨242%。通过CRB指数的日间收益率的变化也可以看出金融危机期间，全球大宗商品价格的波动更加剧烈（见图5.2）。

2. 大宗商品价格波动率的长周期分析

金融危机前后大宗商品价格的巨幅波动不禁让人联想到20世纪70年代，全球大宗商品打破二战后的长期均衡，进入了长达30年的高位振荡阶段（见图5.3），从此大宗商品价格进入全新的历史区间。

CRB价格指数从1956年（该指数编制当年）到1970年期间，异常稳定，指数一直徘徊在基期水平100附近，25年的平均值为115.4点，并且价格波动幅度非常小，最大波幅只有18.97%。然而自从进入1971年以后，国际商品价格大幅攀升，并且波动幅度加剧，1971～1980年10年间CRB价格指数的平均值攀升至197.74是前25年均值的1倍，期间价

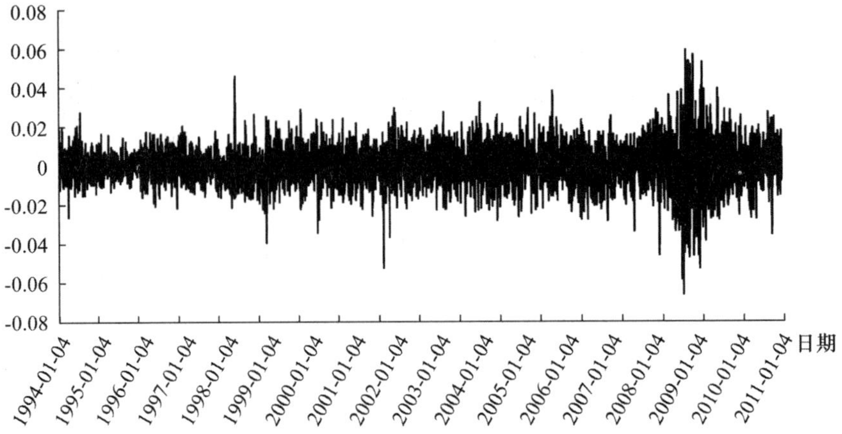

图 5.2　1994 年 1 月至 2011 年 1 月 CRB 日间收益率波动

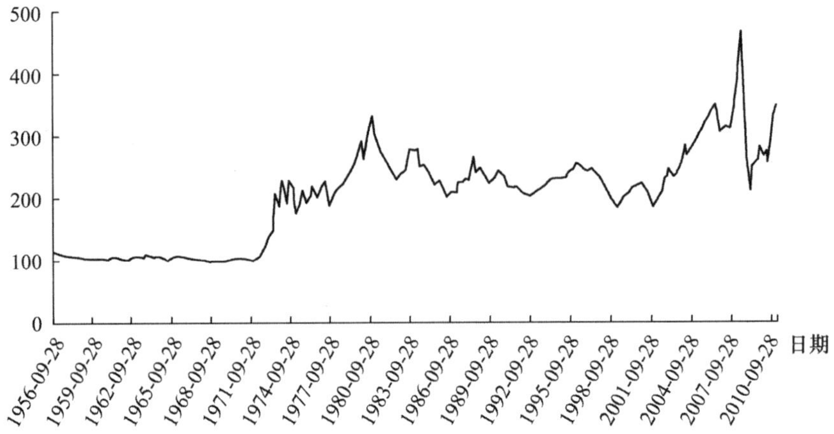

图 5.3　1956 年 9 月至 2011 年 2 月 CRB 指数走势（1967 年为 100）

资料来源：商品研究局（CRB），月度数据。

格波幅扩大到 245.87%。

在随后的 20 年里，CRB 价格指数虽然价格波动有所下降但仍然在高位运行。1981 ~ 2000 年 CRB 指数的均值为 231.4，比前 10 年上涨了 17.2%，最大波幅为 64.03%。但在进入 2000 年以后，国际大宗商品价格的波动幅度再次加大，并且价格的运行水平更高，2001 年至 2011 年 2 月这 10 年间，CRB 指数的均值为 280.47，比前 20 年又攀升了 21.2%，指数最低为 181.83 点，最高曾达 473.97 点，最大波幅为 160.67%（见表 5.1）。

表 5.1　　1956 年 9 月至 2011 年 2 月 CRB 指数阶段性分析

	1956 ~ 1970 年	1971 ~ 1980 年	1981 ~ 2000 年	2001 年至 2011 年 2 月
最低	97.00	96.80	182.95	181.83
平均	103.13	197.74	231.40	280.47
最高	115.40	334.80	300.10	473.97
波幅（%）	18.97	245.87	64.03	160.67

资料来源：商品研究局（CRB）。

衡量历史价格波动率的方法超过20余种，其中一种运用比较广泛的是价格数据之比自然对数的标准差，用此方法考察1956年至2011年2月年间CRB指数的不同阶段的波动率可以更加明显地看出大宗商品的波动率在近年来不断加大（见图5.4）。其中，1956年以来55年的长周期波动率为1.5%，在20世纪70年代的波动率大幅增加至2.03%，在随后的20年里波动率有所下降，但在进入新千年以来大宗商品价格的波动率再次攀升甚至略高于动荡的70年代，2008年金融危机爆发以来波动率更是又增加了近50%。

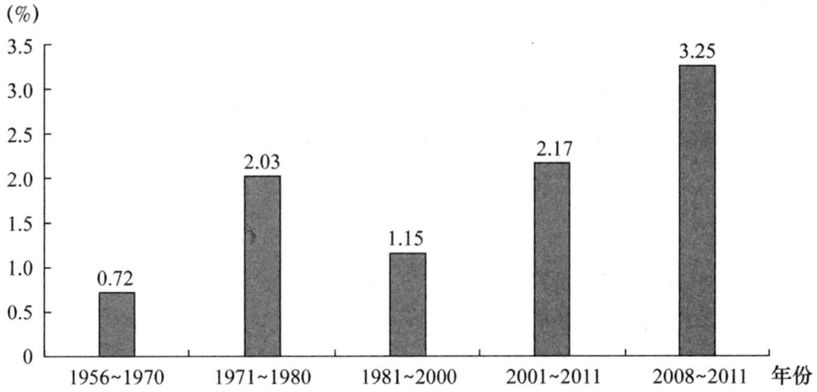

图5.4　1956年9月至2011年2月CRB指数波动率分析

资料来源：商品研究局（CRB），月度数据。

（二）套期保值需求分析

1. 从美国期货市场的产生来看套期保值的需求

（1）美国期货市场是为了管理农产品价格波动风险而诞生。

在世界期货市场的发展历史中，通常认为，具有现代意义的期货市场是19世纪中期在美国芝加哥诞生的。19世纪中叶，芝加哥已发展成为美国重要的粮食集散地和加工中心，每年到了谷物收获季节，短期内谷物将集中运往芝加哥上市，导致供给量大大超过当地的市场需求，价格一跌再跌，甚至无人问津。然而到了春夏季节，情况正好相反，运到芝加哥的谷物数量大为减少，便出现了供不应求的状况，粮食价格一路猛涨，不仅使消费者深受其害，粮食加工企业也因缺乏原料而难以为继。这两种现象的出现往往是由于现货市场价格调节的滞后性，导致了市场供求的失衡，形成巨大的市场价格风险，这对大宗初级产品如农产品及其中间产品和半成品的生产和经营影响尤其明显。为了解决上述这些粮食流通中的矛盾，弥补现货交易的不足，保护买卖双方的利益，降低价格波动的风险，1848年由82位商人发起成立了美国第一家农产品交易所——芝加哥期货交易所（CBOT）。

（2）期货市场是贸易方式演进的结果。

在正式的期货交易制度产生之前，人类商品交易经历了三种交易方式的变迁。

第一种交易方式是物物交换，这也是人类历史上最早出现的一种商品交易方式。这种交易方式是与当时十分低下的生产力发展水平相适应的，人们交换商品的目的是用自己剩余的物品去换取别人剩余的却是自己所需要的物品。但物物交换存在着很大的弊端，如可供交换的产品和人数都十分有限，并且要付出高昂的搜寻商品、获取信息、交易谈判的成本，因此，在社会生产力进一步得到发展以后，物物交换方式很快就被新的交换方式所取代。

第二种交易方式是即期现货交易。随着商品生产规模的扩大和产品的日益丰富，物物交换已不能适应人类对商品交换的需要，于是出现了货币。货币被引入商品交易后，大大拓展了商品交易的空间范围，增强了商品交换的灵活性，使以货币为等价物的现货交易方式成为商品交易的主要形式，并有力地促进了商品经济的发展。因为即期现货交易能够使交易双方经过协商后在任何时间、任何地点、以任何方式成交，具有灵活、简便的特点，大大降低了交易成本。因此，在相当长的历史时期，人们从事商业活动的主要交易方式都是即期现货交易，这种交易方式目前仍然是极为常见和普遍的交易形式。

第三种交易方式是远期现货交易。远期现货交易是买卖双方约定在将来某一时刻交付一定数量商品的交易形式。这种约定实际上就是双方形成了一种契约。有了契约，交易者在进行到期实物交割时就有了依据。在契约有效期内，如果市场价格发生了变化，其损失由双方共同承担。通常为了保证契约兑现，交易双方往往在缔约时找一个中间人做担保，监督买卖双方到期交割货物和支付货款。但远期合约也存在一些弊端，他使得交易双方牺牲或失去了未来许多有利可图的市场机会，当契约有效期内商品价格发生较大波动时，合约的一方认为违约是最优行为，就容易导致合约履行的风险和费用提高。而且，远期合约要求对每一次的不同交易都要做出详细的规定，这就大大提高了谈判和签订合约的费用。

为了克服上述三种交易方式的弊端，人们对交易方式不断进行改进，以保留它们的优点，克服其弊端，并逐渐发明了期货交易的方式。期货交易方式的出现也不是一蹴而就的，它经历了一个不断改进、不断完善的过程。1860 年 CBOT 开始实行标准化的合约，是依据普遍的商业惯例将包括产品数量、质量、交割期、交割地点和付款条件等方面进行标准化，它可以使商品的交易双方在不愿意或不需要持有合约时方便地把合约转让给别的需求者。这就增大了投机商对期货交易的信心，吸引他们参与到期货交易中来，也从客观上提高了期货合约的流动性。CBOT 还于 1865 年推行了交易的保证金制度。保证金制度要求期货投资者必须向期货交易所及其代理机构（通常为期货经纪商）存入一个固定比例的资金以确保合约的履行，消除持有合约的双方因不按期履约而产生的诸多矛盾。1883 年期货结算协会成立，把商品交易方式从远期交易发展到期货交易十分重要的一环。而此前，CBOT 实行的是环形结算法，这种结算法既烦琐又困难，尤为不利的是，如果其中一方违约，就会产生连锁反应，出现多方不履约或整个结算体系都无法履约的现象。而结算协会成立后，相当于一个交易的第三方，向交易所会员提供了对冲的工具，这样既消除了环形结算的烦琐，又起到了履约的信用保证作用。1925 年，CBOT 结算公司成立，现代意义上的结算制度诞生，从此真正意义上的期货市场正式成型。

（3）20 世纪 70 年代美国期货市场引领全球风险管理的革命。

20 世纪 70 年代之前，美国只有商品期货，包括芝加哥期货交易所（CBOT）、芝加哥商业交易所（CME）等机构交易的衍生品种类仅限于农产品。因此，美国当时的期货市场受国家农业部监管。但是，随着布雷顿森林体系的崩溃，美国金融市场发生了巨大的变革。一方面，布雷顿森林体系的瓦解给全球汇率市场带来了大幅的波动；另一方面，作为世界上最大的经济体，美国许多机构对以规避汇率风险为目的的金融创新产生了迫切需求，这便为外汇期货的产生奠定了最基本的条件。1972 年，CME 敏锐地察觉到了强劲的避险需求，积极着手开发了世界上第一个金融期货——外汇期货。

外汇期货诞生之初，没有人知道它应该受到哪个机构的监管。证券交易委员会对货币交易没有管辖权，商品期货的监管机构更是只负责监管农产品与金属类产品，美国财政部和美联储同样也不知道该如何应对这一新鲜事物。于是，外汇期货在没有任何监管的情况下，连续交易了 3 年。直到 1974 年，商品期货交易委员会（CFTC）才在多方呼吁下成立，同年美国国会通过《商品交易法》修正案，明确了 CFTC 的监管职责。

与此同时，布雷顿森林体系的崩溃还加剧了各国利率的波动，包括金融机构在内的各类投资者对利率避险工具的需求油然而生。1975 年，CBOT 引入了世界上第一个利率期货合约——国民按揭抵押利率期货（GNMA）。但是，实物交割对金融衍生品发展的桎梏作用此时也逐渐显现出来。美国当时的法律并不允许衍生品合约采用现金交割的方式，很多人认为，采用现金交割无异于赌博。CME 付出了巨大的努力，最终成功地说服了政府部门与市场的各类反对者。1981 年，CME 推出了世界上第一个采用现金交割方式的短期利率期货合约——欧洲美元期货，并获得了巨大的成功。

1981 年之后，里根政府把治理通货膨胀作为美国经济的首要任务，实行紧缩政策，利率大幅度上升，美国股票市场受到沉重打击，股价狂跌。在这种情况下，股市参与者迫切需要一种新的能有效规避系统性风险的金融工具，股票指数期货应运而生。1982 年 2 月，堪萨斯期货交易所（KCBT）推出了第一份股指期货合约——价值线综合平均指数合约。至此，金融衍生品的 3 个主要品种——货币、利率和股指产品已全部诞生。

由此，我们可以很清楚地看到，20 世纪 70 年代金融资产波动风险的大幅增加，引致社会对风险管理的巨大需求，而美国以 CBOT 和 CME 为首的期货交易所顺应了这一潮流，在政府市场管制逐步放松以及自身的不懈努力下推动了产品的创新，引导了全球风险管理的革命，并确立了全球金融衍生品的中心地位。

2. 从场外市场的发展来看套期保值的需求

金融衍生品市场可以区分为交易所市场（Exchange Traded Derivatives，ETD）和场外（Over the Counter，OTC）市场，自 20 世纪 80 年代初期以来，两个市场的衍生品交易均取得了长足的发展。例如，1986 ~ 1991 年，交易所市场和场外市场交易额的年均增长率分别高达 36% 和 40%。1991 年末交易所市场和场外市场的未清偿合约名义价值（National Outstanding Amount）分别达 3.5 万亿美元和 6 万亿美元，其中利率合约在两个市场均占据了主导地位（BIS，1992）。而进入到 2000 年以后两个市场发展得更为迅猛。2003 年全球期货和期权的交易量分别为 29.95 亿手和 51.42 亿手，到了 2010 年则均大幅上涨至 111 亿手，增幅分别为 273% 和 216%，总量也从 81.37 亿手增至 222.96 亿手（见表 5.2）。

2000 年之后，OTC 市场更是步入大幅加速的增长期，2000 年全球场外市场的未清偿合约名义价值为 95.2 万亿美元，到 2008 年时增至 672.6 万亿美元，涨幅 6 倍多，金融危机后虽有所下降，2010 年 6 月时 OTC 市场未清偿合约的名义价值仍达到 582.7 万亿美元（见图 5.5）。

表 5.2　　2003～2010 年全球期货交易所场内期货、期权交易量　　单位：亿手

年份	2003	2004	2006	2007	2008	2009	2010
期货	29.95	34.88	52.94	72.18	83.18	81.88	111.83
期权	51.42	53.79	65.79	83.09	93.61	95.57	111.13
总量	81.37	88.67	118.73	155.27	176.79	177.45	222.96

资料来源：FIA。

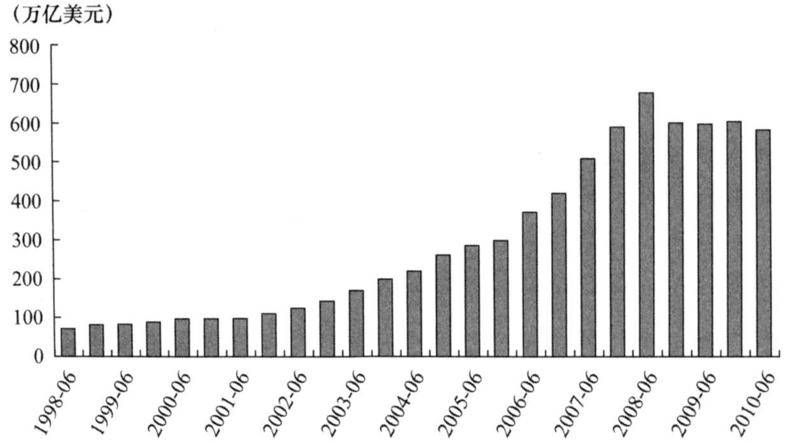

图 5.5　1998～2010 年全球场外市场发展

资料来源：BIS。

交易所金融衍生品交易的巨幅增长主要是来自机构投资者对流动性增强型（即增加现货市场流动性）金融创新的需求，而场外衍生品交易的增长则更是迎合了机构投资者对风险转移型金融创新的需求 Remolona（1992）。所以，全球 OTC 市场的发展更能体现出全球范围内为应对风险而日益提高的套期保值需求。

场外交易市场没有固定的交易场所，没有规定的成员资格，没有严格可控的规则制度，没有规定的交易产品和限制，主要是交易对手间通过私下协商进行的一对一的交易。参与的机构又主要是商业银行、投资银行、证券公司、基金管理公司、专业化商品交易商和跨国公司等。经过数十年的发展，国外柜台衍生产品交易达到了近乎天文数字的规模，其中，利率衍生品规模最大，2010 年 6 月时统计的存量为 451.8 万亿美元，占总量的 77.55%，其次为汇率类衍生品占比为 9.12%，近年来饱受争议的信用类衍生品占总量的 5.19%，而 OTC 商品的存量为 28516 亿美元，只占总量的 0.49%（见表 5.3）。这也充分说明全球范围内利用衍生工具管理利率和汇率风险的需求是最为巨大的（见图 5.6）。

表 5.3　　全球 OTC 市场产品构成（2010 年 6 月）

	总合约	利率	外汇	信用品	证券衍生	商品	其他
总价值（亿美元）	5826551	4518313	531249	302609	62598	28516	383266
比重（%）	100	77.55	9.12	5.19	1.07	0.49	6.58

资料来源：BIS。

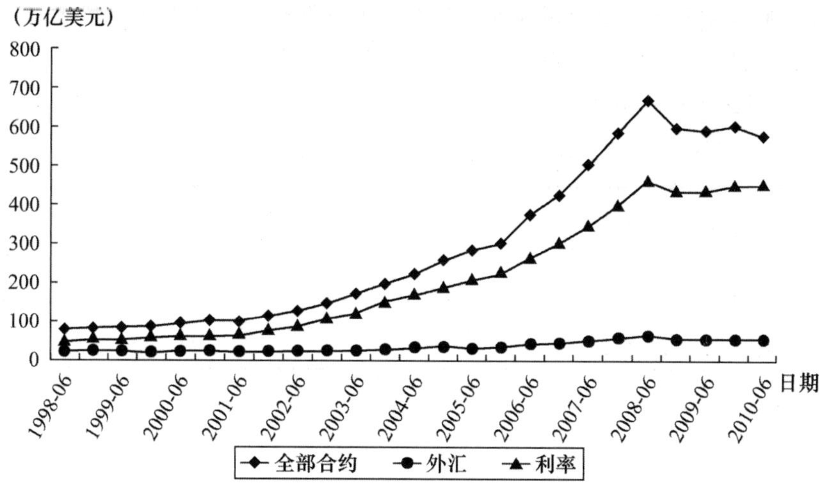

图 5.6 1998～2010 年 6 月全球 OTC 利率和汇率合约发展状况

资料来源：BIS。

3. 从我国上市的纺织行业公司的角度分析套期保值需求

全球大宗商品价格剧烈波动，推升企业利用套期保值规避风险的需求，而棉花价格从 2010 年 8 月 20 日的 17270 元上涨到 33720 元仅仅用了 50 个交易日，使得棉纺企业更是见证了当今经济有可能面临的市场风险的危害程度，也让相关企业纷纷做出调整，开始思考运用期货市场来管理价格风险。

我国 A 股市场上纺织行业当前有 48 家上市公司，通过分析 2009 年年报、2010 年年报或 2010 年半年报我们发现，其中只有 4 家企业利用期货市场进行风险管理，而且 44 家上市公司在财务报告和公司年报中并没有体现出套期保值。而且我们还惊讶地发现，这 4 家进行套期保值的上市公司有一个共同的特征就是，2009 年都没有参与套期保值，只是在 2010 年才刚刚开始尝试。不难推断，是 2010 年大幅上涨的棉花价格，让这些公司共同地选择了期货市场（见表 5.4）。

表 5.4 2010 年上市公司参与套保情况

公司名称	公司代码	是否参与套期保值	
		2009 年	2010 年
江苏联发纺织股份有限公司	002394	否	是
广东潮宏基实业股份有限公司	002345	否	是
福建凤竹纺织科技股份有限公司	600493	否	是
上海龙头（集团）股份有限公司	600630	否	是

注：48 家上市棉纺企业有 4 家参与套期保值。

资料来源：巨潮资讯。

通过几家典型上市公司的财务状况，我们也可以看出这些企业运营成本中的原材料费用所占比重是相当高的。其中，义乌华鼎锦纶股份有限公司报告中披露，发行人产品为锦纶长丝，产品特点决定锦纶切片占发行人生产成本的比重较高，报告期内平均占比超过

80%。浙江嘉欣丝绸股份有限公司和江苏联发纺织股份有限公司的原材料成本占总成本的50%以上，其中江苏联发纺织股份有限公司主产品色织布的原材料主要为棉纱，棉纱成本占生产成本的55%左右（见表5.5）。

表5.5　　典型企业原材料占生产成本比重

公司名称	直接材料占生产成品百分比（%）		
	2007年	2008年	2009年
浙江嘉欣丝绸股份有限公司	63.97	60.11	58.40
江苏联发纺织股份有限公司	56.40	55.11	53.12

资料来源：巨潮资讯，公司年报。

三、我国期货市场套期保值供给分析

我们在上文系统地分析了全球大宗商品在中长期和近些年的剧烈波动趋势，从美国期货市场的产生和20世纪70年代的不断创新以及全球OTC市场发展的角度，也说明了全球范围内规避风险的需求日益增加，不仅仅是某个国家或地区，我国4家上市纺织企业2010年参与期货市场的事例更说明印证了我国套期保值需求是巨大的。但是，在中国期货市场高速发展的背后，我们不得不指出期货市场的创新不足已经导致期货市场套期保值供给的严重滞后。

（一）中国期货市场发展的困境

对于企业和个人管理大宗商品价格波动风险来说，利用期货市场进行套期保值无疑是最有效的方法之一，我们也分析了全球范围内套期保值的需求激增。然而，在所谓商品期货成交量全球第一大国的称谓下，在套期保值供给的许多方面，中国期货市场仍存在严重的不足。

截至2010年10月，在115.28万期货投资者中，机构投资者的比例仍然较低，不足5%，参与套期保值的法人客户仍然不足，严重制约着期货市场功能的发挥，投资者结构亟待完善。赵志敏（2009）统计，在我国300多家中央企业和1600多家上市公司中，参与套期保值的企业不足10%。而根据郭玲（2009）对2006年我国A股非命融上市公司运用会融衍生工具的实证研究结果显示，共有253家参与交易，其中只有82家为套期保值者，171家为非套期保值者。且该数据是参与金融衍生工具的企业数量，而非仅限于期货。由此可见，上市公司利用期货进行套期保值的企业数量非常有限。

根据世界掉期与衍生品协会（ISDA）2009年的研究报告指出，世界500强中有94%的公司利用衍生品工具来管理和对冲风险，其中英国、荷兰、加拿大、瑞士、法国、日本等国进入500强的企业100%地运用衍生品工具控制风险，而我国只有62%的企业利用衍生品（包括利率、汇率、商品期货、信用衍生品和证券衍生品等工具）进行风险管理，这也是上榜企业数最多10国的最低。中国企业整体参与期货市场的比例则更低，虽然缺乏公开的统计数据，但据交易所人士介绍，目前绝大部分行业“规模以上”企业参与期货市场的比例都不到10%，而如果算上中小企业的话，估算这个比例可能会降低到3%以下。

对于我国参与套期保值的企业所涉及行业进一步细分，可以发现，我国进行套期保值的企业大多为有色金属和化工类企业，农业企业不仅数量少，在行业中的比重也较低。截至2005年，在我国1600多家A股上市公司中，只有30家公司曾披露其使用衍生品进行套期保值，包括金属、能源、机械、电力等行业，其中有一半分布在有色金属行业，农业类上市公司只有敦煌种业和新赛股份披露进行过套期保值。近两年，我国参与套保的企业虽有所增加，但制造企业、外贸企业参与的比例还比较低。其中，有色金属行业是我国普遍参与套保比例较高的行业。据中国期货业协会调查显示，我国铜冶炼及相关行业是参与套保比重最高的行业，约有90%以上的企业对其现货经营风险进行了套期保值。其次是铝冶炼及其相关行业。另外，能源化工等产品所涉及的企业参与套保的比重也相对较高。由于我国能源、化工行业中，民营企业所占比重较大，其套保操作也更加多样灵活，而农业企业利用期货保值的程度较低。

在较为成熟的美国期货市场中，商业机构才是市场的主体，套期保值的持仓比例较高，多个合约的商业空头持仓占总持仓的比率均高于60%（见表5.6）。

表5.6　　2010年2月15日美国CFTC报告的期货市场持仓结构　　单位：手

品种	总持仓	商业多头	商业空头	商业净持仓	商业空头占比
CBOT 大豆	698766	268220	445794	-177574	63.80%
ICE2 号棉花	195668	103787	147282	-43495	75.27%
ICE11 号原糖	663043	347002	538185	-191183	81.17%
COMEX 铜	159468	69016	102689	-33673	64.39%
COMEX 黄金	473345	153168	371794	-218626	78.55%
NYMEX 原油	1559669	730682	947238	-216556	60.73%

资料来源：CFTC。

我国期货市场的套保比率则要逊色得多，以白糖为例，2011年2月15日，美国洲际交易所（ICE）与郑商所白糖市场的总持仓大体相当，分别为66.3万手和59.2万手，但前者中有52.33%的多头套保持仓和81.17%的空头套保持仓，而我国郑商所的多空套保持仓加在一起只有20824手，占总持仓的比例仅有3.52%（见表5.7）。

表5.7　　美国洲际交易所（ICE）与郑商所白糖市场持仓比较　　单位：手

品种	总持仓	商业多头	商业空头	非商业多头	非商业空头	非报告多头	非报告空头
ICE11 号原糖	663043	347002	538185	180551	20151	78047	47264
郑商所白糖	591910	581	20243	—	—	—	—

资料来源：郑商所，CFTC。

套期保值者和机构投资者参与度不高、个人投资者占主体的市场结构非常不利于市场的稳定发展，尤其是当价格运行在高位时，套期保值者稳定市场的作用更加明显，我们以美国CBOT的玉米为例来说明。2010年上半年，玉米价格仍在金融危机形成的底部振荡，而此时从CFTC披露的持仓报告我们可以看出，担心未来价格上涨而进行买入保值的商业用户占据上风，表现为正的商业持仓，而随着7月份玉米价格开始向上突破之时，我们发现7月13日公布的CFTC报告中，商业空头持仓量则开始超过商业多头，并且随着玉米价格的攀升商业卖出套期保值的仓位不断增加，对多头投机者起到较好的抑制（见图5.7）。

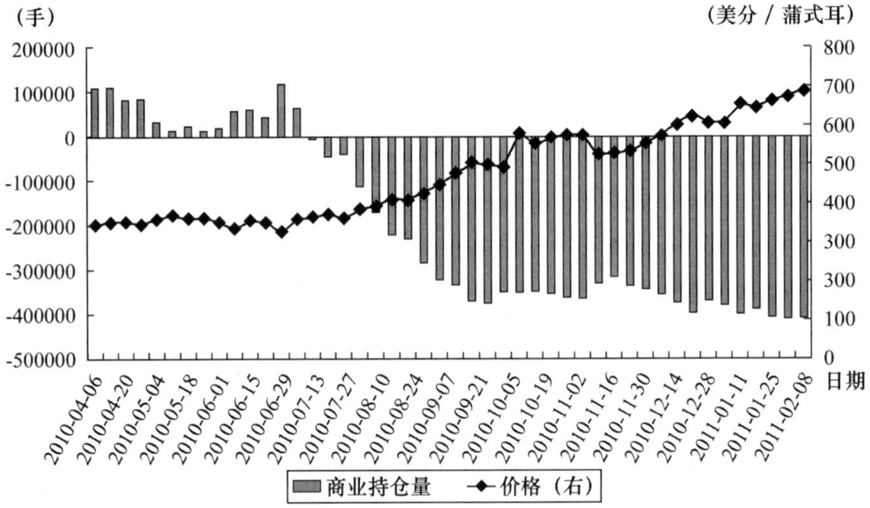

图5.7 美国CBOT玉米价格商业持仓量走势

资料来源：CFTC。

期货市场具有如此重要的功能，为何我国没有大力推进企业和个人进行套期保值，导致参保率不高，期货市场功能的发挥受限呢？我国期货市场品种创新滞后，没有形成完备的上市品种结构是制约我国企业套期保值比率不高的重要因素，其他制约因素还包括企业经营、政府监管理念落后，交易所的激励机制扭曲、套期保值显性和隐性的交易成本过高以及社会舆论误导等方面，接下来本文将从国内外市场发展的角度分析制约我国期货市场套保供给不足的主要因素。

（二）中国期货市场产品创新不足

由全球期货、期权的发展趋势来看亚太和拉美等新兴经济体增幅较大，从品种来看期货与期权以平分秋色，金融期货仍是全球期货市场发展的主旋律。而我国当前只上市了一个金融期货的品种沪深300指数期货，而占据世界场内交易量一半的期权至今还未上市，产品创新能力有待提高，接下来进一步比较分析中国期货市场创新的滞后问题。

1. 中国、美国、印度三国期货市场产品创新比较

期货市场产品创新滞后是我国期货市场发展的一个困境。我们先不说美国期货交易所上市的交易品种有多少，仅以2003年成立的印度多种商品交易所为例，目前该交易所上市的交易品种包括谷物、贵金属、金属、能源、天气、油料、香料、纤维等10余类，共计50

种合约，现在已经是全球第一大白银期货市场、第二大黄金、铜和天然气期货市场以及第三大原油期货市场，按交易量来算，已经是全球第六大商品期货交易所。

美国期货市场的产品创新能力更是惊人，负责监管美国商品期货、期权和金融期货、期权市场的 CFTC 在 2000 年至 2011 年 3 月累计批准上市的期货期权合约竟高达 5352 个。在 2000 年和 2001 年时上市的品种还分别只有 24 个和 22 个。随后开始加速，在 2008 年、2009 年全球金融危机期间竟是品种上市的最高峰，每年分别核准上市的期货期权品种高达 1006 和 1123 个（见图 5.8）。其中，上市品种最多的交易所是 OCX（One Chicago），累计上市 2908 个合约，NYMEX 紧随其后 10 年间累计上市 1063 个新合约，CME 则上市了 639 个合约，ICE 和 CBOT 则分别上市了 108 和 53 个合约（见表 5.8）。

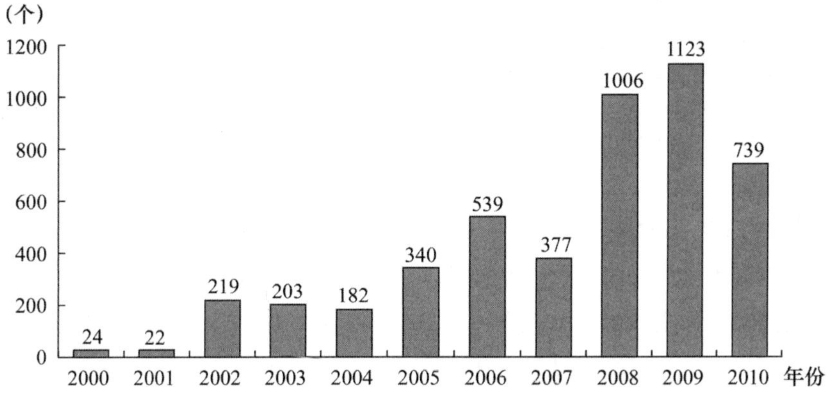

图 5.8　2000 ~ 2011 年 3 月美国上市期货期权情况

资料来源：CFTC。

表 5.8　　美国各交易所上市期货期权合约数量　　单位：个

其他	CBOT	USFE	CCFE	ICE. US	NQLX	HS	CME	NYMEX	OCX	全美
185	53	74	92	108	108	122	639	1063	2098	5352

资料来源：CFTC。

以 2000 年以来累计上市 639 个合约的 CME 为例，细分该交易所上市的合约种类，该交易所宣称，“提供所有主要资产类别的期货和期货期权”，具体包括以下几类期货和期权产品（见表 5.9）。

表 5.9　　CME 上市产品种类

种　类	产品介绍
利率	CME 集团的利率产品跨越了整个以美元计价的收益率曲线。利用基于欧洲美元、美国国债、利率掉期、信用违约掉期以及其他与美元相关的金融工具产品，客户可用之来管理短、中、长期利率风险
股票指数	覆盖美国、欧洲和亚洲的小型股、中型股和蓝筹股指数，包括著名的市场指数合约，如标准普尔 500 指数、道琼斯工业平均指数、纳斯达克 100 指数、日经 225 股票指数、摩根士丹利欧澳远东 EAFE 指数和新华富时中国 25 指数等

续表

种　类	产品介绍
外汇	CME 集团是世界上最大的受监管外汇交易市场和全球第二大的外汇电子交易市场，提供基于 20 种全球货币的 49 种期货合约和 31 种期权合约，其中包括新兴市场的世界主要货币
商品	CME 集团提供所有美国交易所中最为广泛的商品期货与期权，其交易范围包括谷物、牲畜、油籽、乳制品、木材和其他产品
金属	CME 集团提供包括黄金、白银、铜和钢的各种贵金属和基础金属的期货与期权合约
能源	CME 集团是世界上最大的能源市场，其广泛的能源期货与期权合约，包括原油、燃油、汽油、天然气、煤炭和电力，提供了全面系列、集中清算的金融工具
另类投资	CME 集团上市了与温度、降雪、霜冻和飓风等相关的天气期货，以及与美国民用住宅和商业楼宇房地产相关的衍生品。这些非传统产品使客户能够分散及管理其风险

资料来源：CME。

2. 从大宗商品电子市场发展来看我国期货市场产品创新滞后

我国大宗商品电子交易市场是一种新型现货交易模式，通过网络与电子商务搭建的平台，对相应物品进行即期现货或中远期订货交易的市场。交易模式区分为现货预约购销、电子盘和仓单交易 3 种，其中电子盘模式即统称的中远期电子交易，市场份额约为 52%，占据市场主导地位。

自 2006 年以来我国大宗商品电子交易市场呈现出不断加速、迅猛发展的态势，该年有 11 家大宗商品电子交易市场成立，2007 年有 12 家成立，2008 年成立数量达 16 家，2009 年成立数量则近 50 家。截至 2010 年底，大宗商品电子市场已发展成为拥有 200 家市场、100 多个上市品种的行业，涉及农副产品、钢铁、能源、化工类等行业的大宗商品，根据《2010 年大宗商品电子交易市场研究报告》预计 2010 年交易额将有望达 8 万亿 ~ 10 万亿元（见表 5.10）。这些市场选择交易量较大、具有代表性的商品作为交易品种，反映了现货贸易的特点和现实的交易需求，并且此类市场为期货市场培育了品种、培育了市场、培育了投资者。此类市场的高速发展更加显现我国期货市场产品创新上的严重不足，已经明显滞后于现货市场的发展。

表 5.10　　大宗商品电子市场上市的部分产品

类　别	交易品种
粮油产品	小麦、玉米、大豆、豆粕、花生仁、粳米、稻米、籼米、绿豆、高粱、淀粉、红小豆、鱼粉、白糖、豆油、菜粕、菜油、棕榈油、棉粕、棉油、稻谷、花生、花生仁、芝麻、木薯淀粉、木薯
软商品	糖储备棉、出疆棉、老商品棉、棉花、橡胶、干茧、生丝、粘胶长丝、咖啡、棉纱
蔬菜水果	红枣、马铃薯、鸭梨、板栗、大蒜、南瓜、辣椒、枸杞、苹果、马铃薯、金丝小枣、大红枣

续表

类　别	交易品种
木材	刨花板、纤维板、胶合板、胶合板、锯材、地板坯料
石油化工	甲苯、苯乙烯、聚乙烯树脂、聚丙烯树脂、聚氯乙烯、聚乙烯、聚丙烯、液化气、原油、氨基酸、甲醇、二辛酯、二甘醇、乙二醇、硝酸钾、甲醇、工业硅、精对苯二甲酸、纯碱、烧碱、燃料油、涤纶、氨纶、腈纶、聚酯、酒精、
金属	白银、金属铟、金属镁、黄金、铅、锌、电解锰、工业硅、金属镁、镍、锰
钢材	不锈钢、热轧带钢、热轧卷板、热轧中厚板（四切边）、螺纹钢、热卷板、中厚板管道、管件、线材、管材、板材、型材、特钢、缸体、铸铁气缸、铸铝气缸
煤炭	煤炭、长焰煤、无烟煤、焦炭、动力煤
综合类及其他	纸浆羊绒、硅铁、食糖、大宗农林产品、有色金属、钢材、化工

数据统计：个人整理。

另一方面，该类市场的存在和发展也说明了我国期货市场套期保值需求不断增加而供给却明显不足的问题。石晓梅、冯耕中（2010）对 3 个行业的大宗商品电子市场的交易商和市场经营者进行了问卷调查，从收回的 168 份样本发现该市场中 73.53% 的交易商来自行业中的物资流通企业，其次是以大宗商品为原材料的下游厂商，样本中占 20.59%，而生产大宗商品的上游厂商相对参与较少，仅占 5.88%；并且参与交易的企业也主要为中小型企业，样本比例为 94.12%，大型企业相对较少，仅占 5.88%。

被调查者背景资料部分的数据显示，85.7% 的风险厌恶型评价者认为交易商参与电子市场的主要目的是进行商品购销或套期保值，而 64.9% 的风险中立型评价者与 70% 的风险偏好型评价者认为交易商参与电子市场的主要目的是利用闲余资金投机套利。

（三）期货市场制度创新不足

从全球期货权市场的发展趋势、美国期货市场产品创新以及我国大宗商品电子交易平台的发展，明显可以感知到我国期货品种的上市已经滞后于国际期货市场发展的速度，这也成为导致我国企业套期保值参与度不高的重要原因。另一方面，从已经上市的期货品种的套保状况来说，套期保值的功能也并未充分发挥。这两者背后反映的共同因素则是我国期货市场在制度创新层面并没有跟上时代的部分。

当前的期货市场现状凸显我国期货市场在制度创新方面，一是滞后于全球期货市场发展的潮流，二是滞后于中国经过 30 年改革开放后已经日益发展壮大，不断成熟、市场化和国际化的国民经济。

1. 市场监管一般落后于市场创新

从全球期货以及其他金融衍生品的发展路径来看，市场创新与市场监管之间有着相互作用、互相促进、相互制约的关系。一方面，为了规避监管并实现超额利润，人们一直在金融创新上不懈努力；另一方面，金融创新的结果又给监管者提出了新的课题。但是总体的趋势是市场创新领先于市场的监管，这也使得市场能够具有一定的自由发展空间，来不断识别市场需求并提供多样化的创新产品。

近10年来，世界期货市场国际化、一体化步伐加快，成功的期货市场监管模式也具有一定的共同之处。首先，从监管方法看，为了增强本国期货市场的竞争力，各国期货市场监管部门纷纷采取措施，使其监管体系都保持着相当的灵活性，根据市场的变化来改革监管体制中不适合市场需要的部分。其次，从监管重点看，大多都把交易所和行业协会的自律管理作为期货市场监管的基础和核心力量，尊重市场规律，保证监管的市场化和灵活性。还有，从监管的手段看，各国都强调政府要就宏观上对市场进行法制化管理，保证期货市场发展的有序性、稳定性和持续性。并且，从发展角度看，各国都在根据市场发展的需要，总结监管经验教训，分析检查各自监管模式的有效性，在实践中对其不断进行改进和调整，从而更好地保护期货市场的竞争性、高效性和流动性，提高为市场参与者服务的水平。接下来我们具体分析一下美国期货市场的监管框架。

CFTC是美国期货监管机关，是完全独立于一般行政部门之外的一个机构，不受总统或者各行政部门的监督。除具有独立行政权外，还具有准立法权和准司法权，监管手段包括最低资本要求、报告和透明度要求、反欺诈操纵规定、清算组织的最低要求等。CFTC对金融衍生品市场的监管主要包括以下两个方面。

第一，对交易所的监管。根据2000年《商品期货现代化法案》，受CFTC监管的金融衍生品市场分为两个层次的市场，一种称为“指定合约市场”，另一种称为“注册的衍生品交易执行设施”。“指定合约市场”类似于传统的交易所，是指能够交易所有的产品，并且不对市场参与者进行限制的期货交易所。除了上市股票期货产品有特殊的程序外（因为需要商品交易委员会和证券交易委员会联合监管），指定合约市场可以交易任何原生商品的期货和期权合约。“衍生品交易执行设施”对入市的对象有限制，它只限于机构交易商和非零售交易商。具体来说，可以进入“注册的衍生品交易执行设施”交易的必须是合格的合约参与者以及符合条件的期货经纪商交易者。

第二，对市场的监管。CFTC作为独立的期货、期权市场监管机构，其任务是要保持市场竞争性和秩序性，防此价格的人为操纵，公平对待所有市场参与者。为此，CFTC的第一道防线是对期货合约进行审批。每种合约在交易所上市以前报CFTC备案，CFTC从合约的经济目的、条款、对公众利益的考虑等方面对合约进行记录。同时，CFTC对市场有严密的监察手段。CFTC主要是通过对市场参与者的大额头寸和投机行为进行监察，分析现货和期货市场的供求关系，从中获取破坏市场秩序的信号，做出相应的对策。

由此，可以看出，世界成功期货市场的发展都是比较好地处理了市场创新和监管之间的关系，以功能监管为主而不是把监管的中心放在投资工具的使用者身上，另一方面为了提高国际竞争力和市场的良性发展，成功的监管是为市场创新留有灵活发展的空间。从国际比较的视角，反观国内的期货市场，市场的创新机制受到相对严格和滞后的监管机制所束缚，进而导致套期保值制度供给的不足。

我国也成为世界期货大国中少有的制度监管领先于市场创新的国家。

2. 套期保值供给不足的制度制约

（1）社会舆论寻求轰动效应，强化期货市场亏损案例。

在当前的舆论背景下，社会大众对于期货套期保值的普遍认识已经严重扭曲。尽管近期的一些媒体报道一再弱化衍生品账户的盈亏概念，而是换以套期保值账户的总盈亏等相对科学的说法，但由于先前社会普遍先入为主的印象，大众常常又会把套期保值的总盈亏等同于衍生品账户的盈亏，从而继续陷入以盈亏论套保成败的误区之中。因此，社会亟须从根本上改变民众对于套期保值的认识，媒体舆论有责任加大对科学套保理念的宣传力度，不应再一味地追求轰动效应。

我们没有必要再走别人的弯路，本应更好地发挥后发优势。在政府决策部门、企业自身、商业银行或政策性银行、投资者及社会公众等层面，均普遍存在对期货的认识不足，甚至存在对期货的误解或偏见的问题，制约了市场的创新和发展。

（2）交易所相关制度抑制了套期保值的发展。

期货市场层面上表现出的诸多问题，究其根本，与交易所层面上的相关制度规定的不足有关。主要表现在以下几个方面。

一是严格且不利于套保者的保证金制度。中国的期货保证金要求大大高于国际普遍水平，同时，在进入交割月前 1 个月开始，为了防止实物交割违约风险，交易所还会逐步提高保证金水平。在这种情况下，对交易成本和资金流动性要求高的投机者的持仓意向大幅移动到远月合约，以降低交易成本。而套期保值者在近月合约既无投机对手盘又存在高成本的情况下，出于交易成本和市场流动性的考虑也将仓位移入远期合约，从而导致了前文所述的近月合约不活跃的现象。

二是不利于期货现货价格归一的涨跌幅度限制。从涨跌停板幅度来看，CBOT 的大豆、玉米等合约从交割月前 1 个月的倒数第 2 个交易日开始放开涨跌停板，允许期货价格自由波动，而国内的期货交易进入交割月后涨跌停板幅度有所提高，但程度非常有限。这对交割月期现价格趋于一致的变动规律产生影响，不利于期货价格向现货价格的合理回归，对套期保值效果也产生负面影响，造成套期保值者不必要的损失。

三是复杂的且抑制企业入市的交割制度。我国的交割制度相比于美国来说更为复杂，交割仓库有限、交割手续烦琐、交割品级要求严格等问题造成交割成本大大提高，使套期保值者参与实物交割的积极性降低，不利于套期保值者根据其生产经营状况做出合理安排，影响了套期保值的效果，抑制了现货市场主体参与套期保值的积极性。

四是烦琐的套保头寸审批制度。套期保值头寸审批制度是国内外交易所均实行的制度。在美国，CFTC 每周要发布各期货品种商业和非商业持仓报告，为了区分持仓者的身份，也需要套期保值者在特定时间内递交关于套期保值头寸的相关资料。不过，由于交易所在保证金方面对套期保值者有较大的优惠，其吸引力可以抵消企业对套保头寸审批上花费的成本。

此外，各个交易所申请套保头寸所需的材料都比较复杂，包括营业执照复印件、经营业绩说明、套保方案说明、期货交易实绩、各种购销合同及发票、总产量证明，等等，烦琐的材料要求和审批流程在很大程度上抑制了企业参与套期保值的积极性，削弱了套期保值的效果。严格的保证金制度、涨跌停板限制、交割制度、套期保值头寸审批制度等因素提高了套期保值者的交易成本，影响了套划保值的效果，造成套划保值者参与热情不高。

（3）会计、税收制度等方面对套期保值的束缚。

参与套期保值的企业对于套期保值业务会计处理方面反映的问题非常集中，一方面反映出企业对相关规定理解和运用的不足；另一方面也反映了会计准则在套期保值业务方面的规定还有待进一步完善和细化。

在税收制度上也存在类似问题，主要集中反映在关于增值税的规定上。按照现行规定，交易所按交割结算价作为增值税计税依据，而3家商品期货交易所交割结算价的确定方式并不统一，则首先造成计税依据的差异。并且，由于在期货市场建仓时，并不能预期交割结算价水平，这给企业套期保值操作带来了额外的不确定性。此外，由于缺少针对期货套期保值业务相关的税收细则，导致企业在交割环节上，在仓单、发票、会计做账、报税等方面遭遇很多不便，增加了交割的成本。

（四）利用交叉套期保值缓解套保供需矛盾

中国期货市场在产品创新和制度创新方面的滞后不是在较短的时间内可以扭转的，因此在当前这样的期货市场发展阶段，充分利用交叉套期保值的功能就将充分显现，并且在期货市场各项功能日益完善之后，交叉套期保值仍有其推广和发展的理论基础和实践根基。

1. 套期保值的界定

美国商品交易委员会（CFTC）定义。根据CFTC1.3（Z）条款的定义，套期保值交易或头寸是指在任何一个合约市场的未来交易的合约或商品期权上进行的交易或持有的头寸，它是对未来将在实体市场上进行的交易或持有的头寸的一种替代，并且它们对于减少商业企业经营管理的风险是经济适当的，这风险来自：已经或预期拥有的、生产的、加工的或经营的资产的价值的潜在变化；已经或预期承担的负债的价值的潜在变化；已经或预期提供或购买的劳务的价值的潜在变化。CFTC对保值的认定强调其目的必须是为了对冲商业现货或期货活动中的容易发生的价格风险，并且套期保值头寸的建仓和平仓一次与商业活动相对应。

国际期货与衍生工具协会（ISDA）定义。ISDA认为各种场外衍生品（OTC）也可以用来进行套保，并且更关注场外衍生品对风险的降低和转移。ISDA认为，一个套保操作可包括两笔交易，其中一笔交易是用来对冲另一笔交易的风险；整个组合上的一些风险在不同时期也许不能完全规避，市场流动性对其影响至关重要，但是这些风险是可以被交易者谨慎地管理和控制的。

我国财政部于2006年2月发布《企业会计准则第24号——套期保值》，对套期保值的定义是：“企业为规避外汇风险、利率风险、商品价格风险、股票价格风险、信用风险等，指定一项或一项以上套期工具，工具的公允价值或现金流量变动，预期抵消被套期套期项全部或部分公允价值或现金流量变动。”该定义所指的套期保值工具并不仅限于期货，而是更广义的衍生品。

中国期货业协会《期货市场教程（第五版）》对套期保值的定义为：“回避现货价格风险为目的的期货交易行为……传统的套期保值是指生产经营者在现货市场买进或卖出一定的现货商品的同时，在期货市场上卖出或买出与现货品种相同、数量相同方向相反的期货合约，以一个市场的盈利弥补另一个市场的亏损，达到规避价格波动风险的目的。”定义中强调了“品种相同、数量相当、方向相反”的原则。

中国证监会颁布《国有企业境外期货套期保值业务管理办法》（2001 年 5 月 24 日），其中对套期保值的定义是：“为冲抵现货价格风险而买卖期货合约的行为。”对套期保值交易，要求遵循的规定是：进行期货交易的品种限于企业生产经营的产品或所需的原材料；期货持仓量不得超出企业正常的交收能力，不得超出进出口配额、许可证规定的数量；期货持仓与现货保值所需的计价相匹配；以及中国证监会的其他规定。国资委发布《关于进一步加强中央企业金融衍生业务监管的通知》（2009 年 3 月 24 日）中强调要严格坚持套期保值原则，即“与现货的品种、规模、方向、期限相匹配”。

2. 交叉套期保值界定及分类

从以上界定可以看出，国际上广泛采用的套期保值定义是较为广泛的而不是刻意受制于“品种相同、数量相当、方向相反”的传统保值理念的束缚，而国内的界定则不然，给套期保值的实践设定了太多的限制，不利于鼓励企业积极利用期货市场来管理产业链上各种产品价格均面临的风险，因此，在理论上和实践中，都有必要提倡交叉套期保值的概念。

交叉套期保值是指在期货市场上用其他种类的商品对某种现货头寸进行对冲的套期保值。通常所说的，套期保值是指在现货市场买进或卖出一定量的现货商品或资产的同时，在期货市场上卖出或买进与现货品种相同、数量相当、方向相反的期货合约，从而在期货和现货两个市场之间建立盈亏冲抵机制，以规避价格波动风险的一种交易方式。交叉套期保值的核心目的也是让企业通过期货的套期保值业务来锁定加工利润和生产利润，使之不受原材料和产成品价格变动的影响，在商品或金融产品价格大幅波动时也能够正常运营和核心竞争力。采用交叉套期保值的主要原因有两方面，一是已上市的期货合约成交量有限、交投不活跃，二是根本就没有与现货头寸相对应的期货合约进行套期保值。还有另一种可能就是选择其他期货合约时，对企业的套期保值更加有利。由此，我们也可以结合期货市场和现货市场的发展将交叉套期保值具体分为以下三类，即“无期货合约交叉套期保值”“合约成交量不满足的交叉套期保值”“偏套利型的交叉套期保值”。

无期货合约交叉套期保值是指，当期货市场并没有直接相对应的期货合约品种时，利用与现货（需要对冲风险的标的物）价格相关性较高的期货合约作为替代品而进行的套期保值。

合约成交量不满足的交叉套期保值是指，虽然期货市场有与之直接相应的期货合约，但是该合约的成交量无法满足履行正常的套期保值功能，所以利用与现货（需要对冲风险的标的物）价格相关性较高的期货合约作为替代品而进行的套期保值。

偏套利型的交叉套期保值是指，虽然期货市场有与之直接相应的期货合约，并且该合约的成交量也能够满足履行正常的直接套期保值功能，但是出于对市场价格、基差等方面因素的考虑存在一定的套利空间，所以选用与现货价格相关性较高的期货合约作为替代品进行交叉套期保值。

交叉套期保值所涉及的范围可能很广泛，每一个头寸都是相对于某种东西的套期保值。商品期货的多头部位与纸币的多头部位是相对的，持有不动产就是对货币贬值的套期保值，而商品期货的空头则是对货币升值的套期保值。我国期货市场巨大的成交量背后除了反映出市场的投资者结构中投机和短线交易者较多以外，随之不断增加的持仓量在另一方面也有可能说明，现有的套期保值制度供给，并没有激励机构投资者以及商业用户通过申报套保头寸而参与市场，抑或者选择了不受“品种相同、数量相当、方向相反”的传统保值理念的束缚的交叉套期保值。

3. 期货市场套期保值功能的研究方法

一般来说，对期货市场套期保值功能的研究可以归结为对套期保值的最优比率和绩效问题的研究，本文则选取以上几种相对有效和成熟的方法，如普通最小二乘法（OLS）、双变量向量自回归（B-VAR）以及误差修正模型（ECM），对我国期货市场的3类交叉套期保值进行了实证分析，并分别利用棉花、钢材和PTA的期货和现货数据展开最优套保比率和套保绩效等方面的研究。

四、无期货合约的交叉套期保值

（一）无期货合约交叉套期保值的基本原理

无期货合约交叉套期保值是指，当期货市场并没有直接相对应的期货合约品种时，利用与现货（需要对冲风险的标的物）价格相关性较高的期货合约作为替代品而进行的套期保值。

这类交叉套期保值是运用较为广泛的一种套保方式，一方面相对于现货市场和实体经济广度而言，期货市场上市的期货合约很难涵盖一切所需对冲风险的现货种类；另一方面，从现货产品的深度来说，标准化的期货合约与现实中差异化、多样化的产品之间的矛盾是始终存在的。因此，该类交叉套期保值还具有较为坚实的理论基础和广阔的实践前景，尤其对上市期货品种不完备的期货市场来说意义更为深远。

实际上，期货市场上市的每一个期货合约，背后都辐射着许多相关的现货产品，并且它们中的许多品种都与该期货的价格走势由于种种内在联系高度相关，因此，均可以进行交叉套期保值。如本部分重点分析的利用棉花期货为棉纱和棉籽现货进行套期保值正是其中一例，其他还有黄金期货与白银现货，豆油期货与花生油现货，小麦期货与面粉现货，早籼稻期货与大米现货，燃料油期货与汽油，等等。接下来以利用棉花期货为棉纱和棉籽现货进行套期保值为例，对此类交叉套期保值进行系统分析。

（二）棉花期货交叉套期保值实证分析

1. 数据样本

本文涉及的棉花期货价格来自郑州商品交易所期货合约价格（近交割月数据），涉及的棉纱现货价格、棉籽现货价格来自易盛信息网。在棉花系列套期保值比率研究中，笔者采集了2008年9月5日到2011年1月26日的567个期现货价格的日数据，并整理出125个期现货价格的周数据。本文使用EViews 5.0统计软件进行实证研究。

2. 棉花系列相关系数矩阵及走势图

（1）棉花期货主力合约（F）与棉花现货指数（S）相关性矩阵及走势图。

由表5.11可以看到棉花期货主力合约价格与棉花现货指数（CCindex328）价格之间的相关系数达到0.9841，表明现货市场价格与期货市场价格两者具有很高的相关性，即现实中现货市场与期货市场具有较强的联系。

表5.11　　　　棉花期货主力合约价格与棉花现货指数相关系数矩阵

	F	S
F	1.0000	0.9841
S	0.9841	1.0000

由图5.9可以看出棉花期货价格与棉花现货指数整体走势高度一致，且从观察的样本内数据来看，两者的长期趋势相同，除了部分时段两者的基差有所扩大以外，其余时间两者的波动幅度基本一致。

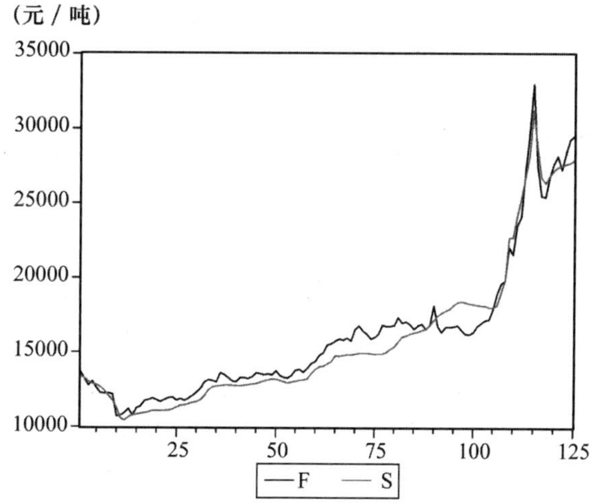

图5.9　棉花期货主力合约与棉花现货指数走势图

（2）棉花期货主力合约（F）与棉纱现货价格（MS）相关系数矩阵与走势图。

由表5.12可以看到棉花期货主力合约价格与棉纱现货价格之间的相关系数达到0.9524，表明棉纱现货市场价格与棉花期货市场价格两者也具有很高的相关性，即棉花现货价格与棉花期货价格具有较强的联系，这也是利用棉花期货为棉纱现货进行套期保值的基础。

表5.12　　　　棉花期货主力合约价格与棉纱现货相关系数矩阵

	F	MS
F	1.0000	0.9524
MS	0.9524	1.0000

由图5.10可以看出棉花期货价格整体低于棉纱现货价格。从观察的样本内可知，两者的长期趋势相同，且两者的波动幅度和范围基本一致，并且期货价格对棉纱现货价格具有

一定的引领作用，棉纱现货价格对信息的反应相当滞后些，如期货价格率先触底或到顶。

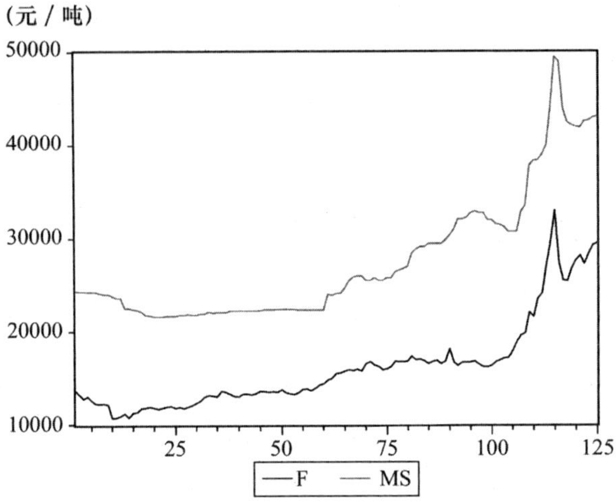

图5.10　棉花期货主力合约价格与棉纱现货走势图

(3) 取对数处理后的棉花期货主力合约（F）与棉籽现货价格（MZ）相关系数矩阵（见表5.13）与走势图。

表5.13　　棉花期货主力合约（F）与棉籽现货价格（MZ）相关系数矩阵

	LF	LMZ
LF	1.0000	0.8842
LMZ	0.8842	1.0000

由图5.11可以看出经过取对数处理后的棉花期货价格整体高于棉籽现货价格。从观察的样本内可知，两者的长期趋势相同，且两者的波动幅度和范围基本一致。

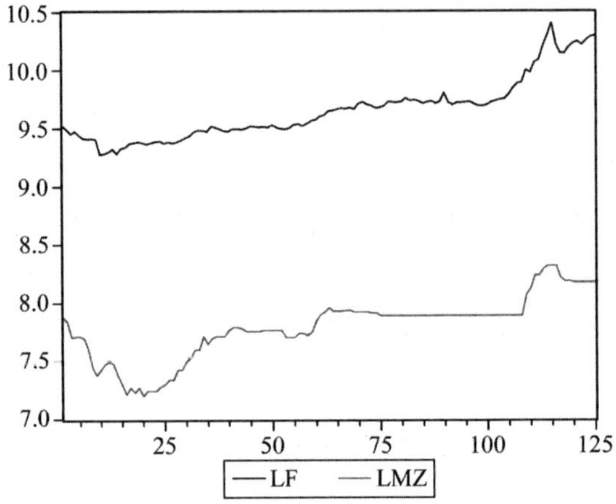

图5.11　棉花期货与棉籽现货对数价格走势图

3. 套期保值比率与绩效计算结果

(1) 套期保值比率结果。

本文运用OLS、B-VAR、ECM等3种不同套期保值模型对棉花期货与棉花、棉籽、棉纱现货价格的日、周数据计算的最优套保比率进行了的实证分析，结果如表5.14所示。

表 5.14 套期保值比率计算结果

品种	数据类型	模型类型	套期保值比率	t 统计量	修正的 R^2
棉花期货主力合约与棉花现货指数	日数据	OLS	0.2647	3.4581	0.2770
		ECM	0.2668	14.954	0.2865
		B-VAR	0.0913	5.7391	0.6045
	周数据	OLS	0.5470	16.01376	0.6749
		ECM	0.5610	16.7586	0.6941
		B-VAR	0.5462	16.6033	0.7589
棉花期货主力合约与棉纱40现货	日数据	OLS	0.2594	6.1068	0.0603
		ECM	0.2478	5.9075	0.0875
		B-VAR	0.0924	5.9075	0.2370
	周数据	OLS	0.5957	7.0640	0.2844
		ECM	0.5805	7.2757	0.3608
		B-VAR	0.5923	8.7895	0.6157
棉花期货主力合约与棉籽现货	日数据	OLS	0.1482	2.6752	0.0108
		ECM	0.1486	2.6887	0.0156
		B-VAR	0.0978	1.7496	0.0603
	周数据	OLS	0.3480	3.4090	0.0794
		ECM	0.3549	3.5292	0.1077
		B-VAR	0.2428	2.3277	0.1375

棉花期货与棉花现货（直接套期保值）。使用日数据得到的最优套保比率分别为如下：OLS 模型下为 0.2647，ECM 模型下为 0.2668，B-VAR 模型下为 0.0913。其中用 ECM 法得到的套保比率最高，而 B-VAR 法得到的比率最低。而利用周数据得到的最优套保比率分别为 0.5470（OLS），0.5610（ECM）以及 0.5462（B-VAR），同样其中用 ECM 法得到的套保比率最高，而 B-VAR 法得到的比率最低。并且，周数据得到的套期保值比率明显高于用日数据得到的最优期保比率。

棉花期货与棉纱现货（交叉套期保值）。采用日数据时，OLS、ECM、B-VAR 等 3 种模型得到的最优套期保值比率分别为 0.2594、0.2478、0.0924，其中用 OLS 法得到的套保比率最高，而 B-VAR 法得到的比率最低。利用周数据得到的最优套期保值比率分别为 0.5957、0.5805、0.5923，同样，用 OLS 法得到的套保比率最高，而 B-VAR 法得到的比率最低。并且，周数据得到的套期保值比率明显高于用日数据得到的最优期保比率。

棉花期货与棉籽现货（交叉套期保值）。采用日数据时，OLS、ECM、B-VAR 等 3 种模型下得到的最优套期保值比率分别为 0.1482、0.1486、0.0978，其中用 ECM 法得到的套保比率最高，而 B-VAR 法得到的比率最低。而采用周数据时，得到的最优套期保值比率分别为 0.3480、0.3549、0.2428，同样其中用 ECM 法得到的套保比率最高，而 B-VAR 法得到的比率最低。并且，我们可以看到用周数据得到的最优套保比率明显高于日数据得到的比率。

由此，我们可以看出对于直接套期保值（棉花期货与棉花现货）和交叉套期保值来说，采用周数据得到的最优套保比率均高于利用日数据得到的套保比率，基本上会使套保比率提高1倍。这对于3种方法来说都适用，说明随着套期保值期限的延长，得出的套期保值比率可以更有效地减少收益的波动，而且B-VAR模型在采用周数据时套保比率的提高程度更为明显。

另一方面，我们发现运用3种模型得到的棉花期货与棉花现货的最优套保比率，与棉花期货和棉纱的最优套保比率并没有显著差异，但是棉花期货与棉籽现货的套保比率则明显低于前两者。这说明交叉套期保值可以取得与直接套期保值同样好的套保比率效果，但是由于现货品种的差异，也有可能得出的套保比率并不理想。

通过比较运用OLS、ECM、B-VAR等3种模型得到的最优套期保值比率，我们可以看出，无论是日数据还是周数据，用前两种方法得出的最优套保比率差异并不大；对于棉花和棉籽现货来说，采用ECM法得到的最优套保比率略高于OLS法得到的比率，而对于棉纱现货这一品种来说，用OLS则最优套保比率更高些；然而用B-VAR方法得到的最优套保比率则明显要小于其他两种方法得出的结果，但B-VAR模型得到的R^2最高，这说明了该模型对实际数据拟合的情况较好，也是用该模型的一个优点。

（2）套期保值绩效计算结果。

对棉花系列的套期保值绩效结果，如表5.15所示。

表5.15　　棉花系列套期保值绩效比较　　单位:%

品　种	项　目	日数据	周数据
棉花期货主力合约与棉花现货指数	OLS	27.83	67.76
	ECM	27.82	67.72
	B-VAR	15.89	67.76
棉花期货主力合约与棉纱40现货	OLS	6.20	29.03
	ECM	6.19	29.01
	B-VAR	3.63	29.03
棉花期货主力合约与棉籽现货	OLS	1.25	8.70
	ECM	1.25	8.69
	B-VAR	1.11	7.90

棉花期货与棉花现货（直接套期保值）。采用日数据时，OLS、ECM、B-VAR等3种方法使得经过套期保值的组合收益率方差比未经套期保值的收益率方差下降的幅度分别为27.83%、27.82%和15.89%，其中OLS法最高。而采用周数据时，套保的绩效更为明显，OLS、ECM、B-VAR等3种方法使得经过套期保值的组合收益率方差比未经套期保值的收益率方差下降的幅度分别提高至67.76%、67.72%和67.76%，其中OLS法和ECM法无差异，并且B-VAR法的绩效得到大幅提高。

棉花期货与棉纱现货（交叉套期保值）。采用日数据时，OLS、ECM、B-VAR等3种方法使得经过套期保值的组合收益率方差比未经套期保值的收益率方差下降的幅度分别为

6.20%、6.19%和3.63%，其中也是OLS法最高但与ECM法差距不大，B-VAR法绩效最差。而采用周数据时，以上3种方法套保的绩效也得到加强，分别提高至29.03%、29.01%和29.03%，其中OLS法和ECM法差异不大，而B-VAR法的绩效得到大幅提高竟与OLS法持平。

棉花期货与棉籽现货（交叉套期保值）。采用日数据时，OLS、ECM、B-VAR等3种方法使得经过套期保值的组合收益率方差比未经套期保值的收益率方差下降的幅度分别为1.25%、1.25%和1.11%，其中OLS法与ECM法同为最高，而B-VAR法的绩效则较差。而当采用周数据时，以上3种方法套保的绩效也得到加强，分别提高至8.70%、8.69%和7.90%，其中OLS法和ECM法差异不大，而B-VAR法的绩效得到大幅提高缩小了与前两种方法的差距。

由此，我们可以看到，无论是直接套期保值，还是交叉套期保值，都有效地降低了期货与现货组合收益率的方差，说明这两种期货套期保值都是有效的，即都具有对冲现货价格波动带来收益下降的职能，只是程度有所不同。其中为棉花现货作为直接套期保值对冲的效果最佳，而为棉纱现货和棉籽现货进行交叉套期保值时则次之。

另一方面，无论是对于直接套期保值（棉花期货与棉花现货），还是交叉套期保值来说，采用周数据时，都将大幅提高套期保值的绩效。其中为棉花进行直接套期保值将提高约1.5倍左右，对于B-VAR法来说会大幅提高3.3倍；为棉纱和棉籽进行交叉套期保值来说提高的幅度更大，OLS法和ECM法会分别提高3.7倍和近6倍，而对于B-VAR法来说更是会提高6倍以上。也印证了上文所说的，随着套期保值期限的延长，得出的套期保值比率可以更有效地减少收益的波动。

通过比较运用OLS、ECM、B-VAR等3种模型的套保绩效，我们可以看出OLS法的效果是最好的，而且ECM法也与之相差无几，虽然用周数据时B-VAR法的绩效会大幅提升但与前两者的差距还是较大的。

4. 主要结论

我国棉花的期货价格与现货价格序列均是非平稳。利用单位根检验得到，我国棉花的期货价格与现货价格序列均是非平稳的，以上3个品种的期货价格与其现货价格序列的一阶差分均是平稳的，所以说明期货价格序列与其现货价格序列均是一阶平稳，即I(1)过程。这与大多数学者的研究结论一致，这也是期货市场的一个共有特性。

棉花期货与棉花现货、棉花期货与棉纱现货、棉花期货与棉籽现货具有协整关系。通过对最小二乘法得到的残差序列进行单位根检验得到，在5%的置信水平下，棉花期货与棉花现货、棉花期货与棉纱现货、棉花期货与棉籽现货具有协整关系，即存在着长期均衡关系。从其相关性系数可以看出，也都具有较高的相关性。这对棉花纺织行业参考期货价格确定现货价格提供了可能，也对这些行业的厂家利用期货进行直接或者间接套期保值提供了保证，有助于提高厂家的风险抵抗能力以及优化其产业结构。

从套期保值比率及套期保值绩效来看，直接套期保值比间接套期保值都要高。这与实际情况是相符的。虽然间接套期保值得到的绩效没有直接套期保值高，但在实际情况中，在遇到没有相应的品种进行直接套期保值时，选择间接套期保值也能够有效地降低风险。

OLS、ECM以及B-VAR模型计算套期保值比率及套保绩效时，各有利弊。OLS模型在套保比率和套保绩效的计算中，较其他两种模型的结果都比较稳定，有着比较理想的效果。在使用ECM模型过程中，得到误差修正项的系数都是统计显著的，这表示上一期的均衡误差对下一期现货价格的调整会有显著的影响，在一定程度上体现了ECM模型的优点，但其在套保绩效的比较中，较其他两个模型不是最理想的。在B-VAR模型中，现货价格和期货价格变动量的滞后变量回归系数也是统计显著的，这表明短期内现货、期货价格与均衡价格的偏离对于最小风险套期保值比率也有显著的影响。B-VAR模型中，采用周数据得到的套保比率和绩效都很高，但采用日数据时却都普遍偏低，说明B-VAR模型对数据波动剧烈程度较为敏感，这是此模型使用时需要注意的。从得到方程调整后的拟合优度这一指标来看，B-VAR模型都是最高的，这是其十分明显的优点之一。

从数据的周期选择来看，使用周数据得到的套期保值绩效比日数据的高。这说明数据的周期越长，越能减缓数据的日常随机波动，套期保值的效果越好。

不同的品种进行套期保值，其套期保值比率是不同的。我们在对棉花系列进行研究发现，利用不同的品种进行套期保值，其套期保值比率是不同的。即使同样进行间接套期保值，不同的品种得到的保值比率也是不同。例如棉花期货与面纱现货、棉花期货与棉籽现货的套保比率是有差别的。

棉花期货价格与棉花现货价格、棉花期货价格与棉纱现货价格都具有双向引导关系，棉花期货价格与棉籽现货价格不具有双向引导关系。从格兰杰因果检验的结果发现，从本文选取的数据样本可以知道棉花期货价格与棉花现货价格、棉花期货价格与棉纱现货价格都具有双向引导关系。但是，棉花期货价格与棉籽现货价格不具有双向引导关系，而是棉花期货价格引导棉籽现货价格，棉籽现货价格不能引导棉花期货价格。

五、合约成交量不满足的交叉套期保值

（一）合约成交量不满足交叉套保的基本原理

合约成交量不满足的交叉套期保值是指，虽然期货市场有与之直接相应的期货合约，但是该合约的成交量无法满足履行正常的套期保值功能，所以利用与现货（需要对冲风险的标的物）价格相关性较高的期货合约作为替代品而进行的套期保值。

那么接下来我们不禁要问，为何某些期货合约的成交量会大幅萎缩，甚至一些市场就此关闭？一个期货品种的成功上市是否取决于多种因素？

期货市场的历史充满市场交易量萎缩为零，以及有的市场交易量太小，以致对其打算提供服务的商品已不再具有重要作用等各种情况。即便这些市场失败的原因确实存在，但它们绝不是显而易见的。广义的概括答案是当现有的和潜在的使用者利用市场获得的利益小于利用其他金融和定价管理方式获得的利益时，他们就不再利用期货市场了。当期货市场现剧烈上升倾向，导致卖出套期保值者长期赔钱时，这些卖期保值者很快就失去信心；而当市场呈现剧烈下跌倾向时，无论对多头商业企业还是对多头投机者来说，最终会使他

们感到利用市场的代价太高。只有辨别不清涨、跌之势的市场，才会有大的成交量，除了剧烈的价格变动以外，市场的倾向就是其缺乏流动性。如果指令快速执行需要以价格涨跌为代价并做出相当大的让步，那么，可以即刻断定，利用市场的代价太高。由于场外商业企业和投机者交易的减少，市场对场内自营商，即市场流动性的提供者的吸引力减弱，使市场的流动性进一步恶化。那些运行着的市场是运作良好的市场，而那些运作差的市场逐渐衰退，继而消亡。成功的期货市场是零和游戏，对多头和空头具有同等的吸引力。从市场失败的历史中，我们可以获得有关市场衰退和消亡的五个主要原因。

一是行政法规不允许某一市场的存在。比如，绿豆、国债、胶合板等期货市场被强制关闭。大部分农产品期货交易的增加是政府定价力量减弱或消失的结果。如果政府政策再次主导农产品价格，那么，期货市场的需求以及期货交易量也将会下降，例如 2010 年 11 月以来的政府调控期现货市场的举措抑制了期货市场成交量。

二是当市场无法吸引足够多的投机者参与时，该市场将面临消亡的危险。套期保值公司持有的多、空头寸几乎从未对等平衡。投机对平衡套期保值头寸和流动性是重要的。套保值者绝大多数是空头。如果不能吸引足够的买入投机，期货价格就受过分的压抑，套期保值者赔钱后，不会再进入市场。市场的建立以转移风险和增加新资本为基础，但是可以肯定，没有适当的投机利益参与，市场不可能成功地存在。

三是期货合约失去存在的经济基础。尽管有些市场没有大量的商业或套期保值基础却依然繁荣，但是，我们仍然接受的一般概念是市场起源于转移风险的需要，其规模取决于进行套期保值的数量。当套期保值者利用市场的需要减少时，市场就衰退甚至消失。

四是期货合约条款本身的缺陷，主要表现在合约的设定对多、空双方权利和义务不对等，不是对买方利就是对卖方有利。如果合约条款失去平衡，将使买方或者卖方向其对逼仓，因而一方可以以对方利益的损失在短期内获取巨额利润。这对亏方是一个打击，在一定的时候，他们就会拒绝参与交易。期货合约是对最终将要实现的现货交易的暂时替代，必须避免价格扭曲，并足以准确反映商业标准和变化。

五是市场失败是因为受到商业利益的联合抵制。正如我们所见到的，一个活跃的期货市场的发展代表着竞争的增加，从而将商业企业置于竞争更为激烈的境地。有一个明显的、可以理解的趋向是，从事商品生产和交易的商业企业从一开始就反对期货交易。市场发展起来以后，最坚定的支持者是商业用户，但是他们是迫于市场优越的风险转移和定价功能而不得不利用期货市场。

上述市场失败的几个原因表明，期货市场要取得成功，必须有经济需要，合约条款必须正确，套期保值者必须被竞争吸引或被迫参与市场，以及须有活跃的投机利益。但是，问题并非如此简单。市场是为商业的需要建立的，投机是靠吸引而来的，因此，如果投机不存在的话，商业企业不会参与市场。

（二）钢材期货交叉套保实证分析

1. 数据样本

本文涉及的螺纹钢期货价格来自上海期货交易所的期货合约价格（近交割月数据），涉及的上海高线现货价格、高线均价价格来自易盛信息网。在钢材系列套期保值比率研究中，笔者采集了2009年3月27日到2011年1月28日的391个日数据，并整理出97个周数据。本文使用EViews 5.0统计软件进行实证研究。

2. 相关系数矩阵

（1）螺纹钢主力期货价格（LWZ）与高线均价现货价格（GJ）相关系数矩阵及走势图。

由表5.16可以看到螺纹钢主力期货价格与高线均价现货价格之间的相关系数达到0.8646，表明现货市场价格与期货市场价格两者具有较高的相关性，即现实中螺纹钢主力期货市场与高线现货市场价格具有较强的联系。

表5.16　　螺纹钢主力期货价格与高线均价现货价格相关系数矩阵

	LWZ	GJ
LWZ	1.0000	0.8646
GJ	0.8646	1.0000

从图5.12看出，螺纹钢主力期货价格整体价格高于高线均价现货价格，基差呈现先增大后减小的趋势。并且期货价格对现货价格具有一定的引领作用，高线均价现货价格对信息的反应相对滞后。总体来说，两者具有较为一致的走势。

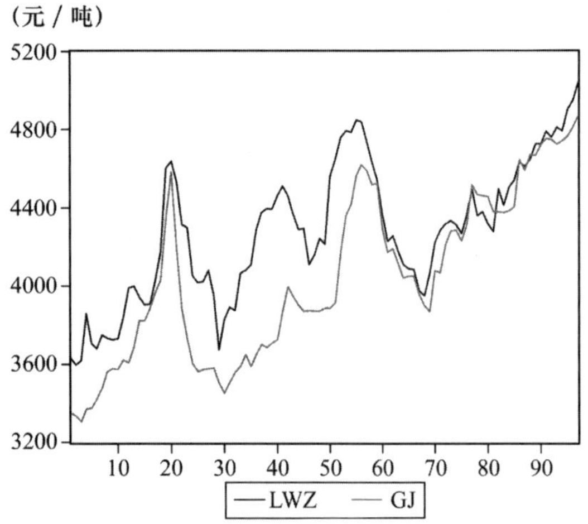

图5.12　螺纹钢主力期货价格与高线均价现货价格走势图

（2）螺纹钢指数期货价格（LWI）与高线均价现货价格（GJ）相关性矩阵及走势图。

由表5.17可以看到螺纹钢指数期货价格与高线现货价格之间的相关系数达到0.8931，表明现货市场价格与期货市场价格两者具有较高的相关性，且高于螺纹钢主力期货价格与高线均价现货价格之间的相关系数。说明螺纹钢指数期货市场与高线现货市场价格之间具有更加紧密的联系。

表5.17　　螺纹钢指数期货价格与高线均价现货价格相关系数矩阵

	LWI	GJ
LWI	1.000000	0.893123
GJ	0.893123	1.000000

从图 5. 13 看出，螺纹钢指数期货价格整体价格高于高线均价现货价格，基差呈现先增大后减小的趋势。同样，期货价格对现货价格具有一定的引领作用，高线均价现货价格对信息的反应相对滞后。总体来说，两者具有较为一致的长期走势。

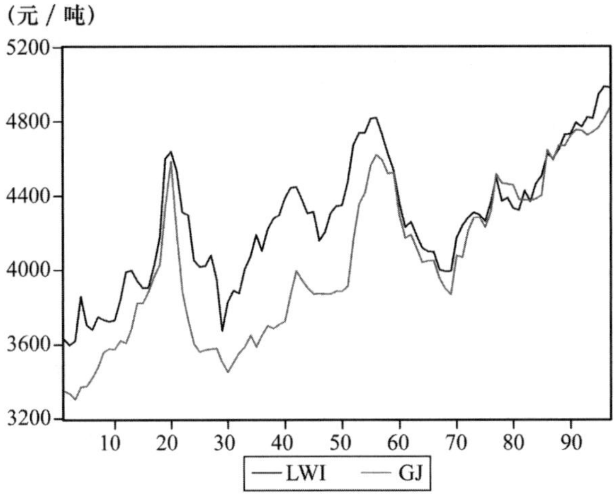

图 5. 13　螺纹钢指数期货价格与高线均价现货价格走势图

（3）螺纹钢主力期货价格（LWZ）与上海高线现货价格（SHG）相关性矩阵及走势图。

由表 5. 18 可以看到螺纹钢主力期货价格与上海高线现货价格之间的相关系数达到 0. 8774，表明现货市场价格与期货市场价格两者具有较高的相关性，但在 4 组期现货价格的相关系数中是最低的。但 0. 8774 的相关系数也能够说明螺纹钢主力期货市场与某一地区（上海）高线现货市场价格之间的关联度较高。

表 5. 18　　螺纹钢主力期货价格与上海高线现货价格相关系数矩阵

	LWZ	SHG
LWZ	1. 000000	0. 877433
SHG	0. 877433	1. 000000

从图 5. 14 看出，螺纹钢主力期货价格整体价格高于上海高线现货价格，基差呈现先增大后减小再增大的趋势。虽然期货价格引领现货价格表现的不是很明显，但也能够看出期货价格对现货价格具有一定的引领作用，上海高线现货价格对信息的反应相对滞后。总体来说，两者具有较为一致的长期走势。

（4）螺纹钢指数期货价格（LWI）与上海高线现货价格（SHG）相关性矩阵及走势图。

由表 5. 19 可以看到螺纹钢指数期货价格与上海高线现货价格之间的相关系数达到 0. 9037，表明现货市场价格与期货市场价格两者具有较高的相关性，在 4 组期现货价格的相关系数中是最高的 0. 9037 的相关系数，说明螺纹钢指数期货市场与某一地区（上海）高线现货市场价格之间的关联度较高。

从图 5. 15 看出，螺纹钢指数期货价格整体价格高于上海高线现货价格，基差呈现先增大后减小再增大的趋势。期货价格对现货价格具有一定的引领作用不明显，期现货价格几乎同时触底或到顶。总体来说，两者具有高度一致的长期走势。

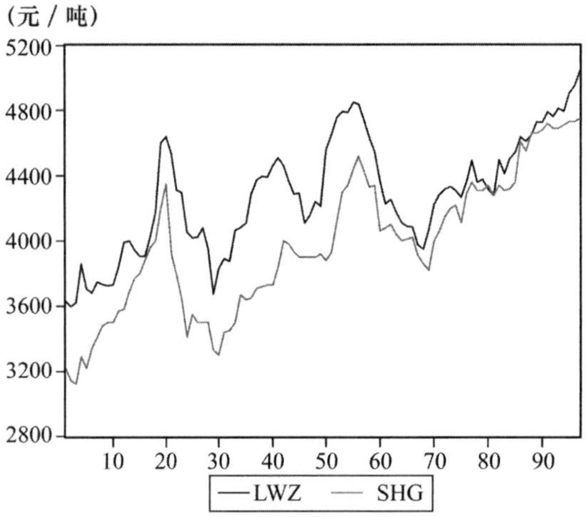

图 5.14　螺纹钢主力期货价格与上海高线现货价格走势图

表 5.19　螺纹钢指数期货价格与上海高线现货价格相关性矩阵

	LWI	SHG
LWI	1.000000	0.903712
SHG	0.903712	1.000000

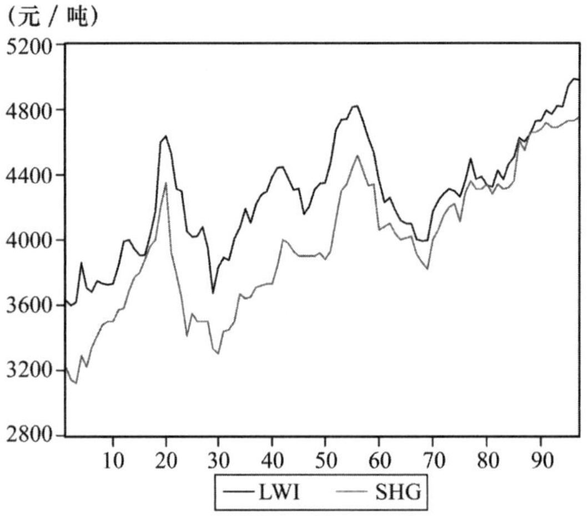

图 5.15　螺纹钢指数期货价格与上海高线现货价格走势图

3. 套期保值比率与绩效计算结果

（1）套期保值比率计算结果。

本文运用 OLS、B-VAR、ECM 等 3 种不同套期保值模型对螺纹钢主力和指数期货价格对高线均价和上海高线现货价格的日、周数据计算的最优套保比率进行的实证分析，结果如表 5.20 所示。

螺纹钢主力期货与高线均价现货（交叉套期保值）。使用日数据得到的最优套保比率分别如下：OLS 模型下为 0.1653，ECM 模型下为 0.1718，B-VAR模型下为 0.1624；其中用 ECM 法得到的套保比率最高，而 B-VAR 法得到的比率最低。而利用周数据得到的最优套保比率分别为 0.5082（OLS），0.5186（ECM）以及 0.4461（B-VAR），同样其中用 ECM 法得到的套保比率最高，而 B-VAR 法得到的比率最低。并且，周数据得到的套期保值比率明显高于用日数据得到的最优期保比率。

表 5.20　　钢材系列不同套期保值模型下的套期保值比率

品种	数据类型	模型类型	套期保值比率	t 统计量	修正的 R^2
螺纹钢主力与高线均价	日数据	OLS	0.1653	6.6208	0.0991
		ECM	0.1718	6.9897	0.1308
		B-VAR	0.1624	7.8350	0.3980
	周数据	OLS	0.5082	6.4171	0.2972
		ECM	0.5186	6.7346	0.3373
		B-VAR	0.4461	6.0138	0.4116
螺纹钢指数与高线均价	日数据	OLS	0.2394	7.9777	0.1485
		ECM	0.2448	8.2644	0.1726
		B-VAR	0.2029	8.2530	0.4401
	周数据	OLS	0.6158	7.7128	0.3810
		ECM	0.6308	8.0691	0.4105
		B-VAR	0.5462	7.2959	0.4855
螺纹钢主力与上海高线	日数据	OLS	0.2276	6.4767	0.1023
		ECM	0.2361	6.7439	0.1167
		B-VAR	0.2462	7.7415	0.2745
	周数据	OLS	0.4910	6.2156	0.2837
		ECM	0.5159	6.5713	0.3086
		B-VAR	0.4147	5.0703	0.3385
螺纹钢指数与上海高线	日数据	OLS	0.3160	7.7904	0.1425
		ECM	0.3256	8.0482	0.1547
		B-VAR	0.2945	8.2495	0.3444
	周数据	OLS	0.6223	8.0267	0.4003
		ECM	0.6498	8.3157	0.4143
		B-VAR	0.5585	6.7784	0.4460

螺纹钢指数期货与高线均价现货（交叉套期保值）。使用日数据得到的最优套保比率分别如下：OLS 模型下为 0.2394，ECM 模型下为 0.2448，B-VAR模型下为 0.2029；其中用 ECM 法得到的套保比率最高，而 B-VAR 法得到的比率最低。利用周数据得到的最优套保比率分别为0.6158（OLS），0.6308（ECM）以及0.5462（B-VAR），同样其中用ECM法得到的套保比率最高，而 B-VAR 法得到的比率最低。并且，周数据得到的套期保值比率明显高于用日数据得到的最优期保比率。

螺纹钢主力期货与上海高线均价现货（交叉套期保值）。采用日数据时，OLS、ECM、

B-VAR 等 3 种模型下得到的最优套期保值比率分别为 0.2276、0.2361、0.2462，其中用 B-VAR 法得到的套保比率最高，而 OLS 法得到的比率最低。采用周数据时，使用此 3 种模型得到的最优套期保值比率分别为 0.4910、0.5159、0.4147，同样其中用 ECM 法得到的套保比率最高，而 B-VAR 法得到的比率最低。并且，我们可以看到用周数据得到的最优套保比率明显高于日数据得到的比率。

螺纹钢指数期货与上海高线均价现货（交叉套期保值）。采用日数据时，OLS、ECM、B-VAR 等 3 种模型下得到的最优套期保值比率分别为 0.3160、0.3256、0.2945，其中用 ECM 法得到的套保比率最高，而 B-VAR 法得到的比率最低。采用周数据时，使用此 3 种模型得到的最优套期保值比率分别为 0.6223、0.6498、0.5585，同样其中用 ECM 法得到的套保比率最高，而 B-VAR 法得到的比率最低。并且，我们可以看到用周数据得到的最优套保比率明显高于日数据得到的比率。

由此，我们可以看出对于 4 类交叉套期保值来说，采用周数据得到的最优套保比率均高于利用日数据得到的套保比率，基本上会使套保比率提高 1 倍。这对于 3 种方法来说都适用，说明随着套期保值期限的延长，得出的套期保值比率可以更有效地减少收益的波动。

另一方面，我们发现运用 3 种模型得到的 4 类交叉套期保值的最优套保比率并没有显著差异。由于期货品种选择的不同，得出的套保比率不相同。利用螺纹钢指数期货价格比螺纹钢指数期货价格得到的套保比率要高，这是由于指数价格相对于主力合约价格来说平缓了价格波动的结果。由于现货品种选择的不同，得出的套保比率也不相同。利用上海高线现货价格比高线均价现货价格的套保比率要高。说明了上海地区高线现货价格相对于其他地区价格波动更平缓一些，与期货市场联系更加紧密一些。

通过比较运用 OLS、ECM、B-VAR 等 3 种模型得到的最优套期保值比率，我们可以看出，无论是日数据还是周数据用 3 种方法得出的最优套保比率差异并不大，采用 ECM 法得到的最优套保比略高于 OLS 法和 B-VAR 法得到的比率，除了螺纹钢指数期货对高线均价现货进行套保时，B-VAR 法得到的套保比率最高。需要注意的是，使用 B-VAR 法在各种套保组合得到的 R^2 都是最高的，这说明了该模型对实际数据拟合的情况较好，也是用此模型的一个优点。

（2）套期保值绩效计算结果。

对钢材系列的套期保值绩效结果，如表 5.21 所示。

表 5.21　钢材系列套期保值绩效比较　单位：%

品　种	项　目	日数据	周数据
螺纹钢主力与高线均价	OLS	10.15	30.46
	ECM	10.13	30.45
	B-VAR	10.14	30.01
螺纹钢指数与高线均价	OLS	15.09	38.76
	ECM	15.08	38.73
	B-VAR	14.73	38.26

续表

品　种	项　目	日数据	周数据
螺纹钢主力与上海高线	OLS	10.49	29.13
	ECM	10.47	29.03
	B-VAR	10.42	28.43
螺纹钢指数与上海高线	OLS	14.50	40.67
	ECM	14.48	40.59
	B-VAR	14.42	39.29

螺纹钢主力期货与高线均价现货（交叉套期保值）。采用日数据时，OLS、ECM、B-VAR 等 3 种方法使得经过套期保值的组合收益率方差比未经套期保值的收益率方差下降的幅度分别为 10.15%、10.13% 和 10.14%，其中 OLS 法最高。而采用周数据时，套保的绩效更为明显，OLS、ECM、B-VAR 等 3 种方法使得经过套期保值的组合收益率方差比未经套期保值的收益率方差下降的幅度分别提高至 30.46%、30.45% 和 30.01%，其中 OLS 法和 ECM 法的效果几乎是一样的，而 B-VAR 法的绩效得到稍小一些。

螺纹钢指数期货与高线均价现货（交叉套期保值）。采用日数据时，OLS、ECM、B-VAR 等 3 种方法使得经过套期保值的组合收益率方差比未经套期保值的收益率方差下降的幅度分别为 15.09%、15.08% 和 14.78%，其中 OLS 法最高。而采用周数据时，套保的绩效更为明显，OLS、ECM、B-VAR 等 3 种方法使得经过套期保值的组合收益率方差比未经套期保值的收益率方差下降的幅度分别提高至 38.76%、38.73% 和 38.26%，其中 OLS 法和 ECM 法基本持平，B-VAR 法的绩效得到稍小一些。

螺纹钢主力期货与上海高线现货（交叉套期保值）。采用日数据时，OLS、ECM、B-VAR 等 3 种方法使得经过套期保值的组合收益率方差比未经套期保值的收益率方差下降的幅度分别为 10.49%、10.47% 和 10.42%，其中 OLS 法最高。而采用周数据时，套保的绩效更为明显，OLS、ECM、B-VAR 等 3 种方法使得经过套期保值的组合收益率方差比未经套期保值的收益率方差下降的幅度分别提高至 29.13%、29.03% 和 28.43%，其中仍是 OLS 法绩效最高。

螺纹钢指数期货与上海高线现货（交叉套期保值）。采用日数据时，OLS、ECM、B-VAR 等 3 种方法使得经过套期保值的组合收益率方差比未经套期保值的收益率方差下降的幅度分别为 14.50%、14.48% 和 14.42%，其中 OLS 法最高。而采用周数据时，套保的绩效更为明显，OLS、ECM、B-VAR 等 3 种方法使得经过套期保值的组合收益率方差比未经套期保值的收益率方差下降的幅度分别提高至 40.67%、40.59% 和 39.29%，其中仍是 OLS 法绩效最高。

由此，我们可以看到 4 组交叉套期保值都有效地降低了期货与现货组合收益率的方差，说明交叉期货套期保值都是有效的，即具有对冲现货价格波动带来收益下降的职能，并且风险降低的程度较高，套保效果比较好。

另一方面，对于 4 组交叉套期保值来说，采用周数据相对比日数据来说，都大幅提高套期保值的绩效。其中，使用螺纹钢主力期货合约为现货进行交叉套期保值时，将提高约3倍。使用螺纹钢指数期货合约为现货进行交叉套期保值时，周数据相对于日数据绩效提高约2倍。这印证了上文所说的，在钢材系列品种进行套期保值时，随着套期保值期限的延长，得出的套期保值比率可以更有效地减少收益的波动。

通过比较运用OLS、ECM、B-VAR等3种模型的套保绩效，我们可以看出OLS法的效果是最好的，而且ECM、B-VAR模型也与之相差无几。

4. 主要结论

我国螺纹钢的期货价格与现货价格序列均是非平稳序列。利用单位根检验得到，我国螺纹钢的期货价格与现货价格序列均是非平稳的，其期货价格与其现货价格序列的一阶差分均是平稳的，所以说明期货价格序列与其现货价格序列均是一阶平稳，即I(1)过程。这与大多数学者的研究结论一致，这也是证券期货市场的一个共有特性。

螺纹钢期货与高线现货指数现货和上海高线现货都具有协整关系。通过对最小二乘法的得到的残差序列进行单位根检验得到，在5%的置信水平下，螺纹钢期货与高线现货指数现货和上海高线现货都具有协整关系，即存在着长期均衡关系。从其相关性系数可以看出，也都具有较高的相关性。这对钢材生产行业参考期货价格确定现货价格提供了可能，也对这些行业的厂家利用期货进行直接或者间接套期保值提供了保证，有助于提高厂家的风险抵抗能力以及优化其产业结构。

从数据的周期选择来看，使用周数据得到的套期保值绩效比日数据的高。这说明对钢材系列做套期保值时，数据的周期越长，越能减缓数据的日常随机波动，套期保值的效果越好。

期现货价格的双向引导关系。从格兰杰因果检验的结果发现，从本文选取的数据样本可以知道螺纹钢主力期货价格和螺纹钢指数期货价格与高线均价现货价格都具有双向引导关系。且螺纹钢指数期货价格与上海高线现货价格也具有双向引导关系。但是，螺纹钢主力期货价格与上海高线现货价格不具有双向引导关系，而是螺纹钢主力期货价格引导上海高线现货价格，上海高线现货价格不能引导螺纹钢主力期货价格。

期货价格选取的差异对套保的影响。在期货价格的选取上，同样的品种使用主力合约价格与使用期货指数价格，得到的套期保值比率是不同的，且期货价格指数的套保比率比主力合约的高。

现货价格选取的差异对套保的影响。在现货价格的选取上，使用现货价格指数与使用某个地区的价格得到的套期保值比率是不同的，且使用上海高线现货价格比使用现货指数得到的比率要高，说明了上海地区对于其他地区期现货市场联系更加紧密。

六、偏套利型的交叉套期保值

（一）偏套利型交叉套期保值的基本原理

偏套利型的交叉套期保值是指，虽然期货市场有与之直接相应的期货合约，并且该合约的成交量也能够满足履行正常的直接套期保值功能，但是出于对市场价格、基差等方面因素的考虑存在一定的套利空间，所以选用与现货价格相关性较高的期货合约作为替代品进行交叉套期保值。

套期保值、投机、套利作为期货市场交易的主要形式，具有相同的特点：一是三者都是期货交易的重要组成部分，对期货市场的作用相辅相成；二是都必须依据对市场走势的判断来确定交易的方向；三是三者选择买卖时机的方法及操作手法基本相同。但三者又有一定区别：一是交易目的不同，套期保值的目的是回避现货市场价格风险，投机目的是赚取风险利润，套利则是获取较为稳定的价差收益；二是承担的风险不同，套期保值承担的风险最小，套利次之，投机最大。保值量超过正常的产量或消费量就是投机，跨期套利、跨市套利如果伴随着现货交易，则也可以当作保值交易。

偏套利型的交叉套期保值的目标是发现并利用市场中“基差”和“价差”的非常态变化，而选择相对会提高预期收益的保值策略。资本资产定价模型创始人夏普将“基差”定义为，一种资产现货市场的价格与相应的期货价格之差，公式为：基差 = 现货价格 - 期货价格；而将“同时在一个合约上拥有多头寸，而在另一个合约上拥有空头寸”，或者“以相关资产的期货价格之间的不平衡来获取利润”的投资者称为“价差投机者”。

因此，偏套利型的交叉套期保值再具体划分为“基差套利型交叉套期保值”和“价差套利型交叉套期保值”，前者是利用商品现货市场的价格与相应交叉期货合约的价格的非常态化差异进行的套期保值；后者是利用期货市场上交叉期货合约之间出现非正常价格差异而进行的套期保值。正常价差是指市场处于理性状态下出现的合理的价格差异，这些差异一般由影响市场价格关系的一些内在因素所决定，合约间正常价差包括仓储费用、资金利息、增值税等。

通常人们将更广泛意义上的套利分为以下三类。

第一，跨期套利，又称跨月套利，是利用同一商品不同交割月份合约之间的价差进行交易并在出现有利变化时对冲而获利的。其交易特点主要体现为“两个相同”和“两个不同”，即交易的期货商品相同、买进或卖出的时间相同；期货合约的交割月份不同、两个期货合约的价格不同。跨期套利属于套期图利交易中最常用的一种，实际操作中又分为牛市套利（买空套利）、熊市套利（卖空套利）和蝶式套利。

第二，跨市套利，是在两个期货交易所买进和卖出相同交割月份的期货合约，并利用可能的地域差价来赚取利润。跨市套利交易者必须考虑不同条件下影响市场间价差的重要因素。通常，跨市交易既可在国内交易所之间进行，也可在不同国家的交易所之间进行。若是前者，应注意运输费用的大小、不同交易所合约价值和交割等级的各自规定等影响价差的因素；若是后者，则还应关注两国货币汇价的变动，以防范期货合约价格和外汇汇价变动引发的双重风险。

第三，跨商品套利，指利用两种具有高度替代性或受相同供求因素影响的期货商品合约存在的价差进行交易。主要特点是：商品期货合约不同，但相互关联性较大（如豆粕、豆油和大豆之间的价格具有高度相关性），两种商品期货的交割月份相同。

通常情况，当期货市场两种相关合约的价差出现非常态化的异动时，首先要判断出现的是短期的可修正价差，还是背后有长期的结构性因素导致的根本性价差变动。从操作可行性上和机会的判断的把握上来讲，前者应有更广泛些，尤其适宜对现货和期货价差状况比较了解的商业机构，主要是进行常规化的保值行为。而后者在机会的判断上和时间的周期上来说都具有一定的难度和不确定性，比如说，铜和铝在 1980 ~ 2000 年间的比价均值为 1. 4∶1，并且相对较为稳定。但是进入 2000 年以后，尤其是 2002 年开始，铜价的上涨幅度远远超过铝价，并且再也没有回到过之前的比价区间，2002 ~ 2010 年两者的比价均值约为 2. 3∶1，但却呈现出逐年扩大的趋势（见图 5. 16、图 5. 17）。而这方面的交叉套期保值则需要具有宏观和战略的思维，更加适合战略投资者的长周期的保值行为。

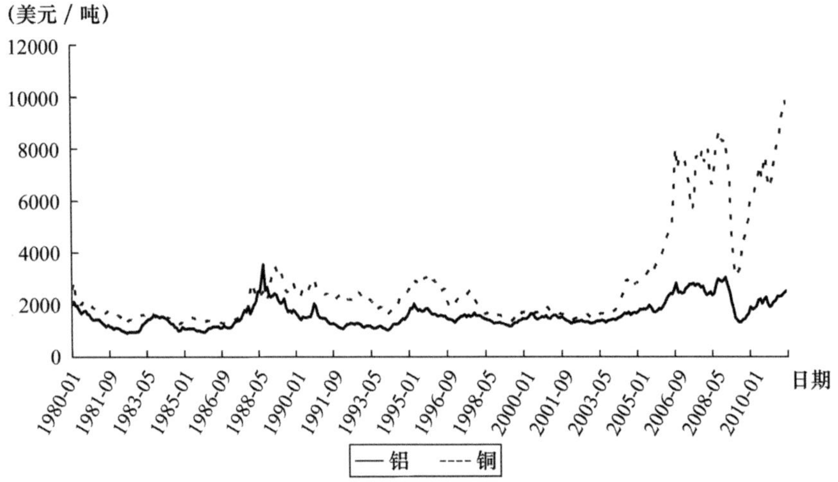

图 5. 16　1980 年以来伦敦金属交易所（LME）铜铝价格走势

资料来源：IMF。

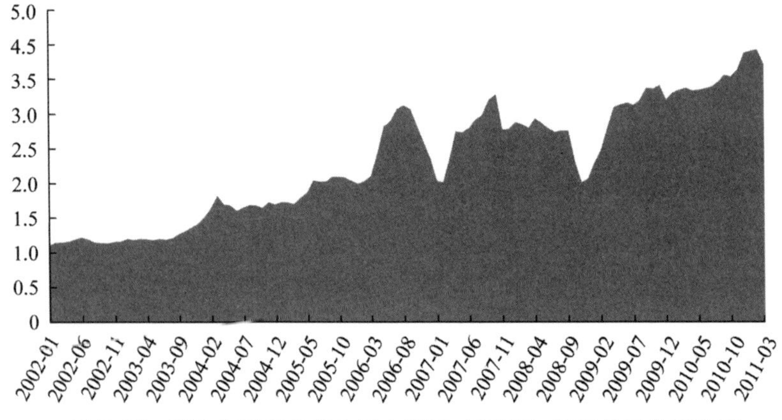

图 5. 17　2002 年以来伦敦金属交易所（LME）铜铝比价关系走势

资料来源：IMF。

（二）PTA 交叉套保实证分析

1. 数据样本

本文涉及的棉花期货价格、PTA 期货价格分别来自郑州商品交易所、上海期货交易所的期货合约价格，涉及的 PTA 现货价格来自易盛信息网。在 PTA 系列套保比率研究中，笔者采集了 2008 年 8 月 15 日到 2011 年 3 月 31 日的 626 个日数据，并整理出 134 个周数据。本文使用 EViews 5.0 统计软件进行实证研究。

2. PTA 系列相关系数矩阵及走势图

（1）棉花期货主力合约（FC）与 PTA 现货（SPTA）相关性矩阵及走势图。

由表 5.22 可以看出棉花期货主力合约价格与 PTA 现货价格之间的相关系数为 0.8993，在交叉套期保值的期现货相关性中是比较高的相关性，说明棉花期货市场与 PTA 现货市场具有很强的联系。这也是棉花期货为 PTA 现货进行套期保值的基础。

表 5.22　　棉花期货主力合约与 PTA 现货相关性矩阵

	FC	SPTA
FC	1.000000	0.899336
SPTA	0.899336	1.000000

由图 5.18 可以看出，棉花期货价格整体高于 PTA 现货价格，且棉花期货价格的波动幅度更大，两者之间的价差有逐步扩大之势。但从样本内数据来看，两者仍具有较为一致的价格走势。

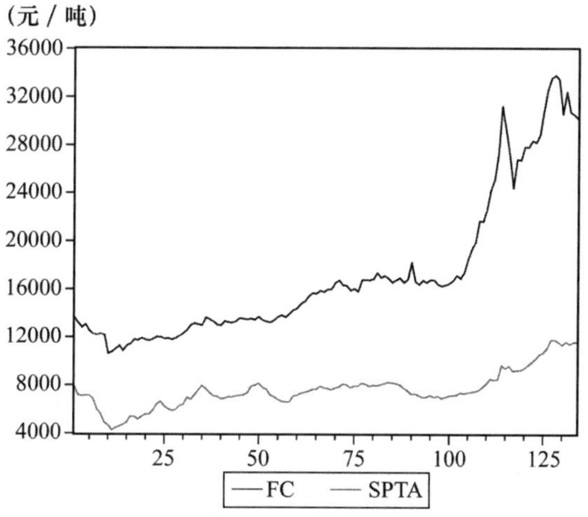

图 5.18　棉花期货主力合约与 PTA 现货走势

（2）PTA 期货主力合约（FPTA）与 PTA 现货（SPTA）相关性矩阵及走势图。

由表 5.23 可知，PTA 期货价格与 PTA 现货价格的相关系数为 0.9889，表明 PTA 期现货价格具有高度相关性，即现实中期货市场与现货市场具有很强的联系。

表 5.23　　PTA 期货主力合约与 PTA 现货相关性矩阵

	FPTA	SPTA
FPTA	1.000000	0.988954
SPTA	0.988954	1.000000

由图 5.19 可知，PTA 期货价格与 PTA 现货价格整体走势高度一致，从观察样本内数据

来看，两者的长期趋势相同，除了部分时段两者的基差略有减小之外，其余时段两者的波动幅度基本一致。

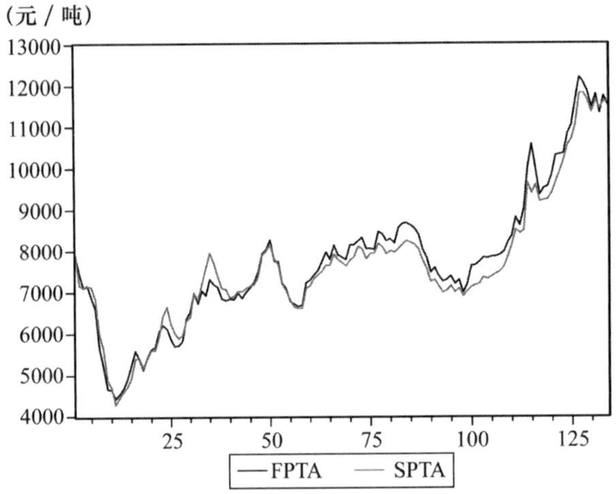

图 5.19 PTA 期货主力合约与 PTA 现货走势图

3. 套期保值比率与绩效计算结果

（1）套期保值比率计算结果。

本文运用 OLS、B-VAR、ECM 等 3 种不同套期保值模型对棉花期货与 PTA 现货、PTA 期货与 PTA 现货的日、周数据计算的最优套保比率进行了的实证分析，结果如表 5.24 所示。

表 5.24 PTA 系列不同套期保值模型下的套期保值比率

品种	数据类型	模型类型	套期保值比率	t 统计量	修正的 R^2
棉花期货与 PTA 现货	日数据	OLS	0.1572	11.9887	0.1861
		ECM	0.1532	11.7087	0.1974
		B-VAR	0.1484	11.6216	0.2463
	周数据	OLS	0.1364	5.1604	0.1625
		ECM	0.1296	5.0011	0.2019
		B-VAR	0.1277	5.1078	0.2161
PTA 期货与 PTA 现货	日数据	OLS	0.6088	20.7227	0.4070
		ECM	0.6065	21.3133	0.4437
		B-VAR	0.6396	22.4848	0.4974
	周数据	OLS	0.7591	16.2004	0.6645
		ECM	0.7367	16.8611	0.7117
		B-VAR	0.7172	15.7459	0.6918

棉花期货与 PTA 现货（交叉套期保值）。使用日数据得到的最优套保比率分别为如下：OLS 模型下为 0.1572，ECM 模型下为 0.1532，B-VAR 模型下为 0.1484；其中用 OLS 法得到的套保比率最高，而 B-VAR 法得到的比率最低。而利用周数据得到的最优套保比率分别为

0.1364（OLS），0.1296（ECM）以及0.1277（B-VAR），同样用OLS法得到的套保比率最高，而B-VAR法得到的比率最低。此外，周数据得到的套期保值比率比采用日数据的要低，与理论预期不符，原因与使用的数据有关。

VPTA期货与PTA现货（直接套期保值）。采用日数据时，OLS、ECM、B-VAR等3种模型得到的最优套期保值比率分别为0.6088、0.6065、0.6396，其中用B-VAR法得到的套保比率最高，而ECM法得到的比率最低。利用周数据得到的最优套期保值比率分别为0.7591、0.7367、0.7172。与日数据不同的是，用OLS法得到的套保比率最高，而B-VAR法得到的比率最低。并且，周数据得到的套期保值比率明显高于用日数据得到的最优期保比率。

PTA期货与PTA现货（直接套期保值），即期货品种中有与现货品种完全对应，得到的套期保值比率比间接套期保值得到的套期保值比率要高，这也是符合一般规律的。用OLS、ECM、B-VAR等3种方法得到的PTA期货与PTA现货指数的套期保值比率的日数据为0.6088（OLS）、0.6065（ECM）、0.6396（B-VAR），而棉花期货与PTA现货指数的套期保值比率的日数据为0.1572（OLS）、0.1532（ECM）、0.1484（B-VAR）。

由此，我们可以看出对于直接套期保值（PTA期货与PTA现货）和交叉套期保值（棉花期货与PTA现货）来说，前者进行套保时，周数据得到的套保比率比日数据理想，而后者采用周数据进行套保得到的结果比日数据得到的要小。由此可知，采用周数据得到的最优套保比率并不一定高于利用日数据得到的套保比率。说明对于不同套保品种及使用的数据区间，长期限套期保值比率并不一定比短期限的套保结果更理想，这一点也是需要引起注意的。

通过比较运用OLS、ECM、B-VAR等3种模型得到的最优套期保值比率，我们可以看出无论是日数据还是周数据用3种方法得出的最优套保比率差异并不大。对于棉花期货对PTA现货进行套保，采用OLS法得到的最优套保比率最高，ECM法其次，B-VAR法最低。而对于直接套保（PTA期货对PTA现货套保）来说，使用日数据时B-VAR法得到的最优套保比率最高，OLS法得到的最低。使用周数据时结果不同，OLS法得到的最优套保比率最高，B-VAR法得到的最低。无论是直接套期保值还是交叉套期保值，使用日数据还是周数据，B-VAR模型得到的R^2较高，这说明了该模型对实际数据拟合的情况较好，也是用此模型的一个明显优点。

（2）套期保值绩效计算结果。

对PTA系列的套期保值绩效结果，如表5.25所示。

表5.25　PTA系列套期保值绩效比较　单位：%

品　种	项　目	日数据	周数据
棉花期货与PTA现货	OLS	18.75	16.89
	ECM	18.73	16.85
	B-VAR	18.69	16.82
PTA期货与PTA现货	OLS	40.8	66.71
	ECM	40.8	66.65
	B-VAR	40.7	66.50

棉花期货与 PTA 现货（交叉套期保值）。采用日数据时，OLS、ECM、B-VAR 等 3 种方法使得经过套期保值的组合收益率方差比未经套期保值的收益率方差下降的幅度分别为 18.75%、18.73% 和 18.69%，其中 OLS 法最高，但 3 种模型得到的绩效差距不大。而采用周数据时，套保的绩效却不明显，OLS、ECM、B-VAR 等 3 种方法使得经过套期保值的组合收益率方差比未经套期保值的收益率方差下降的幅度分别为 16.89%、16.85% 和 16.82%，其中 OLS 法最高。

PTA 期货与 PTA 现货（直接套期保值）。采用日数据时，OLS、ECM、B-VAR 等 3 种方法使得经过套期保值的组合收益率方差比未经套期保值的收益率方差下降的幅度分别为 40.8%、40.8% 和 40.7%，其中 OLS 法和 ECM 法相同，B-VAR 法得到的绩效稍逊前两者。而采用周数据时，套保的绩效也得到加强，分别提高至 66.71%、66.65% 和 66.50%，其中 OLS 法绩效最高，其他两种方法得到的绩效与其相差不大。

由此，我们可以看到，无论是直接套期保值（PTA 期货为 PTA 现货套保）还是交叉套期保值（棉花期货为 PTA 现货套保）都有效地降低了期货与现货组合收益率的方差，说明这两种期货套期保值都是有效的，即都具有对冲现货价格波动带来收益下降的职能，只是程度有所不同。其中 PTA 期货为 PTA 现货进行套保作为直接套期保值对冲的效果最佳，而棉花期货为 PTA 现货进行交叉套期保值时则次之。

另一方面，无论是对于直接套期保值（PTA 期货为 PTA 现货套保）还是采用周数据时，都将大幅提高套期保值的绩效，其中直接套期保值周数据相对于日数据 3 种方法都提高了约 1.6 倍。但是使用棉花期货为 PTA 现货进行交叉套期保值时采用周数据得到的套保绩效相对于日数据降低了。这与对棉花系列进行套保得到的规律不同，随着套期保值期限的延长，得出的套期保值比率不一定更有效地减少收益的波动。

通过比较运用 OLS、ECM、B-VAR 等 3 种模型的套保绩效，我们可以看出 OLS 的效果是最好的，但 ECM 与 B-VAR 模型也与之相差无几。

4. 主要结论

期货价格与现货价格均为非平稳序列。利用单位根检验得到，PTA 的期货价格与现货价格序列均是非平稳的，其期货价格与其现货价格序列的一阶差分均是平稳的，所以说明期货价格序列与其现货价格序列均是一阶平稳，即 I(1) 过程。这与大多数学者的研究结论一致，这也是期货市场的一个共有特性。

棉花期货与 PTA 现货、PTA 期货与 PTA 现货都具有协整关系。通过对最小二乘法得到的残差序列进行单位根检验得到，在 5% 的置信水平下，棉花期货与 PTA 现货、PTA 期货与 PTA 现货都具有协整关系，即存在着长期均衡关系。从其相关性系数可以看出，也都具有较高的相关性。这对化纤生产行业参考期货价格确定现货价格提供了可能，也对这些行业的厂家利用期货进行直接或者间接套期保值提供了保证，有助于提高厂家的风险抵抗能力以及优化其产业结构。

从套期保值比率及套期保值绩效来看，直接套期保值比间接套期保值都要高。这与实际情况是相符的。虽然间接套期保值得到的绩效没有直接套期保值高，但在实际情况中，在相应期货品种的交易量萎缩的情况下，不能进行有效的直接套期保值时，选择间接套期保值也能够有效的降低风险。

从数据的周期选择来看，使用周数据得到的套期保值绩效不一定比日数据高。数据的周期越长，越能减缓数据的日常随机波动，套期保值的效果越好的结论，在针对不同品种使用不同时间段的数据时并不总是成立的。

利用不同期货为同一现货进行套期保值时得到的套保比率不同。在对 PTA 系列进行研究发现，利用不同的期货品种（棉花期货和 PTA 期货）为 PTA 现货进行套期保值，其套期保值比率是不同的。

模型的选择方面，OLS、ECM、B-VAR 模型得到的套期保值比率相差不大。其中，OLS 模型在直接套期保值还是交叉套期保值中，套期保值效果都是最高的。ECM 模型中的误差修正项系数都是统计显著的，这表示上一期的均衡误差对下一期现货价格的调整会有显著的影响。在 B-VAR 模型中，现货价格和期货价格变动量的滞后变量回归系数也是统计显著的，这表明短期内现货、期货价格与均衡价格的偏离对于最小风险套期保值比率也有显著的影响。

棉花期货价格与 PTA 现货价格、PTA 期货价格与 PTA 现货价格都具有双向引导关系。由格兰杰因果检验的结果发现，从本文选取的数据样本可以知道棉花期货价格与 PTA 现货价格、PTA 期货价格与 PTA 现货价格都具有双向引导关系。

七、结论及政策建议

（一）基本结论

一是大宗商品价格波动加剧，并且价格已经突破以往历史区间。

结合刚刚经历过的全球金融危机，不难发现我们正在经历着全球大宗商品巨幅波动的时代，在 2005 ~ 2011 年间，大宗商品价格，经历 2005 ~ 2008 年间的大幅上涨和急速下跌，以及 2008 ~ 2011 年年更为迅猛的攀升；并分析了较长周期的大宗商品价格，我们发现 1971 年以来全球大宗商品价格的大幅波动已经成为一种常态化。

我们认为以美元为主导的国际货币体系大变革和美国宽松的货币政策是导致近年来大宗商品价格大幅波动以及本轮上涨的重要因素。然而回顾 20 世纪 70 年代的历史，更应看到世界经济格局的重大变化，才是反映到大宗商品价格剧烈变动的根本原因。20 世纪 50 ~ 70 年代初，西欧和日本进入了战后经济高速发展的黄金时期，并打破了美国的绝对霸主地位，形成了资本主义世界三足鼎立的新格局，这是长期稳定的国际货币体系发生重大变革的深层次原因。由此，全球大宗商品价格亦打破二战后的长期均衡，进入了长达 30 年的历史高位突破后振荡阶段。

进入 21 世纪以来，以“金砖四国”为代表的发展中国家、后发展中国家的崛起和高速发展再次引致了世界经济格局的巨大变动，美元为核心的国际货币体系也再次陷入失衡状况，多国政府纷纷直接或间接调整汇率政策以维护本国利益，各国间汇率波动加剧。按购买力评价法，2007 年“金砖五国”（BRICS）国内生产总值（GDP）之和已占到世界 GDP

的22%，并一举超过美国。新兴经济体的发展也导致了全球大宗商品需求的爆炸式增长，在供给和需求的日益趋于紧平衡状况下，大宗商品的价格也进入了高位大幅波动的时期，并且在新的均衡形成之前，该波动有可能将成为一种常态。

二是国际OTC市场的发展，以及交易所上市的期货期权的发展均充分说明，全球范围内风险管理的需求加大。

我国的套期保值的潜在需求日益提高的，这从纺织行业上市公司利用期货市场进行套期保值的分析，以及我国迅速发展的大宗商品电子交易平台也可验证。并且实证分析也指出，我国期货市场发展的最大动力来自于改革开放以来市场化进程中的制度释放，而我国经济高速发展在总量上的提升是对期货市场成交量大幅增加的主要解释变量，并且价格本身对期货市场的成交量和持仓量却起到一定的抑制作用，这与直觉和通常理解的有些不同。

实证估计结果指出，大宗商品价格指数CRB的变动与铜持仓量呈负相关，而进出口贸易总额与铜的持仓量正相关，符合之前提出的理论假设。当CRB价格上涨1%时，铜的持仓量将降低1.6%，而当进出口贸易总额变动1%时，铜的持仓水平也将同方向变动1.52%。由此，我们也可以得出，一国经济规模的扩大、国际贸易的发展将提高对期货市场发展的要求，而价格的变动是影响期货市场发展的又一重要因素，该结果还显示当期货价格大幅上升时市场内在的动力就会抑制期货市场的交易量和持仓量，所以政府行政干预市场是缺乏理论依据的，并且会使市场不确定性增加，反而加剧市场的波动。

三是受中国期货市场产品创新不足，导致我国上市品种仍然有限，并且制度的供给方面也对日益增长的套期保值需求起到了抑制作用。

我国期货市场的品种创新受到传统思维的束缚，导致我国上市期货品种的相对匮乏，已经远远落后于发达经济体的期货市场产品创新速度，更落后于一些新兴经济体，我国只是在商品期货市场的交易量上取得了较大的成功，而且主要来自于中国经济高速发展之后利用期货市场的需求大幅攀升导致，在产品供给和制度供给方面的贡献并不大。

从我国大宗商品电子交易市场在近年来的蓬勃发展，充分说明我国利用包括远期在内的金融衍生品工具市场进行风险管理的需求是多么巨大，同时，期货市场发展滞后于现货市场的现状，必然导致其他衍生工具的高速发展。

美国期货市场经历160余年的发展，有过曲折，也被误解过，被怀疑过，但时至今日的市场监管却大大提高。这种提高不是追求对期货市场的控制力，不是简单的对市场投资者的微观管理，而是为了从功能上实现市场的稳定和繁荣，并且为了提高期货市场对全球经济环境和投资者需求的变化，为市场创新留有较大的空间。从交易所的角度，也持续吸引更广大商业机构利用期货市场，而主动降低相应的交易费用。而我国的交易所却在鼓励套期保值者的制度供给方面做出的突破并不多，并形成对满足套期保值需求的较大抑制。

四是中国期货市场在产品创新和制度创新方面的滞后不是在较短的时间内可以扭转的，因此在当前这样的期货市场发展阶段，本文提出充分利用交叉套期保值的功能进一步提高企业利用期货市场的比例，具有较高的实践意义和理论价值。

交叉套期保值是指在期货市场上用其他种类的商品对某种现货头寸进行对冲的套期保值。结合期货市场和现货市场的发展本文将交叉套期保值具体分为3类，即“无期货合约交叉套期保值”“合约成交量不满足的交叉套期保值”“偏套利型的交叉套期保值”。

无期货合约交叉套期保值是指，当期货市场并没有直接相对应的期货合约品种时，利用与现货（需要对冲风险的标的物）价格相关性较高的期货合约作为替代品而进行的套期保值。

合约成交量不满足的交叉套期保值是指，虽然期货市场有与之直接相应的期货合约，但是该合约的成交量无法满足履行正常的套期保值功能，所以利用与现货（需要对冲风险的标的物）价格相关性较高的期货合约作为替代品而进行的套期保值。

偏套利型的交叉套期保值是指，虽然期货市场有与之直接相应的期货合约，并且该合约的成交量也能够满足履行正常的直接套期保值功能，但是出于对市场价格、基差等方面因素的考虑存在一定的套利空间，所以选用与现货价格相关性较高的期货合约作为替代品进行交叉套期保值。

五是通过选取棉花期货、钢材期货和 PTA 期货及其相关现货分别作为 3 类交叉套期保值的实例进行实证分析，得出交叉套期保值和直接套期保值一样都可有效地降低了期货与现货组合收益率的方差，即交叉套期保值具有对冲现货价格波动带来收益下降的职能。

对于不同的品种来说，选取的最优套保比率估计方法或有所差异，但本文发现 OLS、B-VAR 和 ECM 等 3 种相对比较成熟的方法中，也并不是越复杂得到方法就一定更好，3 个品种的数据均说明，OLS 法在总体上优于其他两者。但在数据的选择上，总体上来看，周度数据要高于日数据得到的最优套保比率，相应的套保绩效也好些。只是在利用棉花期货为 PTA 现货进行偏套利型的交叉套期保值时，发现选用周数据时，最优套保比率会低于日数据所得，这也说明该类型的套保的稳定性对于不同的品种可能会有所差异，而其不同的行情阶段也会有所不同。

通常情况，当期货市场两种相关合约的价差出现非常态化的异动时，首先要判断出现的是短期的可修正价差，还是背后有长期的结构性因素导致的根本性价差变动。从操作可行性上和机会的判断的把握上来讲，前者应有更广泛些，尤其适宜对现货和期货价差状况比较了解的商业机构，主要是进行常规化的保值行为。而后者在机会的判断上和时间的周期上来说都具有一定的难度和不确定性，这方面的交叉套期保值则需要具有宏观和战略的思维，更加适合战略投资者的长周期的保值行为。

（二）政策建议

通过本文的研究思考，特别提出以下几方面建议以期有助于从服务套期保值需求角度探索中国期货市场发展之路。

一是要充分重视全球大宗商品价格波动加剧和价格再次突破历史区间的客观事实，在政府行为层面，是要以前瞻性思维和全球的视角对经济周期和大宗商品价格方面有所作为，但更需在市场机制层面鼓励企业发挥积极性和主动性予以应对。

二是在成为第一大商品期货大国之后要冷静地看到，这只是从成交合约的手数来排名的，掩盖不了我国期货市场上市品种匮乏的不足，要想顺应并赶上全球期货创新的步伐，要加快上市的节奏。股指期货的成功上市说明，我国金融市场的基础设施以及投资者的需求都不是问题，问题出在供给上，理顺期货、期权等金融衍生品的上市机制成为当务之急。

三是中国期货市场在产品创新和制度创新方面的滞后并不能在较短的时间内可以扭转，在上市品种结构不完备的条件下，充分利用交叉套期保值，将有利于提高企业利用期货市场的比例，具有较高的实践意义和理论价值，应得到充分的重视。

四是提高期货市场与国民经济的良性发展是一个系统工程，尤其针对我国仍处在新兴加转轨的发展时期，关键在于不要让过严的监管束缚住市场创新的动力，还要为企业和投资者利用期货市场创造一个良好的社会宏观环境。媒体、金融机构、交易所、监管层等方面在为期货市场发展而不断改进的过程中是值得拥有充分的历史使命感的。

五是全球交易所的竞争问题本文没有过多涉及，但是政策制定者、各家交易所要有充分的危机意识，要为应对未来中国资本市场的国际化做好充分的准备。如果一旦国内的投资者发现国外的期货品种本质相同并且交易成本和服务更便捷，这就不仅仅是一个交易所本身盈利与否的问题，而是关系金融系统稳定和国际定价权的核心问题。

六是20世纪80年代中期，我国进行价格和流通体制改革的时候，较为成功地探索了一条在计划经济向市场经济转型过程中建设发展期货市场的道路，可以说是期货市场发展领先于现货市场。但是从目前的情况来看，我国期货市场的建设却被其他新兴经济体赶上，甚至滞后于现货发展，这应该引起足够的重视。

执笔人：王　军（中国农业大学经济管理学院讲师，
中国期货与金融衍生品研究中心秘书长、
副主任）

第六章

我国铜企业战略套期保值研究

一、我国铜企业套期保值现状分析

（一）我国铜企业套期保值的外部环境分析

2000 年以来，全球铜行业呈现出快速成长的趋势。新兴经济体的快速发展及其工业化、城市化的快速推进是全球铜行业快速成长的主因，它有效弥补了德国、美国、日本等传统消费大国需求放缓的问题。其中，中国因素尤为突出，已成为推动铜行业快速发展的主要动力。根据研究 WOODMAKENZI 的分析，2001 ~ 2011 年，全球精炼铜消费量从 1478 万吨逐步增长至 1993 万吨，10 年间增长了近 35%，年均增长 3%；而中国精炼铜消费量则从 223 万吨猛增至 778 万吨，10 年间增长了 3 倍多，年均增长高达 13.3%，是全球铜行业平均增长率的 4.4 倍。从 2012 年全球各主要铜消费国的绝对消费量看，中国、美国、德国以及日本等制造业大国仍然是铜的主要消费国，但中国的铜消费就占了全球消费总量的 39%，是全世界绝对的最大铜消费国。可见，中国已经成为影响全球铜消费的最主要因素。

目前，我国依然是全球最活跃的经济体，工业化进程也远未结束，未来发展速度依然较快，因此铜消费将继续保持较快增长。根据以往工业化国家的发展经验和规律看，工业化过程中经济的快速增长与铜等矿产资源的大量消耗密切相关，经济增长与矿产资源的消耗呈“S”形曲线（见图 6.1）。尽管不同国家的基本国情和工业化进程的节奏存在差异，这导致了“S”形曲线的波长和频率特征各不相同，但从加速工业化开始到完成工业化之前，各国的人均资源消费量往往表现出数倍、数十数倍增长的历史规律。

根据中国地质科学研究院的预测，若按照日本人均消费模式计算，我国在 2011 ~ 2030 年的铜需求量为 1.39 亿吨（见表 6.1）。虽然中国经济快速发展对铜的需求急剧增长，但我国铜资源及自产铜却严重不足，难以用仅占全球 5% 的储量来满足占全球 39% 的消费量，因此我国铜行业呈现出占有资源少、消费总量大、消费增速快、对外依存度高的特点。研究机构 WOODMAKENZI 预测，中国精炼铜的需求未来几年年均增长将达到 7.1%，比全球预测增速高 1.7 倍。中国铜原料的对外依存度依然高达 60% 以上。

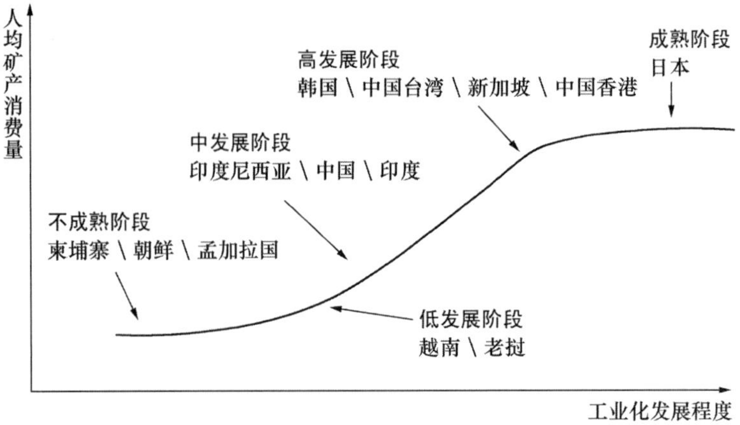

图 6.1 亚洲主要国家经济发展与资源消费图示

资料来源：《矿产资源可持续供应问题及对策》，2003 年。

表 6.1　　我国石油、铜、铝、锌需求预测　　单位：百万吨

项目	预测方法	2000 年	2010 年	2001～2010 年累计	2020 年	2011～2020 年累计	2030 年	2021～2030 年累计	2000～2030 年累计
铜	总量预测模式	1.55	2.88	22.85	4.35	37.50	5.52	50.10	110.45
	荷兰人均模式		3.18	24.00	4.78	40.00	6.16	56.27	120.27
	日本人均模式		4.40	28.75	6.33	54.16	10.06	84.73	167.64
铝	总量预测模式	3.30	6.85	51.80	10.95	91.00	14.43	128.00	270.80
	荷兰人均模式		6.34	47.99	9.27	80.53	11.81	108.80	237.20
	日本人均模式		8.79	59.56	14.42	117.53	19.11	175.83	352.92
锌	总量预测模式	1.30	2.60	19.43	4.16	34.02	5.48	48.62	102.07
	荷兰人均模式		2.71	20.40	4.06	34.73	5.23	47.33	102.46
	日本人均模式		3.92	26.48	6.43	53.29	8.55	77.19	156.96
石油	韩国限定结构模式	230	347	2913	518	43.53			7266
	日本限定结构模式		388	3116	650	5227			8343

资料来源：《中国地质科学院全球矿产资源战略研究年报告》，2000 年。

从以上分析可以看出，中国经济的快速发展以及城市化、工业化进程的不断深化，意味着未来我国的铜需求仍将保持一个较快的增速，中国在全球铜消费构成中的占比还会持续增加。因此，中国因素对于全球铜消费及铜行业影响的重要性将更加凸显。这对我国铜企业战略套期保值的研究具有非常重要的现实意义。

（二）我国铜企业套期保值的现状分析

1. 我国铜企业套期保值现状及存在的问题

铜是我国最早市场化、国际化的大宗商品之一。自20世纪90年代初，我国铜企业就开始开展铜的套期保值业务，至今已经有20余年的历史。起初，我国的市场经济尚处于初期发展阶段，参与套期保值的铜企业大多是原有色金属工业总公司所属的国有企业，他们是我国开展铜套期保值业务的先驱者。但由于当时铜行业高度集中，铜企业市场化程度不高，竞争还不充分，铜企业的套期保值需求和愿望不如现在强烈，且多数铜企业对期货市场还比较陌生，缺乏对期货市场的正确认识，也没有实际操作的经验，期货人才更是稀少，因此，当时期货仅仅是铜企业作为一种销售或采购手段存在。后来，随着市场经济的发展以及中国有色金属工业总公司的解散，江铜、铜陵、云铜、大冶有色等一批我国骨干铜企业被下放到地方管理，我国的民营铜企业也开始出现并快速发展壮大，铜企业的市场化环境大幅改善。在此时期铜价波动也呈现出日益增强的趋势，我国铜企业对期货市场的功能与风险的认识也逐渐增强，开始理解到期货“规避风险、发现价格”的基本功能，套期保值的意愿显著增强，并开始套期保值的具体实践。在此阶段，我国期货经纪公司的快速发展也为这些铜企业开展套期保值业务提供了条件，他们不仅给铜企业套期保值业务提供通道服务，还提供套期保值业务规划、制度建设和套期保值方案咨询设计，并培养输送了一大批套期保值的专业人才，这些都极大地促进了我国铜企业套期保值业务的发展，套期保值的水平和效果也有了很大的提升。

但是，我们也应当看到，与国外成熟铜企业相比，我国铜企业的套期保值业务仍存在很多不足，这主要体现在以下三个方面。

第一，套期保值存在广泛性上的缺陷。广泛性缺陷具体表现为我国铜企业参与套期保值的数量少、比例低。据国际掉期及衍生工具协会（ISDA）的统计，全球500强企业中有九成都有利用期货、期权管理风险的经验。而在我国的铜产业链中，铜矿山企业进行套期保值的比例仅在20%～30%；铜消费类加工企业比生产企业高，但比例也在50%以下。我国铜企业，特别是铜矿山企业和铜消费类企业套期保值比例低，使得其产品暴露出很大的风险敞口，对企业生产经营及发展造成了严重的影响。从原因上看，上述广泛性缺陷是由以下几方面原因导致的：一是我国金融创新步伐相对滞后，交易所套期保值品种、合约设计无法满足企业的具体需求，比如，目前我国铜企业仍无法在国内市场交易铜期权合约；二是除贸易及冶炼企业因自身高杠杆、利润水平低、抗价格风险差等特点而必须进行套期保值外，其他很多铜企业对套期保值在认识上有偏见，认为是高风险业务，属于严重投机，风险巨大；三是目前的会计制度，对于铜企业保值业务的处理方法，使得企业特别是国有企业的管理人员参与套期保值的积极性不高；四是套期保值属于金融衍生品领域，对于从业及管理人员的专业能力和经验要求比较高，而由于一些历史的原因，目前我国铜企业的管理人员多是生产领域的人才，套期保值业务方面的人才依然很缺乏，从而导致开展套期保值业务受到制约。

第二，套期保值存在规范性上的缺陷。规范性缺陷具体表现为不规范的套期保值操作造成了严重损失。结合多个具体案例的相关经验可以看出，我国铜企业在套期保值过程中遭遇亏损往往非系统性风险导致，而是由操作层面的技术性失误带来的。具体包括如下几个方面：一是参与非标准化的合约，如与投行机构签订高风险的对赌合约等；二是在非交易时间进行场外交易，导致平仓环节受到阻滞；三是交易违背了套期保值的基本原则，例如出现交易规模远大于产业经营需要等情况，使得套期保值变成了期货投机。

第三，套期保值存在前瞻性上的缺陷。长期以来，国内对套期保值的研究多是将期货商品本身作为套期保值对象加以研究，并未从企业整个视角来看待套期保值；体现在实践层面，企业也是仅将套期保值作为生产经营中的一种日常战术型的价格风险管理方法，而未将其与企业所面临的外部宏观环境有机地结合起来系统研究。而事实上，企业尤其是大宗商品类企业所面临的最大风险是宏观经济周期波动所引起的大宗商品价格巨幅波动的风险以及由此形成的对企业利润及现金流的冲击。宏观经济周期波动对企业现金流的强烈冲击往往影响到企业战略如期实施，甚至会导致企业因资金链断裂而被破产收购。从实践上看，很少有企业开展基于经济周期的套期保值实践，也就是说大量的企业套期保值实践未能规避经济周期带来的剧烈价格波动风险。

其中，比较典型的案例是国储铜事件。尽管事件的主体并非企业，而操作上也不是严格意义上的套期保值，但我们仍可以从此事件的一个侧面说明套期保值缺乏前瞻性所带来的巨大危害。2000 年以后，在中国因素推动下，铜价开始企稳向好，在 2003 年下半年开始快速上涨并步入新的价格区间，上涨持续的时间和幅度都超过了以往。自 2005 年开始，很多国际机构开始看空，认为铜价经过长时间的巨幅上涨，很可能会下跌。据此，国家物资储备局操盘手刘其兵也看空铜价，并于 2005 年 9 月形成了 20 万吨的空头头寸。然而，铜价并没有出现刘其兵所希望的那样下跌，而是在 2005 年 11 月稳步上涨到 4000 美元/吨以上，刘其兵所建的空头头寸浮亏 6 亿美元。为了打压铜价，减少损失，国家物资储备局高调发布抛售储备铜的消息并开始付诸实施，但铜价上涨趋势并未停止，在短暂的小幅震荡后继续上涨，于 2005 年 12 月创下 4466 美元/吨的历史新高。尽管后来国家物资储备局通过实物交割等手段将亏损减少，但仍给国家造成了约 9.2 亿元的巨大损失。

造成国储铜事件的原因是多方面的，有内部管理、对手逼仓等技术性因素，但本文认为更重要的是其对于铜价与经济周期关系缺乏深刻的理解、研究和把握。在全球经济持续向好，中国经济以两位数的速度高速发展的背景下，对于全球铜需求将持续快速增加，特别是铜价在中国需求主导下将继续上涨的大趋势认识不足，违背战略套期保值所强调的基本原则，而仅仅因铜价已经多年上涨且涨幅巨大以及暂时的库存变化等原因就盲目看空铜价，最终在铜价的趋势上出现了方向性的错误，导致巨额亏损。实际上，铜价此后继续一路上涨，并在 2008 年超过了 9000 美元/吨大关。如果国储铜继续通过展期保持持仓，那损失将是难以承受的天文数字。

国储铜事件说明认识和把握铜价与经济周期关系这一基本的铜价运行规律，对于我国铜企业应对解决 2000 年以后所面临的不利新形势的重要性；也表明抓紧提升我国铜企业把握铜价与经济周期之间运行规律的能力，据此进行科学套期保值，避免经济周期波动给企业带来的重大不利影响，已经成为铜企业所面临的重大紧迫任务；我国期货理论界也需要研究新的套期保值理论和方法来指导帮助我国铜企业，满足它们这一新的套期保值需求。

2. 我国铜企业套期保值的有益尝试

实际上，我国已有企业在相关专家、机构的指导下，在套期保值方面探索改进，进行了积极有益的尝试，收到了良好的效果。其中比较有代表性的是特变电工在套期保值上的成功经验。

特变电工是我国变压器领域的第一家上市公司，它主要从事变压器、电缆、光伏硅片的生产业务。铜是其重要的产品原料，在成本中占有很高的比例。为了尽可能地锁定及降低成本，特变电工一直将提高套期保值水平作为公司中长期发展战略的重要组成部分，并通过制定相应的规章，在公司内形成了各司其职的套期保值风控体系，实现了套保决策的规范化。

在经历了多年的大幅上涨后，2004 年，市场人士对于铜价的未来走势产生了很大分歧，很多国外知名的研究机构及投行都看空铜价，特变电工也因此陷入徘徊不决。为此，特变电工邀请中国农业大学常清教授进行形势辅导。在此之前，常清教授以自己深厚的理论功底及常年的期货投资实践经验率先提出了战略套期保值的思路。在此次形势辅导时，常清教授进一步指出，世界经济格局正在发生根本变化，中国经济在全球中的地位将进一步提升。由于中国经济的快速增长是由工业化、城市化所驱动，必然会消耗大量的有色金属，因此中国因素将在未来一段时期对铜价将产生重要影响。铜价此时也突破了过去几十年的波动区域，进入了一个新的价格区间，不能再依靠过去的价格研判分析未来走势。综合来看，在中国因素的推动下，未来几年铜价将很有可能爆发新一轮上涨。常清教授对于铜价的准确研判给特变电工的套期保值业务提供了极大的帮助。特变电工为此对未来几年的铜需求量进行了买入套期保值，成功地锁定了铜原料成本。公司年报显示，特变电工在 2005 年、2006 年铜、铝期货市场上的套期保值规模分别为铜 6245 吨、26190 吨和铝 4850 吨、32595 吨，通过套期保值，公司两年对冲的成本分别为 1925 万元和 5929 万元，有效地降低了成本，使其在与同行的竞争中获取了非常大的成本优势。

在取得成功经验后，特变电工开始将对宏观经济形势的判断融入套期保值的决策过程中。这一举措大大增加了其套期保值的前瞻性，在规避风险的同时提高了套期保值的绩效。比如，2006 年下半年至 2008 年上半年，铜价在快速暴涨之后进入了高位宽幅震荡的区域，此时特变电工总体的套期保值思路是逢低买入为主，但是仓位要较前期有所降低。而在 2008 年下半年，种种迹象表明全球经济可能进入一轮衰退周期，特变电工再一次采纳了常清教授的建议，决定不再进行买入套期保值。而事后爆发的百年不遇的金融危机也印证了当时这一决策是非常正确的。

金融危机爆发之后，铜价大幅下挫，一度跌至 2800 美元/吨附近。在这一市场环境下，特变电工在常清教授的指导下摒除了市场恐慌情绪的干扰，冷静地分析了中国经济在未来的格局特征，判断中国因素将成为主导铜价变化主要因素，并为铜价上涨提供支撑。在此基础上，特变电工逐步确立起一保就保 3 ~ 5 年的战略套期保值的模式，也因此成功锁定了未来铜价大幅上涨的风险。特变电工通过基于经济周期的判断开展战略性的套期保值成功解决了 2000 年以来铜价波动日益剧烈频繁的问题，不仅有效地规避了价格波动风险，降低了生产经营成本，也确保了在铜价的大起大落中使得公司业务越做越大，竞争力不断增强。

从中国特变电工的套期保值经验可以看出，在套期保值决策中避免短视行为，充分考虑套期保值标的价格变化规律，将套期保值与企业生产经营和经济环境变化进行趋势性的匹配，是其套期保值取得成功的重要因素。正是基于对我国铜企业套期保值不足以及对国内外企业套期保值先进经验的认识，本文认为我国铜企业在套期保值策略上应在如下方面予以改进。

（1）加深认识期货市场功能，坚定套期保值信念，提高参与期货市场水平。

在相当长的时间里，我国铜企业对期货的认识比较粗浅，在观念上更多的是把期货市场理解为期货投机的场所，倾向于在市场上进行短期操作。多数企业对于期货市场基本的参与规则、合约种类和交易方式都不甚了解，更不用说根据企业自身需要和环境变化设计交易策略。在这种背景下，企业参与期货市场通常带有较强的盲目性，大量的技术性失误也成为频繁导致套期保值损失的重要原因。因此，我国铜企业必须加深对期货市场的认识，培养参与期货市场的能力，尽快提高自身的套期保值水平。

（2）形成风险与收益相匹配的意识，以现代资产配置理论武装套期保值业务。

在现代资产配置理论中，风险与收益都是决策函数中的目标项，而最优决策的实现，本质上体现的是一组风险和收益的权衡关系。对于铜企业而言，风险与收益对于套期保值如同跷跷板的两头，一方面是规避市场风险的需要，另一方面也有追求利润的需求。因此，在套期保值决策中，无视风险或无视收益都是不合理的。最佳的套期保值策略，应当既能够有效防御铜价波动带来的冲击，也能充分利用铜价的变化提升企业盈利。从中国特变电工套期保值的成功经验来看，“有所为有所不为”才是企业套期保值绩效优于其他竞争对手的关键所在。我国铜企业应当充分吸取资产配置理论的思想精华，在套期保值的过程中形成风险、收益相匹配的意识，做到追逐利润和控制风险、稳健经营相统一。

（3）认清新形势下铜价波动的动态特征，建立中长期大趋势套期保值的思维。

20 世纪 70 年代以后，布雷顿森林体系的解体以及经济一体化的推进，使得全球经济发生了深刻的变化。全球主要经济体及其金融市场不断融合，相互影响日益增强，大宗商品需求对宏观经济变化更为敏感，波动性也日益增强。这使得我们几乎不可能对短期铜价波动情况实现精准预测，容易在投机心理的驱动下因短期操作造成失误和损失，从而起不到套期保值的应有作用。为此，我国铜企业有必要加深对新形势下铜价波动的动态特征的认识，杜绝投机和短期套保心理，改进套期保值策略，形成中长期大趋势套期保值的思维。

（4）理清宏观经济与铜价的动态关联特征，将经济周期作为套期保值的重要依据。

不论从经济学理论还是现实感受，我们都可以发现宏观经济和铜价之间都存在着密切的联系。经济周期与铜价的长期稳定关系，使得铜企业基于经济周期信息进行合理套期保值提供了理论和逻辑上的支撑，但在实际工作中，我国铜企业套期保值绩效差的一个重要原因，恰恰在于忽视了宏观经济与铜价之间的这种稳定关系。因此，理清宏观经济与铜价的动态关联特征，将经济周期作为套期保值的依据，是提高我国铜企业套期保值的水平的重要途径。

二、战略套期保值的内涵及分析框架

（一）战略套期保值的基本概念

正如上文所述，进入21世纪年以来，国际铜价随宏观经济变化的波动性日益频繁，波动区间大幅增加，经济全球化进程也使得铜企业之间的竞争加剧。这些都对我国铜企业套期保值能力提出了新的更高的要求，不仅突出体现在我国铜企业的套期保值业务要规范运作、理性套保，更是要在套期保值策略上积极主动，通过制定科学合理的套期保值策略来规避宏观经济周期波动所形成的巨大风险，并充分利用铜价随经济周期的变动规律最大限度地获取收益。

“战略套期保值”正是基于这种思想而提出的一种基于经济周期波动的套期保值方法。为了便于开展本文研究，有必要在此对战略套期保值的概念予以清晰界定。战略套期保值是指企业基于商品价格（本文以铜价为例）随经济周期波动而变化的规律所采取的一种中长期趋势性的套期保值方法。

（二）战略套期保值的内涵

由战略套期保值的基本概念可知，与传统套期保值将研究集中在投资者所面临的非系统风险之上不同，战略套期保值重点关注对套期保值效果有更大影响的系统性风险。战略套期保值认为，非系统性的风险可以通过对现货、期货进行的组合方式来消除、规避，但系统性风险与宏观经济波动紧密相关，不能通过分散投资来消除。因此，经济周期波动是影响企业套期保值效果最为重要的因素，需要通过选择性的套期保值方法来予以规避或利用。战略套期保值的核心特征在于引入了经济周期因素，采取战略套期保值的企业能够利用对经济周期的判断，合理化其套期保值行为，并获得超额绩效。可见，战略套期保值提供了一个全新的系统框架，在这一框架下，经济周期理论和套期保值理论被统一起来。事实上，对于宏观经济风险的态度，也构成了“战略套期保值”和“传统套期保值”之间的本质差异。传统套期保值理论要求完全的风险（包括宏观经济波动风险）规避，这意味着最小化套期保值的风险敞口是传统套期保值策略的优化方向，因此传统套期保值策略关注的问题是根据期货和现货的相关程度来确定最优的套期保值比率和数量。战略套期保值策略则不同，其对宏观经济风险的态度更加积极，期望基于对经济周期的判断来作为其风险头寸管理的依据。

战略套期保值的另一个重要特征在于它不仅仅以风险管理为目标，还以超额收益为目标，试图在宏观经济周期性变化过程中挖掘潜在的资产配置收益。这种将收益纳入决策函数的做法秉承了现代资产组合理论的基本思想。在现代资产组合理论中，风险和收益被同时纳入效用函数，效用最大化的过程也不再仅仅关注于风险问题。从理论上讲，我们可以将战略套期保值视为套期保值和资产配置理论相融合的结果。

但是，在作用机制上，经济周期对战略套期保值的影响是以大宗商品价格（本文中为铜价）为媒介的，并不直接与企业的套期保值发生关系。其中，价格是企业战略套期保值的核心变量。因此，在逻辑上经济周期变化会影响大宗商品价格的相应变化，如果这种联动关系是有规律可循的，那么企业便可以依据对经济周期的判断而获得未来价格变动趋势的信息；而一旦企业对价格的变动趋势有所了解，就可以决定在一段时间内持有的头寸状况。

我们可以按照如下方式描述我国铜企业执行战略套期保值策略的行为模式：假设经济周期与铜价存在一种正相关关系，抑或是经济周期波动能引起铜价的同向变化，那么当铜企业判断经济周期处于上升阶段时，会对铜价存在一个上涨的预期。传统套期保值策略将无视这样一种“预期”，其决策方式独立于企业对铜价的预测；而战略套期保值策略则充分利用了这一预期，并引导铜企业在经济周期的上升阶段持有更多的多头头寸。同样，执行战略套期保值策略的铜企业在判断经济周期处于下行阶段时，将会利用期货工具覆盖其多头头寸。

总之，战略套期保值提出了一种有别于以往套期保值理论的新思想。以铜价为媒介，战略套期保值将铜企业对经济周期的判断和套期保值行为结合了起来，它包含了在特定宏观经济背景下铜企业对于铜价变化趋势的主观判断，并以获取超额资产配置收益为特征。战略套期保值策略也是一种承受宏观经济风险的策略，一种风险与收益并重的多元目标策略，一种择时策略。

（三）我国铜企业战略套期保值理论的分析框架

正如战略套期保值的概念及其内涵中所阐述的，我国铜企业战略套期保值策略是基于铜价随经济周期波动而变化的规律所采取的一种中长期套期保值方法，它涉及经济周期、铜价、套期保值三个基本要素，并且通过铜价将经济周期与套期保值有机地联系在一起。因此，本文对我国铜企业战略套期保值的研究也主要体现在铜价和套期保值、经济周期和铜价两组关系的探讨上。

1. 铜价与套期保值关系的理论分析

战略套期保值思想的理论源头可以追溯到资产可预测性理论。该理论认为，如果资产的投资收益存在时变性，那么最优的资产配置决策必然是依据不同的环境和状态做出的。资产可预测性被引入套期保值，使得套期保值策略所关注的问题从最优套保比率的计算转移到特定环境及效用函数下的最优决策上来。我们可通过如下模型来反映在考虑铜价预期变化的前提下铜企业的套期保值决策行为。

假定存在一个铜下游企业，其套期保值行为主要发生在原材料采购环节。设定该企业在采购铜原料时有两个选择：或者在 T_0 时刻购买以固定价格为 P_0 的期货合约，或者 T_t 时刻在现货市场上以即时价格 P_t 购买。设定 T_0 时期企业期货购买量为 q_0，T_t 时期的铜原料需求量为 q。若在 T_t 时期期货合约购买量不足以满足铜原料需求，即 $q_0 < q$ 时，则在现货市场上以价格 P_t 买入数量为 $q - q_0$ 的铜。可以看出，该铜下游企业的决策对象为 q_0 的数量。

对于处于时期 T_0 的铜下游企业，P_0 为一个常数，另假定任何时期企业对铜原料需求一定，那么 q 也是一个常数。而时期 T_t 的铜现货价格 P_t 为随机变量。假设 P_t 服从一个无偏分布 F_t（·），设其期望值为 μ，标准差为 σ。考虑一种收益与风险并重的决策目标，不考虑交易成本和税收因素，则可按照如下方式设定该铜企业在 T_t 时期的效用函数：

$$\max_{q_0}[E(W)-\lambda \mathrm{Var}(W)] \tag{6-1}$$

目标函数（6－1）中 W 表示企业利润，E（W）为企业对 T_t 时期利润的期望值，Var（W）为企业对时期风险的期望值①，λ（$\lambda>0$）反映了企业的风险厌恶程度，而对于某一特定企业来说，其风险厌恶程度是个固定的值 λ_0。假设 1 单位铜原料可生产出下游产品的数量为1，设 P 为每单位下游产品的售价，k 为每单位下游产品的售价除原材料外的生产成本，为研究方便，令 P、k 为常数，则目标函数（6－1）中的 $W=(P-k)q-P_t(q-q_0)-p_0q_0$。

此时有：

$$\begin{aligned} E(W) &= (P-k)q-E(P_t)\cdot(q-q_0)-p_0q_0 \\ &= (P-k-\mu)q+(\mu-P_0)q_0 \\ \mathrm{Var}(W) &= E\{[W-E(W)]^2\} = (q_0-q)^2\sigma^2 \end{aligned}$$

求解目标函数（6－1），可得到最优的 q_0^*：

$$q_0^* = q+\frac{\mu-p_0}{2\lambda_0\sigma^2}, 0\leqslant q_0^*\leqslant q \tag{6-2}$$

在等式（6－2）中，等式右边的第一项等于 T_t 时期的铜原料需求量 q，我们将其定义为企业传统套期保值的部分。第二项 $\frac{\mu-p_0}{2\lambda_0\sigma^2}$ 中涉及铜价 P 随机变量的期望值 μ、方差 σ^2 以及企业的风险厌恶程度 λ_0，因此该项用以表示企业根据铜价变化预期而进行的头寸调节，可将其定义为企业战略套期保值的部分。

对于特定铜企业，风险厌恶程度是个固定的值 λ_0。可以看出，在不考虑方差 σ^2 的情况下，铜下游企业的最优套保数量（最优期货合约采购量）是与期望价格密切相关的。当期望价格 μ 低于当前价格 P_0 时，企业最优套保数量 q_0^* 要小于 T_t 时期的原料铜需求量，期望价格越低，其最优套保数量 q_0^* 越少，此时存在总量为 $q-q_0^*$ 的净多头头寸。当期望价格 μ 高于当前价格 P_0 时，企业遵循传统套期保值原则，根据 T_t 时期的原料铜需求量决定套保数量 q，此时不存在铜原料的净头寸②。与此同时，企业对于铜价变化风险状况的预判 σ^2 也影响着最优期货合约购买量，σ^0 越大，战略套期保值部分的占比也就越小。

铜上游企业面临的情形也是类似的。假定 T_t 时期的预计铜销售量为 q，q 为一个常量。企业在 T_0 时期决定其在 T_t 时期的销售策略，此时它有两个选择：或者在 T_0 时刻以固定价格为 P_0 的期货合约销售，或者 T_t 时刻在现货市场上以即时价格 P_1 销售。设定 T_0 时刻企业期货销售量为 q_0。若在 T_0 时刻期货合约销售量不足以完成预计销售量，即 $q_0<q$ 时，企业

---

① Var（W）是利润 W 的方差，本文中以利润的潜在波动情况来反映企业面临的风险。

② 套期保值的基本原则是套保量不超过现货量，这也是套期保值区别与期货投机的重要特征。基于上述原则，即便当铜价的期望价格 μ 低于当前价格 p_0 时，铜企业也不应持有铜的空头净头寸，而是维持在完全套保的状态。

仍可以在时刻于现货市场上以价格 P_1 销售数量为 $q-q_0$ 的铜。

目标函数（6－1）可解出企业最优的期货合约购买量 q_0^* 由等式（6－3）决定。

$$q_0^* = q - \frac{\mu - P_0}{2\lambda_0\sigma^2}, 0 \leq q_0^* \leq q \tag{6-3}$$

可以看出，在不考虑方差 σ^2 的情况下，铜上游企业的最优套保数量（最优期货合约销售量）与期望价格密切相关。当期望价格高于当前价格 P_0 时，企业最优套保数量 q_0^* 要小于时期的铜原料需求量 q，期望价格越高，其最优套保数量 q_0^* 越少，此时存在总量为 $q-q_0^*$ 的净多头头寸。当期望价格 μ 低于当前价格 P_0 时，企业遵循传统套期保值原则，最优套保数量与预计销售量相同，此时不存在铜的净头寸。同样，反映企业风险判断的 σ^2 越大，战略套期保值部分的占比也就越小。

由此可以得出，一旦铜企业（包括铜下游企业和铜上游企业）愿意承担一定的风险时（$\lambda_0>0$，但不趋于无穷），对未来铜价期望值与当前铜价之间的差距将使得期货销售量无法完全匹配期望的采购量（预计销售量），而这一缺口也正反映了铜企业战略套期保值的概念及内涵。当存在风险偏好时，铜企业持有净头寸的数量既与其自身的风险偏好程度 λ 有关，也与企业对铜价变化的预期有关，企业的最优期货交易量将包含其对铜价分布信息（μ，σ^2）的先验性判断。

上述模型清晰地反映了在将资产的可预测性引入套期保值理论后，铜价与企业套期保值行为之间的关系。具体来讲，企业预期铜价上涨时，持有铜的净多头头寸，预期铜价下跌时，则不持有净头寸。预期铜价向上变化幅度越大时，企业持有的净头寸也越多，预期铜价向下波动幅度越大时，持有的净头寸也越少。

2. 经济周期与铜价关系的理论分析

对于铜价和经济周期关系的探讨，描述了铜企业对铜价的判断影响其套期保值行为的作用机制，这也体现了战略套期保值和传统套期保值的本质差异。然而，考虑铜价预期变化的套期保值并不能等同于本文中所提出的战略套期保值。战略套期保值还要求铜企业在判断铜价变化的过程中充分依据经济周期的信息。战略套期保值要求存在一个从经济周期到铜价、再到套期保值的关系链条，因此要彻底明晰战略套期保值的内涵，必须深入理解经济周期和铜价的关系。从直观上看，铜作为一种重要工业原材料存在多个下游行业，而经济周期通过铜下游行业作用于铜需求，进而影响铜价。

在经济理论上，经济周期变化从需求端打破了铜供求关系的均衡状态，并通过“库存效应”和“资本效应”引起铜价变化。当该情形发生时，铜企业会出现两种不同类型的应对行为。一方面，铜企业会通过调节库存来应对需求增减；另一方面，铜企业也会追加投资或关停产能。前者的影响是短期的，铜价围绕均衡价格的上下波动，但铜的潜在均衡价格在此过程中并没有发生改变；后者的影响则是长期而深远的，它将导致铜的均衡价格发生变化，使得铜价随经济周期也出现周期性的趋势。为表述方便，本文将经济周期在库存层面对铜价的影响称为经济周期影响铜价的“库存效应”，而将经济周期在资本层面对铜价的影响称为经济周期影响铜价的“资本效应”。

可以按照如下方式解释经济周期影响铜价的“库存效应”：当铜的市场需求减弱时[①]，铜出现阶段性的过剩，贸易商被迫抛货导致铜价走低。在此阶段，铜生产商主动降低库存，减少生产，因此这一阶段也被称为“主动去库存”阶段。随后，由于库存、产量的不断减少，市场出现由供过于求到供不应求的转变，铜企业也出现补库存的动机，但生产企业的开工恢复往往需要一个过程，因此供不应求的状况也将持续一段时间。在此阶段，库存不断地消耗，价格则因为供求改善企稳触底，这一阶段也被称为“被动去库存”阶段。当铜的市场需求增强时，铜生产企业的产能利用率不断提升，当突破供求临界点后，库存也开始增加。这一阶段是行业复苏的时期，铜价保持上行，在库存周期中被称为“主动补库存”阶段。最后，当实际需求难以匹配铜企业的增产速度时，库存将出现被动性的增加，铜价呈现出滞涨的状态，并承受回调压力，这一阶段也被称为“被动补库存”阶段。在上述4个阶段中，企业通过提高或降低开工率应对市场变化，但并没有出现潜在产能的变化，铜价也只是围绕均衡价格上下波动（见图6.2）。

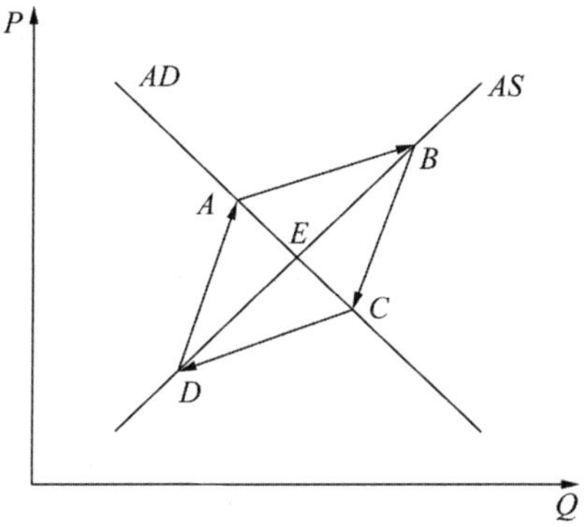

图6.2　经济周期影响铜价的“库存效应”分析

注：图6.2表示了“库存效应”中铜价的变化路径，真实的产量－价格状况围绕潜在均衡点E并按照图中所示轨迹运行，B到C对应的是“主动去库存”阶段、C到D对应的是“被动去库存”的阶段，D到A对应的是“主动补库存”的阶段，A到B对应的是“被动补库存”的阶段。图6.2反映的铜价变化类似于一个封闭的蛛网模型，它是市场经济的“看不见的手”的体现。

同样，我们可以按照如下方式解释经济周期影响铜价的“资本效应”：假设一个正向需求冲击使得铜的下游需求增长，此时铜产量小幅增加，铜价上行。为适应需求增长，在逐利性驱使下铜企业将增加固定资产投资，扩大产能，铜产量进一步增加但价格出现回落。同样，当一个负向需求冲击使得铜的需求减少时，铜产量小幅增加，铜价下行；价格下降会压缩企业的利润空间，当铜企业对行业前景的预期变差时，会关停产能、退出行业甚至申请破产，这使得铜产量减少，铜价上行（见图6.3）。由此看出，经济的周期性波动通过企业的资本行为导致了铜价波动。显然，企业通过资本行为调节产能并没有库存变化那样灵活，因此，从效果上讲，“库存效应”是短期的，“资本效应”则是长期的，在“资本效应”下，铜价随着经济周期变化也呈现周期性变化的特征。

---

① 一般认为在库存层面的需求变化是内生的，即需求曲线没有出现位移，铜价围绕一个稳定的均衡价格正常波动；而在资本层面，需求变化是外生的，即需求曲线出现了位移，铜价的均衡价格也发生了变化。

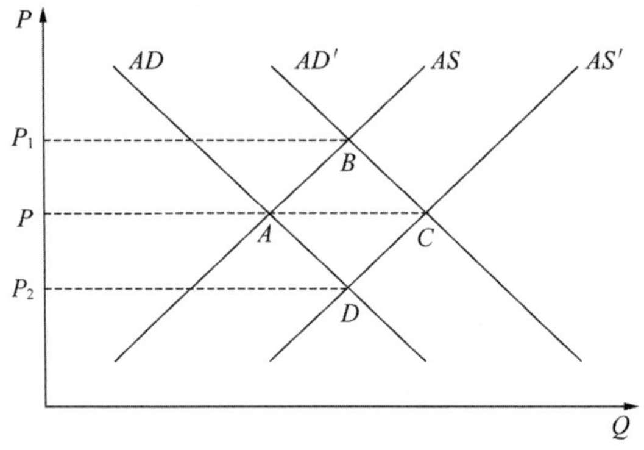

图 6.3　经济周期影响铜价的“资本效应”分析

注：图 6.3 表示了“资本效应”中铜价的变化路径。经济周期对铜下游需求的影响表现为需求曲线的位移，假设出现了一个外生冲击导致需求曲线由 AD 平移到 AD′，均衡点由 A 到 B，均衡铜价也由 P 上升至 P_1；而随着利润的增长，铜企业会增加固定资产投资，供给曲线由 AS 到 AS′，均衡铜价由 P_1 下降至 P。同样，当外生冲击使得需求曲线向左平移时，均衡点由 C 到 D，均衡铜价下降至 P_2；随着大量企业的停产退出，供给曲线将由 AS′平移到 AS，均衡铜价回升至 P。可以看出，在宏观经济周期性变化的过程中，铜价也出现了周期性变化。

三、世界经济周期与铜价关系的实证研究

（一）实证研究框架

在总结前人研究成果的基础上，上文从实证角度探讨了经济周期与铜价关系的显著性问题。为得到更为全面、清晰的结论，本文设计了如表 6.2 所示的研究框架，从三个不同的角度进行分析。该研究框架既适用于世界经济周期与铜价关系的实证研究，也适用于中国经济周期与铜价关系的实证研究。

表 6.2　经济周期与铜价关系实证研究基本框架

	研究角度	研究描述
经济周期和铜价关系的实证研究	实证研究一：经济周期和其他因素与铜价关系的显著性比较	对经济周期因素和其他因素与铜价的相关性进行比较，以确定经济周期因素是否是影响铜价最重要的因素
经济周期和铜价关系的实证研究	实证研究二：经济周期和铜价的时滞关系检验	对经济周期和铜价变化的先行后续关系进行研究，以确定经济周期的变化是否会引起铜价变化
经济周期和铜价关系的实证研究	实证研究三：经济周期和铜价运行趋势的同步性检验	对经济周期和铜价的运行趋势进行比对，以确定二者是否存在长期趋势上的同步性

（二）铜价影响因素的显著性比较分析

1. 铜价影响因素的指标体系

从理论上讲，铜既具备商品属性，又具备金融属性，这使得我们可以将影响铜价的因

素划分为两大类。一方面，铜的供求决定了铜价的运行趋势，我们将与铜供求相关的因素定义为影响铜价的经济因素；另一方面，通货膨胀预期、风险偏好、投资倾向也会通过金融市场对铜价产生影响，我们把这部分因素定义为影响铜价的金融因素。影响铜价的因素有很多，其中主要的因素有经济周期、供给状况、货币因素、生产成本等。考虑到影响因素的重要程度和数据的可得性，本文仅将六个主要方面的因素纳入指标体系，并选取了相对应的变量。其中，经济因素的指标从供求角度选取了以下两个。

（1）经济周期。

铜作为一种重要的原材料，一般来说，其需求量随经济景气度上升而增加，随经济的下滑而回落。全球性铜期货市场的形成使得经济周期对铜价的影响也表现出“全球化”的特征，由于期货市场是一个与国际市场紧密联系的开放的市场，使得铜价波动不仅与一国的经济周期相关，也受到其他国家经济周期的影响。本文主要利用经济合作与发展组织（OECD）公布的全球经济先行指数（WOINF）反映世界经济周期的变化趋势。

（2）铜生产①。

铜生产从供给端影响铜价，但由于铜矿从勘探、可行性研究到最终建成投产一般历时比较长，铜的短期供给价格弹性较之需求价格弹性要小得多。在多数情况下，铜生产表现出一种被动变化的特征，即是跟随铜价变化而非引导铜价的变化。铜产能调节的刚性意味着供给因素对铜价的影响相对有限。本文使用全球矿山铜产量（WOSU）反映国际的铜生产情况。

在金融因素指标体系的构建上，本文主要考虑了货币供给和名义利率、通货膨胀预期、汇率和相关市场价格等四个方面的因素。

（1）货币供给和名义利率。

货币供给是各国央行调节经济的重要手段，它主要通过利率途径影响大宗商品价格。当货币供给大幅增加时，被压低的利率降低了投资者的机会成本，使之参与大宗商品投机的意愿增强。与之对应，当货币供给收缩，市场利率抬升时，投资者参与大宗商品市场的意愿将减弱。货币供给和名义利率反映的是市场的流动性状况，考虑到美元在全球流动性体系中的核心支配地位，本文用美国 M2 经季调后的环比增速（AMM2G）和美国 1 年期国债收益率（AMRA）的月均值反映货币供给和利率因素。

（2）通货膨胀预期。

经济学理论认为，铜价和通货膨胀之间存在一种双向的引致关系。一方面，以铜价为代表的大宗商品价格变动会引发输入性的通胀，当初级产品的进口量较大时，大宗商品价格上涨将直接拉动 PPI 上升，进而传导到 CPI 上。另一方面，通货膨胀也通过预期途径对铜价发生作用。理性预期学派认为，人们对未来的通胀预期受当前通胀的影响，而当通胀预期上升时，市场真实利率将下降，进而推高具有金融属性的大宗商品价格。本文使用了美国 CPI 指数（AMCPI）和核心 CPI 指数（AMCPI_C）两个指标来反映通胀预期。

---

① 从经济学的角度看，影响铜价的经济因素应当包括铜消费因素和铜生产因素。而铜消费因素主要受到经济周期因素的影响，因此本文主要通过经济周期考察铜消费情况的变化，而不再单独分析铜消费因素。为避免多重共线性的问题，亦不再在后述计量模型中设置表示铜消费的变量。

（3）汇率。

由于美元在全球金融体系中的主导地位，铜的期现货交易都是以美元计价的，而目前美元与欧元、日元、人民币等主要国际货币均采取浮动汇率制，货币之间的汇率波动将直接传导到铜价之上。以美元为例，当以一揽子货币衡量铜真实价值时，美元汇率下跌意味着用美元计价的铜价将上涨，用美元进口购买铜的成本上升。本文采用美元指数（USDX）反映汇率因素。

（4）相关市场的价格。

股票价格、原油价格变动都与铜价表现出一定的相关性。但股价、油价并不对铜的基本面产生重要而直接的影响，相关市场的涨跌对铜价的影响更多是表现在前景预期、风险偏好等心理层面，反映为金融产品价格波动的“市场情绪因素”。本文采用布伦特原油指数（PEO）和美国道琼斯工业指数（DJI）来研究相关市场价格波动对铜价的影响。

在被解释变量的设定上，考虑数据的权威性、可得性，以及其在套期保值交易中是否被广泛应用等因素，本文使用伦敦金属交易所（LME）铜期货3月电子盘价格（PLME）反映铜价（见表6.3）。

表6.3　　铜价影响因素的指标体系

<table>
<tr><th colspan="3">指标类别</th><th>指标</th><th>代码</th></tr>
<tr><td colspan="3">被解释变量</td><td>LME 3月电子盘月均价格</td><td>PLME</td></tr>
<tr><td rowspan="9">解释变量</td><td rowspan="2">经济因素</td><td>世界经济周期</td><td>全球经济先行指数</td><td>WOINF</td></tr>
<tr><td>铜生产</td><td>全球矿山铜产量</td><td>WOSU</td></tr>
<tr><td rowspan="7">金融因素</td><td rowspan="2">货币供给名义利率</td><td>美国国债收益率</td><td>AMRA</td></tr>
<tr><td>美国M2环比增速</td><td>AMM2G</td></tr>
<tr><td rowspan="2">通货膨胀预期</td><td>美国CPI</td><td>AMCPI</td></tr>
<tr><td>美国核心CPI</td><td>AMCPI_C</td></tr>
<tr><td>汇率</td><td>美元指数</td><td>USDX</td></tr>
<tr><td rowspan="2">相关市场波动</td><td>布伦特原油指数</td><td>PEO</td></tr>
<tr><td>道琼斯工业指数</td><td>DJI</td></tr>
</table>

在最大化数据充足性、科学性的基础上，兼顾考虑数据的可得性，本文采取了1986年4月至2013年8月的月度数据作为分析样本。针对不同变量统计起始时间不同的问题，实证分析中以窗口期最短的时间序列为时点基准。本文中所引用数据均来自于《中国统计年鉴》、中经网统计数据库、BLOOMBERG国际宏观经济数据库和Wind资讯。为避免季节性因素对分析的扰动，本文利用X11法对部分有季节效应的数据进行了季调。为消除模型的异方差性，本文以取对数的方式对各时间序列进行了预处理。

2. 铜价影响因素与铜价的简单相关分析

为了判断各铜价影响因素与铜价的基本相关关系，我们首先对铜价与各影响因素之间的简单相关系数进行了统计分析，结果如表6.4所示。

简单相关性分析结果显示，铜价和经济周期、铜生产、相关市场波动等因素正相关，与美元的强弱负相关，与货币供给和通胀因素的相关性微弱。WOINF 的 PLME 的相关系数达到 0. 39，说明经济周期和铜价间的同向相关性比较显著。正相关关系中，PEO 与 PLME 之间的正相关系数最高，说明与石油与铜作为性质相似的大宗商品，联动性很强。而 USDX 与 PLME 之间的负相关系数最高，高达 -0. 88，这反映了大宗商品以美元计价的基本特征。

表 6. 4　　各影响因素与铜价之间的简单相关性分析

代码	PLME	代码	PLME
WOINF	0. 39	AMCPI_C	-0. 22
WOSU	0. 35	USDX	-0. 88
AMRA	-0. 25	PEO	0. 92
AMM2G	-0. 06	DJI	0. 68
AMCPI	0. 08		

3. 铜价影响因素与铜价之间的偏相关分析

简单的相关性统计分析并不能全面反映各影响因素之间对于铜价影响的差异程度，相互之间也难以进行比较，因为不同影响因素之间的可能存在着“交互”影响的情况，造成相关系数在反映真实情况时的偏差。要解决这一问题，需要构建一个多元回归模型，用以估计铜价及其影响因素之间的偏相关系数。

为避免非平稳序列回归导致参数估计结果非有效，本文在建立多元回归模型的过程中对非平稳序列进行了一阶差处理。对变量进行平稳性处理后，我们建立如下基本回归模型：

$$DPLME = c + \beta_1 WOINF + \beta_2 DAMCPI + \beta_3 DAMRA + \beta_4 USDX + \beta_5 AMM2G + \beta_6 DDJI + \beta_7 DPEO + \beta_8 DWOSU + \varepsilon_t \quad (6-4)$$

模型中各变量含义如表 6. 3 所示，变量前含“D”表示该变量为原序列的一阶差分项。多元回归结果如表 6. 5 所示。

由表 6. 5 可以看出，模型 F 统计量为 8. 59，P 值接近于 0，说明模型整体上显著。德宾 - 沃森统计量为 1. 679450，低于对应样本容量及解释变量个数的上下阀值，显示模型不存在自相关问题。而怀特检验得出相伴概率为 0. 1283，可以接受原假设，说明无异方差性。

参数估计的结果显示被解释变量 DPLME 与世界经济先行指数 WOINF 呈现出同步变化的特征，这一关系在 1% 的显著性水平上显著。与美元指数 DUSDX 在 1% 的显著性水平上表现出明显的负相关关系，与 1 年期美国国债收益率 AMRA 和国际原油价格 PEO 在 10% 的显著性水平上表现出正相关关系，与其他变量的相关系数不显著。这意味着全球经济先行指数和美元指数的变化是影响铜价变化的最主要因素。

模型中部分变量不显著，可能是由于多重共线性等因素导致，本文结合剔除变量的方法和 Testdrop 检验对模型（6 -4）进行修正。Testdrop 检验中若原假设被接受，则说明在回归方程中剔除变量时将有利于模型的优化。检验结果显示，逐步剔除不显著变量使模型优化的假设均被接受①，剔除全部不显著变量后（AMCPI、WOSU、AMM2G、DJI），模型调整 R^2 统计量提高，参数估计的显著性水平也有所增强，剔除变量后的回归结果如表 6. 6 所示。

① Testdrop 检验的 T 统计量均在 5% 的显著性水平显著。

表 6.5　　多元回归分析结果

	系　数	标准差	T 统计量	P 值
C	0.008438	0.006691	1.261213	0.2104
WOINF	0.013427	0.042706	3.144231	0.0022***
DAMIDU	−0.00993	0.009671	−1.026795	0.3072
DAMCPI	0.006327	0.013158	0.480829	0.6318
DAMRA	−0.078292	0.039898	−1.962289	0.0527*
USDX	−0.016415	0.004886	−3.359448	0.0011***
AMM2G	−0.012516	0.014518	−0.862158	0.3908
DDJI	1.26E−07	1.81E−05	0.006967	0.9945
DPEO	0.183226	0.096868	1.891509	0.0616*
DWOSU	−0.099012	0.103948	−0.952512	0.3433
R^2 统计量	0.451377	Mean dependent var		0.008962
调整后的 R^2 统计量	0.398849	S. D. dependent var		0.086057
F 统计量	8.593107	D-W 统计量		1.679450
F 统计量 P 值	0	观测样本容量		104

注："*""**""***"分别表示在 10%、5%、1% 的显著性水平上显著。

表 6.6　　剔除变量后的多元回归分析结果

	系数	标准差	T 统计量	P 值
C	0.00818	0.006562	1.246595	0.2155
WOINF	0.012517	0.035252	3.550743	0.0006***
DAMRA	−0.08468	0.038857	−2.179304	0.0317**
USDX	−0.01717	0.004414	−3.889805	0.0002***
DPEO	0.191303	0.093509	2.045816	0.0434**
R^2 统计量	0.43361	Mean dependent var		0.008962
调整后的 R^2 统计量	0.410725	S. D. dependent var		0.086057
F 统计量	18.94779	D-W 统计量		1.717747
F 统计量 P 值	0	观测样本容量		104

注："*""**""***"分别表示在 10%、5%、1% 的显著性水平上显著。

优化后的回归结果显示，WOINF、PEO 与 PLME 的变动存在显著的正相关关系，WOINF 每上升 1，DPLME 将上升 0.012，由于 PLME 是对数项，这意味着铜价的变化值上升了 1.2%；同理，当 PEO 的变化值每上升 1%，PLME 的变化值将上升 0.2%。而 USDX、ARMA 与 PLME 的变动存在显著的负相关关系，USDX 每上升 1，DPLME 将下降 0.017，DAMRA 每上升 1 个基点，DPLME 将下降 0.008，这意味着 PLME 的变化值分别下降了 1.7% 和 0.8%。

偏相关系数的估计结果证明了世界经济周期、流动性因素、汇率因素以及相关市场波动都与铜价高度相关。从显著性程度来看，世界经济先行指数和美元指数是铜价最主要的影响因素，且这种相关关系不受其他因素的“交叉”影响，是一种稳定的偏相关关系。

4. 铜价影响因素与铜价之间的格兰杰因果分析

格兰杰因果检验法由 L. Granger 于 1969 年建立，它的实质是考察两组变量之间在时间上的先行 - 滞后关系。Granger 指出，如果一组变量 X 的变异是导致另一组变量 Y 变异的原因，那么 X 的变化将先于 Y 的变化。格兰杰因果检验实质上表现的是一种含时滞的“脉冲 - 响应”关系。铜价影响因素与铜价的格兰杰因果检验结果如下表 6. 7 所示。

表 6. 7　　各因素对铜价之间的格兰杰因果检验结果

滞后期	2	3	4	5	6	7
WOINF 不是 DPLME 的格兰杰原因	0. 0000	0. 0000	0. 0000	0. 0000	0. 0000	0. 0003
DWOSU 不是 DPLME 的格兰杰原因	0. 2301	0. 2025	0. 1183	0. 2011	0. 1892	0. 2892
DAMRA 不是 DPLME 的格兰杰原因	0. 6266	0. 5573	0. 0588	0. 0858	0. 2484	0. 1235
AMM2G 不是 DPLME 的格兰杰原因	0. 4531	0. 4017	0. 5670	0. 4531	0. 4121	0. 5016
DAMCPI 不是 DPLME 的格兰杰原因	0. 6389	0. 7968	0. 9030	0. 0206	0. 0348	0. 0401
DAMCPI_C 不是 DPLME 的格兰杰原因	0. 5424	0. 7667	0. 6651	0. 6403	0. 8353	0. 8914
USDX 不是 DPLME 的格兰杰原因	0. 4750	0. 0871	0. 1650	0. 2421	0. 3517	0. 5244
DDJI 不是 DPLME 的格兰杰原因	0. 0148	0. 0474	0. 0476	0. 0607	0. 0830	0. 1408
DPEO 不是 DPLME 的格兰杰原因	0. 0030	0. 0057	0. 0090	0. 0080	0. 0015	0. 0034

注：若无特殊注明，包含差分算子“D”的指标均为原始序列的一阶差分项。

从检验结果来看，WOINF 不是 DPLME 的格兰杰原因的概率小于 1%，且从滞后 2 期至滞后 7 期检验结果稳定，说明 WOINF 对 DPLME 有十分明显的领先性。

一个值得关注的现象是，除世界经济周期外，其他因素与铜价之间的格兰杰因果关系并不稳定。由表 6. 7 可知，在 10% 的显著性水平上不能拒绝“DWOSU 不是 DPLME 的格兰杰原因”“DAMRA 不是 DPLME 的格兰杰原因”“AMM2G 不是 DPLME 的格兰杰原因”“DAMCPI_C 不是 DPLME 的格兰杰原因”的假设，即 AMRA、AMM2G 对 PLME 和 DAMCPI_C对 DPLME 均不存在格兰杰因果关系。而尽管 DDJI 和 DAMCPI 都在一定程度上接受了“不是 DPLME 的格兰杰原因”的假设，但在变更滞后期时，这一结论并未保持稳定——“DDJI 不是 DPLME 的格兰杰原因”仅在滞后期数小于 7 时被拒绝，而“DAMCPI 不是 DPLME 的格兰杰原因”假设仅在滞后 5 期及以上时被拒绝。上述结论意味着在多个影响因素中，仅有代表着世界经济周期的 WOINF 对铜价的影响是显著且稳定的。

5. 对实证结果的解释

世界经济周期对铜价存在显著且稳定的影响。由于铜的双重属性，宏观经济影响铜价的机制非常复杂，但从统计关联上看，世界经济周期和铜价的关系是非常明显的。各个维度分析的结果均印证了铜价与代表经济周期因素的世界经济先行指数之间既存在明显的同期正相关关系，也存在着格兰杰因果关系。在统计学意义上，经济周期变化对铜价的影响是非常显著的。

在影响铜价的各因素中，世界经济周期又是最主要的。在简单相关系数的分析中，有多个因素表现出与铜价相关，世界经济周期仅是其中之一。但在偏相关系数的分析中，仅仅只有世界经济先行指数（WOINF）、美国 1 年期国债收益率（DAMRA）、布伦特原油指数（DPEO）以及美元指数（USDX）与铜价（DPLME）存在着显著的偏相关关系。而在格兰杰因果检验中，后面 3 个因素（DAMRA、DPEO、USDX）均未能通过检验。综合来看，世界经济周期是唯一一个在简单相关系数、偏相关系数和格兰杰因果检验 3 个维度中都表现出与铜价显著关系的指标。可以认为世界经济周期对铜价的影响在显著性上优于其他因素（见表 6.8）。

表 6.8　世界经济周期和其他因素与铜价关系的显著性比较

影响因素	简单相关系数	偏相关系数	格兰杰因果检验
世界经济周期	○	●	●
生产	○		
货币供给和名义利率		○	
通货膨胀预期			○
汇率	●	●	
相关市场波动	●	○	○

注：“●”表示在对应的分析维度该因素与铜价的关系显著，“○”表示该因素与铜价的关系次显著。

实证研究表明，世界经济周期是铜价最主要的影响因素。这一结论与基于经济学理论的判断是相吻合的。按照经济学的基本理论，商品的均衡价格由供给和需求决定。但由于铜矿的投资周期较长，铜生产在一定时期内呈现出刚性特征；而铜的生产成本、生产技术在企业层面因地、因时不同，在行业层面又在某一段时期保持稳定，并不能对供求产生决定性的影响。上述情况使得经济周期成为影响铜价诸多经济因素中最重要的一个，并得以通过影响铜的需求，对铜价的运行趋势施加主导性的影响。尽管随着铜期货市场及全球金融市场的不断发展，铜的金融属性得到不断增强，但铜的定价归根结底不能脱离其商品属性而存在。短期的交易行为能够引起铜价的短期波动，却无法决定铜价的基本走势。综合来看，经济周期因素是影响铜价最核心的因素。

（三）世界经济周期和铜价时滞关系分析

1. 时滞关系的实证分析

为了检验铜价和经济周期之间的时滞关系，本文以变量 DPLME 和 WOINF 为内生变量构建 VAR 模型。VAR 模型同样对引入系统的变量存在平稳性要求，而对 DPLME 和 WOINF 的平稳性检验结果显示，二者均是平稳的时间序列。与此同时，DPLME 和 WOINF 之间存在着格兰杰因果关系说明围绕这两个变量构建 VAR 模型是合理的。

VAR 模型的重要功能在于通过冲击－响应函数把握各个分量之间的动态关系。在本部分建立的 VAR 模型中，脉冲－响应函数表现的是变量 DPLME（WOINF）在一个标准差冲击下变量 WOINF（DPLME）在当前和未来的取值情况。如图 6.4 所示，图中的横坐标表示冲击响应的持续期数，纵坐标表示响应的程度，虚线部分是由两倍正、负标准差构成的偏离带。

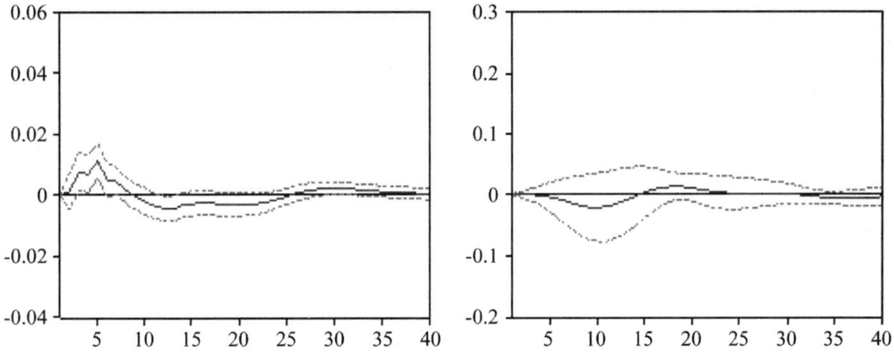

DPLME 对 WOINF 的冲击响应　　WOINF 对 DPLME 的冲击响应

图 6.4　WOINF 和 DPLME 的脉冲－响应关系图

如图 6.4 所示，对于 WOINF 一个标准差的冲击，DPLME 在当期没有波动，从滞后 1 期开始逐步出现正向响应，响应在滞后 5 期时达到最大（响应值为 0.010 个标准差），之后逐步下降，并开始围绕 0 值上下波动。在接近第 40 期时，DPLME 对 WOINF 的冲击响应已趋于零，说明模型稳定。

基于 VAR 模型的格兰杰因果检验显示，DPLME 和 WOINF 之间的冲击响应存在“单向性”的特征。DPLME 对 WOINF 的冲击响应在统计上显著（Chi-sq 统计量 38.15219，P 值 0.00），但 WOINF 对 DPLME 的冲击响应在统计上不显著（Chi-sq 统计量 4.392665，P 值 0.82）。这种“单向性”特征意味着经济波动可以被用来解释及预测铜价波动，反之则不然。

脉冲－响应函数能够解释各个变量对冲击响应的方向及程度，但并不能反映可用以解释变量波动的成分特征。方差分解则通过对变量的预测方差进行拆分，考察不同结构性冲击对特定变量波动的贡献度。其基本思想是把 VAR 模型中特定内生变量的变动分解为与随机扰动的组成部分，并以此作为衡量不同类型的扰动对该变量相对重要性的依据。依据方差分解技术测度 DPLME 和 WOINF 相互之间的贡献率结果如图 6.5 所示。

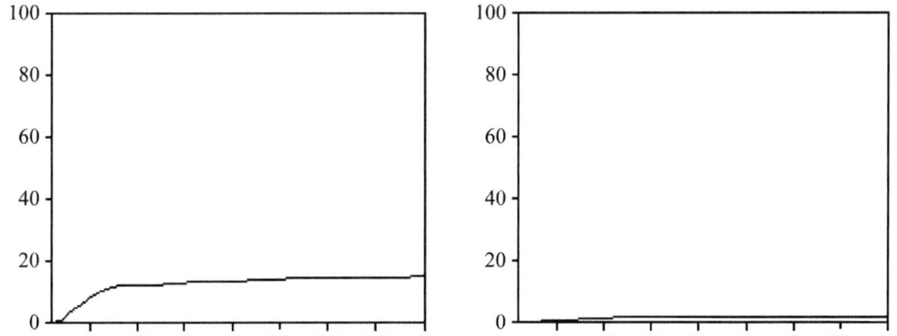

DPLME 对 WOINF 的方差分解　　WOINF 对 DPLME 的方差分解

图 6.5　WOINF 和 DPLME 的方差分解结果

由图 6.5 中可以看出，从滞后 1 期开始，WOINF 对 DPLME 的贡献率逐步上升，自第 30

期开始稳定在15%左右。方差分解同样表现出 WOINF 和 DPLME 在影响机制上的“单向性”，DPLME 对 WOINF 的贡献率一直维持在2%以下（滞后40期仅有1.7%），这说明统计上经济波动对铜价波动的解释力要高于铜价波动对经济波动的解释力。

2. 对实证结果的解释

铜价和世界经济周期之间的时滞关系在统计上显著。分析结果显示，经济周期对铜价存在着单向的“冲击 - 脉冲”响应，当经济周期给予铜价一个标准差的冲击，铜价会出现一个可收敛的同向变化。这意味当世界经济景气度提升时，可以预见未来一段时间内的铜价也为出现一定的涨幅；而对于一家铜企业而言，它也可以通过持有铜的多头头寸来获得额外收益。如前所述，对于一个基于预测的决策而言，对于时滞关系的判断是非常重要的。世界经济周期变化先于铜价变化的统计特征，使得铜企业基于经济周期和铜价的关系进行战略套期保值具备了实证基础。

（四）世界经济周期和铜价的同步性分析

1. 趋势分解

本文先利用 HP 滤波完成对铜价、世界经济周期序列的趋势分解。我们将 LME 铜价经过季调、对数化、差分处理的序列 DPLME 作为反映铜价的指标。如前所述，DPLME 可以被视为铜价的月环比涨幅，是收益率的序列。由于反映经济景气状况的世界经济预警指数是平稳序列，我们直接将序列 WOINF 纳入 HP 滤波分析。考虑到 DPLME 和 WOINF 均是月度数据，本文遵循学术界的普遍经验，取 $\lambda = 14400$，运用 HP 滤波分析对序列 DPLME 和 WOINF 进行趋势分解的结果如图6.6、图6.7所示。

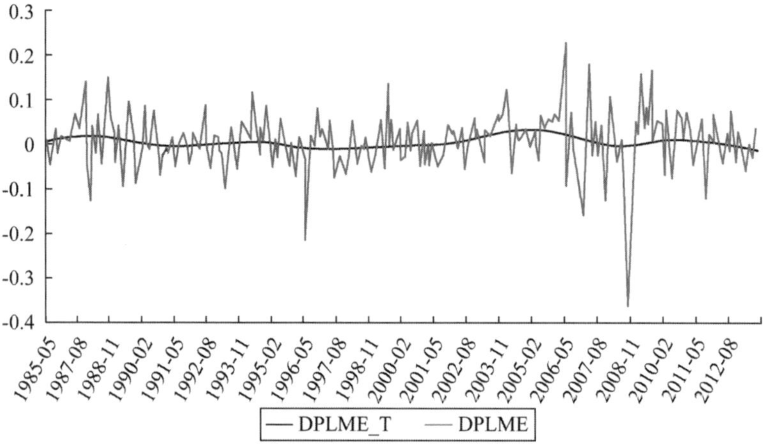

图6.6　DPLME 的原始序列和趋势成分

2. 同步性检验

由图6.6、图6.7可以看出，序列 DPLME 和 WOINF 在趋势上存在明显的周期（“经济周期”和“铜价周期”）。在周期的描述方式上，部分学者通过严密的统计规则来检验周期，但多数学者仍偏好通过直观的“峰/谷”法来完成周期划分过程。对于特定的时间序列，“峰/谷”法首先确定序列曲线的“波峰”和“波谷”的位置；然后依据“峰 - 峰”

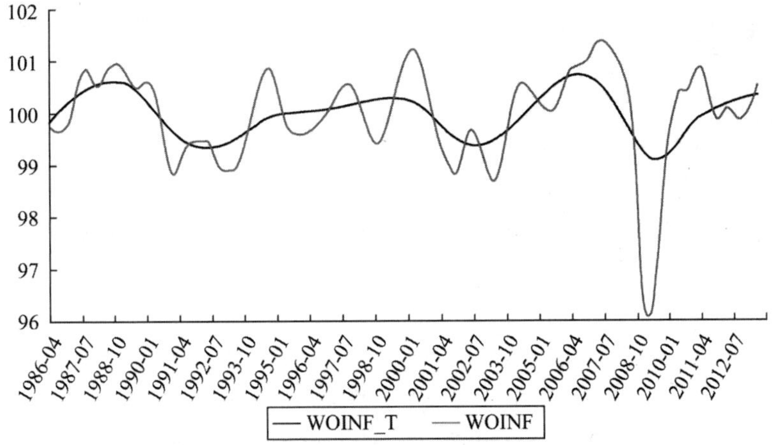

图 6.7 WOINF 的原始序列和趋势成分

（曲线中相邻的最高点）或“谷－谷”（曲线中相邻的最低点）的方法来划分周期。

为使得“峰/谷”法在判定折点的操作上更为精确，Bry 和 Boschan 等人在传统“峰/谷”法基础上施加了一定的约束的基础上提出了 B-B 折点判定原则。B-B 折点判定的原则如下：

条件一，在时间序列开始后及结束前的 6 个月内不能出现周期折点；

条件二，一个完整的周期长度不能少于 10 个月；

条件三，每一个周期处于上行（下行）阶段的时间长度不能少于 5 个月；

条件四，首个波峰（波谷）的振幅不得低于时间序列起始后的任一时点的振幅水平，最后一个波峰（波谷）的振幅不得低于时间序列结束前的任一时点的振幅水平；

条件五，当转折点出现直线形态或双波峰（谷）的情形时，应取最近值作为折点。

图 6.8 和图 6.9 显示了依据“峰－峰”法和 B-B 折点判定原则划分得出的“经济周期”和“铜价周期”。

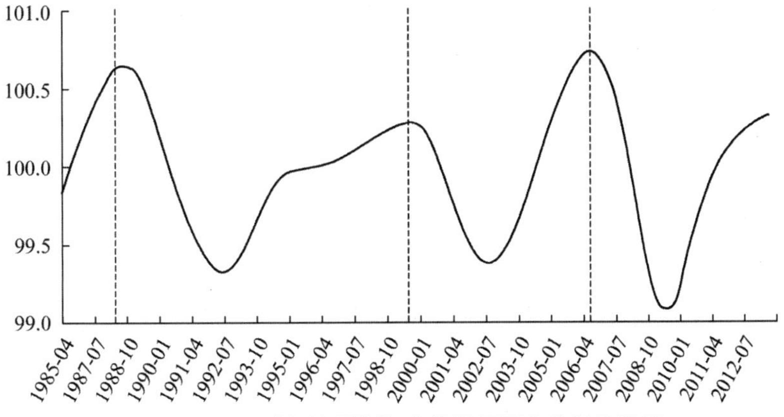

图 6.8 “经济周期”在趋势层面上的划分结果

从趋势上看，世界经济从 1985 年 4 月到 2013 年 6 月一共经历了 2 个经济周期。第 1 个周期为 1988 年 8 月到 1999 年 8 月，持续了 11 年；第 2 个周期为 1999 年 8 月到 2006 年 6 月，持续了 6 年 10 个月。自 2006 年下半年开始，全球经济先行指数出现趋势性下滑，在

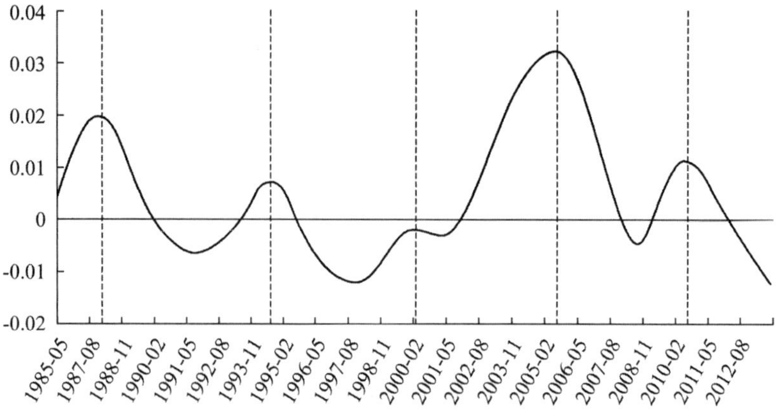

图 6.9 “铜价周期”在趋势层面上的划分结果

2009 年 5 月达到谷底后开始反弹，截至 2013 年 6 月仍处于第 3 个周期中的上升阶段。

在相同的时间窗口中，铜价经历的周期一共有 4 个。第 1 个周期为 1987 年 11 月到 1994 年 7 月，持续了 6 年零 8 个月；第 2 个周期为 1994 年 7 月到 2000 年 2 月，持续了 5 年零 7 个月；第 3 个周期为 2000 年 2 月到 2005 年 6 月，持续了 5 年零 4 个月；第 4 个周期为 2005 年 6 月到 2010 年 6 月，持续了 5 年。自 2010 年 6 月开始，铜价涨幅再度下滑，目前正处于第 5 个周期中，且尚未出现“峰谷”。

判断世界经济周期和铜价是否同步主要关注两方面内容：一是趋势序列之间的相关系数，二是折点的位置。将序列 DPLME_T 和 WOINF_T 进行比对，计算得出序列 DPLME_T 和 WOINF_T 的正相关系数为 0.24，而从折点位置上看，世界经济周期和铜价周期的折点位置大致相近，但拟合度不佳，且周期个数也不一样。从时间分布上看，在 20 世纪 90 年代之前，DPLME_T 和 WOINF_T 之间拟合的最好；而在 1990 年之后，这种同步关系大大减弱了；2010 年之后 DPLME_T 与 WOINF_T 甚至在走势上出现了“背离”（见图 6.10）。世界经济周期和铜价之间的同步性存在一种逐渐衰减的特征。上述结论说明了世界经济周期和铜价之间的同步关系非常有限且存在衰减的趋势。

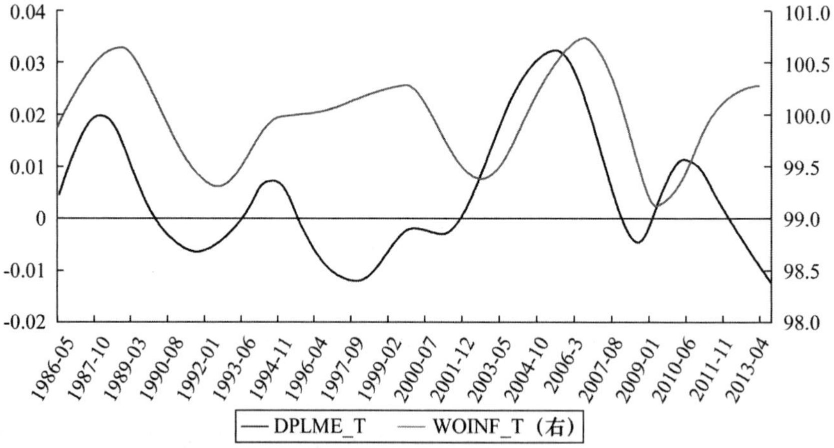

图 6.10 序列 DPLME 和 WOINF 在趋势上的同步关系

3. 对实证结果的解释

同步性的研究去除了时间序列中的随机扰动，让我们更加直观地观测到铜价和经济周期运行的比对情况。在同步性研究的基础上，我们可以通过掌握一个指标的变化趋势对另一个指标的变化趋势作出判断。以铜价和经济周期关系为例，各国学者对于经济周期的运行规律已经有了较深的研究，但对铜价运行规律的研究则相对匮乏。它们之间同步性的存在使得人们可以将对铜价的预测纳入到我们熟悉的范畴中来。

通过 HP 滤波分析，我们证明了世界经济周期与铜价之间仅存在有限的同步性，且呈现出逐年衰减甚至背离的趋势，这意味着以世界经济周期作为铜企业战略套期保值缺乏实际的可操作性，极可能会出现明显的偏误。对于 2002 ~ 2010 年来经济周期和铜价之间同步性逐年衰减，以及 2010 年后二者之间背离的情况，很多学者认为，这很有可能是由铜需求结构的变化导致的，中国经济崛起在此过程中扮演了重要的角色。这意味着较之世界经济周期，中国经济周期对铜价的指示意义或将更强。为此，本文下面将对此推断进一步实证检验。

四、中国经济周期与铜价关系的实证研究

本部分以分析“在我国铜企业战略套期保值的依据选择上中国经济周期是否优于世界经济周期”这一问题为导向，对中国经济周期和铜价关系的实证研究从以下两个方面展开。

一是检验中国经济周期和铜价关系的显著性。此处因循了上文中的基本分析框架，从中国经济周期和其他因素与铜价关系的显著性比较、中国经济周期和铜价的时滞关系检验、中国经济周期和铜价运行趋势的同步性检验 3 个角度来论证中国经济周期和铜价关系的显著性。本部分亦将分析结果与上文结果进行了比较。

二是分析中国经济周期和铜价的关系在程度上的变化路径。研究选择了状态空间时变模型，对中国经济周期和铜价偏相关系数随时间轴的运行轨迹进行估计，以研究中国经济周期和铜价的关系的动态特征。

（一）中国经济周期与铜价关系的描述性分析

1. 世界主要经济体与铜价关系的特征分析

Lalonde（2009）、Aramillo（2009）等学者的研究表明，在不同的历史时期，不同国家和地区对铜价影响的程度也不尽相同。由于欧美等发达国家长期在世界经济版图中占据主体地位，使得其经济状况和铜价变化表现出较高的相关性。20 世纪 80 ~ 90 年代，日本经济在铜价变化中扮演着重要角色。从 20 世纪末开始，新兴国家的崛起导致了铜价决定机制的变化，金砖国家尤其是中国开始对铜价产生重大影响。

（1）二战结束后，美欧经济周期与铜价的关系是基础性的。

二战结束后，欧美等发达国家成为世界经济版图中最重要的构成部分，其 GDP 对全球 GDP 的占比在相当长的时间里都超过 1/3。作为最主要的铜消费区域，美国、欧洲的经济周期对铜价有着决定性的影响，世界上两大铜期货交易所分别位于伦敦和纽约便是重要例

证。即便是在新兴经济体经济地位日益提升的今天，欧美等发达国家的景气程度和政策取向对铜价的意义仍然是基础性的。

我们以美国 PMI 指数和 LME 铜价单月涨幅的相关系数来衡量美国经济周期和铜价的关系。统计数据显示，自 1986 年 4 月以来，美国制造业 PMI 数据与 LME 铜价月涨幅的相关系数为 0.28，这表明二者之间的波动具有一定的一致性；而在逐次相关性分析中，相关系数最高曾超过了 50%；当美国经济处于景气度转好的阶段时（PMI 大于 50），铜价上涨的情况占到六成。欧洲经济周期同样与铜价同样存在正相关性，统计发现 OECD 欧洲经济领先指数与 LME 铜价的相关系数为 0.12，当欧洲经济处于转好阶段时，铜价上涨的情况也超过了六成。

（2）20 世纪 90 年代，日本经济周期对铜价产生显著影响。

二战后日本经济的快速崛起使其在全球产业格局中的地位日益重要，而日本经济周期变化对铜价的影响在 1986 ~ 1992 年间体现得尤为明显。"广场协议"签订之后，日元很快地进入了对美元的升值周期。日元的快速升值给日本的出口经济造成了沉重打击。为缓解升值带来的经济压力，日本政府通过增加财政支出、释放流动性的方式刺激经济。日元走强的预期、扩张性的政策、充足的流动性以及高涨的投资热情吸引大量国际资金进入日本，导致了资产泡沫的快速膨胀。到 1989 年时，房地产泡沫对企业投资和居民消费的制约机制日益显现，迫使日本政府开始紧缩政策，随着贴现率的不断提高，日本的投资增速在 1988 年出现拐点。

这一时期铜价的变化与日本经济周期密切相关。从时点上看，铜价自 1987 年 5 月快速上行，而在 1989 年 1 月后掉头向下，这与日本经济的扩张、收缩是基本一致的。逐次相关分析显示，在 1986 年以后日本经济周期与铜价涨幅的相关性迅速升高，且超过了全球经济周期与铜价的相关性（见图 6.11）。因此，很多学者认为是日本的泡沫经济主导了该阶段的铜价上涨。

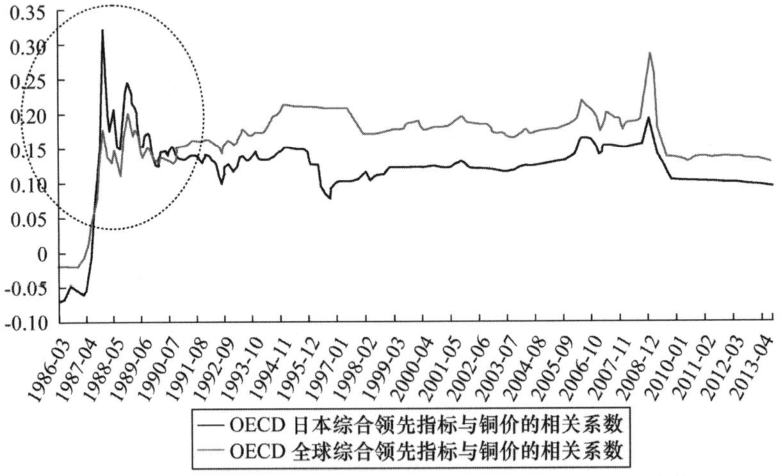

图 6.11　日本经济领先指标与铜价变化率的相关系数走势图

2. 中国经济周期与铜价关系的特征分析

进入 21 世纪之后，新兴经济体经济发展步入快车道，加快了工业化、城市化的步伐，新兴经济体也因此成为诸如石油、金属等非再生性资源的主要消费者，铜作为应用最为广泛的基本金属之一亦不能例外。2000 年，全球铜消费总量约为 1580 万吨，其中发达国家占到 2/3，新兴经济体消费量仅有 470 吨；到 2010 年，全球对铜消费总量达到 1950 万吨，增长 23%，但新兴经济体的铜消费量却增长了 1.5 倍，达到近 1200 万吨，超过了发达国家的铜消费量。专业机构预测，新兴经济体的铜消费量到 2015 年将占到世界铜消费总量的 3/4。

中国作为新兴国家中最重要的成员，无疑在这一趋势中起着主导性的作用。从历史上看，中国经济周期与铜价的关系在 20 世纪 90 年代初步显现，由弱到强，经历了两个不同的阶段。第一个阶段是在 2000 年以前。20 世纪 90 年代，以高科技产业取代传统制造业的产业变革导致全球铜需求疲软。但铜价在整体走弱的背景下，和中国经济的关联程度却在增强。邓小平的南巡讲话开启了中国新一轮固定资产投资热潮，资本形成对 GDP 的贡献率迅速增加，对铜价产生了明显的拉动作用。之后，为解决通胀问题，中国政府开始收紧银根，使得铜价承压。从铜价的波动情况来看，自 1993 年开始，铜价出现明显上行，并在 1995 年达到高点，这与中国经济、政策的走势是基本一致的。这一阶段，中国经济周期和铜价的相关关系开始初步显现。

第二个阶段是在 21 世纪以后。中国加入 WTO 是一个历史性的转折点，以廉价劳动力成本为基础的出口导向型经济和房地产市场化改革为中国经济的增长注入了强大的动力。制造业和建筑业的蓬勃发展驱动了铜消费量的急剧上升，中国对全球铜市场供求格局的影响不断加强。各国学者普遍认为，日益走强的中国经济已成为推动铜价上涨最重要的因素之一。简单的统计分析显示，铜价和中国国内生产总值均呈现出明显的上升趋势；若以国家统计局公布制造业采购经理人指数衡量景气变化，在 PMI 指数处于扩张状态的 94 个月份里，有 57 个月份的铜价是上涨的。和美、欧、日等发达国家经济领先指数与铜价变化率相关系数下降的趋势不同，中国的经济领先指数与铜价变化率的相关系数是不断上升的，在 2008 年金融危机后已处于主导地位（见图 6.12）。

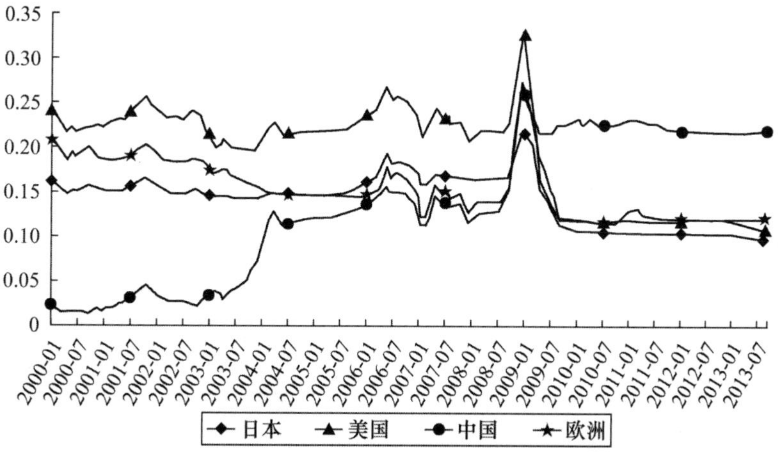

图 6.12　中国经济和世界主要经济体与铜价相关系数趋势比较分析

（二）中国经济周期及其他因素与铜价关系的显著性比较分析

同上文的分析框架一样，我们首先需要构建一个由“中国因素”构成的指标体系。在解释变量设定上，我们依然从铜的“双重属性”出发来考虑。在经济层面，中国经济体量的不断增长拉动了对铜的需求，带动铜价上涨；在供给方面，中国铜产量的上升会导致国际铜产量增加，也可能对铜价构成一定的影响。在此，我们使用国家统计局公布的中国宏观经济预警指数（CNINF）反映中国的宏观经济状况，使用国家统计局公布的中国精铜矿产量（CNSU）反映中国的铜生产情况。

在金融层面，中国金融市场在过去相当长的时间内规模较小且相对封闭，对国际大宗商品的价格的影响有限。但近年来货币供应量的快速增长和人民币的国际化使得“中国资本”对铜价的影响日益明显。由于中国在一级市场上仍然缺乏对铜的定价权，为规避铜价上升风险而出现了大量的提前收储需求，并对铜价构成影响。此外，日益活跃的国内机构投资者投机于大宗商品，也引发了市场的波动。在变量设定的体系架构上，本文基本与前文保持一致，即使用中国 CPI 指数（CNCPI）反映国内的通胀预期；使用 M2 的同比增速（CNM2G）和中国银行间债券回购加权利率的月均值（CNRA）来反映国内流动性状况；使用美元兑人民币的月平均汇率（DTR）反映国内的汇率状况；使用 A 股上海证券综合指数（SHI）反映相关市场波动。

在被解释变量选择上仍以伦敦金属交易所铜期货价格（DPLME）[①] 反映铜价；数据样本的时间窗口为 1990 年 1 月至 2013 年 8 月。经统计分析，各变量之间的简单相关系数结果如表 6.9 所示。

表 6.9　　各“中国因素”与铜价的简单相关性分析

类　别	变　量	代　码	PLME
中国经济周期	中国宏观经济预警指数	CNINF	0.42
中国铜生产	中国精铜产量	CNSU	0.77
货币供给名义利率	中国 M2 同比增速	CNM2G	0.21
	中国银行间债券回购利率	CNRA	0.40
通货膨胀预期	中国 CPI	CNCPI	0.59
汇率	美元兑人民币汇率	RTD	-0.79
相关市场波动	上海证券综合指数	SHI	0.56

简单相关性分析结果显示，CNINF、CNSU、CNRA、CNCPI、SHI 均与 PLME 之间存在正相关关系，其中以 CNSU，也就是铜生产因素与 PLME 的相关性较突出；而 RTD 和 PLME 的负相关性很高；CNM2G 与 PLME 之间的相关关系最弱。

由于变量之间存在“交互影响”和“共同趋势”，简单相关性系数只能作为变量之间关系的参考，并没有反映相关关系的真实状态。为避免上述影响，需要建立多元回归模型

① 为便于研究，在此我们仍将伦敦金属交易所铜期货 3 月电子盘价格作为反映铜价的指标价格。

计算各影响因素与铜价之间的偏相关系数。含时间序列的多元回归模型对变量存在平稳性要求。本文对各变量进行 ADF 检验后，以平稳变量和非平稳变量的一阶差分形式建立多元回归模型进行参数估计，再使用 Testdrop 检验对模型进行修正，并逐步剔除不显著变量后，优化回归结果如表 6.10 所示。

表 6.10　　多元回归分析结果

	系数	标准差	T 统计量	P 值
C	-1.783132	0.521739	-3.41767	0.0008***
CNINF	0.017178	0.0053	3.241378	0.0015**
CNM2G	0.003986	0.001656	2.406378	0.0173**
SHI	5.52E-05	2.31E-05	2.386966	0.0182**
R^2 统计量	0.188326	Mean dependent var		0.008986
调整后的 R^2 统计量	0.172092	S. D. dependent var		0.075045
F 统计量	11.60106	D-W 统计量		1.368519
F 统计量 P 值	0	观测样本容量		154

模型 F 统计量为 11.60，P 值接近于 0，说明模型整体上显著。德宾 - 沃森统计量为 1.37，低于对应样本容量及解释变量个数的上下阀值，显示模型不存在自相关问题。而怀特的一般异方差性的检验得出相伴概率为 0.1645，可以接受原假设，即无异方差性。

参数估计的结果显示，CNINF、CNM2G、SHI 与 DPLME 存在显著的偏相关关系，CNINF 与 DPLME 的偏相关系数的显著性最高。CNINF 每上升 1，DPLME 将上升 0.017，由于 PLME 是对数项，这意味着铜价的变化值上升了 1.7%；同理，CNM2G 每上升 1 个百分点，DPLME 将上升 0.004，SHI 每上升 100 点，DPLME 将上升 0.005，这分别意味着 PLME 的变化值上升了 0.4% 和 0.5%。

同时，我们通过格兰杰因果检验的方法来研究变量间先行后续的关系。表 6.11 显示了 PLME 与 CNINF、CNSU、CNRA、CNM2G、CNCPI、RTD、SHI（或其一阶差分项）分别进行格兰杰因果检验的结果。

表 6.11　　各因素对铜价的格兰杰因果检验结果

滞后期	2	3	4	5	6	7
CNINF 不是 DPLME 的格兰杰原因	0.0159	0.0227	0.0359	0.0340	0.0694	0.1033
CNSU 不是 DPLME 的格兰杰原因	0.7819	0.5660	0.7441	0.7060	0.4859	0.5616
CNRA 不是 DPLME 的格兰杰原因	0.1115	0.0855	0.0440	0.0734	0.0601	0.1046
CNM2G 不是 DPLME 的格兰杰原因	0.0428	0.1151	0.1707	0.2659	0.6225	0.6966
DCNCPI 不是 DPLME 的格兰杰原因	0.4229	0.6443	0.4489	0.5042	0.4723	0.6220
DRTD 不是 DPLME 的格兰杰原因	0.2632	0.9346	0.1223	0.1954	0.1357	0.1548
DSHI 不是 DPLME 的格兰杰原因	0.3810	0.6174	0.2107	0.3060	0.4778	0.6077

检验结果显示，10% 的显著性水平上，CNINF 在滞后 2～6 期均拒绝了“不是 DPLME

的格兰杰原因”的假设，即 CNINF 与 DPLME 之间存在稳定的格兰杰因果关系。CNRA 仅在滞后 3～6 期拒绝了假设，CNM2G 仅在滞后 2 期拒绝了假设，二者与 DPLME 之间的格兰杰因果关系不稳定。而其他因素与 DPLME 之间不存在格兰杰因果关系。综合来看，只有代表着中国经济周期的 CNINF 对铜价的影响是显著且稳定的。

由于解释变量设定框架及样本长度不同，本文显著性比较的结果和上文中的显著性比较结果存在内涵上差异，并不能完全从中得知中国经济周期与铜价的关系的显著性是否高于世界经济周期。但综合多个维度的显著性比较结果来看，中国经济周期与铜价的关系在显著性上要强于其他因素（见表 6.12）。

表 6.12　　中国经济周期和其他因素与铜价关系的显著性比较

影响因素	简单相关系数	偏相关系数	格兰杰因果检验
中国经济周期	○	●	●
铜生产	●		
货币供给和名义利率	○	○	○
通货膨胀预期	○		
汇率	●		
相关市场波动	○	○	

注：“●”表示在对应的分析维度该因素与铜价的关系显著，“○”表示该因素与铜价的关系次显著。

（三）中国经济周期和铜价时滞关系的检验

本文也通过 VAR 模型来检验中国经济周期与铜价的时滞关系。如前所述，VAR 模型对变量存在平稳性要求，ADF 检验显示 DPLME 和 CNINF 均是平稳的时间序列。根据赤池信息准则，当滞后阶数为 3 阶时，VAR 模型的 SC 值达到最小，当滞后阶数为 5 阶时，VAR 模型的 AIC 值达到最小，综合考虑 AIC、SC 以及 LogL 的情况，确定最优滞后阶数为 5；而对于 5 阶的 VAR 模型，其单位根均位于单位圆内，模型通过了稳定性检验（见图 6.13）。

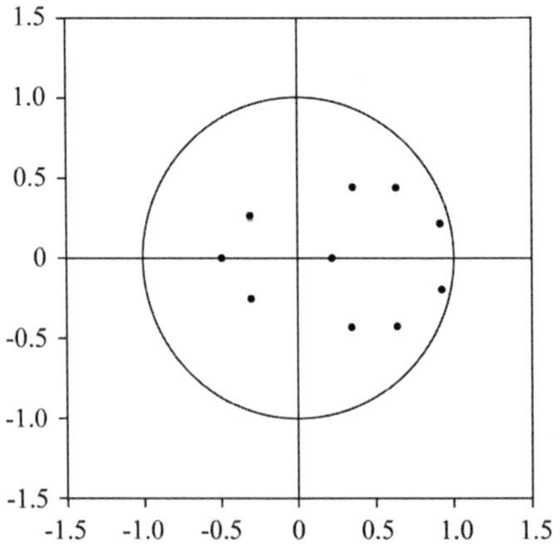

图 6.13　VAR 模型的 VR 单位根分布图

“冲击－响应”函数显示了系统中各个分量之间的动态关系。如图 6.14 所示，对于

CNINF 一个标准差的冲击，DPLME 在当期没有明显波动，从滞后 1 期开始逐步出现正向响应，响应在滞后 7 期时达到最大（响应值为 0. 011 个标准差），之后逐步下降，并开始围绕 0 值上下波动。在接近第 40 期时，DPLME_C 的对冲击的响应已趋于零，说明模型稳定。

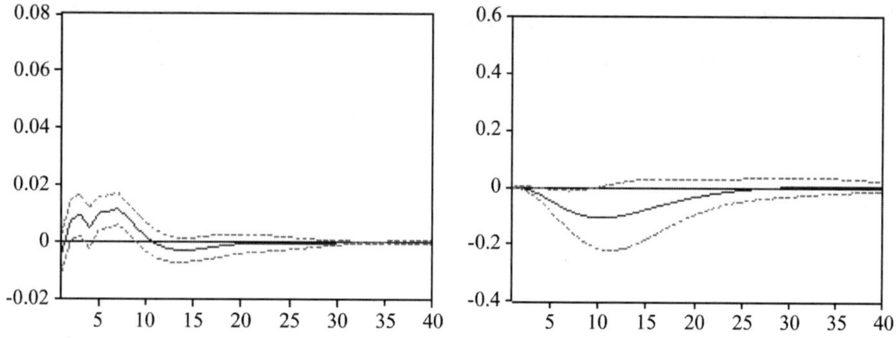

DPLME 对 CNINF 的冲击响应　　CNINF 对 DPLME 的冲击响应

图 6. 14　CNINF 和 DPLME 的冲击 – 响应关系图

VAR 模型也给出了格兰杰因果检验的结果——DPLME 对 CNINF 有 1% 显著性水平上的响应关系（Chi-sq 统计量 32. 02839，P 值 0. 00），这说明中国经济波动对铜价波动的重要影响。同样，DPLME 与 CNINF 之间的冲击 – 响应关系也存在“单向性”的特征，WOINF 对 DPLME 的冲击响应在统计上不显著（Chi-sq 统计量 9. 982144，P 值 0. 12）。

方差分解主要研究不同结构性冲击对特定变量波动的贡献度。如图 6. 15 所示，从滞后 1 期开始，CNINF_C 对 DPLME_C 的贡献率逐步上升，自第 30 期开始稳定在 16% 左右。

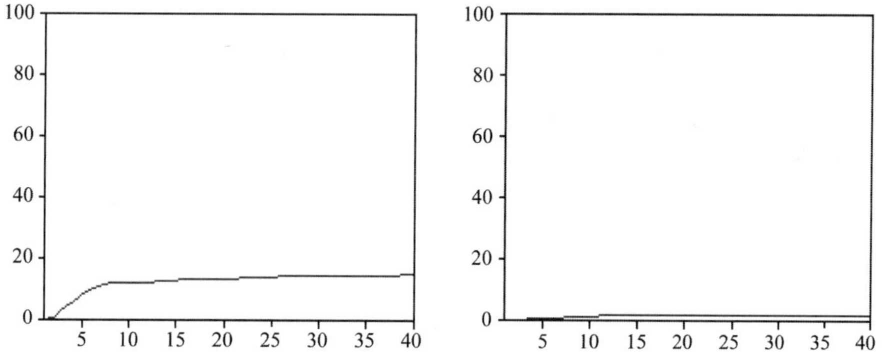

DPLME 对 CNINF 的方差分解　　CNINF 对 DPLME 的方差分解

图 6. 15　CNINF 和 DPLME 的方差分解结果

将上述结果与上文中的结论进行对比，可以得知最近 10 年中国经济周期与铜价的时滞关系较之世界经济周期存在显著性优势。在以 CNINF 为标准的时间窗口内（1990 年 1 月至 2013 年 8 月），2001 年以前，中国经济周期与铜价之间时滞关系的显著性稍弱于世界经济周期，方差分解的结果显示 DPLME 中有 16% 的变化可以由 CNINF 的变化解释，有 18% 的变化可以由 WOINF 的变化解释。但在 2001 年后，中国经济周期与铜价的时滞关系的显著性大幅增强，方差分解的结果显示 DPLME 中有 26% 的变化可以由 CNINF 解释，而仅有 24% 的变化可以由 WOINF 解释。

上述结论不仅说明了中国经济周期对铜价变化有很好的指示意义，也说明了现阶段以中国经济周期取代世界经济周期作为我国铜企业套期保值的依据在实证层面更加合理。

（四）中国经济周期和铜价运行趋势的同步性检验

上文中得出了世界经济周期和铜价在长期趋势上存在同步性衰减的特征，这意味以世界经济周期作为战略套期保值的依据将会导致偏误。而从直观上理解，中国经济的快速崛起及其特有的经济结构在近 10 年创造了全球绝大多数铜增量需求。因此，中国经济周期与铜价也很有可能表现出更好的同步性。

为验证上述判断，本章运用 HP 滤波分析方法对原始序列进行“趋势分解”之后，对中国经济周期和铜价在长期趋势上的同步性进行了比对。结果如图 6.16 所示。

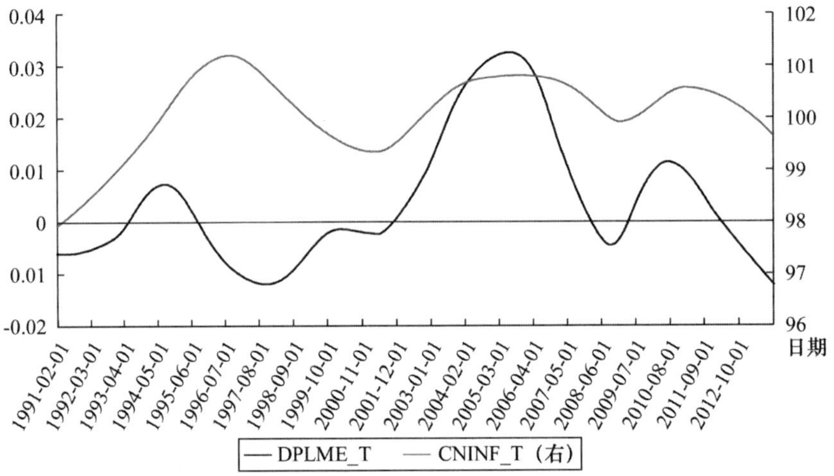

图 6.16　序列 DPLME 和 CNINF 在趋势上的同步关系

如图 6.16，中国经济周期和铜价之间存在较高的同步性，序列 DPLME_T 和 CNINF_T 之间的正相关系数达到 0.35。在折点分布方面，1990 年以来中国经济经历了 3 个周期，铜价经历了 4 个周期，尽管周期个数略有不同，但中国经济周期和铜价周期的“峰”“谷”位置都比较接近。

在统一的时间窗口内①，中国经济周期与铜价的同步性明显地好于世界经济周期与铜价的同步性。一方面，DPLME_T 和 CNINF_T 的相关系数 0.35 要高于 DPLME_T 和 WOINF_T 的相关系数 0.24，这一差距在 2001 年以后进一步扩大到 0.76 对 0.38；另一方面，中国经济周期与铜价周期的折点分布也拟合得更好。如 2000 年后 DPLME_T 的第一个“谷”点出现在 2001 年 1 月，而 CNINF_T 的“谷”点则出现在 2001 年 3 月，相差仅 2 个月，而相应的，WOINF_T 的“谷”点则直到 1 年之后的 2002 年 8 月才出现，落后于铜价 19 个月；另一个典型的例子是，在 2010 年后世界经济周期与铜价“背离”之时，中国经济周期与铜价则是同步的：尽管 WOINF_T 在 2009 年 5 月后便一直保持上行的状态，但 DPLME_T 却于 2010 年 6 月后开始下跌，在铜价指数和国际经济指数出现趋势背离的同时，它与中国经济指数的趋势保持很好的同步性，自 2011 年 1 月开始，CNINF_T 便一直处于下行周期中。

① 时间窗口选取序列长度较短的中国宏观经济预警指数为基准，即 1990 年 1 月至 2013 年 8 月。

从检验的情况来看，中国经济周期与铜价的同步性要明显强于世界经济周期与铜价的同步性，从形态上看也呈现出逐年递增的趋势，在进入21世纪后尤为如此。这印证了我们之前的判断，也证明了以中国经济周期取代世界经济周期作为我国铜企业套期保值的依据在实证层面的合理性。

（五）中国经济周期和铜价关系的动态特征分析

如前所述，中国经济周期对铜价影响明显，二者间的静态关系已从显著性比较、同步性检验和时滞关系检验三个角度得到了验证。但在统计分析中发现，中国经济周期对铜价的影响还存在一种日益增强的趋势。本文也将通过状态空间时变参数模型来检验这一动态关联关系。通过利用卡尔曼滤波迭代算法得到的状态空间时变模型的估计结果如表6.13所示。

表6.13　　PLME对CNINF状态空间模型的估计结果

	Coefficient	Std. Error	z-Statistic
C_0	-4.28882	2.513672	-1.7062***
φ	0.001036	0.000237	4.3748***
	Final State	Root MSE	z-Statistic
β_t	0.132036	0.001388	95.127***
Log likelihood	188.0411	Akaike info criterion	-2.36182
Parameters	5	Schwarz criterion	-2.26365
Diffuse priors	0	Hannan-Quinn criter	-2.32194

检验结果显示，时变参数β_t的z统计量为95.127，并在1%的水平上显著，这意味着中国经济周期对铜价的影响是非常明显的。

为保证模型结果的稳定性，还应该对估计结果进行协整检验。如前所述，CNINF和PLME均为一阶单整序列，这里采用EG两步法考察量测方程的协整性。对于状态空间模型估计的误差项$\hat{u}_t$，设立如下模型：

$$\triangle \hat{u}_t = \tau \hat{u}_{t-1} + \epsilon \tag{6-5}$$

最小二乘回归结果如表6.14所示。

表6.14　　残差平稳性的EG检验

变　量	参数τ估计量的t统计值	EG检验1%显著性水平的临界值
$\hat{u}_t$	-13.06018	-3.472813

由表6.14可以看出，参数τ估计量的t统计值的绝对值为13.06018，大于EG检验在1%显著性水平上的临界值的绝对值3.472813，这意味着误差项$\hat{u}_t$为平稳的时间序列，即量测方程中的自变量、因变量之间存在协整关系，状态空间模型的估计结果是可靠的。

在建立状态空间模型的基础上，可以通过参数β_t来考察中国经济周期因素对铜价影响的动态特征。图6.17反映了变量CNINF关于PLME的边际系数。

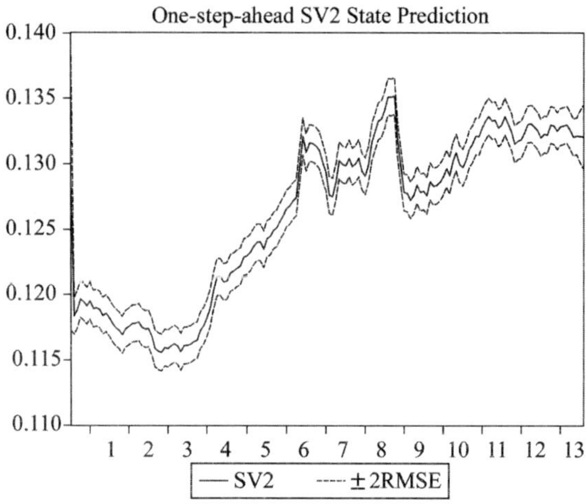

图 6.17　CNINF 对 PLME 影响程度的动态变化

从总体上看，β_t 的估计值呈现逐步上升的趋势，2003 年左右 β_t 的估计值约为 0.115，之后快速上升，到 2009 年则一度超过了 0.135。金融危机爆发后，β_t 曾一度下行，但很快恢复了上升的势头。上述实证结果证明了进入 21 世纪后中国经济周期因素对铜价的影响程度表现出不断增强的动态特征。这表明，进入 21 世纪后中国经济周期对铜价影响日益增强。

五、我国铜企业战略套期保值策略

（一）我国铜企业战略套期保值的总体框架

战略套期保值策略有三个关键步骤，第一步是状态识别，第二步是套期保值，第三步是展期操作。

1. 状态识别

在该步骤中，铜企业根据宏观经济指标对当前经济周期所处的阶段进行判断，进而对未来铜价走势做出方向性预测。状态识别所依据的宏观经济指标可以有所不同，但必须在实证上对铜价变化有着明确的指示意义。本文在实证研究部分证明了中国经济周期与铜价有着更加显著且稳定的相关关系，中国经济周期和铜价之间存在很好的趋势同步性，也论证了二者之间存在一种先行后续的时滞关系，因此反映中国经济周期的中国经济预警指数可以用于战略套期保值策略的状态识别过程。

本文基于铜价与中国经济周期的同步性进行状态识别，这本质上是一个拐点识别的过程。如文中所述，依据 B-B 判定原则，可以确定中国经济周期趋势拐点（“峰”和“谷”）出现的时间。对于我国铜企业而言，如果在时间轴上距离最近的一个拐点为“峰”，则应判断经济处于收缩阶段；如果距离最近的一个拐点为“谷”，则应判断经济处于扩张阶段。

2. 套期保值

在该步骤中，铜企业利用期货、期权工具对现货风险敞口进行覆盖。但与传统套期保值策略不同的是，这里的套期保值是有条件的，即只有在对状态识别结果达到预期要求时才进行套期保值操作，否则不进行套期保值。

战略套期保值策略要求处在产业链不同位置的铜企业，在不同状态识别的结果下执行不同的套期保值操作。对于上游企业而言，当企业判断经济收缩时，则执行卖出套期保值策略，当企业判断经济扩张时，则不套保；对于下游企业而言，当企业判断经济扩张时，则执行买入套期保值策略，当企业判断经济收缩时，则不套保；中游企业由于其业务特性为本大利薄，价格的微小变动就会引起企业利润的大幅波动，所以对铜价的波动风险承受力很差，对于价格风险的管理也更加严格，因此不太适于采用以中长期、趋势性套期保值为特征的战略套期保值策略。

3. 展期操作

在商品期货市场上，对期货和期权的合约期限都有明确规定，这意味着单一合约往往难以在时间上与战略套期保值的需求相匹配。在实际操作中，往往存在着现货资产在到期时间内没有相对应的远月合约，或远月合约的流动性低的情况。铜企业为满足战略套期保值所要求的中长期、趋势性套期保值需求，以及战略套期保值执行过程中及时调整策略，通常需要用高流动性的中近月场内合约来取代流动性差风险相对较高的场外远月合约，并通过中近期合约的向前滚转而实现持续性头寸管理。

（二）我国铜企业战略套期保值策略

在明晰了总体框架之后，本文将针对我国不同类型铜企业分别进行战略套期保值策略分析。由于战略套期保值策略不太适用于中游铜企业，因此，本文只进行上游和下游铜企业的战略套期保值策略分析，期货市场不仅限于国内。为了研究方便，我们假设存在一个无偏的铜期货市场，铜期货价格和铜现货价格完全一致，我国铜企业可在市场上卖出、买入合约，交易行为亦不考虑任何手续费因素。此外，在本文以后所有案例中，我们都假设当前的铜价为7000美元/吨，期权费率为10%，企业铜套保需求量为100吨。

1. 上游铜企业的战略套期保值策略

上游铜企业战略套期保值环节主要在铜的销售上。由于企业从投资到投产的时间间隔较长，这部分企业主要面临铜价格下行的风险，因此主要采取卖出战略套期保值策略。在执行流程上，上游铜企业的卖出战略套期保值策略可以按照图6.18来进行。在工具选择上，企业既可以使用期货工具来进行套期保值，也可以使用期权工具来进行套期保值。

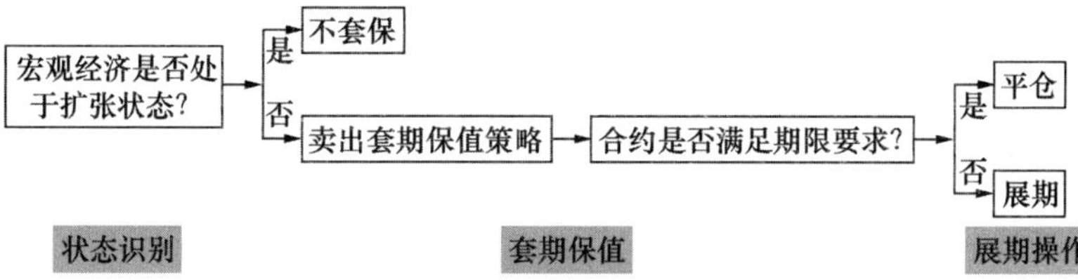

图6.18　卖出战略套期保值策略执行规则图示

由图6.18可知，当执行战略套期保值策略时，企业将先对经济周期进行状态识别。以HP滤波处理后中国经济预警指数的趋势线为依据，如果距离当前时点最近一个拐点为

“峰”，则企业判断经济处于收缩阶段，并在期货市场上卖出铜期货或期权合约；如果距离当前时点最近一个拐点为“谷”，则企业判断经济处于扩张阶段，不进行套期保值操作。以上这种依据中国经济周期指标而有所不同的操作差异正是战略套期保值思想的体现。

先考虑使用期货工具时的情形。如果企业判定经济处于扩张阶段，它将不会进行套期保值，假设实际销售行为发生时铜价上升至10000美元/吨，由于上游企业没有需要平仓的期货头寸，它将生产出的铜在现货市场上销售，可获得10000×100=1000000美元的净收入，比采取传统套期保值时多出了300000美元。显然，这部分收入是由铜价上涨带来的，我们将其定义为现货收益部分。如果企业判定经济处于收缩阶段，它将在期货市场上卖出100吨铜期货合约，假设实际销售行为发生时铜价下降至4000美元/吨，企业在现货市场上只能获得4000×100=400000美元的销售收入，其中因铜价下跌导致的损失为-300000美元，即现货收益为-300000美元。但因为该企业之前进行了套期保值操作，它可以在期货市场上获得（7000-4000）×100=300000美元的投资收入，综合收益为0元。不难看出，不论铜价上涨还是下跌，此时战略套期保值策略的收益都不低于传统套期保值策略（见图6.19）。

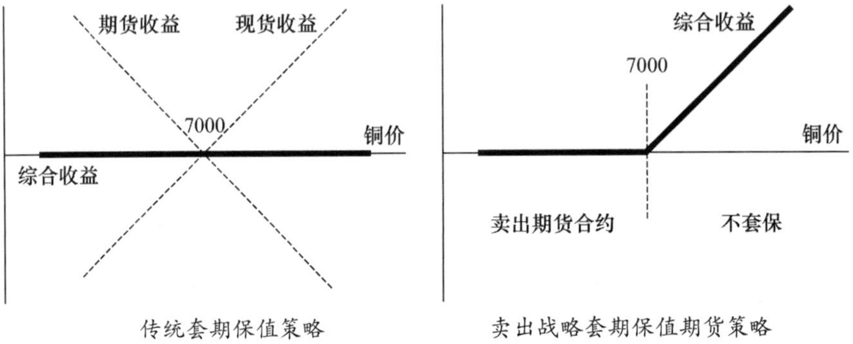

图6.19　卖出战略套期保值期货策略与传统套期保值策略的绩效比较

战略套期保值也可以使用期权工具。如图6.20所示，在本例中，当企业判断经济处于扩张阶段，且判断实际销售行为发生时铜价落于6300美元/吨以上区间时，企业将不采取期权套保的基本策略；当企业判断经济处于收缩阶段，并预测铜价落于6300美元/吨以下的区间时，企业将采取买入看跌期权的基本策略，即通过支付一定的权利金得到在未来实际销售行为发生时按照当前价格在期货市场上卖出100吨铜的权利。不难看出，此时卖出战略套期保值策略是买入看跌期权策略和不套保策略的结合，不论铜价如何变化，其收益情况至少不差于任何一种单一策略（买入看跌期权策略、不套保策略）。

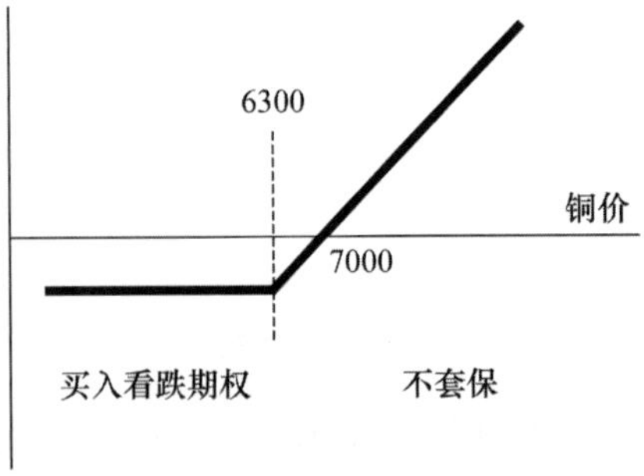

图6.20　卖出战略套期保值期权策略绩效分析

通过策略执行结果的比较可以得知，在铜价上行时，战略套期保值策略能为铜上游企业带来额外的现货收益，保守套期保值策略则不行；而在铜价下行时，战略套期保值策略与传统套期保值策略都能起到规避风险的作用。事实上，战略套期保值策略的目标在于在最小化风险的同时最大化收益，具体体现为在不同情形下对基本策略的最优选择。

在现实中，铜企业对套期保值期限的要求是多种多样的。为了获得特定持续期限的远月合约，铜上游企业可以通过在期货（期权）合约到期时建立新期货（期权）合约的方式进行展期操作，以匹配企业的具体需求。需要指出的是，我们在卖出战略套期保值的期权策略的案例分析中，在计算战略套期保值的价格点位时只考虑了单次期权费的情况；如果进行期权展期，则其对价格选择点位的影响将相当大，这也是期权策略的重要缺陷所在。在实际工作中，企业往往在波动率比较低的情况选择平值期权进行展期。在此，为了简化研究，把握实质，本文将不再进行多期期权展期情况下的案例分析。

2. 下游铜企业的战略套期保值策略

下游企业的原材料成本与铜价相关，而短期内产品销售价格与铜价关联性不大。对于这类企业来说，原材料价格上行是主要风险，因此应采取买入战略套期保值策略。下游铜企业战略套期保值策略的基本步骤与上游企业类似，企业将先对经济周期进行状态识别，仍以 HP 滤波处理后中国经济预警指数的趋势线为依据，如果距离当前时点最近一个拐点为“谷”，则企业判断经济处于扩张阶段，并在期货市场上买入铜期货或期权合约[①]；如果距离当前时点最近一个拐点为“峰”，则企业判断经济处于收缩阶段，不进行套期保值操作（见图 6.21）。

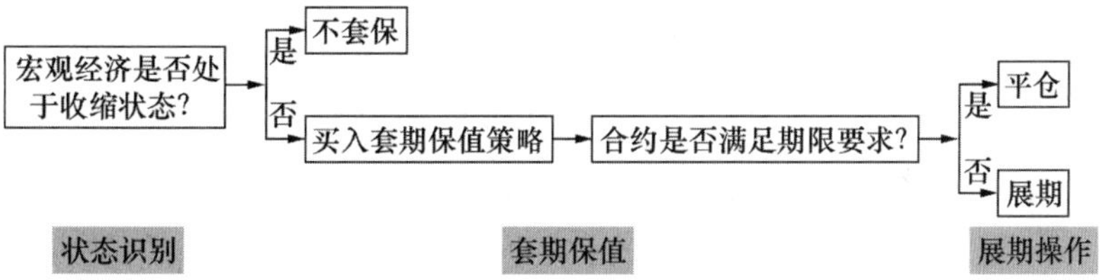

图 6.21　买入战略套期保值策略执行规则图示

首先考虑使用期货工具的情形。当下游企业使用期货工具时，若其判断经济扩张，它将在期货市场上买入 100 吨铜期货合约，假定实际采购行为发生时铜价上升至 10000 美元/吨，为购入原材料企业需在期货市场上多支出（10000 − 7000）×100 = 300000 美元的采购费用（现货损失），但同时可以在期货市场上获得（10000 − 7000）×100 = 300000 美元的投资收益，其综合收益为 0；若其判断经济处于收缩阶段，它将不进行期货套期保值操作，假定实际采购行为发生时铜价下降至 4000 美元/吨，企业在现货市场上只需支付 4000 × 100 = 400000 美元的采购费用，现货收益为采购费用节省部分即 300000 美元，且没有需要平仓的期货头寸，综合收益为 300000 美元。同样的，不论铜价上涨还是下跌，战略套期保值策

---

① 下游企业进行买入套期保值操作时既可以卖出看跌期权策略，也可以买入看涨期权策略，但由于卖出看跌期权策略并不能有效控制风险（铜价上涨时无法锁定损失），本文在战略套期保值的框架下并不考虑使用这一策略。

略的收益都不低于传统套期保值策略（图 6.22）。

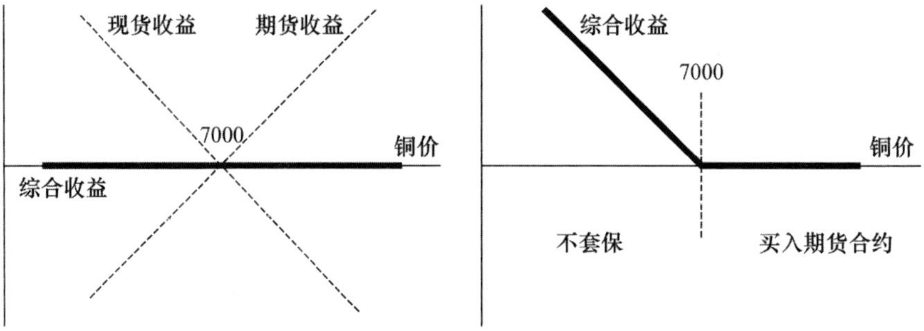

传统套期保值策略　　　　买入战略套期保值期货策略

图 6.22　买入战略套期保值期货策略与传统套期保值策略的绩效比较

当使用期权工具时，我们可按照如图 6.23 所示方式描述本例中的买入战略套期保值策略：当企业判断经济处于扩张阶段，且预测实际销售行为发生时铜价落于 7700 美元/吨以上区间时，企业将采取买入看涨期权的基本策略；当企业判断经济处于收缩阶段，并预测铜价落于 7700 美元/吨以下的区间时，企业将不采取期权套保的基本策略。买入战略套期保值可以看作买入看涨期权策略和不套保策略的结合，不论铜价如何变化，其收益情况至少不差于任何一种单一策略（买入看涨期权策略、不套保策略）。

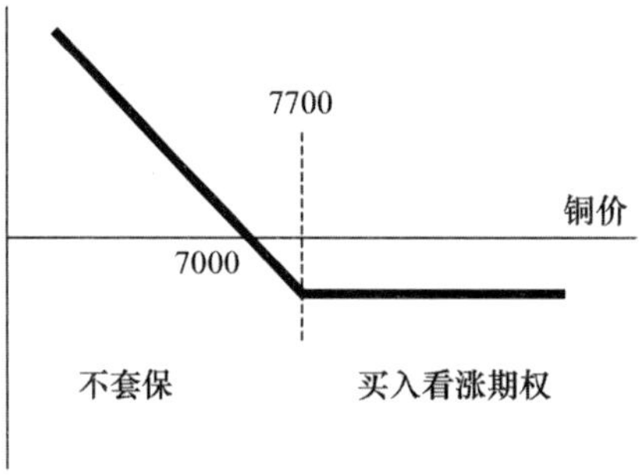

图 6.23　买入战略套期保值期权策略绩效分析

上述案例中的绩效对比结果显示，买入战略套期保值策略绩效也要优于传统套期保值策略。同样，在进行买入战略套期保值时，也需要期货（期权）合约到期时继续建立新的期货（期权）合约头寸来进行展期，使得期货（期权）合约匹配企业具体的销售计划。与卖出战略套期保值策略相同，我们在买入战略套期保值的期权策略的案例分析中，基于同样考虑，我们只进行单期期权策略的案例分析，不再进行多期展期情况下的案例分析。

六、结论、建议与研究展望

（一）研究结论

本文结合我国铜企业套期保值的现状分析，从“经济周期和铜价的关系”这组核心变量的关系入手，对我国铜企业战略套期保值进行了研究。研究既是对既有套期保值理论的补充，也能对企业的套期保值实践提供指导。本文在明确战略套期保值基本概念及内涵的基础上，重点针对战略套期保值实证基础——经济周期和铜价的关系进行了检验，模拟铜企业实际行为进行了绩效分析，并得出以下主要结论：

一是中国对世界铜消费市场影响显著；

二是经济周期是影响铜价最主要的因素；

三是相比世界经济周期，中国经济周期与铜价有着更好的同步性；

四是中国经济对铜价的影响程度呈不断趋强的态势；

五是战略套期保值策略显著优于非战略套期保值策略。

（二）策略建议

本文的研究分析表明，战略套期保值具有理论和实证上的合理性，能够优化我国铜企业套期保值行为，使得企业在风险管理过程中能够充分运用行业经验，获得高于以往套期保值方法的超额绩效。因此，本文有如下策略建议。

一是要充分重视并积极利用我国宏观经济和铜价的动态关联关系，制定企业的投资经营策略，以防范风险，增加收益。

二是政府有关部门应该研究提升我国铜期货市场的定价话语权的有关政策，充分参与到国际铜期货市场运行中，"中国因素"对于铜价的影响正在日益增强，但我国作为世界上最大的消费国却未掌握铜的定价权。

三是从法律、制度等方面完善期货市场功能，加快推出铜期权合约，为我国铜企业开展战略套期保值创造良好的市场基础和技术条件。

四是不断加强技术创新，引导优秀金融人才到铜企业工作，为我国铜企业进行战略套期保值提供良好的技术环境和人才环境。

（三）研究展望

因时间、精力及能力所限，本文在资料搜集和消化上存在不足，相应的研究分析还有很多需要拓展和深化的部分。总结下来主要有以下四个方面。

一是论文着重突出了经济周期和铜价关系的重要性，但事实上与铜价变化相关的因素有很多。因此，尽管本文论证了在诸多铜价影响因素中经济周期与铜价的关系最为显著，但这并不意味着可以完全忽略其他因素对铜价的影响。考察其他因素（如金融因素）与铜价波动的关系，对铜企业的套期保值实践同样具有指导意义。"战略套期保值"在外延上的拓展是未来进一步研究的方向。

二是战略套期保值的策略设计基于期货市场无偏、无交易成本等假设展开。这些消除基差风险、冲击成本、手续费等因素的假设可以消除对战略套期保值策略超额绩效的扰动，简化战略套期保值研究工作，有助于把握战略套期保值的实质和内涵，但也弱化了策略对现实情况的拟合能力。在战略套期保值实际策略设计中放宽各种假设，充分考虑外部环境中的扰动因素，使得策略对铜企业更具有应用价值是今后需要努力改进的内容。

三是为简化分析研究，把握问题实质，本文在战略套期保值策略设计过程中只考虑了期货和期权两种基本工具和一些基本策略，但在实际工作中往往需要采用更为复杂的组合策略形式以满足不同企业个性化、精细化的要求。因此，如何对本文所述的战略套期保值基本策略进行拓展，以及在不同实际市场环境下确定最优的策略组合规则，可作为一个新的研究课题进行探讨。

四是实证研究证明了中国经济周期和铜价之间具有良好的相关关系，且近10年中国经济周期与铜价的同步性比世界经济周期与铜价的同步性更好，并呈现出逐渐增强的趋势。但这一现象是由特定历史条件下世界、中国的宏观经济特征决定的，全球经济结构总是处于不断的变化中，并非一成不变，未来以中国经济周期为实证依据能否稳定地适用于我国铜企业战略套期保值的实践，是否会出现一组更优的实证关系取代中国经济周期的地位，这些都将是需要持续关注并加以研究的问题。

执笔人：王志刚（中国有色矿业集团有限公司战略规划部副主任）

| 第四部分 |

期货价格研究与思索

第七章

期货价差套利研究
——跨期、跨市异常价差分析

一、研究背景与意义

（一）研究背景

期货市场的功能发挥基础是众多具有代表性的投资者参与。根据投资者风险偏好不同，可以对市场的交易方式进行细分。这些不同的交易方式对期货市场的影响也不尽相同。

除去前面提到的在期货市场进行供应、采购的市场参与者外，市场主要投资者参与者是投资者，即以买卖标准化合约谋取纯粹利润的投资者。根据投资目的、风险偏好大小可以将期货投资方式分为两类：单边投机交易和双边套利交易。

1. 单边投机交易

单边投机交易类似于现货的买卖过程：对期货标准化合约进行先买入再卖出（先卖出后买入），承担合约价格波动的风险，获取相对应利润的一种常见期货市场投资方式。投资者首先预测未来市场商品的价格走势，当预测商品价格上涨时，则买入商品的标准化合约，当商品价格上涨时，商品对应的标准化合约标价对应上升，当价格上涨达预期价位时，则通过卖出价格上涨的标准化合约，从而获取低买高卖的价差利润。这一过程中，投资者承担价格下跌的风险。相反，如果投资者预期商品价格下跌，则先卖出标准化合约，当价格下跌至预期价位时，则以买入对冲的方式来了结前期卖出的合约，同样争取高低价格之差的利润。这一过程中，投资者必须承担价格上涨的风险。

2. 套利交易

套利交易的实质是价差交易。针对有价格相互关联的期货合约进行投资，基本原理相对简单，但是在实际操作上相对复杂。原理基础是寻找两个相关商品的稳定价格关系，并认定两者价差关系将恢复未定价格状态。当价格关系异于稳定水平后，将通过买入相对低价商品，同时卖出相对高价商品获得异常状态下的组合价差。当价差恢复稳定水平后，再通过反向对冲交易的方式了解投资组合，从而获取价差收益。由于在组合中，商品有强的正相关性，通过两合约的卖出和买入反向交易进行组合，对冲价格波动风险，组合风险较单边投机交易有显著的降低。

套利交易属于组合投资，本身是相对单边投机交易风险低、收益小的投资方式。风险低、收益稳定的特点，使得套利交易成为大额资金青睐的投资方式。虽然套利原理简单，但是在实际分析中较单边投机交易更复杂，操作难度更大。由于其实现过程中涉及两个以上市场、多个品种、不同时间段的商品，理论处理过程中信息量更大，组合波动涉及变量成倍增加。套利交易分为 3 种：跨期套利、跨市套利、跨商品套利。

（二）研究意义

在期货市场产生开始，人们便对其存在众多疑问，主要是针对期货市场功能的质疑。国外市场已经历过了多年的理论探索和市场实践检验。期货工具深入到了社会各层人士的认知，成为企业生产、日常投资的最佳工具。但是在国内方面，人们尚未厘清期货市场的众多认识。前面提到的期货市场两大基础功能：价格发现和风险规避功能都没有切实在国内得到统一的理论论证，使得市场参与信心不足，市场参与度和流动性相对较差；在价格权威性受到质疑的前提下，企业也因此在套期保值过程中应用期货市场的程度较低。众多原因归根结底是对市场价格有效性的怀疑。

很多对绝对价格的研究显示，市场价格很难完全体现理论价值。但是，保证价格有效性、合理性的间接平衡器便是套利交易。套利交易也是理论验证过的市场自行修复的唯一工具，通过相对水平的调整，间接形成有效的、合理的市场价格。套利交易的存在保证了期现市场价格的相互稳定调整，国内外市场价格的相对合理，相关商品的相互比价稳定。从一定程度上说，套利交易是市场发现权威价格有效性的保障，是投资者追求投资安全边际的保证，是企业参与市场的前提条件。对套利交易的理论研究正是对期货市场价格形成内在机理的彻底挖掘，是期货理论研究的根本；对套利交易的实证研究是对价格形成理论缺失环节的完全补充与修复。

在套利研究中，合理价差和价差中的信息都是理论研究中必须解决的问题。解释合理价差和分析异常价差同样重要，考虑到投资时间的理论完备性问题，一定程度上，异常价差的研究价值要高于合理价差。套利研究的关键是对价差进行分析，现阶段的研究方式分为两大类：一是均值回归思想下的无风险套利；二是统计套利。两种方式都有着各自的优势和特点。

（三）国内外研究现状

期货市场和现货市场的价格关系是两个市场最密切的纽带，对期货和现货价格的研究也就成为价格研究领域中的基础性研究课题，在国际上已经有多位学者对此问题进行了深入的理论探讨和实证分析。主要是利用协整分析的方式对价格相互关系和引导关系进行分析，在实证结果的基础上进行细节讨论。

现在查到的最早期现价格研究的是 1958 年 Telser 关于棉花和小麦的期现货价格关系的研究。1961 年 Gray 对 1921 ~ 1958 的玉米期货市场价格进行了类似的分析，结果均是针对价格关系，只是在期现价格相关性关系中加入了库存因素来进行结果的解释，思路、方法与前者统一。这成为期现价格分析的基本框架。使用协整方式来解释相互价格稳定的关系，用 Granger 因果关系分析来判定价格相互引导问题。后续的分析研究都是在此基础上进行的品种扩展，比较经典的有 Fama 和 French（1987，1988）对金属期货和现货价格关系的研究：*Some evidence on forecast power*，*premiums and the theory of storage Business cycles and the behavior of metal prices.* 利用类似方法进行分析，并试图从生产的动态过程中对模型结果进行补充。在 1988 年 Fama 和 French 进一步的细化研究中，对 LME 的 5 种金属期货和现货月交易数据（1972～1983 年）进行建模分析，得出了更细分的期现价格关系。1990 年，Cou 和 McDougall 也用了 Fama 和 French 的方法对原油、汽油和燃料油期货市场进行检验，结果和前者没有明显不同。

以上所述的研究是以持有成本理论为基础来关联期货和现货的价格关系。期现套利的基础方法之一便是持有成本理论，当期货价格大于现货加持有成本时或当期货价格小于现货价格加持有成本时，便有了无风险套利的机会。但是，这一理论的应用在实践和研究中有着种种困难，后期便出现了第二种期现价格关系的研究方式：现货溢价理论。所谓的现货溢价理论是由美国经济学家 Keynes（1946）和 Hicks（1946）提出来的。这一理论从一个侧面补充了市场套利分析的不足。

以上便是期现套利的经典理论研究，是至今为止为人们一致认可的理论基础。

除去以上的期现价格套利关系研究外，还存在着跨商品和跨市套利研究。但是由于理论基础很难量化，这两种套利方式只有统计学方面的一些简单实证，没有太多的理论探索。

最早、最著名的是 1987 年 Monroe 和 Cohn 关于黄金期货和 T-Bills 的价格研究，发现两者有着明显的相对错误定价问题。还有就是 Johnson 在 1991 年进行的大豆压榨套利研究。

跨市套利的研究更少，主要是市场对应关系较难和套利实现过程中存在具体操作层面的困难。所以理论研究并未有深入地探讨，现阶段的研究也认为不存在潜在的获利机会。

国内的研究偏重实战，主要有华仁海在 2002 年对铜、铝的期现价格关系进行分析，实证期现价格发现的功能。陈四新 2003 年对上海铜进行了跨期套利的研究。华仁海 2003 年对上海和 LME 的铜、铝价格和大商所和 CBOT 的大豆、郑小麦与 CBOT 小麦进行协整分析，探讨跨市价格关系。

二、期货价差套利策略

（一）价差交易种类与方式

1. 期现套利

期现套利是指期货合约标的物现货与期货之间的套利，当同一商品在期货市场与现货市场在价格上出现显著差距，可以利用两个市场的价格差距，低买高卖而获利。期货市场作为现货市场的延伸，对应于商品目前的现货价格，期货价格是商品在未来合约到期日的价格。到期日时，两者价格理论上应该统一。

交易方式分为买入套利和卖出套利。买入套利指当基差高于商品的持有成本时，在期货市场卖出期货合约的同时在现货市场买入现货，在到期日进行现货交割，获得基差高于持有成本部分的利润。卖出套利指当基差低于商品的持有成本时，在期货市场买入期货合约的同时卖出现货，在到期日进行现货交割，获得持有成本高于基差部分的利润。

2. 跨期套利

跨期套利是在同一交易所，同时买入、卖出同一商品在不同到期日的期货合约，通过两者价差的变动，在到期日前对由其组成的投资组合进行对冲获利的套利交易。这种不涉及交割的方式，成为一般投资者便于采用的套利方式，在所有套利交易中最为普遍。在实际操作的过程中，根据合约组合方式的不同可以分为：牛市套利、熊市套利、蝶式套利。

3. 牛市套利

牛市套利是交易者买入同一商品的近期期货合约，同时卖出远期期货合约的套利方式。采用牛市套利的基本思路认为，近期的供需基本面情况好于远期的供需基本面情况。由于基本面的紧张程度不同，上涨过程中，近期合约的价格上涨幅度将超出远期合约的上涨幅度；下跌过程中，近期合约的价格下跌幅度将小于远期合约的下跌幅度。在以上两种情况下，近期合约的盈利将超出远期合约的亏损，投资组合的最终收益为正，组合投资的整体效果是盈利。

4. 熊市套利

熊市套利是交易者卖出同一商品的近期期货合约，同时买入远期期货合约的套利方式。熊市套利的基本思路和牛市套利相反，认为近期的供需基本面情况差于远期的供需基本面情况。

5. 蝶式套利

蝶式套利是交易者选择同一商品的近期、中期、远期 3 个合约，在买入（卖出）近期和远期合约的同时，卖出（买入）中期期货合约。蝶式套利被称为套利的套利，是两个方向相反的跨期套利组合构成的套利组合。

6. 跨商品套利

跨商品套利是利用两种不同但是相关的商品，选择相同到期日的期货合约，进行卖出一合约并买入另一合约的套利交易方式。

7. 跨市套利

跨市套利是跨市套利是指在一个交易所买入（卖出）某一到期日的商品合约，同时在另一交易所卖出（买入）同一到期日、同一商品合约，预期投资组合的总收益为正，带来盈利的套利交易。

（二）套利交易的特点和作用

套利交易风险小、回报稳定，对于大资金而言，如果单边重仓介入，将面临持仓成本较高、风险较大的不足；反之，如果单边轻仓介入，虽然可能降低风险，但其机会成本、时间成本也较高。因此整体而言，大资金单边重仓抑或单边轻仓介入期市，均难以获得较为稳定和理想的回报。而大资金如以多空双向持仓介入期市，也就是进行套利交易，则既可回避单边持仓所面临的风险，又可能获取较为稳定的回报。

套利交易的存在以下显著优点。

1. 更低的波动率

由于套利交易博取的是不同合约的价差收益，而价差的一个显著优点是通常具有更低的波动率，于是套利者面临的风险更小。一般而言，价差的波动比期货价格的波动小得多。例如，上海期货交易所交易的铜每天的价格变化一般为400~700元/吨，但是相邻交割月份之间的价差每天变动约为80~100元/吨。许多商品价格的波动性都很强，需要日常监控。而价差的日内波动往往很小，只需要每天监控几次甚至更少。如果一个账户的资金波动很厉害，投机者必须存入更多的钱来防止可能的损失。利用套利交易，则很少有这样的担忧。

2. 有限的风险

套利交易是唯一具有有限风险的期货交易方式。由于套利行为的存在以及套利者之间的竞争选择，期货合约之间的价格偏差会得到纠正。考虑到套利的交易成本，期货合约之间的价差会维持在一个合理范围内，所以价差超过该范围的情况是不多的。这意味着你可以根据价差的历史统计，在历史的高位或低位区域建立套利头寸，同时你可以估算出所要承担的风险水平。

3. 更低的风险

因为套利交易的对冲特性，它通常比单边交易有更低的风险。这是我们在比较套利和单边交易时需要考虑的重要因素。为什么风险会更低？投资组合理论表明，由两个完全负相关的资产构成的投资组合最大程度地降低了组合风险。套利是同时买卖两个高度相关的期货合约，也就是构造了一个由两个几乎完全负相关的资产构成的投资组合，该组合的风险自然大大降低了。

4. 对涨跌停的保护

许多套利交易的对冲特性，可以对涨跌停提供保护。因为政治事件、天气和政府报告等，期货价格可以暴涨暴跌，有时甚至引起涨跌停，价格封死在涨跌停板上而无法成交。一个做反了的单边交易者在能够平仓之前会损失惨重。这往往会造成交易者的账户亏空，而需要追加保证金。在同样的环境下，套利交易者基本上都受到保护。以跨期套利为例，由于套利交易者在同一种商品既做多又做空，在涨跌停日，他的账户通常不会发生大幅亏损。虽然在涨跌停打开后，价差可能不朝交易者预测的方向走，但由此所造成的损失往往比单边交易小得多。

5. 更有吸引力的风险/收益比率

相对于给定的单边头寸，套利头寸可以提供一个更有吸引力的风险/收益比率。虽然每次套利交易收益不很高，但成功率高，这是由价差的有限的风险、更低的风险以及更低的波动率特性带来的好处。长期而言，做单边交易盈利的只占少数，往往10个人中不超过3个人是盈利的。而套利不一样，它有收益稳定、低风险的特点，所以它具有更吸引人的收益/风险比率，从而更适宜大资金的运作。在持有单边头寸的多空双方激烈争夺过程中，套利者往往可以择机介入，轻松获利。

6. 价差比价格更容易预测

期货的价格由于其较大的波动率往往不容易预测。在牛市中，期货价格会涨得出乎意料的高，而在熊市中，期货价格会跌得出乎意料的低。套利交易不是直接预测未来期货合约的价格变化，而是预测未来供求关系变化引起的价差的变化。做后一种预测显然比前一种预测的难度大为降低。决定未来影响商品价格的供求关系是十分复杂的，虽然有规律可循，但仍然包含许多不确定性。而预测价差的变化，则不必考虑所有影响供求关系的因素。由于两种期货合约的关联性，许多不确定的供求关系只会造成两种合约价格的同涨同跌，对价差的影响不大，对这一类供求关系就可以忽略了。预测两种合约间价差的变化只需要关注各合约对相同的供求关系变化反应的差异性，这种差异性决定了价差变动的方向和幅度。

任何事物都有两面性，套利交易也不例外。除了上述优点外，还有以下几处不足。

1. 潜在收益受限制

在许多投资者看来，套利的最大缺点是潜在的收益受限制。这是很正常的，当你限制了交易中的风险，通常也会限制你的潜在收益。不过，最终是否选择套利交易，还得权衡套利的诸多优点和有限的潜在收益。

2. 绝好的套利机会很少频繁出现

套利机会的多寡，与市场的有效程度密切相关。市场的效率越低，套利机会越多；市场的效率越高，套利机会越少。就目前国内的期市而言，有效程度还不高，各个期货品种每年都会存在几次较好的套利机会。不过，相对于单边大趋势，每年的套利机会也算多的了。

3. 套利也有风险

套利虽然具有有限风险、更低风险的优点，但毕竟还是有风险的。这种风险来自于价格偏差继续错下去。合约之间的强弱关系往往在短期内保持“强者恒强，弱者恒弱”的态势。假如这种价格偏差最终会被纠正，套利者在这种交易中也不得不遭受暂时的损失。如果投资者能承受这种亏损，最终就会扭亏为盈，但有时投资者无法熬过亏损期。况且，如果做空的合约遇到挤空现象且持续到该合约交割，那么价格偏差将无法纠正，套利交易必以失败告终。

套利定价理论中假设市场是无套利机会的，一旦出现套利机会，便成为市场上免费的午餐，则众多投资者会把握这样的机会进行交易，最终使得市场达到均衡。其中使得相对商品价格回归的内在机制便是套利交易。结合前面提到的套利交易的低风险、稳定收益特点，就形成了套利交易对市场的两方面作用：一是套利方式为投资者提供了对冲机会；二是有助于将扭曲的市场价格重新拉回来至正常水平。

三、价差分析基础原理

（一）价差分析基础

套利者是联通现货和期货市场的重要市场参与者。套利交易的实质便是对冲交易，即同时买入两种负相关的交易来对冲风险。套利者试图从两个不同的市场价格的失衡关系中盈利。

期货价格和现货价格的关系是套利交易分析的基础。在理论研究和市场实际过程中，当期货合约临近交割月份时，期货价格应该会收敛到标的资产的现货价格。当到达交割日时，期货和现货价格应该一致，否则便会出现套利的机会。

假定在交割日期前，期货价格高于现货的价格，市场便有了价差套利的机会。套利者卖出一份期货合约，同时买入和合约上数量相同的现货资产，等待到期日进行交割，便可以获得盈利额为期货价格高于现货价格部分的收益。这便是最简单的期现套利思想。

在这样的套利机会出现时，套利者便能利用此机会进行交易。在现货市场进行的买入操作令现货市场需求上升，在期货市场进行的卖出合约操作令期货合约供应上升。在两个市场间的相互反向的操作最终将使得商品和标的商品的合约价格收敛至一致水平。否则，只要两者之间存在价差便会有套利者进行上述交易，拉近两者价格。

这样的假设基础上，期货价格和标的资产的价格之间的关系便成为期现套利的核心基础。在此基础上，商品套利理论得以完善。跨期套利和跨商品套利都是通过期现价格关系进行延伸和推广而得出的。

正是由于这样的原因，期货合约自身商品的属性就决定了不同商品套利关系中的本质区别。

对标的商品的分类成为商品价差套利的第一步。

按照商品需求的不同，可以将商品分为两大类：一是投资资产；二是消费资产。投资资产是指市场参与者以投资为目的而持有的资产。在国内上市的期货品种中，代表性较强的是黄金和股指。这部分商品的需求主要是以投资者投资为目的而持有。消费资产则是指以消费为主要需求而持有的资产。如期货市场中的铜和橡胶等在实体经济生产中充当重要原材料的工业品；玉米、大豆等在生活中作为重要生活资料的大宗农产品。

在后续的研究中，可以清楚地看到，这种按照标的物需求不同进行的分类直接影响到套利价差的特征。在传统的分析中，人们也认可以上的分类方法。例如无套利定价理论的假设基础就是根据现货市场价格来推算期货价格。其中对投资资产的分析就认为可以很便捷、简单地利用现货价格关系直接推导出期货价格。而对消费资产的分析过程中，此方法的应用却非常谨慎，并且没有清晰的解释和统一的结论。

在传统的分析中，投资资产的现货和期货价格关系较为简单。

定义：T 为时间期限，F 为期货价格，S 为现货价格，r 代表无风险利率。则：

$$F = Se^{rT} \tag{7-1}$$

在这样的商品属性分类基础上，投资商品作为期货标的商品，其价格仅作为资本的替代，只是按照时间计算积累收益。

再加入考虑商品在持有过程中需要涉及的储存费用，可以对价格关系进行更进一步的完善。

假设储存费用为 U，则：

$$F = (S + U)e^{rT} \tag{7-2}$$

式（7-2）就是在考虑了标的商品是投资资产后，市场上的期货和现货价格常态推导关系。

对消费资产的价差关系分析相对就要复杂很多。以上的简单资本价值增加过程被赋予更多的增加项，期现价差包含更多的新信息有待解释。

针对具体的问题，在探索过程中逐渐分离出部分信息来解释价差关系。

在分析消费资产的期现价差过程中，期货标的商品被用来消费的需求属性决定了现货和期货的内在价值的细微偏离。正是这种偏离，导致了消费资产的期现价差明显异于投资类资产的期现价差关系。

比较前面提到的投资资产的期现价差关系，在投资资产期现价差分析中，价格关系等式表明，投资者持有期货和现货在到期日的效应相同；而在消费资产的需求差异下，等价关系被改写。

当投资者持有商品以供消费时，商品和标的商品的期货合约不再如上式简单等价。投资者不会愿意主动出售商品并买入期货合约作为替代，因为期货合约不能直接用于消费。所以在上述的等式关系被打破时，没有理由认为其是不合理的。所以，在实际和理论分析中，更多的认为期货和标的现货的价格关系为：

$$F \leqslant (S + U)e^{rT} \tag{7-3}$$

表明现货存在直接的使用价值，所以持有现货要优于持有合约，期货和现货的优劣关系导致了价差的存在：期货价格低于现货价格折现。

在对这部分由现货直接使用价值导致的期现价差分析中，产生了便利收益的概念。

便利收益即商品持有者认为在一定情形下持有商品将比不持有商品具有更多的便利。例如，商品消费商在需要进行生产时，原材料可直接用于生产，而期货合约则没有相同的功效。正常情形下，这类问题体现在现货需求商库存需求上，为了保证生产的持续性和稳定性，工厂正常运作需要部分的库存进行缓冲。在现货紧张时，可以从现货的展示短缺中获利。但持有商品期货则不一定可以因此获利。这部分收益便定义为商品的便利收益。

定义便利收益率为γ，则：

$$Fe^{\gamma T} \leqslant (S + U)e^{rT} \tag{7-4}$$

便利收益率是对商品未来可获性的描述。商品短缺可能性越大对应的便利收益率自然越高，而商品短缺可能性越小则对应的便利收益率就越低。传统的分析认为，较低的库存对应的是较高的便利收益率。

在此基础上，理论研究完善了期现价差的基本关系。在后续的研究中可以看到持有成本理论和风险溢价理论对此部分的进一步延伸和细化。

对期货和现货的价格关系分析，就标的商品的属性差异进行了初步探讨。更进一步，从衍生的期货属性上对价差关系进行再分析。比较期货价格和预期现货价格关系。期货价格一个重要的特点就是价格发现功能，其实际内涵是指期货价格包含对未来现货价格的领先预期。对未来某时刻的资产现货价格称之为此时刻的预期现货价格。预期现货价格的提出更进一步揭示了现货和期货的价格关系。预期现货价格直接影响期货的价格水平，如果预期现货价格高与现阶段期货价格，则期货价格将上升并接近预期现货价格。相反，若预期现货价格低于现阶段期货价格，则期货价格将下降并接近预期现货价格。

提出预期现货价格的定义，期货价格找到了对应的同时期价格水平。经济学家凯恩斯和希克斯在此基础上，加入选择性倾向来解放期货价格和预期现货价格的等式关系。类似与前面在现货与期货价格关系中，针对便利收益分析的持有倾向内容部分：市场对冲者倾向于持有空头头寸而投机者持有多头头寸的话，资产期货的价格将低于预期现货价格。相反的倾向下，市场对冲者倾向于持有多头头寸而投资者持有空头头寸的话，资产期货的价格将高于预期现货价格。

在这样的扩充下，更进一步地完善了期货和现货的价格关系。至此，市场中的 3 种期现价格水平均得到解释的可能：期货价格大于现货价格；期货价格等于现货价格；期货价格小于现货价格。

预期现货价格的提出虽然在理论解释上弥补了价格关系的缺失。但是，如何解释预期现货价格成为理论上和实践中难以确认的问题。

在定义了期现套利的价差关系之后，市场的跨期和跨市套利价差关系仅需进行简单的推演就可得到。在跨期套利中，不同到期日的间隔成为价格的时间跨度。将现货定义放宽至未来到期日的现货，便可以定义不同到期日的期货合约的相互价格关系。仅需考虑未来时间作为现货价格起点，然后再以时间跨度后到期的合约价格作为期货价格，便得到了近期到期期货合约和远期到期期货合约的价格关系。同样，在跨市套利的过程中，推倒过程更为简单。对同期商品，仅需考虑到两个市场所处位置不同的实际情况，在储存成本上加入运输成本便得到统一标的商品的价格关系。更复杂的情形是对不同市场的不同到期日期货合约的价格关系分析，需要对以上两种价差进行叠加。

总之，复杂的套利方式可以简化为跨期和跨市套利的组合，而跨期和跨市套利又是在期现套利基础的保障下形成的。所以，对期现价差关系的分析成为套利价差的基础模块，在此基础上完全可以复合衍生出相关套利关系。

接下来，就期现套利价差关系进行详细的分析。

（二）持有成本理论

1949 年，Working 在对美国期货市场的研究中，提出了储存理论：同一商品远期到期和近期到期的合约存在着价差，正价差反映的是市场的两合约到期日之间的净库存成本。

依照储存理论，期货和现货之间的价差（基差）或者不同到期日的期货合约之间的价差由 3 部分成本组成，这部分成本异于前期考量期现价差过程中，简单价格分析计算持有的成本。由于在对美国期货市场价格的实际分析中，价差水平偏离简单的持有成本情况较多，为了使得价格分析更接近现实市场，在 Working 的分析中，将持有成本细化为 3 部分：储存成本、便利收益、持有存货的风险收益。在对市场进行了部分合理性假设后，Working 提出了持有成本定价模型。

模型的基础假设：

①商品可储存；

②市场完全竞争，市场中参与者均为价格接受者；

③市场无摩擦，忽略交易成本（佣金、买卖价差等）；

④市场参与者厌恶风险，追求利润最大化；

⑤不存在违约问题；

⑥标的商品无卖空限制；

⑦市场不存在无风险利润机会，即不存在套利机会。

模型变量定义：$F_{t,T}$——以 T 为到期日的商品期货合约在 t 时刻的价格；S_t——t 时刻的现货价格；$r_{f,t,T}$——t 至 T 时间内的无风险利率；$w_{t,T}$——t 至 T 时间的储存成本：仓储费用、运输费、损耗费等；sle_t——t 时刻库存效应：便利收益和风险收益。

投资者通过银行贷款在现货市场上购入商品，储存至到期日进行交割。在假设条件⑦的基础上，到期日时刻 T 时刻期货价格等于现货价格，则在融资初期 t 时刻期货价格等于现货收益、融资成本和储存成本之和。即：

$$F_{t,T} = S_t \exp[r_{f,t,T} + w_{t,T} + sle_t] \tag{7-5}$$

以变量的对数形式建模：

$$\ln(F_{t,T}) = \ln(S_t) + r_{f,t,T} + w_{t,T} + sle_t \tag{7-6}$$

模型解释：在模型的构建过程中，无风险利率、仓储费用、运输费用和损耗费用等是期货价格中构成的固定部分；包括便利收益和风险收益的库存效应是变动部分，成为期现价格差异的主要变动因素。

（三）风险溢价原理

在期货价格研究的早期过程中，由于市场存在长期的价差偏离关系，有部分价差关系超出了持有成本解释的范围。针对各种期货与价格的经验性分析，研究者提出新的理论解释，核心观点有 Keynes、Hicks 对市场参与者交易活动的假设：套期保值者是天然风险规避者，当价格超出持仓成本时，便会卖出手中库存商品，将商品价格风险在初期转移，从而获得无风险收益。同时，这一过程需要投机者作为风险承担者来配合，投机者必须在未来有所收益的预期下，才会接受上述交易。在价格的判定过程，投机者也运用相同于现货商的判断模式，即必须在期货价格低于前期现货持有者在套期保值条件下给定价格，从而可以获取两者之间的价差收益。这部分收益被解释为其提供服务所带来的费用。从而期货价格在到期日前，常态将是低于持有成本和现货初期价格之和的。这部分解释了当初美国期货市场的期货价格特点。相对于这一观点，Tesler 假定：除到期日前，期货和现货价格之间价差不存在任何持续稳定关系。由于市场充分竞争的假设和零成本竞价机制下，投机利润应当为零。所以，任何期货价格和现货价格之间的价差一旦出现，这种无风险套利机会便会时间消失，所以价格过程中不存在规律性。

以上的分析都依赖于市场的无风险套利定价基础，和持有成本定价理论同属一类的市场假定结论。但是，这些观点对市场的长期价差存在和明显的经验数据观察特点解释有限。风险溢价原理放弃了市场无风险套利机会的假定，在肯定价格偏差存在的基础上，对期货价格进行间接推导。

在资产组合理论的风险资产收益推导中，任何风险资产的资产收益由这一风险资产对整体组合风险的贡献度决定。由此得出的风险资产的收益率期望为无风险利率加上本资产在组合风险收益中的比率：

$$E(\tilde{R}_i) = R_f + \left[\frac{E(\tilde{R}_w) - R_f}{\partial(\tilde{R}_w)}\right]\frac{\partial\sigma(\tilde{R}_w)}{\partial S_i} \tag{7-7}$$

其中，$\tilde{R}_i$——资产 i 的随机收益；$E(\tilde{R}_i)$——资产 i 收益的期望；R_f——无风险利率；$\tilde{R}_w$——资产组合的随机收益；$E(\tilde{R}_w)$——组合收益的期望；$\partial(\tilde{R}_w)$——组合收益的标准差；$\frac{\partial\sigma(\tilde{R}_w)}{\partial S_i}$——第 i 种资产的边际贡献。

通过理论推导出：

$$E(\tilde{R}_i) - R_f = [E(\tilde{R}_w) - R_f]\beta_i \tag{7-8}$$

$$\beta_i = \frac{\mathrm{cov}(\tilde{R}_i + \tilde{R}_w)}{\sigma^2(\tilde{R}_w)} \tag{7-9}$$

式（7-9）是对资产 i 的风险收益期望关系的描述，表明与其系统风险 β_i 成正比。

在上述的资产定价模型中，风险资产的要求和期货合约有所差异，在对期货合约的定价中，需要进行变量的重新说明。

期货合约在买卖过程中采用保证金交易的方式，资产的资金占用比例为 10% 的资产面值，故在投资者资金占用上并非资产价值。故在分析中，采用期货合约的收益率作为资产风险收益。同时，$\tilde{R}_i - R_f$ 是除去无风险利率的收益率。在现货保值者卖出现货部分时，后期的收益便是无风险利率收益，则 $E(\tilde{R}_i) - R_f$ 收益由和期货卖出保值者相对应的投机者获得。在合约成交时，投机者的到期预期收益为 $E(\tilde{R}_i) - R_f$，则此部分收益便为现货的风险收益部分。

可以得到在期货市场中的现货风险收益关系为：

$$S_{i,0} = \frac{E(\tilde{S}_{i,1}) - [E(\tilde{R}_w) - R_f]S_{i,0}\beta_i}{1 + R_f} \tag{7-10}$$

其中，$S_{i,0}$——0 期的资产价格；$S_{i,1}$——1 期的资产价格。

$S_{i,0}(1 + R_f)$ 为 1 期交割的商品当前期货价格，$E(P_{i,1})$ 为 1 期现货价格，$p_{i,0}$ 为 0 期现货价格，则：

$$\frac{E(\tilde{S}_{i.,1}) - F_{i,0}}{p_{i,0}} = \beta_i[E(\tilde{R}_w) - R_f] \tag{7-11}$$

得出现货商品的风险收益为期货价格收益相对现货价格的比率，这样就在风险关系基础上给出现货价格的合理价格关系。

（四）合理价差区间的界定

为了研究的便利，对价格规律进行重新分类：农产品价格的变动更多取决于供应端决定，工业品价格更多取决于经济运行情况。在大的分类框架下，套利模型的应用有着不同的保证水平，比如在对无明显季节性生产和消费的黄金和白银等贵金属期货，持有成本模型的解释能力较强。但是对季节性较强的品种，持有成本模型的就较容易出现解释偏差。这也就对应了前面提到的价格影响因素的问题：影响价格的因素会通过合约价格反映出来，并进一步传导至价差水平中。所以在对价差的分析过程中，应当对标的物价格自身影响因素的信息进行更细化分析。

在合理区间的界定中，可以使用上述的模型给出稳定区间的范围。在区间内的价差运行规律分析中，需要使用品种自身的价格影响因素和特点进行分析。

四、期货价差规律分析

本部分内容是对价差规律进行品种细分，对标的资产的供需属性进行规律性分析，验证标的资产的供需规律对价差规律的传导问题。其中主要对农产品和工业品进行实证研究，对比分析结果发现其中显著的规律性特点和差异。

（一）品种价差规律分析

期货价格有着自身特殊的价格特点，相对现货市场来说，期货市场的报价模式使其价格波动更频繁，价格分析技术相对更为复杂。在对期货套利问题研究中，主要针对商品的相对价格关系进行分析判断，相对价格水平最直接的描述便是合约的价差。对合约价差的特征的研究成为套利研究、套利机会发现的关键和基础，本文对相对价差进行理论分析和实证检验，来发现期货市场价差的特征。

1. 期现价差分析

期现价格的关系，是套利最基础的价差关系，在前期的研究和假设中，主要是根据持仓成本关系。研究上，期现价格关系中描述期现价差分析的部分相对较少，主要方法是对期货价格的价格发现功能的探讨，主要是运用协整检验、Granger 因果检验对期货价格和现货价格的相关性和价格引导效应进行的验证。

本部分进行期现价差的分析，通过对商品品种进行筛选，选择出有代表性品种进行具体的分析来发现期现价格的相对关系，其中选择农产品品种大豆、玉米，金属铜和黄金，化工类产品橡胶作为大宗商品的代表进行分析，试图发现价差规律性问题，来解释期现市场的价格相互关系。然后通过多品种的检验验证，来说明规律的普遍性问题。

使用期货连续价格和现货价格建立品种图，如图 7.1 至图 7.4 所示。

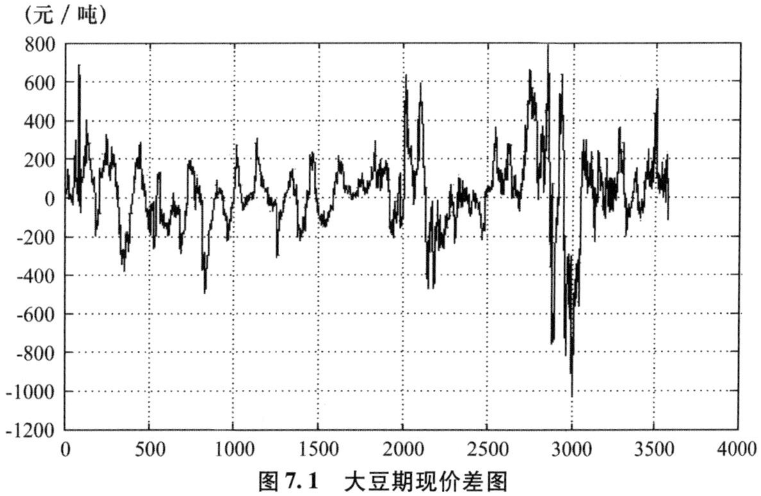

图 7.1　大豆期现价差图

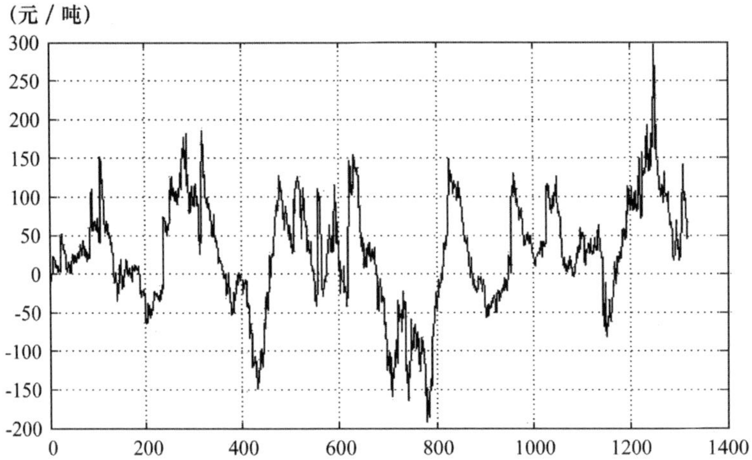

图 7.2　玉米期现价差图

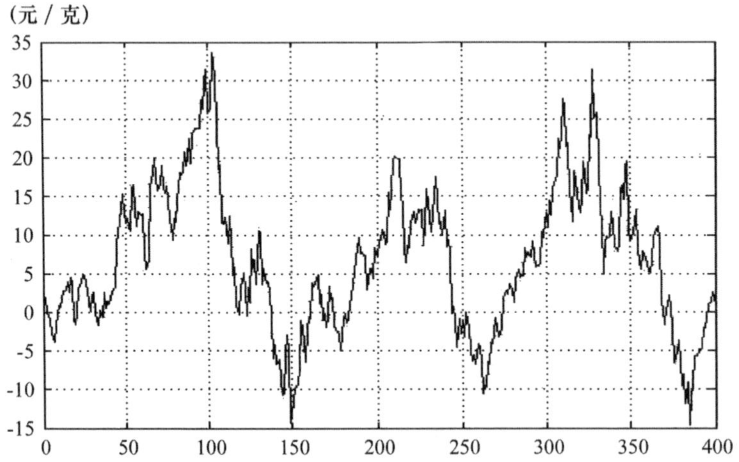

图 7.3　黄金期现价差图

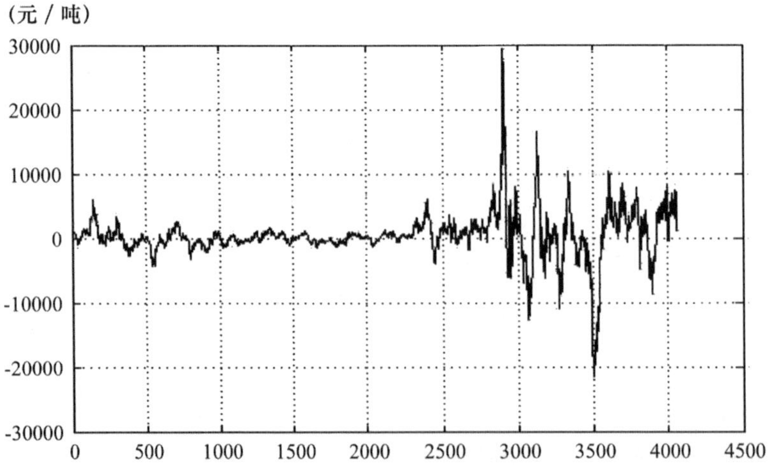

图 7.4　铜期现价差图

对图形的初步观察，可以很清晰地发现在价差存在稳定区间特点以外，不同品种的波动情况也有着很明显的差异。

对价差数据进行基本统计性质分析，如表 7.1 所示。

玉米现货价格分析：我国的玉米生产具有相对独立性，每年进口量较低，出口量相对稳定，每年的国内产量成为影响国内供给的主要因素。一般而言，国内玉米在 10 月底开始陆续上市，上市时正是玉米现货价格走低的时候，到来年 5～6 月份与玉米开始走向紧缺，价格开始走高，到 7～8 月份价格达到顶峰。

表 7.1　　4 种商品期现价差数据统计分析

期货品种	样本数	均值	最大值	最小值	标准差	偏度	峰度
玉米	1318	25.7212	296.4	−192.333	69.4786	0.1668	3.2644
大豆	3575	18.3844	785.5	−1028.6	195.5212	0.4540	5.7135
黄金	400	6.7152	33.594	−14.602	9.24	0.3079	2.8172
铜	4063	382.1947	29405	−21432	3563.7	−0.0891	15.9088

大豆现货价格分析：全球大豆以南北半球分为两个收获期，南美（巴西、阿根廷）大豆的收获期是每年的 4～5 月，而地处北半球的美国、中国的大豆收获期是 9～10 月份。因此，每隔 6 个月，大豆都有集中供应。在供应期，价格都会在相应时间段内走低。

铜现货价格分析：铜是重要的工业原材料，其需求量与经济形势密切相关。经济增长时，铜需求增加从而带动铜价上升；经济萧条时，铜需求萎缩从而促使铜价下跌。

黄金现货价格分析：由于黄金兼具商品、货币和金融属性，又是资产的象征，因此黄金价格不仅受商品供求关系的影响，对经济、政治的变动也非常敏感，石油危机、金融危机等都会引起黄金价格的暴涨暴跌。此外，投资需求对黄金价格的变动也有重大影响。黄金价格的变化更多体现的是对经济事件的反应。

在上文图表中，可以直接地看到价差的不同规律：农产品中的玉米和大豆的价差波动相对稳定，并且存在着季节性的特点。金属铜的波动长期波动大，循环周期特点弱；黄金价差波动平稳，周期也相对稳定。

在统计的价差数据中，也可以看到价差的相应规律。除了黄金和玉米价差的分布有接近 3 的峰度外，铜和大豆的价差都存在相对正态分布扁平的特点。

另外，针对具体品种来说，在农产品的期现价差进行分析过程中，基础的统计数字得到的玉米的偏度最小为 0.1668。这样的偏度意味着，期货价格高出现货价格 25.7212 元/吨的样本点的离散程度，较期货价格低于现货价格 25.7212 元/吨的样本点的离散程度要高。也就是在价格的偏离过程中，期货价格一般高于现货价格，平均高出的水平是 25.7212 元/吨。并且，更多的价差点水平密集分布在 25.7212 元/吨以下的范围内。同时，根据峰度水平可以看出，玉米的价差分布接近于正态分布的峰值水平，故玉米价差分布偏离均值的水平可以类似于正态水平。

大豆的峰度为 5.7135，远高于玉米的 3.2644 水平，表明大豆期现价差的极值点较玉米的极值点更加集中，价差偏离水平更高。大豆的偏度为 0.4540，也远高于玉米的偏度

0.1668，结合大豆期现价差的均值18.3844元/吨，表明期货价格更倾向于低于平均价差水平18.3844元/吨。大豆的标准差部分也更高，显示出价差序列的稳定性更加差的特点。

在金属品种中，黄金的价差分布稳定性最优，在前期的基本分析中，黄金自身的投资资产属性保证了其价差稳定性高的基础。同时也已经提到黄金的供需稳定的特点，使得其现货价格自身表现稳定。同样，经过数据的分析，在价差部分的表现也印证了这样的假设。峰度为2.8172，略低于正态分布的标准峰值3；偏度为0.3079，期现价差低于均值6.7152的部分较密集，价差分布左偏。同时，标准差水平仅为9.24，和其他3个品种相比，几乎可以忽略。这些统计上的数据表明，黄金自身价格稳定性延伸至其期货和现货的价差水平上，价差水平表现得最为稳定。

铜的数据最为特殊，高峰度和负偏度，表明价差稳定性极差，异常大的价差水平出现情况较多，并且价差高出平均水平的部分更多。极大的标准差和分散的极值分布相对应，表明样本的离散程度高。

以上数据形成原因分析如下。

在数据的初步分析上，商品价差有了初步的估计，结合前期的期现价差图表可以大致评估数据的形成规律。农产品方面，整体价差水平较稳定，有季节性波动特点；金属长期波动强，季节性表现差；贵金属波动相对稳定。

这里的期现价差分析中，使用4个代表性品种进行了套利价差的细化分类，基本上涵盖了相关品种的基本规律：一是农产品价差存在供应性季节性特点的初步假设。二是工业品价差波动中需求周期性特点的假设。三是工业品中的黄金和铜的期现价差对比中，黄金价差的稳定表现证明了其作为投资资产的特点，使得无套利定价理论在价差上的反应更为有效；并且，黄金标的物标准单一，现货报价标准的特点使得其现货价格更加具有统一性和代表性，这些因素使得黄金的期现价格关系在分析上最为稳定。

在上述的分析中已经表明，由于期货合约标的资产的供需自身差异，会在期现价差上留下明显的痕迹。同时，期现价差的稳定性会因为现货价格的统一性而产生差异，则通过期现价格关心进行分析从而对价差规律进行总结，可能产生显著的偏差，导致分析结果可能存在难以弥补的漏洞。所以，对期现价差的关系研究也就基本上停留在简单的数据统计分析和处理上，不再进行过多的探讨。

2. 跨期价差分析

跨期价差关系类似于期现价差关系，其基础都是针对不同时间的现货价格关系进行分析。在上文中，已经指出跨期套利是期现套利的延伸。在接下来的分析过程中，可以看到跨期套利的价差即包含了期现价差的规律性特点，而且其最吸引人的是具有现货价格缺失的统一性和同步性的特点。在研究价差关系中，跨期价差形成的是自然对应数据配对。仅需考虑部分异于期现套利的地方，即分析基础理论中的一些差异，便能以跨期套利分析来替代期现套利的规律性分析。

在跨期套利的过程中，主要是利用持有成本理论和供应周期理论做基础。

由于两个市场的价格存在着同样的形成机理，故价格的分析中较期现价格关系更加严密。影响跨期价差的因素如下：一是持仓成本。两个不同时期的商品存在着时间上需要消耗的成本，所以在实战的过程中，跨期套利又称“持仓费用套利”。二是农产品新旧作物交替过程中的供需短期变化。这部分套利又称为“跨作物年度套利”，或“新老作物年度套利”。一般指在同一期货交易所内，买进某一作物年度内的期货合约的同时，卖出该作物下一年度内的期货合约，利用作物有同一生长年度期货合约的价差变化获利。这是一种常用的农作物期货套利交易的形式。农作物生长年度一般以 8 月份为界，8 月份以前为旧作物年度，从 9 月份开始为新的作物年度。由于不同作物的生长期不同，新旧作物的月份划分也往往稍有差异。在供应上的差异导致了价差的相互变动。

以此为基础，跨期套利不仅在正向市场中有了理论基础，在部分由于供应问题导致的反向市场中，跨期价差成因也存在着理论的支持，使反向市场跨期套利的实施也就有了理论的支撑。

要想把握跨期套利的价差研究，首先需要对品种的供给特性有准确的把握，然后需要选择合适的中间变量来说明供应的实际情况，才可以找到合理的跨期价差水平。

在跨期套利价差的分析上，经常可以看到市场合约的价差断点。下文选择周期性明显的棉花和小麦进行分析。

棉花上市在 9 月份左右，对应的期货合约是每年的 09 合约。对应于新供应，同时考虑合约活跃问题，我们选择 5 月份作为上一年度的棉花代表，即每年的 05 合约，以此为准来建立两者的跨期价差图表，小麦合约的选择也依照类似的思路（见图 7.5、图 7.6）。

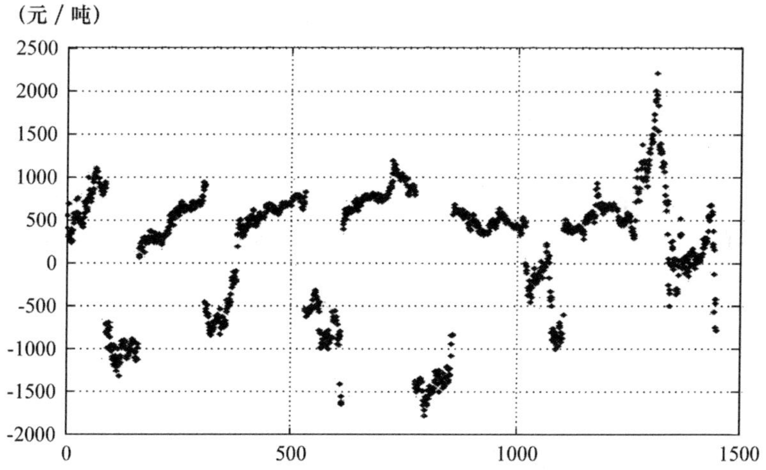

图 7.5　棉花 5 月和 9 月跨期价差图

图 7.5、图 7.6 明显和我们前期所给出的大豆和小麦的期现货价差图不同。图中显示出，价差存在着明显的跳跃点，呈现出阶段性的不连续特点。这也正是对跨期套利价差分析中遇到的实际问题。合约在转月过程中，新一年度的价格形成后，两合约价格出现明显偏差；另外在临近新一年度的产品价格形成，不同供应背景和人们预期的影响会使得价差呈现明显的偏离。这两个因素的影响下，考虑年度交替情况下的跨期价差就呈现出持续方向性的离散价差关系图。

3. 跨市价差分析

同一商品在不同市场的价格关系遵循同质同价的价格关系，所以跨市套利的分析中，

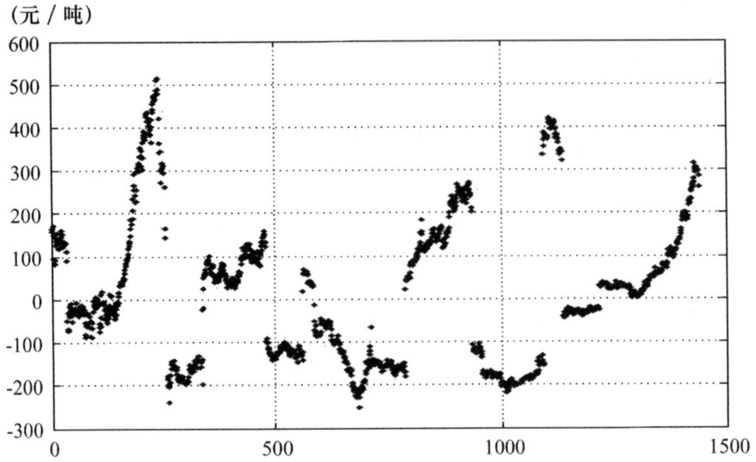

图 7.6　强麦 5 月和 9 月跨期价差图

理论基础更为清晰。按照理论上，价差关系应该更为稳定。现阶段国内市场和国外市场关联性比较强，大家普遍认可的是金属类的铜和能源化工类的品种橡胶。我国上海期货市场的铜期货作为需求代表方的定价中心，伦敦金属交易所作为铜的全球定价中心，两个市场的关系一直是投资者关注的重点，因此选择两个市场的指数为代表进行比照（见图 7.7）。

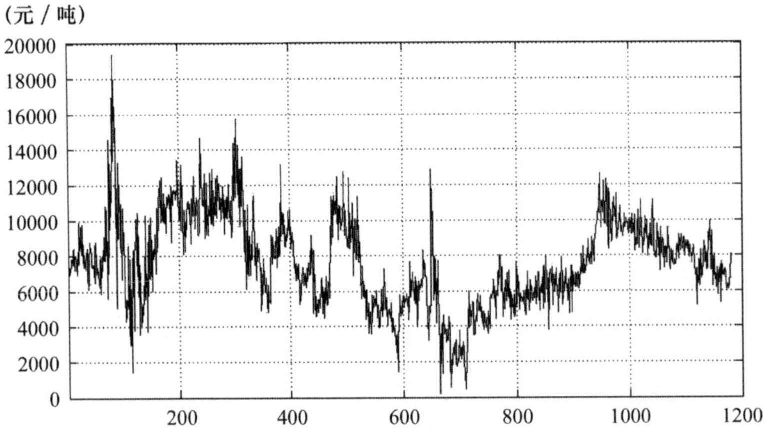

图 7.7　沪铜与伦铜价差图

以图 7.7 可以看出，两个市场的价差水平较为稳定，区间范围清晰。和前期期现套利的分析图相互比较，期现价差容易出现大幅的偏离和阶段性波动特点，跨市套利的中的价差则更为稳定，期货市场的关联性明显强于期现市场。

在跨市套利的研究中，不仅给出了一个更为稳健的价差关系，同时也给我们提供了一个更为标准的参照价格。使用这样的市场关系，直接避免了前期的期现价格形成机制不同的缺陷。

（二）价差分析待解决问题

在以上不同方式的价差套利研究中，基本的规律有了初步的图形和数据支持。但是，要想进一步验证这些规律，发现中间的实际影响效果，还需要量化和技术上处理的部分。

为了对以上期现价差问题进行进一步分析，还需要在理论和技术上进一步完善和补充的地方如下：一是关于季节性波动的实际传导效果衡量问题，即如何对观测到的季节性特点进行规律性总结；二是关于内外供应差别下的价差特点的分析问题，即对外依存度高的品种的价格受外部供应影响的同时，这种影响如何间接传导至价差；三是在铜价的分析中看到的经济引发的需求如何描述；四是如何寻找合适的现货市场供需的代表性价格。

和期现价差分析中的季节性问题相同，在跨期套利的过程中的季节性问题更为复杂。期现价格分析中，价格的差异仅在供需的代表性问题上。而在跨期套利中，这种价格关系由于合约的跨年度问题，价差连续性也被破坏。合约的价差代表的不仅是市场中的供应逐渐缓解问题，而且还包含了中期的供应冲击问题，所以在数据的处理上面临更难平滑和量化解释的难题。

合约在到期时的季节性剧烈变化超出了持有成本理论的解释范畴，需要引进新的中间变量来进行修复。这部分问题在传统的跨期套利上被认定为异常价差情况，但是在实际市场中，这样的情形基本上在任何周期节点上都有发生，而且其经济学背景清晰。所以这部分价差情形的解读是对套利理论的必要补充，可以更加完善价差的理论。

跨市套利的关系相对稳定，在实战中跨市套利机会却屡见不鲜。其中的合理价差部分可以用持有成本理论来进行绝对的解释和实现。但是，在异常价差点的形成过程没有深入探讨。在前期提到的季节性问题中，我们已经看到内外盘供应差异会导致单一市场期货价格出现局部期现价差失衡，很自然可以考虑跨市过程中的供需代表性失衡问题，这样的机会也会导致价差的异常点出现。如何选择品种进行实际说明成为这部分异常点甄别的关键。

验证以上规律的过程中，首先需要对价格问题进行分析，为避免期现价格存在明显的形成机制不同的差异，选择代表性价格的过程中，以近月合约来替代现货价格。这样一来期现价格的关系就可以合并为跨期套利的研究，同时避免了价差由于价格代表性不同带来的问题。

（三）以橡胶期货为例来进行实证检验

1. 沪胶期现价差基本分析

处理期现价格的过程中，存在着价格对应的问题，期货是以现货作为标的物，所以期货和现货价格的分析中，对应的商品价格应为同一品质商品，选择使用近期到期月合约价格作为现货价格的代表。

数据采集过程中，考虑到合约数据序列的平稳性、连续性，我们采用到期月份所在的季度最后一个月份期货价格作为现货价格的代表，下一季度最后月份合约价格作为季度期货价格代表。采用的数据是 2006 年 5 月 6 日至 2011 年 1 月 17 日的橡胶各月份合约开盘价格（见图 7.8）。

从图 7.8 可以看到，整体趋势上，期现价格关系有两个基本特点：一是期现货价格相关性高，基本方向上一致，价格差异相对较小；二是在某些特殊点上，价格出现明显偏差，而且偏差持续时间较长（见图 7.9、图 7.10）。

在初步观测的结果上，给出价差图，出于对价格稳定性的考虑，继续选择现货价和期

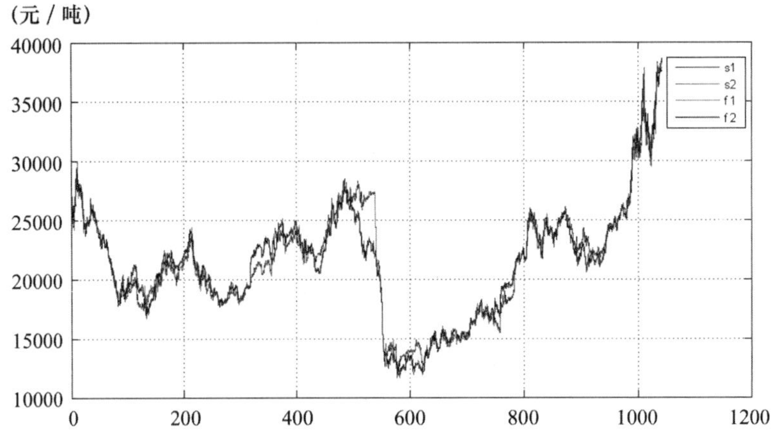

图 7.8　橡胶期现价格图

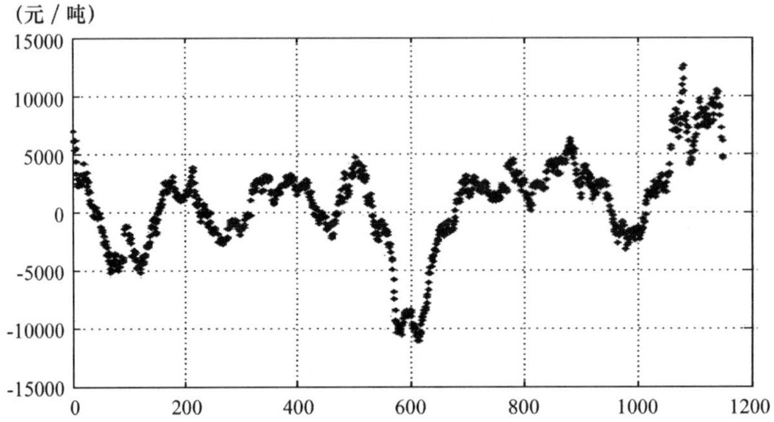

图 7.9　橡胶期现价差（现货价格）

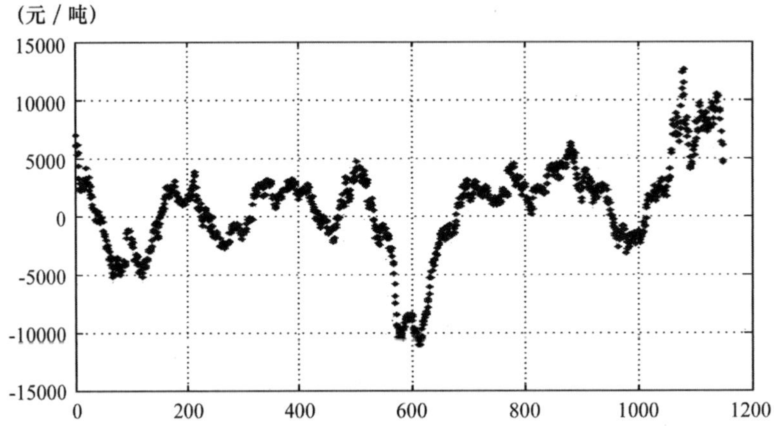

图 7.10　用近月合约期货价格作为现货价格后的期现价差

货代表价来制作的期现价差图为标准。

价差图的特点相对价格图来看，有明显特点：价差有明显的上下区间的范围，同时，价差存在季节性波动的特点。

对价差数据进行基本统计性质分析，如表 7.2 所示。

表 7.2　　　　橡胶现价差数据统计

价差	样本数	均值	最大值	最小值	标准差	偏度	峰度
期现价差	1150	731.4473	12598	-11123	3855.7	-0.4562	4.6818
期货代表价差	1150	112.5665	4942.3	-5245	1336.5	-0.2523	4.2191

以上的分析是针对期现价差数据的基本分析，通过比照可以清楚地发现，两者的基本解释方向是一致的：从上述样本统计量可以判断价差数据的基本性质，价差波动相对平均水平较大，均值的参考意义有限。相对于期货价格超出现货价格的水平，样本反映出期货价格低于现货价格的幅度更大。从峰度水平来看，样本表明的价差分布尖峰型较正态更高；结合偏度水平看，价差取均值水平以下的样本点离散程度较均值以上水平的样本点离散程度更高。初步的样本数据的初步分析均表明，价差的基本特点如下：在观察期内，期货价格低于现货价格幅度较大，期货价格高出现货价格幅度较小；价差围绕均值水平较为松散，并且多数情况下期货价格低于现货价格，并且低于现货时，价差水平相差较大，稳定性更弱。

不同的地方是在价差的连续性上和极值的水平，通过使用期价代表后，得到的价差数据更加平稳，数据分布更为集中。更低的峰度水平和偏度都表明其价差稳定性更优的特点。这样就部分解决了期现价差大幅异常点的问题。

2. 天然橡胶内外盘期货价差基本分析

我们以套利为基础原理，按照相对定价的方法，来分析日本橡胶期货价格与国内橡胶期货价格的关系。为了对价格关系进行进一步的研究，需要考虑两个市场的价格关系合理区间，为此考虑两个市场的相对定价关系。

（1）数据选择。

以日本橡胶期货合约为选定合约，以跨市商品套利原理为基础来构造定价区间。为了保证数据的连续性、稳定性和对应关系，我们选择了日胶期货连续指数的周开盘与沪胶的周开盘数据。选取数据日期自 2008 年 1 月至 2010 年 12 月的周数据，为了与中国橡胶期货数据进行配对，进行筛选，除去节假日数据，共获得 157 周，每周 1 个开盘数据，共计 157 个数据。与中国橡胶期货数据进行配对，日本橡胶期货连续开盘价格数据对应中国橡胶期货连续开盘价格数据共 157 对，314 个数据。

跨市套利定价方法的基本思路是，两个市场上同一商品的价格出现偏差时，投资者会选择买入低价市场的商品，在高价市场卖出，从而获得价差收益。这种价格偏离的机会便是市场中的“免费馅饼”。当市场有了“免费馅饼”的时候，投资者便会蜂拥而至，最终卖高买低的交易会将价格重新拉回合理区间，直至市场价格符合理论价格方可。以此为依据，我们构造出以日本橡胶期货价格为准的相对定价合理区间。其中要考虑商品流通的实际情况，在日本橡胶期货价格的基础上，考虑流通成本：海运费、关税、仓储费和交易产生的各种费用。

日本橡胶期货价格是以日元/公斤标注，沪胶是元/吨计量，需要乘以 1000 倍来统一重量，同时考虑汇率关系、16% 或 2000 元/吨的选择性关税、增值税 17%，即：

日本橡胶期货换算价格 = 日本橡胶期货连续指数 × 1000 × 日元兑人民币汇率 + 关税 + 增值税 + 交割费用

按照跨市套利定价的思想，用中国橡胶期货的价格线和日本橡胶期货换算价格与日本橡胶期货价格进行比对，则当其高于日本橡胶换算价格时表明两个市场价格出现背离，便存在套利机会。

在跨市套利基础的假设下，国内橡胶期货价格基本上在以日本橡胶期货价格构成的合理定价区间内。所以，市场实践表明国内天然橡胶价格和日胶有着很直接的关系，而且我们假设的套利原理在实际价格过程中确实构成了有效制约。

（2）模型选择。

除去直观观察，对价差数据进行模型验证，以确定其统计学上的稳定性问题。由于日本橡胶期货价格和日本橡胶期货换算价格是线性对应关系，所以，选取两者之一是等价的。为了比对实际价格水平，选择后者作为价差构成的价格，可以看到数据相对区间稳定，在2009 年的数据由于危机影响有大幅的价差水平波动，但最终仍旧回归。

选择以 Y 代表价差，没有趋势项，有常数项的估计方程：

$$\triangle Y_t = \alpha + \gamma Y_{t-1} + \varepsilon_t \qquad (7-12)$$

我们对数据进行单位根检验，检验的系数是否等于 0。

H_0 ：$\gamma = 0$ ，数据生成的过程是 $Y_t = Y_{t-1} + \varepsilon$ ；

H_1 ：$\gamma < 0$ ，数据生成的过程是平稳 AR（1） 过程 $Y_t = \alpha + (1 + \gamma) Y_{t-1} + \varepsilon$ 。

得到的 DF 统计量的值为 -5.27，小于 5% 显著水平下的有常数项无趋势项的 DF 临界值，拒绝原假设，即表明数据平稳。

所以，得到在统计学角度上的日本橡胶期货价格和中国橡胶期货价格存在稳定关系。一定程度上证明了跨市场套利机制在价格修正中的作用，也间接说明进行跨市场期货定价的合理性。

（3）分析结果说明与结论。

在对以上数据的分析过程中发现，异常价差点还存在一些明显的特点，比如异常点（中国橡胶期货价格大幅远离日本橡胶价格的价差点，即图一中红线和蓝线偏离水平较大位置对应的价差点）的大幅、持续存在。这一现象表明有些时点两者价格呈现明显的背离，而且背离没有快速恢复。对这部分内容的说明成为跨市套利机制起效遇到的微观层面问题。

在图 7.8 使用的原始数据分析中，已经得到了价差相关的规律描述。解释这部分内容，需要考虑的是天然橡胶的供应周期问题。由于天然橡胶现货供应过程中，国内外存在明显差异，所以在橡胶期货价格进行价差运算后，虽然会对需求信息有大幅的消减，但是在剩余的价差中，仍然保留着供应差异的信息。正是由于国内外供应时期差异，导致价差在供应衔接期出现明显的波动大、异常点频发的特点。

我国自给的天然橡胶供应期从 3 月初至 11 月底，主要产区有两个：海南产区和云南产区。海南产区从每年 3 月底进入割胶期，至 12 月底停割；云南产区从每年 4 月底进入割胶期，至 11 月底进入停割。而国外主产区东南亚割胶期相对较长，从 4 月初至来年的 2 月份都处于割胶期，橡胶供应相对稳定、充足。这就导致在国内进入停割期后，面临全部橡胶消费依赖库存和外援的局面。异常的大幅度价差出现和价差的大幅波动较多的异常点在每年特定时期出现，特别是在第一季度和第四季度，如开始提到的：在2008年的3月份，价差开始急剧扩大，11月份也出现价差剧烈波动；在2009年的1月和11月价差也出现明显的方向性变动，异常点聚集；2010年的4月和11、12月也出现明显的价格剧烈波动，价差异常点聚集。上述价差异常期正是内外供应衔接阶段。在供应内外衔接时期，橡胶价格信息中的国内和国外因素的相互影响大，便导致在基本趋势稳定的同时，有对应时期的异常点存在。

至此，便完成了以跨市套利原理为基础，结合橡胶自身供应特性，对内外盘橡胶价格的分析工作，得到对橡胶内外期货市场价格规律的总结：在整体趋势上，市场以及数据结果均表明两个市场的价格基本趋同；同时，以此进行异常点筛选，通过对国内外橡胶生产周期的分析，得到对价差异常点成因的分析：国内进入停割期后，国内市场期货价格对外盘的依赖度相对高，价差在此时期呈现波动大、异常点频发的特点。

在以上的天然橡胶价差影响实例中，使用近期到期月合约价格替代现货价格的方法很好地提升了分析的结果，价差的稳定性得到了验证；同时，也对跨市套利的异常价差存在的基本事实给予了证明。

在本文的数据分析和实证中可以发现，对价差分析的研究中期现价差分析存在困难。但是，通过以跨期套利价差的替代方式进行分析，分析的效果稳定性有了显著的提高，并且对价差规律的分析依旧有效。在实证过程中，通过对中日橡胶期货价差的研究发现，跨市套利价差中也包含了局部供应和整体供应的信息，导致在供应节点位置的价差波动规律性特点。这样，就以特例的方式证明了跨期、跨市价差的波动规律的存在性，也解释了传统定义中的异常价差形成的问题。

五、异常价差点分析

上一部分中，选择了代表性较强的天然橡胶进行价差分析，解释了传统的跨期和跨市异常价差问题。类似的分析也可以用于其他品种，为了得到共性的分析结果并进行规律总结，本部分考虑更为通用的价差研究方法，得到关于商品价差特点的共性规律结论。

对跨期和跨市套利价差关系的研究表明，期货价差水平反映了标的资产的供需特点。

（一）价差季节性分析

在方法和实际论证中，通过近月合约对现货价格替代的方式对期现异常价差部分进行了一定的解释；通过对橡胶价格由于内外供需代表产生的阶段性价差进行了证明。针对前面提到的期现异常价差问题、跨期价差异常点问题和跨市异常点问题，这些细节性的技术处理和短期的波动得到了解释。这样的技术性处理，使得对异常价差存在和规律的问题研究简化为跨市和跨期套利价差问题上。

同时，前期提出的跨期套利短期供应冲击问题，以及国内外供应对价格影响的问题尚未解决。为了解决剩余问题，并且研究异常价差的普遍性规律，需要对短期供需和内外供需找到中间变量来替代。在本部分内容中，通过寻找合适的中间供需变量来描述供应短期冲击、内外供应差异来对传统异常价差进行进一步的分析，筛选出相对合理的价差部分。最后，通过持有成本理论对模型的结果进行分析说明，试图对于不同品种的价差规律进行细化分析。

在分析长期价差过程中，已经看到了农产品的期现价差、跨期价差存在明显的季节性波动。并且，在供应周期上给出了季节性供需价差可能情况的说明。

假设前提在新旧作物上市阶段，市场的现货供应会在短期内上升，现货价格会因为供应旺盛而出现回落，这样的供应周期就导致了现货价格存在着明显的季节性变换特点。在期货市场上，合约的月份设定使得商品价格跨度可以达到供应旺季和淡季，这样就形成了跨期价差的实际值超出了使用持仓费用方法计算出的合理区间，形成了季节性异常价差。这些异常价差在形成的过程中，主要是由于实际供需以及投资者在供需周期的预期上产生影响，导致价差水平超出正常部分。

在考虑季节性因素的过程中，季节性生产和供应导致的供需平衡会直接反应在库存水平上。通过前面的分析，在持有成本理论中的便利收益会和库存水平呈现负相关，则也会和价差水平 $[F(t,T_2)-F(t,T_1)]/F(t,T_1)$ 呈现负相关的关系。所以，通过对价差的季节性分析其实和持有成本理论的基本原理相符，则通过对价差数据进行季节性检验来看是否存在相应的关系。

选择国内期货农产品期货品种进行分析：大豆和玉米为农产品代表；选取的合约数据从 2006 年开始至 2010 年。

为验证季节性问题，构造季节性哑变量 d_m，其取值为 0 和 1。当到期合约月份为 m 时，d_m 取值为 1，否则为 0。

回归方程为：

$$\frac{F(t,T_2)-F(t,T_1)}{F(t,T_1)}=\sum_{1}^{12}\alpha_m d_m+e \qquad (7-13)$$

使用 matlab 对数据进行分析，模型回归结果如表 7.3 所示。

表 7.3　　大豆、玉米期货 matlab 回归结果

品种	大豆	玉米	品种	大豆	玉米
t_1	-1.725	0.792	t_8	2.498	1.210
t_2	-0.946	0.856	t_9	0.697	0.756
t_3	1.328	1.254	t_{10}	3.254	3.587
t_4	-1.268	-2.538	t_{11}	-1.256	1.660
t_5	2.132	2.126	t_{12}	0.957	1.39
t_6	0.562	3.369	R^2	0.753	0.817
t_7	1.358	2.035	F	59.8	139.2

通过 R^2 和 F 值的结果，可以看出线性模型拟合较好。并且设定的季节性变量的 T 值表明，系数显著不为 0，证明季节性价差波动的确存在。

在假设的过程中，豆粕和玉米在 5 月份供应相对同期接近旺季，而在 9 月份相对紧张，特别选择两个品种的 5 月份系数和 9 月份系数进行进一步分析。

大豆价差数据中，5 月份系数 α_5 的估计值为 -3.62，95% 置信水平下限为 -4.53，置信上限为 -2.12。表明在 5 月份，季节性对价差波动提供负效应，即合约价差波动有下降的趋势，这正验证了在初期的假设。在供应旺季到来前，远期价格和近期价格呈现出相对的近期由于供应紧张升高，后期预期供应缓解，相对两者价差回落的特点。9 月份系数 α_9 的估计值为 5.73，95% 置信水平下限为 2.83，95% 的置信水平上限为 7.47。表明在 9 月份季节性因素对价差贡献为正，即合约价差波动有上升的趋势，这也和初期的假设情况相同。在临近下一产季过程中，供应逐渐被消耗，价格将呈现上升趋势。随现货逐渐消耗，价差水平呈现扩大趋势，在价差水平上呈现上升状态。

同样对玉米进行相同的系数比对，可以看到，在 5 月和 9 月的系数类似同月大豆的情形，基本结果相同。

通过对两个季节性清晰的农产品进行建模分析，得出结论表明，价差变化部分除去正常的常数水平外，更主要的变化是在季节特性中。而季节性变量的构建和结果显示，初期预计的供应期价差水平下降和接近供应期的价差水平上升情况也得到验证。

以此方法来分析上海铜期货和铝期货，使用 matlab 软件对模型进行分析后，得到的模型反馈结果中，上海铜期货和铝期货价差回归后的 R^2 值较高，分别为 0.72 和 0.83。但是回归给出的 F 值偏低，分别为 21.7 和 36.1，并且多系数未能通过 T 值检验。这一结果表明价差比较稳定，没有明显的季节性价差波动特征。

通过分别对农产品和金属进行季节性模型检验，模型结果表明：农产品价差存在季节性波动，而金属没有季节性价差变化的明显规律。

至此，已经完成了商品供需规律对价差影响的理论和实证分析。在分析的过程中，季节性供需变化在现货供应上形成固定的供应周期，农产品在供应旺季时会有短期的供应上升，而这种短期的供应上升影响交割期临近收割旺季的期货合约价格，使得近期价格变动较大，而远期合约由于供应的稳定或供应短期积聚效应的弱化价格变动较小。从而，供需的短期变动造成了远近期合约价格的波动程度差异。在此基础上，形成了周期性的价差波动特性。

（二）价差库存效应分析

农产品的季节性特点突出，而金属由于供应稳定在价差的波动上不存在明显的季节性规律。但是，比照前期的价差图表可以发现，金属铜和黄金也存在着价差持续的方向性变化，部分时间内呈现阶段性的方向性波动。仅仅对季节性波动的特征进行验证不足以说明其中的异常价差规律。下文将对库存水平和价差的关系进行分析，以库存作为供需代表来分析供需对价差的直接影响，得到的结果可以扩展异常价差的规律的普遍性。

本部分内容将通过库存效应检验跨期、跨市套利价差异常点的规律。

按照对前期价差关系的分析，跨期市场的价差部分包括储存成本、便利收益和持有存货的风险收益 3 部分。其中储存成本包括了保险费、仓储费和运输费等，这部分是价格的固定组成部分。库存水平效应包括了便利收益和风险收益两部分。

便利收益与库存水平有关，假设便利收益是库存水平的对数线性函数：

$$sle_t = \alpha \ln(I_t) - \gamma \tag{7-14}$$

这样的假设下，持有成本理论的关键就是考量便利收益与库存的关系，即检验便利收益是否和库存存在对数关系。

在常态市场中，供应需求相对稳定，价差走势也较为平稳。依旧选择农产品中的大豆和玉米，以及铜作为研究对象，进行分析。

为考量常态市场状态，所以在选择数据的过程中，期货数据选择2006年至2008年6月的数据为准，避开了金融危机的影响阶段。跨期组合的方式和研究价差季节性问题的方式相同。库存采用交易所库存数据。在价差部分减去了存储成本（4个月的仓储费用、保险费等），在模型中认为短期利率不变。

使用matlab软件对数据进行回归，上海铜期货回归结果如表7.4所示。

表7.4　　上海铜期货matlab回归结果

	估计值	t值	0.95置信下限	0.95置信上限	
α	13.15	-2.3721	12.34	21.63	$R^2=0.67$
γ	2.47	1.598	1.67	4.58	$F=78.7$

这部分内容采用的是便利收益和库存的对数线性关系建模，得到的结果显示模型参数 $\alpha>0$，$\gamma>0$。结合采用的数据和假设，$\alpha>0$ 表明当库存水平上升时，便利收益下降，即价差水平下降；$\gamma>0$ 表明远期价格高于近期价格。

这样的结果表明，在常态市场中，上海铜期货价差水平和库存存在相互关系。常态市场中，跨期价差呈现出远高近低的价差结构，并且随库存水平的上升，跨期价差有逐渐下降趋势。

同样方式对农产品价差进行分析，大连大豆期货回归结果如表7.5所示。

表7.5　　大连大豆期货matlab回归结果

	估计值	t值	0.95置信下限	0.95置信上限	
α	2.14	-1.764	1.94	4.13	$R^2=0.83$
γ	3.73	-2.018	0.76	6.85	$F=159.3$

郑州玉米期货回归结果如表7.6所示。

表7.6　　郑州玉米期货matlab回归结果

	估计值	t值	0.95置信下限	0.95置信上限	
α	15.17	1.957	12.83	20.73	$R^2=0.79$
γ	8.76	-1.816	5.96	11.40	$F=89.3$

这部分内容采用的是便利收益和库存的对数线性关系建模，得到的结果显示模型参数 $\alpha>0$，$\gamma>0$。结合采用的数据和假设，$\alpha>0$ 表明当库存水平上升时，便利收益下降，即

价差水平下降；$\gamma > 0$ 表明远期价格高于近期价格。

这样的结果表明，在常态市场中，大豆和玉米的价差水平也和库存存在相互关系。常态市场中，跨期价差呈现出远高近低的价差结构，并且随库存水平的上升，跨期价差有逐渐下降趋势。

这样的结果对价差和库存水平的关系证明，符合对供应和需求冲击短期冲击导致的价差波动影响。结合便利收益的定义，可以得到以下结论：库存水平的上升，使得投资者持有现货的便利收益下降。在期货市场上的不同品种的表现为：当农产品进入供应周期时，库存水平的逐渐上升，使投资者预期后期供应相对充足，持有商品至后期的便利收益降低。在跨期组合中，远期价格相对近期合约呈现下跌趋势，则价差水平逐渐降低。对于金属商品铜，在供应稳定的同时，当需求出现短期波动，使得库存上升或下降。这样的库存变动也会导致价差的波动。库存减少，对未来供应预期偏紧，则相应便利收益上升，相对于近期价格的远期价格呈上升趋势，则价差水平有上升趋势。反之亦然，库存上升则后期供应预期充足，期货价格表现为远期价格相对近期下跌，价差水平有下降趋势。

在跨期价差异常点形成分析中，也使用库存数据作为供应波动的代表进行说明。

以天然橡胶为例，对跨期价差异常点进行库存效应分析，通过比较衔接期的价差波动特性和库存水平来进行说明。

我国自给的天然橡胶供应期从 3 月初至 11 月底，主要产区有两个：海南产区和云南产区。海南产区从每年 3 月底进入割胶期，至 12 月底停割；云南产区从每年 4 月底进入割胶期，至 11 月底进入停割。为说明在供应停滞期价格受外盘影响大，国内沪胶指数与日胶连续指数在 11 月至次年 3 月的数据作为局部的样本点，来比照局部和整体的数据统计规律。

选取 2006 ~ 2008 年数据日收盘价，价差按照上文的处理方法计算（见表 7.7）。

表 7.7　　橡胶跨期价差统计

跨期价差	样本数	均值	最大值	最小值	标准差	偏度	峰度
11 月至次年 2 月	127	2013	4350	-675	537.2157	0.6718	4.762
全年	711	1532	4350	-675	456.1649	0.3542	3.106

从上述的局部和整体的价差波动关系上，得到结论：11 月至次年 2 月和整体样本数据的极值点相同；11 月至次年 2 月的样本标准差大于整体样本标准差；11 月至次年 2 月样本的偏度和峰度较全年样本更高。在统计意义上，橡胶的跨市价差在国内停割期内波动更为剧烈，外盘价格较国内期货价格的价差水平更高。

引入库存变量进行局部时期的库存效应检验。由于是对跨市同期商品价差进行分析，所以选择的被解释变量不再是价差代表的便利收益，而是价差的一阶差分。虽然在模型的构建上，采用的是价差的跨期差分，在对库存检验的基础上可以还原至一期的跨市价差上，所以在模型解释上依旧可行。即：$sle_t = \alpha \ln(I_t) - \gamma$。

橡胶期货回归结果如表 7.8 所示。

通过检验，得到的结果和铜、大豆、玉米的跨期套利价差的库存效用相同，$\alpha > 0$ 表明当库存水平上升时，便利收益下降，即跨期价差水平下降。$\gamma > 0$ 表明远期价格高于近期价

表 7.8　　橡胶期货 matlab 回归结果

	估计值	t 值	0.95 置信下限	0.95 置信上限	
α	1.26	1.307	1.94	4.13	$R^2=0.61$
γ	3.73	-2.018	0.76	6.85	$F=89.7$

格。这样的差分结果还原至跨市价差，表明在国内库存上升阶段，两个市场的价差逐渐缩小；国内胶库存下降阶段，两个市场的价差逐渐上升，并且在这一阶段中日胶价格相对国内胶价格走势更强。

在上述的价差水平研究中，使用持有成本理论验证价差和库存的关系，得到对常态市场的跨期异常价差关系的库存效应验证。分析价差和库存水平的关系中，为了避免系统风险的影响，采用的数据是在 2008 年 6 月份之前的价格和库存数据。在对市场的观察过程中，套利风险最关键的部分并不是在常态市场的异常价差情形下出现，主要还是在系统风险出现后的市场异常价差导致的套利价差估计和风险评估失效。在持有成本理论的模型假设中，这部分内容没有明确的解释。2008 年开始的期货市场商品集体暴跌过程提供了很好的研究资料，可以通过对价差在系统风险阶段的特性进行进一步研究。

在对系统风险下异常价差规律的研究中，将继续延续库存效应反映供需的思路进行分析。选择对系统风险表现价格最明显的铜为例进行分析。

选取的数据从 2008 年 6 月至今，假设短期利率不变，选择上海沪铜仓单作为库存替代，以 4 个月的跨期价格构成的价差描述便利收益。

上海铜期货回归结果如表 7.9 所示。

表 7.9　　上海铜期货回归结果

	估计值	t 值	0.95 置信下限	0.95 置信上限	
α	-8.56	-0.968	-11.54	-2.74	$R^2=0.83$
γ	-3.67	0.683	-4.36	-1.59	$F=97.3$

这部分内容采用的是便利收益和库存的对数线性关系建模，得到的结果显示模型参数 $\alpha<0$，$\gamma<0$。这一部分和持有成本理论中关于便利收益和库存水平的分析有明显差异。在持有成本理论中，需要假设 $\alpha>0$ 以满足便利收益和风险收益效应。

在验证系统风险下的价差和库存关系中，持有成本模型失效。

持有成本模型的失效结果肯定了异常价差在系统风险出现时的存在性。反过来再对持有成本模型的条件进行分析，可以得到关于系统风险下异常跨期价差产生的原因。持有成本的假设中，提到的便利收益是在商品持有者拥有库存而带来的收益，当持有库存时突然增长的市场需求可以被满足，则从逻辑上判断得到库存水平越低，便利收益越高的结论。在前期选择常态市场的验证中，多品种在跨期价差的规律性上表现出上述逻辑关系，解释了常态市场中，市场对库存变化的认定关系。但是，在持有成本理论中，没有考虑到市场预期超常的问题。即在系统性风险出现时，由于期现货市场的价格形成机制不同，造成了期货远期价差严重偏离现货水平的事实。仅用传统的风险收益和便利收益来解释期货价差就显得力不从心，导致模型验证失效。

模型统计结果显示，系统性风险下，期货市场的价差和库存水平呈现出明显的异于常态市场的关系。在前期分析中，已经看到了期现价差超出正常水平和跨期市场价差超出持有成本模型解释范围的现象，在这里得到部分验证。当系统性风险来临，期货市场价格出现大幅下跌，此时的库存水平会相应上升，但是当市场库存超过一定水平后，前期假定的简单库存效用相关性将失效，库存上升速度相对价格下的速度较缓，就出现了和前期模型假设的反向模型系数估计 $\alpha < 0$ 的情况。在这里的便利收益和风险收益会超出假设的零收益底线，这部分反向的库存效应归结为便利收益的负收益或者是风险补偿的扭曲。

对这部分异常价差的验证和结果分析，给出了期货市场明显易于现货市场价格和库存的规律，补充了跨期套利价差在非常态市场的表现部分。

此部分的实证结果超出了预期，但是，通过对数据选择的分析，可以得到更有意义的结论。在正常的市场结构中，库存效应明显，模型解释的有效性表明品种的供需信息隐含在库存水平中，并且低库存水平下，现货持有所带来的便利收益效果高，则期货价格相对现货价格要低，参与者更倾向与持有现货而非期货。

六、本文主要结论

本文对期货套利价差中的异常点存在问题进行证明和分析。通过理论分析和实证检验，验证价差信息中主要因素，并以此解释异常价差点的形成机理和存在的规律，得到以下相关结论。

第一，套利价差的主要研究对象是期现价差关系，但是在本文的分析中可以看到，在解释实际现象时，现货价格的获得和筛选存在着诸多困难。最关键的现货价格代表性问题就成为后续价格关系研究中难以忽略和跨越的难题。分析现货价格的选取问题和自身特点问题的存在，导致了期现价差关系分析中规律性差等种种困难，也使得期现价差关系的研究和实际应用成为理论“鸡肋”。期现价差的稳定性会因为现货价格的统一性而产生差异，则通过期现价格关系进行分析从而对价差规律进行总结，可能产生显著的偏差，导致分析结果可能存在难以弥补的漏洞。基于对这一事实的考虑，本文研究中采取对中间环节价差的替代式研究，即对跨期和跨市异常价差进行分析。这样既保证了对期货价差规律性的分析，又省去了在现货市场上价格取样烦琐、统一性差、期现价差规律性特点不明显的困难。即将套利中异常价差点研究的问题简单化划为对跨期和跨市价差的研究，既有普遍的代表性，也和实际更加吻合。

第二，跨期价差异常点分析中，利用近期合约价格和现货价格接近的特点，使用近期期货合约价格替代现货价格的方式的跨期价差分析来替代期现价格价差分析。解决了现货价格和期货价格不匹配的问题，将期现价差问题转化为跨期价差问题。证明了异常点存在性，并得到期货合约标的资产的属性和供需自身差异会在价差上留下明显的痕迹，标的资产的供需变化是造成价差波动的主要因素。

第三，跨市价差异常点分析中，选取代表性较强的期货品种橡胶期货进行了实证分析，分析结果表明跨市价差异常波动点的产生主要由于标的资产自身内外供需存在差异。结合以后的价差异常点分析结果，得到初步假设，即决定期货套利价差的主要因素是标的资产的供需基本面情况，形成期货套利价差异常点的主要原因是由于供需基本面的突发性变化。

第四，在对跨期和跨市价差进行初步分析的基础上，得到异常价差点产生的原因是由于供需（内外、季节）的突变。进一步根据品种自身供应的稳定性进行假设，农产品供应具有突变性，而工业品供应则较稳定。构造出季节性虚拟变量对代表性期货品种进行实证检验和理论分析，验证了套利价差在农产品中明显存在季节性差异，而工业品中的季节性差异较弱。证明了异常价差点存在部分原因是供应差异导致的，在价差上存在着品种的季节性差异。为了对供应差异进行统一的描述，使用库存数据作为中间变量来代替供需信息，按照持有成本理论中便利收益理论再次进行实证分析。将期现套利、跨期套利、跨市套利的分析方法统一并简化为标的商品库存和其价差的分析，得到了统一的结论，在库存水平较高时，市场由于便利收益的影响，价差稳定性较好，而在低库存水平时，价差稳定性较差，异常点呈现出频发特征。

第五，在数据的处理过程中发现，当系统风险出现时，已得到的对供需描述的持有理论模型对价差形成机制的解释失效。使用库存变量作为中间变量对系统风险下的异常价差进行分析的方法失效。对跨期价差为代表进行实证分析，证明系统风险下的市场套利价差呈现出趋势性特点。同时，在系统风险下的品种异常价差点除去滞后特性外还表现出品种属性差异。在系统风险过程中，农产品跨期价差受供应和需求的双重突发性因素影响，跨期价差的趋势性和波动性更强。金属供应稳定，受需求恐慌性预期的影响跨期价差趋势性较农产品较弱。但是，黄金期货标的资产的投资资产属性明显，在系统风险下也呈现出良好的稳定关系。

第六，最终找到了价差异常点形成的原因和解释方法。得到了异常价差点中包含信息主要是品种自身供需信息的结论，找到了对供需进行描述的季节性变量方法和库存变量方法，统一以持有成本理论对价差异常点进行描述和解释。并且，通过价差序列相关性分析表明跨期价差普遍存在趋势性特点。以此为基础，在套利使用方法上放弃静态价差分析方式，采用统计套利方式中EWMA模型作为短期价差走势拟合和预测模型，描述价差异常态下波动的动态规律，弥补长期价差回归过程中的短期动态环节。在理论和实证验证的基础上，给出针对商品属性、商品自身季节性和商品库存影响下的趋势性套利的方法。

执笔人：张晓磊（云南泛亚金融合作发展促进会）

第八章

股指期现货市场价格波动影响关系研究

一、理论基础及待检验假说

Subrahmanyam（1991）的模型结论分析了在引入一篮子股票（股指期货）后股票市场的波动性变化问题，其结论为在知情交易者数量不变的情况下，引入一篮子股票不会对股票市场的波动性产生影响，即使知情交易者数量发生改变，这种影响关系也是不确定的。而此结论被之后大多数实证所证明。涂志勇和郭明（2008）在《金融研究》杂志上的《股指期货推出对现货市场价格影响的理论分析》一文，是国内关于股指期货推出对现货市场价格影响效应的主要理论研究，其他类似的理论研究较少见，且其研究结论较好地解释了已有实证研究的结果，因此受到理论界的广泛认可。针对股指期货推出日程既定的情况，该文以Subrahmanyam（1991）的模型为基础构建了一个由策略交易者、趋势跟随者、流动性提供者和套利者组成的多期决策模型。假设追求预期效用最大化的策略交易者完全理性；趋势交易者总是跟风操作，且有限理性；流动性提供者（如做市商）出清市场；而套利者则从事无风险套利。模型在只有1只股票和基于该股的期货的简化环境中通过给定第1期策略，求解第3期策略交易者效用最优化的均衡解，并通过比较有无股指期货的第3期策略交易者效用最优化问题来研究股指期货推出对现货市场的影响。“模型表明股指期货的引入对股票现货市场的短期效应受市场跟风行为的强弱即羊群效应大小的影响；当跟风程度较弱时，股指在期货推出前短期下跌，推出后继续下跌，而当跟风程度较强时，股指在期货推出前短期上涨，推出后则下跌。另外，股指期货的推出也可能从总体上降低市场的波动性。”①

关于合约到期日前后股指期货现货市场波动关系的理论，大多数学者都以实证检验的结论为基础，从交易结算制度、投资者结构上进行研究，以Stoll和Whaley（1986，1987，1991，1997）的研究结论以及著名的“Samuelson假设”为代表。对此问题的理论表述以实证多个国家市场的结果作为依据，从原因上进行研究。从微观结构上看，到期日效应产生

① 涂志勇，郭明：“股指期货推出对现货市场价格影响的理论分析”，载于《金融研究》，2008年第10期，第106～116页。此处表述大多应用该文。

的最根本原因是股指期货合约到期时股指期货价格与现货价格强制收敛实行现金交割，不同市场参与主体在到期日时的交易行为决定了到期日效应的发生。

基于上述理论及实证文献的结论，本文提出如下待检验假说：

①股指期货推出会使现货市场走势发生变化。

②股指期货的推出将影响现货市场价格的波动性，可能总体上降低现货市场的波动性。

③到期日效应存在，股指期货合约到期日前后，股票现货市场价格及交易量相对非到期日明显发生了异常波动。

④到期日效应存在的原因在于交易结算制度与不同投资者行为方式。

二、实证方法选择及样本数据说明

（一）基于股指期货推出时点分段实证方法选择与样本数据说明

1. 实证方法选择

除依据价格走势图对股指期货推出前后的现货市场价格趋势进行定性描述外，大多数定量研究都采用了统计检验和模型实证分析方法。研究结果对样本长度及区间较为敏感，并与所采用的实证或统计方法也有紧密关系，而产生这些问题的关键是波动率估计。所以结论的说服力就往往体现在波动率估计的问题上，而目前关于波动率估计的计量经济研究的结论也指出各种波动率估计方法都有其优劣之处，因此，较好的解决办法就是多方法的灵活应用与比较。

金融资产是收益与风险的统一体，现代金融对资产收益的衡量一般使用收益率，对风险的衡量使用波动率，波动率是收益率的变动特征或收益率相对于其期望值的变动特征及其变动发生的可能性，从统计学上描述金融资产的收益率变动，就是探寻收益率变化的分布特征，而精确的描述这种分布特征几乎是不可能的，因此，人们通常用收益的四个矩来描述即一阶矩收益率期望值，二阶矩波动率，三阶矩偏度和四阶矩峰度。而相对于金融统计研究概念，人们对资产波动性的理解是多种多样的，有定性的描述，如上涨或下跌即前述的走势；有的将其简单定义为收益率的方差或标准差；有的视其为某段时期内的价格最大值最小值变动关系；有的更进一步考虑到方差的时变特征将其发展为条件方差；有的将其视为收益率变动的平方，等等。对波动率的争论与研究从未停止过，随着现代计量经济技术、统计技术以及信息技术的发展而发展。当然，这也是金融领域涉及波动率相关问题的研究一直存在分歧的一个主要原因。所以，本文在对波动率的估计及分析上，尽量综合考虑上述所及的波动率概念及分析方法，使分析结论更具说服力。

总结已有文献，本文对股指期货推出对现货市场价格波动影响的实证研究方法分为三类：波动率变化的统计检验、波动率模型分析、市场走势分析。以下分别讨论三类方法。

（1）波动率变化的统计检验。

本方法相对直观，首先选择波动率的估计方法对股指期货推出前后的子样本区间分别进行波动率估计，然后对股指期货推出前后的波动率进行相等性统计检验得到结论。

1）收益率的计算方法。

考虑到对数收益率的良好统计性质，本文将股指期货合约价格或股票现货指数价格收益率定义为对数差分收益率①。

股指期货合约价格收益率：

$$R_t^{if} = \ln P_t^{if} - \ln P_{t-1}^{if} \tag{8-1}$$

其中，R_t^{if} 为股指期货合约价格在 t 时刻收益率，P_t^{if} 为 t 时刻股指期货合约价格，P_{t-1}^{if} 为 $t-1$ 时刻股指期货合约价格。t 可根据价格样本频率设定，可以是日、5 分钟、1 分钟等。

股票现货指数价格收益率：

$$R_t^{si} = \ln P_t^{si} - \ln P_{t-1}^{si} \tag{8-2}$$

其中，R_t^{si} 为股票现货指数价格在 t 时刻收益率，P_t^{si} 为 t 时刻股票现货指数价格，P_{t-1}^{si} 为 $t-1$ 时刻股票现货指数价格。t 可根据价格样本频率设定，可以是日、5 分钟、1 分钟等。

2）波动率估计方法。

各种关于波动率的估计方法都有优劣，本文的主要目的不是比较这些波动率估计方法的优劣，也不试图探寻精准的波动率估计方法，课题的目的是尽可能地将多种方法估计的波动率结果呈现出来，以提升关于股指期货推出对现货市场影响的结论的说服力。

目前对金融资产波动率估计的方法主要有四类：第一类是现在常用的历史波动率模型方法，这类波动率模型是基于收益率历史数据构建的，并且这些历史收益率数据都为低频数据，如日数据、周数据及月数据等。“具有代表性及最为常见的历史波动率模型有自回归条件异方差模型（ARCH）、广义自回归条件异方差模型（GARCH）及随机波动模型（SV），随机波动模型在波动率处理上较 ARCH 类模型具有更好的表现。”② 第二类是基于期权定价模型及数据的隐含波动率模型方法，期权价格包含了市场波动的信息，因此在知晓期权的准确出清价格的基础上，就可以利用期权定价模型估计波动率。而此方法建立在正确设定期权定价模型的基础上，同时要求期权市场具有较高的成熟度，因此限制了该方法的使用范围。第三类波动率估计方法是非参数的“已实现”波动率（Realized Volatility，RV）估计法。Andersen 和 Bollerslev（1998）指出，使用基于日内高频收益数据的已实现波动率（RV）作为波动率的测度，由于高频数据包含更为丰富的波动信息，因此可以大大降低低频数据对波动率的测量误差及噪声，体现真实潜在的波动过程，而且随着数据频率的增加，这种测量误差将会越来越小，因此，RV 方法提供的波动率估计结果更为精确③。但由于市场微观结构效应（如不同步交易，闭市效应等）的影响，RV 方法也同样存在误差。第四类方法是基于极差的波动率估计方法，最具代表性的就是 Garman 和 Klass（1980）提出的利用开盘价，收盘价以及最高、最低价构建的估计方法，由于 Garman-Klass 波动率估计方法考虑了开收盘及最高、最低价，因此包含了比其他方法更多的信息，且研究表明

---

① 除有特殊说明，本文所有收益率定义均与此处定义一致。

② 徐正国，张世英：“调整‘已实现’波动率与 GARCH 及 SV 模型对波动的预测能力的比较研究”，载于《系统工程》，2004，11（8）：60～63。

③ 张世英，许启发等：《金融时间序列分析》，清华大学出版社 2008 年版，第 202～208 页。

Garman-Klass 估计量的误差更小，估计结果更为有效（Parkinson，1980；Wiggins，1992），但其也存在受微观结构效应的影响的问题。同时，从样本数据使用频率上看，由于“维数灾难”的存在使得传统 ARCH、SV 类模型对高频数据难以获得参数的正确估计①，因此对高频数据波动率的估计较为精确的方法为调整“已实现”波动率估计，以及 Garman-Klass 波动率估计。

结合国内外当前研究的成果和以上描述，本文选择 ARCH 类模型②，调整 RV（ARV）波动率估计以及 Garman-Klass 波动率估计方法作为波动率的基础估计及研究方法③。在本小节只具体列出波动率变化统计检验所使用的波动率估计方法即 ARV 方法和 Garman-Klass 方法，而 ARCH 类模型研究法将在下文中具体列出并分析。

①ARV 方法。

Andersen 和 Bollerslev（1998）的定义，第 t 天资产收益率的已实现波动率 RV_t 的估计为第 t 天内所有高频收益率的平方和，即：

$$RV_t = \sum_{n=1}^{N} r_{t,n}^2 \tag{8-3}$$

其中，$r_{t,n}$ 为资产在第 t 日内的第 n 个高频收益率，即：

$$r_{t,n} = \ln P_{t,n} - \ln P_{t,n-1} \tag{8-4}$$

其中，$n=1, 2, 3, \cdots, N$；N 为日内交易时段等时间间隔的采样次（个）数。如使用 5 分钟等间隔高频数据，日内共交易 4 小时 30 分钟，则 $N=54$；如使用其他频率数据，方法以此类推。

同时，Hansen 和 Lunde（2006）建议由于交易并非 24 小时连续进行，因此应考虑闭市效应而使已实现波动率更为精确地描述真实的波动性，为此他们建议用尺度参数来调整 RV_t，尺度参数为 λ，即将 RV_t 经 λ 参数调整为调整后的 ARV_t，即④：

$$ARV_t = \lambda RV_t \tag{8-5}$$

其中，$\lambda = \dfrac{\frac{1}{D}\sum_{t=1}^{D} r_t^2}{\frac{1}{D}\sum_{t=1}^{D} RV_t}$。$D$ 为样本天数，如使用了 500 天的数据，$D=500$，r_t 为日收益率，在本文中即为：$r_t = \ln P_{t,N} - \ln P_{t-1,N}$。

本文使用调整已实现波动率 ARV_t 作为股指期现货价格已实现波动率的度量。

②Garman-Klass 方法。

---

① 关于高频数据波动率估计问题的理论及模型描述还可参考张世英等编写的《协整理论与波动模型－金融时间序列分析及应用（第二版）》中第 356～377 页的研究。

② 虽然随机波动模型（SV）在波动率处理上较 ARCH 类模型具有更好的表现，但在低频数据的使用范畴内，这种差别在应用于不同市场价格波动率的比较上不大，同时考虑到操作的便利性，将在下文利用 ARCH 类模型并进行拓展来进行研究。

③ 除有特殊说明，本文所使用的波动率相关概念和界定以此处描述为准。

④ 本处设定参考了魏宇（2010）的相关研究。魏宇：“沪深 300 股指期货的波动率预测模型研究”，载于《管理科学学报》，2010，13（2）。

根据 Garman 和 Klass（1980）的研究，定义 $\sigma(GK)_t$ 为 t 时刻资产的 Garman-Klass 标准波动率①（以下简称 GK 波动率），Garman-Klass 标准波动率估计模型为：

$$\sigma(GK)_t = \sqrt{0.5(\ln H_t - \ln L_t)^2 - (2\ln 2 - 1)\quad(\ln O_t - \ln C_t)^2} \tag{8-6}$$

其中，H_t 为 t 时刻最高价，L_t 为 t 时刻最低价，O_t 为 t 时刻开盘价，C_t 为 t 时刻收盘价。

3）波动率统计检验方法。

在所选择的波动率估计方法基础上，以基于股指期货推出日为分界点，对股指期货推出前后一段时期的股票现货市场数据子样本分别进行波动率估计，然后进行相等性检验。

相等性检验一般包含均值、中位数及方差的相等性检验。常用方法包括基于正态分布假设或方差相同的 t 检验、F 检验、Siegel-tukey 检验以及 Levene 检验及其扩展方式等。同时，随着统计技术的发展，对数据分布假设的放宽，产生了非参数检验方法，后者较前者而言，结论的稳健性有了较大提高，避免了对总体分布过于主观的假设而导致的重大错误。常用的非参数检验包括 Mann-Whitney U 检验，Kolmogorov-Smirnov Z 检验，Wald-Wolfowitz runs 检验，Moses Test of Extreme Reactions 检验。在样本数据的统计描述前提下，选择适合的相等性检验方法。

在收益率均值相对性检验以及上述波动率相等性检验中，除使用传统的 t 检验外，根据统计描述，本文同时选择使用非参数 Mann-Whitney U 检验，Kolmogorov-Smirnov Z 检验②。这里只简要介绍非参数各检验原理便于下文实证内容理解。

Mann-Whitney U 检验是在总体分布未知的前提下，假设两样本总体分布相同，检验两样本中位数是否相等，从而判断两样本总体分布是否相同，其原假设为：两样本中位数相等。

Kolmogorov-Smirnov Z 检验是同样在总体分布未知的前提下，通过检验两个样本是否属于统一理论分布，来判断两样本的秩是否相等，进而推断两样本是否相等，其原假设为：两独立样本总体分布相同。

上述非参数检验，通过判断各统计量是否超过临界值，或通过统计量的相伴概率来推断显著性。

在收益率序列分析中，补充选择了 BFL 法进行方差相等性检验进行波动率变化分析，Brown & Forsythe（1974）对 Levene 检验进行了改进得到 Brown-Forsythe-Levene 法（以下简称 BFL 法）③，Conover，M. E. Johnson，and M. M. Johnson（1981）比较了检验方差相等的 15 种方法，发现 Brown-Forsythe 法的检验结果是最好的，其不要求收益率服从正态分布，相比普通 F 检验等其他方法与实际情况更为接近。目前这种检验收益率方差相等的方法已经被

---

① 这里使用“标准”一词的原因为国内大量研究对 Garman-Klass 标准波动率估计公式进行了简化，而本文使用其原型。参见 Garman 和 Klass（1980）和 Wiley 和 Daigler（1999）的相关描述。

② 本文其他小节使用非参数检验方法均与此处描述相同。参考文献为：薛薇：《基于 SPSS 的数据分析》，中国人民大学出版社 2006 年版。

③ 高铁梅主编：《计量经济分析方法与建模》，清华大学出版社 2006 年版，第 26 页。

广泛应用于金融市场众多领域。同时，为便于比较，本文还进行了收益率方差 F 检验以及波动率均值检验，虽然这些方法在同方差假设上显得较为粗糙。

（2）波动率模型分析。

本文采用 GARCH 类模型对股指期货推出前后的现货市场价格波动率进行分析，GARCH 类模型现已成为低频数据金融时间序列较为成熟的分析方法，对其原理在此不再赘述。本文也不再拘泥于其传统一般方法的应用，而是对其进行一定的改进，并充分从 GARCH 类模型的变形中挖掘更多的信息来充分说明股指期货推出对现货市场波动性的影响。

本文使用 GARCH 类模型的目的有两个，第一个目的为通过对 GARCH 模型中的条件方差方程进行一定的改进，从而使用低频数据分析股指期货推出前后现货市场价格波动率变化与否的问题。这一步是对上一小节的一个补充，主要基于低频数据的利用和与高频数据研究结论的比较来完善结论。第二个目的是通过 GARCH 模型变形形式充分挖掘现货市场微观结构的变化信息，来说明股指期货推出对现货市场价格形成的微观结构所产生的影响。这一步是基于微观结构理论关于信息的描述内容的实证，因为波动率包含了大量信息，波动率的变化反映了市场对信息的处理效率，信息冲击反过来必然会对波动率产生影响。股指期货的推出给现货市场带来一系列的信息冲击，股指期货市场推出是否使现货市场价格反映信息的效率发生改变，从而反过来说明股指期货市场推出对现货市场价格波动的影响，可以证明如股指期货市场推出提高了现货市场定价效率等一系列假说。这些理论都可以通过非对称的 GARCH 模型中的参数定义及估计结果得到一定的解释。

1）基于 Chow 间断点检验思想的 GARCH 模型改进。

Chow 检验的基本方法，为本文 GARCH 模型改进提供了思路。Chow 分割点检验的思想是把模型应用于由分割点划分出来的每一个子样本区间，然后比较利用全部样本进行回归得到的残差平方和与利用每一个子区间样本所得到的加总的残差平方和，从而判断是否发生了结构变化①，常用 F 统计量和对数似然比统计量进行检验。而在模型中对分割点前后数据加入虚拟变量进行区分（分割点前赋值为 0，分割点后赋值为 1），Chow 检验的统计量就转化为对虚拟变量系数显著性的 t 检验。如果虚拟变量系数显著，表示股指期货推出前后现货市场价格波动率存在差异。同时，如果虚拟变量系数显著为正，表示股指期货推出后现货市场价格波动率增大；如果显著为负，则表示股指期货推出后现货市场价格波动率减小。本文使用这种思路，在 GARCH 模型的条件方差方程中加入虚拟变量，区分股指期货推出前后的波动率数据，来检验股指期货推出是否对现货市场价格波动性产生了影响。具体阐述如下，以 GARCH（1，1）模型②为例。

① 高铁梅主编：《计量经济分析方法与建模：EViews 应用及实例（第二版）》，清华大学出版社 2009 年版，第 85 页。对 ARCH 类模型的描述大多引用了该文献相关内容。

② GARCH（1，1）是根据 Nelson（1992）经过反复试验确定的，该模型已有很强实用性，详见莫扬（2004）在《股票市场波动性的国际比较研究》的结论。

条件方差方程为：

$$\sigma_t^2 = \omega + \alpha\varepsilon_{t-1}^2 + \beta\sigma_{t-1}^2 \tag{8-7}$$

其中，ω 为常数项，一般为平均波动水平；ε_{t-1}^2 为均值方程扰动项平方的滞后项（ARCH 项）；σ_{t-1}^2 为上一期的预测方差（GARCH 项）。均值方程设定下文具体阐述。

改进的条件方差方程为：

$$\sigma_t^2 = \omega + \alpha\varepsilon_{t-1}^2 + \theta D + \beta\sigma_{t-1}^2 \tag{8-8}$$

其中，D 为虚拟变量，$D = \begin{cases} 0; \text{股指期货推出前} \\ 1; \text{股指期货推出后} \end{cases}$。

在非对称 GARCH 模型中也可加入虚拟变量系数均为 θ，以下不再赘述。

2）非对称 GARCH 模型的选择和使用方法。

如上文所述，考虑到对股指期货推出前后现货市场价格对信息反映变化的研究，又因为大量研究表明股票市场价格对利好利空消息反映存在非对称效应（杠杆效应），而这种杠杆效应的变化与否可以反过来揭示市场价格对信息反映效率的变化。非对称 GARCH 模型较好地描述了杠杆效应，因此本文使用其进行研究。

较为成功的非对称 GARCH 模型是 Zakoïan（1990）和 Glosten，Jagannathan，Runkle（1993）提出的 TARCH 模型和 Nelson（1991）提出的 EGARCH 模型。本文也选择这两种模型进行实证。对两个模型具体描述如下：

相对于 GARCH（1，1）模型，TARCH（1，1）模型的条件方差方程设定为：

$$\sigma_t^2 = \omega + \alpha\varepsilon_{t-1}^2 + \gamma\varepsilon_{t-1}^2 d_{t-1} + \beta\sigma_{t-1}^2 \tag{8-9}$$

除等式后第三项外，其他各项定义均与 GARCH（1，1）模型相同，d_{t-1} 为虚拟变量，当 $\varepsilon_{t-1} < 0$ 时，$d_{t-1} = 1$；否则，$d_{t-1} = 0$。如果 $\gamma \neq 0$，表示非对称效应存在。$\gamma\varepsilon_{t-1}^2 d_{t-1}$ 项就为非对称项（TARCH 项）。方程表明 σ_t^2 与前期的残差平方 ε_{t-1}^2 和条件方差 σ_{t-1}^2 的大小相关。利好消息（$\varepsilon_{t-1} > 0$）和利空消息（$\varepsilon_{t-1} < 0$）对条件方差的影响不同，利好消息有 α 倍的冲击，即 $\varepsilon_{t-1} > 0$ 时，$d_{t-1} = 0$，方程中的 TARCH 项不存在，所以利好消息只有 α 倍的冲击；而利空消息则有（$\alpha + \gamma$）倍的冲击，因为当 $\varepsilon_{t-1} < 0$ 时，$d_{t-1} = 1$，方程中的 TARCH 项存在，所以利空消息会带来（$\alpha + \gamma$）倍的冲击。如果 $\gamma > 0$，说明非对称效应（杠杆效应）存在，该效应使得波动上升；如果 $\gamma < 0$，非对称效应使得波动下降。

相对于 GARCH（1，1）模型，EGARCH（1，1）模型的条件方差方程设定为①：

$$\ln(\sigma_t^2) = \omega + \alpha\left|\frac{\varepsilon_{t-1}}{\sigma_{t-1}}\right| + \gamma\frac{\varepsilon_{t-1}}{\sigma_{t-1}} + \beta\ln(\sigma_{t-1}^2) \tag{8-10}$$

方程左边的条件方差为对数式，说明杠杆效应是指数的，而不是二次的，所以条件方差一定是非负的。$\alpha + \gamma$ 大小度量冲击对波动的影响，其值越大意味波动对信息冲击反应越敏感；γ 值代表非对称效应。同样，利好消息（$\varepsilon_{t-1} > 0$）和利空消息（$\varepsilon_{t-1} < 0$）对方差方程有不同影响，若 $\gamma < 0$，$\alpha - \gamma$ 倍利空消息冲击比 $\alpha + \gamma$ 倍利好消息冲击要大，即存在非

---

① 高铁梅主编：《计量经济分析与建模：EViews 应用及实例》（第二版），清华大学出版社 2009 年版，第 205 ~ 209 页。

对称效应（杠杆效应）；若 $\gamma>0$，利空消息冲击减少波动，而利好消息冲击加大波动；若 $\gamma=0$，利空利好消息冲击作用相同，只为 α 倍。β 就是 GARCH 项，β 大小代表波动对信息冲击的记忆性和持久性特征，也即“旧信息”对当前波动率的影响；相对而言，α 或 $\alpha+\gamma$ 就是经过过滤的有用新信息对当前波动率的冲击。相比 GARCH 模型，EGARCH 模型无须施加任何限制，使方程求解过程更为简单与灵活。

3）均值方程的设定。

在 ARCH 类模型设定中，均值方程设定形式相对灵活，可以为 AR 模型、MA 模型或是一般的回归模型等。一般情况下在合理选择 AR 模型滞后阶数下，AR 模型可以较好描述金融时间序列变量的动态变化路径，而 MA 过程是将证券价格时间序列写成一系列不相关的随机变量的线性组合，通常 MA 过程可以清楚考察随机冲击因素（AR 模型残差项的滞后项）对证券价格当前值的影响，故在大量实证研究中，经常用 MA 过程来分析一些无法具体定义的随机扰动因素对金融（证券）价格时间序列的影响情况。因此，考虑到证券市场价格变化的影响因素，除证券价格自身所包含的信息外，还包括收入、波动溢出、市场预期、政策制度等其他因素的影响，此处拟将 GARCH 类模型的均值方程设定为 ARMA 过程形式，即股票现货指数收益率 ARMA（p，q）模型：

$$R_t^{si}=c+\sum_{i=1}^{p}\varphi_i R_{t-i}^{si}+\sum_{j=0}^{q}\eta_j\varepsilon_{t-j}^{si} \tag{8-11}$$

其中，c 为常数项；$\sum_{i=1}^{p}\varphi_i R_{t-i}^{si}$ 为 AR 项，$\sum_{j=0}^{q}\eta_j\varepsilon_{t-j}^{si}$ 为移动平均项；p 和 q 为滞后阶数，须在估计前进行定阶分析；φ_i 和 η_j 为待估计参数。

在上述 GARCH 类模型的基础上，第一，对加入条件方差方程的虚拟变量系数的显著性进行检验，并从系数估计结果判断波动率的变化方向；第二，分别估计股指期货推出前后现货指数子样本的非对称 GARCH 模型，从模型方差方程系数变化判断挖掘微观结构变化信息；第三，考虑到论述的严谨性，在用上述模型分析前，需对样本收益率序列进行 ARCH 效应检验；第四，又由于 GARCH 类模型是基于平稳时间序列进行分析的，还需进行单位根检验；第五，还必须对 ARMA 模型定阶进行具体说明，在模型估计后还需对 ARCH 效应再检验等。这些模型前后期工作应用较为成熟，在此不做详细讨论。

（3）市场走势分析。

本部分直接使用价格走势图进行定性分析，将样本数据直接通过统计软件生成走势图进行分析。

2. 样本数据说明

中国内地股指期货市场指沪深 300 股指期货各月合约构成的市场，现货市场在本文中特指沪深 300 股指期货合约标的物指数沪深 300 指数①；本文中，中国内地和海外市场样本的实证结论比较除具体描述外均简称为中外比较。

---

① 实际股票现货市场的概念范畴比本文所表述的大得多，还应包括成分股、非成分股、现货组合、现货组合合约（如 ETF）、其他类别指数等，沪深 300 指数因为是期货合约标的物，所以具有特殊代表性，但更细致、深入的研究应针对上述现货市场概念所包含的各部分展开相关研究，故这也是本文的一个不足及有待发展的地方。

用于比较的海外市场相关实证分析结果直接引用已有文献结论。其一，因为实证方法除非参数检验较少使用外，国内外大多数已有关于股指期货推出对现货市场波动影响的实证文献方法与本文较为类似，且关于特定市场的结论具有一致性，因此可以直接引用文献结果与沪深 300 市场实证结果进行比较，并可以增加比较范围。其二，由于数据可获得性缘故，也无法对所选择的海外样本指数期货推出前后的现货市场表现进行实证研究。这也是本文的一个不足之处。

在多次总结比较已有文献结论的工作中，发现 Gulen 和 Mayhew（2000）的文献使用了 ARCH 类等多种模型对已存在的大多数海外股指期货市场的推出影响问题进行了较为全面的研究与总结，方法和本文类似，而且其结论综合了以往大多数文献的结论，具有代表性，故与本文相关问题的分析结果具有可比性，这为本文工作提供了极大的便利。本文总结补充了 Gulen 和 Mayhew（2000）文章的结论如表 8.1，下文直接使用表 8.1 结果与中国内地市场相关分析结论进行比较，没有再对相关海外市场数据进行重复分析。关于市场走势的问题以上描述已提及，也可直接用于比较。

表 8.1　　世界主要股指期货推出对现货市场波动性的影响

国家和地区	标的指数	股指期货推出日	是否增加波动性
美国	Value Line	1982-02-24	增加
	S&P 500	1982-04-21	
澳大利亚	All Ordinaries	1983-02-16	减少
英国	FT-SE 100	1984-05-03	减少
加拿大	TSE 300	1984-01-16	减少
巴西	BOVESPA	1986-02-14	不变
中国香港	Hang Seng	1986-05-06	减少
日本（SIMEX）	Nikkei 225	1986-09-03	增加
（Osaka）	OSE 50	1987-06-09	
（Osaka）	Nikkei 225	1988-09-03	
（Tokyo）	Topix	1988-09-03	
新西兰	Barclay Share	1987-01	不变
瑞典	OMX	1987-04-03	不变
芬兰	FOX	1988-05-02	不变
爱尔兰	AEX	1988-10-24	减少
法国	CAC 40	1988-11-09	减少
丹麦	KFX	1989-12-07	减少
南非	All Share	1990-04-30	减少
瑞士	SMI	1990-11-09	减少
德国	DAX	1990-11-23	减少
智利	IPSA	1990-12	减少

续表

国家和地区	标的指数	股指期货推出日	是否增加波动性
西班牙	IBEX 35	1992-01-14	不变
挪威	OBX	1992-09-04	减少
比利时	BEL 20	1993-10-29	减少
意大利	MIB 30	1994-11-28	不变
匈牙利	BSI	1995-03-31	无显著变化
以色列	Maof 25	1995-10-27	减少
马来西亚	KLCI	1995-12-15	减少
韩国	KOSPI 200	1996-03-03	无显著变化
葡萄牙	PSI-20	1996-06-20	无显著变化
俄国	RTS	1997-03	无显著变化
委内瑞拉	IBC	1997-09-05	无显著变化
波兰	WIG20	1998-01-16	无显著变化
希腊	FTSE/ASE-20	1999-08-27	无显著变化
中国台湾	台湾 TWSE 加权指数	1998-07-21	无显著变化
印度	S&P CNX NIFTY	2000-06	减少

资料来源：Gulen，Mayhew，Stock Index Futures Trading and Volatility in International Equity Markets，The Journal of Futures Markets，2000。

同时，邢天才、张阁（2009）使用 GARCH，TARCH，EGARCH 模型对 A50 指数期货推出对中国内地沪深 300 指数的影响进行实证结果为轻微加大现货市场波动性；汪冬华、欧阳卫平（2009）统计检验方法对恒生股指期货推出影响的实证结果表明推出降低现货市场波动性；徐凌、赵昌文（2008）使用统计研究和 GARCH 模型方法的实证结果表明，国企指数期货推出短期加大现货市场波动，长期则减小现货市场波动。这些结果都用于本文比较。

波动率统计分析中使用的高频数据为股指期货推出前后各 1 年的沪深 300 指数日内高频等间隔数据，考虑到采样频率所包含的微观结构效应及噪声的影响，分别使用日内 1 分钟、5 分钟数据做分析，1 分钟数据共 116160 个，5 分钟数据共 23136 个，分别计算高频收益率后，并以我国股指期货推出日 2010 年 4 月 16 日作为分割点进行波动率统计分析。同时，考虑到股指期货推出对现货市场价格波动率的长、中、短期影响差异，以我国股指期货推出日 2010 年 4 月 16 日作为分割点，前后 15 个交易日为短期波动率比较子样本，前后 6 个月为中期波动率比较子样本，全样本为长期波动率比较样本分别进行对比。GK 波动率同时使用低频日数据做比较，全样本对比。

波动率模型分析使用沪深 300 现货指数 2006 年 1 月 4 日至 2011 年 11 月 14 日的日数据，共 1425 个。使用 EViews 6.0、SPSS 统计软件进行分析。完整数据来源于中国金融期货交易所，另外高低频数据短期均为公开数据，可在大智慧股票交易软件及文华财经交易软件中每周下载累积。

（二）到期日效应实证方法选择与样本数据说明

本文将股指期货合约到期日效应实证方法分为两个部分，即统计检验方法和模型分析方法。借鉴国内外文献的结论，实证内容主要围绕三个假说展开，第一为关于股票现货市场成交量在到期日的异常表现；第二为到期日前后股票现货市场价格反转的表现；第三为到期日前后股票现货市场价格波动率变化的表现。此处本文扩大了合约到期日前后股指期货与现货市场价格波动关系的内涵，不仅包括了价格波动关系而且扩展至价格反转以及成交量的波动问题，并进行了相应实证方法的改进。

实证方法选择和改进的思路其实较为直观与清晰，关键问题在于方法设定的可靠程度。到期日效应的实证围绕一个中心思想，即将到期日或到期日前后的股票现货市场高低频数据、指标与非到期日的数据、指标进行对比。而方法设定的可靠性来源于检验或模型设定时考虑的影响因素是否相对全面以及各种方法、不同角度的比较使用。

1. 到期日效应统计检验方法选择

依据上文描述，基于检验指标将到期日效应的统计检验分析分为三个部分，即与股票现货市场交易量指标、股票现货市场价格反转指标和股票现货市场价格波动率指标相对应的到期日效应统计检验分析。

（1）基于股票现货市场交易量指标的到期日效应统计检验方法。

1）交易量增长率检验。

根据 Bollen 和 Whaley（1999）的论述，股指期货合约到期日，股票现货市场交易量增长率与非到期日不同。并在计算到期日、非到期日股票现货市场交易量的日增长率基础上，对两个序列进行了均值 t 检验，检验两个序列均值是否相等。首先对增长率序列进行统计描述，计算两个序列的均值与方差并判断两个序列的分布函数，然后根据分布函数特点选择均值相等检验方法。本文也按此步骤对现货交易量进行检验，但进行了一定改进。首先，根据所能获得的数据，只有成交量指标的数据使用成交量序列进行检验，而有成交额指标的使用成交额序列进行检验，这主要考虑到很多市场因为总流通股本数量经常受到股票 IPO、增发、配股及解禁等因素影响导致成交量指标的非内生波动干扰增加，从而不能较好反映市场因真实需求变化而带来的真实交易量波动。使用成交额指标则能较好解决这一问题①。其次，在均值检验方法上除了传统 t 检验外，根据序列分布情况采用了非参数检验方法。由于均值检验方法都较为成熟②，故在此只定义成交量（额）增长率指标，而不具体介绍均值检验方法。

定义股票现货市场成交量（额）增长率指标为：

$$DAMO_t = \frac{AMO_t - AMO_{t-1}}{AMO_{t-1}} \tag{8-12}$$

其中，$DAMO_t$ 为成交量（额）增长率，AMO_t 为第 t 日收盘成交量（额），AMO_{t-1} 为第 $t-$

① 大量外盘股票指数可获得的数据只有成交量指标。

② 非参数检验方法上节中已介绍。

1 日收盘成交量（额）。按此式计算到期日、非到期日成交量（额）增长率序列，然后进行均值检验。

本法除利用 t 检验外，还使用了上文中介绍过的非参数检验方法及 BFL 法来考虑非正态分布情况下成交量（额）增长率方差来进行比较。但结论仍然可能不可靠，因为其不能考察其他对影响交易量波动的影响因素，如节日效应等微观因素以及流动性收紧等宏观因素。

2）相对交易量（额）检验。

根据 Stoll 和 Whaley（1997）的论述，在股指期货合约到期日，股指期货合约最后交割价确定之前，股票现货市场相对交易量与非到期日不同。并在计算相对交易量的基础上，对到期日与非到期日相对交易量进行均值相等检验。相对交易量定义为股指期货到期日最后交割价确定前半小时的股票现货交易量占当日总交易量的比例，非到期日也以相同时段的现货交易量占非到期日当日总交易量的比例作为相对交易量。此方法要求使用日内高频数据。本文考虑到数据可获得性情况下，使用该方法对部分市场进行检验。对交易量序列的选择参照上文。

定义现货市场相对交易量（额）为：

$$RAMO_t = \frac{AMO_t^{fsp30}}{AMO_t^{day}} \tag{8-13}$$

其中，$RAMO_t$ 为现货市场相对交易量；AMO_t^{fsp30} 为股指期货到期日最后交割价确定前半小时的股票现货交易量或非到期日相同时段的现货交易量；AMO_t^{day} 为到期日或非到期日当日的股票现货市场总交易量。分别计算到期日和非到期日两个相对交易量序列，然后进行均值相等检验。此方法结论同样较为粗糙，因为仍然没有考虑其他影响交易量的因素。

（2）基于股票现货市场价格反转指标的统计检验方法。

根据 Stoll 和 Whaley（1991）的论述，套利交易在股指期货到期日将引起股票现货市场收益率的短暂异常波动，随着套利时股票及组合的频繁交易，现货市场价格指数将出现反转。应用对比最后交易日①当日结算价开始确定之前若干分钟的股票现货指数收益率与最后交易日次日股票现货指数开盘收益率进行符号对比来确认价格是否反转，而如果两个收益率符号相反则发生反转，反之则未发生反转。如果价格反转，则是由于期现套利引起，未反转则是正常信息导致的波动持续效应。参照 Stoll 和 Whaley（1991）的方法，并依据本文所能获得的数据，使用对原方法简单改进的方法进行股票现货市场价格反转指标检验。

定义高频数据股票现货价格反转指标为：

$$HPREV_t = \begin{cases} 1 & if\ IHR_{t+1} > 0\ when\ IHR_t < 0\ or\ if\ IHR_{t+1} < 0\ when\ IHR_t < 0 \\ 0 & if\ IHR_{t+1} > 0\ when\ IHR_t > 0\ or\ if\ IHR_{t+1} < 0\ when\ IHR_t > 0 \end{cases} \tag{8-14}$$

其中，$HPREV_t$ 为反转指标；IHR_{t+1} 为第 t 日次日现货指数开盘收益率；IHR_t 为第 t 日股指期货合约结算价确定之前 30 分钟现货指数收益率。$HPREV_t=1$，表示出现反转；$HPREV_t=0$，表明未出现反转。IHR_{t+1}、IHR_t 分别具体定义为②：

① 最后交易日可能与最后结算日相同也可能不同，以各国市场股指期货合约规定为准。

② 原方法使用了简单净收益计算收益率，考虑到对数收益率的良好统计性质，本文修改为自然对数收益率。

$$IHR_{t+1} = \ln P_{t+1}^{open} - \ln P_t^{close} \tag{8-15}$$

其中，P_{t+1}^{open} 为第 t 日次日现货指数开盘价；P_t^{close} 为第 t 日现货指数收盘价。

$$IHR_t = \ln P_t^{bsp30close} - \ln P_t^{bsp30open} \tag{8-16}$$

其中，$P_t^{bsp30close}$ 为第 t 日期货合约结算价开始确定前 30 分钟现货指数收盘价；$P_t^{bsp30open}$ 为第 t 日期货合约结算价开始确定前 30 分钟现货指数开盘价①。

在价格反转指标序列计算的基础上，当第 t 日为某合约最后交易日时，可以获得合约到期日现货价格反转指标；当第 t 日为非合约到期日其他正常交易日时②，可以获得现货指数相应时段正常价格反转指标。根据到期日现货价格反转指标可以分析到期日效应的具体微观表现；而现货指数相应时段正常价格反转指标用于与到期日现货价格反转指标进行对比检验，即计算反转比例进行对比来确定合约到期日效应的存在性。同时本文使用存在反转时的反转程度指标来计算到期日与非到期日现货指数反转程度，并在此基础上进行相等性检验来具体判断反转程度的大小，从而证明到期日反转程度是否和非到期日反转程度存在显著差异，更进一步地说明到期日效应的存在性及具体表现。反转比例及反转程度指标计算定义如下：

$$RREV = \frac{1}{n}\sum_{t=1}^{n} HPREV_t \times 100\% \tag{8-17}$$

其中，$RREV$ 为反转比例；$HPREV_t$ 为上述的反转指标；n 为研究对象反转指标数量；这里，t 为第 t 个研究对象，如第 t 个最后交易日。按此公式分别计算到期日和非到期日的反转比例后进行比较。

$$SREV_t = |IHR_{t+1}| - |IHR_t|, when\ HPREV_t = 1 \tag{8-18}$$

其中，$SREV_t$ 为第 t 日的反转程度指标；IHR_{t+1}、IHR_t 同上述定义，同时取绝对值。分别计算 t 为最后交易日和非到期日的反转程度指标后进行相等性检验。

定义低频数据股票现货价格反转指标为③：

$$LPREV_t = \begin{cases} 1 & if\ ILR_{t+n} > 0\ when\ ILR_t < 0\ or\ if\ ILR_{t+n} < 0\ when\ ILR_t > 0 \\ 0 & if\ ILR_{t+n} > 0\ when\ ILR_t > 0\ or\ if\ ILR_{t+n} < 0\ when\ ILR_t < 0 \end{cases} \tag{8-19}$$

其中，$LPREV_t$ 为反转指标；ILR_{t+n}为第 t 日之后 n 日现货指数收益率；ILR_t 为第 t 日现货指数收益率。同样，$LPREV_t=1$，表示出现反转；$LPREV_t=0$，表明未出现反转。ILR_{t+n}、ILR_t 分别具体定义为：

$$ILR_{t+n} = \ln P_{t+n}^{open} - \ln P_t^{close} \tag{8-20}$$

其中，P_{t+n}^{open}为第 t 日之后 n 日现货指数开盘价；P_t^{close} 为第 t 日现货指数收盘价。

$$ILR_t = \ln P_t^{close} - \ln P_t^{open} \tag{8-21}$$

---

① 考虑到许多市场不是以股指期货合约日收盘价作为结算价，而是收盘之前若干时间段的合约加权平均价作为收盘价，此处对收益率计算进行了改进，但未改变原方法含义。

② 据文献，现货指数价格正常反转指标可定义为对应期货合约到期日前一个或两个星期之前的指标值，但并未设定具体周期，可视情况调整，本文使用剔除最后交易日次日反转指标后的剩余全样本进行正常反转指标计算。

③ 此方法是在原方法上结合低频数据的改进方法。

其中，P_t^{close} 为第 t 日现货指数收盘价；P_t^{open} 为第 t 日现货指数开盘价。

同样，在价格反转指标序列计算的基础上，当第 t 日为某合约最后交易日，$t+n$ 为某合约最后结算日时[①]，或当最后交易日与最后结算日为同一天时，$n=1$，即最后交易日（最后结算日）次日时，可以获得合约到期日现货价格反转指标；当第 t 日为某合约到期日前一星期或两星期某交易日，$t+n$ 为与该合约最后结算日与最后交易日间隔等步长的交易日时，可以获得现货指数相应时段正常价格反转指标。同样，根据到期日现货价格反转指标可以分析到期日效应的具体微观表现；而现货指数相应时段正常价格反转指标用于与到期日现货价格反转指标进行对比检验，对比检验方法同高频数据反转检验。当然，使用低频数据的统计检验方法要比基于高频数据的统计分析方法结论粗糙。

（3）基于股票现货市场价格波动率指标的统计检验方法。

关于股指期货到期日股票现货市场价格波动率指标的统计检验基于时间序列的基本统计检验方法，关键问题在于对波动率指标的选择。在上节中已对本文使用的收益率、波动率指标进行了较为详细的描述，在此只对本节波动率指标的选择进行讨论，而不对指标进行重复描述。

基于股票现货市场价格波动率指标的到期日效应统计分析的基本思路也较为简单，即在计算股指期货合约到期日与非到期日的股票现货指数波动相关指标的基础上，进行均值或方差相等性检验。结合数据可获得性，必须比较多个波动率指标后，才能获得较为可靠的结论。同样，使用高低频数据的统计方法不尽相同。

结合低频数据使用，选择日收益率指标和 Garman-Klass 波动率指标进行统计分析。首先，分别计算合约到期日（最后结算日）和非到期日现货指数对数收益率[②]，然后进行均值和 BFL 方差相等性检验。其次，分别利用合约到期日当日和非到期日现货指数开收盘及最高最低价格计算 Garman-Klass 波动率，然后进行均值 t 检验、非参数检验和 BFL 方差相等性检验[③]。结合高频数据使用，选择 ARV 波动率指标进行统计分析。首先，分别计算合约到期日（最后结算日）和非到期日现货指数日内高频收益率，然后计算各自的 ARV 波动率，最后进行均值和 BFL 方差相等性检验。

2. 到期日效应模型分析方法选择

在到期日效应的统计检验方法中，很难考察其他因素对股票现货指数波动的影响，而忽略如交易量、股票市场周期效应以及宏观经济等其他重要因素对股票现货指数波动的影响，会使得结论的可靠程度大为降低，因此统计检验方法的粗略性是无法避免的。考虑到这些因素，近期的大多数文献已经将其他因素作为解释变量引入模型的分析中，以控制这些因素对到期日效应模型分析的干扰。本文在借鉴主要文献方法的基础上，尽可能考虑其他影响因素对模型分析的影响，对部分原有方法进行了有益的改进。总结已有文献，到期日效应模型分析方法分为两部分：一是基于现货指数成交量的模型分析，二是基于现货指

① 不同国家股指期货市场的最后交易日与最后结算日间隔不同，因此用 $t+n$ 来表示这种间隔关系。

② 合约到期日与非到期日现货指数收益率序列长度可相等或不等。

③ 波动率的方差应理解为波动率的变动程度。

数波动率的模型分析。

（1）基于现货指数成交量模型的到期日效应分析。

根据 Illueca 和 Lafuente（2006）的论述，现货指数成交量在对应股指期货合约到期日与周末可能存在异常的波动，并构建了趋势平滑交易量的自回归分布滞后模型，引入关于到期日和周末效应的虚拟变量进行了以西班牙股票指数为样本的实证研究。本文对该方法进行了一定的改进。考虑到自回归模型对残差的非自相关假设过于苛刻，同时也为控制其他因素的影响，本文将模型设定为 ARMA（p，q）模型形式①，即：

$$VOL_t = \alpha + \beta_1 D_1 + \beta_2 D_2 + \sum_{i=1}^{p} \gamma_i VOL_{t-i} + \sum_{j=1}^{q} \lambda_j \varepsilon_{t-j} \quad (8-22)$$

其中，VOL_t 为股票指数现货日平滑成交量②，具体为：

$$VOL_t = \frac{VOL_t^{day}}{\frac{1}{N}\sum_{k=-(\frac{N-1}{2})}^{\frac{N-1}{2}} VOL_{t+k}^{day}} \quad (8-23)$$

其中，VOL_t^{day} 为第 t 日日交易量；N 为序列趋势的观察值数，日数据取 $N=31$，该式给出了去掉趋势后的成交量序列，通常为平稳序列③；D 为虚拟变量：

$$D_1 = \begin{cases} 1 & \text{到期日} \\ 0 & \text{非到期日} \end{cases}; D_2 = \begin{cases} 1 & \text{星期五} \\ 0 & \text{其他天} \end{cases} \quad (8-24)$$

最后两项为 AR 项和 MA 项。

模型通过系数 β_1 的估计和显著性来观察到期日成交量有无异常波动。该模型的不足在于未充分考虑财富效应，及价格波动对成交量的影响，但其提供了一种探讨到期日效应的方式。

（2）基于现货指数波动率模型的到期日效应分析。

Karolyi（1996）、Stoll 和 Whaley（1997）、Chow 等（2003）利用无条件波动率，检验了到期日日内数据与相对应的非到期日数据之间的差异，但无条件波动率模型在解释变量中只设定了关于到期日、周末效应及季节性的虚拟变量，忽略了成交量等重要解释变量，使得结论可靠性大打折扣。Illueca 和 Lafuente（2006）同时使用无条件与条件波动率模型分析了到期日效应，发现条件波动率模型结果优于无条件波动率模型。Tauchen 和 Pitts（1983）、Karpoff（1987）、Amdersem（1996）从不同角度研究了信息到达、交易量与证券价格波动率之间的关系，指出证券价格波动率与滞后成交量之间存在正相关关系。因此，之后文献大多数将成交量作为条件波动率模型中的解释变量。随着 ARCH 类模型的发展与完善，使用低频数据对波动率的估计与分析大多采用了此类模型方。由于 ARCH 类模型充分考虑了异方差和波动集聚等问题，相对于其他模型的结论更具可靠性，因此后期国内外文献利用股票现货价格波动率对到期日效应的分析基本都使用了该方法及其变形，Illueca 和 Lafuente

① 对移动平均项的描述可参见上文相关讨论。同时，滞后阶数采用 AIC 等方法确定。

② 考虑对数成交量的良好统计性质，也可以取对数成交量。

③ 在实际估计时，可以使用 Holt-Winters 指数平滑法去除趋势。

(2006)的研究中，也使用了该方法。本文参考了这些文献所使用的方法，并结合数据获得情况，选择考虑成交量因素的两个条件波动率模型以及改进的 GARCH 模型对到期日效应进行实证。

1）使用低频数据的条件波动率模型。

$$CV_t = \alpha + \beta_1 D_1 + \beta_2 D_2 + \sum_{i=1}^{p} \gamma_i VOL_{t-i} + \sum_{i=1}^{p} \delta_i CV_{t-i} + \varepsilon_t \quad (8-25)$$

其中，CV_t 为第 t 日股票现货指数的 Garman-Klass 波动率；VOL_{t-i} 为滞后的股票现货指数日成交量增长率；CV_{t-i} 为滞后的股票现货指数的 Garman-Klass 波动率；D_1、D_2 定义同式(8-24)。模型为 AR（p）形式。

2）使用高频数据的条件波动率模型。

$$ARV_t = \alpha + \beta_1 D_1 + \beta_2 D_2 + \sum_{i=1}^{p} \gamma_i VOL_{t-i} + \sum_{i=1}^{p} \eta_i ARV_{t-i} + \varepsilon_t \quad (8-26)$$

其中，ARV_t 为第 t 日股票现货指数的日内调整已实现波动率①；VOL_{t-i} 为滞后的股票现货指数日间成交量增长率；ARV_{t-i} 为滞后的股票现货指数的日内已实现波动率；D_1、D_2 定义同式（8-24）。模型也为 AR（p）形式。

为与 GARCH 模型结果比较，方法 1）、2）均使用 Newey-West 异方差、自相关一致协方差方法估计②。同时，方法 1）也可使用高频数据。使用高频数据时，VOL_{t-i} 为日内等间隔高频成交量增长率。

3）改进的 GARCH 模型。

综合考虑成交量因素以及控制其他未考虑到因素，均值方程使用 ARMA（p，q）形式，并加入当期及滞后成交量作为解释变量，即：

$$R_t^{si} = c + \sum_{i=1}^{p} \varphi_i R_{t-i}^{si} + \sum_{n=0}^{p} \lambda_i VOL_{t-n}^{si} + \sum_{j=0}^{q} \eta_j \varepsilon_{t-j}^{si} \quad (8-27)$$

其中，R_t^{si} 为现货指数日收益率；等号后第 2 项、第 4 项分别为 AR 项和 MA 项；VOL_{t-n}^{si} 为当期及滞后的现货指数日成交量增长率。

在考虑到期日、周末效应以及非对称效应的基础上将方差方程设为带虚拟变量的 EGARCH 模型形式，即：

$$\ln(\sigma_t^2) = \omega + \beta_1 D_1 + \beta_2 D_2 + \alpha \left| \frac{\varepsilon_{t-1}}{\sigma_{t-1}} \right| + \gamma \frac{\varepsilon_{t-1}}{\sigma_{t-1}} + \beta \ln(\sigma_{t-1}^2) \quad (8-28)$$

其中，D_1、D_2 定义同式（8-24），其他各变量与上文 EGARCH 模型描述相同。同时，以上各收益率、增长率序列均采用对数差分形式计算。

同样，以上 3 个模型通过系数 β_1 的估计和显著性来观察到期日成交量有无异常波动。

3. 样本数据说明

中国内地市场使用所有方法分析，其他海外市场视数据获得情况进行相应分析。选取

---

① 日内已实现波动率估计同上文相关描述。

② 高铁梅主编：《计量经济分析与建模：EViews 应用及实例》（第二版），清华大学出版社 2009 年版，第 106～107 页。

日经 225 股指期货，恒生指数期货，恒生国企指数期货，新加坡 A50 股指期货合约及其标的物样本进行实证与中国内地沪深 300 股指期货到期日效应实证结果进行比较（以下简称中外比较），比较样本选择的依据主要考虑样本指数及期货在全球股指期货市场的代表性，以及与中国内地市场的关联性。一方面以多市场证据揭示所讨论的股指期现货价格波动影响关系问题，另一方面在比较基础上突出中国内地股指期现货关系及尽量阐述产生这种关系差异的微观结构特征。考虑到各个市场的发展变迁以及本文对股指期现货关系问题的研究时点及可比性，各个市场数据样本都选择近期或与中国内地股指期货市场交易时间尽量趋同的数据进行实证。数据选择具体如表 8.2 所示。

表 8.2　到期日效应实证样本说明表

合约标的物	高频数据			低频数据		
	频率	时间跨度	数据个数	频率	时间跨度	数据个数
沪深 300	1 分钟	2010 年 4 月 16 日至 2011 年 11 月 25 日	94320	日间	2010 年 4 月 15 日至 2011 年 11 月 25 日	394
日经 225	5 分钟	2010 年 4 月 1 日至 2011 年 11 月 25 日	22960	日间	2010 年 4 月 1 日至 2011 年 11 月 25 日	410
恒生指数	5 分钟	2009 年 9 月 15 日至 2011 年 11 月 28 日	32880	日间	2009 年 9 月 15 日至 2011 年 11 月 28 日	548
国企指数	5 分钟	2010 年 9 月 9 日至 2011 年 11 月 30 日	18360	日间	2010 年 9 月 9 日至 2011 年 11 月 30 日	306
A50 指数（A50ETF）①	5 分钟	2010 年 9 月 9 日至 2011 年 11 月 30 日	18360	日间	2010 年 9 月 9 日至 2011 年 11 月 30 日	306

注：数据个数是指每类数据分别的个数，含开盘价、最高价、最低价、收盘价、成交量、成交额。

资料来源：沪深 300，中国金融期货交易所；其他样本，文华财经行情软件；并使用 Bloomberg 部分缺失数据进行补充与修正。同样，沪深 300 高低频数据短期均为公开数据，可在大智慧或文华财经交易软件每周下载累积，其他样本数据均可在文华财经交易软件下载。

三、实证检验结果及中外比较结论

（一）基于股指期货推出时点分段实证检验结果及中外比较结论

1. 高频数据波动率统计检验结论

（1）股指期货推出前后 15 天波动率统计检验结果。

1 分钟数据统计检验结果如表 8.3，5 分钟数据分析结果基本相同。

---

① 由于中国股票市场对海外投资者有严格限制，A50 股指期货与标的沪深 A 股无法进行直接套利，因此研究 A50 指数在此没有现实意义，同时 ETF 等指数产品可以等同于标的指数权重股的现货组合，相对于个股组成的组合，ETF 更能简便地实现期现组合的各种投资策略，因此，检验 ETF 产品的相关指标可能更能体现期现联动的特征。本文基于此特别选择 A50ETF 进行分析以期对结论做一有效补充。

表 8.3　股指期货推出前后 15 天沪深 300 现货指数 1 分钟高频数据相等性检验结果

类别	时间	均值	方差	均值相等检验方法			方差相等检验方法	
				t 值	M-W 法 Z 值	K-S 法 Z 值	F 值	BFLF 值
R	推出前	0.0000043	0.0003234	2.458***	-4.259***	6.295***	3.170***	583.692***
	推出后	-0.000023	0.0005759					
GK	推出前	0.000116	0.000111	-20.544***	-26.371***	11.597***	1.154***	168.079***
	推出后	0.000172	0.000119					
ARV	推出前	0.00012	0.000084	5.874***	-4.417***	2.556***	7.068***	10.482***
	推出后	0.000482	0.000223					

注：①***表示在1%水平上显著，**表示在5%水平上显著，*表示在10%水平上显著。②表中 Mann-Whitney，Kolmogorov-Smirnov 非参数方法简称 M-W 和 K-S 法，以下表同此简称。

从表 8.3 中结果来看，不考虑其他因素，单从统计结果来看，在股指期货推出前后 15 天各项波动率指标都发生了显著的变化，各指标的序列相等性检验指标无论基于方差相等和正态分布假设的 t、F 统计量，还是非参数 Mann-Whitney 检验，Kolmogorov-Smirnov 检验统计量，或者考虑了异方差和非正态分布情况的 BFL 法统计量均在 1% 水平上显著，说明股指期货推出前后 15 天股指现货波动率存在显著差异。从收益率方差以及 GK 波动率、ARV 均值上看，在股指期货推出后现货指数波动率明显上升。

（2）股指期货推出前后 60 天波动率统计检验结果。

1 分钟数据统计检验结果如表 8.4。5 分钟数据分析结果基本相同。

表 8.4　股指期货推出前后 60 天沪深 300 现货指数 1 分钟高频数据相等性检验结果

类别	时间	均值	方差	均值相等检验方法			方差相等检验方法	
				t 值	M-W 法 Z 值	K-S 法 Z 值	F 值	BFLF 值
R	推出前	-0.0000004	0.000534	-0.988	-1.338	2.585***	1.170***	86.330***
	推出后	0.0000039	0.000577					
GK	推出前	0.000169	0.000203	-9.404***	-20.553***	9.529***	2.663***	2.006
	推出后	0.000182	0.000124					
ARV	推出前	0.00024	0.000181	-3.295***	-4.183***	2.322***	1.261	0.317
	推出后	0.000315	0.000203					

注：***”表示在1%水平上显著，**表示在5%水平上显著，*表示在10%水平上显著。

从表 8.4 中结果来看，不考虑其他因素，单从统计结果来看，在股指期货推出前后 60 天各项波动率指标统计结果存在差异，收益率序列均值相等性 t 检验和 Mann-Whitney 检验不显著，但 Kolmogorov-Smirnov 检验显著，而方差相等性 F、BFL 检验和显著，表明推出前后现货波动率仍旧存在差异，但从方差值来看虽然推出后方差增大，但推出前后方差差异明显缩小；GK 波动率序列和 ARV 序列均值相等 t 检验和 Mann-Whitney 检验，Kolmogorov-Smirnov 检验各统计量结果均显著，表明股指期货推出前后波动率仍旧存在差异，且推出后的波动率均值显著大于推出前，但从波动率变动（方差）指标的分析结果来看，除 GK 波动率的 F 检验值显著外，更为精确的 BFL 检验值均不显著，表明从 60 天高频数据分析结果来看，股指期货推出前后 60 天的波动率变动差异几乎无变化。综合来说，根据推出前后 60 天高频数据的分析结果，股指期货推出后沪深 300 现货指数波动率略大于推出前，但两者差异明显缩小。

（3）股指期货推出前后 1 年波动率统计检验结果。

1 分钟数据统计检验结果如表 8.5。5 分钟数据分析结果基本相同。

表 8.5　股指期货推出前后 1 年沪深 300 现货指数 1 分钟高频数据相等性检验结果

类别	时间	均值	方差	均值相等检验方法			方差相等检验方法	
				t 值	M-W 法 Z 值	K-S 法 Z 值	F 值	BFLF 值
R	推出前	0.0000041	0.000604	-0.055	-3.070***	3.697***	1.161***	297.536***
	推出后	0.0000043	0.000561					
GK	推出前	0.00019	0.000185	18.596***	-15.421***	6.421***	2.225***	142.780***
	推出后	0.000173	0.000124					
ARV	推出前	0.000329	0.000284	3.471***	-2.242**	1.773***	2.834***	16.116***
	推出后	0.000255	0.000169					

注：***表示在 1% 水平上显著，**表示在 5% 水平上显著，*表示在 10% 水平上显著。

从表 8.5 中结果来看，不考虑其他因素，单从统计结果来看，在股指期货推出前后 1 年除收益率均值指标外其他各项波动率指标都发生了显著的变化，各指标的序列相等性检验指标无论基于方差相等和正态分布假设的 t、F 统计量还是非参数 Mann-Whitney 检验，Kolmogorov-Smirnov 检验 Z 统计量和 BFL 法统计量均在 1% 水平上显著，说明股指期货推出前后 1 年股指现货波动率存在显著差异。从收益率方差以及 GK 波动率，ARV 均值上看，与推出前后 15 天以及 60 天统计分析结果不同，在股指期货推出后现货指数波动率明显下降。

综合而言，在不考虑其他因素影响的条件下，基于高频数据统计分析，中国内地沪深 300 股指期货推出在短、中、长期对现货市场价格波动率的影响是不同的。表现为短期股指期货推出加大了现货市场价格的波动性；中期略微加大现货市场价格波动性，但无显著影响；长期看，股指期货推出充分发挥了风险规避功能，较好地平抑了现货市场的波动，降低了现货市场价格的波动性。

2. 低频数据波动率模型分析结论

（1）均值方程设定与估计。

在上文日数据统计描述的基础上，经过综合考虑沪深 300 指数样本日收益率序列的自相关和偏自相关函数的截尾阶数和各期 Q 统计量，并反复试验剔除不显著参数后，将均值方程设定为 ARMA（4，4）形式，并首先使用 LS 法进行估计确定其残差序列的 ARCH 效应显著性。结果如表 8.6。

表 8.6　股指期货推出前后沪深 300 现货指数日收益率样本均值方程 ARMA（4，4）估计结果

AR（1）	AR（2）	AR（3）	AR（4）	MA（1）	MA（2）	MA（3）	MA（4）
0.505 (7.12)	-0.426*** (-4.73)	0.398*** (4.60)	-0.838*** (-13.02)	-0.477*** (-7.18)	0.407*** (4.89)	-0.359*** (-4.51)	0.878*** (14.53)
AIC	SC	对数似然值		ARCH LM（1）F 统计量		$T\times R^2$	
-4.907	-4.873	3490.16		24.16***		23.79***	

注：***表示在1%水平上显著，（　）内为 t 统计量。

在估计基础上，对 ARMA（4，4）模型残差进行 Q 统计量检验，发现基本不存在序列相关现象，说明均值方程设定可靠，并且从表中可以看出，ARCH LM 检验结果滞后 1 阶的 F 统计量和 $T\times R^2$ 估计值显著，在 1% 的显著性水平上拒绝不存在 ARCH 效应的零假设，可以进行 GARCH 类模型建模。股指期货推出前后现货指数子样本均值方程设定与估计与此类似，为节约篇幅不再列出。

（2）基于 Chow 间断点检验思想的改进 GARCH 类模型实证结果。

估计结果如表 8.7，首先，ARMA-GARCH、ARMA-TARCH 和 ARMA-EGARCH 模型的 ARCH LM 检验均不显著，接受了不存在 ARCH 效应的原假设，且 AIC、SC 值比 LS 估计结果中的对应值均不同程度减小，而对数似然值均上升，大部分参数估计均显著，表明各类 GARCH 模型拟合效果明显优于 ARMA 模型，有效捕捉了条件异方差和序列分布的高峰厚尾特征，使参数估计结果更加可靠。尤其是 ARMA-EGARCH 模型的估计结果更是优于其他两类模型。

其次，从非对称项 γ 系数估计的不显著性来看，市场价格波动面对外部信息冲击的敏感度不高，杠杆效应不强，说明我国沪深 300 现货市场吸收和消化信息冲击的能力有了成熟市场的特征，这一点将在下文中详细讨论。

表 8.7　加入虚拟变量后沪深 300 现货日收益率样本 GARCH 类模型估计结果

GARCH（1，1）		TARCH（1.1）		EGARCH（1，1）	
AR（1）	NA	AR（1）	NA	AR（1）	0.439879018*** (7.463293)
AR（2）	0.602210469* (1.526506)	AR（2）	NA	AR（2）	-0.324094923*** (-4.64722)
AR（3）	-0.573470612*** (-2.85992)	AR（3）	0.301995067*** (2.761193)	AR（3）	0.33250138*** (5.481868)
AR（4）	NA	AR（4）	0.817814355*** (6.302431)	AR（4）	-0.854916098*** (-18.3481)
MA（1）	NA	MA（1）	NA	MA（1）	-0.406258683*** (-7.76509)

续表

GARCH (1, 1)		TARCH (1.1)		EGARCH (1, 1)	
MA (2)	-0.610453367* (-1.63257)	MA (2)	NA	MA (2)	0.317159111*** (5.395588)
MA (3)	0.624755498*** (2.923068)	MA (3)	-0.263431647*** (-2.61321)	MA (3)	-0.309115071*** (-6.03867)
MA (4)	NA	MA (4)	-0.837086542*** (-7.09625)	MA (4)	0.896497786*** (21.90176)
α	0.050052921*** (6.46089)	α	0.045707519*** (4.262239)	α	0.120650653*** (6.657114)
β	0.940123905*** (104.0587)	γ	0.001428182 (0.126518)	γ	-0.012685999 (-1.42613)
θ	-0.0000021** (-1.91356)	β	0.943677903*** (105.018)	β	0.980979396*** (197.8732)
—	—	θ	-0.0000020** (-1.85381)	θ	-0.016316651*** (-2.67432)
AIC	-5.073993	AIC	-5.06596005	AIC	-5.078749863
SC	-5.025825	SC	-5.01408697	SC	-5.026876778
对数似然值	3612.998192	对数似然值	3608.298657	对数似然值	3617.373028
ARCH LM (1) F 统计量	0.016458	ARCH LM (1) F 统计量	0.017258	ARCH LM (1) F 统计量	0.000502
$T\times R^2$	0.016481	$T\times R^2$	0.017282	$T\times R^2$	0.000503

注：***表示在1%水平上显著，**表示在5%水平上显著，*表示在10%水平上显著。( ) 内为z统计量。NA为不显著参数，已被删除。

最后，也是本文波动模型分析的主要目的，就是加入虚拟变量后虚拟变量前系数的估计结果，从3个模型的系数 θ 估计结果来看，均在5%、1%水平上显著，说明股指期货推出前后沪深300现货指数（市场）价格波动率存在差异，且 θ 值的符号均为负，可以明确说明股指期货推出后，现货市场的波动率明显下降。这再一次印证了上文中的长期关系结论，如果不考虑其他具体因素的影响，股指期货的推出的确降低了股指现货市场的波动性。

（3）股指期货推出前后现货指数子样本GARCH类模型实证及比较结果。

从上文可以看出ARMA-EGARCH模型系统估计结果在各类GARCH模型中估计效果较好，故本节使用其进行实证比较，其他结论因类似而略去。结果如表8.8。

与全样本的估计结果类似，γ 系数仍然都不显著，表明基本不存在利好利空新息冲击非对称效应；在实证方法讨论中已说明，α 系数代表利好利空新信息冲击对当前价格波动率的影响，而 β 代表记忆特征的“旧信息”对当前价格波动的影响，对比股指期货推出前

表 8.8　股指期货推出前后沪深 300 现货指数子样本 EGARCH 模型估计结果

推出前		推出后	
α	0.15683679 *** (6.675833)	α	-0.3067 *** (-3.13668)
γ	-0.0125975 (-0.97982)	γ	0.099227 (1.607964)
β	0.98125988 *** (164.0814)	β	-0.33331 (-1.34883)

注：①***表示在1%水平上显著，**表示在5%水平上显著，*表示在10%水平上显著。（　）内为 z 统计量。②为简明扼要，不列出均值 ARMA 模型结果及 AIC 等部分参数。

后两个系数的变化能够揭示一定微观结构变化的信息。α 系数在股指期货推出后相对于推出前明显减小，由 0.157 下降到 -0.31，说明利好利空新信息冲击对于现货市场的影响有所减弱；系数 β 在股指期货推出后相对于推出前明显减小，由 0.98 下降到 -0.33，且推出后的系数 β 已不显著，说明"旧信息"对现货市场的影响和相关性减弱。α 系数的减弱说明了股指期货推出通过功能发挥平滑了现货市场由于新信息冲击而带来的波动性，系数 β 的减小说明新旧价格波动相关性的减小。现货市场价格波动反映了更多新息，说明波动更趋于随机游走，也即市场更为有效。这些结论也与上述全样本以及高频数据长期统计检验分析结论保持了一致性。

3. 市场走势分析结论

由股指期货推出前后 1 年日收盘价格生成沪深 300 现货指数价格走势图，如图 8.1 所示。

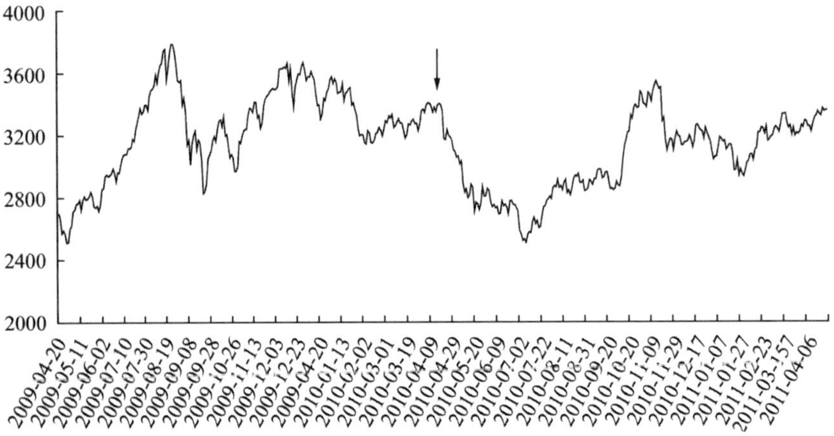

图 8.1　股指期货推出前后 1 年沪深 300 现货指数价格走势图

资料来源：大智慧股票行情软件。

图 8.1 中标注区域为股指期货推出前后分割点区域，从图中看出，股指期货推出前沪深 300 指数上升了 2 个月之后下降了 4 个月左右。

4. 与海外主要股指期货推出前后现货指数波动率及走势变化的比较结论

与表 8.1 中的结果比较，首先，从波动率变化角度来看，与表 8.1 中的一般性结论不同。在短、中、长期中，沪深300股指期货标的现货市场价格波动性表现出不同特征，短期内波动率上升，中期略有上升但不显著，长期下降；综合波动率模型分析结果而言，中长期（一年内）沪深300现货指数波动率在股指期货推出后下降，这与大部分市场的研究结论类似。单从统计及计量分析角度看，我国股指期货推出的制度设计严谨，较好地发挥了其规避风险、平抑标的现货波动的作用，提高了现货市场的效率。其次，从走势上看，我国股指期货标的现货市场价格走势与大多数市场推出股指期货前后的现货走势类似即呈现了“先涨后跌”的走势特征。

关于结论的原因解释，大多数研究认为，由于股指期货推出使期现套利交易以及投机等交易活动活跃，并加大了股市做空的动能，甚至有较大的机构利用股指期货推出初期的不完善性进行操纵获利等行为，形成了所谓的“股指期货推出效应”命题，但这些结论都缺乏强有力的证据支持。在我国推出股指期货初期，甚至有股指期货助涨助跌的观点，将股市的短期波动和下跌归咎于股指期货的推出。上述实证内容有力地反驳了一些关于我国股指期货推出前后期现市场关系的悖论，同时，也引致了对下文内容的讨论。

5. 基于宏观经济因素及重大事件分段实证检验结果及中外比较结论

在不考虑其他因素影响的情况下，上述实证内容已经利用统计检验及模型方法论证了股指期货推出前后期现市场的关系，但为更为充分地厘清股指期货推出这一事件对标的现货市场的影响关系的逻辑，本文将这一问题进一步深入地进行了研究。

按照前述各节论述内容与结果以及关于此问题的众多文献内容，可以表达这样一个逻辑，即无论（不考虑）具体影响方式和路径如何，股指期货推出使标的现货指数市场价格波动率和走势发生了改变，这种改变结果或好或坏。这种逻辑实际上隐含了股指期货推出与现货指数市场价格波动率和走势的因果关系，如果这种因果关系确实成立则上述结论可以成为某个具体市场的确定性规律，但如果这种因果关系存在不确定性，则上述结论就是也仅是关于股指期货推出前后时间段股指现货市场价格波动率和走势特征可能的一种原因而不是全部原因。本节以此论述为出发点，试图说明另一个逻辑，即如果可能由其他原因导致了股指期货推出前后时间段现货指数市场价格的波动率和走势发生改变，而且不能具体证明这种其他原因相对于股指期货推出事件具有对股指现货市场更大的影响作用的前提下，股指期货推出最多为现货指数市场价格的波动率和走势发生改变的一个充分条件，而非必要条件，最终得到一个更为科学、具有逻辑性和可靠程度较高的股指期货推出前后期现关系结论。

首先，逻辑学中的充分必要条件定义：如果有事物情况A，则必然有事物情况B；如果没有事物情况A，则必然没有事物情况B，A就是B的充分必要条件。从数学逻辑上讲如果作为结果或因变量的B与原因或自变量A不是一对一的映射关系，那么这种一对一因果关系或函数关系就不能完全成立，也即A不是B的充分必要条件。A可能是B的充分条件，也有可能是必要条件，也有可能不存在任何关系。其次，计量经济学中模型建立的一个重要基础就是当确定影响因变量的解释变量时，如果遗漏重要解释变量，则分析结果就不是实际情况的无偏估计结果，结论就不可靠甚至是错误的。基于这两个理论基础，本文试图找出可能导致股指期货推出前后时间段现货指数市场价格的波动率和走势发生改变的其他重大事件，并进行一定的定性和定量分析来证明上述逻辑，从而厘清股指期货推出前后期现关系。

影响股票现货总体市场价格波动和走势的根本原因是系统性风险的存在，关于此理论从 William Sharpe1964 年创立资本资产定价模型（CAPM）开始，大量关于系统性风险的研究深入探讨了股票市场波动走势的根本原因，系统风险是有别于非系统风险的各种宏观事件所引起的，它是表示股票整体市场波动性的指数标的股本身所不能控制的，所有成分股都将受系统性风险的影响，从而导致整体市场出现波动和趋势变化。这些宏观事件包括宏观经济、政治事件，如经济金融危机、政局变化等，以及突发的重大事件，如海啸、地震等，同时也包括日常的宏观经济走势，宏观经济政策的变动，以及影响指数权重股的行业动态变化信息等。本文依据宏观重大事件的性质和公认影响力选择符合研究目的的部分重大宏观事件。同时，这些重大宏观经济事件的影响时间段与相关股指期货推出时间段基本吻合。下面针对中国内地的重大宏观经济事件对股票现货市场的波动率及走势影响做一简要的实证分析，同时对海外主要市场的相同问题进行一个定性的总结来完成本部分的论述。

（1）基于重大宏观经济事件分段的股票现货指数波动率统计比较分析。

本部分只做简要分析，使用上文中的高频数据的统计检验方法，除数据分段依据不同外，其他方法均相同。

在中国内地股指期货推出时间段，也即 2009 ~ 2010 年，随着金融危机后一系列宏观经济宽松政策的刺激，我国经济增长势头重拾强劲，我国的通货膨胀压力开始增大，居民住宅价格迅猛上涨是当时整个中国经济面临的两个重大问题。从宏观经济角度讲中国经济面临的挑战是经济过热后的硬着陆和极有可能的恶性通货膨胀，因此在此区间，公认的影响宏观经济的重大事件是中国内地宏观经济政策调整措施，其中最为重要的是货币流动性收紧（货币紧缩政策）和房地产调控政策。从 2010 年 1 月起至股指期货推出运行 3 周就有 3 次密集的上调存款准备金率的措施，分别为 2010 年 1 月 18 日、2 月 25 日和 5 月 10 日，每次上调 0. 5 个百分点，尤其是在 5 月 10 日上调后，商业银行的存款准备金率达到 17%，逼近历史最高点 17. 5%，一次性冻结流动性超过 3000 亿元。同时还伴随着中国人民银行通过公开市场发行央票进行资金回笼的操作，仅 2010 年 1 月至 4 月 30 日央行公开市场操作已累计净回笼资金量达到 1. 1 万亿元。这些货币政策必然对沪深股票现货市场尤其是沪深 300 现货指数市场带来巨大冲击。

同期，自 2009 年 12 月 14 日起至 2010 年 4 月 17 日，政府出台了连续 9 个调控房地产价格的措施，分别为 2010 年 1 月 10 日，国务院办公厅出台的《关于促进房地产市场平稳健康发展的通知》；2010 年 1 月 21 日，国土资源部发布的《国土资源部关于改进报国务院批准城市建设用地申报与实施工作的通知》；2010 年 3 月 10 日，国土资源部再次出台了 19 条土地调控新政，即《关于加强房地产用地供应和监管有关问题的通知》；2010 年 3 月 9 日，财政部、国家税务总局联合下发的《关于首次购买普通住房有关契税政策的通知》；2010 年 4 月 13 日住房和城乡建设部发布实施的《关于进一步加强房地产市场监管完善商品住房预售制度有关问题的通知》；2010 年 4 月 14 日时任国务院总理温家宝主持召开国务院常务会议，研究部署遏制部分城市房价过快上涨的政策措施，其中提出了四项措施，被称之为“新国四条”；4月17日，国务院下发的《关于坚决遏制部分城市房价过快上涨的通知》。由于房地产行业涉及钢铁等数百行业及上市公司，因此调控政策必然对中国经济造成重大的影响。从2010年1月18日起沪深300指数开始剧烈的下挫，虽中间经历横盘调整，但从2月底起开启长达5个月的下跌趋势，并于2010年7月初达到金融危机后至今的最低点位2462.20点①。

本文以与中国内地股指期货推出时间最为接近的重大宏观经济事件密集发生阶段2010年3月9日与同年5月10日的中点4月6日为分割点进行了波动率统计检验②，1分钟数据的分析结果如表8.9所示。5分钟数据的分析结果类似。从表8.9中结果可以清晰地看到，总体上，无论短期、中期和长期的分析结果与上文实证结果中对应内容除具体数据不同外，不论从收益率方差、GK波动率均值还是ARV均值相等性检验结果，还是从GK波动率和ARV的变化率检验结果上看，沪深300现货指数波动率在4月6日前后的变化特征都与沪深300股指期货推出前后的变化特征极为类似。唯一存在差异的地方就是短期（15天）ARV非参数统计量检验值不显著，这可能是短期内股指期货推出加大了现货市场波动的唯一证据，但综合其他检验结果，并没有绝对的定论。短期内在宏观经济政策变化的影响下，沪深300现货市场价格波动率显著上升；中期内在宏观经济政策变化的影响下，沪深300现货市场价格波动率虽然显著上升，但波动率变化程度减弱；长期内在宏观经济政策变化的影响下，沪深300现货市场波动率显著下降。短中期的结果与大多数对股市利空政策的研究较为相符，利空的宏观经济政策出台的确会加剧股市的波动，并配合市场指数下跌的趋势，因此，从逻辑上看，在相同时间段将现货股票市场的波动加剧归咎于股指期货的推出是一个悖论，尤其是在投机限制和严控操纵的期货制度设计较为完善的情况下，更不可能将市场波动加剧归因于股指期货的推出，即使股指期货推出影响预期而由羊群效应引致股市波动加剧，也仅能解释为短期内各种利空信息（包括利空宏观经济政策）的短暂叠加。长期来看，如果利空的宏观经济政策不断密集出台，将继续导致股市的波动加剧，在此情况下市场波动率反而下降，必然需要某种稳定机制的存在，而在利好政策未真实出台前，股指期货则是这种重要的稳定机制。

从现货指数走势角度，图8.1已经能够说明，在众多利空政策的背景下，股市呈下降趋势，从各种政策出台的时间段来看，更不能将股市的下降趋势归咎于股指期货的推出。同时，反向来看，也没有完美的证据来证明股指期货的推出没有加剧现货市场波动和对现货市场助涨助跌。因此，综合而言，股指期货推出不是标的物现货市场波动率变化的充分必要条件，在没有明确证据的条件下，股指期货推出最多为现货市场波动率变化的充分条件。

---

① 中国宏观经济政策内容及数据根据中国新闻网2010年资料整理，http：//www.chinanews.com/。

② 利用这一时期的其他重大事件发生日作为分割点的分析结论类似，以ARCH类模型分析的结论类似在此不再重复。

表 8.9　4 月 6 日前后沪深 300 现货指数 1 分钟高频数据波动性相等性检验结果

4 月 6 日前后 15 天检验结果								
类别	时间	均值	方差	均值相等检验方法			方差相等检验方法	
				t 值	M-W Z 值	K-S Z 值	F 值	BFLF 值
R	前	0.0000079	0.000318	2.909***	-2.881***	2.905***	1.774***	112.669***
	后	-0.0000178	0.000423					
GK	前	0.000118	0.000111	-6.605***	-8.200***	4.031***	1.548***	21.144***
	后	0.000134	0.000089					
ARV	前	0.0000910	0.000037	-2.160489**	-1.638	1.095	7.713***	5.327**
	后	0.0001512	0.000102					
4 月 6 日前后 60 天检验结果								
类别	时间	均值	方差	均值相等检验方法			方差相等检验方法	
				t 值	M-W Z 值	K-S Z 值	F 值	BFLF 值
R	前	-0.0000033	0.00046	0.638	-4.184***	6.112***	1.755***	511.014***
	后	-0.0000074	0.00061					
GK	前	0.000154	0.000255	-14.280***	-31.517***	13.750***	3.605***	45.281***
	后	0.000188	0.000134					
ARV	前	0.000191	0.000137	-3.797***	-3.921**	2.008***	1.789**	2.547
	后	0.000304	0.000184					
4 月 6 日前后 1 年检验结果								
类别	时间	均值	方差	均值相等检验方法			方差相等检验方法	
				t 值	M-W Z 值	K-S Z 值	F 值	BFLF 值
R	前	0.0000045	0.000611	0.236	-3.617***	4.525***	1.172***	336.894***
	后	0.0000037	0.000564					
GK	前	0.000193	0.000187	21.417***	-18.294***	7.525***	2.264***	154.984***
	后	0.000173	0.000124					
ARV	前	0.000337	0.000285	3.568***	-2.494**	1.710***	2.793***	14.685***
	后	0.000259	0.000171					

注：***表示在 1% 水平上显著，**表示在 5% 水平上显著，*表示在 10% 水平上显著。

（2）基于重大宏观经济事件分段的股票现货指数波动率变化的海外市场定性分析①。依据前述逻辑，本文将与股指期货推出时间段基本相同的，可能影响部分主要海外股

① 袁鲲："股指期货推出对现货市场走势的影响"，载于《中国金融》2010 年第 1 期。

指期货标的物股票市场的重大宏观经济事件进行了梳理，见表 8.10。

表 8.10　股指期货推出时段主要海外股指期货标的物指数市场相关重大宏观事件对照表

海外股指期货合约及标的指数名称	推出时间	推出前后现货市场表现		推出时间段重大宏观事件
		推出后波动率变化	推出前后走势（中长期）	
S&P500	1982 年 4 月 21 日	增加	前降后升	1982 年 3～4 月，美联储将联邦利率 15% 大幅调降至 13%
日经 225	1986 年 9 月 3 日	增加	前后均升	1986 年 1 月至 1987 年 2 月日本政府将基准利率 4.5% 连续 4 次大幅调降至 2.5%
恒生指数	1986 年 5 月 6 日	减小	前后均升	1986 年 3 月 27 日，4 家交易所正式合并组成香港联合交易所，大量吸引海外投资
Kospi 200	1996 年 5 月 3 日	无显著变化	前升后降	经济拐点出现，同时伴随亚洲金融危机发生
S&P CNX Nifty	2000 年 6 月 12 日	减小	前升后降	通胀率高企，2000 年 2～8 月连续调高存款准备金率至 14.5%
国企指数	2003 年 12 月 8 日	减小	前升后降	2003 下半年 SARS 禁令解除，国际大宗商品价格飙升至 2004 年中国内地加息进行宏观调控
A50 指数	2006 年 9 月 6 日	增加	前后均升	A50 期货交易规模仅为上证股票交易规模 0.02%，且中国 A 股并未对外开放

注：此处只列出两个成熟市场和两个相对新兴市场的证据，其他市场也同样能够列举类似证据。

从表 8.10 中可以看出，首先，不同市场在股指期货推出前后的不同变化表现，表明股指期货推出与标的物现货市场价格波动率变化及走势没有必然联系；其次，不可能排除重大宏观经济事件对股票现货市场的影响，相反股票市场较为准确地反映了宏观经济背景及政策调控结果，且类似宏观经济事件发生后的股票市场反应却具有较高一致性，这一点大多数股市事件研究文献结论都具有一致性。可见，宏观经济及政策出台事件对股票市场的影响较为明显，也是股票市场表现变化的更为重要的原因。综合而言，主要海外市场的证据支持了上文的结论。

6. 两种分段方式实证结果比较分析结论

综上所述，在不考虑其他因素影响的前提下，单利用统计检验和时间序列模型方法对股指期货推出前后不同时间跨度的股票现货市场价格波动率及走势进行实证分析，可以得到股指期货推出对现货股票市场波动及走势产生了一定影响，但不同市场、不同时间跨度具有不同的具体影响结果，可能表现为现货市场波动率的上升、下降或无显著变化，这与股指期货推出前的市场走势和相关宏观经济基本面以及不同市场的微观结构、制度设计具有一定联系，同时也与分析所使用的方法具有密切关系。一般而言，没有完整和一致的证据支持股指期货的推出与现货市场价格波动和走势之间具有因果关系，股指期货推出并不是现货市场波动和走势变化分必要条件，而与股指期货推出时期相近的重大宏观经济事件是股票现货市场波动和走势变化的更为重要原因与基础，股指期货的推出在短期内与其他重要影响因素叠加可能对现货市场产生一定影响，至多为现货市场波动及走势变化的充分条件。

与海外主要市场比较后，在多方法、高低频数据结合及多时间跨度比较的实证分析基础上，中国内地股指期货推出前后期现市场关系具有如下特征。

一是沪深300股指期货推出在短、中、长期对现货市场价格波动率的影响是不同的。表现为短期股指期货推出加大了现货市场价格的波动性；中期略微加大现货市场价格波动性，但无显著影响；长期看，股指期货推出充分发挥了风险规避功能，较好地平抑了现货市场的波动，降低了现货市场价格的波动性。

二是对于短期分析结果，首先，由于我国股指期货每日结算价的计算采用合约最后1小时成交量的加权平均价计算，因此基本可以排除利用两市操作套利导致现货市场波动加大的可能性。其次，由于机构大户套期保值通常以做空为主，并可能出现资金的转移，可能导致市场波动加剧，但推出15天内机构未入市，其影响可以排除，未产生大量资金由现货市场转移至期货市场的问题存在。因此，最有可能的解释是市场跟风以及投资者预期所致，而且当机构大户未参与股指期货交易时，市场交易数据本身不能反映真实的完整参与者行为，因此不具说服力。

三是对于中期分析结果，即使股指期货合约上市初期存在导致现货市场异常波动的套利、投机以及资金转移效应，随着包括机构交易者在内的交易认知度与成熟度不断提高，股指期货本身的制度优势开始显现，也即期货的财富效应显现，投资者尤其是机构投资者可以利用股指期货进行保值等操作，而不用频繁调整现货仓位而达到投资目的，从而使投资者尤其是机构大户投资者参与现货市场（尤其是权重股）的热情提高，股指期货市场反而开始起到稳定现货市场价格的作用。

四是对于长期分析结果，股指期货合约的推出不但没有增加现货市场价格波动，反而降低了现货市场波动，证明了股指期货应有的理论功能公理，也说明了我国股指期货市场制度设计的合理性以及股指期货投资者的理性。

五是同其他市场类似，从股票现货市场走势角度看，虽然中国内地股票现货市场中长期在股指期货推出前后呈下跌、略微上涨盘整再下跌的态势，但股指期货推出并不是这种走势的充分必要条件和主要原因。总体而言，推出前后中国的宏观经济背景与事件才是更为主要的原因。

（二）到期日效应中外样本实证检验结果及比较

1. 各样本指数期货合约到期日及结算价确定方法

各样本指数期货合约到期日及结算价确定方法总结如表8.11。

表 8.11　各样本指数期货合约到期日及结算价确定方法

合约名称	最后交易日	最后结算日	结算价确定方法
沪深 300	合约到期月份的第 3 个星期五，遇法定节假日顺延	同最后交易日	最后交易日现货指数最后两小时所有指数点算术平均价
日经 225（SGX）	合约月份第 2 个星期五前 1 个交易日	最后交易日次日	特别开盘价
恒生指数	合约月份最后营业日前 1 个交易日	最后交易日次营业日	由结算公司（SEHK）计算决定的最后交易日每 5 分钟指数点平均价
恒生国企（H 股）指数	合约月份最后营业日前 1 个交易日	最后交易日次营业日	由结算公司（SEHK）计算决定的最后交易日每 5 分钟指数点平均价
新华富时中国 A50 股指期货	合约月份最后倒数第 2 个营业日	最后交易日次日	A50 指数精确到两位小数点的官方收盘价

资料来源：各期货合约交易所网站。

按表 8.11 各合约最后交易日确定各合约样本到期日进行各项实证分析。

2. 到期日效应统计检验结果及比较

为节约篇幅，此处不一一列出原序列及按方法要求估计和计算的各序列统计描述，各序列经检验均不服从正态分布、同方差假设，因此需具体列出均值检验的各项结果进行比较得出初步结论。各合约统计检验结果见表 8.12 至表 8.15。

表 8.12　各合约到期日、非到期日标的物现货指数成交量增长率相等性检验结果

样本指数	t 检验值	M-W 法 Z 检验值	K-S 法 Z 检验值	BFLF 检验值
沪深 300	-0.76968 (0.441958)	-0.543 (0.587)	0.680 (0.744)	0.32698 (0.567772)
日经 225	0.728401109 (0.466786)	-0.252 (0.801)	0.665 (0.768)	0.007757 (0.929863)
恒生指数	1.881241* (0.060472)	-1.723* (0.085)	0.997 (0.273)	0.106348 (0.744466)
国企指数	0.905513 (0.365913)	-0.522 (0.601)	0.721 (0.677)	3.082163* (0.080166)
A50ETF	0.017704 (0.985891)	-0.175 (0.861)	0.458 (0.985)	0.303435 (0.582278)

注：* * * 表示在 1% 水平上显著，* * 表示在 5% 水平上显著，* 表示在 10% 水平上显著。（ ）内为相伴概率。

从表 8.12 可以初步看出，除恒生指数的 t 检验和非参数 Mann-Whitney Z 检验值结果在 10% 水平上拒绝原假设外，其他各合约标的物检验均为接受了到期日、非到期日成交量增

长率序列相等的原假设。初步说明，除恒生指数现货市场外，包括沪深 300 指数现货市场在内的各标的物现货市场均不存在股指期货合约到期日的成交量异常效应。虽然恒生指数现货市场的到期日成交量效应的存在检验结果与众多已有文献结果一致，而且从成交量增长率均值上看，均值由非到期日的 -0.00278 上升到到期日的 0.066674，说明恒生指数现货成交量在到期日明显放大，但 Kolmogorov-Smirnov Z 检验值和 BFL 检验值并不显著，而且仅从增长率序列统计检验结果得出结论并不完全可靠。其他结果同样需要进一步与其他方法结果进行对比。

表 8.13　各合约到期日、非到期日标的物现货指数相对成交量相等性检验结果

样本指数	t 检验值	M-W 法 Z 检验值	K-S 法 Z 检验值	BFLF 检验值
沪深 300	2.107896** (0.035676)	-2.358** (0.018)	1.625*** (0.010)	0.212269 (0.645251)
日经 225	-0.81929 (0.415363)	-0.970 (0.332)	0.951 (0.326)	1.388337 (0.24262)
恒生指数	-0.77694 (0.438909)	-0.579 (0.562)	0.601 (0.863)	1.000991 (0.319328)
国企指数	-1.98046* (0.050639)	-1.255 (0.209)	0.773 (0.589)	1.072476 (0.303101)
A50ETF	1.786263* (0.075397)	-1.272 (0.203)	1.077 (0.196)	2.397331 (0.122942)

注：***表示在1%水平上显著，**表示在5%水平上显著，*表示在10%水平上显著。（　）内为相伴概率。

从表 8.13 进一步看，沪深 300 现货指数市场 t 检验和两个非参数检验值都显著，国企指数现货市场和 A50ETF 市场 t 检验值在 10% 水平上显著，说明沪深 300 现货市场、国企指数现货市场以及 A50ETF 市场在最后交易日收盘前 30 分钟内，也就是构成估算确定合约最后结算价格时间区间的最后 30 分钟内，存在现货成交量发生明显变化的概率。从均值上看，沪深 300 现货市场最后 30 分钟成交量当日占比从非到期日的 0.15556 上升到到期日的 0.168348；A50ETF 市场最后 30 分钟成交量当日占比也从非到期日的 0.121265 上升到到期日的 0.144267；但国企指数（H 股）现货市场最后 30 分钟成交量当日占比却从非到期日的 0.219369 下降到到期日的 0.175428。首先从成交量变化的数值上看，绝对变化值都不大，其次结合成交量增长率来看，这种变化并未显著引起成交量较大异常变化，因此结果具有不确定性。单从此结果来看可以以由于股指期货交易者在到期日进行现货仓位调整导致的跟风行为，以及由于结算价设定方法带来的仓位调整困难导致的提前调整等多种原因来解释，而不能简单地解释为由于到期日的期现货联动（套利）所造成。最为重要的是此结果还必须和价格效应结合来看是否量能变化造成价格剧烈波动或反转，才能确认到期日效应的真实存在性。因为价格是结算依据，如果价格未发生显著异常变化，也就无法证实期现联动或操纵的存在，即量能变化并未改变价格走势，不能证明这种量能变化具有特定的目的性和异常。因此，还需进一步采用价格指标相关方法来验证。

表 8.14　　各合约到期日标的物现货价格反转检验结果

数据类别	样本指数	RREV（%）		到期日、非到期日 $SREV_t$ 均值检验			均值	
		到期日	非到期日	t 值	M-W 法 Z 值	K-S 法 Z 值	到期日	非到期日
高频数据检验	沪深 300	0.47	0.49	-0.53988	-0.562	0.967	0.000739	0.001609
	日经 225	0.64	0.51	-0.35605	-0.246	0.549	0.004818	0.005522
	恒生指数	0.80	0.52	-1.66884*	-1.906*	0.982	0.000964	0.010414
	国企指数	0.8	0.44	-2.6569***	-2.718***	1.429**	-0.00026	0.013874
	A50ETF	0.83	0.45	-1.12752	-2.119**	1.342*	0.002306	0.005209
低频数据检验	沪深 300	0.53	0.48	0.804303	-0.933	0.897	-0.002	-0.00444
	日经 225	0.37	0.48	0.853182	-0.693	0.698	0.00494	0.001102
	恒生指数	0.62	0.51	-1.0227	-1.181	1.011	-0.002322	-0.000023
	国企指数	0.53	0.46	3.6384***	-3.946***	2.358***	0.008985	-0.00694
	A50ETF	0.67	0.46	-0.99027	-1.420	1.129	-0.00678	-0.00249

注：***表示在1%水平上显著，**表示在5%水平上显著，*表示在10%水平上显著。（　）内为相伴概率。

从表 8.14 看，综合高频数据价格反转各检验结果，除沪深 300、日经 225 指数外其他样本现货市场到期日价格反转概率明显大于非到期日，而且恒生指数、国企指数和 A50ETF 现货市场的高频价格反转程度在到期日和非到期日存在相对显著的差异。同时，从低频数据价格反转检验结果上看，沪深 300 指数、日经 225 指数、恒生指数及 A50ETF 价格反转表现不明显。其中，沪深 300 现货市场的 RREV 指标虽然在到期日大于非到期日，但从均值绝对值上看，反转程度小于非到期日且不显著；日经 225 指数、恒生指数及 A50ETF 样本现货市场的到期日低频价格反转概率同样与非到期日相近。国企指数现货市场的价格反转程度在到期日和非到期日存在显著差异。因此，综合高低频价格反转指标的检验结果，国企指数现货市场存在到期日效应的概率最大，A50ETF 及恒生指数现货市场次之，而沪深 300 指数、日经 225 现货市场则基本不存在到期日效应。除价格反转指标外，还必须同时检验价格波动性是否存在异常表现才能相对更为全面地确认到期日的价格异常效应。

表 8.15 中，除国企指数现货收益率统计检验略微显著外，其他各指数现货市场价格波动率均未在到期日和非到期日存在显著差异，表明样本各现货市场均不存在到期日价格异常波动效应，各市场在价格波动性上均呈现成熟高效特征，但结合成交量及价格反转指标来看，部分市场并不能完全排除到期日效应的存在。

结合上述量价统计检验结果，单从统计检验角度，可以得出初步结论，即沪深 300 现货市场不存在到期日的成交量及价格异常效应，但从相对交易量及 RREV 统计指标上看，随着股指期货参与者数量结构变化，并不排除未来存在到期日效应的可能；日经 225 指数现货市场也不存在到期日成交量及价格异常效应；国企指数现货市场存在到期日效应的概

表 8.15　　各合约到期日、非到期日标的物现货价格波动性检验结果

数据类别	样本指数	到期日、非到期日现货价格序列相等性检验				均　值	
		t 值	M-W 法 Z 值	K-S 法 Z 值	BFLF 值	到期日	非到期日
高频 ARV 检验	沪深 300	0.918548	-0.534	0.567	0.860219	0.000255	0.00022
	日经 225	-0.43451	-0.183	0.537	0.216967	0.000162	0.000271
	恒生指数	-0.65224	-0.979	0.859	0.236004	0.000182	0.000225
	国企指数	-0.40943	-0.181	0.369	0.153237	0.000475	0.000552
	A50ETF	-0.76555	-0.247	0.643	1.289281	0.000271	0.000336
低频 GK 波动率检验	沪深 300	-0.07064	-0.580	0.856	0.870736	0.010609	0.010686
	日经 225	-0.7579	-0.735	0.727	0.635934	0.005922	0.006767
	恒生指数	0.165847	-0.395	0.565	0.037185	0.007894	0.007765
	国企指数	-0.24226	-0.094	0.727	0.002416	0.011076	0.011432
	A50ETF	-0.68957	-0.597	0.614	0.050811	0.010381	0.011614
低频日收益率检验	沪深 300	0.131811	-0.010	0.449	0.491269	0.0129	0.015008
	日经 225	0.322234	-0.291	0.598	0.290455	0.012745	0.014628
	恒生指数	0.710131	-1.269	0.933	0.094723	0.015747	0.013906
	国企指数	1.429062	-1.705*	1.077	2.642857*	0.01057	0.018774
	A50ETF	0.300001	0.090	0.653	1.827368	0.009721	0.0168

注：***表示在1%水平上显著，**表示在5%水平上显著，*表示在10%水平上显著。（　）内为相伴概率。低频收益率均值为标准差值。

率最大，A50ETF 及恒生指数现货市场次之。其中，国企指数、恒生指数现货市场存在成交量和价格异常效应的概率相对较大，A50ETF 市场次之，都弱于国企、恒生指数市场。到期日效应统计检验结果对方法选择具有一定的敏感度，且未充分考虑其他因素对序列变动的影响，而考虑其他影响因素的实证检验需使用模型分析方法，因此在对以上初步结论与下文模型分析结论比较后，才能够得出更为可靠的结论。

3. 到期日效应模型分析结果及比较

在进行模型前需对序列进行一些预处理，包括序列统计描述，单位根检验，序列相关检验，异常值剔除，ARMA 模型定阶①等。在模型估计后还需要对残差进行检验以确定时间序列模型稳定性，EGARCH 模型需进行均值方程残差的 ARCH 效应检验。以部分模型估计后 ARCH 效应检验。本部分在这些基础工作的基础上将模型形式和 β_1、β_2 估计结果进行分类列表，而不将上述基础工作结果一一列出。

从平滑成交量模型估计结果看（见表 8.16），所有股票现货市场 β_1、β_2 系数均不显著，即均不存在成交量在到期日异常变化的情形，也不存在周末效应。

① 反复检验，对比模型拟合效果，对数似然值，AIC、SC 值后确定。

表 8.16　　现货市场平滑成交量模型估计结果

	沪深 300	日经 225	恒生指数	国企指数	A50ETF
模型形式	AR(2)	AR(1)	AR(2)	AR(1) AR(3)	AR(2)
β_1	-0.00523 (-0.24688)	-0.00433 (-0.23289)	-0.01876 (-1.44478)	-0.00754 (-0.50205)	-0.01115 (-0.40564)
β_2	0.010075 (0.973861)	0.000925 (0.101732)	-0.00096 (-0.14968)	0.006155 (0.81299)	0.020031 (1.415539)

注：＊＊＊表示在 1% 水平上显著，＊＊表示在 5% 水平上显著，＊表示在 10% 水平上显著。（ ）内为对应 t 统计值。

GK 波动率模型估计结果表明（见表 8.17），所有股票现货市场 β_1、β_2 系数均不显著，即各指数现货市场价格均不存在到期日的波动异常情形。而且，大多数市场成交量变动对价格波动具有显著作用，但未造成到期日现货价格波动的显著变化。补充说明了上文统计检验结果中虽然成交量显著变化即具有到期日成交量异常效应，但这种效应不一定改变现货价格波动特征。即到期日成交量异常效应存在不一定使得到期日价格波动异常效应必然存在，也就说明可能存在到期日的超常期现联动交易（套利、投机等），但这些交易行为并未产生明显的价格波动，从另一个侧面反证了当前各指数现货市场具有深度与较好的运行效率。此外，除国企指数市场外，其他各市场也并不存在显著的周末效应。

表 8.17　　低频条件波动率模型估计结果

	沪深 300	日经 225	恒生指数	国企指数	A50ETF
模型形式	AR(1) AR(2) AR(5)，VOL 滞后 3 期	AR(2)，VOL 当期	AR(1) AR(2) AR(3) AR(5)，VOL 当期及滞后 2 期	AR(2)，VOL 当期	AR(1) AR(2) AR(5) AR(10) VOL 各期不显著
β_1	-0.00054 (-0.53312)	-0.00105 (-1.12415)	-0.00023 (-0.43166)	-0.00071 (-0.84536)	-0.00064 (-0.60084)
β_2	0.00005 (0.078724)	-0.00017 (-0.36585)	-0.00032 (-0.9954)	-0.00102** (-2.16198)	-0.00088 (-1.08349)

注：＊＊＊表示在 1% 水平上显著，＊＊表示在 5% 水平上显著，＊表示在 10% 水平上显著。（ ）内为对应 t 统计值。

ARV 波动率模型估计结果表明（见表 8.18），除恒生、A50ETF 市场外，其他股票现货市场 β_1、β_2 系数均不显著，即不存在到期日的波动异常情形，从精确度来看，高频条件波动率能够更好地描述现实的价格波动率。因此，恒生指数的估计结果印证了上文统计检验的结果，A50ETF 的结果补充证明了 A50ETF 市场存在到期日的价格波动效应。

同样，成交量变化对价格波动产生了显著影响，并在量价关系的配合中在不同市场产生不同结果。另外，各市场均不存在周末效应。

表 8.18　　高频条件波动率模型估计结果

	沪深 300	日经 225	恒生指数	国企指数	A50ETF
模型形式	AR(1) AR(2) AR(5), VOL 滞后第 2、3 期	AR(1), VOL 当期	AR(1) AR(2), VOL 当期	AR(1)AR(2), VOL 滞后两期	AR(1) AR(7), VOL 当期
β_1	0.000008 (0.282267)	-0.000096 (-1.1493)	-0.000027* (-1.63254)	-0.000055 (-0.78509)	-0.000051* (-1.75455)
β_2	0.000006 (0.351636)	-0.000060 (-1.022)	-0.000008 (-0.31911)	-0.000041 (-0.49812)	-0.000013 (-0.58281)

注：＊＊＊表示在 1% 水平上显著，＊＊表示在 5% 水平上显著，＊表示在 10% 水平上显著。（　）内为对应 t 统计值。

EGARCH 模型估计结果表明（见表 8.19），除恒生指数市场外，其他股票现货市场 β_1、β_2 系数均不显著，即不存在到期日的波动异常情形，EGARCH 模型估计结果再次证明了恒生指数现货市场存在到期日价格波动效应。另外，沪深 300 存在一定周末效应。

表 8.19　　波动率 ARMA-EGARCH 模型估计结果

	沪深 300	日经 225	恒生指数	国企指数	A50ETF
均值方程形式	VOL 当期及滞后 2 期	AR(4) AR(6), VOL 当期且方差方程为 EGARCH (1,2)	VOL 滞后 1 期	—	AR(3) AR(6), VOL 各期均不显著
β_1	-0.12652 (-0.51596)	-0.05388 (-0.21261)	0.393201* (1.810761)	—	-0.04101 (-0.13878)
β_2	-0.21409** (-2.09327)	-0.09008 (-0.38082)	0.055451 (0.373486)	—	-0.18732 (-0.73636)

注：①＊＊＊表示在 1% 水平上显著，＊＊表示在 5% 水平上显著，＊表示在 10% 水平上显著。（　）内为对应 z 统计值。②经检验国企指数样本收益率序列 ARMA 模型 ARCH 效应不显著，因此估计结果参考上述两种模型估计结果。

总结上述统计检验及模型检验结果，可以得出样本区间内的到期日效应的实证检验结论。结论如下。

一是到期日效应表现在股指期货合约到期日现货市场交易量及价格波动较非到期日的异常变动效应两个方面；部分市场表现为其中某个方面效应显著，部分市场则表现为两个方面效应都显著。

二是到期日成交量异常效应存在不一定使得到期日价格波动异常效应必然存在，也就说明可能存在到期日的超常期现联动交易（套利、投机等），但这些交易行为并未产生明显的价格波动，从另一个侧面反证了当前各指数现货市场具有深度与较好的运行效率。

三是比较而言，国企指数现货市场具有较为显著的到期日成交量异动及价格波动效应，恒生指数、A50ETF 现货市场存在到期日效应的概率较大，但各检验结果存在不确定性。

四是沪深 300 指数、日经 225 指数均不存在到期日效应，但从相对交易量及 RREV 统计指标上看，随着沪深 300 股指期货参与者数量结构变化，并不排除未来存在到期日效应的可能。

五是到期日效应的实证检验结果对分析方法、样本数据选择具有一定敏感性，多方法、多种数据分析结果具有较高一致性，才能得出较为可靠的结论，而所使用的实证方法应包括统计检验方法和充分考虑其他影响因素的模型检验方法。

从实证结果看，一般而言，合约到期最终结算制度的不同设定导致了到期日效应在不同市场的表现存在差异；对投机、套利限制较为严格的制度规定降低了到期日效应的发生可能性；市场开放程度决定了套利投机规模与数量，从而也将影响到期日效应的存在性与表现程度。当然，本文对到期日效应产生的原因探讨远不及现实原因的复杂程度，本文的主要目的为实证检验股指期现货价格波动影响关系，因此，关于交易制度的差异以及对交易影响还需另文进行详细讨论。

执笔人：张一锋（云南财经大学金融学院讲师，
昆明智搏投资管理有限责任公司高级
分析师、基金投资经理）

第九章

期货大宗商品价格波动的差异性研究
——以大豆、铜和原油为例

在期货市场上市交易的大宗商品大多是关系国计民生的初级商品，价格波动普遍受到各方关注。进入21世纪，全球经济金融一体化不断深入，新兴经济体工业化和城镇化的持续推进，全球宽松的货币环境等不仅激发全球经济的投资热情，带动全球经济高速发展，同样对大宗商品的需求产生了促进作用。期货市场中作为经济预警指标的价格指数 RJ/CRB① 在2002年1月至2008年6月期间涨幅高达218%，主要的大宗商品价格均出现了突破历史区间，迅速飙升的态势，并在2008年达到峰值。能源类和工业金属类涨幅居前，农产品类在2006年以后出现屡创新高，快速上涨。我国对外依存度较高且需求量较大的原油和铜价格上涨幅度高达630%②和524%③，大豆价格累计涨幅也达到278%④，大宗商品价格出现了普遍性的大幅上涨。

随着美国次贷危机引发全球性金融危机，RJ/CRB 指数自2008年6月的最高点快速下跌，仅8个月的时间下跌幅度高达54%，几乎所有类别的大宗商品价格均出现暴跌。大豆价格8个月下跌45%、铜和原油价格6个月分别下跌64%和67%。这种普遍性的大幅上涨和下跌引发了学术界和业界的激烈争论，理论界集中于从“中国需求”“宽松的货币政策”和“大宗商品金融化”共性因素来探讨大宗价格波动的原因，并且取得了一些有价值的研究成果。

但是我们同样发现，在同一时期内，一方面，大宗商品价格集体性上涨和下跌的趋势明显；另一方面，不同类别的大宗商品价格波动存在明显差异。在一段时期内农产品与工业品之间甚至出现明显的背离走势，以 CRB 分类指数中的食品类和工业原材料指数为例，2012年7月至2013年12月期间，食品类指数下降20%，然而同期工业原料指数却上涨7%；2014年初，食品类指数在半年的时间内涨幅达到23%，工业原料指数前4个月虽然

---

① CRB 是“Commodity Research Bureau”的缩写，诞生于1934年。2005年路透集团（Reuters）与 Jefferies 集团进行合作调整指数，更名为路透/Jefferies 商品研究局指数（RJ/CRB），包括19个品种价格均来自期货市场。

② 2001年11月至2008年6月。

③ 2001年10月至2008年4月。

④ 2001年12月至2008年6月。

略有小幅上涨，但是随后就开始下跌。图 9. 1 显示，21 世纪这一经济周期内油脂类和金属类指数的价格波动差异性非常明显，油脂类指数周期波动特征明显，而金属类指数趋势波动显著。

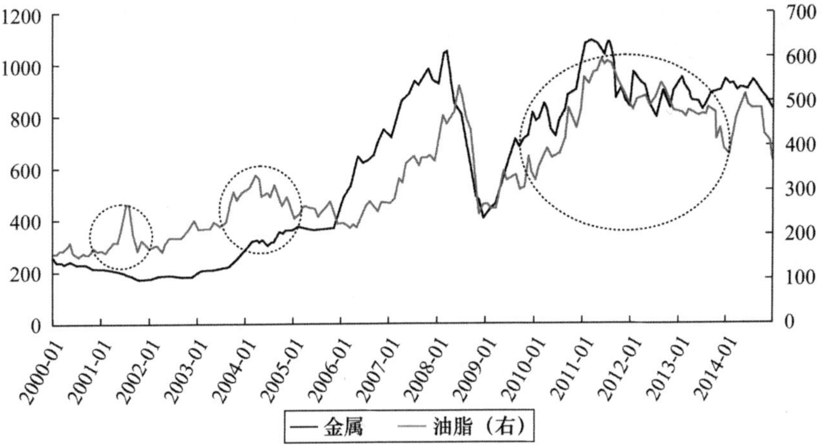

图 9. 1 CRB 金属价格指数与油脂价格指数

资料来源：Wind 资讯。

21 世纪以来，众多的理论和实证集中于大宗商品价格整体波动和宏观影响因素的研究。然而不同类别的大宗商品价格并不总是同涨同跌，价格波动的差异性普遍存在。对于期货市场分析和预测而言，大宗商品价格波动的差异性规律研究是非常必要的，但是关于这方面的研究却极少。如何能够在这种共性和个性特征并存的状态下，全面客观地识别大宗商品价格的形成过程，是期货市场分析人员面临的重大实践问题。

因此，本文从差异性这一角度出发，选择农产品类的大豆、工业金属类的铜和能源类的原油 3 个不同类别的典型品种，比较分析在同一经济周期内不同类别的大宗商品价格波动的差异性，完善大宗商品价格波动的研究体系，为期货市场分析与预测提供理论和实践依据。

一、大宗商品价格波动及其差异性的初步分析

（一）大宗商品价格总指数波动特征

根据以往的研究经验，本文将路透/Jefferies 商品研究局指数（RJ/CRB）作为大宗商品价格总指数的研究指标，以下简称 RJ/CRB。该指数在 2000 ~ 2014 年间整体波动呈现了持续上涨、剧烈波动和持续下滑的状态。指数自 2000 年 1 月的 165. 45 到 2014 年 12 月的 229. 96，累计涨幅达到 39%。最低点在 2002 年 1 月为 145. 61，最高点在 2008 年 6 月，达到 462. 74。指数经历了 6 年半的持续上涨，上涨幅度高达 218%。全球金融危机爆发，RJ/CRB 指数在 8 个月的时间里快速下跌了 54%。主要经济体的联合救市期间，指数持续上涨，累计上涨了 75%。自 2011 年下半年指数开始波动下行，截至 2014 年 12 月，指数已经累计

下降38%。

1. 大宗商品价格总指数持续上涨阶段

21世纪初，美国的互联网经济拉动了全球经济的增长，但随着泡沫的破裂，全球经济再次陷入衰退。据国际货币基金组织（IMF）统计显示：2001全球GDP实际同比仅增长了2.46%，全球最大的经济体美国GDP实际同比仅增长了0.98%。从图9.2显示，大宗商品价格指数也同样先升后降，2002年1月指数下跌至145.61，相比2000年最高点下降了27%。

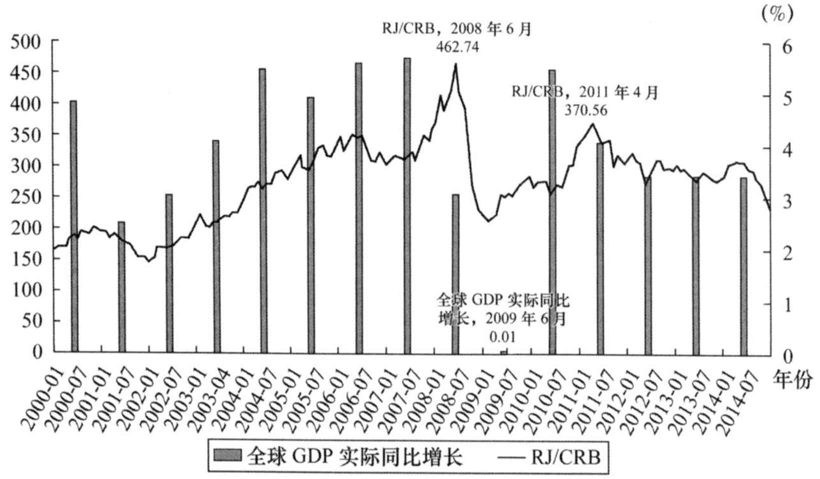

图9.2 大宗商品价格总指数与全球经济增长（1967=100）

资料来源：IMF，Wind资讯。

为摆脱互联网泡沫破灭带来的全球经济衰退，各主要货币当局均实施并执行了相对较长的宽松货币政策。美联储在2001~2003年期间13次降息，联邦基金利率从6.5%快速下降至1%，一直延续到2004年6月；欧元区的基准利率自2001年5月下降到4.5%，持续调降至2003年6月的2%，之后一直延续至2005年底；日本的政策目标利率自2001年3月降至0以来，一直维持至2006年6月。在这期间，美国和英国的经济开始快速增长，主要的制造大国德国和日本的经济也逐渐恢复。

与此同时，最引人瞩目的是以中国和印度为代表的亚洲新经济体的强劲增长，成为拉动全球经济的发展主要推动力。2003~2007年期间，中国经济同比增长率平均达到11.65%，2007年最高达到了14.16%。世界经济连续5年保持4%以上的增速，2007年的全球GDP实际同比增长5.67%，这是自20世纪70年代以来最为强劲的时期（见图9.3）。RJ/CRB指数从2002年1月的145.61上涨到2008年6月的462.74，其上升趋势非常明显，这一时期上涨了218%，是过去半个世纪最大涨幅。自2004年6月美国17次提高联邦基金目标利率，2006年6月达到5.25%。2005年美国经济出现增长放缓迹象，但是中国经济在这期间表现出强劲态势。RJ/CRB指数在2006~2007年出现小幅回调后，自2007年8月以后，呈现出了“飙升”的状态，10个月的时间里RJ/CRB指数上涨了50%。

2. 大宗商品价格总指数剧烈波动阶段

在流动性趋紧的背景下，2007年4月作为美国第二大次级贷的新世纪金融公司破产，

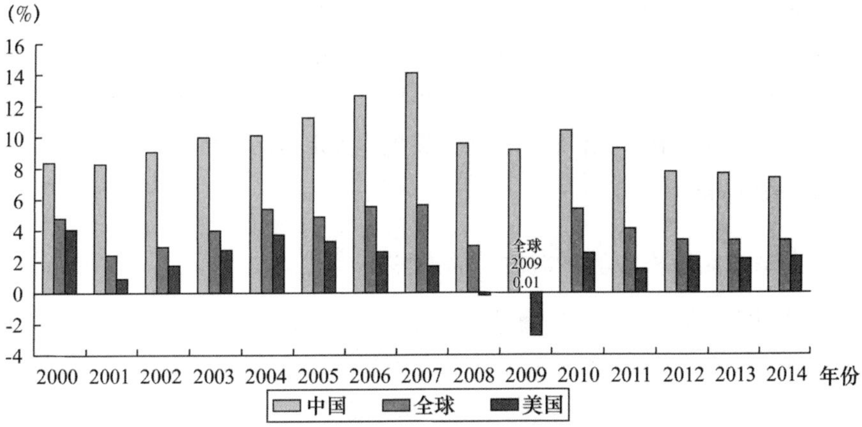

图 9.3　中国、美国和全球经济增长

资料来源：IMF，中国国家统计局。

其暴露了次级抵押的风险。9 月美联储开始降低利率，随后 7 个月降至 2.25%。但是，这并没有阻止危机的蔓延。2008 年 7～10 月，次贷危机开始在美国金融界逐渐蔓延加剧。9 月份，雷曼兄弟破产、美林被美国银行收购，世界两大顶级的投行相继出现问题，恐慌情绪开始蔓延，法国、日本、德国等国的银行业也相继出现问题，次贷危机发展成为全球性的金融危机。2008 年全球 GDP 实际增长率同比下降至 3.04%，中国 GDP 同比增长率连续两年跌至 10% 以下，2008 年和 2009 年美国经济出现了同比负增长，全球经济陷入衰退。自 2008 年 6 月创出新高到 2009 年 2 月，RJ/CRB 指数跌幅已达到 54%，是半个多世纪以来最剧烈的下跌。

为应对危机各国政府纷纷采取措施。在美联储连续下调联邦基金利率，收效甚微的状况下，美联储在 2008 年 10 月 10 日召开的 G7 峰会上宣布实施量化宽松货币政策，大量向市场释放流动性。2008 年 11 月中国决定截至 2010 年底将投放 4 万亿元用于基础设施建设，同时配套实施减税和降低利率等各项措施，并且多次下调存款准备金率和利率。在这些政策的刺激下，2010 全球经济开始回升，中国、美国、日本、英国等主要经济体的经济都有所改善，中国经济恢复到 10% 以上的增长率，而美国也从负增长恢复到了正增长。RJ/CRB 指数出现了 V 型反转，持续上涨至 2011 年 4 月 370.56，上涨幅度达到了 75%。

3. 大宗商品价格总指数持续下降阶段

在各主要经济体积极救市下，全球经济出现短暂的恢复。2011 全球主要经济体除美国经济稍有企稳，其他经济体普遍重新步入下行，特别是德国和中国。自 2009 年底评级机构下调希腊信用评级，欧元区的主权危机拉开序幕，意大利、西班牙、爱尔兰、葡萄牙因债务问题陷入泥沼，阻碍了欧元区的经济复苏，素有欧盟火车头之称的德国经济也陷入了困境。即使欧元区持续下调基准利率，但是仍然无法阻止经济下行，2013 年德国实际 GDP 增长率仅增长了 0.53%。

中国的 4 万亿元短期刺激计划拉动了投资，使经济恢复到 10% 以上的增长，但是同时也带来了一些负面问题：经济结构不合理，产能严重，经济下行明显，截至 2014 年已连续 3 年 GDP 同比增长率在 8% 之下，2014 年仅为 7.3%，是 1991 以来的最低值。美国经济在超宽松货币政策刺激下，GDP实际增长率稳定在2%以上波动。

在全球货币宽松而经济持续下滑的背景下，RJ/CRB自2011年4月上涨至370.56点后开始下跌，截至2014年12月指数已经接近2009年金融危机的低点，跌幅达到38%。2014年下半年出现了加速下滑态势。从以上研究发现，大宗商品价格总指数与全球经济增长的波动状况总体基本保持。

（二）大宗商品价格分类指数波动的差异性

借鉴以往研究文献，本文大宗商品价格分类指数采用美国商品研究（CRB）发布的商品分类指数作为研究对象，由于该指数未单独编制能源类指数，因此本文将IMF发布的能源类指数列入其中进行比较研究。图9.4、图9.5显示，食品类与工业原材料类的波动具有明显的差异性，其中油脂类、能源类和金属类的波动差异性更加显著。家畜类的整体波动特征与油脂类大致相同。

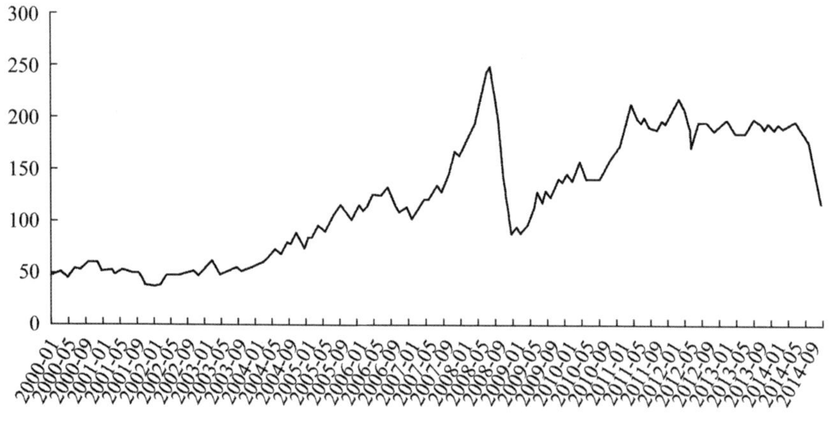

图9.4　全球能源价格指数（2005=100）

资料来源：IMF。

1. 食品类与工业原材料类指数的趋势背离

食品类与工业原材料指数出现了3次较为明显的趋势背离。分别是2000～2002年、2004～2005年和2012～2013年。2000～2002年食品类价格指数上涨了34%，然而工业原材料类指数却下跌了6%；2004～2005年食品类价格指数下跌了10%，然而工业原材料类指数却上涨了15%；最后一次发生2012年7月至2013年12月期间食品类指数下降了20%，然而同期工业原料指数却上涨了约7%。

油脂类、能源类与金属类的指数趋势背离也较为明显，第一次三者都出现了明显的不同，而后两次，能源类和金属类的趋势方向保持同向变动，而油脂类却出现了明显的背离走势。

第一次油脂类价格指数自2000年1月到2001年7月上涨了67%。同期金属类指数持续下跌，跌幅达到26%。能源类先涨后跌，自2000年1月47.46上涨至2000年11月61.34，又下跌至2001年12月36.92，上涨和下跌幅度分别达到29%和40%；

第二次2004年3月至2006年3月，油脂类指数下跌了35%，然而能源类和金属类分别

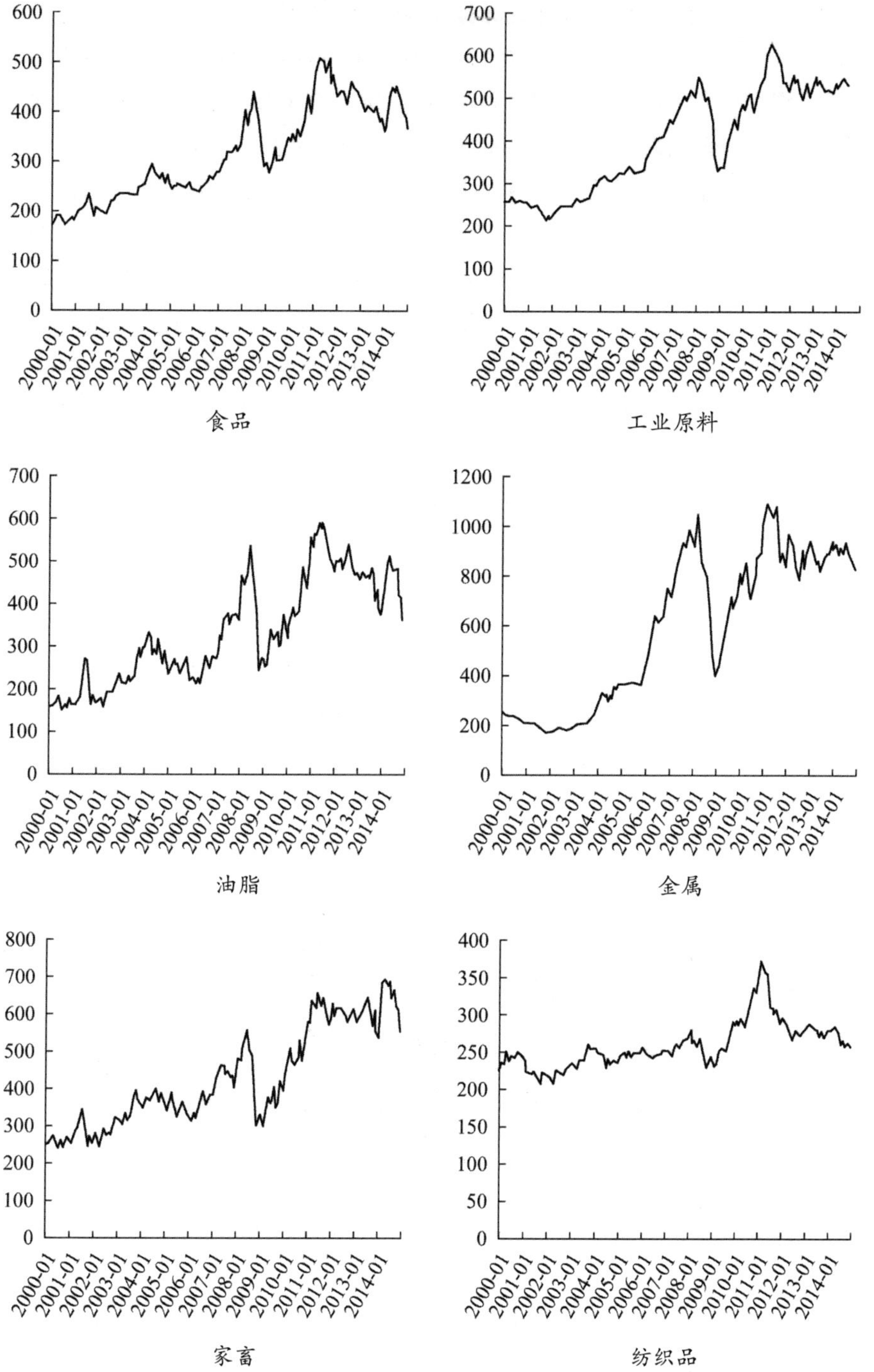

图 9.5　CRB 大宗商品价格分类指数（1967 = 100）

资料来源：Wind 资讯。

上涨了 76% 和 61%。

第三次发生在 2012 年 7 月至 2013 年 12 月，同样油脂类下跌 24%，能源类上涨了 7%，而金属类上涨了 18%。

2. 工业原材料类指数的持续上涨与食品类指数的周期波动

2002～2005 年间，工业原材料类指数持续上涨，而食品类指数则出现了周期波动。工业原材料指数上涨了 62%，其中金属类涨幅达到 153%，能源类上涨了 183%。而食品类指数却在这期间经历了一个周期波动，从 2002 年 1 月至 2004 年 4 月上涨幅度达到 44%，随后下跌至 2005 年 12 月累计下跌 17%。其中油脂类与家畜类都经历了类似的波动，油脂类波动幅度最大，从 2002 年 1 月的 166.03 持续上涨到 2004 年 3 月 331.13，累计上涨 99%，而后也同样下滑至 2005 年 12 月 223.41，累计下滑了 33%。这一期间金属、能源类的趋势上涨明显，而食品类的周期波动明显并且油脂类的周期波动幅度较大。金融危机前后两类指数均出现了周期波动的状态。但是整体来看，从 2000 年以来这个经济周期内，在去除金融危机前后的极端行情后，食品类指数经历了两个完整的周期波动，而能源类和金属类经历了与经济周期相吻合经历一个完整周期，并且上涨持续时间较长。

3. 大宗商品价格分类指数波动幅度的差异性

从图 9.6 中显示，大宗商品价格分类指数各时期的波动幅度具有明显差异。首先从 2001 年 1 月到 2008 年峰值比较中，食品类上涨了 148%，工业原材料类上涨了 107%。其中能源类和金属类上涨高达 425% 和 303%；油脂类在食品类中涨幅较大，但是也仅上涨了 237%，纺织类上涨最小仅为 22%。很显然 2000～2008 年间，大宗商品价格的持续上涨以能源和金属类为主导，持续时间长和波动幅度大。但是，在这一时期的最后阶段，即 2007～2008 年最高点，能源类和油脂类上涨幅度最大，分别达到 143% 和 98%，这一期间金属类仅上涨 45%。

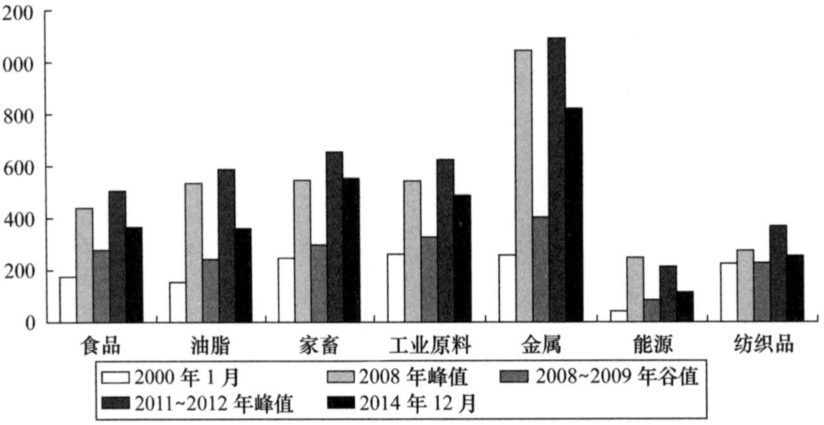

图 9.6 分类指数峰值与谷底比较（2000 年 1 月至 2014 年 12 月）

资料来源：Wind 资讯，IMF。

但是随着全球金融危机的爆发，大宗商品价格开始下跌。各类大宗商品均出现了短期内的暴跌。从图 9.6 中可以看出，从 2008 年的峰值到 2008～2009 年的谷值期间，能源类和金属类的下跌幅度最大，跌幅达到 60% 以上，而油脂类也下跌了 54%。在各国政府的救市刺激下，各分类指数又恢复到升势。

食品类和工业原材料类在 2011 年创出新高，但是从图 9.6 显示，食品类价格指数在频繁波动中上涨，整体上涨幅度 81%，而工业原材料在上涨过程中波动较少，并且上涨了 90%。其中金属类指数涨幅最大，上涨幅度达到 171%，并再一次创出新高。油脂类虽然也创出了新高，但是仍然低于能源类和金属类的涨幅，涨幅达到 140%。在这期间能源类涨幅达到 142%，但是并没有创出危机前的高点。

在全球经济放缓背景下，各分类指数波动幅度差异明显。在这期间，能源类的下跌幅度最大，达到 45%，但在剔除 2014 年后 3 个月的快速下跌，能源类指数仅下跌了 23%；同期金属类跌幅达到 24%，两者下跌幅度大体一致；油脂类跌幅相对较大，达到了 38%。

通过以上研究发现：食品类与工业原材料指数波动的差异性明显，在所有分类指数中油脂类、金属类和能源类波动幅度相对较大，三类指数之间的差异性也更加明显。货币宽松和经济持续增长期间金属类和能源类涨幅明显，而油脂类却出现周期波动状况；全球经济高速增长和货币紧缩期间能源类和油脂类出现了加速上涨，涨幅大于金属类。金融危机期间油脂类下跌幅度小于能源类和金属类。美国的量化宽松与中国的 4 万亿元基础设施投资期间，金属类涨幅最大，并最早创出新高。中国经济结构调整，全球经济放缓，大宗商品各分类指数均出现了明显的下跌，但是 2014 年后 3 个月能源类指数加速下跌。

（三）主要品种价格波动差异性比较

1. 原油价格波动特征

原油价格的波动状况与 RJ/CRB 指数基本保持了一致性波动。原油价格在 2000～2014 年间整体呈现频繁波动的上涨趋势、剧烈波动、区间震荡和快速下跌的状态。自 2000 年 1 月的 181.79 美元/吨，到 2014 年 12 月的 401.31 美元/吨，累计涨幅达到 120%。最低点在 2001 年 11 月，为 133.98 美元/吨；最高点在 2008 年 6 月，达到 978.81 美元/吨，波动幅度为 630%（见图 9.7）。

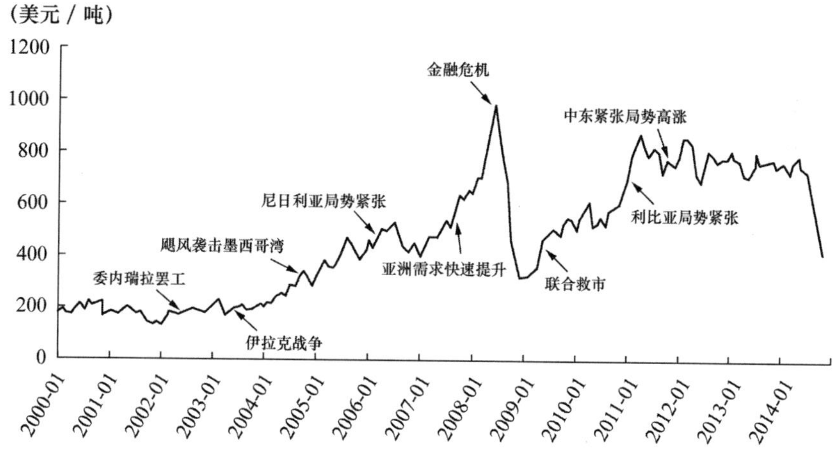

图 9.7 原油价格走势（2000 年 1 月至 2014 年 12 月）

资料来源：ICE。

原油价格在经历了 2000 年初到 2001 年的持续下滑后，就开始了长达 6 年半的持续上涨。但是，2008 年金融危机使得原油价格直线下跌，到 2008 年 12 月仅 6 个月下跌了 67%，在全球联合救市及 2011 年前后的中东局势的紧张状态下，原油价格从 2008 年 12 月份的最低点 319.13 美元/吨上涨到了 2011 年 4 月的 875.14 美元/吨，期间累计上涨了 174%；自

2011 年下半年到 2014 年上半年期间，价格在 684.60～860.16 美元/吨之间震荡，但是近 2014 年 9～12 月出现了快速下滑，累计降幅达到了 44%。具体如下。

（1）第一阶段在频繁波动中持续上涨。

1998～2002 年间，国际原油工业的结构经历了最为深刻的国际上大型原油公司的重组，以委内瑞拉为代表的产油国开始主张消减产量和遵守配额以及美国互联网工业发展的双重刺激下，自 1998 年 11 月的 73.22 美元/吨上涨至 2000 年 11 月的 223.16 美元/吨。美国互联网破灭带来的新一轮全球经济衰退，使油价也从高点开始回落，一年的时间跌幅达到 40%。但是，随着全球主要经济体持续宽松的货币政策及新兴经济体的快速发展，全球经济恢复性上涨，原油需求增长引人瞩目。

据 IMF 统计，全球原油需求已从 1971 年的 5500 万桶/天，上升到 2004 年的 8100 万桶/天，平均每年增幅为 1.4%。原油价格也从 2001 年 12 月持续上涨至 2003 年 8 月，累计上涨了 45%。在这期间，委内瑞拉大罢工造成了原油的剧烈波动，从 2002 年 11 月的 176.12 美元/吨上升至 2003 年 2 月的 229.53 美元/吨。罢工结束后两个月价格就下跌至 165.76 美元/吨。

在 2004 开始以中国为代表的发展中国家进入快速发展阶段，成为拉动全球经济增长的主要推动力，中国经济增长率在 2003～2007 年期间一直保持着 10% 以上，并且在 2007 年达到了 14.16% 的高增长。在发展中国家经济增长的带动下全球经济高速增长，除了 2005 年稍有减缓，其余年份增长率均保持在 5% 以上。发展中国家的原油需求持续攀升，原油进口量持续增加。原油价格出现了快速增长的势头，自 2003 年 4 月至 2008 年 6 月涨幅达到了 490%。

以上时期也发生了一些突发事件对原油价格波动产生短期影响。伊拉克战争爆发后，原油价格自 2003 年 9 月缓慢上涨至 2004 年 10 月上涨了 77%。2005 年大西洋飓风季进一步推高了原油价格飙升，6 月和 7 月分别环比上涨 9% 和 6%，墨西哥湾附近 1/3 以上油田关闭，8 月原油价格环比上涨 12%。但是随着 8 月底布什同意动用战略原油储备，9 月 2 日国际能源机构 26 个成员国也同意将战略储备的 200 万桶原油投放市场，原油价格迅速回落，2005 年 11 月原油价格回落至 385.35 美元/吨。同样 2006 年尼日利亚局势的危机使得原油价格短期快速上涨，随着政局得以稳定，原油价格同样回落到正常的波动轨道。

（2）第二阶段为剧烈波动阶段。

自 2007 年美国次贷危机开始持续发酵，2008 年全球性金融危机爆发，原油价格快速下跌：自 2008 年 6 月创出新高后，快速下跌至 2008 年 12 月 319.13 美元/吨，短期内下跌了 67%；并且在 400 美元/吨以下持续了近 4 个月。在全球主要经济体联合救市的大背景下，原油价格开始新一轮上涨。另外在利比亚的国内紧张局势推波助澜下，原油价格 2011 年初仅 4 个月就上涨至 875.14 美元/吨，相比较 2008 年最低点累计涨幅达到了 174%。但是，短期刺激计划并没有将全球经济增长恢复到金融危机之前的水平，原油价格也同样在金融危机之前的最高价以下运行。

（3）第三阶段为区间震荡与快速下跌阶段。

随着欧债危机深化、日本地震和中国经济结构调整的影响，经济下行预期明显。2011 年 9 月原油价格回落至 719.32 美元/吨。美国量化政策进一步实施及中东局势的不稳定，导致原油价格再一次上涨至 2012 年 3 月 860.16 美元/吨，随后主要维持在 700～860 美元/

吨之间反复震荡。但是进入 2014 年，全球经济复苏乏力，以中国为代表的新兴经济体增速放缓，俄罗斯与主要发达经济体矛盾凸显。与此同时，生物能源、可再生能源推广以及美国油页岩技术发展取得突破性进展，美国对中东的原油依赖度大大下降。各方面的不利因素加剧了原油价格下跌，2014 年 9 月开始出现巨幅下跌，4 个月累计下跌了 44%。

2. 铜的价格波动特征

在 2000 ~ 2014 年间，铜价总共经历了持续上涨、高位震荡、剧烈波动和持续下跌。铜价自 2000 年 1 月的 1868 美元/吨上涨至 2014 年 12 月的 6284.25 美元/吨，累计涨幅达到 236%。最低点在 2001 年 10 月，为 1374 美元/吨；最高点在 2011 年 2 月，达 9874 美元/吨，波动幅度达到 618%。2000 年初到 2006 年 5 月铜价持续上涨到第一个高点 7905 美元/吨，累计上涨 323%。2006 年 5 月到 2008 年 4 月铜价高位震荡，期间最低值为 2007 年 1 月的 5730 美元/吨，最高值在 2008 年 4 月的 8580 美元/吨，波动幅度为 49%。金融危机的爆发使铜价从 2008 年 6 月迅速下滑至 12 月的 3090 美元/吨，累计下跌 64%。随后在主要经济体救市的刺激下，尤其以中国 4 万亿元基础设施投资的带动和美国的量化宽松的货币政策刺激，铜价在 2011 年 2 月创出历史新高，涨幅达到了 219%。铜价自 2011 年 7 月开始缓慢下跌，截至 2014 年底已下跌 36%（见图 9.8）。

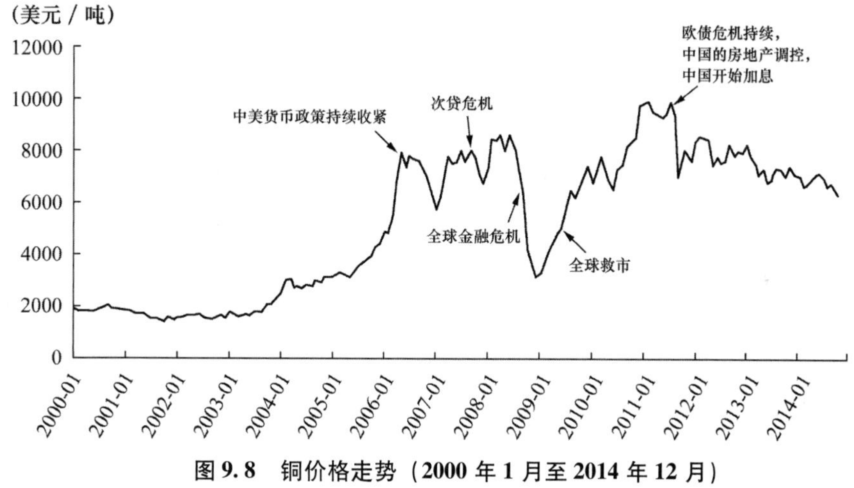

图 9.8　铜价格走势（2000 年 1 月至 2014 年 12 月）

资料来源：LME。

（1）第一阶段持续上涨。

进入 21 世纪以来，全球主要经济体在互联网泡沫破裂后，采取了长期宽松的货币政策刺激经济增长，与此同时以中国为代表的新兴经济体的工业化、城镇化进程快速推进。中国的基础设施建设对铜的消费量在 2002 年超过了美国，成为全球最大的铜需求国，全球铜的需求量急剧攀升。在 2000 ~ 2005 年间，其中 4 年全球精炼铜出现了供不应求的局面。2003 年和 2004 年供求缺口分别达到 42.7 万吨和 90.2 万吨。2006 年的前 4 个月世界铜产量略微超过了消费量，但是精炼铜的供求关系仍然是非常紧张的。铜价自 2001 年 10 月持续上涨至持续上涨至 2006 年 5 月，累计上涨 475%。

（2）第二阶段区间波动。

随着美国等发达国家进入加息周期，中国也自2006年8月开始进入加息期，中国的投资需求有所放缓。铜价开始回落至2007年1月的5730美元/吨。在经济过热和货币紧缩的宏观背景下，铜价在相对高位震荡。2007年4月上涨至7795美元/吨后，随后在7500美元/吨附近波动，直到2007年9月最高上涨至8030美元/吨，截至2008年6月一直维持在8000美元/吨附近波动。

（3）第三阶段剧烈波动。

全球金融危机爆发后，全球经济陷入衰退。铜价自2008年7月开始快速下跌至12月的3090美元/吨，仅6个月时间下跌幅度高达64%。随后，在全球主要经济体的大规模救市背景下，铜价开始持续快速上涨。经过一年的时间，铜价已经从最低点上涨了139%。在中国4万亿元投资的逐步实施过程中，短期内铜需求大幅增加，铜价也随之上升至更高的位置，2011年2月创出历史新高，达到9874美元/吨。从危机的最低点到最高点涨幅高达219%。

（4）第四阶段持续下跌。

短时期的货币和财政刺激政策，并没有挽回铜价的长期下跌趋势。随欧债危机不断深化、经济结构调整下中国经济增长放缓、全球经济复苏乏力，铜价开始下跌，2011年9月快速大幅跌至6997美元/吨。2012年期间，铜价持续在8000美元/吨上下宽幅震荡。但是，自2013年3月开始新一轮的快速下跌，铜价进入更低区间即7000美元/吨的左右震荡，高点逐渐走低。截至2014年底，铜价从最高点已经累计下跌36%。

3. 大豆价格波动特征

国际大豆价格在2000年初到2014年底期间周期波动中上涨。大豆价格由2000年1月186.66美元/吨上涨到2014年12月的376.04美元/吨，累计涨幅达到101%。最低点在2001年12月，为155.89美元/吨；最高点在2012年8月，达到648.68美元/吨，波动幅度为316.2%。在2000~2014年期间，大豆价格经历了3次明显的周期波动。3次周期波动分别发生在2003~2004年、2006~2008年和2011~2014。3次波动的最高值分别发生在2004年4月的379.93美元/吨、2008年6月的589.74美元/吨和2012年8月的648.68美元/吨。峰值呈现逐步走高（见图9.9）。

具体来看，大豆价格自1997年5月至2001年12月一直持续下跌，并且在1998年7月跌破200美元/吨以后，仅在2000年3月恢复到200.44美元/吨，其余时间均在200美元/吨以下运行。1997/1998年度大豆产量较上一年度增长了20%，其后直到2001年均保持在这一产量之上，环比增长率均为正增长，没有一年减产的情况出现，全球大豆供应充足。2001年1月至2002年7月维持在150~200美元/吨区间震荡，2002年7月上涨到200美元后并在上方小幅波动，持续了1年多时间。

（1）第一个周期波动出现在2003~2004年。

2003年全球天气异常、作物歉收、影响作物总产量，库存降低到27年以来的最低点。大豆价格从2003年7月的195.66美元/吨，一直上涨至2004年4月的379.93美元/吨。同年4月18日中国厦门出入境检验检疫局发现一船巴西染红的大豆，以“红豆”事件为导火索，与此同时2004年春季以来亚洲和中国暴发禽流感，美国天气有利于大豆生产，大豆获得丰收的预期，诸因素使大豆价格持续快速下跌。自2004年5月下跌至2005年1月的

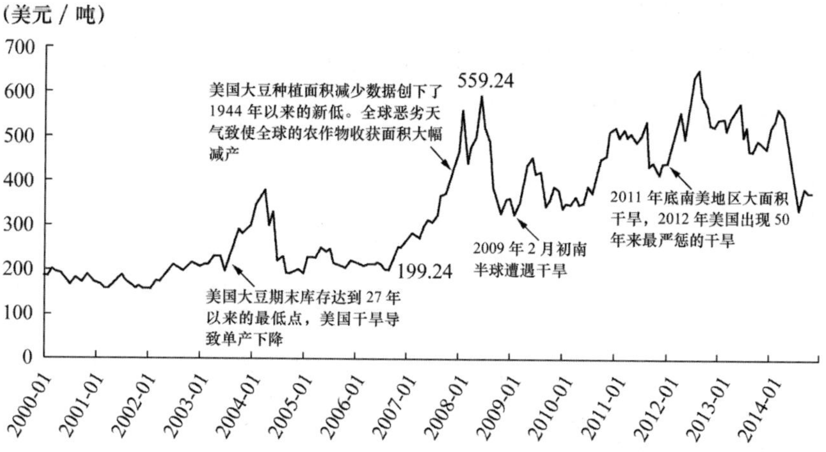

图 9.9　大豆价格走势（2000 年 1 月至 2014 年 12 月）

资料来源：CME。

189.14 美元/吨，下跌幅度为 50%，随后小幅回升后，截至 2006 年 9 月期间一直在 200 美元/吨附近小幅波动。

（2）第二个周期波动出现在 2006～2008 年。

这一时期大豆价格波动剧烈。自 2006 年 9 月开始，大豆价格持续上涨，一直上涨至 2008 年 6 月的 589.74 美元/吨，累计上涨 196%，平均月环比增长率 5.4%。2006 年初原油价格的持续上涨推动了以美国为首的用油大国生物能源的开发利用，导致 2007 年大豆播种面积减少大约 12%（USDA 季报）。与此同时，2007 年天气持续恶化，导致主产国的大豆单产均出现了减少，因此美国 2007 年的收获面积创 2000 年以来最低水平，较 2006 年减少了 14%。供求紧张导致这一时期的大豆价格飙升。

但在金融危机的持续发酵状况下，大豆价格又快速下跌至 2009 年 2 月的 321.33 美元/吨，跌幅达到 45%。由于南半球遭遇了几十年不遇的大旱，导致阿根廷大豆单产创出 2000 年以来新低，因此大豆开始回升至 2009 年 6 月的 450.47 美元/吨。但是，在美国增产预期的影响下，大豆价格再次下跌至 340.63 美元/吨，直到 2010 年 8 月一直维持在 350 美元/吨附近波动。

（3）第三个周期波动在 2011～2014 年。

2011 年初大豆价格延续了自 2010 年底以来的上涨，2011 年 8 月最高上涨至 532.42 美元/吨。美国大豆的上市促使价格短期开始回落，截至 2011 年 12 月大豆价格下跌至 441.81 美元/吨。但是自 2011 年 12 月开始南美地区尤其是阿根廷遭遇了持续的大面积干旱，巴西也同样受到旱情的威胁，大幅减产。据美国农业部统计阿根廷减产近 16%。大豆价格自 2012 年 2 月开始快速上涨至 4 月的 552.26 美元/吨，随后小幅回落。同年 6 月份美国大部分地区也出现了持续高温干旱天气，减产预期促使大豆价格开始新一轮的快速上涨，一直上涨至 2012 年 8 月的 648.68 美元/吨，创历史新高。随着美国部分地区迎来了雨季，大豆旱情缓解，大豆价格也随之下降，价格持续下降至 2013 年 1 月的 471.70 美元/吨。2014 年虽有小幅回升但很快下跌，在美国大豆的丰产及原油价格的下跌的影响下，2014 年底出现了快速下跌。

4. 主要品种价格波动的差异性比较

从以上3类典型品种价格波动研究发现，原油、铜和大豆3个品种价格波动存在以下3个方面的明显差异（见图9.10）。

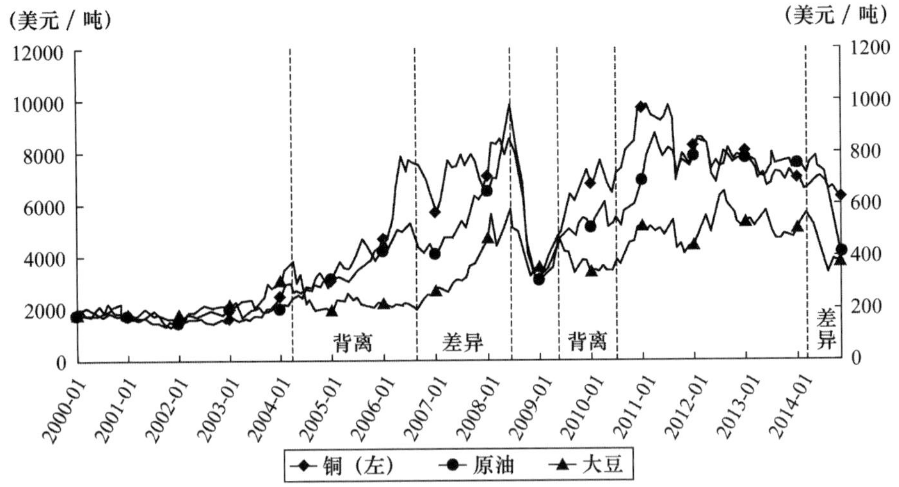

图9.10　大豆、铜、原油价格波动差异性比较

资料来源：LME、CME、ICE。

（1）周期波动的差异性。

大豆周期波动的频率多于原油和铜，并且周期特征显著。在所研究的这个经济周期内，大豆经历了大致3个周期，然而原油和铜却只经历了2个周期。但是剔除金融危机的极端行情，原油和铜总体只经历了1个周期波动，而大豆经历了2个明显的周期波动，金融危机前后各1次。

（2）趋势波动的差异性。

大豆、原油和铜3类品种在一段时期内出现了4次较大的趋势波动的差异，其中有2次背离，具体如下。

第1次背离是2004年4月至2006年8月期间，大豆下跌了48%，而铜和原油的价格分别上涨了187%和103%。

第2次背离发生在2009年6月至2010年5月期间，同样出现大豆与原油和铜价格趋势波动明显的背离，大豆价格在这期间同样也是下跌了23%，而铜和原油趋势上涨了38%和7%。

在2006年8月到2008年6月第1次趋势的差异性明显，这期间虽然没有明显的背离发生，但是波动形态明显有很大差异，铜在这期间高位震荡，期间仅上涨了12%，然而大豆却出现了快速上涨，累计涨幅195%，原油延续上涨态势，涨幅达到99%。

2012年8月到2014年1月第2次趋势波动差异性明显，大豆价格持续下跌，下跌幅度达到23%，铜和原油价格区间窄幅波动。

（3）同趋势转折点的差异性。

在同涨同跌的过程中，铜的高点和低点均早于其他两个品种，具体体现在以下3个时期。

第 1 个时期是 2008 年 3 个品种价格均上涨至这一时期的最高点，但是铜的最高价格出现在 2008 年 4 月；原油和大豆的价格最高点都发生在 6 月，比铜的时点晚 2 个月。

第 2 个时期是金融危机后，铜和原油的最低点同时出现在 2008 年 12 月；大豆同样晚了 2 个月，在 2009 年 2 月才达到这一期间的最低点。

第 3 个时期发生在 2011 ~ 2012 年期间，铜价在 2011 年 2 月创出历史新高达到 9874 美元/吨；而原油同样在其后的 2 个月出现了这一时期的最高价 875.14 美元/吨，但是并没有超过前一个高点；大豆价格同样创出历史新高，涨至 648.68 美元/吨，但是却出现在 2012 年的 8 月，比铜晚近 1 年半的时间。

二、大宗商品价格波动的分解及差异性比较

接下来主要采用传统时间序列分析中的成分分解法，利用季节性调整和 H-P 滤波将 3 个品种价格分解为趋势、周期、季节和随机成分，并应用协整检验以及相关性检验对 3 类典型品种逐层比较分析，最后通过马尔科夫单变量自回归模型进一步分析大宗商品价格波动特征。

（一）大宗商品价格季节性成分波动特征比较

季节性特征是指商品市场中的一些品种随季节更替而可能出现的价格上涨或者下跌，与之对应的季节性分析是商品市场中研判极短期价格走势的一个重要方法，季节性变化的出现往往是因为供求关系存在季节性特点。图 9.11 显示 3 类品种季节性成分波动特征，表明 3 类品种季节性波动明显，其中大豆季节性波动最强，而原油和铜的季节性波动在 2010 年之后相对较弱。

从上涨概率来看，由于数据有限，均剔除 1 月份，大豆季节性成分中环比上涨概率超过 50% 的有 8 个月，最高的是 2 月和 5 月，达到了 100%，其中 10 月和 12 月也达到了 80%，下跌概率最大的则为 9 月，在所观察数据中所有年份均出现了环比下跌。

原油上涨概率超过 50% 的有 7 个月，集中在 2 ~ 8 月份，其中 2 月、4 月和 6 月均超过 90%，下跌月份集中在下半年，并且 9 ~ 11 月份在 15 年中均出现下跌的现象。

铜价季节性成分上涨概率超过 50% 仅有 2 个月，分别是 2 月和 7 月达到的 73% 和 80%。比较发现，大豆和原油全年的上涨概率高于铜的上涨概率，并且三者集中于 2 月和 7 月出现环比上涨的概率最大。

从表 9.1 的比较发现，大豆价格的季节性成分中，高于全年月平均概率最大的是 5、6、7 月，均高于全年的平均值，4 月的概率高达 93%，而 9 ~ 11 月则全部低于全年的平均值。原油与大豆基本类似，4 ~ 8 月高于全年平均值的概率较高，达到 80%，而 9 ~ 12 月概率下降，10 ~ 12 月均低于全年平均值。

铜与前两个品种基本保持一致，但是具体月份上有所不同，3 月和 4 月高于平均值的概率最高达到 93% 和 87%，1 ~ 9 月除 6 月外其他时间高于全年平均值的概率均在 50% 以上，但是差距较小。3 类品种均出现了 15 年以来 10 月份的指数均低于全年的平均值。

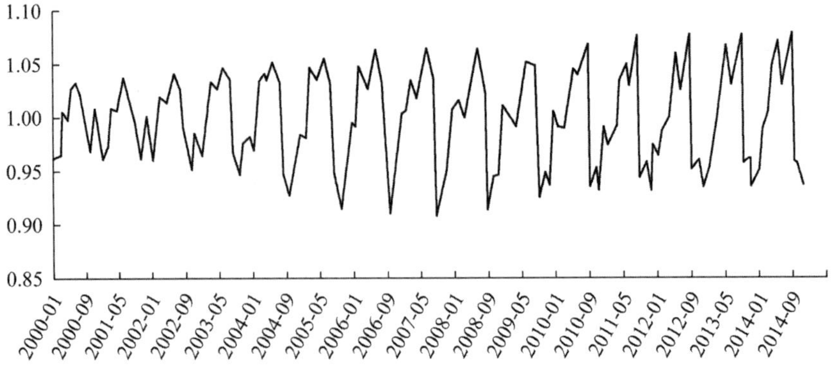

大豆

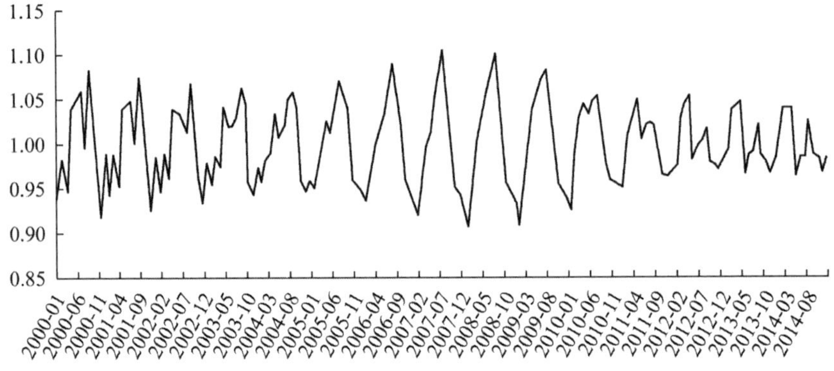

原油

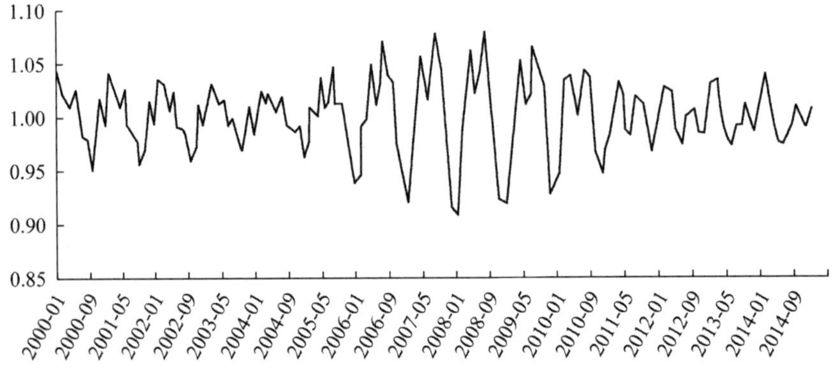

铜

图 9.11　3 类品种价格季节性成分波动特征

表 9.1　　3 类品种价格季节性成分高于月平均值的概率　　单位:%

	1 月	2 月	3 月	4 月	5 月	6 月	7 月	8 月	9 月	10 月	11 月	12 月
大豆	20	47	67	93	100	100	100	60	0	0	0	0. 20
原油	7	20	47	100	80	87	80	100	53	0	0	0
铜	53	67	93	87	73	40	60	53	67	0	27	20

资料来源：EViews 6. 0 处理后由作者计算所得。

经过对季节性成分平均处理，获得 3 类品种的季节指数曲线，如图 9. 12 中显示，3 类品种在季节性成分中显示出上半年价格呈上涨态势，价格处于高位，而下半年一般处于下跌的状态，指数在大部分时间里均低于指数的平均值，但是大豆和原油分别在 10 月和 12 月开始回升。从以上实证及生产消费特征的研究发现，大豆价格的季节性特征显著强于原油和铜，并且表现出农产品生产的季节性。而原油和铜的季节性特征主要表现在下游需求的季节性特征。三者价格在 1 年内的上涨和下跌趋势变动的差异性显著。

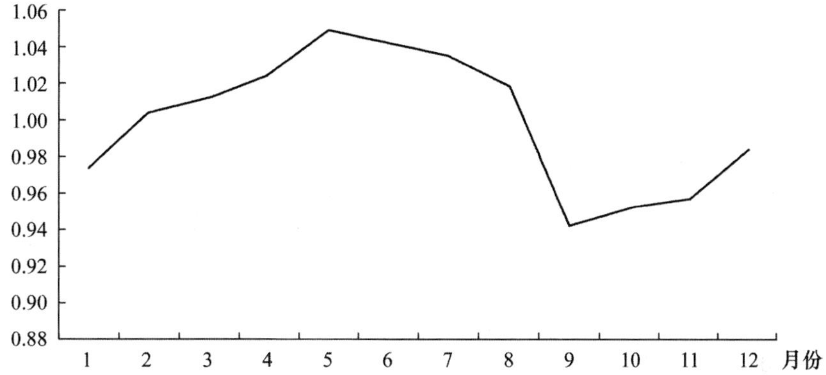

大豆

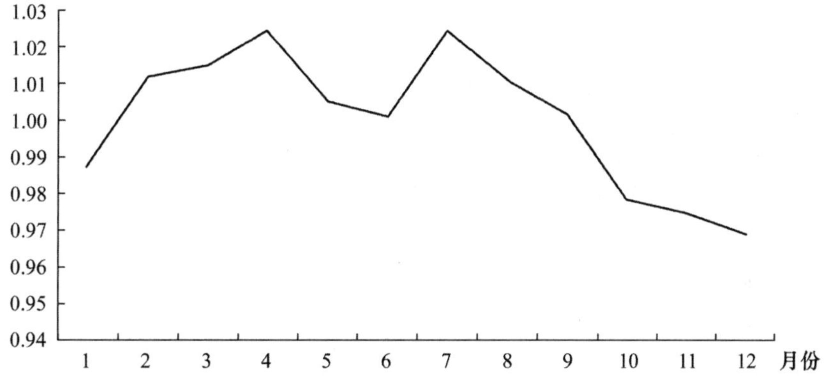

铜

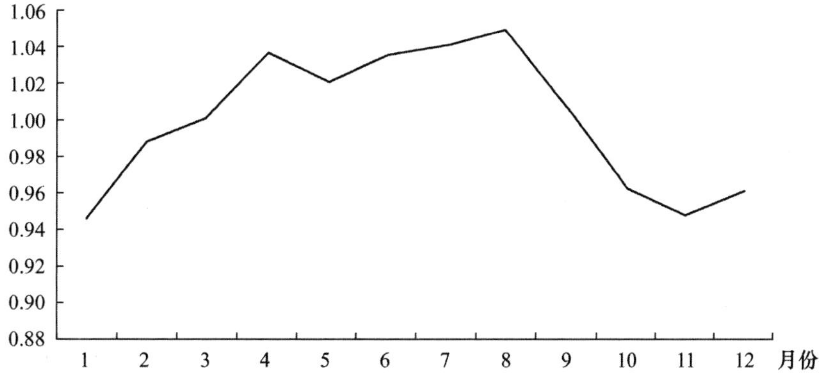

原油

图 9. 12　3 类品种价格的季节性指数曲线

资料来源：EViews 6. 0 处理后作者计算所得。

（二）大宗商品价格随机成分波动特征比较

随机成分一般无规律可循，通常由于一些偶然事件或极端事件引发价格的短期剧烈波动，由于随机成分在1附近波动，根据以往研究经验，本文将极值点设定为上下波动超出10%的特殊点，即将极值点划定为1.1以上和0.9以下的点。

从图9.13中看出，大豆与其他两个品种相比极值点分布较为均匀，一般相隔一段时间出现几个极值点。2003～2004年出现了4个极值点，2007～2008年同样出现了4个极值点，

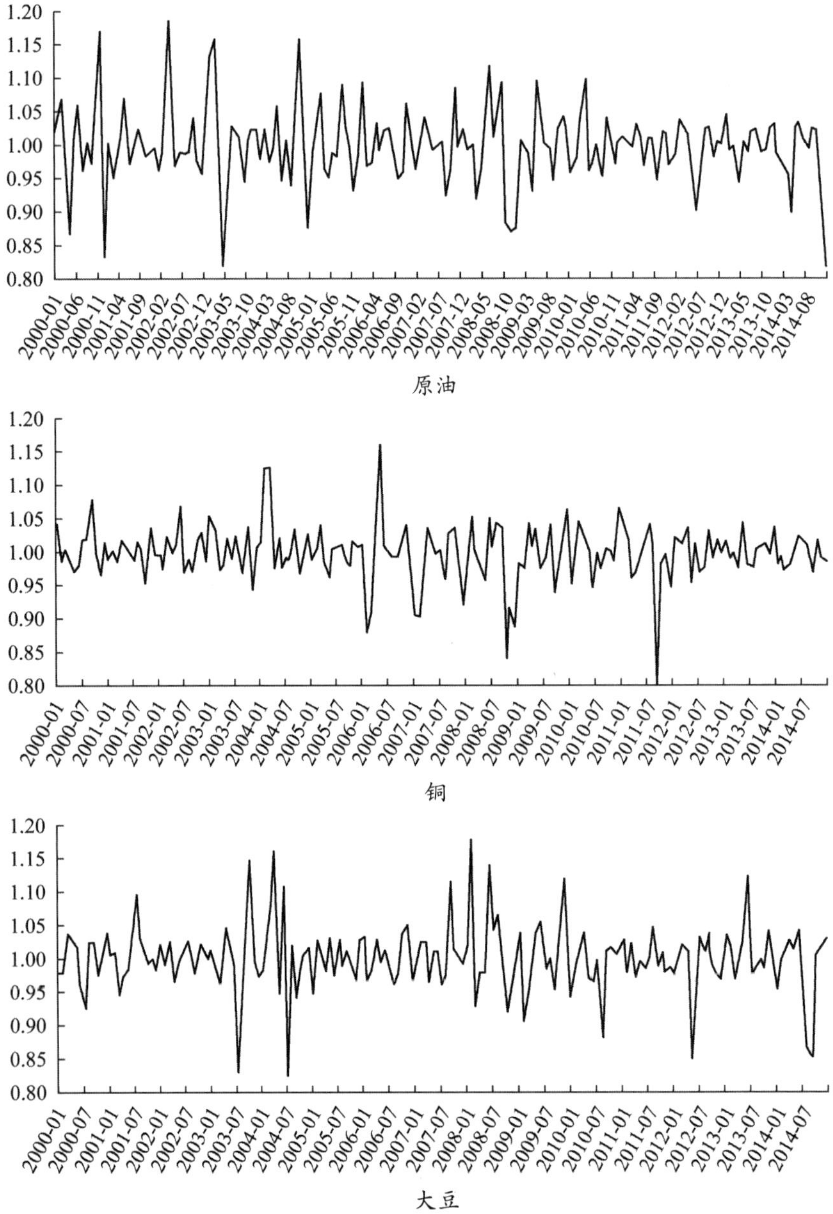

图9.13　3类品种价格随机成分波动特征

资料来源：EViews 6.0处理后整理。

2009 年出现了 1 次极值点后，2012～2014 年又出现了 4 次极值点。原油的极值点在金融危机之前出现的较为频繁，危机之后稳定。在 2009 年之前出现了 13 个极值点，之后只在 2014 年出现 2 次。而铜的极值点仅出现 4 次，分别是 2004 年 2～3 月出现了 2 个极值点，2006 年 5 月出现 1 个极值点，2008 年 10 月和 2011 年 5 月分别出现了 1 次。

初步分析极值点时期的典型事件，大豆极值点的出现往往伴随着大豆主产区天气异常变化的发生，4 次的剧烈波动都与种植区的天气变化相吻合。美国大豆主要种植区集中在中西部地区，比较接近东太平洋，因此受气候影响比较大。美国大豆播种时间在每年的 4～5 月份，这时气候变化频繁。干旱是大豆最常见的灾害性天气，对市场的影响也是最大的，干旱的持续时间和强度决定大豆的减产数量。同时厄尔尼诺现象的出现，使东太平洋地区容易出现洪涝，同样对大豆的播种和生长产生不良影响，容易出现大面积的减产。大豆波动特征的规律性较其他两个品种强，大豆的极值点出现的频率是每隔一段时间就发生一次，表现出周期性的波动特征，并且波动的幅度相对于铜的波动程度小。而铜在整个研究区间内只集中在一段时期频繁出现极值点。原油的极值点出现的频率高且复杂，无规律可循。从极值点时期的典型事件分析发现，大豆的极值点发生期内主要是供给方面发生了剧烈波动，铜的极值点出现在宏观经济不稳定期，然而原油则既有短期供给方的冲击，同时经济波动对其影响也较大。

（三）大宗商品价格趋势成分波动特征比较

运用季节调整后获得季节成分、随机要素和趋势周期成分，需要进一步通过 H-P 滤波将长期趋势成分和周期成分剥离。图 9.14 显示了 3 类主要品种的长期趋势。从整体来看，3 类品种长期趋势一致性程度较高。2002 年之前大豆的趋势与其他两个品种趋势出现明显差异，但是在 2002～2012 年间 3 个品种均出现了长期的上升趋势，其后则出现了下降。但是在上涨幅度和转折点仍然略有不同，铜上涨幅度最大且转折点出现的最早。

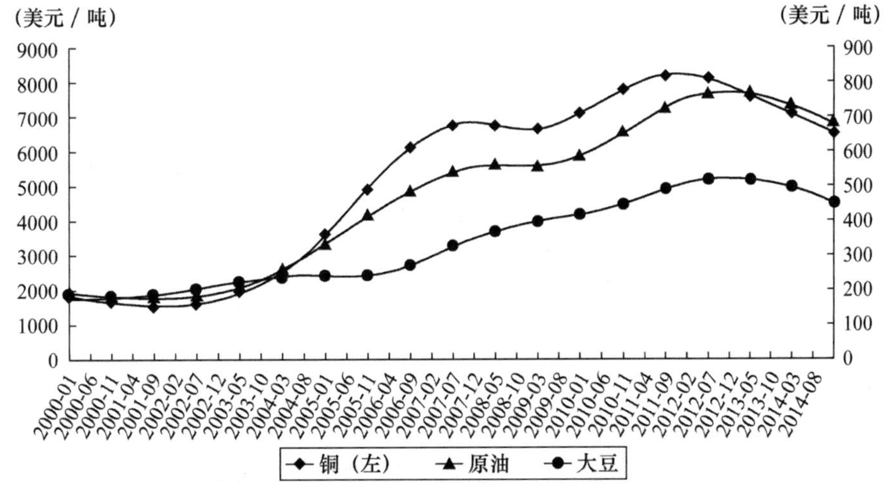

图 9.14　3 类品种价格长期趋势成分

具体来看，大豆价格长期趋势成分只经历了上升和下降两个趋势：2000 年 1 月到 2012

年11月是持续上涨，2012年12月至今下降趋势显著。铜价长期趋势成分经历了两次下降和一次上涨趋势：2000年1月到2001年12月小幅下降，2002年1月到2011年10月持续上涨，2011年11月开始下跌至2014年12月。原油价格与铜价长期趋势成分大致相同，也同样经历了两次下降和一次上涨，2000年1月到2001年11月持续下降，2001年12月到2012年11月长时期的持续上涨，2012年12月同样转入了下降趋势。

为了更加客观比较3类品种的长期趋势。表9.2显示出3类品种价格长期趋势成分的相关性比较结果，结果显示3类品种的相关性极强均达到0.9以上，其中铜和原油高达0.97。

表9.2　　3类品种价格趋势成分相关性比较

	铜	大豆	原油
铜	1	0.914977	0.973609
大豆	0.914977	1	0.971338
原油	0.973609	0.971338	1

（四）大宗商品价格周期成分波动特征比较

从以上研究发现，3类典型品种价格波动特征中极短期的季节性和随机成分表现出不同的特征，但是这些价格周期波动和偶然波动只在极短期对价格波动产生干扰，并不影响中长期价格的客观发展规律；从长期趋势成分的整体和相关性研究中发现，三者价格波动相关性极高并且趋势整体一致性较为明显，没有较大的差异性。

从图9.15中可以发现3类品种价格周期波动特征显示出明显的不同。铜价格周期成分的波动只在金融危机前后出现了剧烈的波动，2005~2008年间在1000附近的高位波动，其他大部分时间均围绕0附近波动，波动稳定；原油与铜价格波动周期成分特征基本相似，大部分时间在0附近波动，波动幅度较小，但是，金融危机前后出现了剧烈的上涨和下跌的趋势，同时2014年底出现了剧烈下跌趋势；而大豆的价格周期成分表现出明显区别其他两个品种的特征，价格上下波动频繁，向上和向下的波动对称，围绕在-50到50之间波动。

借鉴Bry-Boschan方法对大豆、原油和铜价格周期成分分别进行周期识别，无论从周期的频率、振幅、波动形态还是周期长度显示，三者区别显著。大豆价格周期特征值与原油、铜有着截然不同的特点。基于以下几个方面分别进行比较研究（见表9.3）。

一是基于周期频率的比较。在2000年1月到2014年12月期间，按B-B折点划分大豆价格序列总共经历了3个价格周期，原油和铜在这期间却只经历了2个价格周期，剔除金融危机的极端行情，这3个品种在这15年中，只有大豆经历了2个价格周期。而且，3类品种的最后1个价格周期均未出现结束的迹象，但是大豆与原油价格周期成分下跌的最小值已与前一波谷接近，而铜仍然在高位震荡。

二是基于振幅的比较。在金融危机期间的周期波动中，铜和原油的振幅大于大豆的振幅，其中铜的振幅最大；最后1个周期波动中，铜的波动远小于大豆和原油，剔除原油2014年末的剧烈波动，大豆在这期间波动最剧烈。

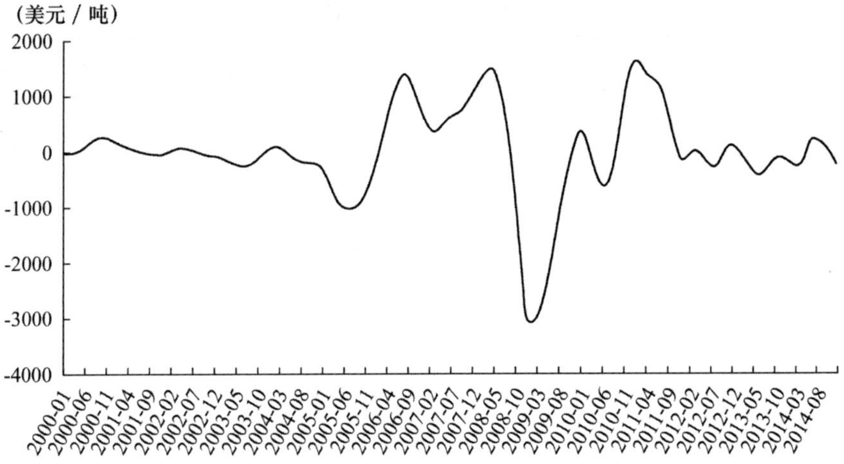

铜

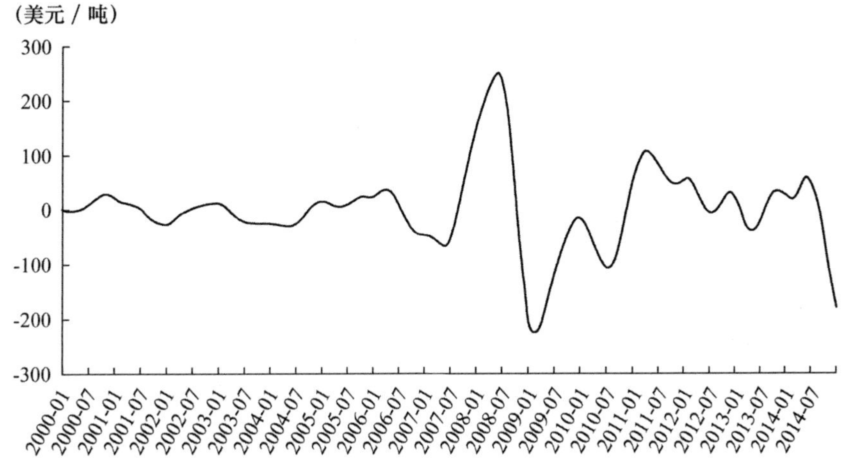

原油

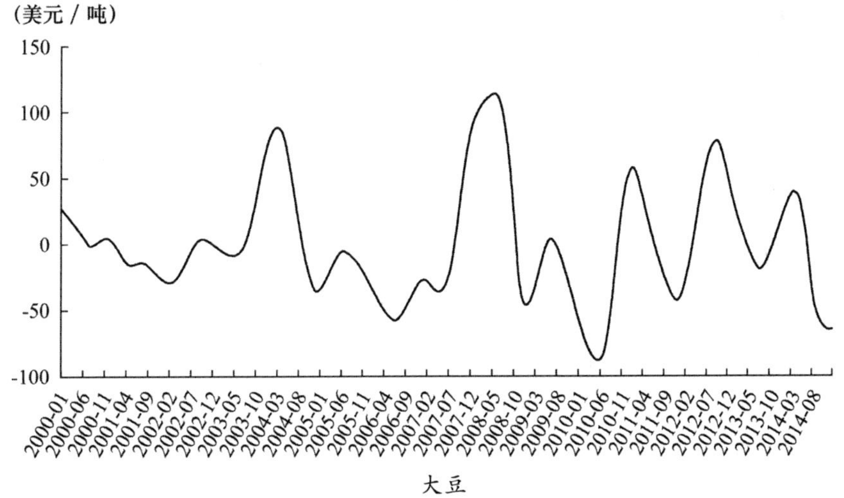

大豆

图 9.15　3 类品种价格周期成分波动特征

资料来源：EViews 6.0 处理后整理。

表 9.3　　3 类品种价格周期成分特征

品种	周期	长度（月）	峰值月份	上升长度（月）	峰值	谷值月份	下降长度（月）	谷值	振幅（峰值-谷值/峰值）
大豆	2002 年 2 月至 2006 年 6 月	53	2004 年 2 月	25	87.73	2006 年 6 月	28	-56.99	1.64
	2006 年 7 月至 2010 年 5 月	47	2008 年 5 月	23	114.12	2010 年 5 月	24	-87.48	1.76
	2010 年 6 月至 2014 年 12 月	55	2012 年 9 月	28	78.61	2014 年 12 月	27	-65.99	1.85
原油	2007 年 6 月至 2009 年 2 月	21	2008 年 5 月	12	246.89	2009 年 2 月	9	-222.89	1.90
	2009 年 3 月至 2014 年 12 月	70	2011 年 4 月	26	108.11	2014 年 12 月	44	-178.80	2.65
铜	2005 年 8 月至 2009 年 1 月	42	2008 年 5 月	34	1388.48	2009 年 1 月	8	-3098.29	3.23
	2009 年 2 月至 2014 年 12 月	71	2011 年 1 月	24	1602.83	2013 年 6 月	47 震荡	-419.72	1.26

三是基于波动形态的比较。大豆第 1、2 个价格周期均表现为低位徘徊，随后呈现快涨快跌的状态；原油在第 1 个价格周期内经历了快涨快跌的形态；铜的第 1 个价格周期波动与其他两个品种形态差异性较大，经历了快速上涨、高位震荡和快速下跌的波动特征。

四是基于周期长度的比较。大豆 3 个价格周期长度大致相同，并且上涨和下跌的时间跨度也基本一致；原油的第 1 个价格周期长度仅为 21 个月；铜的第 1 个价格周期长度相对原油较长，期间经历 2006～2008 年之间的高位震荡，并且上涨持续时间大于下跌的持续时间。在 2009～2014 年间，3 个品种周期成分波动形态差异性更大，铜和原油都经历了快速上涨、小幅下跌再次上涨。铜在这个价格周期过程中峰值创出新高，但是原油的峰值远低于金融危机前的最大峰值。铜在创出新高后，经过快速下跌，震荡至今，原油在 2014 年年底出现了快速下跌。

（五）大宗商品价格周期成分实证分析

上文表明，周期成分的差异是造成不同类别大宗商品价格差异性的主要成分，并且通过 B-B 的周期划分，从整体上对周期成分进行了比较研究，本文将通过马尔科夫区制转移单变量自回归模型（MS-AR）比较研究大宗商品价格周期成分中上涨和下跌状态特征及转制状况。

1. 状态转换比较

通过 MSIA(2)-AR(1) 模型的区制转换，将价格周期成分分为两个区制，区制 1 为价格周期成分处于下降的低位区；区制 2 为价格周期成分处于上升的高位区。

从图 9.16 中显示，大豆价格周期成分在区制 1 所经历的时间远大于区制 2 的时间，同时，上升期的持续时间远大于下降期的持续时间，并且频繁出现上涨和下跌的区制转换。但是从图9.17和9.18中显示，铜和原油的价格周期成分大部分时间处于区制2中，只在金融危机时短时期内处于下降的低位区，不过原油在2014年底出现了区制转换，进入了下降的低位区，而铜则至今仍处于上升的高位区制中。

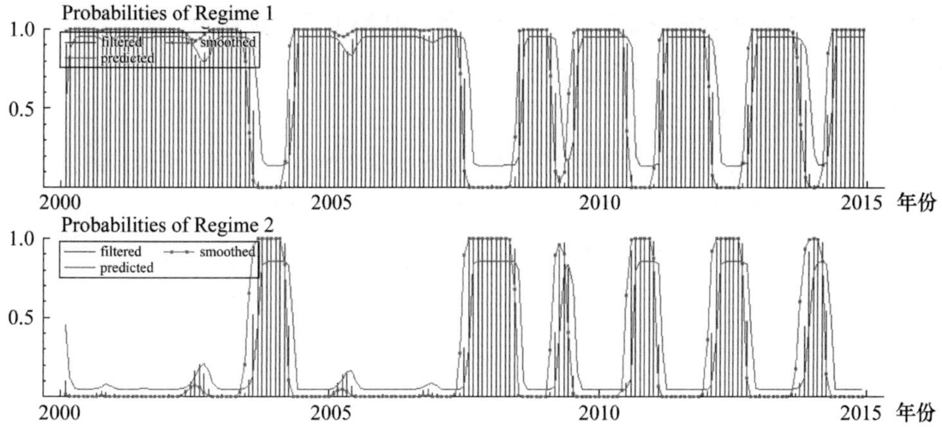

图9.16　大豆价格周期成分区制转换特征

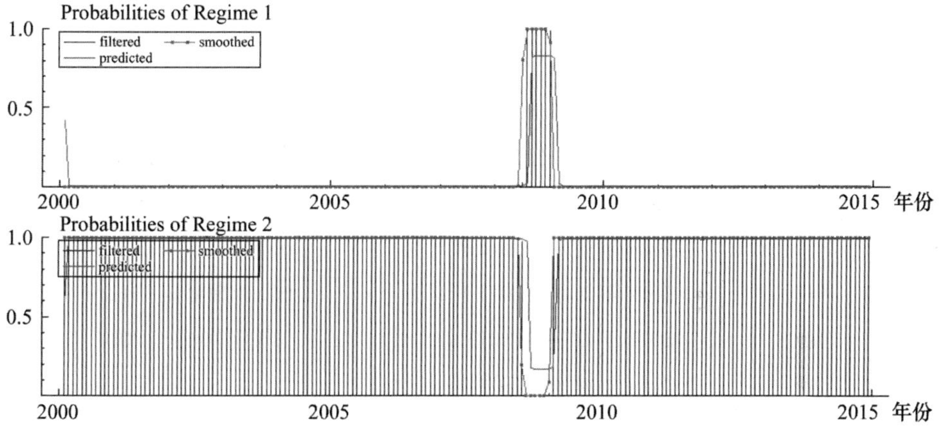

图9.17　铜价格周期成分区制转换特征

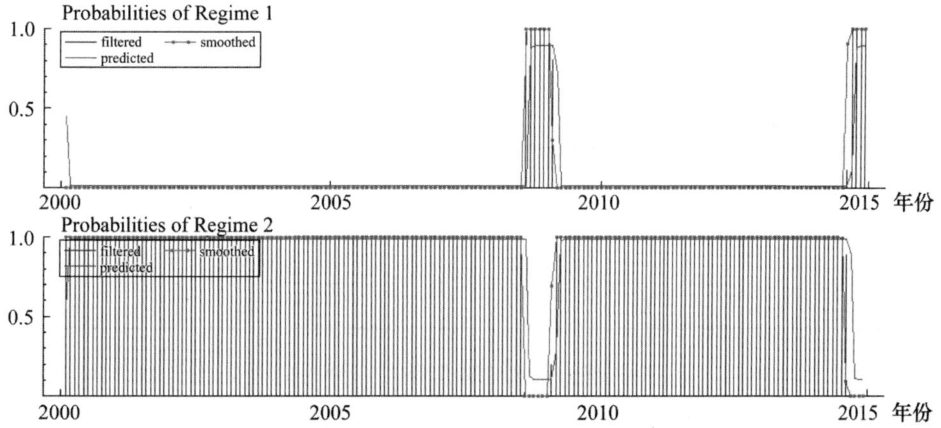

图9.18　原油价格周期成分区制转换特征

以上分析表明：在研究区间内，原油和铜上升趋势明显，并且不容易出现状态的转变，即剧烈波动。即使原油频繁遭遇供给突发事件，这些事件并没有使原油价格周期成分发生转制的状态。然而，大豆却恰恰相反，经常出现区制转换即暴涨暴跌的情况，并且价格周期成分较长时间处于下降的较低区制内。因此，正如我们所看到的，大豆的价格与铜和原油价格波动经常会出现背离的走势，原油和铜处于持续上升的过程中，而大豆这时处于周期波动中的下降期，因此产生价格波动的背离。

2. 区制持续期比较

如表9.4显示，大豆的价格周期成分经历了6次区制转换，区制2平均持续期即上升期区间内持续时间小于区制2下降期的区制持续时期，即价格容易出现短期的剧烈上涨。这与上文中得出天气突然变化引发价格变化是相吻合的，2003年7月至2004年3月、2007年7月至2008年6月、2009年3月至2009年5和2012年2月至2012年9月等时期都曾发生了异常天气的情况。区制2中的平均持续区为7.1，与大豆生长收获的特征非常吻合，全球大豆半年收获一次，当恶劣天气过后产量增加，价格也就回到原有的区制运行。

表9.4　　3类典型品种价格周期成分不同区制时间分布比较

		区制1	区制2
大豆	观察值	133.7 2000年2月至2003年6月 2004年4月至2007年6月 2008年7月至2009年2月 2009年6月至2010年6月 2011年2月至2012年1月 2012年10月至2013年9月 2014年4月至2014年12月	45.3 2003年7月至2004年3月 2007年7月至2008年6月 2009年3月至2009年5月 2010年7月至2011年1月 2012年2月至2012年9月 2013年10月至2014年3月
	平均持续期	21.3	7.1
原油	观察值	11.2 2008年8月至2009年1月 2014年8月至2014年12月	167.8 2000年2月至2008年7月 2009年2月至2014年7月
	平均持续期	9.31	84.33
铜	观察值	6.7 2008年7月至2009年1月	172.3 2000年2月至2008年6月 2009年2月至2014年12月
	平均持续期	5.89	171.81

然而与之相反的是，原油和铜的价格周期成分大部分时间是处于区制2内，平均持续期为84.33和171.81，铜仅在金融危机时发生了1次区制的转换，其他两个品种在这个时期也同样出现了区制转换，但是铜早于其他两个品种1个月从上升区制转换到下降区制，

并且原油和铜也同时较早地从下降区制转移到上升区制。这期间全球经济出现了剧烈的波动，作为工业金属的铜较为敏感，转制时期均提前其他两个品种。2014 年底大豆和原油均进入到下降区制。

3. 转换概率比较

从表 9.5 的周期成分区制转换概率比较中可以看出，大豆区制 1 的稳定性高于区制 2，而铜和原油的区制 2 稳定性高达 98% 以上，高于区制 1。大豆从区制 1 向区制 2 转换概率为 0.04%，而区制 2 向区制 1 转换的概率 14%，这也就是说大豆价格上涨转到下降概率大于价格在低位转制到上涨的概率。

表 9.5　　3 类典型品种价格周期成分 MS-AR 区制转换概率比较

大豆			铜			原油		
	区制 1	区制 2		区制 1	区制 2		区制 1	区制 2
区制 1	0.9532	0.0468	区制 1	0.8301	0.1699	区制 1	0.8926	0.1074
区制 2	0.1409	0.8591	区制 2	0.0058	0.9942	区制 2	0.0119	0.9881

然而，铜和原油的区制 1 转制到区制 2 的概率大于区制 2 转制到区制 1，并且区制 2 的稳定性高于区制 1，尤其铜的区制 2 稳定性高达 99%。因此表明这两个品种在研究区间内持续处于上升的高位阶段，并且趋势稳定，不容易受到外部冲击而使其出现剧烈波动。

通过本文的实证比较研究发现周期成分的差异性是造成 3 类品种价格波动差异的主要原因。下文将针对 3 类典型品种价格的周期成分影响因素进行比较研究，进一步探究导致周期成分差异性的根源。

三、大宗商品价格波动影响因素的实证分析

通过对 3 个品种的不同成分分析比较发现，周期波动是导致 3 个品种价格波动差异性的主要成分。接下来将进一步研究各品种周期波动的影响因素的差异性。以供需理论为基础，从供、需和货币 3 个层面，选取全球经济增长的周期指标即经济合作与发展组织（OECD）领先指标代表需求层面的周期波动，产量的周期成分代表供给面的周期波动和美国的货币供应量的增长率代表货币层面的周期波动，建立向量自回归模型，通过脉冲响应函数和方差分解比较这几个影响因素对价格周期波动影响程度的大小，并加以比较研究，从而进一步探讨大豆、铜和原油价格波动差异性的成因。

（一）变量的平稳性检验

检验数据为大豆、铜和原油的价格周期波动数据、产量周期波动数据、全球实际经济增长率数据、货币供应量 M2 增长率数据。从表 9.6 中检验结果中可以看出，8 个变量序列零阶的 ADF 检验值的 t 统计量都低于 10% 检验水平下的临界值，因此 8 个变量的均可以拒绝原假设，也就是可以认为 8 个变量序列即 SPC、CPC、OPC、SPRC、CPRC、OPRC、USM2 和 CLI 没有单位根，即 8 个序列均为平稳序列。

表 9.6　　ADF 平稳性检验结果

序列	t-统计值	概率 P 值	1%临界值	5%临界值	10%临界值	阶数	结论
SPC	-3.428031	0.0113	-3.468	-2.878	-2.575	I (0)	平稳
CPC	-3.528476	0.0083	-3.468	-2.878	-2.575	I (0)	平稳
OPC	-2.784510	0.0626	-3.468	-2.878	-2.575	I (0)	平稳
SPRC	-4.332401	0.0005	-3.468	-2.878	-2.575	I (0)	平稳
CPRC	-5.646015	0.0000	-3.468	-2878	-2.575	I (0)	平稳
OPRC	-4.426688	0.0004	-3.468	-2.878	-2.575	I (0)	平稳
USM2	-6.389273	0.0000	-3.468	-2.878	-2.575	I (0)	平稳
CLI	-3.300505	0.0163	-3.468	-2.878	-2.575	I (0)	平稳

资料来源：EViews 计算整理所得。

（二）大宗商品价格 VAR 模型构建

1. 大豆的 VAR 模型

构建大豆价格周期波动（SPC）及经济增长（CLI）、货币供应量（USM2）和产量周期成分（SPRC）的向量自回归模型，并对模型的稳定性进行检验。从图 9.19 的检验结果中可以看出向量自回归模型的全部根都落在单位圆以内，因此该模型满足稳定性条件。

2. 铜的 VAR 模型

图 9.20 的检验结果中可以看出向量自回归模型的全部根都落在单位圆以内，因此显示所估计的 VAR 模型满足稳定性条件。

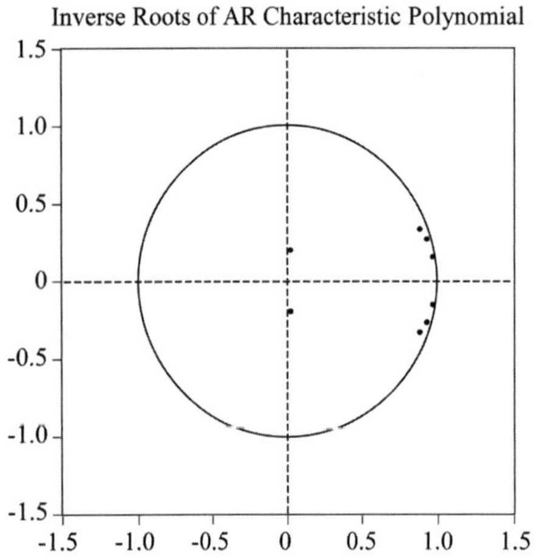

图 9.19　大豆 VAR 模型平稳性检验结果

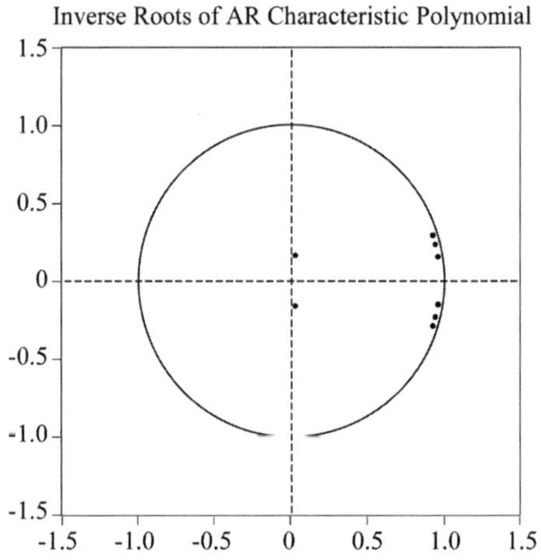

图 9.20　铜 VAR 模型平稳性检验结果

3. 原油的 VAR 模型

图 9.21 的检验结果中可以看出 AR 特征多项式的根的倒数都落在单位圆以内，因此显示所估计的 VAR 模型满足稳定性条件。

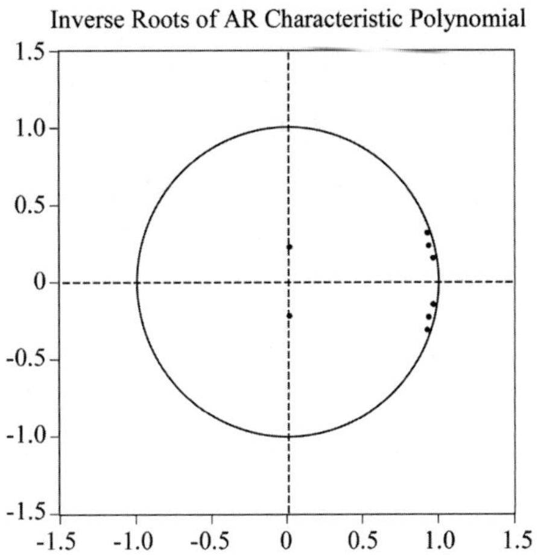

图 9.21 原油 VAR 模型平稳性检验结果

（三）大宗商品价格脉冲响应比较分析

1. 大豆脉冲响应结论

图 9.22 中的横坐标表示时期数，纵坐标表示脉冲响应函数的大小，从图中可以看出大豆价格周期波动对大豆产量周期一个标准差扰动反应最大，对其他因素的反应相对较小。价格对产量的一个标准差扰动从第 1 期开始就产生反向反应，持续至第 8 期达到最大，随后反应逐渐减弱，一年后逐渐转向正向，在 17 期后逐渐转弱。而价格除对自身的影响以外，对其他因素的扰动反应，则均出现先反向反应，在 8～10 期达到最大后减弱，14～16 期后转入正向。

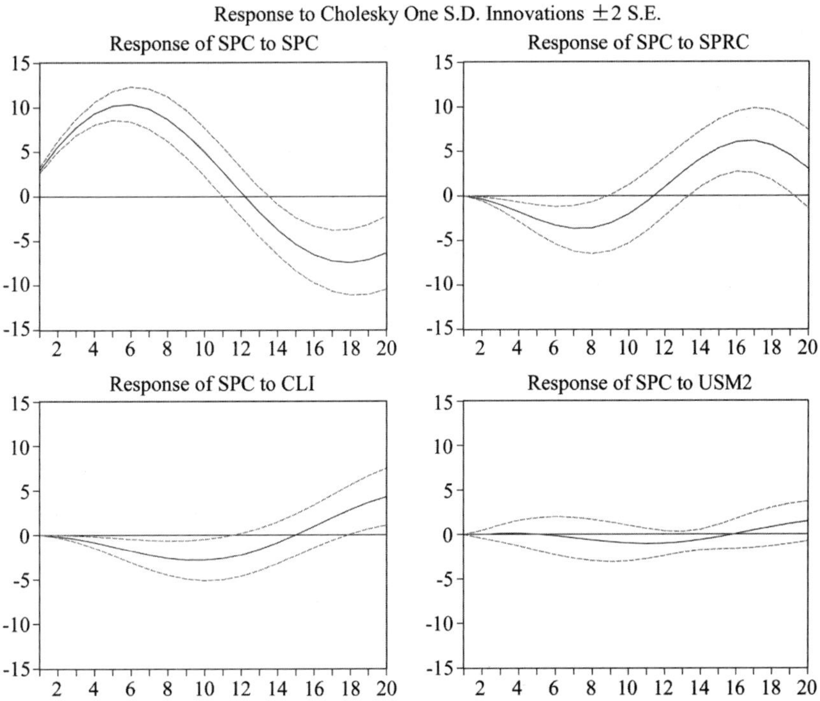

图 9.22 大豆价格周期波动对 4 个影响因素扰动响应

2. 铜脉冲响应结论

从图 9. 23 中可以看到，铜的价格对 3 个影响因素扰动的反应相差较大，虽然第 1 期均没有做出反应，但是从第 2 期开始对 M2 的冲击反应迅速持续，对经济增长扰动在 6 期逐渐与 M2 反应相近。具体表现如下：价格对 M2 扰动第 2 期快速正向反应达到 4. 9，之后，反应持续上升至 16 期达到最大后开始减弱；价格对全球经济增长扰动前 4 期均为较弱反应，仅为 1 以下，但是之后，反应逐渐增强同样在 14 期达到最高 110. 54；价格对产量扰动冲击与其他影响因素相比较反应较弱，并且反向反应持续最长，只在第 17 期转为正向。

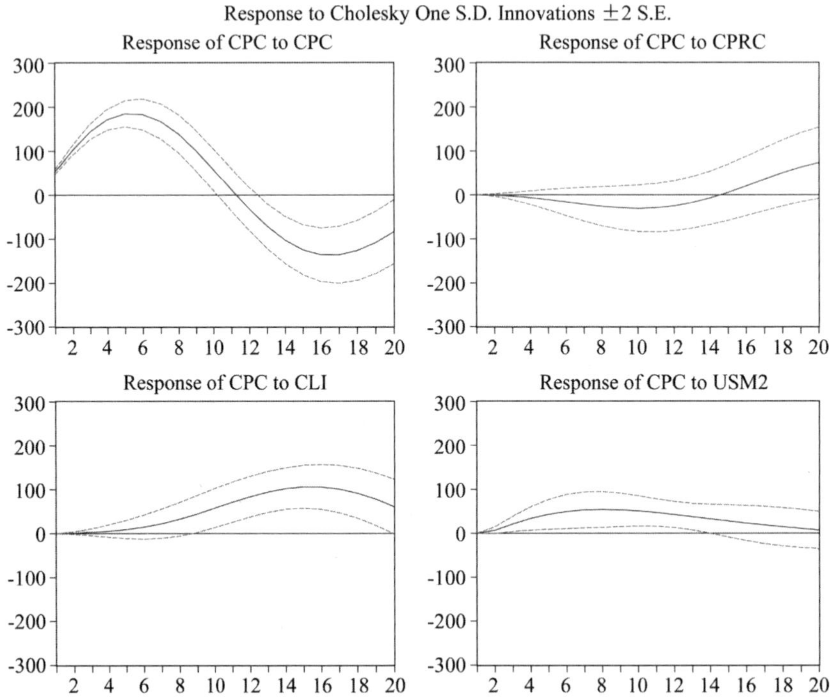

图 9. 23　铜的价格周期波动对 4 个影响因素扰动响应

3. 原油脉冲响应结论

从图 9. 24 中可以看到，原油价格对 4 个影响因素扰动的反应都既有正向反应，也有负向反应。对经济增长扰动的反应在 3 个影响因素中最大，原油价格在前期，对经济增长随机扰动与大豆相似，表现为反向反应。但是在第 8 期负反应最强达到最大（ -7. 3 左右）后逐渐减弱，并且在第 13 期转为正向反应，并且持续快速增强，20 期已达 14 左右；原油价格对 M2 的随机扰动的反映，与经济增长相反。前期正向反应，而随后又出现了负向反应。在第 5 期正向反应达到最大，之后逐渐减弱，第 10 期转向负反应，在第 19 期又开始恢复至正向；原油价格对其产量的反应，第二期反向反应在大约 -0. 18，逐渐增强后在第 9 期达到负反应最大（ -4. 04），并且响应开始逐渐减弱，并且在第 15 期出现正向反应。

（四）大宗商品价格方差分解比较分析

通过利用脉冲响应函数，我们分析铜、原油和大豆的价格周期成分对产量、美国 M2 和

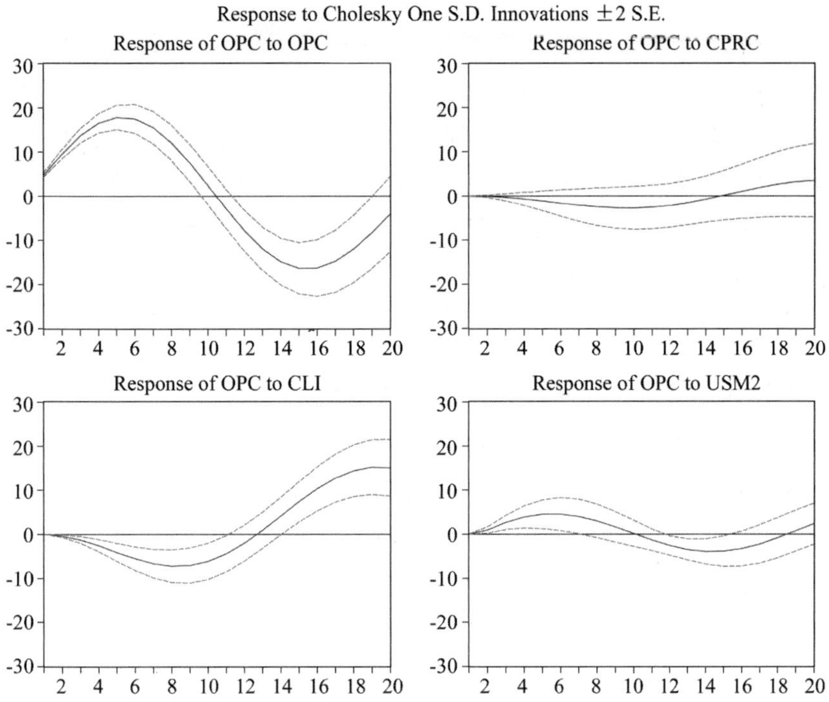

图 9.24 原油价格周期波动对 4 个影响因素扰动响应

全球经济增长预期冲击变化的响应。下面将利用方差分解的方法分析以上 3 个影响因素对 3 类品种价格变化的贡献度，进而分析在这 3 个因素中的相对最主要因素，比较它们的差异性。

表 9.7 中显示，3 类品种价格周期成分除了自身对其影响最大外，对大豆影响最大的是供给方的产量周期成分，并且在第 13 期达到 9.0% 以上由产量扰动产生，并且逐渐增大。排在第二的全球经济增长这一因素占 6.12%，然而货币这一因素扰动所引起大豆的价格周期成分的波动仅为 0.6%。伴随这些因素随后对价格影响持续上升，但是产量扰动仍然是最大，贡献率达到 30% 左右。而经济增长在同期仅为 9%。表明大豆受到供给冲击影响远大于其需求冲击影响。

表 9.7　　3 类品种价格周期波动影响因素方差分解结果　　单位:%

	滞后项的影响排序（从左向右依次减弱）(13 期)			
大豆	自身 (84.14)	产量周期成分 (9.06)	OECD 全球经济增长 (6.12)	M2 (0.66)
原油	自身 (81.59)	OECD 全球经济增长 (11.62)	M2 (4.86)	产量周期成分 (1.91)
铜	自身 (78.09)	M2 (10.60)	OECD 全球经济增长 (9.26)	产量周期成分 (2.02)

资料来源：EViews 计算整理所得。

然而，原油价格周期成分中影响最大的则是全球经济增长，在第 13 期占比 11.6% 左右，远高于其他影响因素，其余两个因素分别是，M2 占 4.86%，产量仅占 1.91% 左右。随着时期的增加经济增长率对原油价格周期成分的影响仍然最大，从而表明原油受到需求的冲击的影响远大于其受供给冲击的影响。

铜与其他两品种不同，其短期受到货币因素影响最大；随着时间的推移，全球经济增长对铜价格冲击逐渐增大。第 13 期 M2 和全球经济增长对铜价格周期成分的影响占比分别为 10.6% 以上和 9.26%，而产量则对铜价周期成分的冲击前期较小，但后期有逐渐增长的趋势，表明短期货币政策间接影响需求对铜价周期成分形成了主要冲击，长期经济增长成为价格主要冲击成分，从而表明铜价周期成分主要受到需求冲击的影响。

（五）大宗商品价格 VAR 模型的因果关系检验

表 9.8 给出 3 类品种价格周期成分相对于产量、M2 和全球经济增长因果关系检验统计量和相应的概率值。3 类品种结果差异显著，并进一步验证了以上研究结论。3 个主要影响因素对铜价格周期成分的影响差异明显，其中美国 M2 和全球经济增长相应的概率值 P 都小于 0.02，因此表明在铜价格周期成分影响因素模型中这两个主要影响因素均不能被排除，即货币因素和经济增长因素两个主要变量是变量铜价格周期成分波动的 Granger 原因。同时，在铜检验结果的最后一行给出的 ALL 是对所有滞后内生变量显著检验的 X^2 统计量和概率值，分别为 X^2 统计值为 38.06536，概率值 P = 0，从而说明铜价格周期成分相对于产量、M2 和全球经济增长滞后项是联合显著的。

表 9.8　　3 类品种价格周期波动 VAR 模型的因果关系检验结果

	铜			原油			大豆		
	Chi-sq	df	Prob.	Chi-sq	df	Prob.	Chi-sq	df	Prob.
产量	3.3887	2	0.1837	0.603074	2	0.7394	9.299469	2	0.0096
美国 M2	7.87043	2	0.0195	14.27029	2	0.0008	0.621195	2	0.7330
全球经济增长	34.1792	2	0	32.08016	2	0.0000	7.384010	2	0.0249
All	38.06536	6	0	72.52851	6	0.0000	32.75337	6	0

资料来源：EViews 计算整理所得。

同样，其他两个价格指标相对于这 3 个主要影响因素滞后项也是联合显著的，但是具体个体检验却出现较大差异。同样原油与产量之间并没有通过 Granger 因果关系检验，不能确定产量是原油价格周期成分的 Granger 原因。然而，全球经济增长和 M2 则较为显著，尤其是全球经济增长对原油价格影响最为显著，概率值 P = 0，明确表明全球经济增长是原油价格周期成分波动 Granger 原因，进一步验证了以上结论。

大豆价格周期成分对 3 个主要影响因素的分别检验结果则是代表货币因素的 M2，Granger 因果检验没通过检验，概率值 P = 0.73，表明不能确定 M2 是大豆价格周期成分波动的 Granger 原因。检验结果表明其他两个变量可以看作是大豆价格周期成分波动 Granger 原因。在 1% 以下产量因果检验结果都显示出显著。从而进一步确认，铜和原油价格周期波动成分主要受到需求冲击影响，然而大豆价格周期成分却主要受到来自供给方面的冲击影响。

为了进一步探究导致3类典型品种价格波动差异性的根源，本文基于VAR模型的基础上，将产量、经济增长、货币供应量3个主要影响因素的周期波动指标纳入同一系统中，通过脉冲响应、方差分解和因果关系检验对价格周期波动强弱程度进行了比较分析。得出结论如下：在本轮经济周期内，3类典型品种价格周期波动的主要影响因素存在差异，尤其是大豆与其他两类品种的差异性显著；农产品大豆价格周期波动受其自身产量波动影响最大，货币供应量和经济增长的波动对铜的价格周期波动冲击更大，原油价格的周期波动则主要是来自经济波动的影响；主要影响因素的差异造成了3类品种价格周期波动的差异。

四、大宗商品价格波动形成机制差异性分析

从以上研究发现，影响大豆与铜和原油的价格周期波动的关键因素有根本区别，供给对农产品类的大豆影响最大，而工业金属类和能源类品种中需求对其价格波动的影响却是至关重要的。本文将分别从各品种生产和消费的基本经济特性、供需状况等方面进一步探讨为什么工农产品价格周期波动的主要影响因素一个是供给面，而另一个却是需求面。同时，由于中国经济作为21世纪以来最为显著的经济增长体，也是铜和大豆的全球最大的消费国、原油消费第二大经济体，在以往文献研究的基础上，重点从中国对3类典型品种需求变动的角度出发，研究分析3类典型品种价格波动形成机制。

（一）原油价格波动形成机制

1. 生产特征及供给状况

原油是一种特殊的不可再生的能源。而原油工业是一个资金和技术密集型的产业，受制于规模经济、专业化和自然垄断的特性，原油的生产受制于地质条件和开采技术，因此原油的探明可开采储量是相对的和动态的。原油勘探开发前期的资金和设备投入的成本较大，油田的效益收入取决于原油的赋存条件，如地层含油层次、厚度和埋藏深度等，收益更多存在不确定性。因此只在原油价格维持在一定的高位，勘探开采才会进一步的增加投资。

截至2014年底，根据《BP① 世界能源统计年鉴2015》统计，全球已探明原油储量为2398亿吨（约17001亿桶），若按全球0.9亿桶/天的消耗速度计算，当前的储量可供全球消费近52年。但是随着勘探技术的发展，原油勘探朝着远海、深海和深层等方向发展，一些偏远尚未发觉的可能含油的沉积盆地也将被开发，储量将不断上升。并且一些非常规原油（如沥青砂和油页岩）还没有加以利用。近些年，美国的页岩气革命取得了突破性进展，蕴藏在页岩石中的油气资源极大增加了美国未来可开采油气资源总量。非常规能源的开发、利用取决于原油的相对价格。

① 英国石油公司（BP Amoco）是世界上最大的石油和石化集团公司之一。

根据国际能源署（IEA）（2013）的估算，原油价格在40美元/桶左右，油砂、页岩气和煤气层等非常规油气能源的开发利用与常规油气资源就具备相竞争的可能。从长期来看，全球原油剩余储备呈现整体上升的趋势。因此总体来看，全球原油可用的储量较为充裕，原油储量本身不再是市场发展的障碍。

从区域分布分析发现，中东地区储量占总储量接近一半，占全球15.7%储量在沙特阿拉伯，其次是伊朗、伊拉克和科威特；全球最大的原油储藏量的国家是中南美洲的委内瑞拉，占全球总量17.5%；北美地区储量最大的是加拿大，其次是美国和墨西哥；欧洲及欧亚地区的储量则主要集中在俄罗斯，占到全球的6%；中国在亚太地区储量最高，但仅占全球1.1%。原油储量分布及其不平衡（见图9.25）。

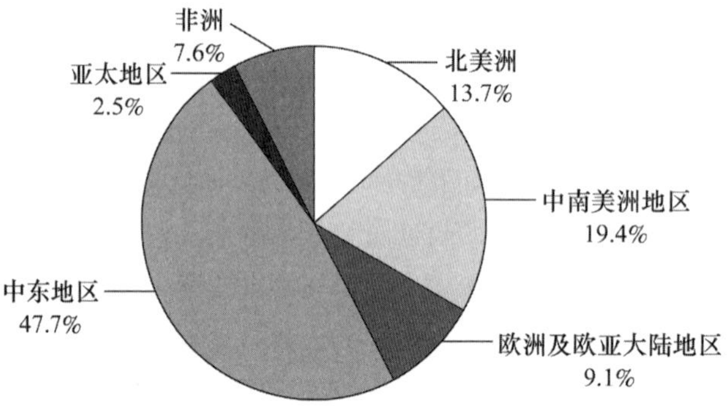

图9.25　2014年全球原油储量分布（按区域）

资料来源：BP。

2014年全球原油产量达到近42亿吨。但是由于全球原油储量分布的不均匀，因此导致原油产量主要集中在中东等原油输出国组织（OPEC）① 国家，12个成员国大约占全球原油产量的近40%以上，其中沙特阿拉伯的产量全球居首，年产量5亿吨以上；其他主要的产油国分别是美国、俄罗斯、英国、加拿大、墨西哥，其中美国占到北美地区产量的50%以上，而俄罗斯占到整个欧洲地区的60%以上；亚洲地区原油产量仅占全球不到10%，中国产量在该地区占比高达53%，其次是印度和印度尼西亚。OPEC控制着全球绝大部分剩余原油产能，因此其政策变化是影响原油产量的关键因素，主要政策目的即限产保价和降价保产。

2. 消费特征及需求状况

原油是全球主要的能源燃料，占全球能源消费总量的33.1%。原油通过炼化形成成品油、合成材料和化工原料。其中成品油包括石油燃料、石油沥青和润滑剂等6类产品；合成材料则主要是塑料、合成橡胶和合成纤维。石油燃料产量最大，据估计约占总的原油炼化产品产量的90%。石油燃料主要包括汽油、柴油、煤油和燃料油等，日常所说成品油通常主要指的是石油燃料。虽然石油燃料的替代品较为丰富，但是短期内技术更新较难，设

① 1960年，伊朗、伊拉克、科威特、沙特阿拉伯和委内瑞拉5国决定为维护自身利益联合起来共同对峙西方石油国家，宣布成立石油输出国组织欧佩克（OPEC）。2007年后卡塔尔、利比亚、阿联酋、阿尔及利亚、尼日利亚、厄瓜多尔和安哥拉加入。现欧佩克组织总共12个成员国。

备的使用又存在一定的惯性，因此石化能源之间替代调整很难在短期内实现，替代弹性较小。

目前，北美、亚太和欧洲及欧亚地区是全球主要消费地区。这些地区原油需求量达到7245万桶/天，占全球消费的78%以上。其中亚太地区需求已超过北美占全球需求33.9%，中国已成为全球原油消费第二大经济体，每天消费1105万桶/天。北美地区原油消费量全球占比24.3%，美国仍然是全球最大的原油消费国，消费量占全球消费的19.9%。欧洲及欧亚大陆地区的消费也达到1825万桶/天，占比20.4%。俄罗斯、德国、法国在该地区占比较高。然而产油国集中的地区中东，消费仅占9.3%。

消费和产出的地理分割决定了国际原油贸易的流向，全球的原油贸易量占产量45%。中东地区成为主要原油出口国，占全球出口量45.5%，其次是苏联地区。欧佩克成员国占到全球出口量的60.4%，主要出口地区为亚太地区；而俄罗斯和北非原油主要出口到欧洲。主要产油国地区错综复杂的宗教、政治促使地缘政治危机频繁，成为长期困扰国际原油市场的不确定因素之一。1973年的石油危机造成了全球经济衰退，是二战以来最严重的一次。经济合作组织成员国发起成立了国际能源署（IEA）①，至此全球形成了两大原油组织，OPEC组织控制着全球大部分产能，但是需求协同发展的IEA组织却具备全球最多的原油库存，协调供需矛盾。

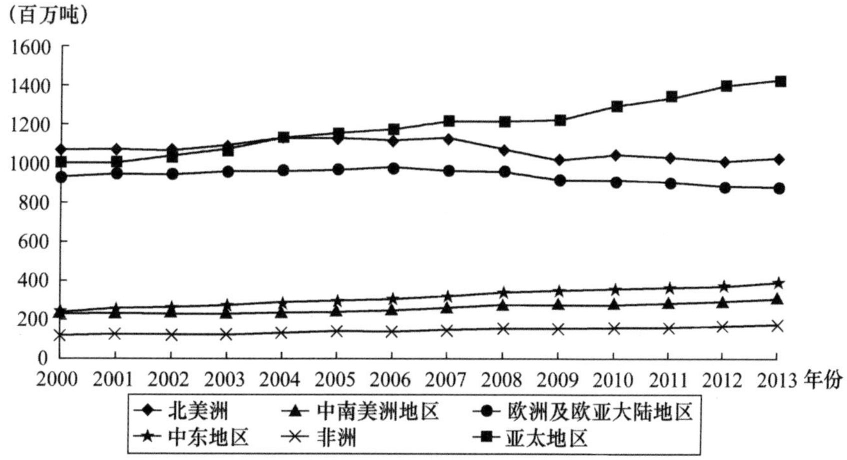

图9.26　全球各地区原油消费趋势（2000～2013年）

资料来源：BP。

3. 消费需求波动主导原油价格周期波动

相比较20世纪70～80年代人为的原油供给冲击对产量的影响，21世纪以来，各个供需原油组织的相互制约，以及历史经验教训和非石油输出国国家的产油量的增加，使得人

① 1974年15个OECD（经济合作组织）成员国发起成立了国际能源署（IEA），通过石油消费国的合作来削弱OPEC对国际市场的控制，采取石油战略储备、开发新能源、节能和援助非OECD产油国开发等措施来减少对中东石油的依赖，规定了成员国需储备石油量最低达到本国上一年度本国90天石油净进口量，但是国际能源署规定公共储备的目的是抵御“石油突发性供应中断”的威胁，因此只允许在发生战争和突发事件时才能用，实施关键性的调节。

为因素很难影响原油供给，因此 21 世纪的原油产量变化更多的来自于其自身自然规律发挥的作用。

从原油本身的生产特性来看，原油产量变化表现出相对“刚性”。这一特征源于原油工业是一个资金密集型，而技术也同样是密集型的产业部门。从技术角度上，其勘探开发活动的复杂性和不确定性短期内很难提高产量；而资金方面，原油生产的沉没成本比例较大，张宏民（2009）研究表明，一般勘探成本占到总成本的 10% ~20%，而开发成本占总成本的 40% ~60%。并且油田的开发具有很大的不确定性，只有 10% ~15% 的可能性发现油田。

除了自然属性决定其供给量的“刚性”以外，行政垄断也助长了其“刚性特征”。原油无论是在政治经济还是军事领域都突显了其战略地位。因此，许多国家对原油产业设置了非常严格的市场准入制度，形成了世界石油工业寡头的局面。一方面是以国家为主的石油公司，如主要产油国 OPEC 组织成员国很多是国有石油公司，另一方面是西方跨国巨型石油公司，不仅占领上游勘探领域同时也服务于下游销售终端市场。因此原油产业很难在短时间内调整产能，使得产量的增长率与需求快速增长相匹配。从图 9. 27 中可以发现 2003 ~2007 年之间原油产量增长非常缓慢。

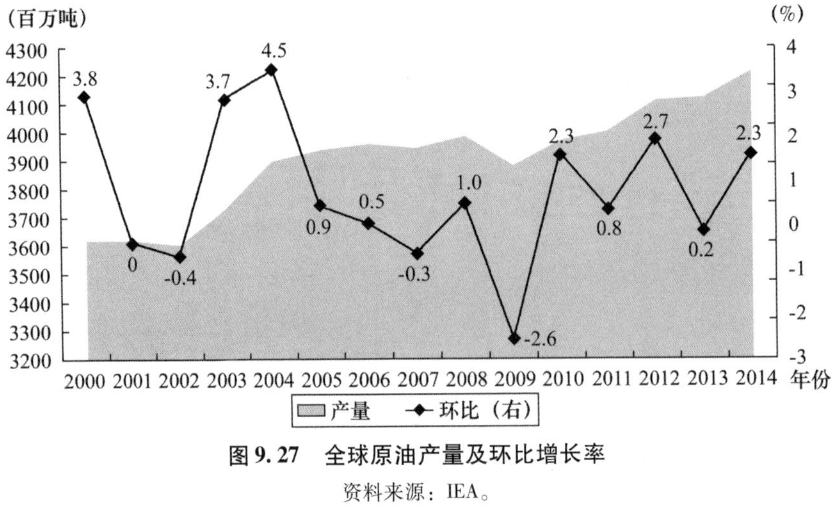

图 9. 27　全球原油产量及环比增长率

资料来源：IEA。

但是长期而言，石油储量和产量变化具有较大的弹性、复杂性和不确定性。高油价刺激原油产量的投入和生产，近些年一些原油储量的投入和开发，使得原油储采比逐年增高。据 BP 统计，2008 年为 42 年，然而到了 2014 年这一数字已经上升至 52. 5 年。随着科学技术的发展，尤其计算机在原油勘探技术中的应用，使得勘探和开发的成本不断降低的同时，一些数倍于常规能源的非常规能源得到投入开发，极大地增加了原油产量的预期，最为典型的是美国的页岩油的开发利用以及加拿大的油砂和委内如拉的重油资源。但是同时伴随着原油枯竭的争论，长期原油市场面临着更多的不确定性和复杂性。

从消费特性的表现中可以发现，原油需求曲线表现出短期需求弹性较低，但是收入弹性较高的两大特征。在所研究的经济周期内，原油的收入高弹性对价格周期波动起到决定性作用。历史研究表明，原油需求与全球经济增长密切相关。经济稳步增长，各经济主体扩大生产，从而带动能源的需求量增长；同时居民收入相应增长，生活能源的需求也随之增加。反之，当经济增长停滞或倒退时，生产和生活能源的需求增长相应减缓甚至下降。

一般来讲，人均能源消费的增长标志着经济处于繁荣阶段。如图 9.28 显示，人均能源消费量与人均 GDP 之间具有非常的强的线性关系，美国、加拿大、德国、日本等发达国家能源消费量相对居于前列，除了产油大国俄罗斯，其能源消费远高于人均 GDP，与其作为能源大国有一定关系。中国、印度、巴西和南非这些新型经济体能源消费与人均 GDP 相对较低，但也同样显示出能源消费高出人均 GDP 的现象，从而可以看出这些经济体处于粗放型、能源消耗型的经济发展模式。相比较而言，德国、英国和日本单位 GDP 能耗远低于人均 GDP，经济发展过程中能源消耗较低，处于了集约型经济发展过程。

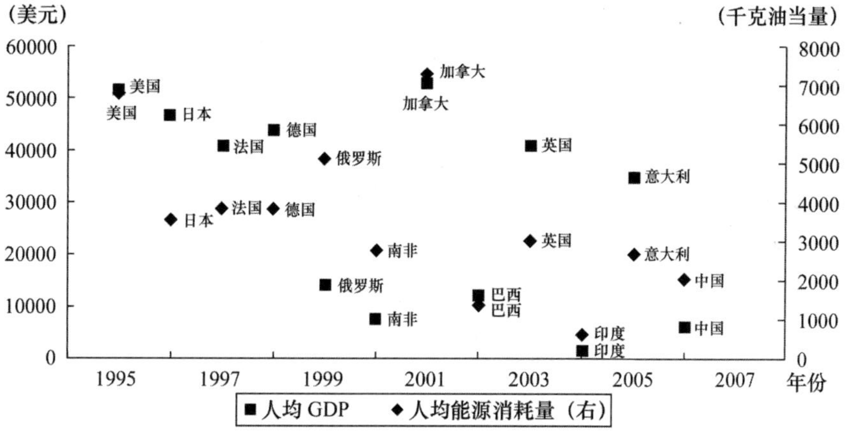

图 9.28　2012 年全球主要经济体人均 GDP 与能源消耗量比较

资料来源：世界银行。

2002 ~ 2003 年中国人均 GDP 超过了 1000 美元，根据其他国家发展的历史经验，这时人们的需求从满足衣食需求，向满足住行需要转变，从而带动产业结构向高耗能的汽车、石化、房地产转移，成为原油消费增长的强劲的动力。2002 ~ 2004 年中国原油进口量高速增长分别达到 15%、31% 和 35%。2004 年亚洲地区成为最大原油需求地区，其中中国占比最大。美国作为全球最大的发达国家经济体，仍然是原油的最大消费国。但是增量来看 21 世纪亚太地区经济高速增长，带动全球经济的增长。以中国为代表的发展中国家的高速增长，成为拉动原油增量的主要动因。2000 ~ 2007 年世界能源消费年均增长率仅为 2.6%，而中国能源消费年均增长率高达 9.8%，占世界能源消费增量的 50%。

原油的短期“刚性”使得产量在短期内黏性较大。2004 年之后，主要原油输出国 OPEC 国家的炼化能力在这期间平均的增长率不到 1%。在 2005 ~ 2007 年间全球原油产量增长率也同样不到 1%，并且在 2007 年出现负的增长。而同期在次贷危机影响下的美国经济下滑过程中，全球经济却在中国经济带动下创出了新高。2007 年全球经济增长率达到 5.7%，而中国经济增长率达到 14.16%。中国人均可支配收入增长率也同时创出新高达到 23%，原油日消费虽然在燃料油增长缓慢的带动下增长放缓，但是汽油日消费量却在 2008 年超过 2006 年和 2007 年涨幅达到 11%。

全球原油生产和消费分布的不平衡很大程度上依赖于进出口，全球的进口量的波动状况很大程度也反映了原油需求的波动。从图 9. 30 可以发现全球原油进出口同比增长率与原油价格波动高度吻合。2007 年全球原油进口量达到了环比 8% 的增长率，并且中国原油进口量在 2006 年和 2007 年达到环比 14% 和 12% 的高增长。这一期间原油价格周期波动成分出现了快速上涨，原油价格在 2008 年 6 月创出历史新高，原油价格为 978. 81 美元/吨。

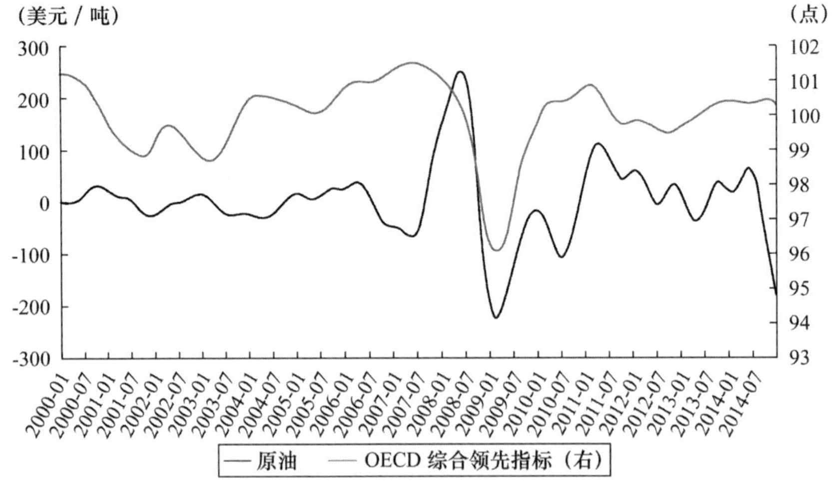

图 9. 29　原油价格周期成分与全球经济增长领先指标

资料来源：经济合作组织和 IEA 处理数据。

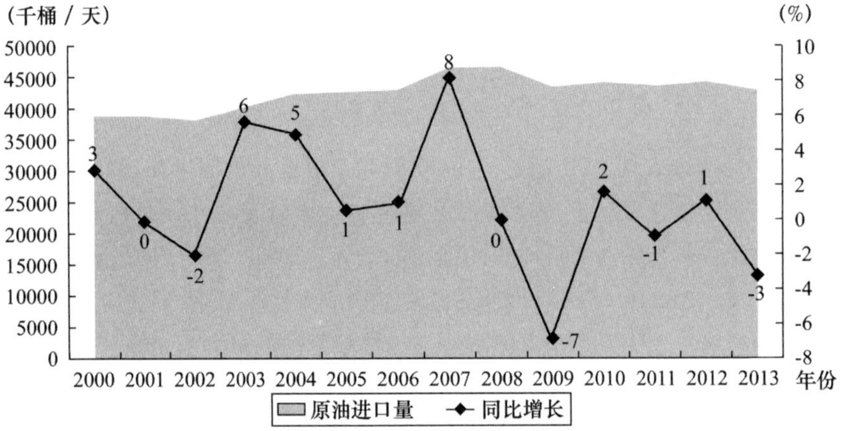

图 9. 30　全球原油进口数量及环比增长率

资料来源：OPEC。

2008 年 7 月全球性的金融危机持续恶化，原油价格出现快速下跌，12 月下跌幅度高达到 67% 。2008 ~2009 年美国、日本、和英国连续两年经济出现了负增长，中国经济增长率在这期间也在 10% 以下运行，2009 年素有欧洲火车头的德国也出现了经济增长率呈负数的状况。同期全球原油进出口数量急剧下跌，2009 年增长率为 −7% 。随着全球性经济刺激政策的实施，主要的原油需求经济体的经济开始逐渐恢复，但是仍然低于金融危机之前的水平。原油进口也开始有所恢复，但是增长缓慢，而同期原油产量开始逐渐加大，环比增长上升至 2% 以上。原油价格出现了恢复性上涨，但是价格远低于金融危机前的水平。

欧债危机的爆发，拖累了整个欧元区的经济，也使全球再次陷入衰退，发展中国经济增长开始放缓，自 2012 年至今中国已连续 3 年经济增长率在 8% 以下，而同期全球经济增长率也下滑至 4% 以下。这一期间，以中国为代表的发展中国家开始进行产业和能源结构的优化升级，即引导经济产业结构和人民生活方式向高效益、低能耗、节油型的方向发展，原油需求出现了持续下降。2011 年以后中国原油进口增长率，一直在 7% 以下运行。2013 年全球原油进出口增长率出现了 -3% 的增长率。原油价格进入下降趋势。

综上所述，原油价格的波动与经济增长密切相关，经济增长促进收入增加，收入增加到一定程度能源消费增长，需求的增长促使了价格的上升，当价格上升到一定程度，由于原油涉及人们生产、生活的方方面面，因此生产和生活对油价敏感，抑制经济增长，随之价格下降。因此 21 世纪这一经济周期内，消费需求的波动成为原油价格波动的主要推动力量，而原油消费需求的波动很大程度源于全球经济的周期波动。

（二）铜的价格波动形成机制

1. 生产特征及供给状况

铜是人类最早发现的金属之一。铜产业是以铜矿的开采作为起点，铜矿资源是产业链的基础支柱，是冶炼、精炼的基本原材料。但是，铜矿山的勘探与建设具有一定的周期性，对矿山企业来讲，只有当铜的需求增大、价格上涨时才能获得投资所需要的资金。然而由于其投资周期一般需要 3 ~5 年的时间，因此当铜出现供不应求时，这种状况会持续数年以上。

铜的冶炼加工企业可以通过自身开采也可以通过进口，获得铜精矿进行冶炼。通过冶炼获得粗铜、阳极铜和阴极铜。阴极铜①是加工企业的主要原材料，加工企业通过对阴极铜的加工制成铜线、铜板等半成品，供下游企业使用。铜矿的开采、铜冶炼、铜加工的生产和供给为全年性的工业化大生产，生产过程不易受自然环境影响。

铜作为稀缺性资源，铜矿企业从整个产业链中赚取大部分利润，产业链中的冶炼企业则只能通过粗炼与精炼赚取加工费用，下游企业生产品种不同与下游需求相关，因此利润不同。全球矿产铜的产量主要集中在拉丁美洲，智利是全球铜矿储量最多的国家，占到全球的 28%，其次是秘鲁占比达到 10%，这一地区的产量占全球产量的 42%。虽然亚洲地区铜矿储量很低，但是由于其在 21 世纪消费量巨大，因此冶炼铜和精炼铜的产量占全球总产量的比重高达 50% 以上。拉丁美洲成为全球主要的铜矿出口地区，而亚洲地区则是主要的铜矿进口国。

表 9.9　　2013 年全球矿产铜产量分布（按区域）　　单位：万吨

全球	大洋洲	欧洲	亚洲	美洲	非洲
1810.6	110.36	175.2	345.57	995.35	184.13

资料来源：国际铜研究小组（ICSG）。

① 本文所论述的铜价即为 A 级阴极铜。A 级铜为高纯度阴极铜，伦敦金属交易所合约品种即为 A 级，而中国上海期货交易所交易的为 1 号铜，1 号为标准阴极铜。

2. 消费特征及需求状况

人类在3000多年前就已经开始使用铜。铜的化学性质非常稳定，耐腐蚀性强，经常被用于制造能源及石化等产业的容器。铜的抗张力大、延展性和可塑性都很好，所以可被拉成铜丝，制成铜箔。并且可以与锌、铅、锡、锰、钴、镍、铝和铁等金属形成合金，用于机械冶金工业中的各种传动件和固定件。

18世纪末19世纪初，一些科学家例如安培、法拉和欧姆发明了电和磁，铜在其中的使用不仅推动了工业革命的进展而且使得铜在一个新的领域开始应用。当今，铜的全球性需求扩展了其应用领域，例如电力电子产品、建筑领域、机械设备、交通设备和消费及一般产品。

表9.10　铜的主要性能及应用比例　单位:%

性能	导电性	耐蚀性	结构强度	装饰性
应用比例	64	23	12	1

资料来源：上海期货交易所。

但是由于各国经济处于不同的发展阶段，其应用领域的比重也有所不同。如图9.31中显示中美两国铜的主要消费领域有显著差别，其中中国下游需求主要集中在电力电缆和空调制冷设备领域，总的需求占比高达62%，电力电缆接近总需求的近一半；然而，美国下游需求却主要集中在建筑业领域，其后是电子电力。从铜需求的下游产业分析，无论是发达国家还是发展中国家，铜的下游消费主要集中在资金密集型的基础设施、制造业和建筑业行业。

表9.11　铜的主要消费国消费量及占比（2013年）　单位：万吨

中国	占比	美国	占比	德国	占比	日本	占比	韩国	占比	俄罗斯	占比	意大利	占比
983.01	47%	184.20	9%	112.27	5%	99.43	5%	70.41	3%	48.37	2%	55.42	3%

资料来源：英国商品研究局（CRU）。

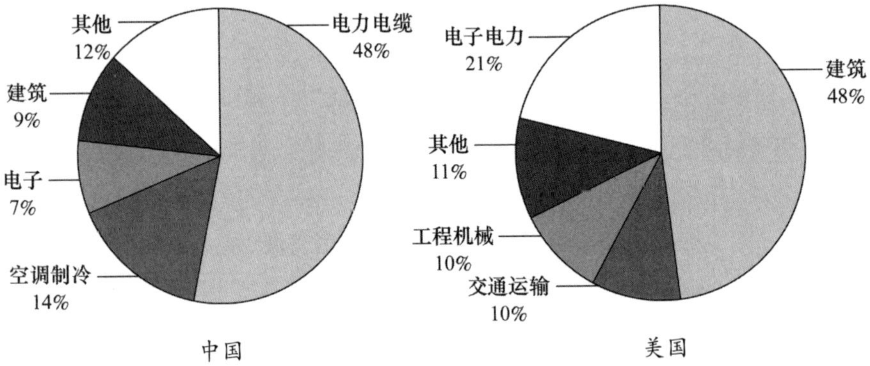

图9.31　中国和美国铜下游行业消费结构比较

资料来源：CRU、光大证券。

3. 投资需求波动主导铜价周期波动

铜矿资源是产业链的基础支柱，是冶炼和精炼的基本原材料。铜矿山的勘探与建设具有一定周期性，并且铜矿开采是一个资金密集型产业，铜价上涨才能催生铜矿的投资，投资周期长且连续。因此铜供给与原油同样具有“刚性”，供给弹性短期较小。

如图 9.32 显示，2000～2013 年间全球矿产铜产量持续增长，但是环比增长率波动较小，除 2004 年环比达到 6.1% 之外，2004～2011 年其余年份均在 3.3% 以下。相比较这一时期需求量最大的经济体中国，其铜消耗量在这期间平均环比增长率高达到 16%。

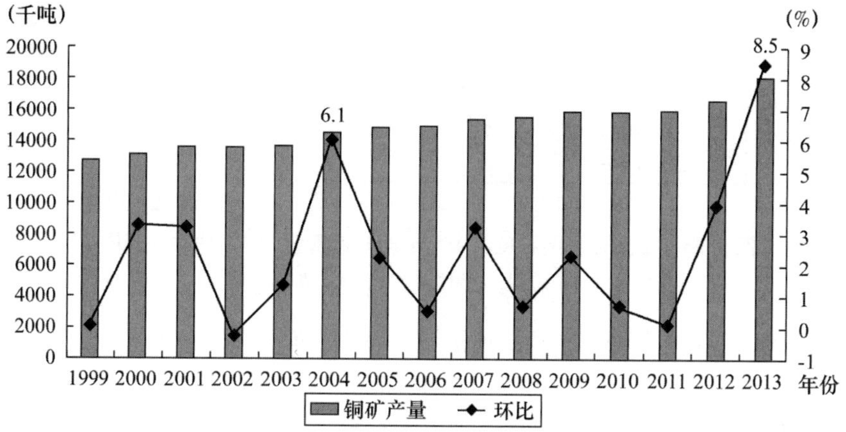

图 9.32　全球矿产铜产量及环比增长率

资料来源：国际铜研究小组、Wind 资讯整理。

铜是现代工业发展和经济发展中不可或缺的基础性原材料。生产由发达国家向新兴发展中国家和地区转移和集中，全球的金属矿产资源垄断性特征明显，矿产商定价能力强于加工冶炼企业，相对于供给、金属需求的市场化程度更高，其终端产品的需求是全球性。铜消费量的高低在一定程度上反映的是经济发展的状况和水平，一定时期一国铜消费量增减状况和变化幅度有时候暗示着其国民经济的发展的快慢变化。

工业化进程对铜价波动产生长期影响。工业化过程中经济的快速增长与金属矿产资源的消耗密切相关。从经济发展历史过程中总结发现，发达国家在工业化进程中，其经济增长与金属矿产资源的消耗呈“S”形曲线关系。由于不同国家的基本国情和工业化进程的快慢存在差异，可能会导致“S”形曲线的波长和频率有所不同（见图 9.33）。但是，从工业化中速到高速发展阶段，各国的金属矿消费量往往表现出快速增长的历史规律。

二战后，欧美国家进入基础设施建设的经济恢复发展阶段，当时作为铜消费最主要的区域，美国和欧洲地区的主要国家经济波动对铜价起着决定性的影响。全球最早的两大铜期货交易所分别位于伦敦和纽约，明显表明该地区的需求对铜价的影响是至关重要。即使在新兴经济体经济工业化进程加速发展的今天，美国作为全球第二大铜消费国，其景气程度和政策取向对铜价的影响仍然是至关重要的。

20 世纪 80 年代末到 90 年代，日本的制造业发展带动了整个日本经济的崛起，并且其在全球产业格局中地位逐渐提升。在 1986～1992 年间，日本经济波动同样对全球铜价产生了至关重要的影响。“广场协议”以后在日元持续走强的预期、扩张性的财政政策、流动性充足以及投资高涨的背景下，大量国际资本进入日本，从而产生资产泡沫。1988 年房地产泡沫开始制约了企业投资和居民消费，迫使日本政府采取货币紧缩政策。在贴现率的不断

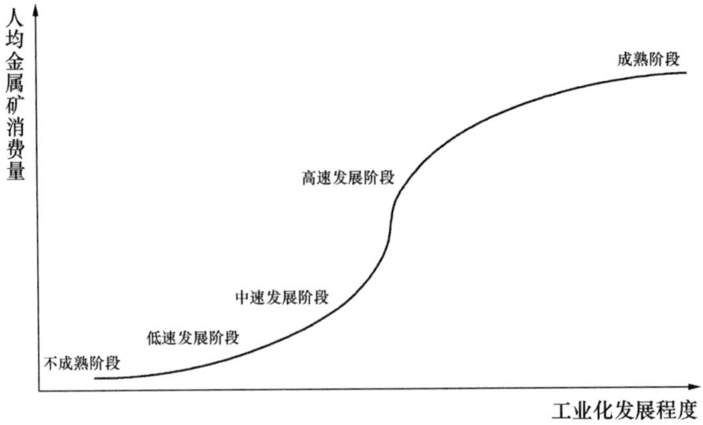

图 9.33　工业化发展程度与人均金属矿消费量“S”曲线关系图

资料来源：王志刚，《我国铜企业战略套期保值研究》。

提高情况下，1988 年日本的投资增速出现拐点。这一期间铜价的变化与日本经济波动一致性明显。从时点上看，铜价自 1987 年 5 月快速上行，在 1989 年 1 月后掉头向下，与日本经济的扩张、收缩期的时点基本保持一致（见图 9.34）。

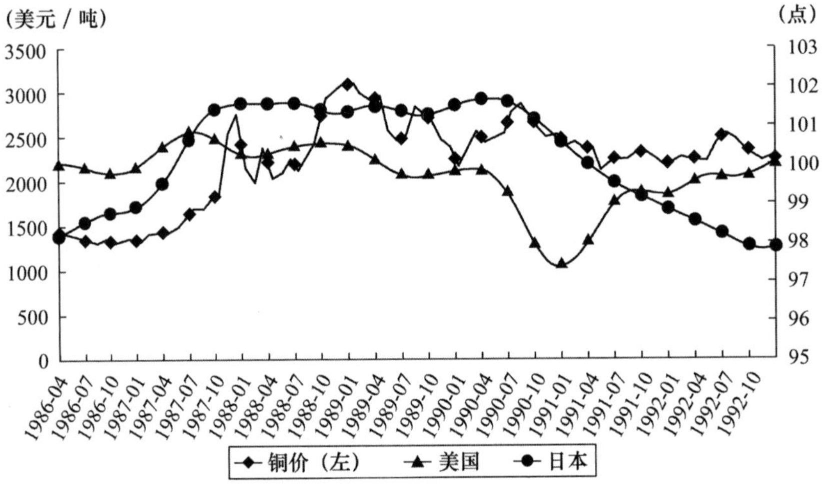

图 9.34　美国和日本经济领先指标与铜价波动（1986 年 4 月至 1992 年 12 月）

资料来源：OECD、LME。

然而 21 世纪的全球经济增长，则是新兴经济体的工业化进程作为主要推动力。这些国家成为金属矿产资源的主要消费者。2000 年，全球精炼铜消耗量总量约为 1513 万吨，其中发达国家占到 2/3，新兴经济体消费量仅有 470 吨；到 2011 年，全球对铜消费总量达到 1913 万吨，增长 20%，但新兴经济体的铜消费量却增长了 1.5 倍，达到近 1200 万吨，超过了发达国家的铜消费量。中国作为新兴经济体中最主要的成员，在这趋势中起着主导性的作用。中国早已在 2002 年超过美国成为全球最大的铜消费国，2005 年精炼铜产能超过全球最大的铜储量国家智利，并且持续上升（见图 9.35）。2014 年中国的精炼铜消费就达到 1135.23 万吨，占到全球消费量 49%。

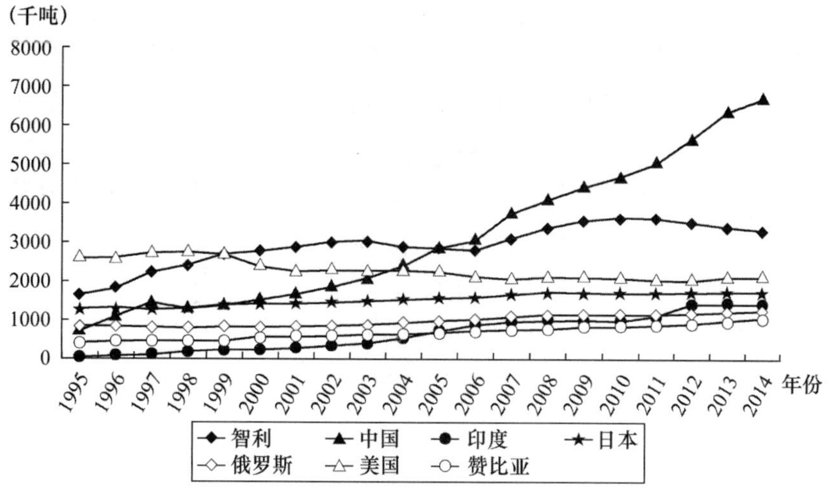

图 9.35　主要国家精炼铜产能

资料来源：国际铜研究小组。

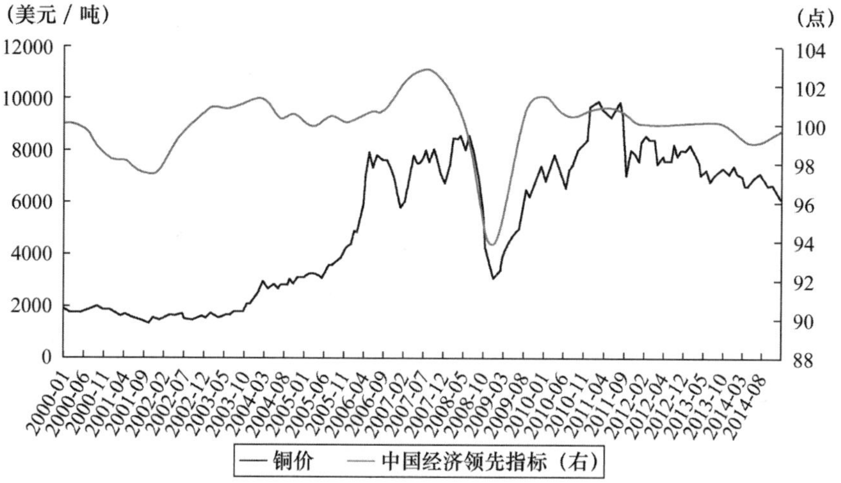

图 9.36　中国经济领先指标与铜价（2000 年 1 月至 2014 年 12 月）

资料来源：OECD、LME。

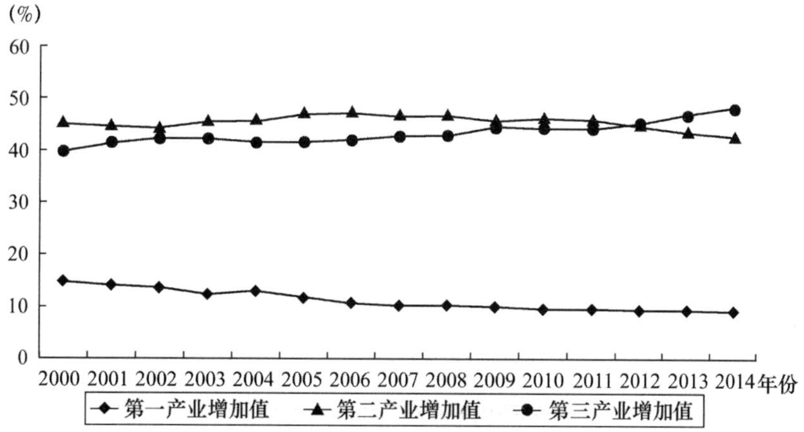

图 9.37　中国三大产业增加值占比

资料来源：中国国家统计局。

自2002年以后，中国进入以工业化和城镇化的投资拉动的新一轮经济发展周期，第二产业作为主要的推动力量。从图9.37中显示，自2002~2006年第二产业增加值比重持续上升，第一产业、第三产业出现下降的趋势。这样的经济结构变化造成了我国自2002年以来铜消耗增速加快，精炼铜产能持续快速增长。而我国铜资源及矿产铜严重不足，对外依存度持续上升，因此在全球的铜消费中，中国对全球市场供求格局的影响不断加强，铜价随着中国需求的快速增加而持续上涨。

但是，第二产业很大程度上依赖于投资拉动，同时从消耗铜的下游产业分布来看也主要集中在资金密集型产业，其中电力作为工业化和城镇化进程中最基本的基础设施，其在工业化进程中起着至关重要的作用。尤其是电力设施的投资建设正是经济发展的突出表现。

我国铜消费领域主要集中在电力电缆行业、制造业及建筑业，尤其电力电缆行业所占比重达到了48%，而电力工业及建筑业等属于典型的资金密集型行业。同时我国社会融资主要是以贷款形式进行融资，2007年之前贷款占全社会融资规模的70%以上。这些资金密集型行业在短期容易受到利率波动的影响，减少投资规模，从而减少铜需求量最终影响铜价的波动。

2004年6月欧美国家开始进入加息期，年底中国也将中长期贷款利率升至6%以上。美国经过17次的加息在2006年6月上升5.25%，一直延续至2007年次贷危机爆发。而中国持续加息到2007年底，贷款利率高达7.83%。在这期间制造业和电力、燃气及水的生产和供应的固定资产投资额同比增长率远低于2004年和2005年水平。第二产业的比重开始下滑，同期铜价也停止了快速上涨，在高位震荡近2年。

次贷危机导致了全球性的金融危机，全球经济瞬间衰退。以铜和原油为首的大宗商品价格快速下跌。随后美欧国家采取长期的货币宽松政策刺激经济增长，而中国经济增长在很大程度上依赖于政府投资这驾马车，2008年底决定两年内投资4万亿元扩大基础建设，其中1.8万元投资于铁路、公路、城乡电网，2009年固定资产投资额同比增长30%，创出新高；同时电力、燃气及水的生产和供应业也同比增长31%，也同时创出新高（见表9.12）。第二产业增加值在2010~2011年占比开始回升，铜价自2008年12月触底回升，持续上涨，并在2011年创出新高。

在2010~2011年间中国再次进入了一个加息期，2011年制造业同比增长率比上一年减少了10%，而电力等生产和供应的固定资产投资额同比增长率出现快速下降，2011年则出现了负增长。这也终结了铜价的历史新高，铜价开始进入下跌趋势。中国进入后工业化时代的步伐，产业结构调整，中国经济增长率持续下滑。第三产业增加值已于2012超过了第二产业，第二产业明显下滑，铜价步入下行区间。

从本文的实证中研究同样发现，短期内铜价受到货币宽松程度的影响，其根源在于货币宽松程度对资本密集型铜下游行业增长的影响，从而间接影响铜价的短期波动；但是长期来看，铜需求仍然受到工业化和城镇化发展过程中对基础设施投资需求的影响，21世纪中国经济高速发展成为全球经济增长的主要推动力，从而从实证检验全球经济增长对铜价长期影响至关重要。铜供给的“刚性”特征，使产量短期变动相对需求的变动较小。因此21世纪以投资拉动为主的经济周期中，投资需求波动是铜价波动的主要推动力量。

表 9.12　　中国主要行业固定资产投资额　　单位：亿元

年份	全社会固定资产投资	同比（%）	制造业	同比（%）	电力、燃气及水的生产和供应业	同比（%）	房地产业全社会固定资产投资	同比（%）
2003	55566.61		14689.53		3962.4		13143.43	
2004	70477.4	27	19585.49	33	5795.13	46	16678.87	27
2005	88773.62	26	26575.97	36	7554.42	30	19505.32	17
2006	109998.2	24	34089.51	28	8585.67	14	24524.38	26
2007	137323.94	25	44505.13	31	9467.58	10	32438.9	32
2008	172828.4	26	56702.36	27	10997.2	16	40441.82	25
2009	224598.77	30	70612.9	25	14434.56	31	49358.51	22
2010	251683.77	12	88619.2	26	15679.72	9	64877.29	31
2011	311485.13	24	102712.85	16	14659.75	-7	81686.06	26
2012	374694.74	20	124550.04	21	16672.67	14	99159.31	21
2013	446294.09	19	147704.96	19	19634.74	18	118809.4	20

资料来源：中国国家统计局。

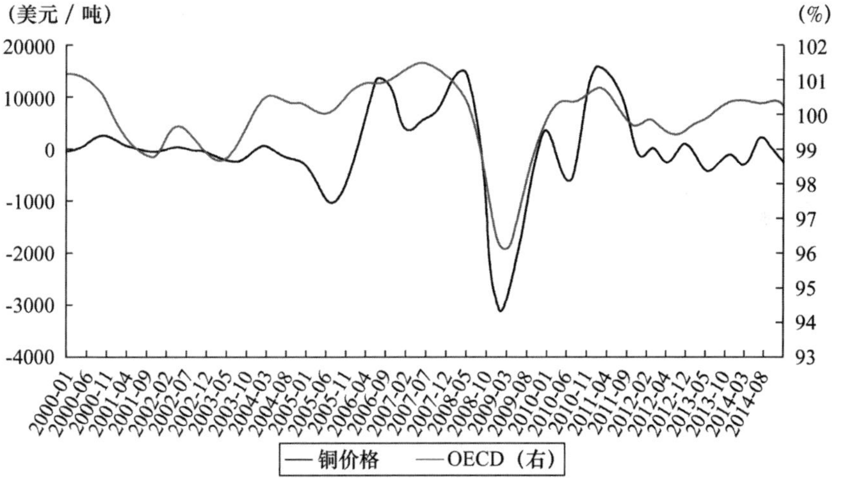

图 9.38　铜价周期成分与全球经济增长领先指标

资料来源：经济合作组织、LME。

（三）大豆价格波动形成机制

1. 生产特征及供给状况

大豆是一种由野生大豆经过人工栽培进化而成一年生的双子叶豆科草本植物，世界各国学者公认，大豆起源于中国，5000 年前就开始栽培这种作物。大豆作为农产品，其本身的生长特性决定了其很容易受到自然条件的制约，土地资源的稀缺性、天气的变化无常、病虫害的侵害等自然因素在短期内对产量产生的影响，种植面积和单产的变化对大豆的供应容易出现跳跃性的变动。

大豆的生产周期一般为6个月，分为4个时期，4个时期天气对大豆的生长均有不同的影响。在种植期里，不利的天气对早期发芽的优良率有影响，直接会对大豆的单产产生影响，但是如果在后期生长过程中环境有所改善，同样可以弥补早期幼苗的受损，因此种植期的天气因素对大豆的最终产量不会起到决定性作用。但是开花期和灌浆期的天气却是至关重要，如果出现旱涝，则会对大豆的产量和质量起到关键性作用。在收获期，北半球非常容易出现早霜，这种天气容易造成青豆以及瘪豆的现象，影响大豆的油脂和蛋白质含量。因此整个大豆的生产周期过程中天气的变化很容易影响到产量的变化。

全年的大豆收获期分南北两个半球，中国与美国主产区地处北半球。与之相反，南美洲的主产国巴西、阿根廷却更靠近赤道，播种期在10月。因此全球大豆集中上市供应基本为每隔6个月（见表9.13）。全球大豆主产国主要集中在美国、巴西和阿根廷。这3个国家也同样成为全球主要的大豆出口国，其中美国和巴西的占比分别高达40%，3个国家占全球的总出口量的近90%（见表9.14）。

表9.13　　世界大豆主产区的耕作时间表

	1月	2月	3月	4月	5月	6月	7月	8月	9月	10月	11月	12月
中美						种植期						
							开花期					
									灌溉期	收获期		
巴西		开花期										
			灌溉期									
				收获期							种植期	
阿根廷	种植期		开花期									种植期
				灌溉期								
						收获期						
		开花期									种植区	
			灌溉期									
				收获期								

资料来源：大连商品交易所，作者自己整理。

表9.14　　全球主要大豆出口及占比　　单位：百万吨

	阿根廷	占比	巴西	占比	美国	占比	全球
2013/2014年度	7841	7%	46829	42%	44815	40%	112829

资料来源：美国农业部。

2. 消费特征及需求状况

有关研究表明，食物结构的状况是衡量一个国家的经济发展水平和人民生活水平的重要标志之一，根据热量、蛋白质和脂肪的摄取量及动植物所占比重，大致有三类，第一类是以亚洲国家为代表的动植物均衡发展，动植物蛋白各占一半；第二类是欧美类的以动物食物为主，高热量、高脂肪、高蛋白的国家，营养过剩；最后一类是营养缺乏，热量基本满足，但是食物质量中缺少蛋白质且脂肪偏低。相比较动物蛋白中含有较高的胆固醇，大豆是最经济优质的植物蛋白来源，大豆籽粒中含有35% ~45%蛋白质，具有最均衡的人体所必需的8种氨基酸含量。因此国际粮农组织积极提倡大力发展大豆食品，以缓解发展中国家蛋白质缺乏的现状。

大豆加工是实现大豆价值增值的重要环节。总体上来说，大豆加工分为3类，分别是食品加工、油脂加工和生化提取，其中约86%用于油脂类加工，同时生产出副产品即豆粕，是优质的植物蛋白。大豆压榨过程中出粕率一般为78%，豆油则一般为18%。但是转基因大豆①会比非转基因大豆含油量要高，并且豆油油质好、营养价值高，全球植物油产量的1/3来自大豆。作为榨油的副产品豆粕，含有丰富的蛋白质，是最理想畜产品的饲料添加剂。大豆产业链长，大豆产业发展关乎种植业、养殖业、饲料工业和食品工业等多个行业的发展，在国民经济发展中发挥着重要的作用。

从消费结构上看。2000年前大豆进口主要集中在发达国家，中国作为人口众多的国家从1995/1996年度开始也进入了净进口的阶段，1999/2000年度欧盟作为大豆的主要进口国，占全球大豆进口的31%，其次中国占22%，日本、墨西哥和中国台湾分别占到11%、9%和5%，5个国家和地区总计占全球进口量的78%。然而到2013/2014年度，中国的进口量已经占到全球进口量的64%，真正成为全球大豆主要进口国。

2013/2014年度全球大豆产量约3.19亿吨，其中出口总量约1.24亿吨，美国、巴西和阿根廷3个主要大豆出口国占全球总出口量约87%。进口国家主要集中在以中国为代表的人口众多的发展中国家。随着经济增长，人们收入的提高，人们对油脂和蛋白质需求的开始增加。但是土地资源限制使得这些国家成为大豆的主要进口国。中国是全球最大的大豆进口国，2013/2014年度进口达到了约7700万吨，占大豆全球总的口量的64%。

3. 产量波动引起大豆价格周期波动

在需求方面上，大豆与以上两个品种类似，随着经济增长，收入水平增加，从而导致需求的快速增长。但是作为食品消费与工业品消费有着本质的区别，主要基于两点：一是人们对于农产品的消费习惯在一段时期内很难改变，并且农产品作为食品是人们生存必需品，价格的剧烈波动对其食品的摄取量不会产生较大的影响，尤其是经济发展到一定阶段；其二，根据经济学原理所阐述，食品随着人们生活水平的提高，收入的增加，需求稳步增长，尤其是蛋白质类及油脂类食品与收入相关性更高，但是由于食品类消费随收入的不断增长，其所占比重将会下降。

本轮经济周期内，我国同样显示出这种经济现象，大豆需求持续增长与城镇和农村居

---

① 转基因大豆采用了草甘膦，草甘膦会把普通大豆植株与杂草一起杀死。美国、阿根廷和巴西主要种植转基因大豆，而中国是非转基因大豆的主产国。本文所采用的大豆的价格为转基因大豆。

民的收入增长呈正比。但是从图 9.39 所示，人均可支配收入与家庭恩格尔系数①是成相反方向变动的。因此经济波动导致收入的波动在短时期内对食品消费造成较大的影响，对价格的影响甚微。从图 9.40 中可以发现大豆价格周期成分与全球经济领先指标波动特征差异性较大。

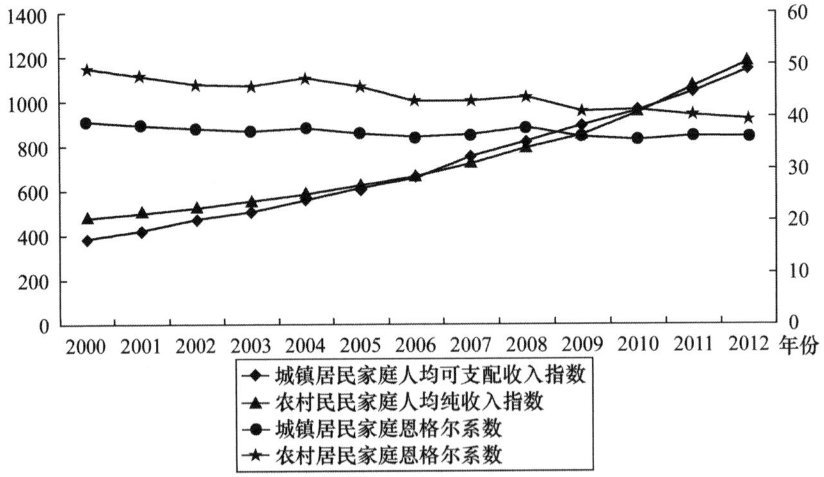

图 9.39　中国家庭人均可支配收入指数与恩格尔系数对比（1978 = 100）

资料来源：中国国家统计局。

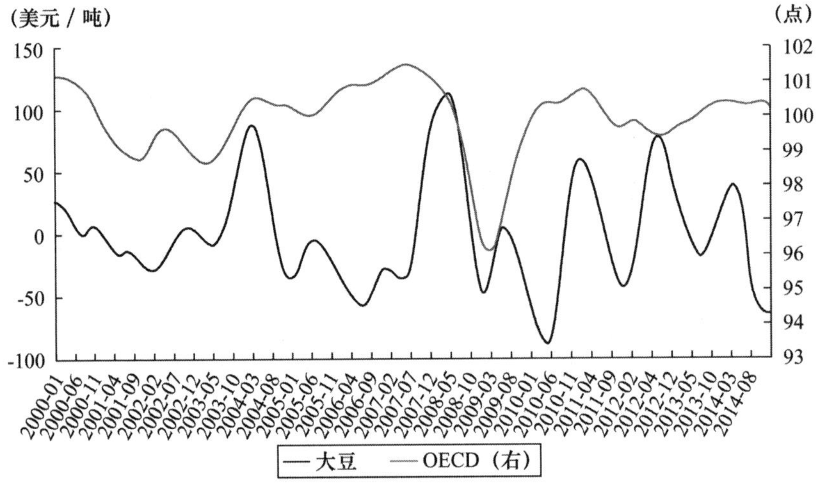

图 9.40　大豆价格周期成分与全球经济增长领先指标

资料来源：经济合作组织、LME。

但是大豆作为农产品品种，本身的生长特性决定了其容易受到自然条件的限制，土地资源、天气情况以及病虫害等自然因素产量会产生很大影响。在种植面积及单产变动的影响下，短期大豆供应容易出现跳跃性变动。因此在需求稳定的情况下，供给短期跳跃式变动直接对价格产生严重影响，造成价格的剧烈波动。21 世纪以来这个经济周期内，大豆的

---

① 恩格尔系数 = 食品支出金额/消费支出总金额 × 100%。

每次周期的波动同样都与产量的变动直接相关，其中大豆单产的波动对短期对产量的变动起到关键作用。无论在科研和实践中为了提高单产及稳定单产做了很多的努力，仍然不能避免天气对单产的影响。

以主产国美国、巴西和阿根廷出现的 3 次剧烈波动为例，这 3 次波动都与当时的恶劣天气相吻合。第 1 次 2003/2004 年度天气出现异常，全球大豆单产从上一年的 2.41 吨/公顷下降到 2.11 吨/公顷；美国、阿根廷和巴西大豆单产分别比上一年度下降了 11%、16% 和 16%，同期全球大豆产量出现了环比 -5% 的增长率，大豆价格同期上涨了 93%；2004/2005 年度，美国天气有利于作物的生长，使得单产上升，产量环比增长了 16%，同时大豆也从 2004 年 5 月快速下降至 2005 年 1 月，下跌幅度达到了 50%。

第 2 次在 2007 年 4 ~ 8 月天气的异常造成美国单产有所下降，同期 2006 年初开始的生物能源的开发利用，导致 2007 年的大豆播种面积减少大约 12%，双重因素导致全球大豆产量同比下跌 7%。大豆价格出现了快速上涨，上涨至 2008 年 6 月的 587.74 美元/吨，创历史新高。全球性金融危机爆发，大豆也随之下跌。但是从图 9.41 中可以看出，2008/2009 年度阿根廷单产出现了巨幅下跌，其原因在于 2009 年 2 月阿根廷遭遇了几十年不遇的大旱，造成了单产下滑，产量同比下滑 3%，大豆价格开始回升，4 个月上涨了 40%，但是随着美国的增产预期的影响，大豆价格再次下跌至 340.63 美元/吨。

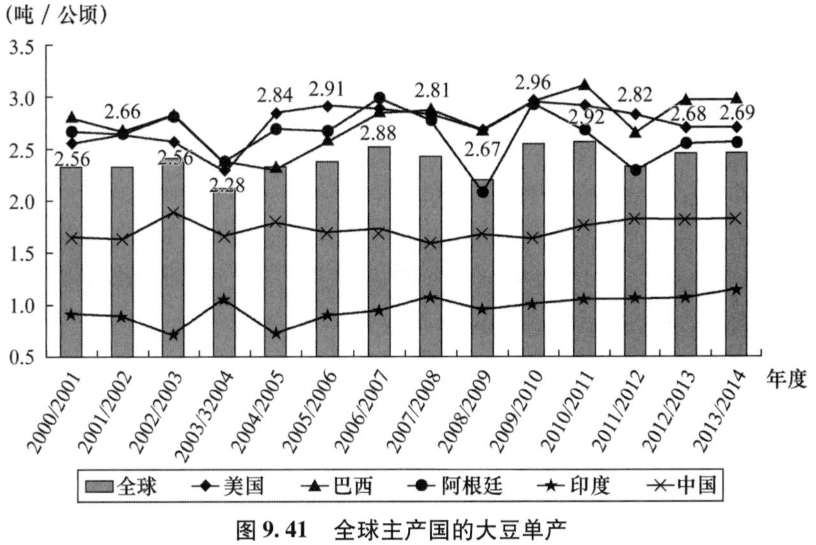

图 9.41　全球主产国的大豆单产

资料来源：美国农业部。

第 3 次发生在 2011/2012 年度，2011 年 12 月开始南美地区尤其是阿根廷遭遇了持续的大面积干旱，巴西也同样受到旱情的威胁，两国单产均下降 15%，大豆价格自 2012 年 2 月开始快速上涨至 4 月，小幅回落后。6 月美国大部分地区的持续高温干旱天气，减产预期使大豆开始新一轮的快速上涨，并且 2011/2012 年度的产量环比增长率为 -9%，是 21 世纪这个经济周期下降幅度最大的一次（见图 9.42）。大豆价格也在 2012 年 8 月创出了历史新高，但是随着美国部分地区迎来雨季，大豆旱情缓解，价格开始下跌。

21 世纪以来，大豆价格 3 个主要的周期波动均出现了天气异常导致单产的波动，从而

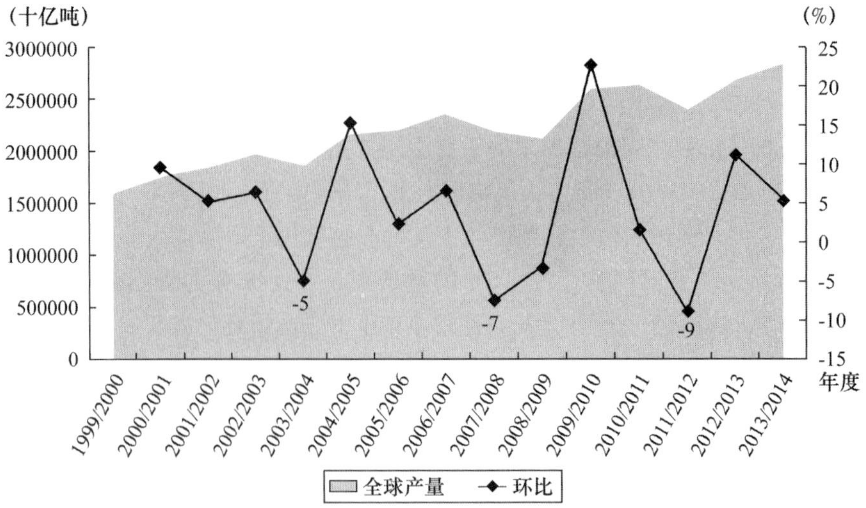

图 9.42　全球大豆产量及环比增长率

资料来源：美国农业部。

影响当年产量变动。因此天气的异常是导致大豆价格周期波动的最主要的因素。

本节分别从 3 类品种的生产和供给及消费和需求特征出发，深入探讨 3 类大宗商品价格波动的形成机制。主要结论如下：中、短期内，农产品类大豆需求表现为“刚性”特性，天气的变化无常导致了单产波动，而农作物播种的替代导致了播种面积的波动，两方面波动造成产量波动，产量波动主导大豆的价格周期波动；而工业品一般表现为短期供给“刚性”，铜作为工业化进程中的基础原材料，其价格周期波动短期容易受到货币供给波动影响，而中长期主要受新兴经济体的经济波动影响，表现出投资性需求主导其价格周期波动；原油收入弹性较大，经济增长波动导致收入波动，从而使得原油在生产和生活的需求波动，消费需求主导原油价格波动。综上所述，不同类别大宗商品价格供需特征的差异导致了本轮经济周期内大宗商品价格周期波动的差异性。

五、结论与相关建议

本文在分析总结大宗商品价格波动相关理论和文献基础上，从差异性的角度，由表及里对不同类别的大宗商品价格波动的特征进行了比较分析，对造成大宗商品价格波动差异性的影响因素进行了深入的探讨，得出以下结论并提出相关建议。

（一）主要结论

本文从差异性的角度，基于 2000 ~ 2014 年的月度数据和相关的统计学和计量经济学的研究方法，对农产品类的大豆、工业金属类的铜和能源类的原油 3 类典型大宗商品价格波动的特征由表及里地进行了系统性的比较研究，得出以下结论。

一是 2000 ~ 2014 年间不同类别的大宗商品价格周期波动差异性明显。大豆、铜和原油的价格周期波动差异性显著，同一经济周期内大豆价格周期波动频繁，而其他两类品种价格趋势波动明显。

二是造成大宗商品价格波动差异性的根源在于供需特性的差异。中、短期内，大豆需求表现出“刚性”特征，而供给波动率变动较大，供给波动率的变化主要来源于天气对单产的冲击以及一定时期播种面积的变化，产量的周期波动是价格周期波动的主要推动力；而铜和原油供给表现出“刚性”特征，需求的周期波动主导价格周期波动。

三是工业金属类的铜与能源类的原油价格周期波动短期内也略有差异，其源于短期内下游需求对利率和收入波动敏感程度的差异性。铜下游需求均为投资拉动型产业，因此容易受到货币层面变动的影响，表现出短期内货币政策的变动导致价格波动，投资需求主导铜的价格周期波动。而原油的下游需求更容易受到来自收入变动的影响，经济增长波动对其起到至关重要的作用，因此原油价格的周期波动与全球经济的周期波动同步性更加明显，消费需求主导了价格周期波动。

（二）本文的应用及相关建议

一是通过以上研究发现，不同类别的大宗商品价格周期波动的差异性显著，期货市场分析人员应该针对不同类别的大宗商品价格周期波动特征建立相应的研究体系和投资策略，更好地为投资者和产业客户服务。短期内应该更加关注农产品周期波动特征，从供给面的变动入手进行深入研究。农产品周期波动频率高，时间跨度短，季节性明显，因此注重制定短期套期保值及投资策略；而中长期应注重工业品的趋势变动，关注宏观经济周期波动及相关政策取向。工业金属和能源类的品种周期波动频率低，时间跨度长，重点制定中长期战略性套期保值和投资方案。

二是关注工农产品价格趋势背离，谨慎采用相应的逆周期的宏观政策。期货价格指数作为通货膨胀的预警指标，既包括农产品又包括工业品。从以上的分析中我们发现两者在周期波动过程中是有显著差异的，在一定时期内两者时常出现背离的走势。因此在这种情况下我们更需要全面客观认识通货膨胀形成过程及根源，谨慎采用相应的逆周期的宏观政策，因为两者对这一政策的敏感性不同将导致政策实施的扭曲，达不到预期目标。如果农产品的上涨引起结构性通货膨胀，则短期采取逆周期宏观政策对其影响甚微，从本文研究中发现，应注重从供给方着手制定相应政策。如果工业品为主导引起的结构性通胀，相应的货币及财政政策短期内可能会达到良好的预期目标，尤其是工业金属类的大宗商品。因此无论是企业还是政府的相关部门应该更加关注同一时期内工农产品价格波动的差异，深入探究差异性规律，避免大宗商品价格波动对企业经营和经济发展造成不必要的损失。

三是完善大宗商品价格预警指标的编制。我国期货市场经过 20 多年的发展和完善，期货品种不断健全，价格发现功能凸显，因此根据不同需要建立相应的价格预警指标是可行和必要的。但是我们需要在了解品种波动特性的基础上，根据不同的编制目的建立相应指标体系，提高指标参考价值。例如通过以上分析，工业金属类和能源类品种的价格周期波动与新兴经济体的经济波动密切相关，表现出共同的趋势特性，因此我们建议根据我国的发展现状，加大对工业品价格波动的监测跟踪，将金属类和能源类的典型品种作为构成指标的主要部分，建立监测我国宏观经济波动的价格预警指数。

（三）研究不足及展望

本文在前人研究的基础上对大宗商品价格波动进行了一定的创新性分析和研究。但是由于本人研究水平、时间和数据的有限，研究有很多不足之处，主要集中在以下三点。

一是数据样本较少，只涉及2000~2014年的数据，在这期间只经历了一个经济周期过程，因此所得结论有待进一步验证。

二是由于品种的市场环境和研究目的的限制，研究品种单一，所得结论有待进一步丰富充实，在今后的研究过程中需要进一步拓展研究范围，完善研究体系。

三是本文只针对周期波动差异性这一成分进行了系统的研究，但是在研究过程中，我们发现其他成分也显示了较为突出的差异性，例如3类品种在长期趋势中转折点的显著差异，也值得我们进一步分析比较。

执笔人：王　倩（中国物流与采购联合会）

第十章

中美货币政策对大宗商品价格影响分析

一、研究的背景、意义与方向

（一）研究背景

经过30多年的改革开放，中国社会发生了巨变，取得了前所未有的成就。高速的经济增长加大了中国对大宗商品的需求：2013年，中国的原油消费占全球总消费量的10%；铜消费量占全球总消费量的40%，是全球最大的铜消费国；同年，中国取代印度成为全球最大的黄金消费国。自2001年加入世贸组织以来，中国经济与世界经济联系愈加紧密，中国以自己的人口和成本优势成为“世界工厂”；2013年，中国国际贸易总额已超过美国居世界首位，占全球贸易总额的10%。中国作为制造业大国，对大宗商品的需求日益扩大，对国际市场的依存度不断提高。2013年，我国大宗商品对外依存度前10名中有8种超过了50%，棕榈油更是达到了100%（见表10.1）。

表10.1　　2013年我国主要大宗商品品种进出口及对外依存度指标

品种	产量（万吨）	进口量（万吨）	出口量（万吨）	净进口量（万吨）	对外依存度（%）	依存度排名
棕榈油	0	597.04	0	597.04	100	1
大豆	1280.00	5597.00	19.90	5577.10	81	2
天然橡胶	80.10	213.00	1.02	211.98	73	3
颗粒硫黄	450.00	988.79	0.17	988.62	69	4
乙二醇	398.00	761.00	5.30	755.70	66	5
PA66	15.00	27.00	4.90	22.30	60	6
原油	19037.00	25536.70	152.50	25384.20	57	7
阔叶木浆	1582.81	1602.54	7.65	1594.88	50	8
铜	624.80	395.38	26.81	368.57	37	9
铁矿石	130449.71	74610.00	0	205059.71	36	10

资料源源：《中国统计年鉴》、中国海关总署、中国有色金属工业协会以及Wind资讯。

大宗商品价格波动，将对我国经济稳定发展产生一定的影响。进入21世纪以来，全球大宗商品价格出现了罕见的大幅波动，路透-杰弗里研究局（CRB）指数是以全球19种基本的经济敏感商品价格编制的期货价格指数，通常简称为CRB指数[①]。该指数自2002年6月至2008年6月的上涨周期被世界银行认为是20世纪以来程度最大、持续时间最长的一轮暴涨[②]；2008年伴随美国次贷危机，CRB指数创近30年来最大跌幅。大宗商品价格"过山车"式的波动，对我国经济增长造成了巨大的伤害，这一现象引起了业界专家和学者的广泛关注，而引起价格波动的原因，已成为学者研究的热点。根据经济学基本原理，价格的决定因素是供给和需求，供给和需求会受到货币政策的影响，大宗商品期货市场的发展和成熟，推动了大宗商品的金融化，货币政策对大宗商品价格的影响也越来越受到关注。

全球经济一体化，使各国经济与外界联系更加紧密，受外部影响更加频繁，各个国家为了自己的经济目标——充分就业，适度通货膨胀率，经济稳定增长等处于可接受范围内，经常采取强度不同的宏观经济调控手段。由于宏观经济目标的非唯一性及变动的频繁性，对国家宏观调控的全局性、灵活性和准确性都提出了更高的要求，货币政策作为宏观调控的重要工具由于具有良好的弹性与可逆性，在世界各国宏观调控中的地位和作用更加突出。作为影响大宗商品供求的因素之一，货币政策调整将不可避免对大宗商品价格产生冲击和影响。

美元作为全球主要的储备货币和国际贸易的结算货币，国际大宗商品交易大多以美元计价，美国货币政策的变动将直接改变美元标注的大宗商品价格，且美国是全球最大的经济体，因此美国货币政策是影响大宗商品价格的主要货币政策之一。为求证美国货币政策对大宗商品价格的影响，一些学者论证了美元指数与大宗商品价格的负相关关系，尤其自21世纪以来这种负相关关系在进一步增强，二者相关系数高达-0.87[③]，从而认为美国货币政策是影响大宗商品价格的主要因素。美国货币政策调整对大宗商品价格变动是否起决定作用，是本文要研究的问题之一。

一些学者认为中国的经济发展提升了中国货币政策对大宗商品价格的影响力，改变了美国货币政策对大宗商品价格影响的主导地位。2008年以后许多学者开始关注中国货币政策，认为中国政府实施的适度宽松货币政策及4万亿元的经济刺激计划，促进了大宗商品价格的触底反弹。中国货币政策对大宗商品价格是否产生影响以及影响如何，是本文要解决的另一个问题。

（二）研究意义

作为制造业大国，大宗商品这一工农业生产的资源要素对中国经济的重要性越来越大，

---

① 百度百科CRB，http：//www.baidu.com/s? wd=CRB。

② world bank，Global Economic Prospects2009 - Commodities at the Crossroads. Washington D.C.：the World Bank，2008。

③ 姜德增，李佩颖等："后量化宽松时期的美元与大宗商品价格趋势"，载于《安信期货有限责任公司研究报告》，2011年6月。

对外依存度越来越高；国际大宗商品的价格波动对世界经济和中国经济发展的影响越来越大。作为全球最大的经济体，美国和中国的货币政策这一主要的宏观调控工具对于大宗商品价格波动的影响已引起了业界专家的关注，充分研究中美货币政策对大宗商品价格影响蕴含着重要的理论意义和实践意义。

首先，在理论意义方面，本文将分析货币政策是否是大宗商品价格的主要影响因素。美元作为全球储备货币以及大宗商品标价货币，美国货币政策变化将影响大宗商品价格，2008 年美国次贷危机之后，美国实施了 4 次量化宽松货币政策，中国也出台了 4 万亿元的经济刺激计划，大宗商品价格再次反弹，业内许多学者认为货币政策已成为大宗商品价格变化的主要影响因素；经济学原理认为决定价格的是供求因素，本文对中美货币政策影响大宗商品价格的实证分析能够使我们认清决定大宗商品价格的因素是否是货币政策，对大宗商品价格的主要影响原因进行正本清源。

其次，从实践意义来看，本文将分析中美货币政策对大宗商品价格有多大影响：中国经济崛起后，世界经济格局发生了深刻的变化，美国货币政策对大宗商品价格的影响是否有所变化；作为大宗商品主要进口国和消费国，中国货币政策对大宗商品价格的影响如何。中国经济发展离不开大宗商品这一重要的资源要素，伴随我国大宗商品对外依存度越来越高，大宗商品价格波动对我国工商企业、对经济稳定发展的影响越来越大。为减少其对经济的影响我国政府多采取战略性抄底、收储等措施以应对大宗商品的价格波动。可见，分析和了解中美货币政策对大宗商品的价格波动有多大影响，将有助于对大宗商品价格走势的分析和把握，有助于我国工商企业的经营和决策，有助于我国的大宗商品战略的调整和执行，有助于我国经济的平稳运行和长期发展。因此，分析中美货币政策对大宗商品价格的影响具有重要的实践意义。

为了了解大宗商品价格的运行规律，分析中国和美国货币政策在大宗商品价格波动中所起的作用，为了我国大宗商品战略正确制定，为了我国经济发展的稳定，应该对此课题进行深入分析和研究。

（三）研究方向

结合“货币政策对大宗商品价格的影响”已有研究成果，本文从以下几个方面作进一步研究和完善。

一是美元作为大宗商品主要计价单位，现有研究主要关注美国货币政策对大宗商品价格的影响。而伴随中国经济发展，世界经济格局发生改变，当前研究货币政策对大宗商品价格的影响，在考虑美国货币政策的前提下，增加中国货币政策因素会更加全面。

二是美元指数不是美国货币政策的指数，而是衡量美元在国际外汇市场汇率变化的一项综合指标，美元指数不仅受美国货币政策影响，还会受到其他国家货币政策、经济形势等因素的影响。因此以美国利率和货币供应量代表美国货币政策更能贴切分析美国货币政策对大宗商品价格的影响。

三是货币政策除了直接影响大宗商品价格，还会通过宏观经济的调整间接产生影响，因此研究货币政策对大宗商品价格的影响，还应与不同的经济发展阶段相结合。现有研究方法 VAR 模型的假设前提是系数不变，因此不能反映不同经济发展环境下货币政策的影响变化，运用 MS-VAR 模型可以分析不同区制下的货币政策对大宗商品价格的影响。

深入分析中美货币政策对大宗商品价格的影响，对于分析和把握大宗商品价格的变化规律具有重要的意义。

二、大宗商品价格波动及影响因素分析

（一）大宗商品价格

1. 大宗商品定义

大宗商品没有统一的定义，我国质量监督检验检疫总局 GB/T 18769—2003《大宗商品电子交易规范》将大宗商品（Bulk Stock）描述为：指可进入流通领域，但非零售环节，具有商品属性，用于工农业生产与消费使用的大批量买卖的物质商品①。在金融投资市场，大宗商品指同质化、可交易，被广泛作为工业基础原材料的商品，如原油、有色金属、农产品、铁矿石、煤炭等。包括 3 个类别，即能源商品、基础原材料和农副产品。

2. 大宗商品价格

根据经济学理论，大宗商品的供求关系决定大宗商品价格。在供求关系影响下，以大宗商品价值为基准，大宗商品价格上下波动。大宗商品供求取决于大宗商品市场上的卖家和买家，伴随商品经济由初级阶段到发达阶段，再到成熟的市场经济阶段，大宗商品市场交易方式经历了现货交易→远期现货交易→场外衍生品交易→期货交易等各个阶段。期货交易是大宗商品最成熟的交易方式，期货市场是一个近似于完全竞争的市场，期货交易价格能反映真实的市场供求，是真正的市场价格。面临世界经济一体化，国际上一些发达而成熟的期货市场由于能反映全世界的供求关系以及对大宗商品的预期价格，从而成为大宗商品基准定价中心。

本文所论述的大宗商品价格是由具有定价中心功能的期货交易所确定的基准价格。

（二）大宗商品价格波动分析

期货市场作为实体经济的晴雨表，大宗商品价格波动反映了世界经济的发展状况。21 世纪以来以中国为代表的新兴经济体经济增长迅速，改变了世界经济格局，这些变化引起大宗商品价格波动出现许多新的特征。

1. 大宗商品的价格波动状况

为描述大宗商品价格变化趋势，下面分析美国商品研究局发布的 CRB 指数波动状况。

CRB 指数的变化反映出了大宗商品的价格波动（见图 10.1），自 1994 年至 2014 年 CRB 指数大体经历了以下 4 次波动。

---

① 中华人民共和国国家质量监督检验检疫总局：《GB/T 18769—2003 大宗商品电子交易规范》，中国标准出版社 2003 年版。

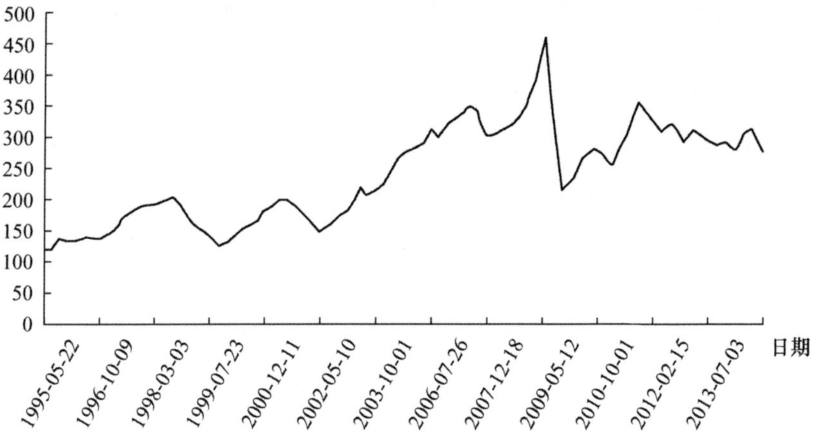

图 10.1　RJ/CRB 指数波动图

资料来源：Wind 资讯。

第 1 次源自 1998 年亚洲金融危机引起 CRB 指数下降。

第 2 次自 2000 年 10 月开始，由于美国网络经济泡沫破灭导致 CRB 指数波动。

第 3 次自 2002 年 6 月开始，CRB 指数开始大幅上涨，由 165.30 点上涨至 2008 年 7 月的 473.52 点，在 6 年的上涨周期中，增幅达 186%。2008 年伴随美国次贷危机，CRB 指数自 7 月份开始下行，最低跌至 2009 年 2 月的 212.16 点，跌幅接近 50%，创近 30 年来最大跌幅。

第 4 次自 2009 年 3 月开始，CRB 指数又恢复增长，直到 2011 年 4 月的 363.98 点；自 2011 年以来处于平稳振荡阶段。

2. 大宗商品价格波动特征

根据 CRB 指数波动状况分析，可知大宗商品价格波动近 20 年来呈现以下几个特点。

(1) 进入 21 世纪以后，波动剧烈。

进入 21 世纪以后，大宗商品价格摆脱以前窄幅振荡的状态，首先进入长达 6 年的上涨周期，大宗商品价格整体脱离底部区间；其次是 2008 年的急速下跌，以及再次拉升。此轮波动犹如“过山车”，剧烈波动对经济造成巨大冲击和影响。此轮波动的上涨期，伴随着中国经济的高速增长；急速下跌期恰逢美国次货危机爆发；大宗商品价格再次回升的背景是各国经济刺激计划。

(2) 金融因素的影响变大。

2008 年美国次贷危机爆发，促动了大宗商品价格急速下跌，创 21 世纪以来的最大跌幅，金融因素对大宗商品价格的影响在进一步扩大。

(3) 中国的经济增长、货币政策与大宗商品价格的相关性增强。

进入 21 世纪后，中国 GDP 增长变化与 CRB 现货综合指数变化具有很大的相关性：2002～2008 年大宗商品价格的上涨，中国经济增长起了重要作用；2008 年后，中国实施了适度宽松的货币政策以及 4 万亿元的经济刺激计划，推动了大宗商品价格的快速回升。

(三) 大宗商品价格波动的影响因素分析

大宗商品价格的剧烈波动，引起了专家学者对价格波动原因的研究，究竟哪些因素导致了大宗商品价格波动？从经济学原理分析，价格决定因素是市场供求，引起供求变化的因素都会对大宗商品价格产生影响。

决定价格的供求因素，狭义地讲是指生产和消费；对于期货交易的大宗商品，改变供求关系的因素除了生产和消费，还有非生产和消费引起的供求变化，这是由期货交易的特殊性形成的。由期货交易头寸分析可知，非商业头寸所包含的投资基金虽然与大宗商品的生产和消费不直接相关，但投资基金的多空操作会通过改变期货交易的供求影响期货交易价格；除了投资基金，大宗商品的库存、战略储备等虽然也不是直接涉及生产和消费，但都会通过改变期货交易的供求而影响价格。可见影响大宗商品价格的供求因素是一个广义的概念，包含所有引起期货交易供求变化的因素，而不仅是直接的生产和消费。

因此，对大宗商品价格的影响因素，本文从改变大宗商品交易的广义供求关系角度来分析。这些因素主要包括：经济增长、货币政策、预期因素、自然灾害、战争和地缘政治等。

1. 经济增长对大宗商品价格的影响

消费需求是驱动大宗商品价格波动的重要因素，经济增长是推动消费需求的关键驱动力。在2002～2008年间，由世界银行数据可知，全球经济增长率高达3.13%，制造业增速为4.5%，经济增长和制造业的发展推动了大宗商品需求量，致使价格高涨。

经济增长在扩大消费需求的同时，也会促进大宗商品生产能力的提高，然而由于供给短期刚性的约束，供给增长大大落后于需求的增长，因此经济增长驱动的消费需求增加主导了2002～2008年大宗商品市场的长期“牛市”。

2008年的次贷危机，通过金融市场扩展到实体经济，全球经济萧条，导致大宗商品需求大幅下降，大宗商品价格急速下跌。2010年在各国经济刺激下，经济复苏虽在一定程度上促动了大宗商品价格回升，但全球经济复苏乏力，这也成为现阶段大宗商品价格回落的主要原因。

2. 货币政策对大宗商品价格的影响

货币政策是宏观经济调控的主要手段，货币政策一方面影响经济，改变大宗商品生产和消费引起价格变化；另一方面在生产和消费不变的情况下通过资产效应，引起投资基金的变化使大宗商品价格发生改变。而美元作为大宗商品标价货币，美国货币政策调整更会直接影响大宗商品价格。

下面从货币供应量和利率角度分析货币政策对大宗商品价格的影响。

（1）货币供应量。

21世纪以来，全球主要经济体长期执行宽松货币政策，基础货币发行过多，促使经济增长速度加快，引起了持续的通货膨胀，对于作为原材料使用的农产品、金属以及能源化工类大宗商品，毫不例外地引起了价格上涨。由图10.2可以看出，美国货币供应量M2与大宗商品价格指数的同比变化率具有非常相似的变化趋势，且M2领先于CRB指标，可见对于以美元计价的大宗商品价格会受到美国货币发行量的影响；由图10.3可以看出中国货币供应量M2与CRB之间的关系，在2008年以前，二者之间变化趋势基本不相同，然而2008年以后，具有明显的相似性，且中国M2具有对CRB的引领和影响作用。

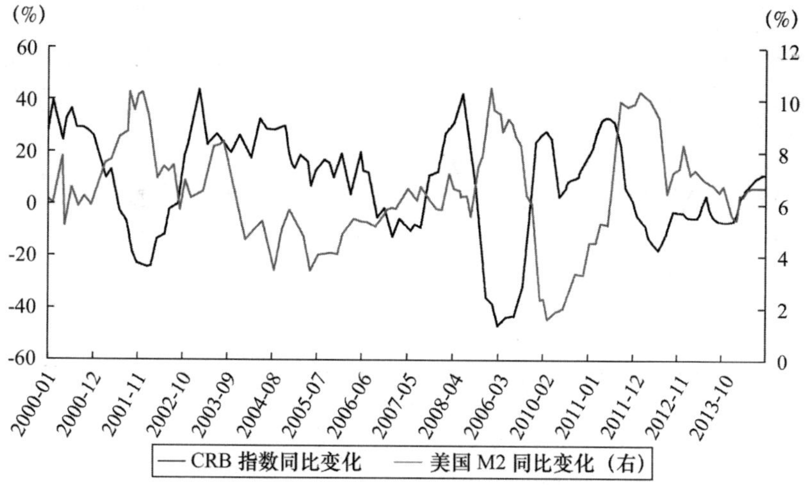

图 10.2　美国货币供应量 M2 与 CRB 指数的同比变化率

资料来源：Wind 资讯。

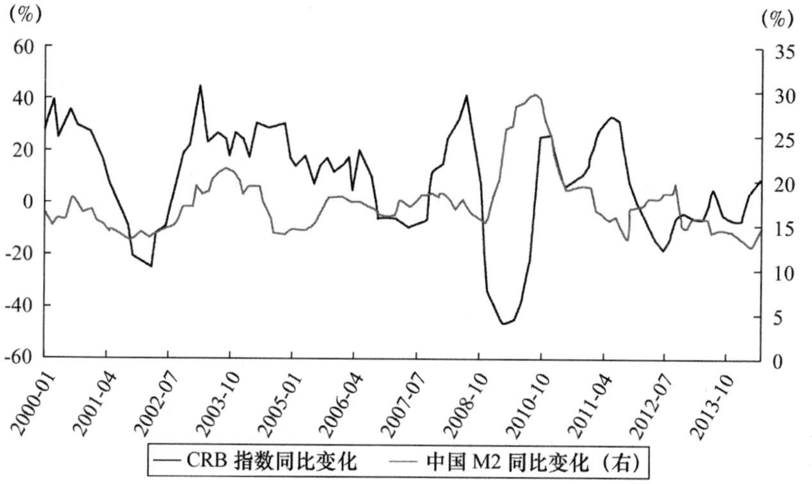

图 10.3　中国货币供应量 M2 与 CRB 指数的同比变化率

资料来源：Wind 资讯。

（2）利率。

利率作为货币政策调整的重要工具，利率的调整将对大宗商品价格产生影响。当利率降低时，会增加投资，促进经济增长，经济增长将增加大宗商品消费，提高大宗商品价格；利率的降低，还会改变投资者的资产配置，大宗商品期货市场投资增加将提高大宗商品价格。当利率提高时，相反。

为具体分析最大经济体美国联邦基金利率对大宗商品价格的影响，二者变化趋势如图 10.4 所示。由图可知，联邦基金利率与 CRB 指数没有表现出完全的相关性，只在有些时期表现出理论上分析的负相关性：在 2001 年 12 月到 2003 年 3 月，利率由 1.82% 降低到 1.25%，CRB 指数则由 148.49 点上升到 210.12 点；在美国次贷危机前，2007 年 2 月到 2008 年 6 月，利率由 5.26% 降到 1.98%，CRB 指数由 305.63 点提高到 445.14 点。可见美国利率调整的主要目标还在于经济增长，在有些时期对大宗商品价格的影响比较明显。

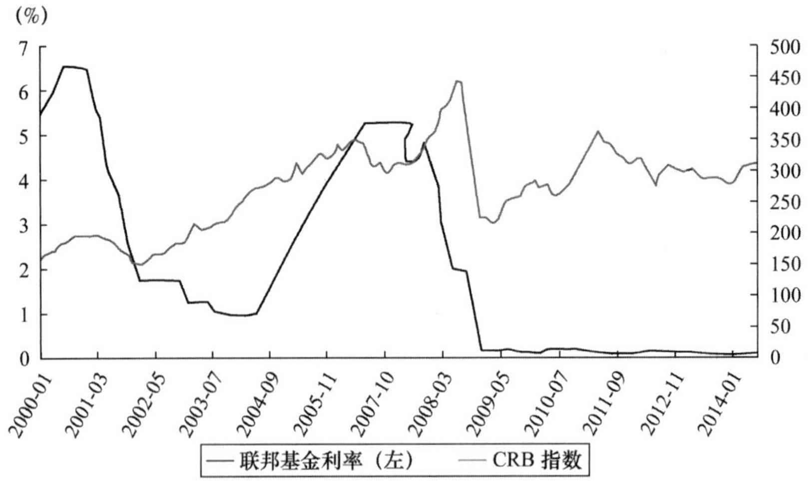

图 10.4 美联储联邦基金利率与 CRB 指数的变化趋势

资料来源：Wind 资讯。

图 10.5 列出了中国 1 年期定存利率与 CRB 指数的变化趋势，由此可以分析中国这一全球第二大经济体、最大的大宗商品进口国和消费国，在经济发展过程中利率对大宗商品价格的影响。由图中可以看出，中国利率和 CRB 指数整体呈现较高的正相关性，与理论上利率与大宗商品价格的关系恰好相反，这说明中国利率调控目标主要是中国的经济增长，对大宗商品价格的影响较小。

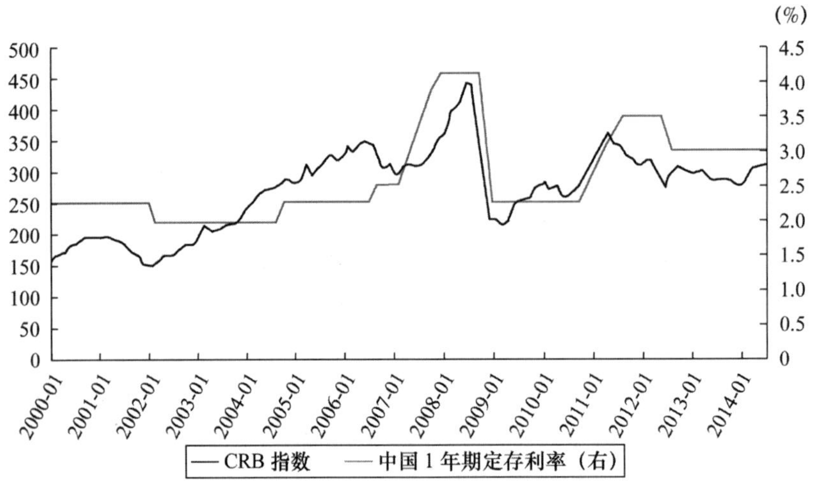

图 10.5 中国 1 年期定存利率与 CRB 指数的变化趋势

资料来源：Wind 资讯。

3. 其他因素对大宗商品价格的影响

（1）预期因素影响。

对于商品期货价格，基于对未来供求的预期和相应的储存、交易费用是主要决定因素，可见预期因素对大宗商品价格影响显著。

（2）财政政策、税收政策、地缘政治、自然灾害等。

除经济增长、货币政策等因素外，不可预测的地缘政治、自然灾害以及财政政策、税收政策等国家政策都会对大宗商品价格产生影响。比如，中东危机降低原油产量使价格提高；2006 年美国的飓风使农作物减产而使农产品价格升高；中国烯土政策的出台提高了稀土价格，等等，这些因素都会对相应大宗商品价格波动产生影响。

通过以上对影响大宗商品价格因素的分析，可以看出货币政策与经济增长是影响大宗商品价格的主要因素，预期要基于其他因素做出判断，军事、地缘政治、自然灾害等多是突发性、不可控的因素。货币政策对大宗商品价格的影响是全面的，既直接影响，也通过对经济的调整间接影响。中美利率和货币供应量与 CRB 指数的变化趋势分析，表明了美国货币政策与大宗商品价格具有较强的相关性，中国货币政策的相关性也在增强。

因此，货币政策，尤其是中美货币政策，是影响大宗商品价格的重要因素。

三、中美货币政策对大宗商品价格影响的机理分析

（一）中美货币政策概述

1. 货币政策定义

货币政策是指政府或中央银行为影响经济活动所采取的措施，尤指货币供给以及调控利率的各项措施。

货币政策包含三个方面的基本内容：一是货币政策主体，即政府或中央银行，这说明货币政策的调整是货币政策主体的主动行为；二是货币政策中介目标，货币供应量和利率；三是货币政策调控的目标，即经济活动，如物价稳定、经济增长等。

2. 中美货币政策比较分析

中国和美国的货币政策目标和货币政策工具如表 10. 2 所示。

表 10. 2　　中美货币政策比较

	中　国	美　国
货币政策工具	存款准备金 基准利率 再贴现 公开市场业务 中央银行贷款	法定存款准备金率 再贴现 公开市场业务
中介目标	长期利率 货币供应量 贷款量	联邦基金利率
最终目标	保持币值稳定 促进经济增长	控制通货膨胀 促进充分就业

资料来源：《中国人民银行法》《联邦储备法》。

中美货币政策虽然由于市场化程度有所差异，但都建立了市场化的间接调控体系；在货币政策调控过程中，利率与货币供应量都发挥了重要的作用。

3. 中国和美国货币政策中介目标的演变

中央银行通过调整货币政策实现对最终目标的影响，在这个过程中，运用中介目标的原因有三点：第一，货币政策不能直接对最终目标变量产生作用，而是需要通过对操作目标的调整，引起中间金融变量的变化，从而对经济主体的经济行为产生影响，最终达到对最终目标的调控；第二，货币政策的调整，到最终目标的变化有较大的滞后期，引入与最终目标联系紧密的中介目标，便于中央银行及时了解货币政策运行的效果以便及时进行调整和修补以使调控效果达到最优化；第三，设定中介目标，可以为公众和机构预期设定一个“名义锚”，向机构和公众传达政策制定者的决策方向和意图，有利于引领机构和公众的行为，使得货币政策调控的力度更大，速度更快。

由于经济结构不同，加上发展水平的差异，使得美国和中国在中介目标的选择上经历了不同的阶段。美国中介目标的变化与货币政策的理论密切相关，如表 10.3。

表 10.3　　美国货币政策中介目标变化

时　间	1980 年以前	1980～1993 年	1993 年至今
中介目标	利率	货币供应量	实际利率
货币政策理论	凯恩思主义经济学	货币主义理论	泰勒规则

与美国货币政策中介目标的变化不同，中国货币政策目标的变化是与我国经济结构及市场化进程相关联的。

1979 年以前，我国实行的是计划经济体制，资源配置主要通过行政命令，货币政策传导也由人为控制，货币政策中介目标基本不起作用。

1979 年改革开放之后，我国货币政策中介目标首先是控制现金量；随后控制广义货币供应量；接着中介目标定为信贷规模，用于抑制信贷需求，使货币供应量能被控制。

1998 年以后，货币供应量代替贷款规模，成为中央银行货币政策的中介目标。

伴随我国市场经济发展以及金融市场的日趋成熟，学者们对货币中介目标的看法也越来越多。廖强（2001）认为一个国家经济波动的状态决定利率和货币供应量哪个更适合作为中介目标，彭芸（2001）通过对美国货币政策的分析，认为我国当前货币政策中介目标都没能充分发挥作用，建议将国债利率列为我国货币政策中介目标。

由中美两国货币中介目标的变化可知，货币政策中介目标是和一国的经济体制以及经济发展状况密切相连的，利率和货币供应量是中美两国货币政策中介目标的首选，在不同的经济时期，利率和货币供应量分别起着主导作用，因此，对货币政策中介目标的研究，以及货币政策的传导机理分析，应同时关注中央银行的货币供应量和利率调整。

（二）中美货币政策与大宗商品价格的关系

由中美两国货币政策分析可知，中美货币政策的制定与调整最终目标都是经济增长和币值稳定，中美货币政策通过对经济增长的调整，会引起对大宗商品需求的改变，从而间接影响大宗商品价格；中美货币政策的调整也会直接影响大宗商品价格，货币政策的调整会通过资产组合效应，改变投资者的投资决策对大宗商品价格产生影响，美元是全球储备货币，同时国际贸易中大宗商品也以美元标价，因此美国货币政策调整更会直接引起大宗商品价格的波动。

可见作为经济基础的大宗商品，会同时受到中美货币政策的直接影响和通过对经济增长调整引起的间接影响。为进一步分析货币政策对大宗商品价格的影响，把货币政策变量和大宗商品价格变量作为整个经济体系的内生变量，则货币政策、大宗商品价格和宏观经济主体三者之间的关系如图 10.6 所示。

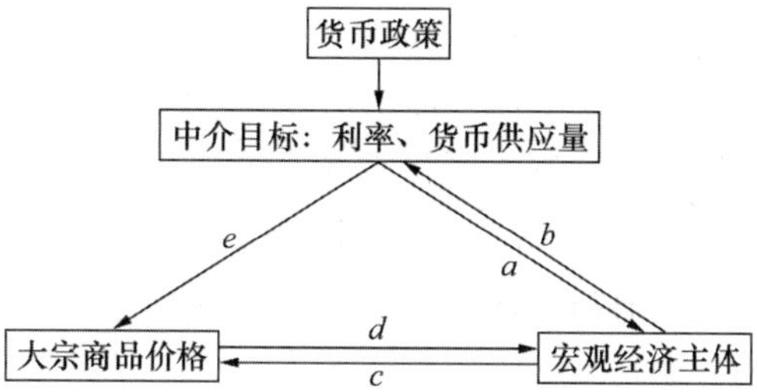

图 10.6　货币政策、大宗商品价格和经济主体关系图

由图 10.6 可以看出，货币政策、大宗商品价格和宏观经济主体三者之间存在以下几种关系。

一是货币政策对宏观经济主体运行的直接影响。比如货币发行量直接影响产出水平。

二是宏观经济对货币政策制定的影响。比如国内生产总值（GDP）的增长对货币供应量增加的需求。

三是宏观经济主体对大宗商品价格的影响。宏观经济主体运行状况的改变，将对大宗商品的需求产生影响，从而引起大宗商品价格的波动。

四是大宗商品价格对宏观经济主体的影响。大宗商品价格上涨，增加生产企业的生产成本，从而影响企业产出。

五是货币政策对大宗商品价格的直接影响。由于大宗商品价格并非货币政策的中介目标，因此大宗商品价格变化不会促使中央银行调整货币政策，然而货币政策的调整却能通过资产效应，直接改变投资者的投资决策对大宗商品价格产生影响，也会通过改变交易者预期直接影响大宗商品价格。

可见，货币政策，大宗商品价格与宏观经济主体三者中两两存在相互作用的关系，影响途径也有直接和间接的区别。

货币政策对大宗商品价格的影响：直接影响 e 途径；间接影响 a→c 途径。

货币政策对宏观经济的影响：直接影响 a 途径；间接影响 e→d 途径。

宏观经济对货币政策的影响：直接影响 b 途径。

宏观经济对大宗商品价格的影响：直接影响 c 途径；间接影响 b→e 途径。

大宗商品价格对宏观经济影响：直接影响 d 途径。

本文着重研究货币政策对大宗商品价格的影响：即 e 途径和 a→c 途径。

（三）货币政策对大宗商品价格影响的途径分析

货币政策可以通过货币政策中介目标的变化直接对大宗商品价格产生影响，也可以通过对经济增长的影响，间接改变大宗商品的价格。下面将货币政策对大宗商品价格影响的直接途径和间接途径进行分析。

1. 直接影响途径

货币政策对大宗商品价格的直接影响，即货币市场对资本市场影响的一部分，其直接影响应该体现在数量和价格上。

（1）货币供应量的影响。

该影响途径基于货币学派的货币传导理论，短期内扩张性的货币政策引起货币供应量的增加。公众手中的货币持有量超过了原有的均衡状态，超额货币将被用于投资，一部分将被用于购买具有金融属性的大宗商品，从而引起大宗商品价格的上涨。按货币学派的长期货币中性理论，货币供应量增加长期内会引起社会各种商品和劳务价格的普遍上涨，并达到均衡状态，即引起通货膨胀。

（2）利率的影响。

利率对大宗商品价格的影响基于凯恩思学派的货币传导理论，根据货币效用理论，公众手中持有的资产组成中各类资产的边际收益上升，与货币相关的国债等资产的投资收益上升，公众通过改变资产组合，使得大宗商品价格因需求改变而下降。

可见，货币政策对大宗商品价格的直接影响，无论是通过货币供应量的改变，还是利率的调整，都是通过公众对持有的资产组合中不同品类资产的持有比例变化来实现的。通过资产组合中大宗商品持有比例的变化，对大宗商品的价格从需求方面产生影响，这种效应属于投资者的资产组合效应。货币政策对大宗商品价格的影响是通过对投资者投资决策产生直接影响实现的。

2. 间接影响途径

货币政策对大宗商品价格的影响，除了图 10.6 的直接途径 e，还有间接途径 a→c。货币政策对经济增长的调整是货币政策的最终目标，下面主要分析货币政策对宏观经济主体中企业行为的影响，货币政策对企业行为的影响，通过两条途径实现：第一种途径是，利率的提高将会使投资者的边际收益要求提高，从而降低最佳投入；第二种途径是，利率的提高使得企业借贷成本提高，借款减少从而减少投入。

可见，货币政策的变化，将会影响实体经济的发展，宽松货币政策将会刺激经济发展，增强企业活力及再投入，实体经济的增长将从需求上推动大宗商品价格的上升；而紧缩的货币政策影响则相反。

（四）货币政策对大宗商品价格影响的资产组合效应理论分析

货币政策通过直接影响资产组合效应和预期收益改变投资者的投资决策，从而影响大宗商品价格。本节即从投资者的微观角度，从理论上探讨货币政策变化通过资产组合效应对投资者的预期及决策的影响。

影响投资者决策的资产组合效应主要由两种效应决定：一是财富效应，即货币政策波动改变投资者的财富引起投资者投资决策变化，并对大宗商品价格产生影响；二是流动性效应，即货币政策波动引起投资者资产组合变化，资产流动性的变化使投资者改变决策，并对大宗商品价格产生影响。对投资者来说，投资决策的改变是为了追求未来的投资收益，是为了维护自身财富及流动性所带来的效用最大化水平。当货币政策调整时投资者的财富水平及流动性水平被改变，投资者对未来收益预期就会改变，并影响其效用水平，因而投资者改变当期决策，并对大宗商品价格产生影响。

本文从投资者效用角度出发，以货币政策变化对投资者产生的“财富效应”和“流动性效应”来论证对大宗商品价格的影响。

通过对“财富效应”和“流动性效应”分析可以看出，这两种效应自身具有跨期特征。本文借鉴 Arrow Debreu 的研究思想，在模型研究中仅考虑两期的情况，即第 t 期和第 $t+1$ 期，分别代表投资期和收益期。

设 F_t 表示投资者在第 t 期购买期货后的净财富水平；W_t 表示第 t 期的外来财富总额；假定在第 t 期投资者仅购买期货品种 i，购买数量为 Q_i 且单位期货保证金为 $P_{i,t}=1$，则：

$$F_t = W_t - P_{i,t}Q_i = W_t - Q_i \tag{10-1}$$

设第 $t+1$ 期期货品种 i 产生收益（可正，可负）$X_{i,t+1}$，则 $t+1$ 期投资者的净财富为：

$$F_{t+1} = W_{t+1} + Q_iX_{i,t+1} = W_t + Q_iX_i \tag{10-2}$$

设 $W_{t+1} = W_t$，即从 t 期至 $t+1$ 期，投资者外来财富增加为0；再设投资者的效用函数为 $U(F)$，则第 t 期和 $t+1$ 期的效用分别为和 $U(F_{t+1})$，投资者决策追求效用量大化，可表示为：

$$\mathrm{Max}U(F_t,F_{t+1}) = \mathrm{Max}[U(F_t)+\rho E_tU(F_{t+1})] \tag{10-3}$$

其中，ρ 为贴现率。

利用式（10－1）和式（10－2），用拉格郎日法则对式（10－3）进行处理，则得到：

$$U'(F_t) = \rho \cdot E_tU'(F_{t+1}) \cdot X_{i,t+1} \tag{10-4}$$

整理得：

$$E_t\left[\rho\frac{U'(F_{t+1})}{U'(F_t)}X_{i,t+1}\right] = 1 \tag{10-5}$$

令：

$$\lambda = \rho\frac{U'(F_{t+1})}{U'(F_t)} \tag{10-6}$$

则 λ 表示第 $t+1$ 期投资收益 $X_{i,t+1}$ 的折现率。可见，该折现率 λ 可以表示为第 $t+1$ 期效用函数一阶导数与第 t 期效用函数一阶导数的比值，即第 $t+1$ 期和第 t 期边际效用函数的比值。由于投资者的效用函数除了与财富水平相关外，还与资产的流动性相关，因此投资者的边际效应函数也会随着财富水平与流动性水平的变化而变化，我们可以将投资者的边际效用函数表示为：

$$U'(F_{t+1}) = U_{t+1} = U_{t+1}(F_t,F_{t+1},L_t,L_{t+1}) \tag{10-7}$$

其中，L_t 为第 t 期流动性水平，L_{t+1} 为第 $t+1$ 期流动性水平。

由式（10－6）可知：

$$\lambda = \rho \frac{U'(F_{t+1})}{U'(F_t)} = \rho \frac{U_{t+1}}{U_t} \tag{10-8}$$

根据式（10－5），建立欧拉方程：

$$E_t(\lambda_{t+1} X_{i,t+1}^e) = 1 \tag{10-9}$$

$$X_{i,t+1}^e = \frac{P_{i,t+1}}{P_{i,t}} \tag{10-10}$$

其中，$X_{i,t+1}^e$ 表示投资者对购买期货品种 i，第 $t+1$ 期的预期回报。

对式（10－9）进行对数化处理，并展开可得到：

$$E_t\left[\mathrm{Ln}\lambda_{t+1} + \mathrm{Ln}(X_{i,t+1}^e) + \frac{1}{2}\sigma_\lambda^2 + \frac{1}{2}\sigma_{x,t+1}^2 + \sigma_{\lambda,x,t+1} \right] = 0 \tag{10-11}$$

设 $\gamma_{t+1} = \mathrm{Ln}\lambda_{t+1}$，$X_{t+1}^e(i) = \mathrm{Ln}(X_{i,t+1}^e)$，则由式 10－11 可得：

$$E_t(\gamma_{t+1}) + E_t[X_{t+1}^e(i)] + \frac{1}{2}(\sigma_\lambda^2 + \sigma_{x,t+1}^2 + 2\sigma_{\lambda,x,t+1}) = 0 \tag{10-12}$$

由于 $\sigma_{\lambda,x,t+1}$ 不具有金融学意义，因此，进一步将其简化，首先将边际效用函数即式（10－7）进行一阶泰勒展开，设 $U_{t+1} = U_{t+1}(F_{t+1}, F_t, L_{t+1}, L_t)$ 在任意接近 $(F_{t+1}, F_t, L_{t+1}, L_t)$ 的点 $A(A_1, A_2, A_3, A_4)$ 处展开可得：

$$\begin{aligned} U_{t+1}(F_{t+1}, F_t, L_{t+1}, L_t) \approx\ & U_1(A_1, A_2, A_3, A_4) + U_1(A_1, A_2, A_3, A_4)(F_{t+1} - A_1) \\ & + U_2(A_1A_2A_3A_4)(F_t - A_2) + U_3(A_1A_2A_3A_4)(L_{t+1} - A_3) \\ & + U_4(A_1A_2A_3A_4)(L_t - A_4) \end{aligned} \tag{10-13}$$

其中，U_1 表示 U_{t+1} 对 F_{t+1} 的一阶偏导数，U_2 表示 U_{t+1} 对 Ft 的一阶偏导数，U_3 表示 U_{t+1} 对 L_{t+1} 的一阶偏导数，U_4 表示 U_{t+1} 对 L_t 的一阶偏导数。

由投资者财富水平及流动性特征可知，短期内具有连贯性，因此把假定接近（A_1, A_2, A_3, A_4）的点$(F_t, F_{t-1}, L_t, L_{t-1})$ 代入式（10－13）并整理后可得：

$$\begin{aligned} \frac{U_{t+1}(F_{t+1}, F_t, L_{t+1}, L_t) - U_t(F_t, F_{t-1}, L_t, L_{t-1})}{U_t(F_t, F_{t-1}, L_t, L_{t-1})} =\ & \frac{U_1(F_t, F_{t-1}, L_t, L_{t-1})}{U_t(F_t, F_{t-1}, L_t, L_{t-1})} \cdot F_t \cdot \frac{(F_{t+1} - F_t)}{F_t} \\ + \frac{U_2(F_tF_{t-1}L_tL_{t-1})}{U_t(F_tF_{t-1}L_tL_{t-1})} \cdot F_{t-1} \cdot \frac{(F_t - F_{t-1})}{F_{t-1}} & + \frac{U_3(F_t, F_{t-1}, L_t, L_{t-1})}{U_t(F_t, F_{t-1}, L_t, L_{t-1})} \cdot L_t \cdot \frac{(L_{t+1} - L_t)}{L_t} \\ + \frac{U_4(F_tF_{t-1}L_tL_{t-1})}{U_t(F_tF_{t-1}L_tL_{t-1})} \cdot L_{t-1} \cdot \frac{(L_t - L_{t-1})}{L_{t-1}} & \end{aligned} \tag{10-14}$$

由阿罗－帕拉特风险厌恶测度公式并借鉴证券投资风险厌恶系数可知：当总效用函数为 U（Φ）时，投资者对某一影响因素 Φ 的风险厌恶系数为 R_t（Φ）：

$$R_t(\Phi) = -\Phi \frac{U''(\Phi)}{U'(\Phi)} \tag{10-15}$$

将风险厌恶系数（10－15）代入式（10－14）可得：

$$\begin{aligned} \frac{U_{t+1}(F_{t+1}, F_t, L_{t+1}, L_t) - U_t(F_t, F_{t-1}, L_tL_{t-1})}{U_t(F_t, F_{t-1}, L_t, L_{t-1})} =\ & -R_t(F_t)\frac{(F_{t+1} - F_t)}{F_t} \\ - R_t(F_{t-1})\frac{(F_t - F_{t-1})}{F_{t-1}} - R_t(L_t)\frac{(L_{t+1} - L_t)}{L_t} & - R_t(L_{t-1})\frac{(L_t - L_{t-1})}{L_{t-1}} \end{aligned} \tag{10-16}$$

对式（10-16）对数化并简化处理可得：

$$\mu_{t+1}-\mu_t = -R_t(F_t)(f_{t+1}-f_t)-R_t(F_{t-1})(f_t-f_{t-1}) - R_t(L_t)(l_{t+1}-l_t)-R_t(L_{t-1})(l_t-l_{t-1}) \quad (10-17)$$

其中：$\mu_t = \text{Ln}U_t$ 表示第 t 期边际效用对数，$f_t = \text{Ln}F_t$ 表示第 t 期财富水平的对数，$l_t = \text{Ln}L_t$ 表示第 t 期流动水平的对数。

用 $\triangle\mu_t,\triangle f_t,\triangle l_t$ 分别表示前后两期的变化，则式（10-17）可简化为：

$$\triangle\mu_{t+1} = -R_t(F_t)\cdot\triangle f_{t+1}-R_t(F_{t-1})\cdot\triangle f_{t-1}-R_t(L_t)\cdot\triangle l_{t+1}-R_t(L_{t-1})\cdot\triangle l_t \quad (10-18)$$

对式（10-8）对数化处理，结合式（10-18），并根据协方差定义整理可得：

$$\sigma_{\lambda,x,t+1} = -R_t(F_t)\sigma_{fr}-R_t(L_t)\sigma_{lr} \quad (10-19)$$

将式（10-19）代入式（10-12），整理可得：

$$E_t[X_{t+1}^e(i)] = R_t(F_t)\sigma_{fr}+R_t(L_t)\sigma_{lr}-\frac{1}{2}\sigma_\lambda^2-\frac{1}{2}\sigma_{x,t+1}^2-E_t(\gamma_{t+1}) \quad (10-20)$$

由式（10-20）可知，投资者购买期货品种的期望收益变化主要在于：$R_t(F_t)$，投资者对财富水平的风险厌恶程度；$R_t(L_t)$，投资者对资本流动性水平的风险厌恶程度；σ_{fr}，财富与预期收益的相关性；σ_{lr}，资本流动性与预期收益的相关性；$\sigma_{x,t+1}^2$，预期收益的波动程度。

其中，投资者对财富水平的风险厌恶程度，对资本流动性水平的风险厌恶程度，以及财富和资本流动性与预期收益的相关性都与投资者的期望收益正相关，而与投资品种的预期收益波动负相关。由此可见，当投资者对财富水平以及资本流动性水平的风险厌恶程度增加时，对投资的预期收益也相应增加以对其承担的风险进行补偿；财富水平及资本流动性水平与预期收益相关性增加，则投资者的预期收益提高，说明了投资者对所控资本的逐利性，总是追求资本收益的最大化；当投资品种预期收益波动较大时，则投资者的预期收益减低，从而验证了投资者的投资风险规避偏好。可见该模型符合相应的投资理论，具有一定的合理性，弥补了当前货币政策通过投资者的预期收益途径对大宗商品价格产生影响的理论欠缺，可用于指导分析货币政策变化对大宗商品价格的直接影响。当货币政策变化时，将会相应引起投资者的财富水平或流动性水平的变化，财富水平或流动性水平的变动导致投资者对投资大宗商品预期收益的改变，从而改变投资决策，并影响大宗商品价格。

（五）货币政策对大宗商品价格影响实证模型分析

根据上文的研究，货币政策对大宗商品价格影响有两种途径：直接影响和间接影响。

直接影响途径的货币政策工具主要有：货币供应量和利率。利率是货币的价格，是由供求决定的，中央银行对货币供应量的调整，也会改变利率水平。利率在传统凯恩斯理论中具有重要的意义。

预期是货币政策对大宗商品价格影响的主要因素。自 21 世纪 90 年代以来，各国中央银行开始提高货币政策的透明度，引导市场预期，各国不断改进货币政策决策程序，加大信息披露力度。Carpenter 和 Demiralp（2006）论述了货币政策提高透明度，使得预期效应对利率作用增强。Friedman 和 Kuttner（2010）认为流动性对货币政策的传导已不起作用，告示及其引起的预期效应已成为货币政策中利率引导的主要途径。

可见，在直接影响途径中，利率通过政策公示对大宗商品价格产生即时性的冲击效应，而货币供应量变化对大宗商品价格的影响，更主要的是体现在长期的连续效应；

对间接影响，由于货币政策调整，要通过影响宏观经济主体，改变大宗商品的供求影响价格，这种影响是连续的长期的，效果受宏观经济环境制约复杂多变。

结合以上分析，本文通过直接途径和间接途径研究了货币政策对大宗商品价格影响的内部机制和原理，然而我们的研究更注重的是货币政策对大宗商品价格影响的效果，因此本文将从中国和美国货币政策影响大宗商品价格变化的效果角度来进行实证分析。

1. 货币政策对大宗商品价格的短期影响

作为具有“公告效应”的利率政策，借助预期效应，将对大宗商品价格产生直接的即时性短期影响。由于利率的公示性是非连续的，本文将利率作为外生变量，利用事件分析法研究利率变化对大宗商品价格形成的短期冲击。

2. 货币政策对大宗商品价格的长期影响

货币政策对大宗商品价格的连续型冲击是由包括货币政策在内的多种变量所导致的，影响持续时间较长。因此把货币政策设为自变量，引入经济增长变量作为控制变量，把大宗商品价格设为因变量，运用 MS-VAR 模型实证分析货币政策在不同经济增长状态下对大宗商品价格的长期影响。

四、中美货币政策对大宗商品价格的短期影响

由货币政策对大宗商品价格影响分析，可知利率作为货币政策中介目标，在货币政策对经济增长调整中发挥着愈来愈重要的作用。由于利率调整具有明显的政策公告特征，对大宗商品价格的影响属于短期影响，本文将用事件分析法来研究中国和美国利率变化对大宗商品价格的影响。

（一）美国利率调整对大宗商品价格的影响

1. 样本数据选取

（1）事件确定。

本文选取 2000 年 1 月至 2014 年 6 月间美联储历次联邦基金利率调整事件，以美联储货币政策委员会对利率调整的公告日作为事件发生点。自 2008 年 12 月 16 日联邦基金利率调降 75 个基点后，一直维持不变，此事件点以后没有相应事件发生，同时把期间内美联储两次会议之间紧急做出的利率调整事件去除，共得到 38 例事件数据。

（2）研究目标。

本文按大宗商品分类分别选取美豆内指、伦铜指数、美原油指数的日收盘价格作为研究目标。

（3）样本数据选取。

以事件发生点为中心，选［-5，+5］作为“事件窗口”。只选择事件发生点的时间样本，存在信息不充分的欠缺，在信息发布的当天，市场存在反映不及时或不能充分应对的弊端。选择事件后5个交易日的样本数据，可以保证在事件发生后5个交易日，市场参与者能充分应对，并做出相应投资决策；由于存在交易者根据利率调整预期或通过某种渠道得到消息提前采取相应操作的可能性，因此也采取事件点前5个工作日的样本数据。

为估计正常收益率，本文选择事件窗口前10个交易日［-15，-6］作为“估计窗口”，以此作为“事件窗口”下期货品种价格正常波动的估计区间。

对美国联邦储备基金会自2000年1月至2014年6月间利率调整的38例事件数据，进行百分比量化，再分别计算38例事件窗口期内的美豆内指、伦铜指数、美原油指数的日收盘价的波动幅度，制作表10.4。

表10.4　美豆内指、伦铜指数、美原油指数事件窗口期波动率　单位:%

事件点	调整后利率	调整幅度	美国利率波动率	美豆内指波动率	伦铜指数波动率	美原油指数波动率
2000-02-02	5.75	调升25基点	4.55	-1.48	-3.56	3.20
2000-03-21	6.00	调升25基点	4.35	-0.26	-0.17	-8.87
2000-05-16	6.50	调升50基点	8.33	-1.05	0.94	0.84
2001-01-31	5.50	调降50基点	-8.33	-1.05	-1.54	7.76
2001-03-20	5.00	调降50基点	-9.09	-2.97	-2.58	-1.41
2001-05-15	4.00	调降50基点	-11.11	0.46	3.47	5.42
2001-06-27	3.75	调降25基点	-6.25	6.88	-1.99	0.30
2001-08-21	3.50	调降25基点	-6.67	-5.14	2.72	-1.30
2001-10-02	2.50	调降50基点	-16.67	-2.69	-1.88	2.62
2001-11-06	2.00	调降50基点	-20.00	1.38	5.95	-3.29
2001-12-11	1.75	调降25基点	-12.50	-2.98	-2.60	-3.94
2002-11-06	1.25	调降50基点	-28.60	0.90	2.60	-6.66
2003-06-25	1.00	调降25基点	-20.00	-3.83	-2.63	4.15
2004-06-30	1.25	调升25基点	25.00	-9.89	5.00	6.59
2004-08-10	1.50	调升25基点	20.00	2.79	0.64	5.36
2004-09-21	1.75	调升25基点	16.67	-5.76	5.29	11.63
2004-11-10	2.00	调升25基点	14.30	7.01	5.31	-6.56
2004-12-14	2.25	调升25基点	12.50	4.38	5.83	8.40
2005-02-02	2.50	调升25基点	11.11	-2.25	-2.31	-5.32
2005-03-22	2.75	调升25基点	10.00	-5.74	1.17	-1.55
2005-05-03	3.00	调升25基点	9.09	-1.05	-1.17	-3.83
2005-06-30	3.25	调升25基点	8.33	-7.30	0.42	1.38

续表

事件点	调整后利率	调整幅度	美国利率波动率	美豆内指波动率	伦铜指数波动率	美原油指数波动率
2005-08-09	3.50	调升25基点	7.70	-11.02	2.58	6.18
2005-09-20	3.75	调升25基点	7.14	-4.67	5.67	2.13
2005-11-01	4.00	调升25基点	6.67	-0.25	0.18	-3.30
2005-12-13	4.25	调升25基点	6.25	8.56	1.19	-3.39
2006-01-31	4.50	调升25基点	5.88	1.24	6.10	-3.79
2006-03-28	4.75	调升25基点	5.56	-2.43	9.47	6.69
2006-05-10	5.00	调升25基点	5.26	0.07	10.33	-5.05
2006-06-29	5.25	调升25基点	5.00	3.86	17.70	4.36
2007-09-18	4.75	调降50基点	-9.52	5.46	6.96	2.93
2007-10-31	4.50	调降25基点	-5.26	5.13	-4.94	10.50
2007-12-11	4.25	调降25基点	-5.56	5.23	-4.72	2.24
2008-01-30	3.00	调降50基点	-14.29	10.65	6.12	0.85
2008-03-18	2.25	调降75基点	-25.00	-4.47	2.29	-1.49
2008-04-30	2.00	调降25基点	-11.11	-4.49	-2.92	4.82
2008-10-29	1.00	调降50基点	-33.33	5.07	-0.50	-0.44
2008-12-16	0.25	调降75基点	-75.00	10.92	-10.74	-7.64

资料来源：根据数据计算整理。

2. 模型构建

超额收益等于事件窗口期的实际价格与“估计窗口”期的正常价格之差。正常价格是用于衡量市场没有事件发生时的市场价格，该价格具有推测和预期的性质。在研究中，计算正常价格的模型主要有均值调整模型、市场调整模型和市场模型。本文选用均值调整模型计算正常价格。

均值调整模型首先假定某种期货品种在事件发生前期望价格是一个常量，于是选一个不受事件影响的“估计窗口”作为参照，然后计算“估计期”的收益率，并把此收益率视为“事件窗口”内的正常收益率，因此以“事件窗口”内实际收益率减去正常收益率即为超额收益率。

由于本文设定“事件窗口”期前10个交易日为“估计窗口”期，因此“估计窗口”期的平均收益率为：

$$\mu_{-i-10,-i-1} = \frac{1}{10}\sum_{k=-i-10}^{-i-1} p_k \tag{10-21}$$

其中，μ 代表平均收益率；i 为事件窗口的左边界，此处 $i=5$；p 为期货品种的日收盘价格。

则“事件窗口”期 $[-i, +i]$ 内每交易日的超额收益以 SP_k 表示为：

$$SP_k = P_k - \mu_{-t-10,-i-1} \qquad k \in [-i,i] \tag{10-22}$$

利用事件分析法研究事件引起的超额收益时，一般分为累计超额收益率和平均超额收益率两种。本文以平均超收益率来研究利率波动引起的期货品种价格的变化，以 ASP_K 表示平均超额收益率：

$$ASP_k = \frac{1}{2i+1}\sum_{k=-i}^{i} SP_k \tag{10-23}$$

为验证平均超额收益率的显著性，构建 T 统计量：

$$T = \frac{ASP_k - \mu_0}{\frac{\sigma}{\sqrt{2i}}} \tag{10-24}$$

并设定如下假设。H_0："事件窗口" 内平均超额收益率的均值为 0，即利率变化对期货品种价格没有影响；H_1："事件窗口" 内平均超额收益率的均值不为 0，即利率变化对期货品种价格有影响。

根据模型，计算样本数据，并进行 T 检验，根据 T 检验结果来分析不同期货品种不同时期受利率政策变化的影响，并研究其深层次的原因。

3. 实证检验及分析

根据均值调整模型及美国利率调整 38 次事件点所选取的美豆内指、伦铜指数以及美原油指数的"估计窗口"值，分别计算出 3 个品种指数的日均正常收益，然后再由"事件窗口"实际值计算出 3 个品种指数的日均超额收益率。并以 t 变量检验 3 个品种日均超额收益率的显著性，结果如表 10. 5 所示。

表 10. 5 美国利率调整事件窗口美豆内指、伦铜指数以及美原油指数日均超额收益率 单位：%

事件点	美国利率调整幅度	美豆内指（日）		伦铜指数（日）		美原油指数（日）	
		期望收益均值	日均超额收益（SPk）	期望收益均值	日均超额收益（SPk）	期望收益均值	日均超额收益（SPk）
2000 - 02 - 02	0. 25	0. 9173	- 1. 0660 (1. 4803) **	0. 0000	- 0. 3625 (0. 6301) *	0. 9555	- 0. 6402 (1. 7836)
2000 - 03 - 21	0. 25	0. 2934	- 0. 3195 (1. 3628)	0. 0352	- 0. 0522 (0. 7954)	0. 3534	- 1. 2821 (1. 8476) *
2000 - 05 - 16	0. 50	0. 0792	- 0. 1850 (1. 4333)	0. 4098	- 0. 3159 (0. 7462)	0. 9525	- 0. 8688 (1. 9658)
2001 - 01 - 31	- 0. 50	- 0. 7757	0. 6698 (0. 8300) **	0. 2396	- 0. 3945 (0. 6297) *	0. 7797	- 0. 0326 (2. 0478)
2001 - 03 - 20	- 0. 50	0. 2756	- 0. 5773 (1. 1450)	0. 2372	- 0. 4987 (0. 9026)	0. 1403	- 0. 2820 (1. 0336)
2001 - 05 - 15	- 0. 50	0. 2221	- 0. 1764 (0. 9854)	0. 2033	0. 1374 (1. 1122)	0. 3348	0. 1931 (0. 8497)

续表

事件点	美国利率调整幅度	美豆内指（日）		伦铜指数（日）		美原油指数（日）	
		期望收益均值	日均超额收益（SPk）	期望收益均值	日均超额收益（SPk）	期望收益均值	日均超额收益（SPk）
2001－06－27	－0.25	0.1341	0.5312（1.7492）	－0.4316	0.2304（0.6829）	－0.2126	0.2429（1.8000）
2001－08－21	－0.25	0.1399	－0.6677（1.4656）	－0.3079	0.5768（1.1989）	0.4586	－0.5892（1.1067）
2001－10－02	－0.50	－0.0117	－0.2615（0.7418）	0.0768	－0.2668（0.7622）	－1.9295	2.1885（1.7403）***
2001－11－06	－0.25	0.0153	0.1214（1.0131）	－0.1356	0.7135（1.8396）	－0.2135	－0.1210（2.0388）
2001－12－11	－0.50	－0.0783	－0.2246（0.6805）	0.4785	－0.7424（1.0369）**	－0.0540	－0.3477（2.6500）
2002－11－06	－0.50	0.1126	－0.0226（1.1453）	0.3974	－0.1410（1.0397）	－0.7171	0.0283（1.7134）
2003－06－25	－0.25	0.0225	－0.4134（1.1689）	0.0065	－0.2728（0.8344）	0.0542	0.3528（2.5439）
2004－06－30	0.25	－0.2310	－0.8106（1.7680）	－0.0521	0.5397（1.8937）	0.3379	0.3003（2.4720）
2004－08－10	0.25	－1.6944	1.9691（2.5120）**	0.1069	－0.0431（1.4719）	0.8497	－0.3278（2.0340）
2004－09－21	0.25	－0.8818	0.2885（1.1397）	－0.0437	0.5596（1.1103）	0.3831	0.7168（1.3707）
2004－11－10	0.25	－0.1503	0.8276（1.6183）	0.1843	0.3333（1.3357）	－0.8833	0.2048（2.1220）
2004－12－14	0.25	－0.4826	0.9111（1.0010）**	－0.2523	0.8190（1.2637）*	－1.3329	2.1398（2.1684）***
2005－02－02	0.25	－0.4159	0.1882（0.7402）	0.1641	－0.3974（0.7953）	0.9444	－1.4906（1.3235）***
2005－03－22	0.25	0.6976	－1.2888（1.7621）**	0.1182	－0.0020（1.1711）	0.7561	－0.9124（1.7997）
2005－05－03	0.25	0.3467	－0.4521（0.8508）	－0.1483	0.0311（0.9058）	0.3844	－0.7750（2.2068）
2005－06－30	0.25	1.0831	－1.8407（3.8283）	0.3461	－0.2993（1.5932）	0.5157	－0.3783（2.1581）
2005－08－09	0.25	－0.0420	－1.1259（1.7676）*	0.5577	－0.3034（1.2940）	0.6706	－0.0709（1.3753）

续表

事件点	美国利率调整幅度	美豆内指（日）		伦铜指数（日）		美原油指数（日）	
		期望收益均值	日均超额收益（SPk）	期望收益均值	日均超额收益（SPk）	期望收益均值	日均超额收益（SPk）
2005-09-20	0.25	-0.3544	-0.1243 (1.0793)	-0.0336	0.5850 (1.5712)	-0.5819	0.7931 (2.7087)
2005-11-01	0.25	0.3024	-0.3278 (1.3835)	-0.3143	0.3320 (0.7745)	-0.5301	0.1949 (1.7453)
2005-12-13	0.25	0.0019	0.8197 (1.4533)	0.8496	-0.7315 (1.6157)	0.6115	-0.9563 (1.6219)*
2006-01-31	0.25	-0.3284	0.4517 (1.6951)	0.0580	0.5344 (1.3821)	0.6827	-1.0688 (1.5261)*
2006-03-28	0.25	-0.2978	0.0517 (1.0800)	0.7638	0.1408 (1.4993)	-0.0874	0.7351 (1.1744)*
2006-05-10	0.25	0.3618	-0.3552 (0.7741)	1.1040	-0.1207 (3.9586)	0.1931	-0.7113 (1.9134)
2006-06-29	0.25	0.0590	0.3200 (1.4558)	-0.7785	2.4086 (3.0340)**	-0.0883	0.5148 (0.9735)
2007-09-18	-0.50	0.5825	-0.0509 (0.9796)	-0.1610	0.8337 (1.3534)*	0.7224	-0.4340 (1.1749)
2007-10-31	-0.25	0.2006	0.2994 (1.5591)	-0.4945	-0.0122 (1.5426)	0.5458	0.4529 (2.4285)
2007-12-11	-0.25	0.0931	0.4169 (0.7210)*	0.0164	-0.5000 (1.5860)	-0.8060	1.0274 (2.1228)
2008-01-30	-0.50	-0.1264	1.1382 (1.2988)**	-0.2016	0.7954 (2.1327)	-0.6972	0.7816 (1.6916)
2008-03-18	-0.75	-0.7159	0.2583 (3.2581)	0.0000	0.2268 (2.4464)	0.5361	-0.6867 (3.0529)
2008-04-30	-0.25	0.3832	-0.8427 (2.1111)	-0.0942	-0.2022 (1.9919)	0.7581	-0.2877 (2.1988)
2008-10-29	-0.50	-0.6893	1.1843 (3.5050)	-1.9719	1.9213 (6.1762)	-2.1516	2.1072 (5.5335)
2008-12-16	-0.75	-0.8194	1.8556 (1.2326)***	-1.1245	-0.0112 (3.3596)	-1.0937	0.2985 (4.3481)

注：①（ ）内为标准差；②*、**、***分别表示在10%、5%、1%显著性水平下显著。

资料来源：根据现有数据计算整理。

由表10.5可以看出，美联邦基金利率自2000年1月1日至2014年6月间共计38次调整中，美豆内指、伦铜指数和美原油指数日均超额收益的显著值较少，如表 10.6 所示，3 种指数的比例均在 20% 左右，说明美联邦基金利率在样本期内多数情况下对大宗商品价格影响不显著。出现这种现象的原因主要有两种：一是美联邦基金利率对大宗商品价格没有影响；二是有影响，但影响因素不唯一，其他影响因素占决定性力量。

表 10.6　　美豆内指、伦铜指数和美原油指数日均超额收益的显著值比率

期货品种	美豆内指	伦铜指数	美原油指数
事件点观测次数	38	38	38
通过检验次数	8	6	7
占比（%）	21.05	15.79	18.42

为分析美联储联邦基金利率是否对大宗商品价格产生影响，本文将进一步详细分析美联邦基金利率对 3 种商品指数影响的显著点分布状况。

首先观测周期整体分析美联邦基金利率调整与大宗商品日均超额收益的变动方向。由表 10.7 可以看出，美联邦基金利率对美豆内指和美原油指数影响的显著点中，日均超额收益与利率变动方向相反的比率分别为 87.5% 和 71.43%，伦铜指数也达到了 50%。这说明美联邦基金利率变动对大宗商品价格有影响，且对大宗商品价格变化具有反向影响，这与商品期货价格模型所述的理性预期理论相一致。

表 10.7　　美豆内指、伦铜指数和美原油指数日均超额收益率显著值分布

期货品种	美豆内指	伦铜指数	美原油指数
显著点次数	8	6	7
变动方向相反次数	7	3	5
占比（%）	87.50	50.00	71.43

其次为分析利率在不同经济状况下对大宗商品价格的影响。观察美联邦基金利率调整方向的 4 个阶段大宗商品的日均超额收益的分布状况，如图 10.7、图 10.8 和图 10.9 所示。由图中可以看出，美豆内指、伦铜指数、美原油指数日均超额收益的显著点基本上呈均匀状态分布于各个时间段。由现有数据分析，美联邦基金利率政策的变化对大宗商品价格的影响，对于货币政策的宽松和紧缩没有相关性。

然而由连续分布的显著点可以看出，货币政策对于大宗商品价格具有连续性影响。对于美豆内指，在 2007 年 9 月 18 日至 2014 年 6 月连续宽松货币政策阶段，经过了 2007 年 9 月 18 日、2007 年 10 月 31 日，以及 2007 年 12 月 11 日的利率调整后，出现了对美豆内指日均超额收益上升连续两次显著影响；对于美原油指数，在 2004 年 6 月 30 日至 2007 年 9 月 18 日连续紧缩的货币政策阶段，经过 2004 年 6 月 30 日至 2005 年 12 月 13 日的多次调整，才形成对美原油指数日均超额收益下降的连续显著影响。这一现象说明货币政策对大宗商品价格影响具有连续效应。

可见，大宗商品价格除了受货币政策的短期影响因素，还受货币政策连续的长期影响，本文将在下一部分对此进行详细论证。

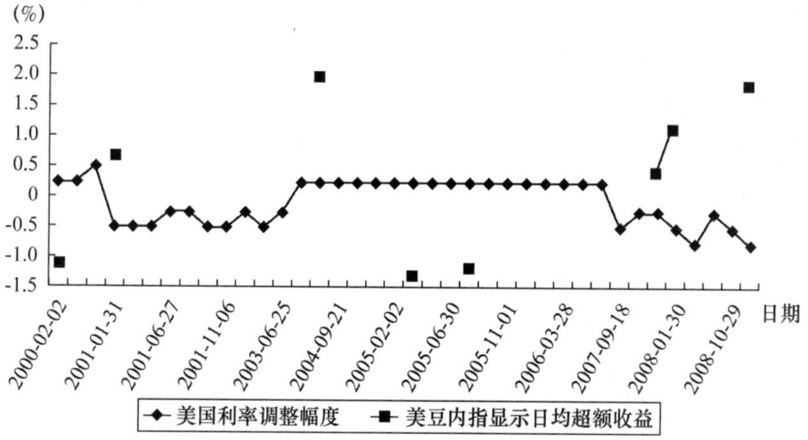

图 10.7　美豆内指日均超额收益显著点分布

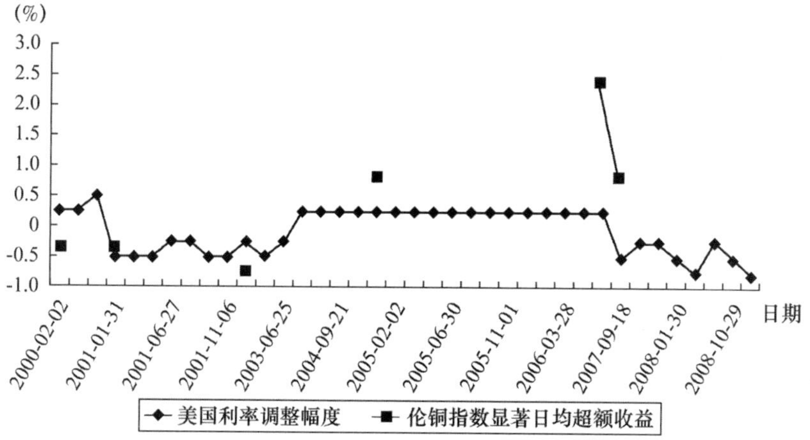

图 10.8　伦铜指数日均超额收益显著点分布

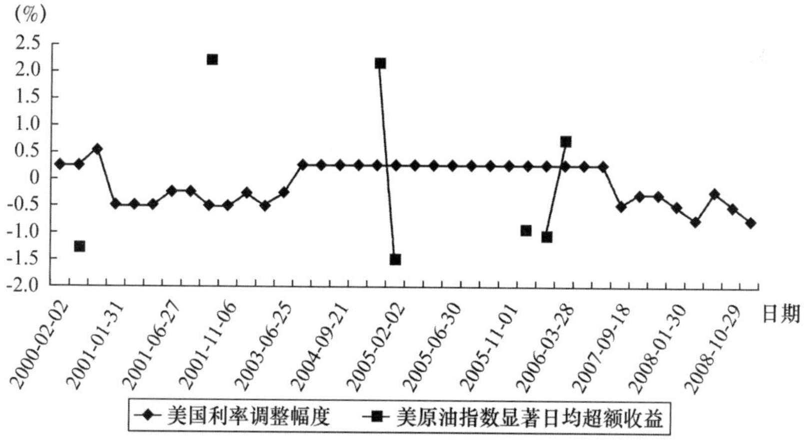

图 10.9　美原油指数日均超额收益显著点分布

（二）中国利率调整对大宗商品价格的影响

1. 样本数据选取

选取 2000 年 1 月至 2014 年 6 月期间中国人民银行发布的 1 年期定存利率调整事件，以中国人民银行利率调整公告日作为事件点，经统计选取区间内共有20个事件点。

为便于分析，仍以美豆内指、伦铜指数和美原油指数作为大宗商品期货价格的代表指标。由于选取的是窗口期数据，以及以窗口期数据的均值作为指标，因此对3种大宗商品价格不考虑时差引起的日期变化。数据选取时，以事件点为中心，选取［-5，+5］作为“事件窗口”，选取［-15，-6］作为“估计窗口”。

2. 模型构建及实证结果分析

如同美国利率对大宗商品价格影响的实证模型，以中国利率调整事件点为依据采取的“估计窗口”样本数据，计算出中国利率调整因素排除后，美豆内指、伦铜指数和美原油指数在“事件窗口”的日均正常收益；然后再由“事件窗口”的样本数据计算出美豆内指、伦铜指数和美原油指数的日均超额收益率，最后以t变量检验3个品种指数在事件点的日均超额收益率的显著性，计算结果如表10.8所示。

表10.8 美国利率调整事件窗口美豆内指、伦铜指数以及美原油指数日均超额收益率 单位:%

事件点	中国利率调整幅度	美豆内指（日）		伦铜指数（日）		美原油指数（日）	
		期望收益均值	日均超额收益（SP_k）	期望收益均值	日均超额收益（SP_k）	期望收益均值	日均超额收益（SP_k）
2002-02-21	-0.27	0.2012	-0.2305 (0.9997)	0.2959	-0.6601 (1.2474)	0.8898	-0.9131 (1.9609)
2004-10-29	0.27	-0.0541	-0.4108 (1.4286)	-1.1766	1.6314 (2.0159)**	0.2724	-1.2115 (2.1909)
2006-08-19	0.27	-0.5575	0.2776 (0.6226)	-0.1352	-0.0858 (1.8734)	0.1463	-0.6534 (1.2508)
2007-03-18	0.27	-0.4273	0.3744 (0.7904)	-0.2596	1.1967 (1.5558)**	-0.1231	0.5828 (1.0645)
2007-05-19	0.27	0.3004	0.0628 (1.0752)	0.1944	-0.6908 (2.6684)	-0.3930	0.6536 (1.3949)
2007-07-21	0.27	0.8396	-1.3773 (2.0202)*	0.2349	-0.1519 (1.3439)	0.3170	-0.1266 (1.6745)
2007-08-22	0.27	0.2342	-0.0134 (2.1378)	-0.6771	0.7449 (2.9745)	-0.6221	0.3658 (1.2193)
2007-09-15	0.27	0.5172	0.0991 (0.9046)	-0.4229	1.5271 (1.6216)**	0.5495	0.0035 (0.8210)
2007-12-21	0.27	0.6542	-0.2494 (1.1532)	-0.8523	1.5977 (2.3406)*	0.5097	-0.1432 (0.9512)
2008-10-09	-0.27	-0.6124	-0.7813 (3.9965)	-1.0565	-1.2334 (7.4307)	0.0690	-2.8567 (4.4603)*
2008-10-30	-0.27	-1.5018	1.7011 (3.3879)	-3.0865	2.5633 (6.5065)	-2.7915	1.9157 (5.8807)

续表

事件点	中国利率调整幅度	美豆内指（日）		伦铜指数（日）		美原油指数（日）	
		期望收益均值	日均超额收益（SP_k）	期望收益均值	日均超额收益（SP_k）	期望收益均值	日均超额收益（SP_k）
2008-11-27	-1.08	-0.0305	-0.8450 (2.6432)	-0.5576	-0.1375 (3.2239)	-1.2939	0.6054 (5.7385)
2008-12-23	-0.27	0.2366	1.0622 (1.4388)**	-1.4267	1.9232 (3.6676)	-0.0500	0.0996 (6.0761)
2010-10-20	0.25	0.8075	-0.3880 (1.0642)	0.3877	-0.5316 (1.5214)	0.4934	-0.6580 (2.1559)
2010-12-26	0.25	-0.0294	0.5405 (1.1075)	0.4315	-0.1369 (1.0987)	-0.0248	0.6186 (0.8206)**
2011-02-09	0.25	0.2055	-0.6838 (1.0264)*	0.4330	-0.5441 (1.1202)	0.1367	-0.5263 (0.6331)**
2011-04-06	0.25	0.7179	-0.9151 (1.6001)*	0.4159	-0.3383 (1.5847)	0.6387	-0.3521 (1.7309)
2011-07-07	0.25	-0.3733	0.8049 (1.0776)**	0.2150	0.0317 (0.9971)	-0.2018	0.5391 (1.4487)
2012-06-08	-0.25	-0.5233	0.8144 (1.3757)*	0.0109	0.0575 (1.3925)	-0.6123	0.7186 (0.9667)**
2012-07-06	-0.25	0.6737	0.2696 (1.6039)	-0.2527	0.2229 (1.4064)	-0.4623	1.4630 (3.5063)

注：①（ ）内为标准差；②*、**、***分别表示在10%、5%、1%显著性水平下显著。

资料来源：根据现有数据计算整理。

为进一步观察利率调整与大宗商品的价格关系，根据表10.8中的数据，分别绘制中国利率调整幅度与美豆内指、伦铜指数和美原油指数日均超额收益图10.10、图10.11和图10.12。由图中可以看出，美豆内指与美原油指数日均超额收益与中国利率调整幅度呈负相关关系，而伦铜指数与中国利率调整幅度呈负相关关系自2008年10月30日以后才相对明显。

在中国利率政策调整的不同阶段，大宗商品日均超额收益总是在不停地波动，而不是呈现单纯的负相关关系。

在关注中国利率政策与大宗商品价格整体相关性的同时，看到中国利率对大宗商品价格影响的显著性比例较低。如表10.9所示，中国利率调整对3种大宗商品指数影响显著的概率不超过30%，在多数情况下大宗商品价格更显著地受到宏观经济等其他因素的影响。

为分析中国利率调整对大宗商品价格变动的影响，观察中国利率调整与大宗商品价格变动方向相反的显著点，如表10.10所示，美豆内指和美原油指数利率变化与利率调整方

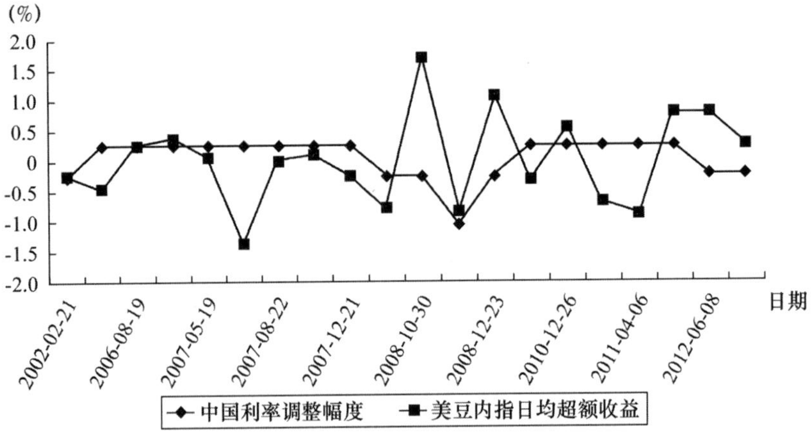

图 10.10　中国利率调整幅度与美豆内指日均超额收益图

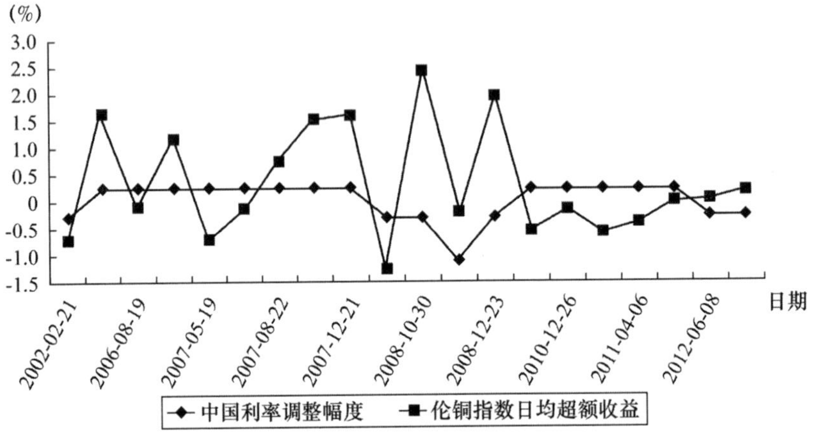

图 10.11　中国利率调整幅度与伦铜指数日均超额收益图

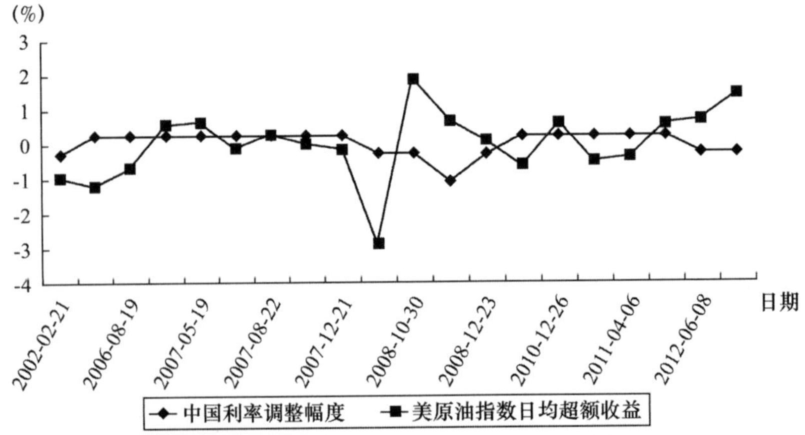

图 10.12　中国利率调整幅度与美原油指数日均超额收益图

向超过 50%，说明对于美豆和美原油，中国利率具有一定的影响，而伦铜指数的比例为 0，说明中国利率对伦铜价格影响不显著。

表 10.9　　美豆内指、伦铜指数和美原油指数日均超额收益的显著值比率

期货品种	美豆内指	伦铜指数	美原油指数
事件点观测次数	20	20	20
通过检验次数	6	4	4
占比（%）	30.00	20.00	20.00

表 10.10　　美豆内指、伦铜指数和美原油指数日均超额收益率显著值分布

期货品种	美豆内指	伦铜指数	美原油指数
显著点次数	6	4	4
变动方向相反次数	5	0	2
占比（%）	83.33	0.00	50.00

为进一步分析中国利率调整对大宗商品价格影响的状态变化，观察美豆内指和美原油指数的显著点分布状况，如图 10.13、图 10.14 所示，可见中国利率调整对美豆内指影响的显著点分布在 2007 年 7 月 21 日以后，对美原油指数影响的显著点分布在 2008 年以后。这也说明 2008 年金融危机后，中国经济在全球经济复苏中占了比较大的比重，中国的货币政策开始显著地影响大宗商品价格。

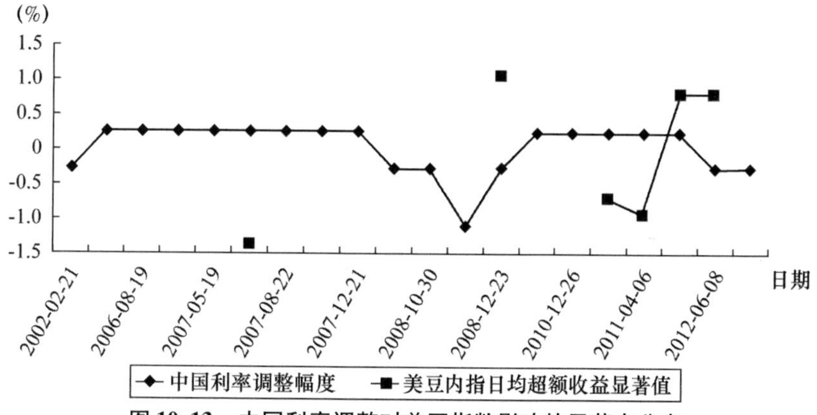

图 10.13　中国利率调整对美豆指数影响的显著点分布

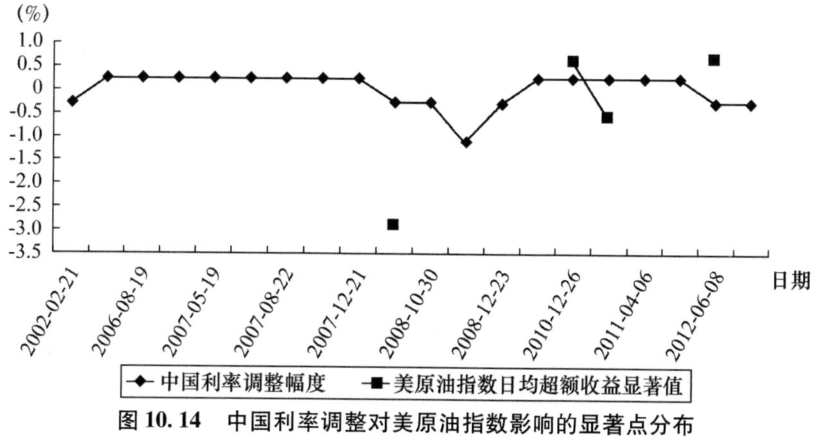

图 10.14　中国利率调整对美原油指数影响的显著点分布

（三）小结

本部分运用事件分析法，实证分析了中美利率调整对大宗商品价格的短期影响。实证结果如下。

在样本期内，美联邦基金利率对美豆内指、伦铜指数、美原油指数的影响，显著比例分别为21.05%、15.79%和18.42%，比例较低，3种指数的比例均在20%左右，说明美联邦基金利率在样本期内多数情况下对大宗商品价格影响不显著；在影响显著的事件点中，基本上对大宗商品价格变化具有反向影响；虽然多数事件点对大宗商品价格影响不明显，但利率调整事件影响具有滞后性，连续几次调整能够形成连续的显著影响。

在样本期内，中国利率调整对美豆内指、伦铜指数、美原油指数影响显著的概率不超过30%，多数情况下对大宗商品价格影响不显著；在影响显著的事件点中，利率调整对美豆内指和美原油指数具有反向影响的事件点超过50%，而伦铜指数的比例为0；中国利率调整对美豆内指影响的显著点分布在2007年7月21日以后，对美原油指数影响的显著点分布在2008年以后。

总之，中美利率调整对美豆内指、伦铜指数、美原油指数的影响显著性较低，均不超过30%；在影响显著的事件点中，美国利率调整的影响对不同品种、不同时间段没有明显区别，而中国利率调整的显著影响明显在2007年以后，尤其是金融危机之后，这说明中国经济在全球经济复苏中占了比较大的比重，中国的货币政策开始显著地影响大宗商品价格；中国货币政策对大宗商品的影响与对外依存度有关，依存度大的，影响显著的事件点更多。

五、中美货币政策对大宗商品价格的长期影响

货币政策对大宗商品价格的影响，除了具有宣告效应的短期影响，还具有长期的持续性影响效果。为全面分析中美货币政策对大宗商品价格的影响，本部分选取中国和美国的工业总产值代表经济增长因素，将中美工业总产值作为控制变量引入模型，分析中美货币政策对大宗商品价格的长期影响。

货币政策对大宗商品价格的长期影响与经济发展相关联，为分析不同经济状况下的影响效果，本文运用MS-VAR模型实证分析中美货币政策对大宗商品价格的长期影响。

（一）研究方法

本文以宏观经济结构为框架，将中美货币政策视为自变量、中美经济增长指标视为控制变量、大宗商品价格视为因变量，建立MS-VAR模型，研究在这一整体框架中，中美货币政策对大宗商品价格的长期影响。

1. 马尔克夫区制转换向量自回归模型（MS-VAR）

Hamilton（1994）提出了马尔克夫区制转换模型（Markov regime switching Models），用来处理外界状态变换的模型，模型公式如式（10-25）：

$$y_t = \mu s_t + \varepsilon_t \qquad (10-25)$$

$$s_t = 1, \cdots, k \qquad \varepsilon_t \sim (0, \sigma_{s_t}^2)$$

即当 s_t 有 k 个值时，则 μ 和 σ^2 有相应的 k 个值。

当 $s_t = 1$ 时：

$$y_t = \mu_1 + \varepsilon_t \tag{10-26}$$

式（10－26）即为线性回归模型。

对于区制转换模型，各区制之间的转换概率可以由转换矩阵表示：

$$P = \begin{bmatrix} p_{11} & \cdots & p_{1k} \\ \vdots & \ddots & \vdots \\ p_{k1} & \cdots & p_{kk} \end{bmatrix} \tag{10-27}$$

p_{ij} 表示状态 j 转向状态 i 的概率。

Krolzig（1997）对 MS-VAR 模型建立了似然法估计原则，使得 MS-VAR 模型能够处理向量不稳定以及多维序列区制转换的 VAR 模型。

建立滞后 p 阶的 k 维序列 y_t，$y_t = (y_{1t} \cdots y_{kt})'$，$t = 1, \cdots, T$。则 y_t 的 MS-VAR 模型：

$$y_t = \upsilon + A_1 y_{t-1} + \cdots + A_p y_{t-p} + \mu_t \tag{10-28}$$

$$\mu_t \sim IID\left(0, \sum\right)$$

当 $t = 1$ 时，$y_0, \cdots, y_{1-p}$ 是给定的。设不可观测的区制变量 $s_t \in \{1, \cdots, m\}$，则区制转换概率可表示为式（10－29）：

$$p_{ij} = P_r(s_{t+1} = j \mid s_t = i) \tag{10-29}$$

$$\sum_{j=1}^{m} p_{ij} = 1 \qquad \forall i, j \in \{1, \cdots, m\} \tag{10-30}$$

以矩阵表示式（10－30），则：

$$P = \begin{bmatrix} p_{11} & p_{12} & \cdots & p_{1m} \\ p_{21} & p_{22} & \cdots & p_{2m} \\ \vdots & \vdots & \ddots & \vdots \\ p_{m1} & p_{m2} & \cdots & p_{mm} \end{bmatrix} \tag{10-31}$$

式中，$p_{im} = 1 - p_{i1} - \cdots - p_{i,m-1}$，$i = 1, \cdots, m$。

2. 样本数据选取与说明

本部分主要分析中美货币政策对大宗商品价格的长期影响，通过建立 MS-VAR 模型进行分析。建立模型时选取自变量包括中国和美国的货币政策变量；控制变量包括中国和美国经济增长变量；因变量包括大宗商品价格。

自变量选取。货币政策分为价格型工具和数量型工具。本文选取美国联邦储备基金利率和中国 1 年期定存利率月度数据代表价格型工具；对于数量型工具的货币供应量，由于广义货币供应量（M2）相对比较稳定，且能反映出实际和潜在的购买力，广义货币供应量更具有统计和观测意义，因此选取美国货币供应量（M2）和中国货币供应量（M2）月度数据代表数量型工具。

控制变量选取。由于中国 GDP 只有季度数据，因此选取美国工业总产值和中国工业总产值的月度数据代表经济增长变量，作为控制变量。

因变量选取。CRB 指数反映了大宗商品价格的总体，本文采用 CRB 指数的月度数据代表大宗商品价格作为因变量建立 MS-VAR 模型进行分析。

为避免小样本产生的回归偏差，本文主要采用 1996 年 1 月至 2014 年 6 月的月度数据共 222 个样本进行实证分析。其中，CRB 指数、美国货币供应量、中国货币供应量数据，源于 Wind 资讯；美国工业总产值和美国联邦储备基金利率数据源于 www. economagic. com；中国工业总产值数据源于 www. qianzhan. com，由于 2012 年 5 月至 2014 年 6 月没有相应的中国工业总产值月度统计数据，本文取中华人民共和国统计局网站中大中型工业企业经济指标月度数据，根据工业总产值的定义，由主营业务收入和工业企业存货计算获得相应期间中国工业总产值月度数据；中国人民银行 1 年期定存利率，数据源于中国人民银行官网。

为消除时间序列数据的季节性影响，对 CRB 指数、美国工业总产值、中国工业总产值、美国货币供应量和中国货币供应量分别进行 X12 季节调整，然后对所有序列数据取对数，并进行一阶差分，以 DLNCRB、DLNUSIP、DLNUSM2、DLNUSFFR、DLNCHNIP、DLNCHNM2、DLNCHNIR 分别代表大宗商品价格指数、美国工业总产值、美国货币供应量、美联邦储备基金利率、中国工业总产值、中国货币供应量和中国 1 年期定存利率处理后的增长率数值。

本文的计算软件采用 EViews 7. 2 和基于 Pcgive 2. 0 平台的 OX 软件包。

（二）中美货币政策对 CRB 指数的影响——MS-VAR 模型实证分析

1. 模型设定

由 ADF 检验可知，各变量的对数差分都是平稳的时间序列，再由 Granger 因果分析可知，大宗商品价格与经济变量或货币政策变量存在因果关系，符合构建 VAR 族模型的要求，本文以 CRB 指数建立相应模型并进行分析。

由上文分析可知，货币政策对大宗价格的影响受宏观经济的限制，在不同的经济状况下影响不同，为了反映长时期内各变量间的非线性关系，本文建立 MS-VAR 模型。自 20 世纪 90 年代以来，全球经济总体呈现稳定增长状态，然而这期间也存在短暂的急剧增长期，比如 2000 年以前的网络经济膨胀；以及经济的急速下跌，比如 2008 年的金融危机。为了进一步反映不同经济状态下货币政策的变化，本文将经济发展分为 3 个区制，即经济发展平稳期、经济发展收缩期和经济发展扩张期，根据 VAR 模型 AIC 等信息指数确定自回归阶数为 1，建立 MS（3）-VAR（1）模型。

MS-VAR 模型由于均值、截距、回归系数及方差随状态变化而变化从而形成不同参数的 MS-VAR 模型，确定 MS（3）-VAR（1）模型后，本文根据不同参数 MS-VAR 模型的 AIC、HQ 和 SC 值以及对数似然比，确定该模型的具体最优类型，结果如表 10. 11 所示。

由表 10. 10 可知，MSIAH（3）-VAR（1）模型最大似然比的值为 4197. 2563，相较于其他类型模型值最大，AIC 值为 -35. 8114，HQ 值为 -34. 2043，SC 值为 -31. 8316，相较于其他类型值最小，因此，该模型的估计结果较其他类型更优，故采用 MSIAH（3）-VAR（1）来实证分析中美货币政策对 CRB 指数的影响。

表 10.10　　CRB 指数 MS-VAR 模型类型选择

指　标	log-likelihood	AIC	HQ	SC
MSM (3)-VAR (1)	3664.1058	-32.3646	-31.7168	-30.7603
MSMA (3)-VAR (1)	3457.5303	-29.5957	-28.3374	-26.4798
MSI (3)-VAR (1)	3667.6406	-32.3967	-31.7489	-30.7925
MSIA (3)-VAR (1)	3903.4505	-33.6496	-32.3912	-30.5336
MSIAH (3)-VAR (1)	4197.2563	-35.8114	-34.2043	-31.8316

2. CRB 指数 MSIAH (3)-VAR (1) 模型参数估计及结果分析

(1) 模型估算结果。

表 10.12、表 10.13 和表 10.14 分别列出了中美货币政策对 CRB 指数影响的 MSIAH (3)-VAR (1) 模型参数在不同区制下的估计结果。

表 10.12　　在区制一下 CRB 指数增长率模型估计结果

	DLNUSIP	DLNUS FFR	DLNUSM2	DLNCHNIP	DLNCHN IR	DLNCHN M2	DLNCRB
截距项	0.0004 (0.0364)	0.1414 (0.5231)	0.006453 (2.3573)	-0.084596 (-2.3031)	-0.368510 (-5.7556)	0.015772 (1.2966)	0.082099 (2.9620)
DLNUSIP (-1)	0.2791 (1.1130)	2.7680 (0.4457)	-0.252390 (-4.0134)	0.346160 (0.4101)	-6.094472 (-4.1408)	-0.455724 (-1.6302)	3.124635 (4.9048)
DLNUSFFR (-1)	-0.0106 (-0.5054)	1.3134 (2.5111)	-0.020400 (-3.8499)	-0.063837 (-0.8974)	0.318017 (2.5635)	-0.067042 (-2.8453)	0.104552 (1.9473)
DLNUSM2 (-1)	-0.3458 (-0.7184)	11.7180 (0.9799)	-0.529027 (-4.3801)	2.229115 (1.3760)	-4.187525 (-1.4835)	0.518173 (0.9665)	-1.839834 (-1.5054)
DLNCHNIP (-1)	-0.2411 (-2.4897)	-2.6745 (-1.1123)	0.072106 (2.9608)	-0.546869 (-1.6775)	3.137447 (5.5213)	0.040546 (0.3756)	-0.974018 (-3.9601)
DLNCHNIR (-1)	0.0959 (1.4121)	-4.3091 (-2.5609)	0.008823 (0.5178)	0.496851 (2.1723)	-0.116165 (-0.2913)	0.114166 (1.5072)	-0.897269 (-5.1982)
DLNCHNM2 (-1)	0.5364 (1.0523)	-20.4298 (-1.6200)	-0.113030 (-0.8840)	4.397588 (2.5620)	9.330301 (3.1174)	-0.316638 (-0.5568)	-5.232644 (-4.0390)
DLNCRB (-1)	0.1436 (1.6168)	1.870237 (0.8506)	-0.012676 (-0.5692)	0.224642 (0.7515)	-2.479444 (-4.7564)	0.196490 (1.9844)	0.908941 (4.0286)

注：(　) 内为 t 检验值。

资料来源：根据数据计算整理。

表 10.13　　在区制二下 CRB 指数增长率模型估计结果

	DLNUSIP	DLNUS FFR	DLNUSM2	DLNCHNIP	DLNCHN IR	DLNCHN M2	DLNCRB
截距项	0.0038 (2.9101)	0.008345 (0.5707)	0.005184 (8.2665)	0.029773 (6.2432)	-0.001139 (-0.4952)	0.012326 (12.9589)	0.008417 (1.4578)

续表

	DLNUSIP	DLNUSFFR	DLNUSM2	DLNCHNIP	DLNCHNIR	DLNCHNM2	DLNCRB
DLNUSIP (-1)	-0.1520 (-2.3796)	0.818830 (1.1452)	-0.026415 (-0.8810)	0.211918 (0.9275)	0.123958 (1.0939)	-0.023730 (-0.5079)	0.165910 (0.5853)
DLNUSFFR (-1)	0.0022 (0.6409)	0.165626 (4.3697)	-0.001636 (-1.0308)	0.010757 (0.8867)	0.001650 (0.2745)	0.001808 (0.7304)	-0.009706 (-0.6458)
DLNUSM2 (-1)	-0.2105 (-1.4271)	-5.643574 (-3.3749)	-0.011925 (-0.1652)	-1.357239 (-2.4997)	-0.018569 (-0.0710)	-0.026349 (-0.2436)	-1.492198 (-2.2760)
DLNCHNIP (-1)	0.0028 (0.2618)	0.059751 (0.4999)	0.008310 (1.6636)	-0.397123 (-10.2866)	-0.044595 (-2.3604)	0.023059 (2.9578)	-0.109966 (-2.3204)
DLNCHNIR (-1)	-0.0054 (-0.5424)	-0.015626 (-0.1384)	-0.004362 (-0.9217)	0.072093 (1.9979)	0.024775 (1.3838)	0.009912 (1.3445)	-0.000375 (-0.0084)
DLNCHNM2 (-1)	-0.0624 (-1.0070)	0.876825 (1.2586)	-0.033959 (-1.1645)	-0.324959 (-1.4602)	0.103928 (0.9415)	0.021313 (0.4666)	0.544637 (1.9694)
DLNCRB (-1)	-0.0210 (-1.3161)	0.051520 (0.2874)	-0.008609 (-1.1460)	0.154506 (2.6949)	0.051023 (1.7960)	0.009940 (0.8469)	0.120438 (1.6930)

注：（　）内为t检验值。

资料来源：根据数据计算整理。

表 10.14　　在区制三下 CRB 指数增长率模型估计结果

	DLNUSIP	DLNUSFFR	DLNUSM2	DLNCHNIP	DLNCHNIR	DLNCHNM2	DLNCRB
截距项	0.0009 (0.3572)	-0.022750 (-0.3847)	0.001842 (1.0565)	0.019261 (0.5424)	0.036340 (2.2643)	0.029392 (9.3092)	-0.002131 (-0.2386)
DLNUSIP (-1)	-0.6029 (-3.1180)	7.855312 (1.6619)	-0.099216 (-0.7350)	2.674506 (0.9490)	-7.585256 (-5.7701)	0.323331 (1.2933)	-0.383023 (-0.5334)
DLNUSFFR (-1)	0.0081 (1.7732)	-0.899204 (-8.0829)	0.003939 (1.2600)	0.032397 (0.4825)	-0.012823 (-0.4197)	0.004107 (0.6987)	-0.034122 (-2.0103)
DLNUSM2 (-1)	0.5901 (1.7831)	1.474112 (0.1901)	1.036534 (4.4430)	-0.078209 (-0.0168)	3.184972 (1.4991)	-1.132182 (-2.7450)	-0.718236 (-0.6155)
DLNCHNIP (-1)	-0.1471 (-5.5120)	-2.234378 (-3.4159)	0.019854 (1.0946)	-1.036133 (-2.6637)	0.697792 (3.9216)	0.012654 (0.3692)	0.313515 (3.1800)
DLNCHNIR (-1)	-0.0033 (-0.1244)	1.339102 (2.0806)	0.004954 (0.2741)	-0.406863 (-1.0504)	0.159394 (0.9032)	0.044656 (1.3134)	-0.324645 (-3.3000)
DLNCHNM2 (-1)	0.2317 (2.4010)	0.953722 (0.4043)	-0.021238 (-0.3200)	0.329021 (0.2328)	-1.402878 (-2.1715)	-0.511263 (-4.1193)	-0.052478 (-0.1463)
DLNCRB (-1)	0.0448 (0.9620)	-1.802031 (-1.5908)	0.015761 (0.4944)	0.480646 (0.7109)	0.363245 (1.1669)	-0.186750 (-3.0951)	0.802050 (4.6154)

注：（　）内为t检验值。

资料来源：根据数据计算整理。

（2）各区制经济状态确定及分析。

表 10. 12、表 10. 13 和表 10. 14 分别列出了不同区制下模型估计的常数项目及滞后项影响的系数及检验的 t 值，由表中数值可知，对于宏观经济指标，中国工业总产值增长率的截距项显著性明显优于美国工业总产值增长率指标。中国工业总产值增长率截距项系数，在区制一为 -0. 084896，在区制二为 0. 29733，在区制三为 0. 019261，其中区制一、二的 t 值都是显著的，这说明中国经济即工业总产值增长率受其他因素影响更明显，波动性更显著，这与我国已成为全球制造业大国的地位相一致。由截距项系数可知，区制一中系数为负值，中国工业总产值增长率起点较低，即经济处于低迷状态，区制二和区制三中截距项系数为正值，经济处于增长状态。由于区制三中中国工业总产值增长率系数不显著，观察区制三的其他截距项，只有中国利率和货币发行量增长率系数显著。经与区制二比较，区制三的中国货币发行量增长率系数为 0. 029392，明显高于区制二的 0. 012326，这说明区制三处于经济高速增长期，也说明了经济的高速增长与货币供应量联系更显著。

由以上分析可知，区制一处于经济增长收缩期，区制二处于经济增长平稳期，区制三处于经济增长扩张期。

（3）各区制下模型特征分析。

在不同区制下，货币政策对大宗商品价格影响不同，为进一步分析不同区制下的货币政策影响变化，制作 3 个区制下大宗商品价格模型的概率图 10. 15、图 10. 16 和图 10. 17。

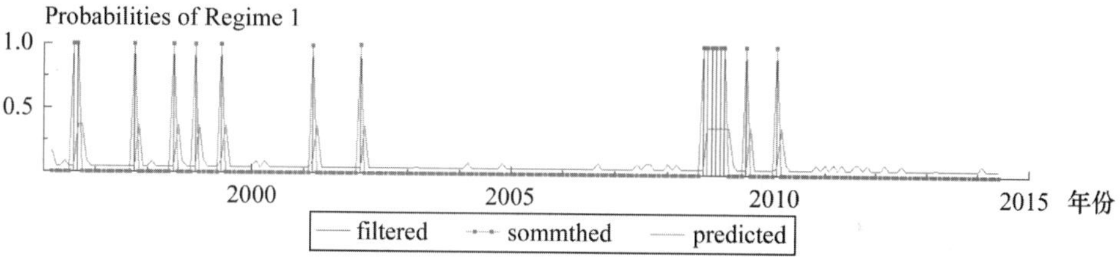

图 10. 15　经济增长收缩期 CRB 指数滤波概率、平滑概率和预测概率图

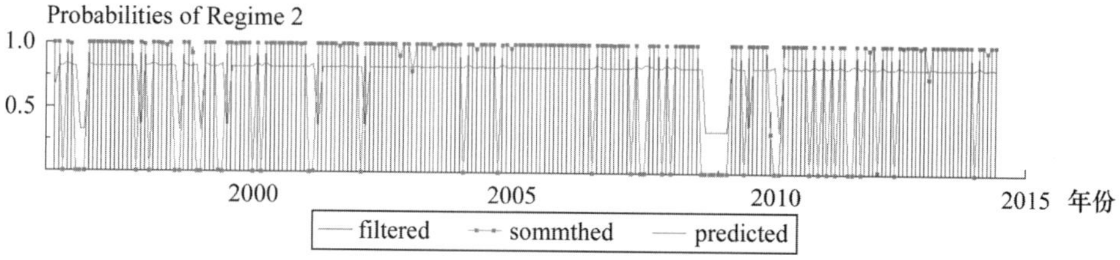

图 10. 16　经济增长稳定期 CRB 指数滤波概率、平滑概率和预测概率图

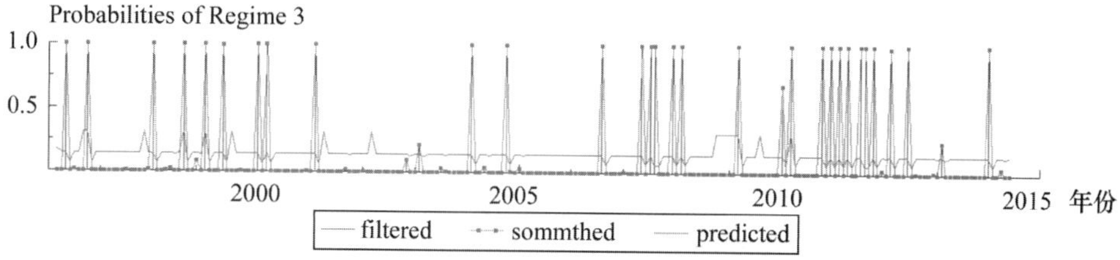

图 10. 17　经济增长扩张期 CRB 指数滤波概率、平滑概率和预测概率图

由图 10. 15、图 10. 16 和图 10. 17 可知，中美货币政策对大宗商品价格影响可以显著地分为 3 个状态。

区制一处于经济增长收缩期，该区制主要分布在3个阶段，第1阶段处于1998～1999年；第2阶段主要处于2001～2002年；第3阶段处于2008～2010年（各区制时间分布如表10.15所示）。在区制一，这3个阶段反映了1998年的亚洲金融风暴对中美经济的影响，以及2000年以后网络经济泡沫的破灭和2008年的金融危机。经济增长率降低，经济低迷，大宗商品价格下降，政府为了扩大就业，稳定经济，一般会出台宽松的货币政策，降低利率，扩大货币供应量，然而由于人们对经济预期的不确定性，货币政策初期一般效果不显著，决定大宗商品价格的主要是经济增长因素。

区制二处于经济增长稳定期，由图10.16可以看出该概率图在2002年、2008年和2013年附近发生了状态改变，该区制主要处在2002～2008年间以及2013～2014年间（具体时间分布见表10.15），这两个阶段也恰好反映了2002～2008年中国经济的持续增长期以及美国经济在网络泡沫破灭之后的经济恢复期。在区制二，经济持续平稳增长，通胀率较低，就业充分，较低的通胀率为宽松的货币政策提供了空间，货币供应量这一没有明显宣示效应的货币政策充分发挥了作用。货币供应量的持续增长，带动经济增长的同时，也显著地影响了大宗商品价格的增长。

表10.15　　　　CRB指数增长率模型不同区制时间分布

区制一	区制二	区制三
1996：8－1996：9 [1.0000]	1996：3－1996：4 [1.0000]	1996：5－1996：5 [1.0000]
1997：10－1997：10 [1.0000]	1996：6－1996：7 [0.9941]	1996：10－1996：10 [1.0000]
1998：7－1998：7 [1.0000]	1996：11－1997：9 [0.9985]	1998：1－1998：1 [1.0000]
1998：12－1998：12 [1.0000]	1997：11－1997：12 [0.9931]	1998：8－1998：8 [1.0000]
1999：6－1999：6 [1.0000]	1998：2－1998：6 [0.9952]	1999：1－1999：1 [1.0000]
2001：3－2001：3 [0.9939]	1998：9－1998：11 [0.9734]	1999：5－1999：5 [0.9925]
2002：2－2002：2 [1.0000]	1999：2－1999：4 [1.0000]	2000：1－2000：1 [0.9999]
2008：9－2009：2 [1.0000]	1999：7－1999：12 [0.9990]	2000：3－2000：3 [1.0000]
2009：7－2009：7 [0.9999]	2000：2－2000：2 [1.0000]	2001：2－2001：2 [1.0000]
2010：2－2010：2 [1.0000]	2000：4－2001：1 [0.9993]	2004：2－2004：2 [1.0000]
	2001：4－2002：1 [0.9979]	2004：10－2004：10 [1.0000]
	2002：3－2004：1 [0.9844]	2006：8－2006：8 [1.0000]
	2004：3－2004：9 [0.9950]	2007：5－2007：5 [1.0000]
	2004：11－2006：7 [0.9982]	2007：7－2007：8 [1.0000]
	2006：9－2007：4 [0.9990]	2007：12－2007：12 [1.0000]
	2007：6－2007：6 [1.0000]	2008：2－2008：2 [0.9998]
	2007：9－2007：11 [1.0000]	2009：3－2009：3 [1.0000]
	2008：1－2008：1 [1.0000]	2010：1－2010：1 [0.6860]
	2008：3－2008：8 [1.0000]	2010：3－2010：3 [1.0000]
	2009：4－2009：6 [1.0000]	2010：10－2010：10 [1.0000]
	2009：8－2009：12 [0.9999]	2010：12－2010：12 [1.0000]
	2010：4－2010：9 [0.9997]	2011：2－2011：2 [1.0000]
	2010：11－2010：11 [1.0000]	2011：4－2011：4 [1.0000]

续表

区制一	区制二	区制三
	2011：1 - 2011：1 [0.9996] 2011：3 - 2011：3 [1.0000] 2011：5 - 2011：6 [0.9994] 2011：9 - 2011：9 [1.0000] 2011：11 - 2012：1 [0.9885] 2012：3 - 2012：5 [0.9995] 2012：7 - 2013：12 [0.9852] 2014：2 - 2014：6 [0.9909]	2011：7 - 2011：8 [1.0000] 2011：10 - 2011：10 [1.0000] 2012：2 - 2012：2 [0.9830] 2012：6 - 2012：6 [1.0000] 2014：1 - 2014：1 [1.0000]

区制三处于经济增长扩张期，由图 10.17 可以看出，区制三主要分布在 3 个时间段：1999 ~ 2000 年，2007 ~ 2008 年和 2009 ~ 2013 年（具体时间分布见表 10.15），这 3 个时期体现了网络经济繁荣期，中国经济发展鼎盛期以及金融危机后的快速复苏期。在该区制经济增长扩张期，要么处在经济持续增长的后期，要么处于经济收缩期之后。在经济增长扩张期，经济持续增长，货币政策宽松，从而促使大宗商品价格创新高；在经济收缩之后的复苏期，比如 2008 年金融危机之后，美国实施宽松的货币政策，将利率降到 0 附近，实施 4 次量化宽松政策，而中国也通过财政和货币政策刺激经济，从而形成了 2009 ~ 2013 年间的经济迅速增长，同时也促使大宗商品价格再次回升。由以上分析可知，在经济增长扩张期，大宗商品价格会同时受到经济增长因素和货币政策的影响。

通过 CRB 指数增长概率图的分析也证实了表 10.12、表 10.13 和表 10.14 中模型回归的结果，可见本文引用的三区制模型比较好地反映了中美经济的现实状况。

由表 10.16 可以看出 3 个区制的转移概率及持续期。区制一，处于经济增长收缩期，自身的持续概率为 36.77%，具有一定的稳定性，处于区制一的频率为 7.14%，平均持续期为 1.58 个月。在本文样本期内，经济处于收缩期的频率较低，但在该区制具有一定的稳定性，区制一转移到区制二和区制三的概率分别为 32.6% 和 30.64%，大体相等。区制二，处于经济增长稳定期，自身的持续概率为 82.21%，稳定性很高，这也符合样本期内，中美经济基本处于增长阶段的现实。处于该区制的频率高达 79.02%，平均持续期为 5.62 个月，区制二转向区制一和区制三的概率分虽为 4.17% 和 13.62%，但可见经济由增长期转向扩张期的概率要远高于转向收缩期的概率。区制三，处于经济增长扩张期，自身持续的概率为 6.44%，稳定性较低，经济扩张一般会引起通胀大幅增加，从而促使政府出台调控措施，这与本文分析相符。处于该区间的频率为 13.84%，平均持续期为 1.07 个月，区制三转向区制一和区制二的概率分别为 8.79% 和 84.76%，可见经济增长过热实现软着陆的概率较高。

分析各区制的持续性及转移概率，将有助于我们预测经济发展方向，以及货币政策的调整力度，从而判断大宗商品价格的走势。

通过以上实证分析，明确了不同区制下中美货币政策对大宗商品价格的影响，下面将通过脉冲反应函数来分析中美货币政策对大宗商品价格的动态影响。

表 10.16　　CRB 指数增长率模型转移概率矩阵及统计分析

	区制一	区制二	区制三	频率	样本数	持续期
区制一	0.3677	0.3260	0.3064	0.0714	16	1.58
区制二	0.0417	0.8221	0.1362	0.7902	173.4	5.62
区制三	0.0879	0.8476	0.0644	0.1384	30.6	1.07

3. 分区制 CRB 指数脉冲响应分析

为更好地分析中美货币政策对 CRB 指数的影响，根据 MS-VAR 模型的估计结果，分区制模拟脉冲反应函数曲线，描述外部冲击对 CRB 指数增长率的影响程度和影响速度，图 10.18、图 10.19 和图 10.20 分别是区制一、区制二和区制三状态下，CRB 指数增长率对一个标准差的新息脉冲响应，图中横轴表示滞后期，纵轴表示对冲击的响应程度。

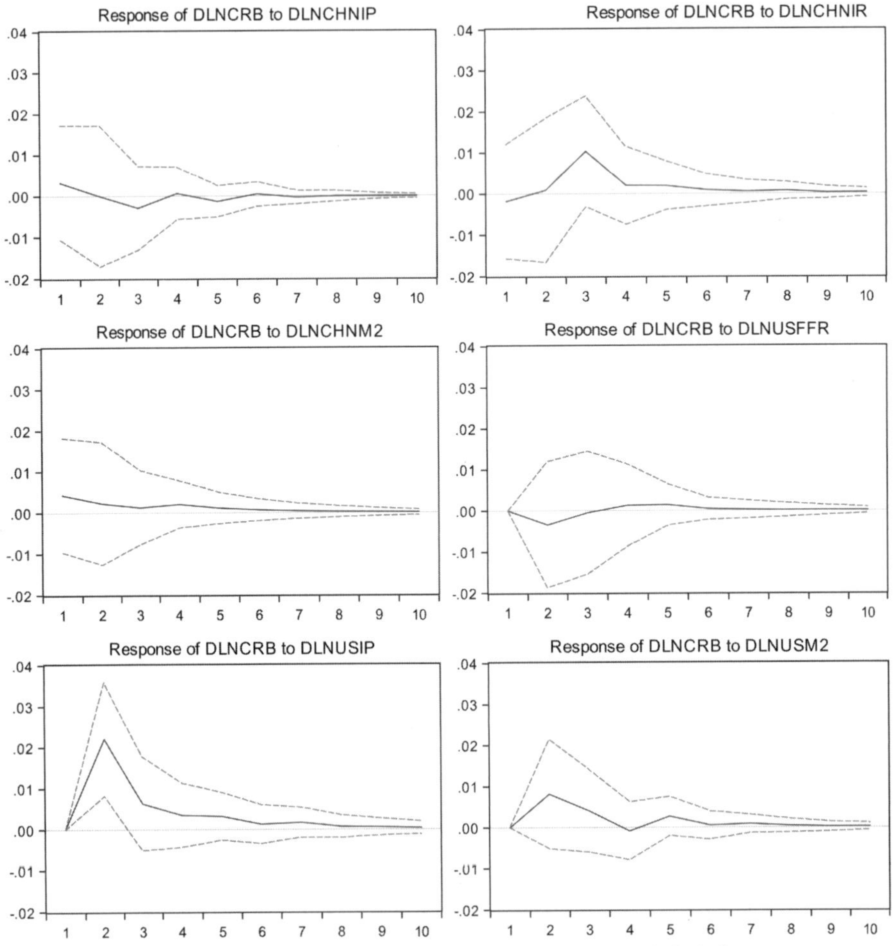

图 10.18　区制一 DLNCRB 对 1 个标准差新息的脉冲响应图

图 10.18 显示了在区制一状态下，CRB 指数增长率对于各个变量 1 个标准差冲击的响应。

在区制一，经济增长处于收缩期，美国工业总产值和美国货币供应量对 CRB 指数影响较大，中国货币供应量影响较小，而中国工业总产值、中国利率及美联邦储备基金利率影响不明确。

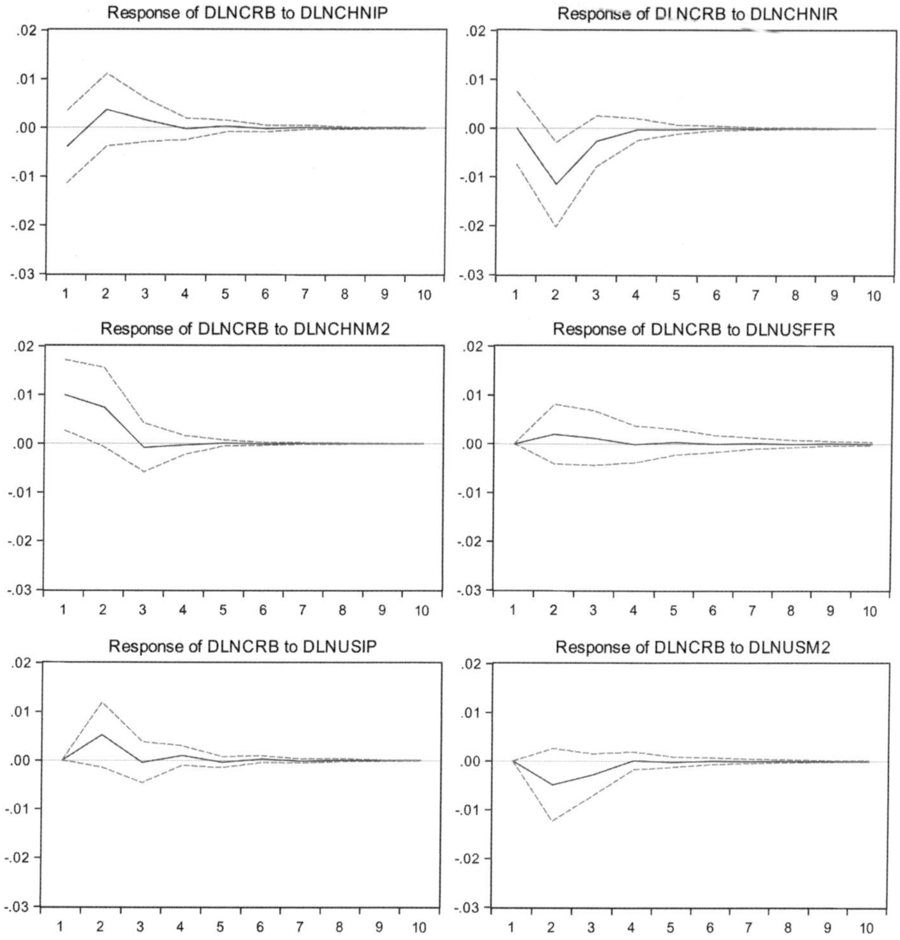

图 10.19　区制二 DLNCRB 对 1 个标准差新息的脉冲响应图

图 10.19 显示了在区制二经济增长稳定状态下，CRB 指数增长率对各个变量 1 个标准差冲击的响应。

在区制二状态下，中国工业总产值、中国利率以及中国货币供应量对 CRB 指数影响较大，CRB 指数响应显著，美国因素主要是工业总产值影响较大，利率影响不明显，而货币供应量的冲击 CRB 指数反向响应，说明在经济增长持续期，货币供应量的逆周期调控效果不明显，CRB 指数主要表现为与中国因素的相关性。

图 10.20 显示了在区制三经济增长扩张状态下，CRB 指数增长率对各个变量 1 个标准差冲击的响应。

在区制三经济增长扩张期，影响较大的是中国的货币政策因素，即货币供应量增长率和利率增长率的冲击，美国的相应变量冲击引起的 CRB 指数增长率的响应虽然与理论相符，但响应程度微弱。

综上所知，在不同的区制，当经济增长处于不同状态下，中美货币政策对大宗商品价格影响不同。

在经济增长收缩期，影响 CRB 指数的货币政策是中国和美国的货币发行量 M2，这说

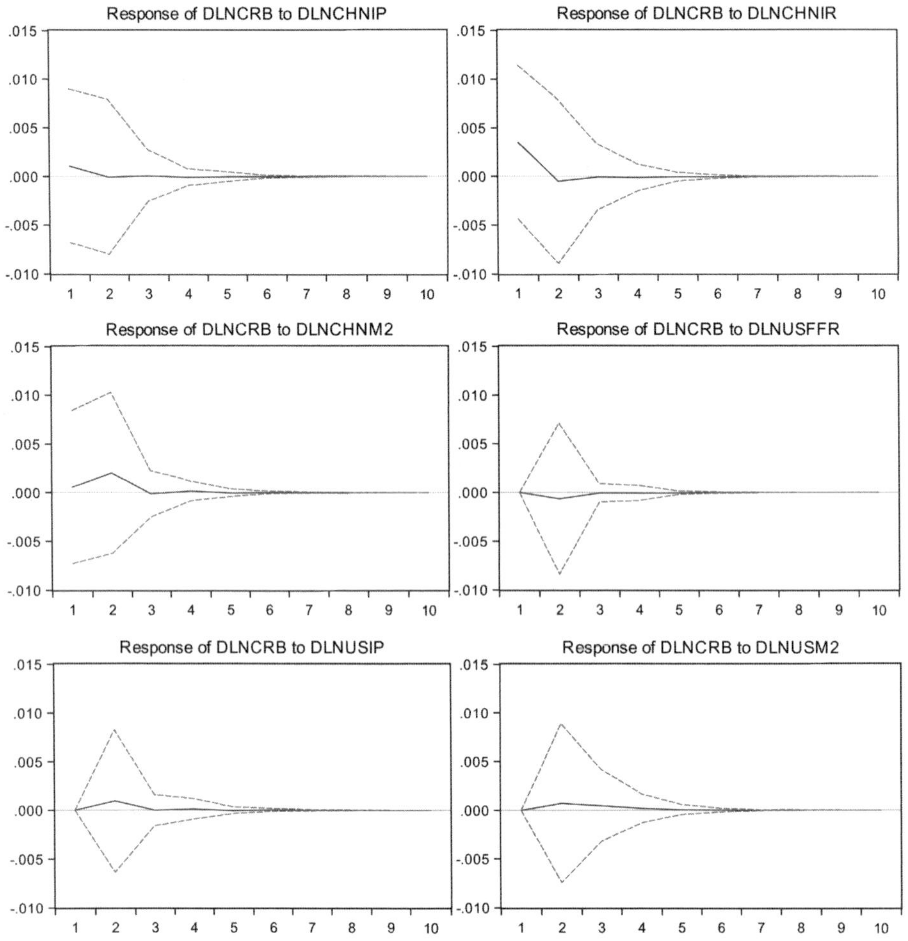

图 10.20　区制三 DLNCRB 对 1 个标准差新息的脉冲响应图

明在经济增长低迷时期，货币供应量的增长更能影响大宗商品价格的增加。而利率的调整，一方面要靠货币供应量的变化来间接影响，从而使影响减弱；另一方面降低利率在短期内并不能改变人们对经济低迷状态的预期，从而转变投资观念，推动大宗商品价格上升。这也符合本文对投资者于大宗商品投资的预期理论分析。

在经济增长平稳期，中国的工业总产值，以及利率和货币供应量对大宗商品价格影响都是显著的，而美国因素中只有工业总产值影响明显，这说明在此时期，中国经济和美国经济的增长都推动了大宗商品价格的上涨，而中国经济与大宗商品价格的相关性更高，中国的货币政策因素对大宗商品价格产生冲击和影响。

在经济增长扩张期，影响大宗商品价格的主要是中国的货币政策，即货币发行量和利率，这说明中国经济与大宗商品价格的相关性进一步增强，以宏观经济为目标的货币政策调控，在推动经济急速扩张的同时，也明显带动了大宗商品价格的上升。

从时间上分析，经济增长收缩期主要表现为 2008 年的美国次贷危机导致的全球金融风暴，区制一中美国工业总产值与货币发行量是主要影响因素也与实际相符。

经济增长平稳期及扩张期，主要指 2002～2008 年中国经济持续增长期，以及 2008 年金融危机后中美两国经济刺激期，在此期间占主要影响因素的是中国经济增长以及中国货币政策。自 2002 年以后，伴随中国经济的高速增长，中国经济与大宗商品联系更加紧密，中国货币政策调整对大宗商品价格的影响逐步增强，越来越明显。

（三）小结

本部分将中美货币政策对大宗商品价格影响与宏观经济增长相联系，运用 MS-VAR 模型实证分析中美货币政策对大宗商品价格的长期影响。内容主要如下。

一是对各变量的稳定性以及变量间的引导关系进行了计量学检验，接着建立了 MS-VAR 模型，实证分析了中美货币政策对 CRB 指数的影响。

二是实证结果。为便于分析，实证结果见表 10.17。

表 10.17　　不同区制下影响 CRB 指数向量描述

区制一：经济增长收缩期			区制二：经济增长平稳期			区制三：经济增长扩张期		
影响变量	变量系数	持续期	影响变量	变量系数	持续期	影响变量	变量系数	持续期
美国工业总产值	3.12	8 个月	中国 M2	0.54	3 个月	美国利率	-0.03	3 个月
						中国工业总产值	0.31	2 个月
						中国利率	-0.32	2 个月

资料来源：根据本章实证结果整理。

三是结果分析。

根据表 10.17 所示结果，从变量系数和持续期分析，美国和中国的货币政策变量都没有成为决定性的影响因素，对大宗商品价格的影响有一定的持续期，但最后都回到原有的均衡点，影响消失。

从不同区制角度分析，在经济增长收缩期，影响大宗商品价格的因素主要是美国工业总产值和中国货币供应量 M2，由于样本期内收缩期主要处于 2008 年金融危机，因此 2008 年大宗商品价格的急速下跌主要由美国经济因素引起，同时中国因素对大宗商品价格的影响主要体现在货币供应量 M2；在经济增长平稳期，影响大宗商品价格的主要因素是中美货币供应量 M2，中国货币供应量 M2 显著影响 CRB 指数；在经济增长扩张期，影响大宗商品价格的主要因素是中美利率和货币供应量 M2。在三个区制中，中国因素的影响力在不断增强。

总之，中美货币政策长期内不是大宗商品价格的决定因素。中美货币政策对大宗商品价格影响在不同经济状态下有所不同：在经济增长收缩期，货币政策对大宗商品价格影响较弱；经济增长平稳期，对大宗商品价格的影响以中美货币供应量 M2 为主；在经济增长扩张期，对大宗商品价格的影响以中美利率为主；2008 年后中国货币政策对大宗商品价格影响有所增加。

六、结论及展望

（一）研究结论

本文围绕中美货币政策对大宗商品价格的影响，进行了全面的理论和实证分析，得出一些初步的研究结论。

一是大宗商品价格波动是受包含货币政策变量在内的多种因素共同作用的结果。大宗商品与货币政策并不独立于宏观经济运行环境之外，而是宏观经济的主要组成部分。除货币政策以外，宏观经济的整体运行情况，政府的财税政策变化，技术创新、政治动乱等因素都会对大宗商品价格变化产生影响。宏观经济运行各变量之间的作用关系也是相互的、复杂的多元关系。

二是在不同的宏观经济环境下，货币政策对大宗商品价格的影响效果不同。同样的货币政策，面临不同的宏观经济环境，对大宗商品价格的影响效果不同。大宗商品价格波动是多种因素共同作用的结果，不能只考虑受货币政策的影响。在不同的宏观经济环境下，人们对货币政策的预期不同，从而采取的经济行为不同。在经济扩展期，宽松的货币政策给投资者的预期是通货膨胀，而在经济收缩期，宽松的货币政策带给投资者经济复苏的期望。

三是短期内，中国和美国利率调整对大宗商品价格影响显著的概率不超过30%，多数情况下对大宗商品价格影响不显著。

四是美国利率调整的影响对不同品种、不同时间段没有明显区别，而中国利率调整的影响明显在2007年以后，尤其是金融危机之后。这说明中国经济在全球经济复苏中占了比较大的比重，中国的货币政策开始显著地影响大宗商品价格；中国货币政策对大宗商品的影响与对外依存度有关，依存度越大，影响显著的事件点越多。

五是中美货币政策不是大宗商品价格的决定因素；中美货币政策对大宗商品价格有影响，但在不同的经济状态下影响不同。

六是在经济增长收缩期，货币政策对大宗商品价格影响较弱；经济增长平稳期，对大宗商品价格的影响以中美货币供应量M2为主；在经济增长扩张期，对大宗商品价格的影响以中美利率为主；2008年后中国货币政策对大宗商品价格影响有所增加。

（二）展望

本文实证分析了中美货币政策对大宗商品价格的影响，得出一些初步结论，对于我国工商企业正确认识货币政策对大宗商品价格的影响，把握大宗商品价格的波动规律具有一定的现实意义。笔者希望能够在以下两个方面做进一步的研究分析，更深入地探索货币政策因素对大宗商品价格的影响。

一是中美货币政策对大宗商品价格的影响效果是本文分析的核心。本文仅分析了中美两个大国货币政策的影响，对于其他发达国家和新兴经济体国家的货币政策影响应进一步深入研究。

二是对于中美货币政策影响的不同大宗商品品种，仅从中国对外依存度的角度进行区分，对于不同品种之间价格波动规律的差别没有考虑，以后应根据不同大宗商品的特性深入分析货币政策的影响。

执笔人：王天祥（北京建筑工业印刷厂厂长）

| 第五部分 |

其他：证券、银行及衍生品运用

第十一章

影响我国股指波动性主要因素研究

一、研究的背景与意义

（一）研究背景

1. 我国经济面临重大的转型期，对我国股市改革提出新的要求

我国经济粗放型高速发展30年，出现了产能过剩、地方债务危机、经济结构失衡、垄断和资源配置低效、微观主体无创新活力和居民消费升级受阻等问题。高利率、高税费和高行政成本像三座大山压垮实体经济，政府主导的靠投资和发行货币来推动经济粗放式增长的模式已经走到尽头。我国经济面临重大转型任务，必须抛弃靠自然资源和要素投入驱动的传统经济发展模式，把经济发展引导到更多地依靠优化资源配置、提升效率和鼓励各类创新的经济模式上，实现传统的经济发展方式向现代经济发展方式的转变，使得经济发展的速度与质量共同提升，经济、社会和环境协调发展。这一过程需要我国股票市场发挥促进创新及优化资源配置的功能以及支持和引领经济结构调整的作用。十八大提出发挥市场在资源配置中的决定性作用，提出在财税改革、国企改革、价格改革、房产税改革、产权改革、土地改革、户籍改革、社保改革、医药改革、国防改革等方面实行一系列改革举措。特别在金融改革和股票发行制度上，十八届三中全会明确提出允许民间资本设立银行等金融机构，并推进股票发行注册制改革。

2. 目前我国股票市场发展处于一个相对停滞阶段

首先，行政化的管理模式反映在股票市场运行的各个层面，造成了我国股票市场的运行中政府行为偏多。在沪深两所成立后，负有监管职能的政府部门较多地介入了我国股票市场设计，股票体系带有很强的中国政府特色。其次，我国股票市场运行和价格波动模式有特殊性。长期以来，我国股票市场系统性风险大，价格非对称效应明显，股票市场的风险收益不成正比，风险大、收益小，市场参与者更热衷于炒作非价值股。特别是2009年阶段高点之后，至2012年，股票市场下跌尤为严重，投资者特别是中小投资者的亏损面不断加大。以美国为首的一些西方国家股票市场在度过2008年的金融危机之后连创新高，与我国股票市场的跌势形成强烈对比。

3. 近期我国股票市场功能的发挥已经越来越受限制

在我国股票市场产生基础及运行波动特殊的背景下，我国股票市场的功能有局限性，表现为股票市场定价功能扭曲，优胜劣汰的竞争机制及激励机制没有完全形成，股票市场中成长性的新经济产业比重小，资源配置的功能和经济晴雨表的功能没有得到完善发挥，股票市场长期下跌，投资者损失越来越大，不但股票的财富效应极度缺乏，大面积的亏损也隐藏着社会危机。在二级市场价格的压力下，政府监管部门间隙停止发行新股，试图改良现有制度，已累积巨量拟发行额悬压在股票市场。投资与融资之间的矛盾以及超过了4年的熊市行情使社会各界对我国股市现行功能产生前所未有的关注，监管层也开始高度重视股市功能定位。在这样的市场环境中，需要研究探索影响我国股票市场波动的主要因素，采取针对性措施恢复我国股票市场正常功能。

我国股票市场长期亏损特征、目前在发展中的停滞状态以及现阶段我国股票市场功能的发挥已经越来越受限制的现状，与我国股票市场功能定位存在不小的差距。该如何来创新我国股票市场？本文认为，价格是市场的核心，股票价格指数是股票市场的核心。在我国股票市场中，研究股指波动的特殊性是如何形成的？特别要研究提炼出影响我国股指波动性的主要因素是什么？探究这一因素如何影响了股指波动运行和股票市场功能的发挥？这是亟待理论界和实践界探讨研究的问题，也是本文的主题。

（二）研究意义

1. 构建适合我国发展阶段的股票市场及股票指数的研究体系

从西方经济学理论看，股票市场资产价格研究体系是以经济为最主要的研究对象，无论是自上而下法或是自下而上法研究，都以宏观经济因子分析、中观行业经济走势、微观上市公司内在价值为主要研究对象，辅以信息学、心理学及投资者的预期、投资者的行为为重要的研究条件来形成主要框架，主要还是以经济为中心。从实践看，这套经典西方投资理论的研究体系在我国的适用性并不强。因为除了经济因素以外，我国政策和股市制度也是非常突出的影响因素，这与我国股票市场的行政起源背景和针对经济的宏观调控政策高频出台有关，现阶段需要构建适合我国发展阶段的股票市场指数研究体系。

2. 实证分析并提炼影响我国股票价格指数的主要因素，探索我国股票市场的创新和改革模式的切入点

实证宏观经济水平、货币政策、股票市场制度3个因素中哪个是最主要和关键的因素，将是本文的研究重点。在一个时间动态的系统里，从这些因素的相互比较和实证分析的角度，采取层层分析、对比、剖析的方式，提炼出1990～2012年来影响股票市场最核心和最本质的因素。关键点的提炼将为探索我国股票市场的创新和改革模式的切入点提供理论依据，恢复我国股票市场功能，实现股票市场有效率的优胜劣汰和资源配置的模式。

3. 研究股票指数的波动性特征起源原因，扭转不良的股票指数波动状态

股票市场投资的原则是风险与收益相匹配。股票指数的波动率代表的是股票市场的不确定性和风险。我国股票市场呈现特殊的股票指数波动状态，存在长期下跌，波动异象，具有价值的投资标的少，风险收益不成正比等现象，如果长期不能实现收益与风险相匹配甚至市场风险长期大于收益，投资者会选择用脚投票离开市场。如果没有投资者，没有投资者的资金注入，融资方没有资金来源，股票市场就没有存在的基础，更无从谈股票市场功能发挥。

4. 完善我国股票市场价格形成机制，实现股票市场功能

股票市场功能中的定价功能、优胜劣汰的竞争功能和资源配置功能相互影响，股票市场其他功能的实现是以完善的股票市场价格形成机制为基础。完善的股票市场的价格形成机制，通过股票价格公开并快速传递，股票市场中被证券化的资产的转移可以达到有效的水平，相比较于非证券化的资产以及非公开报价的资产，股票市场的优胜劣汰会实现的更有效。股票市场的资源配置效率体现为好企业好定价，坏企业坏定价，坏企业早退市，有着好基因的企业通过股票市场的金融支持做大做强，通过并购重组、再融资、全市场配置对资源效率的优化，以及股权激励等制度来激励管理者，可以培育一批有代表性、优质基因的全球领先水平的上市公司。投资者去投资可以正向激励这些好公司，提升这些好公司的估值。高估值使得好公司可以有更便宜的融资资金来支持优秀的管理团队进行开发技术、市场、产品，强化竞争优势，优胜劣汰和资源配置功能得以实现。投资者通过投资这样的公司来获取收收益，有社会财富效应，同时这批上市公司群体的总量和趋势反映市场及经济的方向未来，股票市场得以发挥经济晴雨表的功能。

二、我国股指波动特征

对于股指波动特征的研究有两个切入点。第一是通过各个牛熊周期定义波动的特点，周期的概念对于研究资产价格的波动有十分重要的意义，这是理论界较普遍的分析方法。第二是通过时序数列的特征来描述股票指数波动的总体特点。本部分主要通过回顾我国股票市场与美国股票市场运行的历史进程，通过与美国股票市场的对比，从我国股票市场在功能定位、股市制度设计、与经济相关性、牛熊周期的模式、股票市场的弹性和深度等角度与美国股票市场运行的差异特点的角度进行论述。其次通过时序数列的量化特征，比如非对称性、风险收益比来描述我国股票指数波动的特殊性。

（一）我国股指的历史运行

1990 年 12 月 19 日，上海证券交易所成立，标志着我国股票市场正式建立。1991 年 7 月 3 日，深圳证券交易所也正式对外营业。从 1990 年到 2013 年，股票市场出现 7 次牛市和 7 次熊市，期间波动剧烈，总体呈现出熊长牛短的特点。每一个周期，都有其特定的经济环境、产业发展的规律、通货膨胀状况以及国家政策、股票市场制度的安排。在历史回顾的过程中，按照宏观经济水平、货币政策、股市制度 3 个方面分别来回顾，分别描述当时的股指波动幅度、真实 GDP 波动幅度、M1 的波动幅度以及股票市场制度情况。

下文将分述股权分置改革前后的情况，在每个段落里分别描述周期变换的特点。

1. 2005 年股权分置改革之前的市场

2005 年股权分置改革之前的市场此段时间经历了 5 次牛熊转换，在 2005 年股权分置改革之后，经历了2轮牛熊。我国股票市场的起源是为了国企筹资脱困，并且由于当时意识形态的限制，在计划经济的大框架下，形成了一部分股流通和大部分发起人国有股不流通并存的状态。这种同一市场上股权的分置，造成了流通股与非流通股利益的分割和扭曲。2005年启动的股权分置改革，终结了我国股票市场股权分置的历史，从而与国际上的规范市场实现了形式上的统一。

（1）第1次牛市（起止时间为1990年12月19日至1992年5月26日）。

股票市场从96.05点涨至1429.01点，涨幅达1387%。邓小平先生南巡讲话激发投资人信心，政府鼓励国企资金入市。与此同时，企业股份制改革深入，政策积极扶持，取消涨跌停板制度，吸引了大量资金入市，股票供不应求，以致股票市场暴涨。同期真实GDP上涨1820%，M1从19.2%提高到30%，货币政策较为宽松，股市制度正面。股票市场与当期的经济、货币政策、股市制度同向。本周期历时2年5个月。

表11.1　　第1次牛市波动特点

股票市场涨跌点数	变动率	真实GDP	变动率	M1	变动率
96.05~1429.01	↑1387%	-0.5%~8.6%	↑1820%	19%~30%	↑56%

资料来源：Wind资讯。

（2）第1次熊市（起止时间为1992年5月26日至1992年11月17日）。

股票市场从1429.01点跌至386.85点，跌幅达73%。一方面，由于市场过度炒作，寻求价值回归。另一方面，发生1992年的“8.10”事件。1992年8月10日，在深圳有关部门发放新股认购申请表的过程中，由于申请表供不应求，加上组织不严密和一些舞弊行为，申购人采取了游行抗议等过激行为。“8.10”事件后，由于政府决定迅速扩容，导致股票供给增加，股市制度趋于负面。期间真实GDP下降30.9%，M1从30%提高到35%，货币政策仍然宽松。股票市场与当期的经济、股市制度相趋同，与货币政策相反。本周期历时6个月。

表11.2　　第1次熊市波动特点

股票市场涨跌点数	变动率	真实GDP	变动率	M1	变动率
1429.01~386.85	↓73%	8.6%~6%	↓30.9%	30%~35%	↑17%

资料来源：Wind资讯。

（3）第2次牛市（起止时间为1992年11月17日至1993年2月16日）

股票市场从386.85点涨至1558.95点，涨幅达303%。新华社发表《关于股票市场的通信》一文，强调“股票市场坚决要试”，政策支持态度明确，恢复了市场信心。期间真实GDP下降23%，M1从35%涨到36%，货币政策趋于转向。股指与货币政策、股市制度相趋同，与经济相反。本周期历时3个月。

（4）第2次熊市（起止时间为1993年2月16日至1994年7月29日）。

股票市场从1558.95点跌至325.89点，跌幅79%，股票市场又开始一轮大扩容，国有产权改革，上市公司数量增加，通货膨胀严重，货币政策和财政政策从紧，经济增长率下降，多重原因导致股票市场大跌。真实 GDP 下降352%，M1 从36%减缓到32%，货币政策趋紧。熊市与当期的经济、股市制度、货币政策相趋同。本周期历时 1 年 5 个月。

表 11.3　　第 2 次牛市波动特点

股票市场涨跌点数	变动率	真实 GDP	变动率	M1	变动率
386.85～1558.95	↑303%	6%～4.6%	↓23%	35%～36%	↑3%

资料来源：Wind 资讯。

表 11.4　　第 2 次熊市波动特点

股票市场涨跌点数	变动率	真实 GDP	变动率	M1	变动率
1558.95～325.89	↓79%	4.6%～－12%	↓352%	36%～32%	↓11%

资料来源：Wind 资讯。

（5）第 3 次牛市（起止时间为 1994 年 7 月 29 日至 1994 年 9 月 13 日）。

股票市场从 325.89 点涨至 1052.94 点，涨幅 223%。1994 年 7 月 30 日，证监会出台三大救市政策："今年内暂停新股发行和上市；严格控制上市公司配股规模；采取措施扩大入市资金范围，允许券商融资、成立中外合资基金。"并降低利率，印花税。同时供求宽松，高通胀，紧调控，经济下滑。股票市场在 1994 年 7 月 21 日发行完粤宏远后，股票发行就暂停，这一空窗期一直持续至 1994 年 12 月 7 日。同期真实 GDP 下降 28%，M1 从 32%降到 28%，货币政策趋紧。股市制度正面，股指与股市制度相趋同，与经济、货币政策相反。本周期历时 2 个月。

表 11.5　　第三次牛市波动特点

股票市场涨跌点数	变动率	真实 GDP	变动率	M1	变动率
325.89～1052.94	↑223%	－11.6%～－14.9%	↓28%	32%～28%	↓12.5%

资料来源：Wind 资讯。

（6）第 3 次熊市（起止时间为 1994 年 9 月 13 日至 1996 年 1 月 19 日）。

股票市场从 1052.94 点跌至 512.83 点，跌幅达 51%。期间分成 3 个短阶段。第 1 个阶段，在暴涨了 1000 点之后，管理层在 1994 年 9 月底推出 T+1 制度，国务院证券委决定自 1995 年起取消 T+0 交易，实行 T+1 交易制度。同时经济开始下行、业绩不佳、紧缩调控力度空前加大，M1 从 30%陡降为 11.4%。1994 年 12 月 7 日，在 IPO 重新启动后，大盘继续探底，到 1995 年 2 月股指探底至 524 点。第 2 个阶段，短暂的井喷。到了 1995 年 5 月，当国债期货越炒越烈，5 月 17 日，管理层推出暂停新股上市及暂时停止国债期货交易的政策，这一剧烈的政策变动引发了"5·18"股票市场井喷行情。第 3 个阶段，因"5·18"股票市场井喷行情过于突然，过于猛烈，3 日内沪市从 584 点猛涨至 927 点，但这种状况与当时宏观经济政策从紧的大趋势明显出现了背离，管理层为了调节过热的股票市场，迅速公布了 1995 年新股发行额度为 55 亿股。发行额度政策推出，股指大幅滑落，形成了明显的政策顶。一路下滑直至 1996 年初，到达最低点 513 点，M1 下滑至 11.4%。此阶段股市制度偏负面。股指与经济反向，与股市制度和货币政策同向。本周期历时 1 年 4 个月。

表 11.6　　　　第 3 次熊市波动特点

股票市场涨跌点数	变动率	真实 GDP	变动率	M1	变动率
1052.94 ~ 512.83	↓51%	-14.9% ~ 1.9%	↑113%	30% ~ 11.4%	↓62%

资料来源：Wind 资讯。

（7）第 4 次牛市（起止时间为 1996 年 1 月 19 日至 1997 年 5 月 12 日）。

经济实现软着陆，家电行业大发展，政策紧缩力度减弱，绩优股业绩回升，吸引国企资金入市。1996 年 4 月，中国人民银行发布公告称，不再办理新的保值储蓄业务。上涨过程中政府出的 12 道金牌规定：《关于规范上市公司行为若干问题的通知》《证券交易所管理办法》《关于坚决制止股票发行中透支行为的通知》等。1996 年 12 月，《人民日报》在头版发表特约评论员文章《正确认识当前股票市场》，对于证券市场严重过度投机和可能的风险给予高度警惕。股市制度中性，M1 从 11.4% 提高到 18.3%。经济、货币政策与股指是同向的。历时 1 年 4 个月。

表 11.7　　　　第 4 次牛市波动特点

股票市场涨跌点数	变动率	真实 GDP	变动率	M1	变动率
512.83 ~ 1510.18	↑194%	1.9% ~ 7.4%	↑289%	11.4% ~ 18.3%	↑61%

资料来源：Wind 资讯。

（8）第 4 次熊市（起止时间为 1997 年 5 月 12 日至 1999 年 5 月 18 日）。

股票市场从 1510.18 点跌至 1058.39 点，跌幅 30%。1997 年 5 月 21 日，国务院证券委、中国人民银行、国家经贸委联合发文禁止国企炒作股票，股票市场继续大扩容，抓大放小，国有经济战略调整，国有企业上市数量激增。同时亚洲金融危机冲击国内经济，经济下滑，出现通缩风险，真实 GDP 上升。M1 从 18.3% 降到 12%，货币政策紧缩。股市制度表现负面，股指与货币政策、股市制度同向下行，方向与经济相反。本周期历时 2 年。

表 11.8　　　　第 4 次熊市波动特点

股票市场涨跌点数	变动率	真实 GDP	变动率	M1	变动率
1510.18 ~ 1058.39	↓30%	7.4% ~ 10.5%	↑42%	18.3% ~ 12%	↓27%

资料来源：Wind 资讯。

（9）第 5 次牛市（起止时间为 1999 年 5 月 18 日至 2001 年 6 月 14 日）。

股票市场从 1058.39 点涨至 2245.44 点，涨幅 112%。股票市场上演再一次政策救市，证监会八大政策救市，国企脱困。1999 年 10 月 27 日，国务院批准保险公司间接进入证券市场，证监会同时宣布国有股年内配售规模和定价标准。2000 年 10 月 12 日，中国证监会发布《开放式证券投资基金试点办法》。同时积极的财政政策拉动经济增长，实际宽松的货币政策使得流动性充裕，网络科技也带领新经济主题投资兴起。股市制度正面，股指与经济反向，与货币政策、股市制度同向。本周期历时 2 年 1 个月。

表 11.9　　　　第 5 次牛市波动特点

股票市场涨跌点数	变动率	真实 GDP	变动率	M1	变动率
1058.39～2245.44	↑112%	10.5%～6.7%	↓36%	13.3%～14.9%	↑12%

资料来源：Wind 资讯。

（10）第 5 次熊市（起止时间为 2001 年 6 月 14 日至 2005 年 6 月 6 日）。

股票市场从 2245.44 点跌至 998.23 点，跌幅 56%，是时间很长的熊市。宣布国有股减持及就此在市场中留下的阴影是直接原因之一，延续数年。在 2001 年 6 月 12 日，国务院发布文件《减持国有股筹集社会保障资金管理暂行办法》，上证综指从阶段高点 2245 点开始一路下跌。其后证监会阶段性停止了新股发行和增发。10 月 22 日国有股减持被叫停，市场一度上涨，11 月 2 日 IPO 重启，12 月股指再度向下，并自此开始了长达 4 年的熊市，直至股权分置改革实施。2001 年，经济学家吴敬琏甚至以赌场来形容中国的股票市场。制度总体负面。2003 年，"非典"之后，香港市场的 H 股开始大牛市。美国股神巴菲特买入 H 股中石油。国际向好，但国内政府在 2004 年 4 月 25 日提高存款准备金的同时，又采取了行政化的手段严肃查处民企"铁本"的钢铁项目。长时间的熊市延续到 2005 年。2005 年 4 月 29 日，国务院宣布要从根子上解决股权分置的问题，但股票市场一直又下跌 1 个多月，跌到 2005 年 6 月 6 日，破千点，直到 998 点才止住跌势。这是历史上最长的熊市，与经济趋向反向，与货币政策和股市制度同向。本周期历时 4 年。

表 11.10　　　　第 5 次熊市波动特点

股票市场涨跌点数	变动率	真实 GDP	变动率	M1	变动率
2245.44～998.23	↓56%	6.7%～9.4%	↑40%	14.9%～11.3%	↓24%

资料来源：Wind 资讯。

2. 2005 年股权分置改革之后的市场

2005 年的股权分置改革后，股票市场的周期数量趋少，两次熊市、两次牛市。股票市场的影响因素更加多元化、复杂化，同时集中表现为股改后股票供给大幅度的增长，大小非的解禁，全流通的市场环境下潜在供应量的增加，以及大小非的减持、产业资本套现等。2005～2009 年，经济周期大起大落，宏观调控政策非常频繁。2010 年以后，经济形势变得更加复杂，除医药、节能环保、信息产业、文化产业、白酒、必需消费中的部分细分行业外，出现了大面积的产能过剩。货币政策的调控难以适应宏观环境的复杂性，经济结构调整势在必行。从股票市场发行看，2006 年询价制之后，出现了大型国企集中上市，发行的市值占据了市场的一半，2010 年后 IPO 发行提速，创业板开始发行，发行市场出现市盈率过高、发行超募、上市后高管抛股的离职潮，引发供求失衡，市场整体对股票市场产生信任危机。股票市场制度性的矛盾特别是发行制度、投资与融资的矛盾日益突出。

（1）第 6 次牛市（起止时间为 2005 年 6 月 6 日至 2007 年 10 月 16 日）。

股权分置改革后，股票市场从 998.23 点涨至 6124.04 点，涨幅高达 514%。在此期间，股改再造资本市场，人民币汇率改革使流动性充裕，国企资金入市松绑，基金业大发展。

由于股权分置改革，IPO 暂停了 1 年时间，停止时间是 2005 年 5 月 25 日至 2006 年 6 月 2 日，这是股票市场历史上最长的一次 IPO 空窗期。在“国九条”的方针指引下，2005 年 4 月 29 日，证监会正式发布《关于上市公司股权分置改革试点有关问题的通知》，从此正式揭开了股改的序幕。2006 年 5 月 18 日，证监会正式实施《首次公开发行股票并上市管理办法》，标志“新老划断”全面启动。2006 年 9 月 19 日，证监会发布《证券发行与承销管理办法》，重点规范了首次公开发行股票的询价、定价以及股票配售环节，完善了询价制。IPO 空窗期结束后，2007 年出现了中国资本市场的大市值上市公司的诞生年，超大型国企集中发行上市，例如中国石油、中国银行、工商银行、中国国航、大秦铁路先后上市。这些公司短期都接近或超过了万亿元的市值，中国石油市值最高时超过 8 万亿元。目前看，我国股票市场有一半市值是在这一时期发行的，我国股票市场前 10 名市值全都是在这一时期发行上市的。从发行特点看，行业分布以银行、能源为主，属于高度垄断性的行业；股权上，国有股权高度集中；商业模式中垄断方式比较雷同，属于国有的强垄断模式。由于这些新股大量的解禁压力在 1 年之后才能逐渐显现出来，在股改的大牛市背景下，这些潜在压力在短期内并未显现出来，在以后年度也陆续出现大小非减持、产业资本套现的问题。

2005 年以来的这轮迄今最大的牛市，股市制度正面，主要是股权分置改革以及市场对股权分置改革的良好预期。牛市与实际的 GDP 反向，与货币政策同向，与当时的股改制度是同向。本周期历时 2 年 4 个月。

表 11.11　　第 6 次牛市波动特点

股票市场涨跌点数	变动率	真实 GDP	变动率	M1	变动率
998.23 ~ 6124.04	↑514%	9.4% ~ 7.9%	↓16%	14.9% ~ 22.2%	↑49%

资料来源：Wind 资讯。

（2）第 6 次熊市（起止时间为 2007 年 10 月 16 日至 2008 年 10 月 28 日）。

股票市场从 6124.04 点跌至 1664.93 点，跌幅高达 73%。这一阶段，高通胀吞噬企业利润，紧缩政策收紧流动性，次贷危机升级使全球经济陷入衰退风险加大。供应方面，扩容压力骤然显现，前期的集中大量的发行和股票市场的大涨，为以后的大跌留下了伏笔，我国股票市场开始承受大小非减持的压力。企业盈利减速，1985 年以来的历史经验已经充分说明，在每次通胀后物价下行阶段，中国企业盈利增速明显放缓。我国在 1987 ~ 1989 年、1993 ~ 1995 年高物价时代的后期，当通胀率从 15% 下滑到 5% 的时候，企业盈利都出现了负增长。2008 年在中国居民消费价格总水平（CPI）同比上涨 8.7%，创下了 12 年来高点的背景下，一方面是企业财务成本的增加，另一方面是上游成本侵蚀企业的盈利，产业资本的利润率大幅下降。股市制度负面，这轮熊市与经济、货币政策、股市制度同向。本周期历时 1 年。

表 11.12　　第 6 次熊市波动特点

股票市场涨跌点数	变动率	真实 GDP	变动率	M1	变动率
6124.04 ~ 1664.93	↓73%	7.9% ~ 6.6%	↓16%	22.2% ~ 8.85%	↓608%

资料来源：Wind 资讯。

（3）第7次牛市（起止时间为2008年10月28日至2009年8月4日）。

股票市场在经历了6124点之后一路下行，金融危机以及新股大量发行导致市场暴跌，至2008年12月时已经下跌了1年多。2008年12月6日至2009年6月29日新股IPO暂停。进入2009年后，4万亿元的推行，使市场一度走出2008年至今最大的一波反弹行情。但此后股票市场一路阴跌，至目前徘徊在2000点附近。M1从8.85%上升到27.7%，真实GDP上升424%。股市制度正面，股指与经济、货币政策及股市制度同向。本周期历时10个月。

表11.13　　第7次牛市波动特点

股票市场涨跌点数	变动率	真实GDP	变动率	M1	变动率
1664～3478	↑95.9%	6.6%～9.4%	↑424%	8.85%～27.7%	↑2131%

资料来源：Wind资讯。

（4）第7次熊市（起止时间为2009年8月4日至2012年12月31日）。

货币政策收紧，产业结构调整，股票IPO在2009年6月末重启，市场在1月后见高点，市场从3478点下跌。2009年9月，首批创业板发行，特锐德、神州泰岳、乐普医疗、南方风机、探路者、莱美药业、汉威电子、上海佳豪、安科生物、立思辰上市，而后创业板持续出现发行“三高”，发行高企的市盈率屡创历史纪录。2010年总体的发行市盈率平均达到59倍，高管出现抛售并离职潮，市场的信心受到极度打击，大小非解禁后，清仓式抛售出现，股指下行。2010年4月16日，股指期货启动交易。大量期现套利的交易策略实行。2012年4月29日，沪深交易所分别出台上市公司退市制度征求意见，增加了退市的条件，比如新增净资产为负、营收低于1000万元等。货币M1从27.7%降到8.9%，真实GDP下降45%。股市制度负面，股指与经济、货币政策及股市制度同向下跌。本周期历时4年零4个月，是最长的熊市。

在2008年全球爆发金融危机，各国股票市场纷纷重挫。危机后，全球成熟市场及新兴市场股指从最低点强劲上涨，截至2012年12月31日，道琼斯指数接近金融危机前最高点。各新兴市场国家股票市场也在危机之后大幅反弹，接近危机前高点。我国股票市场至今离高点还较远。在金融危机之前上证综指最高超过6000点，目前上证综指仍然在2000点低位徘徊。股票市场波动性强，系统风险大，投资者收益少，证券市场的投资功能非常不完善。由此来看，我国股票市场难以承担起经济转型过程中直接融资的功能，矛盾变得很突出。

表11.14　　第7次熊市波动特点

股票市场涨跌点数	变动率	真实GDP	变动率	M1	变动率
3478～2000	↓37.9%	9.4%～5.1%	↓45%	27.7%～8.9%	↓68%

资料来源：Wind资讯。

（二）美国股指的运行

美国股票市场历史悠久，美国纽约证券交易所于1811年由经纪人按照《梧桐树协议》

建立起来并开始营运。美国股票市场真正的繁荣是在 20 世纪以后。20 世纪之后美国股票市场的发展分为 3 个阶段。第 1 个阶段是初级阶段。20 世纪 20 ~ 30 年代美国股票市场投机严重，内幕交易盛行，在 1929 年发生严重经济危机，股票市场大幅下滑，进一步加重了熊市，美国的金融经济遭到了重创。危机过后，美国反思股票制度中的问题，逐渐建立了美国股票市场的制度基础。第 2 个阶段是股票市场的震荡期。当时美国经济中初级产业和金融也带有很强的周期性，期间发生石油危机，经济受到通货膨胀或者滞涨等问题的制约，但是股指仍是震荡向上。对于这个时间段的研究发现，发生于 20 世纪 70 年代的石油危机和 1987 年的股票市场危机导致的熊市很快结束，美国对股市的救市方法是系统和有效率的。第 3 个阶段是网络时代与知识经济开启，经济持续成长，股指持续攀升。下文将分阶段逐一阐述。

1. 美国股票市场危机中的制度建设

美国股指运行的第 1 个阶段是美国股票市场在危机中进行了制度建设。1929 年美国市场经历了一场经济、金融危机，之后经济出现了 15 年停滞。崩盘后所发生的“大萧条”，引发了美国社会的思考，这一阶段最重要的进步是完善了股票市场制度。1933 年罗斯福实行“新政”。“新政”期间，美国市场建立完善了一整套现代证券法律体系，包括《格拉斯 - 斯蒂格尔法案》《银行紧急救助法令》《联邦证券法》等一系列法律。这套制度夯实了美国股票市场的制度基础，建立了基石性的制度。伴随着 20 世纪 30、40 年代美国证券交易委员会对强制性信息披露和治理结构的监管措施的有效实施，投资人对美国股票市场信心增加，美国的市场规模一举超过英国，成为全球最大股票市场。

从目前来看，美国是世界上证券法律制度最完善的国家。它的证券法律体系，包括核心的联邦证券法，还包括美国各州制定的“蓝天法”，美国证券交易委员会制定和发布的条例、规则、意见和不采取行动函以及法院做出的数以千计的判例。美国股票市场制度重点在两点：第一是信息披露制度，第二是公司治理的制度。相反，美国对于发行制度的具体规定反而显得宽松，比如美国创业板市场在上市标准的设置上往往灵活多样，纳斯达克全国市场还针对不同类型的企业设置 3 套上市标准供选择使用。美国市场尽管对业绩、股本等数量条件的要求可能会降低，但在信息披露和公司治理结构等触及证券市场核心本质的主条款方面，监管机构对发行申请人提出的要求非常严格；严格要求上市前和上市后信息披露标准，以确保发行公司准确地披露其财务状况、业务发展计划、实现计划目标的条件和可能以及潜在的风险因素等，让投资者自己做出投资选择。而强化对公司治理的要求，违法违规的重罚制度能够促使企业形成有效的激励和约束机制，提高企业效率，保持系统的整体性的健康和安全。

2. 美国股票市场震荡上升期

美国股指运行的第 2 个阶段是美国股票市场的震荡上升期。股市制度体系完善之后，美国在 20 世纪 50 ~ 80 年代处于股票市场的震荡上升期。50 年代初道指在 200 点，美国经济发展较为迅速，特别是到了 60 年代，随着经济的持续向好，道指表现强劲。1956 年 5 月 12 日，道指首破 500 点大关。但在 1970 年美国爆发经济危机，到 1974 年末，道指一度暴跌回 550 点。不过这次危机被很快化解，1976 年末，道指重返千点之上。1981 年里根上台后提出《经济复兴计划》，1982 年起美国经济逐渐走出“滞胀”的阴影，国民经济景气指数开始上升。80 年代以后，是美国实行利率宽松政策的时期。1985 年底道指首次突破 1500 点。随后一路继续飙升，1987 年 1 月 8 日，道指首破 2000 点大关。1987 年 10 月 19 日，美国爆发股灾，道指一天内重挫 508.32 点，跌幅达 22.6%，引发全球性股灾。这场危机被很快平复，处理危机的措施包括：白宫发表声明鼓舞信心；美联储购买大量国债；联邦基金利率在 1 天内下降 0.75 个百分点；政府支持一些大公司收购其他企业的股票，以恢复市场信心。1987 年股灾最终没有造成美国经济衰退。在这个周期，美国政府结束熊市的手段开始显现出效率性和系统性。

3. 美国股票市场的新经济时代

美国股指运行的第 3 阶段是从 20 世纪 90 年代至今，这一阶段网络时代与知识经济开启，经济持续成长，股指持续攀升。

这 20 年可以分为前 10 年和后 10 年。前 10 年是指自 20 世纪 90 年代开始，在产业结构软化与服务化背景下，美国经济开始长达 10 年的持续增长，这是美国历史上典型的“长周期”经济增长。伴随着美国经济上升，道指承接 80 年代末的惯性继续发力，不断突破整数关。1991 年 4 月 17 日、1995 年 2 月 23 日、1995 年 11 月 21 日、1996 年 10 月 14 日、1997 年 2 月 13 日、1997 年 7 月 16 日、1998 年 4 月 6 日、1999 年 3 月 29 日，9 年时间，分别突破 3000 ~ 10000 点的整数关，基本是 1 年创出 1 个新高。2000 年 1 月 14 日，道指创下历史最高纪录，11723 点。当时美国的产业体系已经较好地体现了产业结构的现代性：产业结构软化与服务化、技术创新与市场导向紧密结合。

期间，监管机构美联储对股票市场极少干预，在 1999 年格林斯潘做出著名的评论，称股票市场出现了“非理性繁荣”。但事实上，这种“非理性繁荣”的美国股票市场一直涨到了 2001 年才暂时停歇。

后 10 年是指 2000 ~ 2012 年，美国股票市场的小周期较多，牛长熊短，房地产经济和新经济两种主导的产业模式轮流影响股票市场的涨跌。2001 ~ 2002 年为 1 年大熊市。2001 年 9 月 21 日，美国的新经济、互联网经济泡沫破裂，此后美国接连发生“9·11”恐怖袭击、安然公司和世通公司的财务丑闻，道指跌至 8236 点。对此，美联储一方面在 2001 年股票市场危机出现时，大幅投放货币对市场形成支持，并出台《萨班尼斯 – 奥克利法案》，强化监管力度；另一方面，采取了持续的扩张性政策，在有效救助股票市场的同时，导致了消费和借贷过快增长，房地产市场的繁荣。2002 ~ 2007 年期间，宽松货币政策下的美国经济在房地产的经济拉动下全面繁荣，也造就了股票市场为期 6 年大牛市，直至 2008 年次贷危机爆发。危机爆发之后，美国联邦储备银行在 2007 年 9 月 18 日至 2008 年 12 月 16 日连续调低了联邦基金利率，使该利率由 4.75% 迅速降至 0 ~ 0.25%，随后联邦储备银行开始量化宽松的政策。在新经济与互联网结合的创新模式下，美国高端制造业的驱动和房地产反转导致了美国经济的复苏。美国股票市场在 2008 年的金融危机之后，已超越危机前高点。美国股票市场体现出更具“弹性”和“深度”，对危机更具承受力。特别是在新经济的产业结构下，美国牛市出现的次数多，且持续时间长，虽然期间也有熊市出现，但相对于牛市时间较短，一般不超过两年。

（三）中美股指运行比较研究

通过以上的比较，研究结论如下。

1. 我国和美国股票市场牛熊模式不同

我国股票市场熊长牛短，常常会经历 2 ~ 3 年的熊市，超过 4 年的熊市也不罕见，长时间的熊市破坏性强，而相比较熊市的时间，我国股票市场牛市的时间都很短。相比之下，美国股票市场更具“弹性”和“深度”，对危机更具承受力。美国股票市场牛市多，时间长，市场也有熊市，但是相比较于牛市，熊市时间短，大约 1 ~ 2 年。

2. 我国和美国股票市场制度体系完善和稳定程度不同

第一，所处历史阶段不一致。全球成熟市场的建立历史基本有 100 ~ 200 年的时间，美国股票市场建立超过 200 年，市场制度的框架建设更早，成熟，体系完善，并经历了历史和时间的检验。而中国的股市制度体系尚在建设过程中，甚至有些股市制度还在反复地修改和不断完善。第二，两国市场建立的基础和背景不同。

3. 我国和美国股票市场与经济、货币政策和股市制度的相关性不同

我国经济与股票市场的相关性在 2005 年股权分置改革之后相关性有所加强，但还是弱相关，股票市场对宏观经济的预期性不强，特别是对新兴产业的预期性不强。美国股票市场表现与产业发展关系密切，技术创新占比大。美国资本对高科技创新的培育，产业化的速度，优胜劣汰的机制运行良好。总的来看，美国股票市场对产业引领的能力很强，美国股票市场与货币政策的相关性比较大，股市制度体系是股票市场运行的基础。

4. 在救市政策上，我国无系统性救市策略，美国政府在熊市已有一套比较系统的救市行为

出现股票市场危机时，我国和美国处理策略不一致。美国政府的金融当局立足于以下两个方面的工作。一是用最短的时间、最小的代价及时终结股票市场的熊市。一旦发生危机，美联储通过金融工具降息、量化宽松，买国债、支持收购股票等手段大幅截断市场的恶性循环机制，缩短熊市的时间。二是在危机后，以此为教训，积极完善股票市场的基础制度。美国证监会在安然事件出现后迅速出台了《萨班尼斯 - 奥克利法案》，加强了监管力度，促使美国股票市场经过短暂调整之后依然比较平稳健康的发展。

（四）上证综指波动总体特征

本节重点论述上证综指波动的总体特征、非对称性特征和单位风险收益比的特征。

1. 上证综指的非对称性

我国股票市场具有明显的非对称性特点。综合考虑牛熊市及股市制度因素，对 1997 ~ 2012 年间的股票市场进行分段检验，其中时间阶段分为 1997 ~ 2005 年，2006 ~ 2007 年，2008 ~ 2012 年，结果如下所示。

1997 ~ 2005 年的 TARCH 检验结果来看，输出项“RESID（-1）^2 × RESID（-1）<0”不等于 0 说明这期间存在非对称效应。同时杠杆系数大于 0，说明存在杠杆效应，也说明这个时间段股票市场对利空的反应更大。

从 2006 ~ 2007 年的 EGARCH 检验结果来看，输出项 C（5）不等于 0，说明这期间存在非对称效应。同时杠杆系数大于0，说明这个时间段股票市场对利好的反应更大。

对于2008～2012年间的数据，采用EGARCH模型进行检验。输出项C（4）小于零，说明存在杠杆效应，股票市场对利空的反应更大。

总体看，上证综指存在明显非对称效应。通过分段分析，历史上只有较短的时间，即在2006～2007年上海市场对利多消息产生的波动比等量利空消息产生的波动更大，其余的绝大多数时间，即在1997～2005年和2008～2012年上海市场对利空消息产生的波动比等量利好消息产生的波动更大，说明我国市场对于利空的敏感度高。

2. 上证综指的风险收益

1996～2012年，美国股票市场较我国股票市场在单位风险收益率方面有明显优势。如果再加上股息，道琼斯的股息率在3%～5%之间，中国的股息率在1%～2%之间，美国股票市场的收益率比我国股票市场的收益率更大（见表11.15）。

表11.15　　我国与美国风险收益率（1996～2012年）

	中国（上证综指）	道琼斯指数
几何平均收益率	0.0081	0.0063
算术平均收益率	0.0048	0.0054
持有期收益率	2.7818	3.1537
风险	0.0822	0.0442

资料来源：Wind资讯。

1996～2012年，新兴市场国家较我国股票市场在单位风险收益率方面也存在明显优势。作为新兴经济体的代表，“金砖四国”即中国、俄罗斯、印度以及巴西的股票市场总市值占到了全球股本总投资额的16%。与其他新兴市场相比，我国股票市场的风险收益比是最低的。1996～2012年，股票市场收益率仅为0.81%，大大低于同期的其他新兴市场国家股票市场收益率（见表11.16）。一般来讲，新兴股票市场的金融危机爆发的频率是比较高的，恶性通货膨胀是新兴市场国家的普遍问题。新兴市场国家存在国家债务和选民选票之间的博弈，政府希望通过负债来加快经济的成长性，从而获取选民的支持，但是负债增加导致赤字增加，进而由通货膨胀引发经济崩溃。这种经济循环的周期和政权的更迭结合在一起，也引发股票市场的大幅波动。对于新兴市场，高通货膨胀率是危机的根源，也是造成股指波动的主要因素。而我国的股票市场在单位风险上的收益更低，影响了我国股票市场的功能发挥。

表11.16　　新兴市场风险收益率（1996～2012年）

	巴　西	俄罗斯	印　度	中国（上证综指）
几何平均收益率	0.0155	0.0213	0.0088	0.0081
算术平均收益率	0.0116	0.011	0.006	0.0048
资本利得收益率	11.2559	15.3235	5.4923	2.9746
持有期收益率	11.8502	10.508	3.5975	2.7818
风险	0.0872	0.1413	0.0752	0.0822

三、影响我国股指波动因素分析

（一）影响我国股指波动的因素概括

在目前阶段对股票市场的研究体系中，应该树立一个系统的思路，把影响股指波动的因素在一个系统性的环境中进行研究，主要研究这些因素是如何作用于市场的供求关系，导致股票市场出现了波动性特征，影响了股票市场功能的发挥。从西方经济学的投资理论看，股票市场资产价格理论研究体系一般以经济为最主要的研究基础，无论是自上而下法，还是自下而上法，都以宏观经济、中观行业经济、微观上市公司为主要的研究对象，辅以信息学、心理学、投资者的预期、投资者的行为为重要的研究条件来形成主要框架，主要还是以经济为中心。从实践看，这套经典投资理论在我国的适用性并不强。除了经济因素以外，我国的货币政策和股票市场制度也是比较突出的因素。因此，在系统的框架下，本文从三个方面来研究，即经济、政策、制度方面，而这三个方面的因素中宏观经济水平、货币政策、股票市场的制度是最主要的研究对象。

宏观经济水平是研究影响股票指数波动性因素的重要因素。动态上看，宏观经济是通过影响微观上市公司的业绩，来作用于股票指数的；静态上看，股票指数是由微观经济的上市公司构成的。股票市场指数能不能反映宏观经济，有两个条件：一是上市公司在整体经济中占比高，整体宏观经济的证券化水平高；二是上市公司中优秀公司的比重高。从管理层的经验到产业的布局，是股票市场具有经济晴雨表功能的微观基础。

股票制度和货币政策是研究影响股票指数波动性因素的重要因素。首先，从股票市场制度上看，发行制度、并购制度、退市制度是目前有重大影响力的制度，因为这些制度安排直接影响我国股票市场的基本供求关系。其次，23 年来带有我国特色的体制性的制度变迁，包括股权分置改革、大小非制度安排、国企的股权改革等，也影响股市的供求关系。目前，我国股票市场整体功能并没有得到完善发挥，融资和再融资功能虽然让各种类型融资需求方在股票市场得到大量资金资源，但是股票市场的整体功能，包括优胜劣汰的功能和资源配置功能并没有得到很好的体现。股权经济的特点是公众、效率、市场化的经济，股权并购流动带来整合效率的提升，才能真正提高股票市场资源配置效率，我国股票市场的功能才能改善。

我国货币政策对股票市场的影响作用有三个方面：第一是总体上市公司的资产负债率高低决定影响大小。第二是货币调控政策频率和力度对股票市场产生影响，股价的波动反馈效应基于风险溢价的变化。从货币政策出台的频率上，政策出台频繁增加了股票市场波动性，导致股票市场投资者正向反馈预期，增加股票市场的系统性风险。第三是货币政策的扩张与紧缩的周期也影响股指波动性。

（二）实证方法与结论

本部分实证的方法为周期分析法，论证经济、货币政策、股票市场制度与股指周期的一致性。变量共有5个，因变量是上证综合指数，自变量是GDP、CPI、M1、股市制度性因素。

本部分的数据处理有两个部分：第一部分是总表，第二部分是4张图，分别表现1990～2012年的7个周期中我国上证综指与各个变量的运行状态。

第1张表是1990年以来我国股票市场7次周期的经济数据。变化的参数包括股票市场点数、股票市场变化幅度、真实GDP的变化幅度、货币量M1的变化幅度（见表11.17）。

表11.17　我国股票市场牛市与熊市时间表（真实GDP）

	时　间	股票市场表现（点数）	股票市场变化幅度（%）	期初真实GDP	期末真实GDP	真实GDP变化幅度（%）	期初M1	期末M1	M1变化幅度（%）
第1次牛市	1990年12月19日至1992年5月26日	96.05～1429.01	↑1387	-0.5	8.6	↑1820	19.2	30	↑56
第1次熊市	1992年5月26日至1992年11月17日	1429.01～386.85	↓73	8.6	6	↓30.9	30	35	↑17
第2次牛市	1992年11月17日至1993年2月16日	386.85～1558.95	↑303	6	4.6	↓23	35	36	↑3
第2次熊市	1993年2月16日至1994年7月29日	1558.95～325.89	↓79	4.6	-11.6	↓352	36	32	↓11
第3次牛市	1994年7月29日至1994年9月13日	325.89～1052.94	↑223	-12	-14.9	↓28	32	30	↓6
第3次熊市	1994年9月13日至1996年1月19日	1052.94～512.83	↓51	-15	1.9	↑113	30	11.4	↓62
第4次牛市	1996年1月19日至1997年5月12日	512.83～1510.18	↑194	1.9	7.4	↑289	11.4	18.3	↑61
第4次熊市	1997年5月12日至1999年5月18日	1510.18～1058.39	↓30	7.4	10.5	↑42	18.3	13.3	↓27
第5次牛市	1999年5月18日至2001年6月14日	1058.39～2245.44	↑112	10.5	6.7	↓36	13.3	14.9	↑12
第5次熊市	2001年6月14日至2005年6月6日	2245.44～998.23	↓56	6.7	9.4	↑40	14.9	11.3	↓24
第6次牛市	2005年6月6日至2007年10月16日	998.23～6124.04	↑514	9.4	7.9	↓16	14.9	22.2	↑49
第6次熊市	2007年10月16日至2008年10月28日	6124.04～1664.93	↓73	7.9	6.6	↓16	22.2	8.85	↓608
第7次牛市	2008年10月28日至2009年8月4日	1664～3478	↑95.9	6.6	9.4	↑424	8.85	27.7	↑2131
第7次熊市	2009年8月4日至今	3478～2202	↓379	9.4	5.1	↓45	27.7	8.9	↓68

资料来源：上海证券交易所、统计年鉴。

第 2 张表是 1990 年以来我国股票市场 7 次周期的经济数据。变化的参数包括股票市场点数、股票市场变化幅度、名义 GDP 的变化幅度、货币量 M1 的变化幅度（见表 11.18）。

表 11.18　　　　我国股票市场牛市与熊市时间表（名义 GDP）

	时　间	股票市场表现（点数）	股票市场变化幅度(%)	期初的 GDP	期末的 GDP	GDP 变化幅度（%）	期初 M1	期末 M1	M1 变化幅度(%)
第 1 次牛市	1990 年 12 月 19 日至 1992 年 5 月 26 日	96.05 ~ 1429.01	↑1387	3.8	13.3	↑250	19.2	30	↑56
第 1 次熊市	1992 年 5 月 26 日至 1992 年 11 月 17 日	1429.01 ~ 386.85	↓73	13.3	14.2	↑6.77	30	35	↑17
第 2 次牛市	1992 年 11 月 17 日至 1993 年 2 月 16 日	386.85 ~ 1558.95	↑303	14.2	15.1	↑6.34	35	36	↑3
第 2 次熊市	1993 年 2 月 16 日至 1994 年 7 月 29 日	1558.95 ~ 325.89	↓79	15.1	12.4	↓17.88	36	32	↓11
第 3 次牛市	1994 年 7 月 29 日至 1994 年 9 月 13 日	325.89 ~ 1052.94	↑223	12.4	12.4	0.00	32	30	↓6
第 3 次熊市	1994 年 9 月 13 日至 1996 年 1 月 19 日	1052.94 ~ 512.83	↓51	12.4	10.9	↓12.10	30	11.4	↓62
第 4 次牛市	1996 年 1 月 19 日至 1997 年 5 月 12 日	512.83 ~ 1510.18	↑194	10.9	10.2	↓6.42	11.4	18.3	↑61
第 4 次熊市	1997 年 5 月 12 日至 1999 年 5 月 18 日	1510.18 ~ 1058.39	↓30	10.2	8.3	↓18.63	18.3	13.3	↓27
第 5 次牛市	1999 年 5 月 18 日至 2001 年 6 月 14 日	1058.39 ~ 2245.44	↑112	8.3	8.1	↓2.41	13.3	14.9	↑12
第 5 次熊市	2001 年 6 月 14 日至 2005 年 6 月 6 日	2245.44 ~ 998.23	↓56	8.1	11	↑35.80	14.9	11.3	↓24
第 6 次牛市	2005 年 6 月 6 日至 2007 年 10 月 16 日	998.23 ~ 6124.04	↑514	11	14.4	↑30.91	14.9	22.2	↑49
第 6 次熊市	2007 年 10 月 16 日至 2008 年 10 月 28 日	6124.04 ~ 1664.93	↓73	14.4	10.6	↓26.39	22.2	8.85	↓608
第 7 次牛市	2008 年 10 月 28 日至 2009 年 8 月 4 日	1664 ~ 3478	↑95.9	10.6	8.2	↓22.64	8.85	27.7	↑2131
第 7 次熊市	2009 年 8 月 4 日至今	3478 ~ 2202	↓379	8.2	7.5	↓8.54	27.7	8.9	↓68

资料来源：上海证券交易所、统计年鉴。

以下部分是 4 张图，分别表现在 7 个周期中我国上证综指与各个变量的运行状态。竖线是代表 7 次牛熊周期的时间点，变量依次为上证综指、GDP、CPI、M1、GDP-CPI（见图 11.1、图 11.2、图 11.3、图 11.4）。

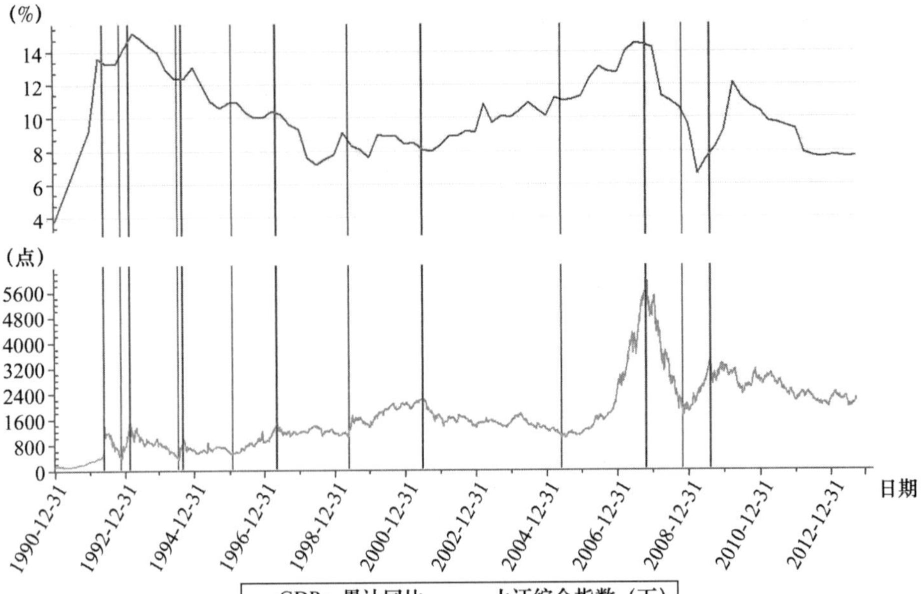

图 11.1 上证综指与 GDP

资料来源：Wind 资讯。

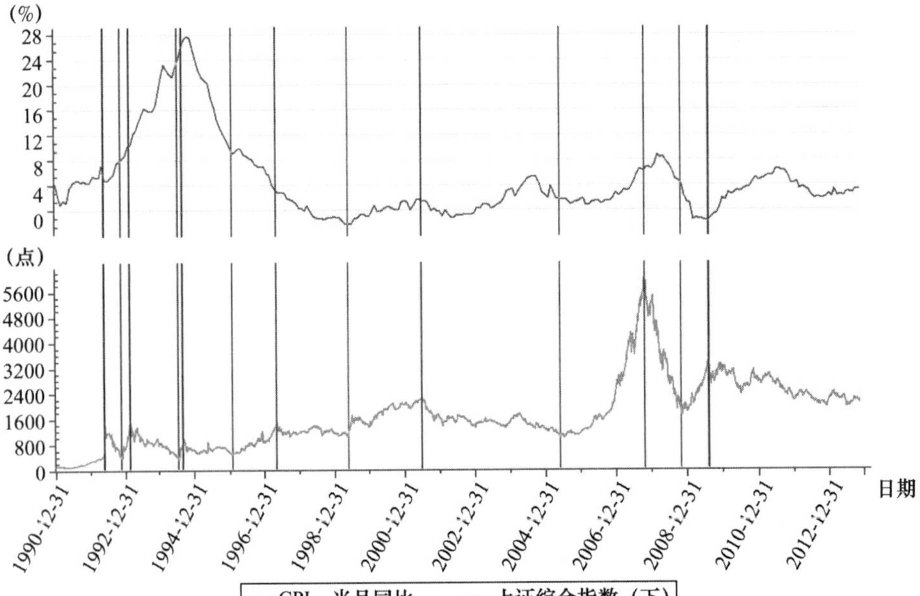

图 11.2 上证综指与 CPI

资料来源：Wind 资讯。

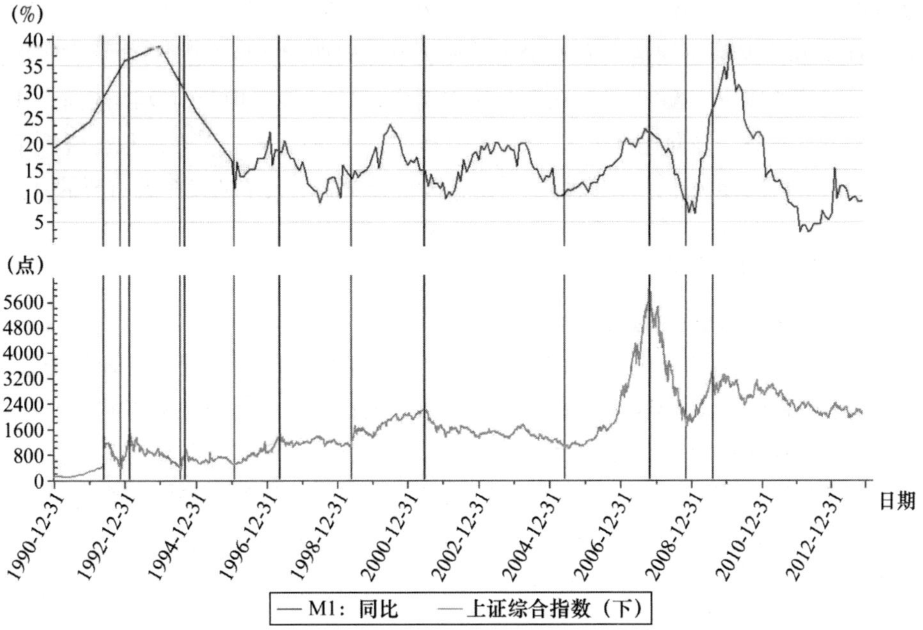

图 11.3　上证综指与 M1

资料来源：Wind 资讯。

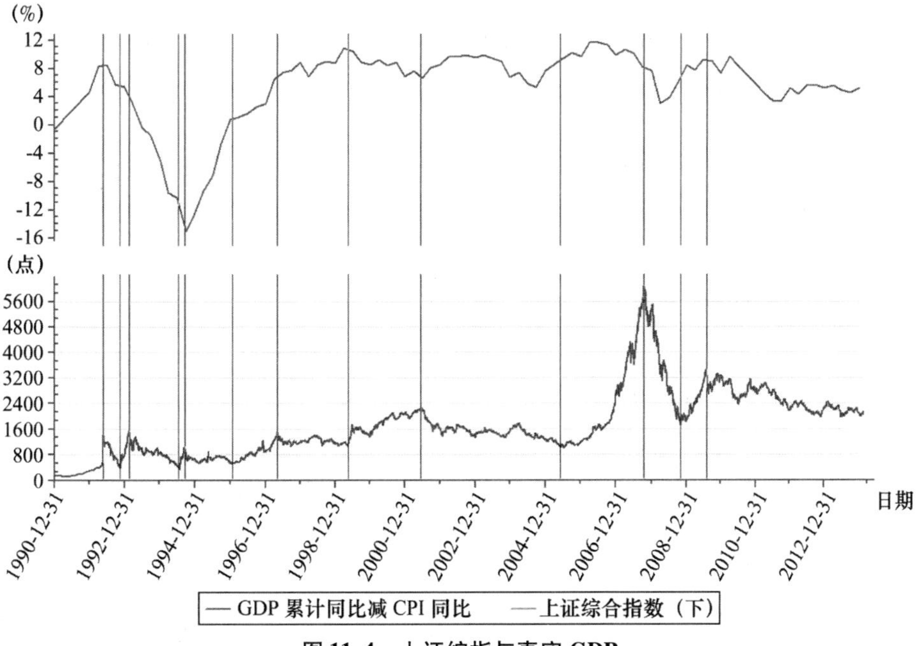

图 11.4　上证综指与真实 GDP

资料来源：Wind 资讯。

研究结论显示如下。第一，股票市场周期与经济周期一致性非常弱，与货币政策存在一致性。真实 GDP 与股票周期同向性很小，在 7 个大周期中，14 次波动中只有 7 次同向；名义 GDP 与股票周期同向性很小，在 7 个大周期中，14 次波动中只有 9 次同向；M1 与股票周期同向性比较高，同向比例很大，14 次中有 12 次同向。第二，在股权分置改革之后，经济真实 GDP 与股票市场的周期已趋于同向，股权分置制度改革的发挥着重要的意义。

（三）经济与股指波动

1. 经济与股指有相关性的基础条件

我国 1990 ~ 2012 年间的经济，以平均每年超过 10% 的 GDP 速度在上升，超越全球绝大多数的成熟国家和新兴国家，但是股票市场没有反映出我国经济持续成长的现实。经济与股指有相关性，股指能作为经济的晴雨表的条件有两点：一是上市公司在整体经济中占比高，整体经济的证券化水平高；二是上市公司中优秀公司的比重高。股票市场晴雨表功能可以发挥的逻辑是，需要一批有着持续成长基因的上市公司，而形成这样公司的重要条件如下。

首先，公司整体拥有强烈的市场和专业化主导能力，是市场长期竞争筛选后的产物，公司是行业的龙头公司，企业家有着卓越的创新和领导能力；

其次，这些公司具有较强的资产配置能力及行业整合能力，对经济趋势中优秀的技术和潜在市场的预测准确，将行业发展的极限不断上移；

再次，资本运作能力普遍比较强，实业家与金融的对接力比较强，对经济增长的先导方向有很强的敏感性，通过收并购，可以长期提升相关行业的劳动生产效率；

最后，这些公司在股票市场中长期维持较高的长期投资回报率，投资者、特别是普通的投资者可以长期通过投资这样的上市公司有财富效应。

从管理层的经验和产业的布局，再到公司的运作具备上述特征的上市公司，是股票市场具有经济晴雨表的功能的微观基础。在目前阶段，我国在整体经济中，上市公司占比不高。同时，我国股票市场中优秀上市公司的比重不高，特别是通过长期的历史检验，持续稳定性上涨的公司不多，微观上市公司作为一个整体成为晴雨表的功能没有形成。

2. 我国经济中的股市总体市值水平不高

根据 2012 年上市公司的年报数据，中国上市公司占经济的比重小。发达国家平均比例 100%，美国 2012 年 12 月 31 日这一数值为 119%，我国股票市场 2012 年 12 月 31 日占 GDP 的比例为 51%，并且，我国股票市场中优秀上市公司的比重相对更低。

首先，美国股票市场对经济敏感度高的基础是，美国有一批具有代表性成长性上市公司。当前美国的资本、投资理念不断创新发展，从天使投资到二级市场机构，对新商业模式给予最大程度地理解和接受，资本高效率地注入新兴产业，如苹果、谷歌等。代表“美国梦之队”的高科技公司——苹果、谷歌、Facebook、亚马逊总体超过万亿美元的市值。这批公司是美国市场新经济的产业先驱，代表了成长经济的发展模式。美国股票市场表现与产业发展关系密切，技术创新的占比大，经济晴雨表的功能很强大。

其次，我国股票市场上市公司平均 ROIC 水平在 5% ~ 15% 范围的数量不到半数，同期美国标准普尔 500 指数中的公司有 60% 的公司达到这一标准。我国股票市场上市公司的微观特点是优秀公司少。本文通过计算沪市股票市场2009～2011年连续3年ROE比率和ROIC比率同时超过15%的上市公司，同时增加1个筛选指标——即在2005年及2008年市场大熊市期间，这些上市公司的利润仍然能保持正增长，选出这样的公司。研究结论，只有5家上市公司符合这样的标准，其中也并没有一个是全球性的龙头公司。这充分说明在我国股票市场，有着持续成长基因的上市公司少。在行业的分布上，这些公司与新经济的差异还是比较大的，同时在市值规模、治理结构上无法承担起经济晴雨表的功能。

从产业引领的效果看，当前中国经济中，行业代表上最具有成长性的一批科技类中国民营企业大多数选择在我国香港或美国上市，最为突出的是代表经济中的高成长和新兴行业的互联网、新媒体、清洁能源的领军企业，比如腾讯、百度、分众、携程、新浪、搜狐、如家等都选择了在我国香港或美国上市。

总体看，我国股票市场上市公司中持续成长公司的比重是很低的，没有这部分优秀上市公司，股市很难起到经济晴雨表的作用。

（四）货币政策与股指波动

货币政策对股票市场的影响比较强。目前我国货币政策对股票市场的影响比较强的现实环境条件有两个：一个条件是我国上市公司总体负债率高；另一个条件是我国货币监管机构的调控频率高。

1. 我国上市公司的总体负债率高

我国上市公司总体上具有高负债率，上市公司容易受货币政策的影响。2012年末，中国企业债务约为65万亿元，占GDP之比达125%，过去5年上升近30%，企业资产负债率迅速提升。从行业分布来看，负债主要集中在地产和基建相关产业链的重资产行业中。波动率变化的杠杆效应明显。本文计算上市公司的负债率，2012年年末上市公司的总体负债率在85%，其中金融业和建筑业的负债是最高的，这两个行业大大地提高了整体上市公司的负债率。

2. 我国货币监管机构的调控频率高

我国货币监管机构的频繁调控模式，会导致目前我国股票市场中以散户为主的结构，对政策的不确定性产生非理性悲观。股价的波动反馈效应基于风险溢价理论，这一波动特点与货币政策有很强的相关性。

首先，政府货币政策的宏观调控比较频繁，导致股票市场波动频繁。货币政策的作用主要以打压通货膨胀为主要政策目标。近年来，除了在特定的金融危机的时点上，中国的货币政策以防止通胀为主基调，市场对货币政策的收缩预期也对股票市场形成长期向下的压力，货币政策对股票市场的影响是显著的。

其次，非理性预期的影响。对我国这样一个新兴加转轨的股票市场来讲，预期的作用对于股价的短期走势，影响尤为突出。我国散户比重大，非理性预期的成分多。对于政策的趋势，往往以趋势型去预期。股价的波动反馈效应基于风险溢价的变化。从货币政策出台的频率上，政策出台频繁增加了股票市场波动性，导致股票市场投资者正向反馈预期，增加了股票市场的系统性风险。而且我国货币政策的制定者也没有把维护正常的股票市场资产价格作为其政策制定的参考指标。

（五）股市制度与股指波动

1. 股市制度因素的指标设定

股市制度因素对我国股票市场的股指波动是个重要的影响因素。

（1）我国股票市场制度是个体系。

首先，制度体系包括发行制度、并购制度、退市制度、交易制度、分红制度。其中，影响股指波动最大的是发行制度、并购制度、退市制度，因为这些制度安排直接影响我国股票市场的基本供求关系。其次，23 年来带有我国特色的体制性的制度变迁，包括股权分置改革、大小非减持、国企的股权改革等，也影响股市的波动。

（2）本部分选择综合打分的模式来设定股市制度性因素的指标。

设立制度性因素的指标，有两种方式：第一种方式，给制度状况综合打分；第二种方式，选择 1 个代表性的变量。本部分采取第一种方法。当政府的监管部门在 1 个股票波动周期内的融资制度的安排上，制度安排利于股票市场功能的发挥，出现减少股票供应，或增加股票需求，加大资金进入的制度安排，给予 1 评价；否则，反向的制度安排给予 -1 评价；如果制度安排有正向、有负向，相互中和，给予 0 评价。

2. 股市制度性因素与股指相关性

我国股市制度性因素与股票市场的相关性，如表 11.19 所示如下。

表 11.19　　我国股市制度对股票市场的影响

时　间	股票市场表现（点数）	变化幅度（%）	股票市场的制度	评价
1990 年 12 月 1 日至 1992 年 5 月 26 日	96.05 ~ 1429.01	↑1387	+国企资金入市 + 企业股份制改革深入 + 取消涨跌停板制度	1
1992 年 5 月 26 日至 1992 年 11 月 17 日	1429.01 ~ 386.85	↓73	–“8 · 10”事件后的股票市场扩容	-1
1992 年 11 月 17 日至 1993 年 2 月 16 日	386.85 ~ 1558.95	↑303	+高层态度，新华社发文《股票市场坚决要试》	+1
1993 年 2 月 16 日至 1994 年 7 月 29 日	1558.95 ~ 325.89	↓79	-股票市场大扩容，国有产权改革，行政分配额度上市公司数量增加	-1
1994 年 7 月 29 日至 1994 年 9 月 13 日	325.89 ~ 1052.94	↑223	+暂停 IPO（1994 年 7 月 21 日至 12 月 7）日 +严格控制上市公司配股规模 + 扩大入市资金范围 + 降低印花税	+1
1994 年 9 月 13 日至 1996 年 1 月 19 日	1052.94 ~ 512.83	↓51	-取消 T+0 交易 - IPO 重新启动 + 暂停 IPO（1995 年 1 月 19 日至 6 月 9 日）- 又一次 IPO 重新启动 + 暂停国债期货交易 + 发行额度政策 + 暂停 IPO（1995 年 7 月 5 日至 1996 年 1 月 3 日）	0

续表

时　间	股票市场表现（点数）	变化幅度（%）	股票市场的制度	评价
1996 年 1 月 19 日至 1997 年 5 月 12 日	512.83 ~ 1510.18	↑194	+ 吸引国企资金入市 + 停止保值贴补 - 政府高调提示股票市场风险	0
1997 年 5 月 12 日至 1999 年 5 月 18 日	1510.18 ~ 1058.39	↓30	- 股票市场继续大扩容 - 国家抓大放小，国有经济战略调整，国有企业上市数量激增	-1
1999 年 5 月 18 日至 2001 年 6 月 14 日	1058.39 ~ 2245.44	↑112	+ 保险资入市 + 制定相关配售规模和定价标准	+1
2001 年 6 月 14 日至 2005 年 6 月 6 日	2245.44 ~ 998.23	↓56	- 《减持国有股筹集社会保障资金管理暂行办法》	-1
2005 年 6 月 6 日至 2007 年 10 月 16 日	998.23 ~ 6124.04	↑514	+ 股权分置改革 + 最长的一次 IPO 空窗期（2005 年 5 月 25 日至 2006 年 6 月 2 日）+ 重点规范首次公开发行股票的询价、定价以及股票配售环节，完善了询价制	+1
2007 年 10 月 16 日至 2008 年 10 月 28 日	6124.04 ~ 1664.93	↓73	- 大小非减持	-1
2008 年 10 月 28 日至 2009 年 8 月 4 日	1664 ~ 3478	↑95.9	+ IPO 空窗期（2008 年 9 月 16 日至 2009 年 6 月 29 日）+4 万亿元经济刺激	+1
2009 年 8 月 4 日至今	3478 ~ 2202	↓379	- 创业板“三高”发行 - 股指期货启动交易	-1

资料来源：Wind 资讯。

由此我们不难得出如下结论。

一是在股市制度与经济周期的关系中，研究发现，14 次的牛市和熊市中，我国股票市场制度的方向有 12 次方向与牛、熊周期的方向完全一致，只有 2 次周期是在中和性的制度环境中产生的牛、熊周期，从股市制度上看没有明确的方向。

二是总体股市制度体系与股指的周期有很强的相关性。其中影响股票市场周期的制度有发行制度、股权分置改革、投资资金准入制度、国有企业的改革模式、政府对股票市场的整体定位、大小非的减持等，其中新股的发行模式、发行量、推出时机、推出模式对股指的波动更是产生较强和及时的影响。

三是发行制度是我国最重要的影响制度，这是与我国股市行政化起源密切相关。23 年来我国股票发行监管制度经历了 5 个阶段：额度管理阶段（1993 ~ 1995 年），指标管理阶段（1996 ~ 2000 年），核准监管阶段（2001 ~ 2004 年），保荐制下的核准制阶段（2004 ~ 2006 年），询价制度阶段（2006 年至今）。总体看存在行政审批为主、供求矛盾突出、资源效率不高、监管不严、投资方存在天然潜在劣势的问题。特别是早期政府监管部门对额度、指标、股票融资额的控制直接影响我国股票市场运行周期。

四、影响我国股指波动多因素分析

本部分拟采用向量自回归模型（VAR模型）研究在我国股票市场价格的众多的影响因素中，发行制度是否是最核心的因素。

（一）变量选取与数据处理

选取的变量包括：上证综合指数（INDEX）、货币供应量（M1）、居民消费物价指数（CPI）、采购经理指数（PMI）、融资额（RZ）。各个变量均采用月度数据，数据来源Wind资讯。数据处理：将各个变量取对数后差分，即采用“增长率”。处理后的各变量分别表示为AINDEX、AM1、ACPI、APMI、ARZ。

（二）平稳性和协整检验

首先，要对序列的平稳性进行检验，序列不平稳或差分变量的阶数不同，可能产生伪回归的问题。本文采用ADF单位根检验方法来检验序列的平稳性。

检验结果如表11.20所示。

表11.20　　平稳性检验结果

变量	（C，T，L）	DW值	ADF值	5%临界值	1%临界值	结论
AINDEX	（0，0，0）	1.99	-9.50	-1.94	-2.59	平稳
AM1	（0，0，3）	1.90	-3.17	-1.94	-2.59	平稳
ACPI	（0，0，0）	1.79	-11.9	-1.94	-2.59	平稳
APMI	（0，0，1）	1.97	-9.55	-1.94	-2.59	平稳
ARZ	（0，0，2）	1.71	-10.0	-1.94	-2.59	平稳

注：①表中平稳性判断都是在1%、5%显著性水平下进行。②（C，T，L）中，C为常数项，T为趋势项，L为滞后项。③滞后阶数根据AIC、SC最优信息准则确定。

ADF检验结果表明，各个变量均为平稳序列。

其次，对序列进行协整检验，即变量之间是否存在一种长期稳定的均衡关系，检验结果如表11.21所示。

从表中可知，股票指数（INDEX）、货币供应量（M1）、居民消费物价指数（CPI）、采购经理指数（PMI）、融资额（RZ）在5%的显著性水平上存在4个协整向量。

（三）格兰杰因果检验

对股票指数、货币供应量、居民消费物价指数、采购经理指数、融资额进行格兰杰因果检验，研究变量之间在统计上是否具有因果关系。检验结果如表11.22所示。

表 11.21 **协整检验结果**

原假设	特征根	迹统计量	Critical Value	P 值
None*	0.373364	80.28949	69.81889	0.0058
At most 1	0.256390	47.57219	47.85613	0.0531
At most 2	0.158429	26.83548	29.79707	0.1057
At most 3	0.108513	14.76156	15.49471	0.0643
At most 4*	0.091549	6.721025	3.841466	0.0095

注：①以上检验含常数项，不含趋势项。②根据 AIC、SC 最优信息准则确定滞后阶数为 2。③ * 为 5% 显著性水平上拒绝零假设。

资料来源：计算结果。

表 11.22 **格兰杰因果检验结果**

原假设	观察值个数	F 统计量	P 值
ACPI does not Granger Cause AM1	92	1.49194	0.2306
AM1 does not Granger Cause ACPI		6.08180	0.0034
APMI does not Granger Cause AM1	104	2.24072	0.1118
AM1 does not Granger Cause APMI		1.43494	0.2430
ARZ does not Granger Cause AM1	90	0.30197	0.7402
AM1 does not Granger Cause ARZ		0.85655	0.4283
AINDEX does not Granger Cause AM1	104	5.97710	0.0035
AM1 does not Granger Cause AINDEX		0.20096	0.8183
APMI does not Granger Cause ACPI	92	5.09744	0.0081
ACPI does not Granger Cause APMI		1.71641	0.1857
ARZ does not Granger Cause ACPI	78	2.93255	0.0596
ACPI does not Granger Cause ARZ		3.11637	0.0503
AINDEX does not Granger Cause ACPI	92	1.88670	0.1577
ACPI does not Granger Cause AINDEX		2.33897	0.1025
ARZ does not Granger Cause APMI	90	0.01554	0.9846
APMI does not Granger Cause ARZ		0.42127	0.6576
AINDEX does not Granger Cause APMI	104	4.76829	0.0105
APMI does not Granger Cause AINDEX		1.50330	0.2274
AINDEX does not Granger Cause ARZ	90	2.10498	0.1282
ARZ does not Granger Cause AINDEX		0.07003	0.9324

资料来源：计算所得。

根据表 11.22，从格兰杰因果关系的意义上看，在 90% 的显著性水平上可得如下结果：

一是货币供应量是居民消费价格指数的格兰杰原因，而居民消费价格指数的不是货币供应量的格兰杰原因；

二是股票指数是货币供应量的格兰杰原因，而货币供应量不是股票指数的格兰杰原因；

三是采购经理指数是居民消费价格指数的格兰杰原因，而居民消费价格指数不是采购经理指数的格兰杰原因；

四是融资额和居民消费价格指数互为格兰杰原因；

五是股票指数是采购经理指数的格兰杰原因，采购经理指数不是股票指数的格兰杰原因。

（四）构建 VAR 模型及相关测试

1. VAR 模型

VAR 模型的建立要选择恰当的滞后阶数，一般滞后阶数选择要根据 VAR 模型的 LR、FPE、AIC、SC、HQ 值，选定多数判断准则选出来的滞后阶数。判断结果如表 11.23 所示。

表 11.23　　　　VAR 模型滞后阶数判断

滞后阶数	LogL	LR	FPE	AIC	SC	HQ
0	131.6403	NA	1.48e-08	-3.837585	-3.671702*	-3.772036
1	169.4519	68.74844	1.01e-08	-4.225816	-3.230519	-3.832527*
2	197.1360	46.14007	9.42e-09*	-4.307151*	-2.482438	-3.586120
3	217.6791	31.12594	1.11e-08	-4.172094	-1.517967	-3.123322
4	246.8832	39.82372*	1.05e-08	-4.299490	-0.815948	-2.922977
5	269.4404	27.34205	1.26e-08	-4.225465	0.087491	-2.521211
6	286.3873	17.97402	1.91e-08	-3.981433	1.160938	-1.949438
7	314.6674	25.70917	2.26e-08	-4.080829	1.890956	-1.721093

资料来源：计算所得。

通过表 11.23 中结果，本文选定 VAR 滞后阶数为 2。选定滞后阶数为 2 阶后，可以由 Eviews 得出 VAR 模型。模型结果如下：

$$\begin{aligned}AINDEX = & -0.0326 \times AINDEX(-1) + 0.2309 \times AINDEX(-2) - 0.0171 \times AM1(-1) \\ & -0.0197 \times AM1(-2) + 0.1478 \times ACPI(-1) + 0.035 \times ACPI(-2) \\ & +0.3298 \times APMI(-1) - 0.6820 \times APMI(-2) + 0.0333 \times ARZ(-1) \\ & +0.0145 \times ARZ(-2) - 0.0056\end{aligned}$$

$$\begin{aligned}AM1 = & 0.5816 \times AINDEX(-1) + 0.1151 \times AINDEX(-2) - 0.3331 \times AM1(-1) \\ & -0.1940 \times AM1(-2) + 0.1372 \times ACPI(-1) + 0.0853 \times ACPI(-2) \\ & -0.3615 \times APMI(-1) - 0.053 \times APMI(-2) + 0.0014 \times ARZ(-1) \\ & +0.0127 \times ARZ(-2) - 0.0419\end{aligned}$$

$$\begin{aligned}ACPI = & -0.2181 \times AINDEX(-1) + 0.2799 \times AINDEX(-2) + 0.3313 \times AM1(-1) \\ & -0.0260 \times AM1(-2) + 0.1559 \times ACPI(-1) + 0.13838 \times ACPI(-2) \\ & +0.9236 \times APMI(-1) + 0.9186 \times APMI(-2) + 0.0276 \times ARZ(-1) \\ & +0.0784 \times ARZ(-2) + 0.0147\end{aligned}$$

$$
\begin{aligned}
APMI = & 0.13554 \times AINDEX(-1) + 0.0785 \times AINDEX(-2) + 0.0112 \times AM1(-1) \\
& - 0.001 \times AM1(-2) + 0.0235 \times ACPI(-1) - 0.0333 \times ACPI(-2) \\
& - 0.0353 \times APMI(-1) - 0.5885 \times APMI(-2) - 0.003 \times ARZ(-1) \\
& - 0.0074 \times ARZ(-2) - 0.0045
\end{aligned}
$$

$$
\begin{aligned}
ARZ = & 1.0700 \times AINDEX(-1) + 0.3562 \times AINDEX(-2) - 0.2021 \times AM1(-1) \\
& - 0.3424 \times AM1(-2) - 0.1982 \times ACPI(-1) + 0.7340 \times ACPI(-2) \\
& - 0.2152 \times APMI(-1) + 0.6674 \times APMI(-2) - 0.7080 \times ARZ(-1) \\
& - 0.2609 \times ARZ(-2) - 0.0316
\end{aligned}
$$

从图 11.5 中可以看出，VAR 模型的全部特征根的倒数都在单位圆之内，因此，VAR 模型是稳定的。

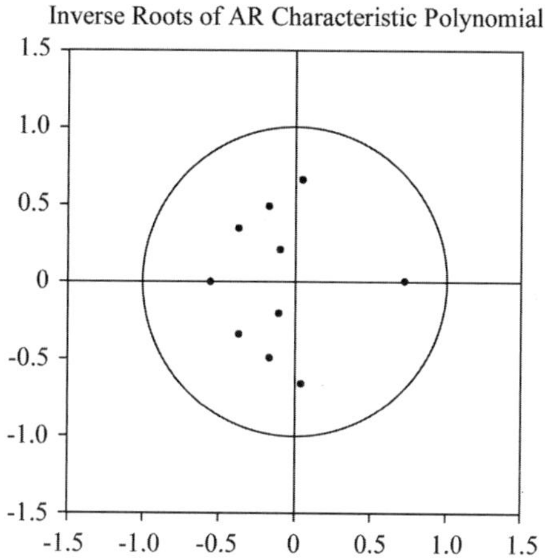

图 11.5 平稳性检验图

2. 脉冲响应分析

通过脉冲响应函数方法分析变量之间的动态影响，可以衡量随机扰动项的一个标准差冲击对系统中各变量当前和未来取值的影响轨迹，能比较直观地刻画变量之间的动态交互作用及效应。本文建立的 VAR（2）模型经检验是稳定的，可以进行脉冲响应和方差分解测算。其结果如图 11.6 所示。

3. 方差分解分析

方差分解表示的是当系统的某个变量进行了一个单位的创新冲击以后，以一个变量的预测误差方差百分比的形式反映变量之间的交互作用。通过求解扰动项对向量自回归模型预测均方误差的贡献度，了解各类因素对经济增长率的冲击作用。各个变量的方差分解结果如图 11.7、表 11.24 所示。

根据表 11.24 可知，在第 1 期内股票指数的变动基本基于自身的新生标准误差，贡献度比例为 91.7%，然后自身的贡献度逐渐下降，最后稳定在 73% 左右。股票市场融资从 4% 上升，稳定在 11%，而 CPI、M1 对股票价格预测的贡献度也逐步上升，CPI 的贡献度稳定在 9% 左右，M1 的贡献度稳定在 1% 左右。PMI 在 3 期之后稳定在 4%。股票市场融资是除了股指自身之外最大的影响因素。

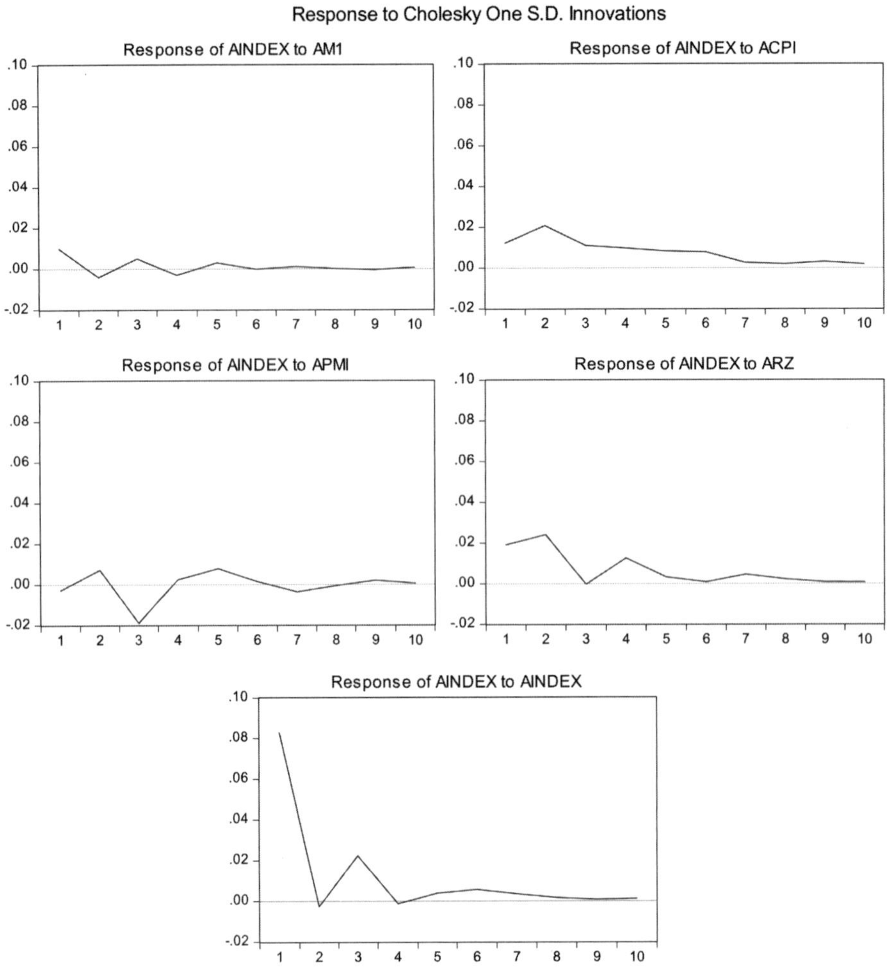

图 11.6　VAR 脉冲响应结果图

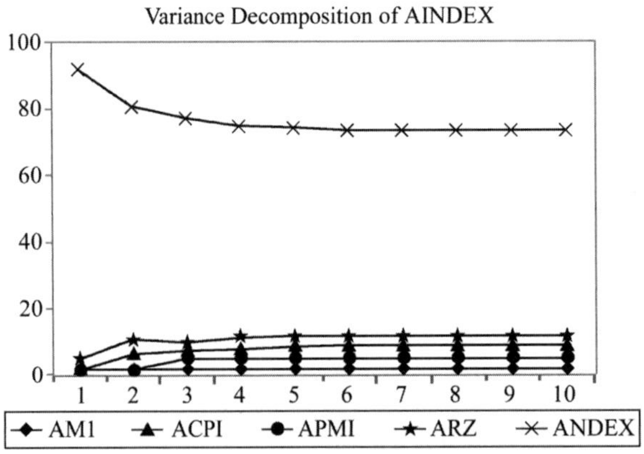

图 11.7　方差分解结果图

表 11.24　　　　VAR 方差分解

周期	残差	AM1	ACPI	APMI	ARZ	AINDEX
1	0.199901	1.270484	1.982185	0.108516	4.900887	91.73793
2	0.219053	1.303641	6.742517	0.698779	11.02234	80.23273
3	0.221921	1.422963	7.283383	4.393380	9.865023	77.03525
4	0.223453	1.480487	8.035752	4.335654	11.20009	74.94801
5	0.224099	1.543121	8.583299	4.884679	11.11775	73.87116
6	0.224200	1.529096	9.100073	4.859834	11.01911	73.49189
7	0.224272	1.532340	9.118294	4.965235	11.15975	73.22438
8	0.224315	1.530566	9.144065	4.963172	11.19588	73.16632
9	0.224336	1.530452	9.218970	4.994409	11.18646	73.06971
10	0.224347	1.533832	9.246351	4.994291	11.18482	73.04070

资料来源：计算所得。

（五）结果分析

VAR 模型中，股指数据与融资数据正向相关，在符号上，融资的符号与市场指数的涨跌，在当期和滞后期都是同向的符号，表明市场在高位时，融资者能够加大股票的发行，在低位时，融资者减少股票发行；并在对股指的方差分解中，发行额对股指的冲击是除了股指本身的因素以外，冲击最大的因素。对于这一结论解释如下。

一是我国股票市场的融资行为有强烈的行政色彩。这个现象要追溯到股票市场制度建立的初期。股票市场直接融资是股票市场基本功能的体现，我国证券市场从起源上看，股票市场起源于为国企解贫脱困而融资，股票市场中潜在的行政主导机制在过去 20 年较为明显，特别是在发行制度上尤其明显，所以我国股票市场的融资行为有强烈的行政色彩。中国证券市场从创立之初，先是规模不大的集体所有制企业和地方国企上市，后来上市是为国企的脱困服务，以后再融资功能让各种类型融资需求方在股票市场得到大量资金资源。

二是我国行政发行的体制导致供求矛盾突出。发行制度的行政审批制约我国股票市场功能的发挥。23 年来，我国股票发行监管制度经历了 5 个阶段：额度管理阶段（1993 ~ 1995 年），指标管理阶段（1996 ~ 2000 年），核准监管阶段（2001 ~ 2004 年），保荐制下的核准制阶段（2004 ~ 2006 年），询价制度阶段（2006 至今）。总体看存在行政审批为主、供求矛盾突出、资源效率不高、监管不严、投资方存在劣势等问题。

三是行政化发行助长圈钱的逻辑。一方面，在发行的时点、发行的频率的安排上，在股指上升阶段，行政化发行手段更易批准大量放行，使得融资者超量高价发行股票，潜在供过于求严重。图 11.8 显示的发行图即是这一形态的反映。另一方面，行政化发行以行政审批为主，导致供求矛盾突出、资源效率不高，市场融资圈钱的逻辑强化。我国市场中圈钱逻辑能够成立的条件是不间断停歇的新股发行，融资时间的不确定性，等待的高机会成本，刺激融资者一次博弈的态度，监管不严，滋生只融资不负责利润的圈钱动机。发行后对其公司治理机制的提升作用不明显，一股独大，后期入股的公众股东在入股成本、知情权上处于比较劣势，也刺激投资者中散户的非理性行为、短线思路、炒作思维。

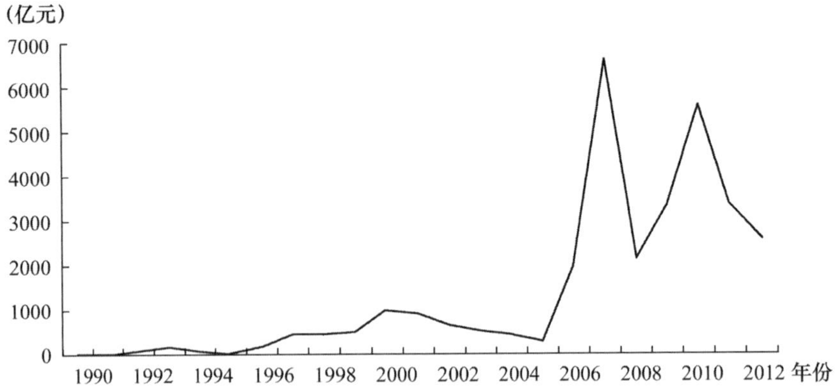

图 11.8　募集资金合计

资料来源：Wind 资讯。

四是方差分解表明融资对市场的冲击是最大。表明我国的股票市场制度因素是影响股指中最大的因素。在第 1 期内股票指数的变动基本基于自身的新生标准误差，贡献度比例为 91.7%，然后自身的贡献度逐渐下降，最后稳定在 73% 左右。股票市场融资从 4% 上升，稳定在 11%，而 CPI、M1 对股票价格预测的贡献度也逐步上升，CPI 的贡献度稳定在 9% 左右，M1 的贡献度稳定在 1% 左右。PMI 在 3 期之后稳定在 4%。股票市场融资是除了股指自身之外最大的影响因素。

五是 CPI 的影响作用表现为，投资者一看 CPI 温和上升，表明经济状况转好，即买入股票；当 CPI 下跌，市场预期货币政策紧缩，就抛售股票。所以，CPI 这一指标对股票市场指数的冲击较大。

六是货币政策的影响作用表现为，我国的货币政策以防止通胀为主基调，市场对货币政策的收缩预期也对股票市场形成长期向下的压力，货币政策对股票市场的系统性的潜在影响是负向。货币调控政策是滞后的，当股市上涨，CPI 上涨，货币政策紧缩。

七是 PMI 的影响作用表现为，PMI 代表经济对股指的冲击影响，在前期对股指的冲击最弱，在后期有所加强，表明我国股指的波动对经济的反应，往往要滞后于实体经济。从冲击的方差分解结果看，经济的影响逐渐增强，在滞后 3 期之后逐渐稳定。

五、我国股指波动的 Chow 检验

上文通过建立 VAR 模型，分析了我国股指波动的主要影响因素，其中用融资量作为股票市场制度的衡量变量，模型结论显示，融资量（即股票市场制度的代表变量）对股指波动的影响非常显著。事实上，对发行制度的衡量仅仅用融资量仍显得不够充分，特别是具体的事件（如颁布重大的制度变化、政策变化等）则能更好地体现股市制度对股指波动的

影响，能够作为制度的代表变量。由于具体事件往往在某一天或几天发生，无法利用月度数据来衡量制度的影响有多大。本章利用 Chow 检验方法，能够很好地分析股市制度性事件的发生对股指波动的影响，从实证分析的角度证明了股市制度对股指波动的影响，从方法上讲是对 Var 模型分析有效的补充。

由于事件的出现，可能改变市场的微观结构，使交易行为和流动性发生变化，通过检验事件发生前后一段时期的波动变化，检验该事件是否对市场产生实质性的影响，从而可以判断事件的重要性。这种模式的步骤包括：断点选择，Chow 检验，实证检验结论。

（一）断点选择

首先，本文对于断点的选择标准有两个：一是股票市场波动率高的时间点，作为备选断点；二是在波动的时间点附近，股票市场有重大的制度及政策性事件发生。

其次，挑选备选的断点步骤如下。第一，选取收益率波动加大的交易日。收益率波动加大的计算方法是，先计算 1990 年 12 月 21 日至 2012 年 12 月 31 日每 14 天的平均收益率，再选取收益率的波动加大的交易日。收益率出现波动加大有两个标准：股指的收益率在方向上出现反转，或者股指收益率的增长率出现至少 50% 以上的涨幅。第二，选取高波动率的交易日。高波动率的计算，先计算 1990 年 12 月 21 日至 2012 年 12 月 31 日的日波动率，按照 14 天（2 周）做平均数处理，得出 14 天平均波动率，并以平均波动率达到 8% 列入备选。

综合两个选择标准，挑选出备选的断点日期为：1992 年 5 月 20 日，1994 年 7 月 30 日，1995 年 5 月 19 日，1996 年 6 月 28 日，1999 年 8 月 13 日，2006 年 12 月 1 日，2008 年 11 月 21 日，2009 年 7 月 29 日。

最后，确定断点。去除部分不合其他两个条件的断点。一是 1999 年 8 月 13 日的断点。由于在 1999 年 8 月 13 日之后交易日，行情逆转，删去。二是 1996 年 6 月 28 日的断点，由于交易日附近没有明确的制度政策，也删去。

经过筛选，这 6 个交易日和重大的制度政策分别如下。

（1）1992 年 5 月 20 日全面取消了股票市场的涨跌幅限制，1992 年 5 月 20 日的 616.64 点直接上升到收市的 1265.79 点，涨幅达 105%。

（2）1994 年 7 月 30 日中国证监会三大救市政策出台，年内暂停各种新股的发行和上市，又选择对资信较好的证券机构进行融资，逐步吸引外国基金投入股票市场。受这些利好刺激，股票市场经历了比较疯狂的一天，沪、深两市飙升达 30%。

（3）1995 年 5 月 19 日出现井喷行情。1995 年 5 月 17 日，管理层推出暂停新股上市及暂时停止国债期货交易的政策，这一剧烈的政策变动引发了“5·18”股票市场井喷行情，3 日内沪市从 584 点猛涨至 927 点。

（4）2006 年 12 月起，我国股票市场真正进入了长达约 1 年的疯涨的牛市行情，并在 2007 年 10 月 26 日上证综指创出了历史新高 6124.04 点。2005 年 4 月 29 日，我国政府公布股权分置改革启动，在以后的 1 年时间，市场持续上涨。2006 年 11 月 20 日，在股权分置改革进程中股票市场首次突破 2000 点。2006 年 12 月 14 日，上证综指创下了自创立以来新高，达到2250.32点。2006年12月26日，上证综指收报2505.32点，当日成交额达到457.9亿元，首次突破了2500点，至2007年10月26日上证综指创出了历史新高6124.04点。

（5）2008年以来，受股票市场首次出现大量的大小非减持情况及美国次贷危机的影响，我国股票市场市一直单边下跌，上证综指自2008年1月2日的5272.81点一直下跌，期间美国雷曼兄弟银行倒闭、美国股票市场暴跌不断拖累我国股市。至9月18日上证终指下跌至1802.33点，10月28日跌至最低点1664.93点，跌幅超过68%。

（6）2009年7月29日，金融危机全面爆发以来全球最大一单IPO中国建筑在沪市上市，上海证券交易所发生了有史以来3031.75亿元的最大单日成交量，并出现2009年来最大跌幅，盘中连破3400、3300、3200整数关，报收3266，43点，随后市场开始持续下跌。

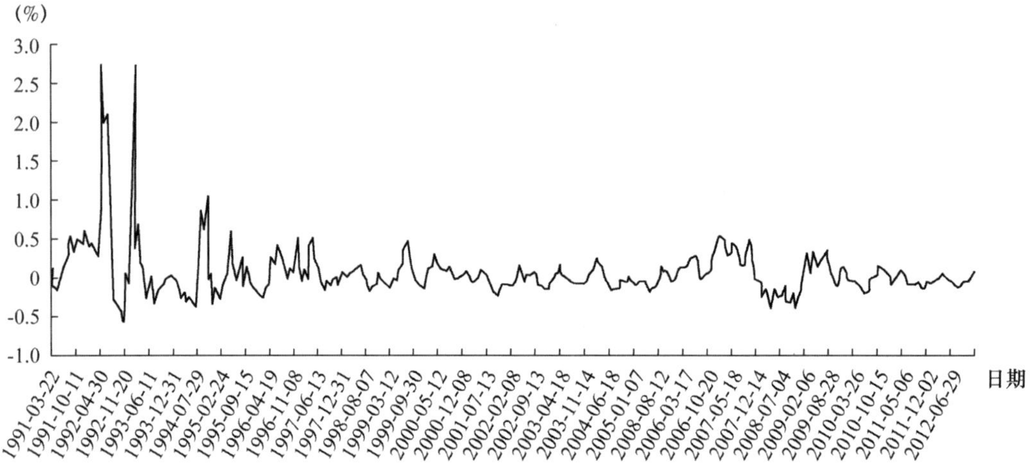

图11.9　上证综指收益率（14天）

资料来源：Wind资讯。

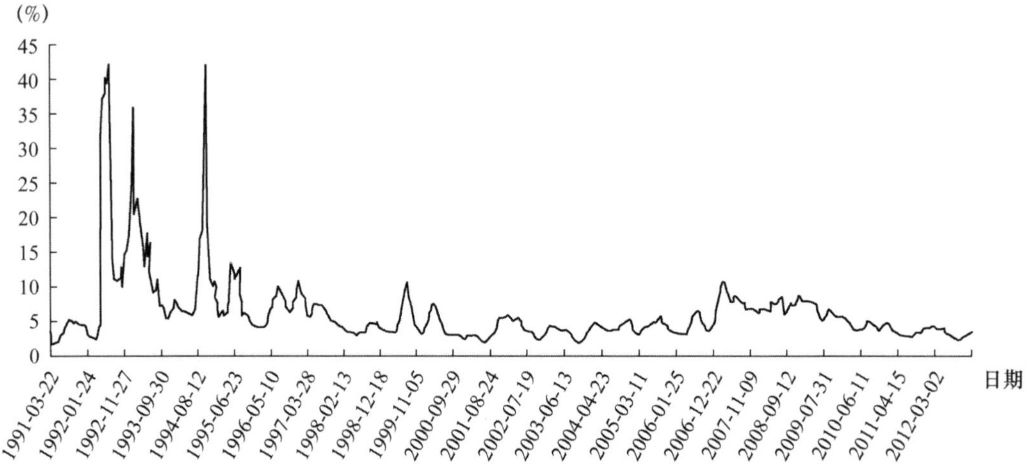

图11.9　上证综指波动率（14天）

资料来源：Wind资讯。

(二) Chow 检验

本文认为，通过条件方差的计算波动模式，在理论上比实际波动率更具一般性，而实际波动率具有随机性。本文进行条件方差的 Chow 检验，检验后最后确定的断点是对波动模式会有实际影响的点，而不只是实际波动率增加的点，因为实际波动率的增加可能只是短期内某个事件冲击短期的改变，但并不一定是代表股指波动模式的改变。因此，通过条件方差的计算波动模式的改变，是波动模式更本质的改变，这是从备选点到最后检验断点之间的论证逻辑。本文从备选点中进行条件方差的 Chow 检验，就是选择出成为更实质改变股指波动率的断点。

以下分别对 6 个事件进行 Chow 检验。

(1) 上证指数从 1992 年 5 月 20 日的 616. 64 点直接上升到收市的 1265. 79 点，涨幅达 105%。事件为，邓小平南巡讲话后对我国股票市场进行肯定，我国股票市场在 1992 年 5 月 20 日全面取消了股票市场的涨跌幅限制，1992 年 5 月 21 日，沪市全面开放股价，股市价格爆发。

表 11. 25　　第 1 个事件的 Chow 检验结果

变量	系数估计	标准差	P 值
D01	-0. 001045881	0. 001850252	0. 57203278
AR (1)	0. 111284812	0. 032817006	0. 00072597

资料来源：Wind 资讯。

P 值为 0. 57，没有通过检验，该事件没有引起股指波动率的变化。

(2) 1994 年 7 月 30 日沪、深两市飙升达 30%。事件为，中国证监会公布三大救市政策出台，年内暂停各种新股的发行和上市，选择对资信较好的证券机构进行融资，逐步吸引外国基金投入股票市场。

表 11. 26　　第 2 个事件的 Chow 检验结果

变量	系数估计	标准差	P 值
D01	0. 003066432	0. 004193929	0. 464835428
C	0. 000774974	0. 00178609	0. 664449557
AR (1)	0. 792569141	0. 099968261	5. 37E-15
MA (1)	-0. 725278806	0. 113296335	2. 26E-10

资料来源：Wind 资讯。

P 值为 0. 46，没有通过检验，该事件没有引起股指波动率的变化。

(3) 1995 年 5 月 19 日，3 日内上证综指从 584 点猛涨至 927 点。事件为，国债期货越炒越烈，5 月 17 日，管理层推出暂停新股上市及暂时停止国债期货交易的政策，这一剧烈的政策变动引发了“5·18”股票市场井喷行情。

表 11.27　　第 3 个事件的 Chow 检验结果

变量	系数估计	标准差	P 值
D01	-5.36E-05	0.002125189	0.979882983
C	0.001416138	0.001239762	0.253505671
AR（1）	1.637434476	0.107372461	2.74E-49
AR（2）	-0.80870724	0.089127372	3.12E-19
MA（1）	-1.59098546	0.108889916	1.30E-45
MA（2）	0.783487647	0.087867205	1.22E-18

资料来源：Wind 资讯。

P 值为 0.97，没有通过检验，该事件没有引起股指波动率的变化。

（4）2006 年 12 月起，我国股票市场真正进入了长达约 1 年的疯涨的牛市行情。2005 年启动的股权分置改革；2006 年 11 月 20 日，上证指数重新突破了 2000 点大关；2006 年 12 月 14 日，上证指数创下了自创立以来的新高，达到 2250.32 点；2006 年 12 月 26 日，沪指收报 2505.32 点，当日成交额达到 457.9 亿元，首次突破了 2500 高位。股市制度性事件：股权分置改革。检验的断点为 2006 年 12 月 1 日。

表 11.28　　第 4 个事件的 Chow 检验结果

变量	系数估计	标准差	P 值
D01	0.004367033	0.001948951	0.025097799
AR（1）	1.60581741	0.08810085	1.86E-71
AR（2）	-0.788572954	0.071929637	1.37E-27
MA（1）	-1.566331671	0.0884975	1.26E-67
MA（2）	0.76942789	0.069953476	9.33E-28

资料来源：Wind 资讯。

P 值为 0.02，通过检验，该事件引起股指波动率的变化。

（5）2008 年以来上证综指受美国次贷危机和金融危机的影响出现大幅下跌。2008 年以来，我国股票市场一直呈单边大幅下跌走势，上证综指自 1 月 2 日的 5272.81 点一直下跌至 10 月 28 日的最低点 1664.93。事件为美国次贷危机，大量的大小非减持现象出现。检验的断点为 2008 年 11 月 21 日。

表 11.29　　第 5 个事件的 Chow 检验结果

变量	系数估计	标准差	P 值
D01	0.002210251	0.002210251	0.001328231
C	-0.00520051	0.001688438	0.002210251
AR（33）	-0.125784767	0.04942323	0.011295197
AR（34）	0.113513956	0.049413028	0.022112697

资料来源：Wind 资讯。

P 值为 0.001，通过检验，该事件引起股指波动率的变化。

（6）2009 年 7 月 29 日，盘中连破 3400、3300、3200 整数关，报收 3266.43 点。事件为金融危机全面爆发以来全球最大一单 IPO 中国建筑在沪市登陆，上海证券交易所发生有史以来 3031.75 亿元的最大单日成交量。

表 11.30　　第 6 个事件的 Chow 检验结果

变量	系数估计	标准差	P 值
D01	0.000253019	0.001087518	0.816175964
AR（11）	-0.113622748	0.053264802	0.033671484
AR（14）	-0.127561696	0.053177731	0.017021714
AR（26）	-0.09189728	0.050601469	0.070290829

资料来源：Wind 资讯。

P 值为 0.81，没有通过检验，该事件没有引起股指波动率的变化。

（三）实证检验结论

研究发现，2006 年 12 月 1 日、2008 年 11 月 21 日的 D01 显著，其他时间段的 D01 均不显著。2006 年 12 月 1 日、2008 年 11 月 21 日，股指的波动率发生了变化。

以下对 2006 年 12 月 1 日、2008 年 11 月 21 日波动率变化的实证结构进行解释，两次波动率发生实质变化的原因都与股市制度密切相关。

1. 2006 年 12 月 1 日的解释

（1）2006 年我国股票市场开启了一波牛市。这波牛市是由于当时我国股票市场正在开启一个基础性的制度的变化——股权分置改革。市场发生了制度上的改变，质的变化以及制度性的红利被释放，股改模式是全体股民认同的以投票模式进行的股权分置改革。

（2）股权分置改革的原因是针对我国证券市场股权分置的制度缺陷。2004 年 1 月 31 日，国务院颁布《关于推进资本市场改革开放和稳定发展的若干意见》，明确提出“积极稳妥地解决股权分置的问题。规范上市公司非流通股份的转让行为，防止国有资产流失，稳步解决目前上市公司股份中尚不能上市流通股份的流通问题，在解决这一问题时要尊重市场规律，有利于市场的稳定和发展，切实保护投资者特别是公众投资者的合法权益”。这个纲领性的文件不但向外界明确了政府的态度，而且提出了原则性的要求，为解决资本市场改革发展提供了现实的政策基础和强大的政策动力。在“国九条”的方针指引下，各部门展开了一系列的工作。在进行了近 1 年多的准备之后，2005 年 4 月 29 日，证监会正式发布《关于上市公司股权分置改革试点有关问题的通知》，从此正式揭开了股改的序幕。

（3）股改的系列制度变化，成就了 2006 年 12 月开始的大幅上涨行情。股改的“制度红利”，是牛市波动率发生变化的主要原因。

2. 2008 年 11 月 21 日的解释

2008 年，我国股市出现了一轮大熊市，截至 2012 年 12 月 31 日，这轮漫长的熊市依然没有结束。

（1）在2005年股权分置改革之后，我国股票市场的流动权利在形式上与国外统一了，但是发行制度行政化审批没有发生变化。由于股权分置改革值只是第一步解决了产权的归属和流通的问题，后续重要的顶层股票制度设计、发行制度市场化和国有股权效率问题仍然没有发生改变，从供求关系上，特别是在2005年之后市场化流通带来的巨量的大小非的解禁问题没有得到及时完善，必将导致大量新股扎堆上市之后的供需失衡在后续年度大规模发生。

（2）2006~2007年在旧有行政发行机制下的集中发行，大量集中大盘股的发行。2006年5月18日，证监会正式实施《首次公开发行股票并上市管管理办法》，标志“新老划断”全面启动。2006年9月19日，证监会发布《证券发行与承销管理办法》，重点规范了首次公开发行股票的询价、定价以及股票配售环节，完善了询价制。IPO空窗期结束后，2007年出现了中国资本市场的大市值上市公司的诞生年，超大型国企集中发行上市，如中国石油、中国银行、工商银行、中国国航、大秦铁路先后上市。这些公司短期都接近或超过了万亿元的市值，中国石油市值最高时超过8万亿元。目前看，我国股票市场总体的市值是20万亿元，一半市值是这一时期发行的，截至2012年12月31日，我国股票市场前10名市值全都是在2006~2007年发行上市的。在行业分布上以银行、能源为主，属于高度垄断性的行业。股权上，国有股权高度集中，公众股少，比如工商银行、中国银行、中信银行，只发行了2%~3%的A股票市场流通股，商业模式也非常雷同，属于国有的强垄断模式，其中银行80%利润来源于垄断的存贷差，能源行业模式垄断，获取国家大量补贴。由于这些新股当年的流通量有限，大量的解禁压力在以后1~3年之后才能逐渐显现出来，在2006年一个大牛市的背景下，这些潜在的因素在当期的牛市中未显现出来。2007年下半年开始遭遇到美国次贷危机，经济受阻，市场迅速回到大熊市的趋势中。

（3）首次出现的大量大小非现象和产业资本大规模套现使得我国股票市场出现超跌的熊市压力，波动率发生变化。全流通后的大小非是个天量的供应量，2008年起我国股票市场首次出现超量的大小非的减持、产业资本套现的问题。我国大小非限售股解禁的市值在2009年为4.9万亿元，在2010年为5.2万亿元，而2009年和2010年我国股票市场的市值才分别为29万亿元和30万亿元，潜在供应量每年增加17%。我国股市制度上没有预先设计大量的大小非合理减持，制度也没有去突破供求失衡的局面，市场陷入了超常期的熊市。股市制度改革的阶段性停滞是股市供求失衡，产生熊市的主要原因。

六、股市制度对股指波动的影响

（一）我国股票市场制度总体概述

本部分主要对我国股票市场的发行制度、并购制度、退市制度的历史做总体概述。本文认为在发行制度、并购制度和退市制度的联合影响下，我国股票市场炒作壳资源，炒作次新股板块，大量的大小非减持及重组怪象造成股价波动的特殊性。发行制度中出现的集中阶段发行、发行的周期性行业过多、新经济优秀公司缺乏、治理结构弱是造成我国股指下跌的主要原因。

1. 发行制度的行政审批是主线

1990～2012年我国股票发行监管制度经历了5个阶段：额度管理阶段（1993～1995年），指标管理阶段（1996～2000年），核准监管阶段（2001～2004年），保荐制下的核准制阶段（2004～2006年），询价制度阶段（2006年至今）。无论何种模式，总体看存在行政审批为主的主线。这一制度安排造成股票市场供求矛盾突出、资源效率不高、投资者对发行视为存在行政隐形担保错觉等问题。我国股票市场从创立之初，先是规模不大的集体所有制企业和地方国企上市，后来上市为国企的脱困服务，以后的融资和再融资功能又让各种类型融资需求方在股票市场得到大量资金资源，但是股票市场的整体功能，包括优胜劣汰的功能和资源配置功能并没有得到很好的体现。股票市场以上市为源头，改造和提升公司整体治理功能没有得到发挥，反而通过上市来圈钱现象普遍存在。

2. 发行制度设计上存在系统性的缺陷

1990～2012年，从上市公司的所有制结构上，我国通过股票市场发行了大量的国有股权，目前我国股票市场中80%以上是国有股，但是从后期表现来看，这些股权市值在上市后表现欠佳，市值大幅缩水，造成了上证综指的持续下跌和二级市场投资者的亏损。解释这一现象发生的原因有两点：第一，从发行的时间上看，发行时间上的阶段性的集中发行导致供求失衡；第二，从行业分布看，也缺乏活跃的市场引领作用，发行的周期性行业过多，高杠杆公司过多。2006年之后发行市场经历了新老划断后的发行，2007年出现了中国资本市场的大市值上市公司的发行年，超大型国企集中发行上市，如中国石油、中国银行、工商银行、中国国航、大秦铁路先后上市。这些公司短期都接近或超过了万亿元的市值，中国石油市值最高时超过8万亿元。目前看，我国股票市场总体的市值是20万亿元，一半市值是这一时期发行的。安排银行上市，安排各个大型国企积极上市发行，其中很多是航母级国企上市，出现了我国股票历史上最大发行额的发行，如果算上暂时锁定、以后年度会被流通的大小非，发行的实际数量更大。但是超额发行的后果是，后期超万亿元市值的大企业后来转而变成股票市场转熊杀跌的动力，特别是表现在超大型的石油行业和银行行业。2008年之后国企大盘股的总体市值缩水七成、八成很普遍，估值一蹶不振，绝大部分的上市银行股价格下跌至净资产之下。2009年后的创业板发行，发行特点转变为“三高”，即高市盈率、高发行价、高超募，特别2009～2012年发行的平均市盈率高企到53倍、59倍、45倍、30倍，是同期二级市场平均市盈率的两倍以上，也创出了全球之最。随后创业板出现大量创业板高管抛股票辞职的现象，也让整体股票市场的信任基础受到损害，大小非的减持也成为潜在供应压力，下跌趋势更长更具有杀伤力。

3. 发行制度使发行后存有潜在后遗症

这些后遗症让股票市场的投资者处于潜在信息劣势，预期不稳定，并且股指波动加剧。股票市场投资者要在股票市场中赚取收益，对公司的稳定的预期、预期兑现是必要的条件。但是由于发行制度的安排，我国股票市场的投资者的预期很难稳定。首先，我国上市公司发行后的大小非问题突出，无论国企还是民企，在发行之后，都在未来年度出现大量的、总量远超初次发行额的大小非减持的问题。在发行之后，一旦大小非减持，上市公司卖股票，市场的供求关系发生变化，投资者将处于被动，投资者的预期难以稳定。其次，我国上市公司，无论是国企，还是民企，具有一股独大的特点，上市公司或上市公司的控股股东权力很大，在目前信息披露制度有待完善的条件下，普遍存在公众股东的预期难以稳定的现象。投资者信息不对称，无法有稳定的定价预期，加大了我国股票市场价格的突变性。

4. 发行制度多次变革本身造成市场波动

和其他制度相比，发行制度是所有的制度中修改最多的制度，直到目前仍旧处于修正过程中，监管机构停止新股发行时有发生。已累积巨量拟发行额悬压在股票市场。投融之间的矛盾及超过4年的熊市行情使人们对我国股市现行发行制度的改革产生关注。

5. 并购制度效率低下

首先是并购重组主体的功能定位问题。市场80%比重的国家股权，它的实际所有人，真正按股权市场意义来衡量的股份所有人的角色存在缺位的现象。股权经济的特点是公众、效率、市场化，部分国有企业的计划性改制，并购、重组虽有股份制形式，但缺乏股份制内核。股份制的内核是资本要通过股权掌控表达经营理念，通过股权投入承担的风险与利益获取对等制衡，及股权流动带来的整合效率的提升等。其次是制度效率问题。虽多次变革，但是并购制度的效率仍较低。并购是最市场化的行为，需要效率的保证。并购行为本身就是创新和效率，所以要求制度的安排更有创新和效率。最后，在形式上目前是题材性并购多、财务性并购多，而战略性并购少，产业性并购少。因此，为推动市场化并购，提高并购效率，尽快建立一套完善的并购制度，从制度和并购主体约束等方面来创造开放的并购的制度环境，为上市公司的并购重组活动做出创新性的制度安排，以利于并购效率的提高和资源配置效率的改善。

6. 退市率低造成我国壳炒作现象

我国股票市场的退市制度表现为退市公司的比例太小，我国股票市场优胜劣汰的机制无法最终完成，也导致了壳价值的产生、壳炒作盛行。

（二）股市制度对股指波动的影响

下面论述我国股票市场的制度如何影响股票市场的波动性，股票价格特殊的波动性如何影响我国股票市场定价功能、优胜劣汰竞争功能、资源配置功能以及投资功能的发挥，助长了圈钱现象。以下分别加以阐述。总之，股票市场的发行功能是基础功能，是实现其优化资源配置和优胜劣汰功能的基础。如果发行功能异化成圈钱功能，股票市场的整体功能必定受阻。

1. 大市值公司上涨停滞

大市值公司多年不涨，造成了资源配置功能的缺失，定价功能的混乱，投资功能和财富效应不能发挥。我国的发行制度造成目前股票市场中大市值的上市公司集中度较高，市值前10位的公司占到全市场的一半市值，数年难以上涨。我国股票市场前列的市值以银行、能源为主，是垄断性的行业。截至2012年12月31日，上市公司超万亿元市值的是中国石油、工商银行、建设银行3家公司。中国石油2007年的发行价16.7元/股，开盘后最高到46.8元/股，现在已经不到8元。工商银行和建设银行的市值在上市后多年几乎没有上涨，极大压制了上证综指的涨幅。这些公司共同的特点如下。

（1）大市值公司同一阶段上市，上市初期成了大市值上市公司。这些上市公司在上市初期，就已经是大型上市公司。中国石油上市初期就是大上市公司，2007 年最高点时成为全球最大的上市公司，总股本 1830 多亿股，总市值超过 8.2 万亿元（大于当时埃克森－美孚石油 5100 亿美元的市值）；按 2007 年 9 月份的市值计算，工商银行的市值超过了 1 万亿元，成为全球市场最大的银行，也超过了日本前 3 家的大银行。

（2）大市值公司股权集中度高。这些大市值公司虽然名义上是上市公司，但他们的公众性基本达不到一般上市公司的要求，治理结构弱。从发行股权比例上看，2005～2006 年在股改后全流通发行的银行系公司公众股东很难在治理结构上有发言权利。比如工商银行 35.2% 的财政部持股，35.4% 的汇金公司持股，香港中央结算代理公司持股超过 24.6%，工商银行显然更像一个行政单位。工商银行、中国人寿在牛市其市值甚至超过世界顶级巨头花旗银行、友邦保险，其重要因之一就是因为工商银行、中国人寿只在股票市场流通了 2.7% 和 3.2%，一涨就市值成了全球第一，一跌股价就失去弹性。

（3）大市值公司商业模式是强垄断模式，创新模式少。首先，我国最大的市值行业是银行和石油这两个行业，都属于强垄断行业，创新模式少。银行 80% 利润来源于垄断的存贷差，石油行业加工则获取国家大量的补贴。其次，我国大市值公司创新模式少。美国股票市场的大市值上市公司分布情况分为两种类别。第一类是世界级顶尖的公司，在公司的稳定性、技术水平、透明度、法律框架的完善程度居于全球领先的水平，是真正的蓝筹股。例如市值近 3000 亿美元的美孚、微软、通用电气、沃尔玛等大市值公司。第二类是新经济公司，分布在信息技术行业。截至 2012 年 12 月 31 日，从近几年美国上市公司的上涨结构看，涨幅最大的美国股票代表了互联网经济的高科技公司，例如苹果公司市值超过 5000 亿美元，谷歌公司市值超过 3000 亿美元，亚马逊超过 1800 亿美元市值。这些公司上市初期的市值很小，但它们上市后不断受到投资者，特别是机构投资者的青睐，市值的上涨是在二级市场实现的，大部分上市公司的股权结构分散，对社会有良好的财富效应。

表 11.31、表 11.32 是截至 2012 年 12 月 31 日我国股票市场市值排名和美国股票市场市值排名。我国股票市值排名的大市值股票都是沪市上市发行的股票，总计 8.73 万亿元。截至 2012 年 12 月 31 日，我国沪市上市公司 954 家，总市值 15 万亿元。

表 11.31　　我国股票市场市值排名

代码	名称	总市值（元）	代码	名称	总市值（元）
601857. SH	中国石油	1412921948755	600036. SH	招商银行	260016608146
601398. SH	工商银行	1255044883048	600016. SH	民生银行	217568568026
601939. SH	建设银行	1032545337017	601166. SH	兴业银行	189189703937
601288. SH	农业银行	798993527820	601998. SH	中信银行	177323969459
601988. SH	中国银行	742534961955	600000. SH	浦发银行	172358075875
600028. SH	中国石化	522212457330	601601. SH	中国太保	167828240000
601628. SH	中国人寿	429340868950	600104. SH	上汽集团	152924609144

续表

代码	名称	总市值（元）	代码	名称	总市值（元）
601318. SH	中国平安	323295243037	600030. SH	中信证券	136719833244
601088. SH	中国神华	312267041144	600519. SH	贵州茅台	131018316000
601328. SH	交通银行	288882006649			

资料来源：Wind 资讯。

表 11.32　　美国股票市场市值排名

代码	名称	总市值（美元）	代码	名称	总市值（美元）
AAPL. O	苹果	503934256420	JPM. N	摩根大通	218559264739
XOM. N	埃克森 - 美孚	443447834518	IBM. N	IBM	200969929206
GOOG. O	谷歌	373643358226	PFE. N	辉瑞制药	198580010691
MSFT. O	微软	311295739697	T. N	美国电话电报	185328240000
GE. N	通用电气	281566379270	AMZN. O	亚马逊	182214599450
JNJ. N	强生	260559838364	KO. N	可口可乐	179551418324
WMT. N	沃尔玛	253911062582	V. N	VISA	171078789291
CVX. N	雪佛龙	240838956418	ORCL. N	甲骨文	170811593820
WFC. N	富国银行	239675738211	BAC. N	美国银行	167138318887
PG. N	宝洁	222922102085			

资料来源：Wind 资讯。

（4）大市值上市公司使上证综指受压严重。在对新股上市后计入指数的时间问题的确定上，上海证券交易所最初规定新股上市满 1 个月后计入指数，1999 年 11 月 8 日，调整为新股上市后第 2 个交易日计入指数，2002 年 9 月 13 日调整为新股上市首日计入指数，在 2007 年调整为上市 11 天之后计入股指。从实践来看，2006 年后大量的国企大盘股的上市，由于它们在指数中占的权重也很高，因此它们上市后市值的变化对大盘指数的涨跌起了很大作用。

2001 年，上证综指到达了 2200 点，到 2012 年 12 月 31 日，仍在这一位置。从 2001 年到 2012 年，上证的市值从 4.6 万亿元到 25 万亿元，除去发行融资的 4.3 万亿元，市值净上涨了 16 万亿元。上证综指受压主要是因为在 2006 ~ 2007 年，二级市场大市值上市公司市值损失非常大，极大压制股指。大市值上市公司在 2006 ~ 2007 年大牛市后，从最高点的市值损失包括石油系、航运系、铁路系、银行系、保险系损失的总市值超过 10 万亿元。以指数编制的方法，这些股票都以上市 11 天之后都被计入指数，虽然各个公司上市的时间前后有区别，基本都在高价区计入指数。这些大型权重股同一阶段上市，同涨同跌，后期市值的下跌，造成了指数下跌。指数的下跌市场进一步带动市场整体估值的下降和情绪的下降，进入了一种非理性下跌循环。

2. 成长性行业上涨占比小

我国股票市场上市公司的产业结构上发行的周期股占比大，成长性行业少，新经济行业少，造成了资源配置浪费，定价功能的混乱，优胜劣汰竞争功能没有形成，股票市场的投资功能和财富效应受限，特别是我国股市经济晴雨表的功能没有得到发挥。

（1）我国股票市场上市公司产业结构分布上，周期型的公司占比大。周期性行业的重资产，建设长周期决定了它有涨必有跌，包括能源、材料、工业、金融等行业市值的占比超过了半壁江山。这和美国的产业结构是不一样的。周期类的公司在经济发展过程中有涨有跌，总体看基本趋势往下。在服务型产业、轻资产为主导的产业升级中，在互联网新经济时代特征越来越明显的大趋势下，周期性公司的估值下滑是一种长期的态势。

（2）我国股票市场上市公司产业结构分布上，成长性行业占比少，上涨市值数量不大。通过结构分析得出，从1994年到2012年，在股票市场，绝对收益上涨的行业是医疗保健品行业和日常消费品，占比仅为10%（见表11.34）。从成长角度看，这两个行业是传统的成长性行业，受周期影响小，在全球成熟的市场经济国家，这两个行业的股票估值都存在有估值溢价。但是我国股票市场的问题是，这部分上涨的成长性行业所占的市值不大，总共仅10%。在美国，这部分的比例也已经占到接近30%，这与美国拥有全球领先的大型医药保健行业、品牌消费的产业的发展特点相适应。这部分甚至可以与美国最优秀的新兴信息技术行业的市值相媲美，美国最优秀的新兴信息技术行业的市值也超过30%，两部分总占了美国股市2/3的市值。而我国新经济行业的代表企业大多选择在我国香港或者是美国上市，最为突出的代表是互联网、新媒体、清洁能源的领军企业，基本都选择了在我国香港或美国上市。

表11.33　　我国证券市场的行业增长率（1994～2012年）

收盘价	收盘价	收盘价	收盘价	收盘价	收盘价	收盘价	收盘价	收盘价	收盘
GICS 能源	GICS 原材料	GICS 工业	GICS 非日常生活消费品	GICS 日常消费品	GICS 医疗保健	GICS 金融	GICS 信息技术	GICS 电信业务	GICS 公用事业
0.113	0.33	-0.4	0.29	0.69	1.55	-0.6	0.2	-0.1	-0.2

注：单位为元，各指标为总股权加权平均。

资料来源：Wind资讯。

表11.34　　我国证券市场行业市值占比（2012年12月31日）

板块名称	总市值（元）	占比（%）
GICS能源	3，091，100，120，279.44	12
GICS原材料	2，651，150，372，566.17	10
GICS工业	4，133，349，939，584.42	16
GICS非日常生活消费品	2，797，867，520，159.49	11
GICS日常消费品	1，382，080，549，799.57	5
GICS医疗保健	1，276，909，499，120.22	5
GICS金融	8，555，046，701，568.78	33
GICS信息技术	1，445，904，214，089.75	5
GICS电信业务	108，581，893，845.07	0
GICS公用事业	849，996，203，071.61	3

资料来源：Wind资讯。

3. 次新股板块波动非理性

次新股板块的剧烈波动造成资源配置浪费，定价功能混乱，投资功能和财富效应不能发挥，最终获利的是圈钱者。

（1）次新股板块的收益率应该是低风险低收益。从参与者的角度来看，申购新股的申购资金完成的是一个传递工作，即把一个公司从一种非上市的状态引入上市的状态，这一过程并不创造社会的财富。同时由于申购资金面对公司信息量少，信息量缺乏，比如仅仅从拟上市公司为发行所做的路演会议中获取信息是很少的，申购资金面对的是一个不对称的市场，且申购资金定价的时间是仓促的，因此总体看，申购资金对于风险收益率要求应该与这一过程相一致，应该是一个低风险低收益的水平。上市之后，由于上市公司向市场不断地向投资者公开展示自己的业绩、成长性特征，市场对于公司的信息量的不断增加，上市公司的价值得以判断和建立，这应该是一个二级市场投资者信息量不断增加，聪明投资者不断发掘价值和不断证实价值的过程。在这一后续的过程中，预期、风险、收益成为价格体系中的核心。

（2）次新股板块特殊的波动怪象持续多年。这一现象表现为如下三点。第一是次新股波动过于剧烈，暴涨暴跌。次新股的涨跌成了股票市场一个单独的板块，不利于市场配置资源的作用。第二是打新收益率波动大。我国股票市场发行价格与二级市场的价差也不稳定，打新的收益在在2010年之前普遍暴利，2010年之后，机构打新已经很难赚钱。第三是打新资金抱有“财富幻觉”。打新已然成为我国股票市场独特的“打新文化”，一波波引发次新股的爆炒，散户跟风，搅乱了二级市场的价格形成机制，浪费了股票市场的资源，破坏了股票市场的功能定位。

（3）次新股板块造成资源配置浪费，定价功能混乱，投资功能和财富效应不能发挥，最终获利的是圈钱者。第一是通过炒作，拟上市公司可以更高价发行，股东短期完成财富积累和爆发，达到圈钱目的。第二是承销商可以通过这一过程获取巨额的承销收入，特别是通过超募的资金来获取超额巨额的承销收入。第三是散户投资者热衷于炒作的短线操作，次新股是个搏傻的投机标的。第四是炒作次新股，最终造成资源配置浪费，投资者整体受损。新股发行出现的反常现象，炒得越高越对圈钱方有好处，但是投资者最终会在以后股价回归下跌中付出代价。通过研究新股在中长期后能够持续赚钱的比例，研究发现新股在中长期后能够确定性持续赚钱的数量非常少。选取2006~2012年所有在股票市场发行上市的股票，按主板、中小企业板和创业板分别统计，分别研究统计三板在上市后不同阶段的时间点（3个月时间点、1年时间点、3年时间点）与发行价相比，收益率可同时大于零的新股数量。114家主板上市公司中有3%，563家中小企业板上市公司中有9%，306家创业板上市公司有3%可以达到这一标准，二级市场只能有如此少的新股能够确定赢利，说明炒新是个短期炒作的行为，不能保证有确定性收益，特别是在中后期存在较大风险。独特的次新股板块现象扰乱了二级市场定价，投资者只在短线交易中获取炒作的收益，圈钱者成了最终的获益者，这一现象破坏了我国股票市场整体功能发挥。

4. 壳资源波动的特殊性

壳资源是我国股票市场发展过程中出现的一种特殊现象。壳资源是我国股票市场发行制度、并购制度、退市制度不合理规定下的混合产物。炒作壳资源，造成了资源配置浪费，定价功能的混乱，优胜劣汰竞争功能、投资功能和财富效应不能发挥。对壳的应用有两种类型，一个是借壳，一个是保壳。

（1）借壳是由于与 IPO 相比，借壳上市确实比 IPO 有优势。与 IPO 相比，借壳上市的优势在于：费用更低，时间快，并且承销商、公司管理层承担的风险小。我国股上市行政审批关卡重重，人为制造了行政壳资源的价值，特别在实际 IPO 实行的是好中选优的高标准，而借壳只需满足 IPO 上市的最低门槛。

（2）保壳是我国股票市场制度下的一个综合的产物。这一现象产生的条件有如下：第一是壳价值客观存在；第二是我国股票市场中，中长期的好上市公司的资源少；第三是具体运作过程中保壳的成功率高。交易所统计数据显示，在 1993 ~ 2005 年，累计 1050 起经披露的上市公司并购与重组案进行统计，发现其中 79.07% 的并购事件能够使上市公司继续在主板市场挂牌交易。我国股票市场的退市制度造成我国上市公司退市的概率极低，美国、日本等国证券交易所的退市比重可以达到 5% 左右。

总之，我国股票市场长期活跃的壳现象是我国股票市场发行制度、并购制度、退市制度不合理规定下的混合产物，扭曲了市场定价，不利于市场功能发挥。

（三）圈钱的异化功能

我国股票市场在目前制度体系形成了一个圈钱的逻辑。股票市场直接融资功能是股票市场功能基础，是股票市场发挥优胜劣汰和资源配置的基础，以发行股票为源是股票市场正常功能的开端，是整个功能体系的基础。但是如果发行功能变成圈钱，必将让市场形成恶性循环，市场定价功能和市场资源配置功能发生异化。这一圈钱逻辑能够成立的条件有如下四点。

1. 发行体系的行政审批

我国股票市场长期处于发行的行政审批模式，造成供求失衡。我国股票市场制度在发展的初期有特殊性，我国股市的特殊性在于我国股票市场的产生并不完全是市场化的需求。从历史上看，自由市场经济下股票的诞生是源于资本主义扩大再生产的要求。建铁路、建钢铁厂和开发矿山等产业化项目都需要短期内筹集大量建设资金，然而有限责任公司、合伙制等企业组织形式无法满足企业在短期内募集大量资金的要求，因此产生了向普通公众发行股票的募资方式。股票市场和上市公司是市场经济的高级实现形式，它的融资功能和机制设计是最有市场效率的资源配置模式。股票市场在整个经济及金融结构中的地位属于市场化和创新力的核心部分。我国股票市场产生的背景有其特殊性，并不是完全在市场化的环境和市场化的需求下产生的，股票市场建立的初衷是为了国企的筹资脱困。在成立之初，邓小平说过："证券、股市，这些东西究竟好不好，有没有危险，是不是资本主义独有的东西，社会主义能不能用？允许看，但要坚决地试。看对了，搞一两年对了，放开；错了，纠正，关了就是了。关也可以快关，也可以慢关，也可以留一点尾巴。"① 可见，我国

① "在武昌、深圳、珠海、上海等地的谈话要点"，载于《邓小平文选》，人民出版社 1993 年。

股票市场的总体设计和运行思路是以行政化管理为基础的模式下起源产生的。行政化的监管造成供求关系的失衡，背离市场真实需求，资源效率不高。

2. 融资者只融资不负责后市的动机

融资者从市场圈钱的动机体现在以下四点：第一，我国股票市场中系统性进行良性市值管理的公司不多，上市后上市公司对于上市后的股价、市值的关注度大大低于从市场中融资的关注度；第二，从治理结构上和考核体系上，绝大部分上市公司并没有将市值作为考核指标和激励指标，对市值管理不关心；第三，执行低位回购股票的上市公司少，对股权的回购意识不强，而成熟市场的回购行为比较普遍，研究统计标准普尔500公司用于回购股本资金长期占到的净利润平均在40%～50%；第四，极端时刻，在我国股市周期波动中的几轮熊市中，无论是多低的股价，当上市公司的股价低于发行价或者甚至低于净资产，上市公司的回购行为仍然很稀少，从一个侧面验证了绝大部分上市公司上市的真实动机。

3. 投资者中散户有普遍的非理性行为，基于短线思路追捧次新股和壳资源

我国散户的比例占有70%以上，长期的非理性行为导致投资者追求在短线交易中获取炒作的收益，以“搏傻”来求生存，圈钱者成了最终的获益者。短线投机行为扭曲整体市场定价，破坏了我国股票市场整体功能发挥。

4. 监管机构违规处罚制度不严厉

目前我国股票市场中，对于发行信息的监管还远远达不到要求。特别是对发行信息不实、新股公司在治理方面存在的违法违规行为没有针对性的处罚措施。

七、结论与政策建议

我国股票市场直接融资功能是股票市场功能的基础，以发行股票为源头的发行功能是股票市场正常功能的开端，是股票市场发挥优胜劣汰和资源配置的基础。发行功能扭曲，必将使市场形成恶性循环，市场定价功能和市场资源配置的功能发生异化。本文通过探索影响股指波动的主要因素来探讨我国股票市场制度创新和改革模式的切入点，为我国股票市场下一步的政策改革提供思路。最后的政策建议是我国股票市场如何从制度设计上促进股票市场的正常功能的恢复，实现股票市场的经济晴雨表功能，发挥我国股票市场的定价功能、优胜劣汰竞争功能，资源配置功能、投资功能。

（一）建立健全与发行制度相关的法规体系

首先，监管机构应该从上市发行的评审决策者转成为监管者，在推行注册制之前，严格各种与发行市场相关的法规、政策及运行细则。从招股说明书对风险的评价评估，到各种公开发行资料的易获取性、可读性逐一规范。明确在上市发行过程的各个环节的责任，包括中介机构的责任和拟上市公司法人的责任，特别是要独立到每个参与人员的个人责任，独立到每个项目的责任。树立实事求是、审慎的原则，让各种角色的人员不能造假、不敢造假、不想造假。

其次，对于上市后业绩出现大幅下滑，或者跌破上市发行价的上市公司要设立黑名单，对其以后通过股票市场再次融资的准入资格、大小非的减持资格进行限制，对于上市后业绩出现特别大幅亏损，或者跌破上市发行价特别严重的上市公司，要建立相关责任人的追究制度。

最后，严惩违法行为，保护中小投资者。特别针对我国股票市场的中小投资者多而散的状况，可以考虑引入集体诉讼制度，加大对欺诈上市、弄虚作假、内幕交易、对发行价操纵等违法违规行为的查处力度。当前最关键的股市制度安排必须快速截断股票市场圈钱的逻辑，实施注册制之前必须建立健全法规体系。

（二）建立、发展和完善注册制

首先，要严防将注册制异化成有中国特色的圈钱式的注册制。从制度入手，坚持市场化方向推行注册制，从最初制度源头截断股票市场圈钱的逻辑。

其次，也要针对性地约束融资者动机、散户投资者的非理性，并提高监管处罚的力度。特别要在发行过程中重视注册制公司的信息披露制度的设计和拟上市公司在公司治理结构方面的制度设计，针对我国股票交易所市场中 70% 以上都是散户的结构，特别要加强对交易所市场发行中的诚信和信托责任的监管，扭转融资者单次博弈的动机，在制度创新设计上给市场投资者良好的预期。

最后，要尽快降低我国股票市场的制度改造过程带来的风险，加快发展多层次的资本市场，最大程度降低交易所重启新股发行对市场短期内产生的供大于求的冲击。对于一个市场制度，市场只承受市场本身的风险，市场不应承担太多制度改造带来的风险，所以制度设计和创新要形成一个常规的基础，一种稳定态势，给市场稳定的预期。

（三）加强股票市场制度效率的提升，实现我国股市的基本功能

首先，发挥股票市场资源配置的功能，提升上市公司的产业布局的总体水平。对于符合国家产业结构调整方向的成长行业，要从发行制度、交易制度、再融资制度上给予扶植和鼓励。从长期看，股票市场只有在选出和培育出了优秀公司的前提下，才能生存和发展。有“优胜”的公司，股票市场才能发展；如果股票市场只能“劣汰”，投资者只能选择用脚投票的市场是没有前途的。建立优胜劣汰的竞争机制，对于优秀的公司要鼓励通过股票市场做强做大，甚至要成为全球的龙头公司。对于新经济行业内高速成长性国内公司，鼓励在我国的股票市场上市，作为好的投资标的回馈我国的国内投资者。

其次，严格市场化改革目标，在发行的定价环节让市场自主定价，价格真实反映供需状况。当务之急仍是要立即纠偏以前的不良价格形成机制，通过改革发行、并购、退市制度，降低次新股板块和壳资源板块非理性波动，大幅缩短大小非解禁的时间，让次新股价格的特殊波动消失，回归发行股票的本来面目，回归次新股市场有正常的风险收益率比和波动性。发行上，对于特大型的国有企业，国家必须绝对控股的，关系国计民生的公司，短期之内不符合公众公司要求和公众股份公司的治理结构要求的，可以考虑其他形式的募资方式。

最后，要加强并购制度的效率，提高退市制度的时效性。并购制度的设计要体现专业

化、效率化、简化审批环节。同时严格退市制度，发挥出我国股票市场优胜劣汰的功能。

（四）从制度设计上提高蓝筹国企股权的市场化活力，提升国企上市公司治理结构水平

首先，这部分是市场占比最大的股权，要通过混合所有制度的实现为现有的国企股权注入市场化的股权基因，提升国企上市治理结构，从而提高国企股的估值水平，带动我国股票市场的蓝筹股板块整体提升。

其次，对现有的市场中的大市值、估值极低的国有上市公司的高级管理层增加市值管理的考核目标，激励管理层提升市值管理能力。

最后，提升国企上市公司治理结构水平和市场化活力。

（五）培养市场对预期的底线，降低熊市对经济的破坏力

首先，股票的监管部门要重视投资者的一致预期，政府应该研究投资者的预期行为，判断一致预期的程度，并加以积极正面引导。做好普通投资者、特别是散户的风险教育工作，从股市制度安排上普及理性投资理念，减少我国散户搏傻型的短线炒作并逐渐减少次新股的非理性炒作。发展成熟资产管理机构，降低市场波动性。目前国内资产管理机构成立时间短，缺乏超越周期的战略视角，追涨杀跌的操作模式很普遍，加剧市场的波动性，市场的羊群效应明显，应该培养长期战略投资视角的资产管理机构，稳定市场交易结构。

其次，除了股票市场政策的监管机构，我国的货币政策的制定者也应该把维护正常的股票市场资产价格作为其政策制定的参考指标。如果出现极端的情况，政府也应该有政策及时出手去扭转极端预期，特别要发挥货币政策对股票市场资产价格的正面引导作用。

最后，加强专业的舆论引导。现在是多信息的时代，股票市场信息来源广、时间快，信息快餐尤其多，对市场的短期冲击大。应该加强舆论的监管，减少舆论噪音并降低对市场情绪的负面影响。

执笔人：罗曼丽（北京融禾资本管理有限公司总经理）

第十二章

中国证券公司治理结构研究

——基于竞争力提升的视角

从 1987 年第一家证券公司在深圳成立到 2012 年，共计 114 家证券公司在证券业协会注册，不到 30 年的时间里，中国的证券行业从无到有发展壮大，证券公司也成为金融体系运转中不可或缺的微观单元。在行业发展初期，公司治理问题并未引起足够的重视。公司的核心竞争力主要由业务和股市行情支撑。内部监控机制不健全，行业监管法规不完善，引起了很多公司治理中常见的委托－代理问题。

2008 年金融危机席卷全球，雷曼、美林等一大批以往被认为是优质公司的投资银行纷纷陷入困境，人们开始反思以往几十年流行的公司治理观念，尤其是金融行业的公司治理观念。更有学者慨叹此次全球性金融危机是“公司治理的失灵”。由于公司治理缺陷的日积月累，最终以风险事故的形式爆发，最终导致自身的倒闭。危机发生后，各国和相关国际组织均进行了深刻的反思，并形成了如下共识：金融机构的公司治理机制存在严重缺陷是造成本轮危机的重要原因之一，金融机构最大的风险是治理风险。加强金融机构公司治理、强化公司治理监管成为国际金融体制改革的重要内容。对于证券公司而言，其公司治理完善与否不但关系到证券公司自身发展的健康状况，作为资本市场的重要参与体与媒介，其非规范运作将会扰乱整个资本市场的运行。

我国资本市场在规模、结构、竞争力、规范化与开放度等方面将会面临重要突破，作为连接资本市场和投资者的纽带，证券公司是建设多层次资本市场的主要力量之一，为资本市场发展起到关键的桥梁作用。研究和改善证券公司治理结构，从微观层面上看，直接影响到证券公司的利益相关人的权利、义务和责任，从而影响到证券公司的决策机制和管理效率以及因此决定的应变能力、盈利能力等；从宏观层面上看，由于证券公司在资本市场上的作用日益重要，因此证券公司治理结构也影响着资本市场的质量，特别是资金筹集和合理配置资源的能力。一个好的证券公司首先要有一个好的治理结构，这是作为现代金融企业的基本要求。作为影响证券公司运行效率和竞争力的重要因素，证券公司治理结构的重要性不言而喻。

对我国证券公司治理结构的研究，不仅因为证券公司作为现代企业有对治理机制的一般性要求，而且也是因为证券公司在我国企业制度中所具有的独特性。这种独特性表现在：

证券公司拥有明显大于绝大多数工商企业的资产、资本规模，具有资源密集，特别是现金、证券以及人力、信息资源密集的特性。这就决定了证券公司的业务、经营具有较强的渗透力和辐射力，成为社会资本形成、运动机制的主要中枢之一，也使得对证券公司治理的研究相对于其他企业更有意义。从证券公司的独特性出发，对公司治理结构及其对公司竞争力的影响进行深入研究，进而总结出有利于证券公司竞争力提升的适宜治理结构模式，对于建设完善中国金融体系和发展多层次资本市场将具有深远的影响。

对于证券公司乃至整个金融行业的公司治理而言，以下几个问题是亟待回答的：一是对于证券公司而言，什么样的股东是有利于其经营发展的？二是证券公司应拥有何种类型的董事会进行公司治理的规范运作？三是如何针对金融行业高风险、高收益的特征设计具有市场竞争力和有利于证券公司长期有效发展的高管薪酬？四是如何建立、健全外部治理机制，尤其是职业经理人市场和监管法规，以避免公司沦为高级经理人的实验室、治理危机四伏的不定时炸弹？

本文的研究对象将从公司治理结构对竞争力影响的视角出发，深入考察证券公司的内部与外部治理结构是通过哪些具体机制对公司业绩和竞争力产生影响的。我们的研究将包括如下子问题：公司竞争力的决定因素、公司内部治理结构对提升竞争力的作用以及公司外部治理结构对提升公司竞争力的作用。

一、中国证券公司的治理结构与竞争力

（一）中国证券公司治理结构

1. 中国证券公司治理结构现状

我国大多数证券公司股权结构中，大股东多为国有独资企业甚至还有政府财政部门或国有资产管理公司，这种股权结构使得证券公司具有传统国有企业特征。我国证券公司治理结构的缺陷主要体现在如下六个方面。

第一，国有股权虚置，出资人缺位，难以有效监督公司运营。出资人不明确，行政色彩浓厚，没有人格化的股东，是国有证券公司普遍的特点，这种情况下，公司治理并没有真正建立，股东必须是明确的，才可以履行权利和义务。

第二，监事会形同虚设，未发挥应有的监督作用。

第三，没有独立董事或者独立董事作用有限。独立董事在董事会中具有重要地位，就证券公司的经营发展发表独立、专业的意见。在我国，一方面由于证券公司发展时间较短，了解证券公司业务的独立董事较少；另一方面证券公司自身不重视独立董事的配置，使独立董事的作用发挥有限。

第四，地方政府多通过行政而非公司治理程序干预证券公司业务和人事任免；管理层多由大股东直接委派而非市场化遴选，容易产生内部人控制，滋生道德风险，加剧证券公司经营风险。

第五，缺乏对高级管理人员的激励约束机制。良好的激励约束机制可以降低委托－代

理的成本，实现公司利益最大化，而我国尚没有建立证券公司高管人员激励约束机制，高管人员流动性差，薪酬与市场脱轨，缺乏激励效果。董事会对高管人员未建立考核机制，或者形式上有考核制度但是由于内部人控制现象严重，并未发挥应有的作用。

第六，证券公司外部治理环境有待加强。证监会及其分支机构是我国证券公司的主要监管机构，此外还有交易所和行业协会作为自律组织存在。我国对证券公司监管的行政性色彩浓厚，一定程度上束缚了证券公司的发展，脱离了市场运行和发展的规律。行业自律组织的作用尤其是信息披露方面的管理没有发挥，致使信息披露制度不完善，证券公司内部缺乏提高信息完整和准确的动力，导致承销保荐过程中造假现象严重。

2. 中国证券公司治理结构的发展

公司内部治理结构及其发生的作用是不能突变的。研究证券公司的成立背景，认清不同证券公司治理结构的分殊来由。中国证券公司的成立背景各不相同。一类是国家级金融机构（银行、保险公司、资产管理公司、信托公司等）设立的全资或控股子公司，典型的例子是华夏证券、信达证券、平安证券、中信证券等；一类是地方金融机构设立的子公司，如河北证券；一类是地方政府牵头设立的公司，如上海证券、湘财证券等；还有其他一些较为特殊，由国家证券监管、交易机构成立的证券公司，如中国证券投资者保护基金出资成立的安信证券。不同的成立背景，造成了证券公司不同的初始治理风格。在错综复杂的股权交易中，证券公司不断易主，各种公司治理路数在外部规则的作用下不断碰撞、融合、改变，生发成了证券业公司治理结构的今日形态。

我国证券公司治理结构的发展是由政府推动和公司自主推动两种力量共同作用的。一方面，中国证券市场在发生了一系列的风险事件之后，政府进一步认识到证券公司风险对整个金融市场乃至社会稳定的影响之大，而控制证券公司风险的重要手段之一，就是改善证券公司的治理结构。为此政府通过证券监管机构制定法律法规、行业协会鼓励等多种形式推动了公司治理结构的完善。而随着民营经济的发展和国有企业改革，企业利益得到明晰，证券公司在增资扩股过程中受到投资方对治理结构的质疑，促进了证券公司自发性地进行公司治理结构的改进。目前来看，中国证券公司治理结构的发展过程主要包括以下三个阶段。

第一阶段，强化以风险控制为主要内容的外部监管。这一阶段，政府注重控制市场风险，推动公司内部风险控制的岗位设置，强调分权授权中的权力制衡。尽管这一阶段强调的是风险控制机制和技术，但国家作为出资人，通过加强证券公司内部各个层面的权力制衡达到保护自身出资利益的概念开始萌芽。

第二阶段，推进证券公司的公司化改革。这一阶段，随着《公司法》的推出，整个经济社会对公司构架有了更新的认识。在政府的推动下，证券公司开始着手进行公司化改制，大量证券公司从国有独资公司向有限责任公司方向转变。但这一时期，证券公司对于法人治理结构没有明晰的认识，主要为了满足法律法规和政府的要求，公司治理结构的构建属于被动式推进，证券公司治理结构徒具其形，而丝毫没有治理的内在思想贯穿其中。

第三阶段，证券公司治理结构的推进期。这一阶段，首先是证券公司出现自发性改善治理结构的行为。2002 年之后，证券公司进入第二次规模扩张期，这个时期的扩张中通过财政或者国有资产管理机构划拨资金扩大国家出资的形式逐渐被淘汰，实现扩张的证券公司主要采用向法人融资的形式实现资本扩张，而公司法人股东的增加对公司股东会、董事会、监事会之间及各自内部的权力分散和制衡起到了巨大的作用。尽管非流通股仍然占了较大比重，但法人股权的增长和分散，公众股的出现都表明我国证券公司治理结构的完善进入了一个崭新的阶段。其次是证券监管机构关于证券公司治理的探索逐渐成形。这一阶段的突出标志是《证券公司治理准则（试行）》《证券公司内部控制指引》《证券公司高管人员管理办法》等公司治理范畴的法律法规的出现和发布。政府真正开始从公司治理的角度上思考证券公司的经营风险存在的基础，开始从公司治理的角度规范证券公司的行为。

3. 证券公司上市与公司治理结构

1994 年 2 月，宏源证券在深圳交易所上市，成为中国第一家上市证券公司。海通证券紧随其后，成为第一个在上海证券交易所上市的券商。1997 年，中国证券业迎来了集体上市的高潮，这一年，有 6 家券商上市。随后在相当长的一段时期内，股市陷入低迷，证券公司上市的步伐也趋于停滞。2000 年后，证券公司的上市频率保持稳定。2007 年各证券公司完成综合治理工作，治理水平大幅度提高，股市重新回暖，上市之门重启。截至 2012 年 6 月，共有 19 家券商在深圳或上海挂牌上市。

上市证券公司的内部治理除了要符合中国证监会的证券公司治理准则外，还必须符合由证监会以及证券交易所发布的上市公司治理准则，其内部治理的规范程度要显著高于未上市公司。而证券行业的国际化也对证券行业的公司治理有深刻的影响。

中国本土券商“走出去”战略的第一步通常是登陆我国香港。截至 2011 年底，已经先后有中金、中信、国泰君安等 20 余家内地券商在香港设立分公司或子公司，开展投资银行、经纪、咨询等业务。除此之外，也有部分券商开始在欧美、东亚等地设立分支机构开展业务。券商在海外设立分支机构，必须使之符合东道国公司治理规范，涉及子公司董事会的组建和高级管理人员的任命。如果任命当地人士作为高级管理人员，涉及跨文化沟通和跨文化的代理问题，对母公司治理水准提出了新的挑战。我们也可以粗略地看到，凡是在海外开展业务的券商，除了业务实力强大之外，其治理水平普遍较高，内部治理结构也较为完善。

国外券商的进入对本土券商的公司治理影响更大。虽然早在 1995 年摩根士丹利就是中金公司的股东，但合资券商真正登陆中国证券市场是在 2002 年 6 月 1 日证监会发布《外资参股证券公司设立规则》之后。2002 年 12 月，湘财证券和法国里昂证券合资组建的华欧国际证券有限公司成为中国加入 WTO 后的第一家合资券商。此后，海际大和、高盛高华等合资券商先后成立。外资的引入，使国外券商的公司治理理念、治理经验也一并传入中国。但公司治理具有很强的文化属性，本土券商在消融、吸收这些治理经验的过程中也与外资券商产生了矛盾和冲突。总的来讲，合资券商在中国市场的业绩并不突出，也屡屡出现高管集体离职等治理现象。在华欧国际成立之初，湘财证券和里昂证券各占 66.7% 和 33.3% 的股权。此后公司陷入低迷，寻求重组，2006 年 7 月把华欧国际 67% 的股权转让给华菱集团（原湘财证券第一大股东）。但此举却并不符合证监会相关治理规范。《外资参股证券公司设立规则》要求，合资者中至少有一方是中方券商。2007 年，在湖南省政府主导下，华菱集团将华欧国际股权悉数转移给财富证券（另一家湖南省政府背景的券商），并更名为财富里昂证券。在一系列复杂的控制权交易背后，浮现出的是本土券商和国际券商治理理念的不一致和董事会中的跨文化冲突。

（二）中国证券公司竞争力的构成

1. 资源要素

前文已述，证券公司能够调动的各类有形与无形资源构成了证券公司竞争力的重要部分。在这些资源中，比较重要的是证券公司的资产、网点、牌照、人才等，它们共同反映了证券公司的资本能力、获取客户资源的能力，以及证券公司的规模。

（1）资产。

总资产是指证券公司在一定时期内拥有或控制的，能够带来经济利益的全部可以计入资产类项目的要素。总资产为证券公司获取营业收入和利润提供坚实的基础，总资产的规模直接影响着证券公司的竞争力，是证券公司最重要的资源，因此将总资产作为影响证券公司竞争力的资源要素指标是非常贴切的。

根据对总资产规模的分析，2011 年，我国 19 家上市证券公司的中，75% 的上市证券公司总资产在 100 亿元以上，50% 以上的上市证券公司净资产在 200 亿元以上，有约 25% 的证券公司净资产在 700 亿元以上。

就抽样的 42 家非上市证券公司而言，2011 年总资产有 75% 的公司总资产规模在 30 亿元以上，50% 的证券公司总资产在 50 亿元以上，约 25% 的非上市证券公司总资产在 100 亿元以上。可见与上市证券公司相比，非上市证券公司在总资产规模上偏小，说明其能够动用的物资资源不如上市证券公司。

（2）网点。

如前文所述，证券公司开展的业务相似程度很高，彼此间的竞争十分激励，因此客户资源是证券公司非常重要的资源。而营业部是证券公司直接面对客户的第一战线，是证券公司收入和利润的最直接、最主要的来源机构。营业部数量的多少，运行效率的高低，网点分布是否合理，直接反映了证券公司竞争力是强还是弱。营业部数量标志着证券公司争夺客户的能力，因此应将营业部数量作为证券公司竞争力衡量的一个重要指标。

就 19 家上市证券公司而言，截至 2011 年末，有 90% 的上市证券公司营业部数量在 30 家以上，75% 的上市证券公司营业部数量在 50 家以上，50% 以上的上市证券公司营业部数量在 75 家以上，超过 25% 的上市证券公司拥有 100 家以上的营业部。

就抽样的 42 家非上市证券公司来看，截至 2011 年末，有些证券公司并没有设立营业分部，营业部数量超过 25 家的仅占 50%，超过 45 家的仅占 25%。可见非上市证券公司的营业部数量整体上小于上市证券公司，它们在争夺客户资源的竞争中处于相对不利的地位。

（3）牌照。

目前，中国证监会对证券公司的各项业务资格有严格的审批制度，一项业务牌照的发放通常要经历试点发放、首批发放、再次发放、零星发放等几个阶段。取得业务牌照是证券公司展开业务的前提。业务牌照成为证券公司不可或缺的核心资源。

目前，国内所有券商均有经纪业务和资产管理牌照；拥有投资银行业务牌照的券商为76家，占总数的68%。

外资券商在牌照资源上明显劣于国内券商。目前，外资参股券商大多只有投资银行一块牌照。随着牌照发放变得更加开放、公平，外资券商在资源要素上将补齐短板，提升竞争力。

我们根据中国证券业协会披露的信息，统计了19家上市公司和42家非上市公司的牌照持有情况，以此作为证券公司业务资源的指标。

（4）人才。

证券公司从行业性质上属于服务业，不像传统制造业那样依赖于厂房设备。人才的重要性显而易见，尤其是在证券承销与保荐、资产管理、投资咨询等业务上。我们从数量和结构两方面考察证券公司的人才资源状况。

一方面，人才数量大体上决定了证券公司的业务规模和业务承载能力。根据2011年的数据，19家上市证券公司中，75%的公司员工数目超过2000人，50%的公司员工数目超过3500人，更是有25%的上市证券公司雇用了7000名以上的员工。根据抽样的非上市证券公司的数据，员工人数突破1000人的才刚刚过半，突破2000人的仅占1/4。可见非上市证券公司规模整体上小于上市证券公司①。

另一方面，人才在不同业务板块中的分布体现了证券公司的业务结构和盈利能力。根据中国证券业协会发布的统计数字，中国证券公司的平均人员构成比例为：一般从业人员占68.9%，专业从业人员占31.1%，专业人员可以认为是证券公司的高附加值人员，主要利润创造者。在专业人员中，证券经纪业务营销人员在公司人员中占2.6%，证券经纪人占16.7%，证券投资咨询业务人员占9.5%；保荐代表人占0.8%；投资主办人占0.26%②。

2. 盈利和抗风险能力

证券公司的核心能力体现在利用资源获取利润的能力，具体能够反映的指标即为营业收入、净利润、营业收入增长率与净利润增长率等。此外，证券公司的抗风险能力也是其核心能力的重要构成部分，体现在其资产负债率上。

（1）营业收入与营业收入增长率。

营业收入是证券公司的主要经营成果，是其现金流的重要组成部分，包括佣金净收入、利息净收入、投资收益与汇兑收益等。营业收入反映了证券公司的经营能力，因此将其列为证券公司核心竞争力指标再恰当不过。

根据19家上市证券公司公布的2011年年报，75%营业收入在1100亿元以上，50%营业收入在1800亿元以上，25%营业收入在5000亿元以上；而对非上市证券公司的抽样调查显示，约80%营业收入都在1000亿元以下③。

就营业收入增长率而言，受宏观形势影响，证券公司营业收入普遍为负增长。上市证券公司的数据显示，在2011年，75%的上市证券公司营业收入下跌超过四成，半数以上的上市证券公司营业收入下降在25%以上。非上市证券公司的情形类似。

①②③ 资料来源：证券业协会。

（2）净利润与净利润增长率。

净利润是证券公司经营活动的最终成果，直接反映了其盈利能力与管理绩效，是证券公司核心能力的最直接的体现。在 2011 年，证券公司的净利润普遍较 2010 年有所减少，25% 的上市证券公司净利润不满 250 万元，50% 的证券公司净利润不满 500 万元，净利润最多的约 3300 万元。抽样调查显示，2011 年约一半的非上市证券公司净利润不到 50 亿元，净利润超过 150 亿元的不足 1/4。证券公司中有 3/4 净利润减少四成以上，半数减少六成以上①。

（3）资产负债率。

资产负债率反映了证券公司抗风险能力的强弱，是体现证券公司生存能力的重要指标。2011 年，1/4 的上市证券公司资产负债率在 50% 以下，半数在 60% 以下，3/4 的上市证券公司资产负债率在 65% 以下，可见分布比较集中。抽样的非上市证券公司资产负债率分布也比较集中，80% 的公司资产负债率集中在 50% ~75% 的区间②。

3. 制度和环境因素

制度和环境对证券公司竞争力的重要性不言而喻。企业运行依赖于一整套内部制度和外部制度的支撑和制约。各证券公司面临的外部制度基本相同，因此不会影响到证券公司之间相对竞争力的排名。但不同市场环境中的制度差异能够显著影响中国证券公司的国际竞争力。证券公司的内部制度决定了业务运转的流畅、规范程度以及风险控制水平。

制度对企业竞争力的作用体现在五个方面：一是降低交易成本；二是提供激励机制；三是提供约束机制；四是减少外部性；五是为实现合作创造条件。

上述五个方面在证券行业都有所体现。如各公司内部的奖金制度为员工提供了激励机制；中国证监会发布的对各类违规交易行为的禁令为证券从业人员的行为提供了约束机制；中国证监会和证券业协会发布的行业规范为证券公司之间的合作创造了条件。

证券公司面临着法律环境、文化环境、经济环境、政治环境和地理环境。一部分环境因素为各证券公司所共有，因此不会影响到证券公司之间相对竞争力的强弱。也有一部分环境因素为不同证券公司所独有，如营业部当地的政治、地理环境。

此外，证券公司还面临着独特的行业环境：一是中国证券业公司数量少，一共只有 100 余家公司，行业内部的关联度、熟悉程度明显强于普通行业；二是中国证券业总部存在着明显的集群现象，北京和深圳至少集中了全国 50% 的券商总部。

遗憾的是，制度和环境因素难以量化，同时考虑到大部分制度和环境因素为证券公司所共有，下文的因子分析未加入制度和环境因素。

（三）中国证券公司的竞争力评估

本部分将采用因子分析方法，首先从上文中给出的各指标中提取共同因子，再计算出各证券公司的因子得分，并以因子的方差贡献率为权重，对样本内的证券公司的竞争力情况进行分析。

---

①② 资料来源：证券业协会。

1. 证券公司样本和分析指标的选取

我们的样本包含60家证券公司，其中有19家上市证券公司和随机抽取的41家非上市证券公司。由于对非上市公司采用随机抽样，基本能够代表目前中国证券公司的整体。具体的证券公司名单如表12.1所示。

表12.1　　证券公司竞争力评估的样本公司

非上市证券公司				上市证券公司	
长城证券	首创证券	华龙证券	华西证券	光大证券*	西部证券*
财富证券	万和证券	金元证券	瑞信方正	华泰证券*	山西证券*
东莞证券	新时代	万联证券	世纪证券	东吴证券*	长江证券*
大通证券	中信万通	银泰证券	厦门证券	兴业证券*	广发证券*
德邦证券	财达证券	爱建证券	信达证券	太平洋*	国海证券*
五矿证券	诚浩证券	北京高华	浙商证券	招商证券*	国元证券*
恒泰证券	大同证券	川财证券	中航证券	海通证券*	东北证券*
华宝证券	国盛证券	东兴证券	中天证券	西南证券*	宏源证券*
华福证券	华安证券	国泰君安	中信建投	国金证券*	方正证券*
日信证券	华创证券	英大证券	湘财证券	中信证券*	
海际大和					

我们的指标选取参考了目前国内对证券公司竞争力研究的主流文献，并加入业务牌照数量，选用员工总数、营业部数量、业务牌照数量、营业收入、营业收入增长率、净利润、净利润增长率、总资产、总资产增长率、总负债、总负债增长率、资产负债率等12个指标。所有指标均收集2011年数据，数据来自公司官方主页、年报、Wind资讯和中国证券业协会。各指标的描述性统计如表12.2所示。

表12.2　　证券公司竞争力评估的主要指标

变　量	样本均值	样本标准差	样本最小值	样本最大值
员工数量（人）	2565.12	2493.05	67	11230
营业部数量（个）	54.92	52.43	0	223
营业收入（亿元）	17.22	35.32	0.44	250.33
营业收入增长率（%）	-30.22	15.93	-73.8	22.6
净利润（亿元）	5.68	17.17	-1.51	126.04
净利润增长率（%）	-146.63	441.29	-2772.74	212.25
总资产（亿元）	183.64	279.51	4.17	1480
总资产增长率（%）	22.45	342.26	-47.35	2627.95
总负债（亿元）	107.3	149.64	0.14	612.9
总负债增长率（%）	-30.77	21	-86.39	68.32
资产负债率（%）	0.62	0.18	0.02	1.45
业务牌照数量（个）	8.78	3.53	1	17

从描述性统计中可以看出，中国证券公司规模、业务资质相差较大，2011 年经营情况普遍不佳，平均营业收入为 17.22 亿元，营业收入增长率为 -30.22%；净利润为 5.68 亿元，净利润增长率为 -146.64%。

2. 主成分法的分析结果

我们首先用主成分分析法提取主因子，结果如表 12.3 所示。

表 12.3　　提取主因子的结果

因　子	特征值	方差贡献	累计方差贡献
Factor1	5.14328	0.4286	0.4286
Factor2	1.68987	0.1408	0.5694
Factor3	1.28804	0.1073	0.6768
Factor4	1.10132	0.0918	0.7685
Factor5	0.84066	0.0701	0.8386
Factor6	0.80182	0.0668	0.9054
Factor7	0.65899	0.0549	0.9603
Factor8	0.31085	0.0259	0.9862
Factor9	0.09737	0.0081	0.9944
Factor10	0.05758	0.0048	0.9991
Factor11	0.00691	0.0006	0.9997
Factor12	0.00331	0.0003	1

按照主因子的常规选取要求，我们选择特征值大于 1 的 4 个因子，即 factor1 至 factor4。这 4 个因子累计解释了 76% 以上的方差。旋转后得到的因子 1～4 特征根、方差贡献及累计方差贡献如表 12.4 所示。

表 12.4　　旋转后的因子 1～4 及各自的方差贡献率

因　子	特征值	方差贡献	累计方差贡献
Factor1	5.01253	0.4177	0.4177
Factor2	1.65084	0.1376	0.5553
Factor3	1.29279	0.1077	0.663
Factor4	1.26635	0.1055	0.7685

旋转后得到旋转因子载荷矩阵及其方差贡献率，显示在表 12.5 中。

表 12.5　　旋转因子载荷矩阵及方差贡献率

变　量	Factor1	Factor2	Factor3	Factor4	Uniqueness
员工数量（人）	0.8544	0.132	-0.1636	0.0774	0.2199
营业部数量（个）	0.9096	0.1064	-0.1477	0.1103	0.1272
营业收入（亿元）	0.8764	-0.0111	0.3027	0.0136	0.1399

续表

变　量	Factor1	Factor2	Factor3	Factor4	Uniqueness
营业收入增长率（%）	0.1148	0.0975	0.7776	0.1766	0.3414
净利润（亿元）	0.8204	-0.0259	0.3337	-0.0175	0.2145
净利润增长率（%）	0.1342	0.8753	-0.1219	0.1264	0.185
总资产（亿元）	0.9854	0.0212	0.1223	0.0054	0.0135
总资产增长率（%）	-0.065	-0.0836	-0.0089	0.7448	0.434
总负债（亿元）	0.9737	0.0387	-0.0132	0.0251	0.0497
总负债增长率（%）	-0.006	-0.8843	-0.1043	0.145	0.1861
资产负债率（%）	-0.0794	0.2309	-0.6253	0.2864	0.4673
业务牌照数量（个）	0.2303	0.0392	0.0675	0.7363	0.3987

从表12.5中可以看出，因子1在员工数量、营业部数量、总资产、总负债和净利润上有较大的载荷系数，因此可以命名为规模和盈利因子；因子2在净利润增长率和总负债增长率（负向）上有较大的载荷系数，因此可命名为风险因子；因子3在营业收入增长率、营业收入和资产负债率（负向）上有较大载荷系数，可命名为经营因子；因子4在总资产增长率、业务牌照数量上有较大的载荷系数，可命名为发展因子。

将每个证券公司的4个因子得分，用旋转后的方差贡献率作为权重进行加总，得到新的代表综合竞争力的变量power，按照power从高到低进行排序，即是按因子分析结果得到的竞争力排名。表12.6列出了总分排名前10位的证券公司。

表12.6　　基于因子分析的中国证券公司竞争力排名前10位

公司名称	竞争力得分	排名	公司名称	竞争力得分	排名
中信证券	1.908454	1	光大证券	0.718236	6
海通证券	1.140111	2	国泰君安	0.644681	7
华泰证券	0.975932	3	中信建投	0.407203	8
广发证券	0.914322	4	国元证券	0.328199	9
招商证券	0.755775	5	长江证券	0.32376	10

表12.7给出了各个因子得分的前10位。我们可以将其和总排名进行对比研究。从表12.6与表12.7对比可以看出，规模因子排名与总排名较为一致，这是由规模因子的高权重所决定的。在规模竞争力上，中信、海通、广发等老牌券商占据着绝对优势；而在经营、发展和风险防范等方面，一些新型券商进入了前10位，表现不俗。

表12.7　　各因子得分排名前10位的证券公司

公司名称	规模因子	排名	公司名称	风险因子	排名
中信证券	4.353052	1	瑞信方正	1.384255	1
海通证券	2.645385	2	东兴证券	1.034031	2
广发证券	2.403694	3	五矿证券	0.985278	3

续表

公司名称	规模因子	排名	公司名称	风险因子	排名
华泰证券	2.341359	4	华福证券	0.766153	4
国泰君安	2.113803	5	厦门证券	0.750715	5
招商证券	1.648205	6	东吴证券	0.630317	6
中信建投	1.294399	7	光大证券	0.605998	7
光大证券	1.043391	8	兴业证券	0.558735	8
长江证券	0.677992	9	浙商证券	0.504701	9
宏源证券	0.426085	10	华龙证券	0.492527	10
公司名称	经营因子	排名	公司名称	发展因子	排名
国海证券	5.843702	1	中信证券	2.447414	1
国元证券	1.659625	2	海际大和	2.347169	2
西部证券	1.232844	3	瑞信方正	2.124079	3
宏源证券	1.187721	4	五矿证券	1.643059	4
光大证券	0.923917	5	太平洋	1.489873	5
金元证券	0.870028	6	华龙证券	1.36939	6
新时代	0.690473	7	国元证券	1.274178	7
东吴证券	0.687863	8	光大证券	0.943318	8
长江证券	0.666805	9	东兴证券	0.805352	9
德邦证券	0.654059	10	兴业证券	0.773201	10

二、内部治理结构对中国证券公司竞争力的影响

从1987年第一家证券公司成立开始，中国证券行业已经走过了30年的发展历程，经历了萌芽起步（1987~1995年）、快速繁荣（1996~2001年）、治理整顿（2001~2007年）和创新变革（2007年至今）4个时期。截至2011年底，全国共有证券公司109家，合计总资产1.57万亿元，从业人员达到261802人。在中国证券业发展初期，证券公司是政府在“为国有企业融资”的目的下一手扶持起来的，其内部治理风格带有显著的国企特征，也难以摆脱国有企业行政干预过多、人浮于事、权责不清的治理弊病。但中国证券行业一直在为理顺内部治理关系、建立现代企业制度、培育有国际竞争力的本土券商而做出不懈努力。在本部分，将归纳证券公司内部治理结构及其显著特征，阐明股东大会、董事会、监事会等治理机制的作用及其在中国证券业的现状，最后尝试归纳证券公司内部治理结构与公司竞争力的关系。

（一）中国证券公司内部治理的主要机制

证券公司的内部治理，从外在的、显性的角度体现为公司内部的组织架构、规章制度，从内在的、隐性的角度则体现为公司内控制权、管理权的实际分配及制衡。此种划分方法，

接近于 Acemoglu 等人在新政治经济学中提出的法定（de jure）与事实（de facto）两分法。本部分介绍中国证券公司的主要治理机制，包括股东、董事会、监事会的治理功能及运作情况。证券公司内部治理的主要机制包括股东大会、董事会、高级管理人员激励，等等。这里我们将分别考察中国证券公司，尤其是上市公司的股东、董事会和高管激励，归纳总结中国证券公司内部治理机制的特征事实。

1. 股东

按照传统观点，股东是公司治理的最终受益者和目标人。虽然当前公司治理理论和实践的发展都越来越强调利益相关者假说，但无可否认的是股东行为、股权结构以及股东大会仍然对公司治理起着举足轻重的作用。股权集中度通常用前十大股东的持股比例来衡量，中国上市证券公司的前十大股东持股比例一直稳定在60% ~70%之间，属于高度集中型股权。

中国证券公司股东构成的另一显著特点是国有化。我们对 92 家非上市证券公司随机抽取了 30 家。剔除无法找到第一大股东的 7 家，共搜集了 23 家非上市证券公司的第一大股东数据，如表 12. 8 所示。从表中可知，第一大股东是国企的有 16 家，占样本总量的 69. 6%；第一大股东是政府机构的有 2 家，占样本总量的 8. 7%；第一大股东是私企的有 4 家，占样本总量的 17. 4%；第一大股东是外企的有 1 家，占样本总量的 4. 3%。国企和政府占优绝对主导地位，而且第一大股东的控股比例往往在 50% 以上。

表 12. 8　　非上市证券公司的第一大股东

公司名称	第一大股东名称	性质	控股比例（%）
渤海证券	天津市泰达国际控股（集团）有限公司	国企	50. 91
财富证券	湖南财信投资控股有限责任公司	国企	—
长城证券	华能资本服务有限公司	国企	50. 27
东莞证券	锦龙股份	私企	—
广州证券	广州越秀	国企	37. 05
恒泰证券	华资实业	私企	14. 03
华宝证券	华宝投资	国企	59. 41
华福证券	福建省能源集团	国企	36. 00
华泰联合	华泰证券	国企	98. 19
民生证券	范海集团	私企	31. 41
日信证券	北京长安投资集团有限公司	私企	—
首创证券	北京首都创业集团有限公司	国企	—
万和证券	深业集团有限公司	国企	48. 52
五矿证券	中国五矿集团公司	国企	—
中信万通	中信证券	国企	—
财达证券	河北钢铁集团	国企	58. 69
财通证券	浙江省财政厅	政府	—
诚浩证券	大连大显控股股份有限公司	国企	—

续表

公司名称	第一大股东名称	性质	控股比例（%）
华龙证券	甘肃省国资委	政府	—
金元证券	首都机场集团公司	国企	—
摩根士丹利华鑫	华鑫证券	国企	66.60
万联证券	广州国际控股集团	国企	—
银泰证券	北京嘉鑫世纪投资有限公司	外企	—

资料来源：Wind 资讯。

中国 19 家上市证券公司第一大股东及实际控制人的背景情况如表 12.9 所示。可以看出，除少数几家证券公司的第一大股东为私营企业或个人外，绝大部分证券公司的第一大股东都具有国资或政府背景。图 12.1 对上市证券公司的实际控制人类型做了分类，从中可以看出，目前地方国资委、地方政府和中央国企是上市证券公司最主要的实际控制人。除此之外，中央国家机关、事业单位、国资委和地方国企也分别掌控着 1 家上市公司；私人控股的上市证券公司仅有 1 家。

表 12.9　上市证券公司的第一大股东及实际控制人

证券代码	证券简称	第一大股东	实际控制人
000562. SZ	宏源证券	中国建银	中央汇金
600837. SH	海通证券	光明食品	—
000686. SZ	东北证券	吉林亚泰	长春市国资委
000776. SZ	广发证券	辽宁成大	—
000728. SZ	国元证券	安徽国元	安徽省国资委
000750. SZ	国海证券	广西投资	广西国资委
000783. SZ	长江证券	青岛海尔	—
600109. SH	国金证券	长沙九芝堂	陈金霞
600369. SH	西南证券	重庆渝富	重庆国资委
600030. SH	中信证券	中国中信	财政部
601099. SH	太平洋	北京玺萌	—
601788. SH	光大证券	中国光大	中国光大（集团）总公司
600999. SH	招商证券	深圳集盛	国务院国资委
601688. SH	华泰证券	江苏国信	江苏国资委
601377. SH	兴业证券	福建财政厅	福建省财政厅
002500. SZ	山西证券	山西国信	山西省财政厅
601901. SH	方正证券	北大方正	北京大学
601555. SH	东吴证券	苏州国际发展	苏州市国资委
002673. SZ	西部证券	陕西电力建投	陕西省政府

资料来源：根据 Wind 资讯及相关公司公开资料整理。

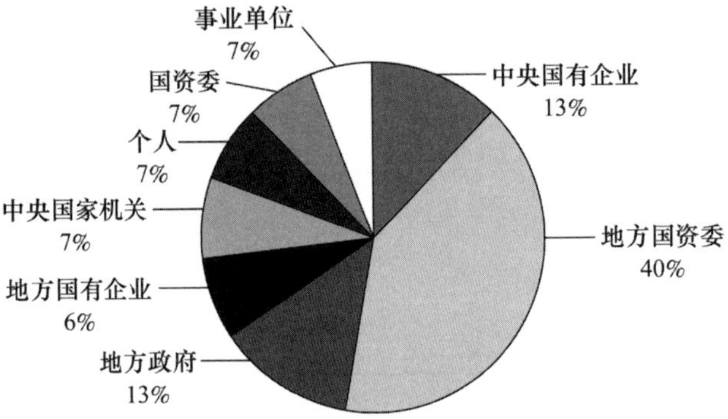

图 12.1　中国上市证券公司实际控制人类型

资料来源：根据 Wind 资讯及相关公司公开资料整理。

2. 董事会

董事会是公司治理结构中委托代理问题的枢纽，一方面是股东大会的代理人，一方面又是企业经理层的委托人。董事会规模、构成、行为都会对公司绩效产生影响。根据我国《公司法》规定，有限责任公司可以设立董事会，股份有限公司必须设立董事会。我国绝大多数证券公司都设有董事会。

董事会一般下设几个专门委员会。其中，审计委员会负责检查公司的财务状况和报表程序；薪酬、考核与提名委员会负责制定董事、监事与高级管理人员的考核标准、薪酬方案，确定合适的董事候选人上交股东大会表决；战略委员会负责制定公司发展战略，监督公司的重大投资决策；风险控制委员会负责制定公司的风险控制标准和策略，并对公司日常运营中的风险控制工作进行核查。在一些西方国家，这几个专门委员会一般全部由独立董事构成，以便行使监督职能。例如，美国相关法规要求上市公司的审计委员会必须全部由独立董事组成。根据 2008 年颁布的《证券公司监督管理条例》规定，证券公司经营证券经纪业务、证券资产管理业务、融资融券业务和证券承销与保荐业务中两种以上业务的，其董事会应当设薪酬与提名委员会、审计委员会和风险控制委员会。证券公司董事会设薪酬与提名委员会、审计委员会的，委员会负责人由独立董事担任。

最优董事会规模一直是公司治理的热点问题。董事会的规模越大，董事之间的信息共享和制衡作用越能得到发挥，同时，董事会的决策效率也越低。最优董事会规模是董事会信息交流、权力制衡功能和决策效率这几个变量所综合决定的。我国上市公司的董事会规模一般为 10 人左右。

董事会成员可分为执行董事、关联董事和独立董事，其中执行董事是指在公司内任职的董事会成员；关联董事是指不在公司内任职，但与股东方和公司有非独立关系的董事会成员，例如股东方的代表；独立董事是指不在公司内部任职且与公司没有任何股权关系的人士。一般来讲，独立董事由其他公司高级管理人员、专业财务、法律人员及经济、管理专家担任。该制度可以在一定程度上防止内部人控制、防止大股东侵占小股东利益以及降低公司决策风险，提高决策科学性。

2001 年 8 月中国证监会颁布了《关于在上市公司建立独立董事制度的指导意见》，自此全面引入独立董事制度。该指导意见对独立董事的资格条件和选举程序作了原则性规定。

并且要求 2002 年 6 月 30 日以前，各上市公司独立董事人数必须达到董事会成员数的 1/3。此比例虽低于美国上市公司，但已达到发达证券市场国家的平均水平。

目前，中国 19 家上市证券公司平均董事会规模为 13 人，其中董事会规模最大的是海通证券，拥有 19 名成员，董事会规模最小的为太平洋公司，拥有 8 名成员。平均每家上市证券公司有 4 名独立董事。独立董事在董事会中的平均占比为 31.45%，接近法定下限．独立董事在董事会中占比最高的是太平洋证券，占 37.5%；最低的是国金证券，占 27.3%。

表 12.10 对中国上市证券公司董事会的构成情况进行了总结。

表 12.10　　中国上市证券公司董事会构成

股票代码	公司名称	董事人数	独立董事人数	独董占比（%）
000562.SZ	宏源证券	12	4	33.33
000686.SZ	东北证券	15	5	33.33
000728.SZ	国元证券	16	5	31.25
000750.SZ	国海证券	10	3	30.00
000776.SZ	广发证券	10	3	30.00
000783.SZ	长江证券	14	4	28.57
002500.SZ	山西证券	13	4	30.77
600030.SH	中信证券	10	3	30.00
600109.SH	国金证券	11	3	27.27
600369.SH	西南证券	10	3	30.00
600837.SH	海通证券	19	6	31.58
600999.SH	招商证券	17	5	29.41
601099.SH	太平洋证券	8	3	37.50
601377.SH	兴业证券	12	4	33.33
601555.SH	东吴证券	13	4	30.77
601688.SH	华泰证券	18	6	33.33
601788.SH	光大证券	14	5	35.71
601901.SH	方正证券	10	3	30.00

资料来源：Wind 资讯。

3. 监事会

监事会的作用与独立董事类似，都对执行董事和关联董事的决策起到监督作用。但独立董事一般为外部专家，除监督之外还承担着为董事会决策提供独立、专业意见的职责；而监事会的职责更侧重于监督，监督对象包括企业的经营活动和董事会决策。我国《公司法》规定，股份有限公司必须设置监事或监事会。欧洲大陆多数国家以及东亚国家一般都要求股份公司设置监事会，英美国家公司不设置监事会，更强调独立董事的作用。

从公司治理的理论来看，设置监事会的作用在于：决策权和监督权两权分离，以克服“自我监督”带来的弊病。但事实上，监事会在中国公司治理中的地位颇为尴尬：监事会与董事会虽然是平行机构，但监事会成员超过1/3为公司内部员工，员工监督经理和董事会在中国企业文化中并不是受欢迎的行为；监事会的职责与独立董事有重叠，现行法规并未对监事会的具体职责和权力做出细致规定，以至于监事会和独立董事同时失去了作用。已有多项研究均表明，监事会在中国公司治理中的作用较弱。

《公司法》规定监事会应当包括股东代表和适当比例的公司职工代表，其中职工代表的比例不得低于1/3，具体比例由公司章程规定。

我国股份制证券公司均设有监事会，上市证券公司的监事会构成信息是可得的。目前，中国19家上市证券公司平均监事会规模为8人，其中董事会规模最大的是国元证券，拥有16名成员，监事会规模最小的为太平洋公司，拥有4名成员。平均每家上市证券公司有2名职工监事。职工监事在监事会的平均占比为29.0%。职工监事在监事会中占比最高的是长江证券，占42.9%；最低的是海通证券，占12.5%。中国目前上市证券公司的监事会人数及构成情况如表12.11所示。

表12.11　　中国上市证券公司监事会构成

股票代码	公司名称	监事人数	职工监事人数	职工监事占比（%）
000562.SZ	宏源证券	10	3	30.00
000686.SZ	东北证券	10	3	30.00
000728.SZ	国元证券	16	5	31.25
000750.SZ	国海证券	4	1	25.00
000776.SZ	广发证券	6	2	33.33
000783.SZ	长江证券	7	3	42.86
002500.SZ	山西证券	12	4	33.33
600030.SH	中信证券	6	2	33.33
600109.SH	国金证券	4	1	25.00
600369.SH	西南证券	5	2	40.00
600837.SH	海通证券	8	1	12.50
600999.SH	招商证券	10	3	30.00
601099.SH	太平洋	4	1	25.00
601377.SH	兴业证券	6	2	33.33
601555.SH	东吴证券	7	2	28.57
601688.SH	华泰证券	11	3	27.27
601788.SH	光大证券	14	3	21.43
601901.SH	方正证券	5	1	20.00

资料来源：Wind资讯。

4. 高级管理人员的激励机制

按照公司治理研究文献中的一般处理方法，本文定义的证券公司高级管理人员是指证券公司的总经理、副总经理、财务负责人、合规负责人、董事会秘书、境内分支机构负责人以及实际履行上述职务的人员。

我们重点考察两类激励机制，即薪酬激励和股权激励。薪酬机制方面，证券公司属于金融业，一个普遍的印象是其高管薪酬水平总体上应领先于其他行业。但事实上，上市证券公司的高管和董事报酬在2009年前一直处于市场均值和行业均值之下，在2009年后虽然超过市场均值，但仍然处于金融业均值之下，如图12.2和图12.3所示。这与人们印象中的证券业高收入并不一致。

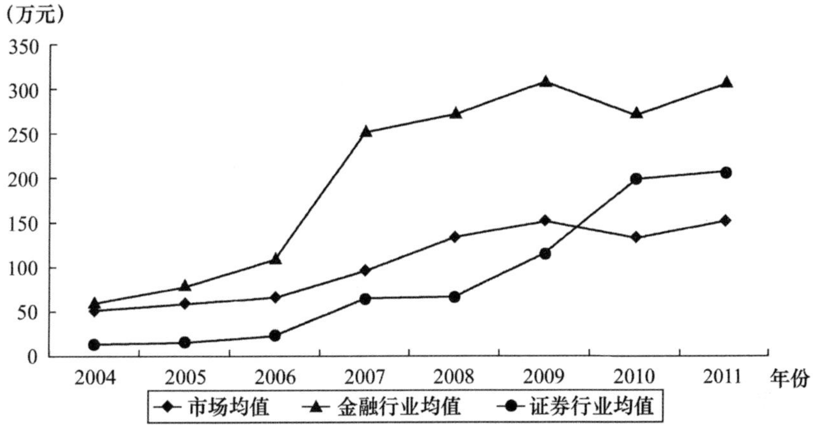

图12.2　前3名董事报酬情况：上市证券公司与市场及金融业均值比较

资料来源：Wind资讯。

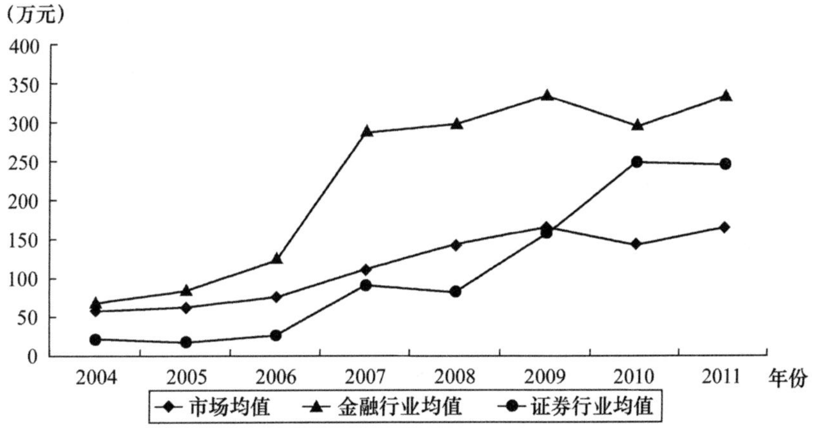

图12.3　前3名高管报酬情况：上市证券公司与市场及金融业均值比较

资料来源：Wind资讯。

在公司治理的经典文献中，管理层持股有助于克服经理层与股东的利益不一致，从而提高治理的效率。但是，管理层持股也有众多弊端：一是金融行业不确定因素较多，公司业绩和公司股价都未必能够真实反映高级管理人员的努力水平和职业能力；二是高级管理人员被期权等衍生金融工具激励时会产生伪造业绩、激进投资以抬高股价的短期行为，这种短期行为会损害公司利益；三是目前我国证券公司从性质上多为国有，管理层持股涉及较为敏感的“国有资产流失”等问题；四是证监会对管理层持股限制较多，一些法律障碍难以逾越。因此，目前国内证券公司高管的激励方式仍然以固定薪酬外加奖金为主，股权激励相对较少。从上市公司数据来看，目前只有中信证券采用了股权激励，高管持股现象呈现逐年减少的趋势，如图 12.4 所示。2011 年年报显示，只有中信证券和长江证券存在高管持股现象，分别持有市值为 17361.27 万元和 47.96 万元的股份。

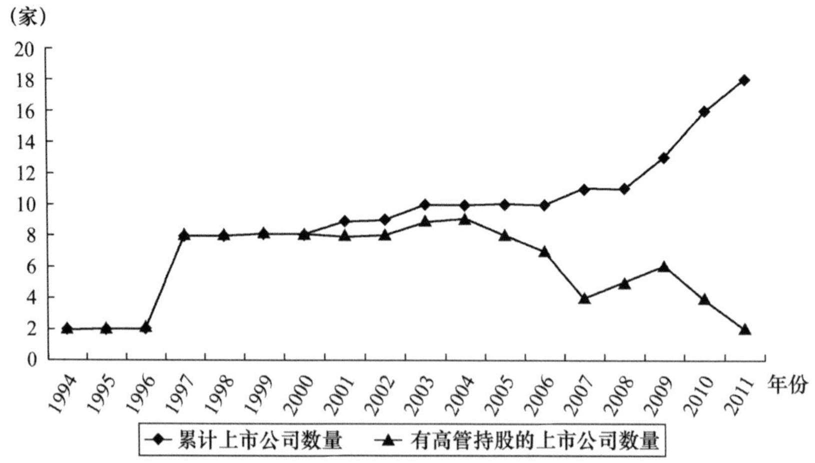

图 12.4　中国上市证券公司高管持股现象

资料来源：Wind 资讯。

（二）内部治理结构如何影响了证券公司的竞争力：理论机制

证券公司内部治理结构与竞争力关系密切。良好、有效的治理结构将保障决策信息的快速、准确传递，减少由利益不一致和不可观测行为引起的道德风险，减少核心业务的决策失误，降低运行风险，增加经营业绩，促使证券公司稳健成长。

1. 股东及股东大会

股东对提升竞争力的作用主要体现在以下三方面：一是大股东对提升证券公司资源获取能力的作用；二是股权集中度对提升经营能力的作用；三是负责、积极的股东对提升证券公司竞争力的作用。

首先，在目前证券业激烈竞争的格局下，证券公司的生存依赖于优质、持续的客户资源。股东是证券公司资产的拥有者，同时也是证券公司客户资源的首要支撑者。有实力的股东会为证券公司的经纪业务、承销保荐业务和理财业务带来源源不断的机构客户，打造证券公司的资源优势。在这一点上，过于分散的股权将起到负面作用，小股东缺乏足够的激励为公司利益动用个人资源。大股东则会出于切身利益关注证券公司的经营。

其次，经理层的道德风险问题会直接影响公司的经营能力和盈利能力，而过于分散的股权难以克服道德风险问题，会造成监督失灵。其作用机制如下：当股权过于分散时，监督收益无法弥补巨大的监督成本，股东只能静待搭便车，于是出现监督失灵，公司治理沦为内部人控制。这一问题在证券业尤其突出。原因在于，证券业务的盈利受到宏观经济、投资者信念等不可控的外部因素影响较大。当这些外部因素不易观测或者与证券业务盈利的关系不能精确定位时，经理层的机会主义行为成本很低，诱发委托代理问题的频繁发生。

除此之外，股权结构对证券公司经营能力的影响还体现在另一方面，即过于集中的股权可能阻碍潜在的控制权交易，从而造成外部治理机制失灵，经理层对经营业绩不敏感，损害公司的盈利能力和经营能力。

很多理论和实证研究都证实，股权集中度与公司竞争力之间呈现出 U 形的非线性关系。中国证券业平均股权集中度在 60% 左右，已经处于 U 形曲线的右半段上升阶段。提升股权集中度，发挥大股东的治理作用，对提升券商竞争力有正向作用。我们的分析，也同目前对中国上市公司股权集中度与经营业绩的经验研究相符。值得注意的是，从计量技术的角度来讲，由于我国上市公司的股权集中度可能都远远大于 U 形曲线的拐点，因此并不容易识别出 U 形曲线的形状。大量线性回归识别的可能是 U 形曲线上升阶段的斜率。

2. 董事会

董事会对公司竞争力的作用，是公司治理的热点问题。建立一个“最优董事会”，进行快速、有效、正确的决策是公司治理理论家和实践者孜孜以求的目标。一般来讲，最优董事会需要考虑以下四方面的内容：一是董事会中执行董事、关联董事和独立董事的占比；二是董事会的规模；三是董事会的召开频率和议事程序；四是董事会下属专业委员会的运作。

董事会对提升公司竞争力的作用主要体现在以下三点。

一是识别行业机会和威胁。证券业发展迅速，客户需求在不断更新，信息技术不断升级，产品创新层出不穷，如何识别出行业发展的方向和机会，是董事会的职责。除此之外，证券行业面临诸多威胁，例如，自营业务必须面临信托、基金、银行理财产品的多方竞争，即将出台的银行证券业务将对证券公司传统经纪业务造成威胁。董事会必须提前预知下一阶段将会到来的威胁，做好战略调整和业务应对，这需要董事会成员的专业眼光和灵活的信息渠道。

二是观察、评价企业内部。证券行业日常工作繁荣，业务高度专业化，即便是经理层人员也未必能够时常跳出自己的业务领域，对企业进行全面观察和系统思考。股东大会距离企业的距离又显得过远而使得观察失真、监督失效。董事会是观察、评价企业的最佳平台，对企业日常运营的观察和评价，同外部环境扫描一起构成董事会战略决策的依据。

三是任命管理者。高级管理者的能力、态度和激励机制对于企业的盈利能力和运营能力至关重要。董事会对管理者的任命，依赖于提名委员会的工作。提名委员会应该主要由独立董事组成，广泛搜寻合适的高级经理人才，制定合适的选拔程序。选拔、任命、罢免公司的高级管理人员，是董事会最重要的职责，也是提升公司竞争力，避免公司陷入内部人控制的关键。

3. 高管人员的激励机制

对高级管理人员的有效激励，是提升公司运营能力、盈利能力最直接的内部治理途径。所谓有效治理，即是使高管与股东达到激励相容，把道德风险降到最低，发挥高管的积极性。

高级管理人员的激励形式至关重要。从经济学角度来看，激励可以分为固定部分和浮动部分。按照合约理论，最优合约（即可以最大限度提高经营业绩，维护股东利益的合约）中两者的比例取决于经理人的风险态度和公司业务本身的风险程度。经理人越呈现出风险规避特征，最优合约中固定部分所占比重越大；公司业务的风险越大，最优合约中固定部分所占比重越大。

证券公司高级经理人与其他行业的经理人相比，在风险规避特性上大致相同，或者略微偏好风险。但证券公司的业务具有很强的行业特性。一方面，证券公司的业务是高风险的，受到宏观经济环境等因素的影响较大；另一方面，证券公司的业务风险又是同质的，即整个行业业务受到的外生冲击相似。

从实际的激励形式上看，较为常用的是年薪、奖金、分成、股票期权等。西方国家上市公司对高管普遍采用股权激励制度，目前世界500强企业中超过85%实施期权激励。期权激励使高管和股东利益趋于一致，避免了消极怠工等行为的发生概率，但也有着显而易见的问题，即经常发生高管为套现获利而在经营中采取虚报利润、过度投资等短期行为。我国证券公司在上市初期也大量采用股权激励，高管持股现象普遍，近年来此种激励方式被逐步放弃。

（三）内部治理结构影响竞争力的实证分析

本部分我们将利用国内证券公司的数据进行实证分析，对证券公司内部治理结构影响公司竞争力的主要机制进行检验。

1. 数据和方法

受限于公司治理数据的可获得性，我们主要选取上市证券公司进行研究。选用上市公司进行研究，不可避免地涉及两个问题：一是公司数目过少，当回归结果不显著时，很难判断究竟是由于样本数量太少所导致还是真实结果确实如此；二是上市公司与非上市公司之间存在系统差异，样本的自选择问题难以克服。我们用2006~2011年的面板数据进行混合回归，克服第一个问题。第二个问题难以通过统计、计量方法解决，但由于中国证券公司通常规模较大、治理法规较多、监管严格、产品同质化严重，上市公司与非上市公司的盈利模式、治理结构并无显著差异，样本选择问题得到了一定程度的缓解。

因为同年度内样本过少，且不同年度数据混合做因子分析不太适合，我们采用总资产、净利润增长率、营业收入和总资产增长率分别代表证券公司的规模竞争力、风险竞争力、经营竞争力和发展竞争力。我们用这些变量作为主要的因变量，以反映证券公司治理结构的股权集中度、高管薪酬总额等作为核心自变量，同时控制时间等其他因素进行回归分析分析，即：

$$y_{it} = \beta_0 + \beta_{1Zit} + \beta X_{it} + \varepsilon$$

这里下标 i 代表不同的证券公司，t 为不同的年份，y 为不同的公司竞争力度量指标，z 为不同方程中关注的核心解释变量，X 为其他控制变量构成的向量，ε 为随机扰动项。

之所以未采用员工数量、业务牌照数量等指标，是因为这些指标的历年数据均不可得，而只用2011年的数据则样本容量过小。表12.12给出了度量证券公司竞争力的相关变量的描述性统计结果。

表 12.12　　证券公司竞争力代理变量的描述性统计

年　份	统计量	总资产（亿元）	净利润增长率（%）	营业收入（亿元）	总资产增长率（%）
2006	样本量	19	13	19	19
	均值	112.85	4114.74	12.5	340.51
	标准差	149.47	13644.57	14.48	582.42
	最小值	4.13	-6486.23	0.58	-35.68
	最大值	639.21	48794.41	59.91	2508.07
2007	样本量	19	14	19	19
	均值	348.63	428.5	56.65	159.36
	标准差	473.54	384.58	72.85	94.63
	最小值	3.85	-183.11	0.67	-22.83
	最大值	1896.54	1205.72	308.71	312
2008	样本量	19	19	19	19
	均值	245.17	-51.23	27.96	-29.07
	标准差	337.43	68.22	41.65	11.3
	最小值	3.51	-205.92	-3.87	-48.8
	最大值	1368.88	157.42	177.08	-7.47
2009	样本量	19	19	19	19
	均值	438.65	207.03	43.22	78.06
	标准差	525.43	496.47	52.18	36.77
	最小值	3.47	-161.12	0.5	-10.47
	最大值	2068.07	2222.58	220.07	146.66
2010	样本量	19	19	19	19
	均值	467.68	2827.93	49.33	0.76
	标准差	448.48	12512.5	63.15	17.03
	最小值	4.1	-463.53	1.32	-25.93
	最大值	1531.78	54496.31	277.95	52.15
2011	样本量	19	19	19	19
	均值	387.71	-9.7	39.23	-19.88
	标准差	389.05	176.42	56.36	7.92
	最小值	49.4	-128.62	6.66	-35.97
	最大值	1482.8	710.02	250.33	-3.2
全部样本	样本量	114	103	114	114
	均值	333.45	1126.19	38.15	88.29
	标准差	415.28	7211.15	54.23	269.98
	最小值	3.47	-6486.23	-3.87	-48.8
	最大值	2068.07	54496.31	308.71	2508.07

2. 股权集中度如何影响了证券公司的竞争力

股权集中度体现为第一大股东持股比例和前十大股东持股比例。

上市证券公司第一大股东持股比例直方图及核密度分布图（见图 12.5）和前十大股东持股比例直方图及核密度图（见图 12.6）分别将 2006～2011 年的上市证券公司混合，显示了两个指标的直方图以及核密度。其中，核密度的估计采用 Epanechnikov 核函数，Stata 软件默认的最优带宽。可以看出，中国证券公司第一大股东持股比例集中在 20%～40%之间，前十大股东持股比例集中在 60%～80%之间，属于股权高度集中型。

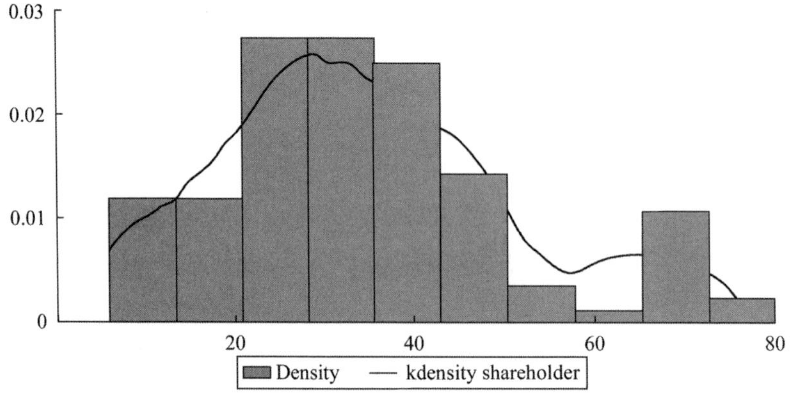

图 12.5　上市证券公司第一大股东持股比例直方图及核密度分布

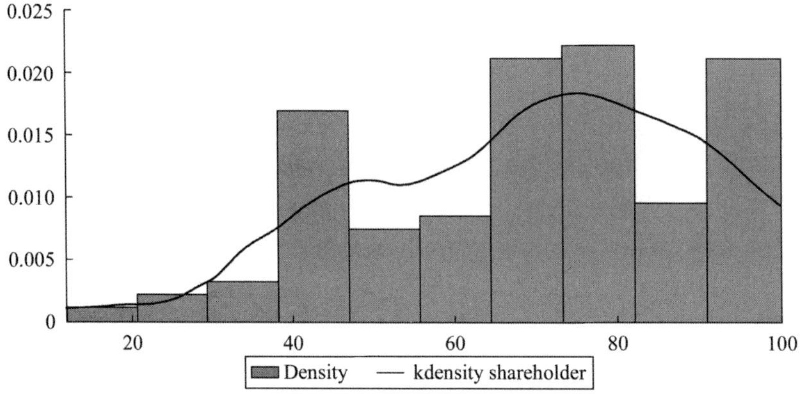

图 12.6　上市证券公司前十大股东持股比例直方图及核密度分布

分别采用第一大股东持股比例的对数值和前十大股东持股比例的对数值作为核心解释变量对公司的总资产对数值进行了回归分析，得到的结果如表 12.13 所示。表中的第(1)列和第(2)列分别是用上述两种对股权集中度的度量指标，采用混合截面 OLS 方法得到的结果，控制了总资产的滞后 1 期值，年份效应和上市地效应。结果发现，第一大股东持股比例对数值的系数不显著，且符号为负，但前十大股东持股比例对数值的系数则显著为正。

由于公司层面存在较大的差异性，上述结果可能存在较为严重的内生性问题。进一步采用固定效应模型对上述结果进行了验证，结果如表中的第(3)列和第(4)列所示，前十大股东持股比例与公司总资产之间存在较强的正相关关系。同时，在固定效应模型中，第一大股东持股比例对数值系数的符号也是正的，尽管系数仍然不显著。

再采用加进二次项的方法验证股权结构与总资产之间是否存在非线性的关系，结果发现二次项的系数并不显著（限于篇幅，略去了这部分结果的详细报告）。这再次强化了股权结构与总资产之间的线性关系。

表 12.13　　股权集中度对中国证券公司总资产的影响

被解释变量 总资产对数	(1) 混合截面	(2) 混合截面	(3) 固定效应	(4) 固定效应
上期总资产对数	0.810*** (14.34)	0.802*** (13.94)	0.446** (3.23)	0.374** (3.00)
第一大股东持股比例对数	−0.0417 (−0.27)		0.0488 (0.12)	
前十大股东持股比例对数		0.524* (2.03)		2.023*** (4.85)
2007 年哑变量	0.621* (2.35)		0.0426 (0.12)	
2008 年哑变量	−0.405 (−1.61)	−0.971*** (−3.68)	−0.664* (−2.40)	−0.504 (−1.93)
2009 年哑变量	0.570* (2.23)	−0.0185 (−0.07)	0.189 (0.63)	0.260 (1.06)
2010 年哑变量	0.286 (1.14)	−0.214 (−0.77)	0.170 (0.65)	0.321 (1.10)
2011 年哑变量		−0.547 (−1.99)		0.164 (0.53)
深圳上市哑变量	−0.143 (−0.81)	−0.211 (−1.16)		
截距项	4.525** (3.26)	5.582*** (4.18)	13.32*** (3.92)	15.66*** (5.54)
样本量	95	88	95	88
调整后 R^2	0.741	0.747	0.290	0.322

注：（　）内为标准误，*** 为 $p<0.01$，** 为 $p<0.05$，* 为 $p<0.1$。

将度量公司竞争力的指标替换为其他被解释变量，得到的回归结果如表 12.14 所示。这里略去了采用公司第一大股东持股比例对数值回归所得的结果，因为公司前十大股东持股比例的结果更能说明问题。结果显示，除了资产增长率之外，股权集中度与度量证券公司竞争力的其他指标之间都存在很强的正相关关系。

综合这部分实证研究的结果，我们基本可以得到如下结论：在现有持股比例下，适当增加前十大股东持股比例，可以提升证券公司的净利润增长率、营业收入和资产增长率，增强证券公司的风险能力、营业能力和成长能力，提升竞争力。

表 12.14　　股权集中度对中国证券公司竞争力的影响

被解释变量	(1) 总资产对数	(2) 营业收入对数	(3) 资产增长率	(4) 净利润增长率
上期被解释变量	0.374** (3.00)	0.322** (2.71)	0.0471* (2.23)	-0.176 (-1.88)
前十大股东持股比例对数	2.023*** (4.85)	2.019*** (4.91)	0.476 (1.75)	150.8** (2.97)
2007 年哑变量			0.615*** (3.57)	
2008 年哑变量	-0.504 (-1.93)	-0.984*** (-3.50)	-1.133*** (-7.14)	-7.941 (-0.34)
2009 年哑变量	0.260 (1.06)	-0.165 (-0.67)		-1.696 (-0.07)
2010 年哑变量	0.321 (1.10)	-0.122 (-0.43)	-0.809*** (-4.98)	30.04 (1.31)
2011 年哑变量	0.164 (0.53)	-0.392 (-1.34)	-0.992*** (-6.40)	1.459 (0.07)
截距项	15.66*** (5.54)	15.82*** (6.47)	0.989*** (6.24)	69.02* (2.56)
样本量	88	86	88	78
调整后 R^2	0.322	0.258	0.691	0.137

注：(　) 内为标准误，*** 为 $p<0.01$，** 为 $p<0.05$，* 为 $p<0.1$。

3. 董事会结构如何影响了证券公司的竞争力

由于上市证券公司董事会结构的数据仅有 2011 年一年的数据，因此这部分的实证分析我们无法采用面板数据方法。我们度量证券公司董事会结构的具体指标包括董事会人数、独立董事占比和独立董事的流动性。我们将独立董事流动性定义如下：

$$\text{独立董事流动性} = 1 - \frac{\text{现董事会中的独立董事数量}}{\text{所有担任过独立董事人员数量}}$$

表 12.15 对中国上市证券公司董事会结构的相关变量作了统计性描述。从描述性统计可知，中国上市证券公司 2011 年的董事会规模均值为 12.89 人，标准差为 3.14，差异性不大；独立董事占比均值为 0.31，与独董占比不低于 1/3 的规定十分接近；独立董事占比的差异性非常小，标准差仅为 0.03；独立董事流动性均值为 0.46，标准差为 0.29，流动性差异较大。

表 12.15　　中国上市证券公司董事会结构的描述性统计

统计量	董事会人数	独立董事占比	独立董事流动性
样本量	18.00	18.00	18.00
均值	12.89	0.31	0.46
标准差	3.14	0.03	0.29

续表

统计量	董事会人数	独立董事占比	独立董事流动性
最小值	8.00	0.25	0.00
最大值	19.00	0.38	0.79

我们将分别考察度量董事会结构的3个变量对公司总资产、净利润增长率、营业收入和总资产增长率的影响，同时控制公司是否在深圳上市。得到的回归结果如表12.16所示。

表12.16　　董事会结构对中国证券公司竞争力的影响

被解释变量	(1) 总资产	(2) 营业收入	(3) 资产增长率	(4) 净利润增长率
董事会人数	44.161 (29.281)	-10.401 (15.226)	1.711 (4.501)	-0.992 (0.670)
独董比例	3199.406 (3740.200)	1214.083 (1944.905)	348.289 (574.971)	-94.386 (85.611)
独董流动性	716.018* (392.062)	161.344 (203.873)	108.390* (60.271)	-4.206 (8.974)
深圳上市	-315.016 (200.745)	77.162 (104.387)	-48.732 (30.860)	-3.517 (4.595)
截距项	-1354.467 (1414.020)	-350.055 (735.291)	-118.991 (217.374)	25.243 (32.366)
样本量	18	18	18	18
调整后 R^2	0.337	0.153	0.267	0.189

注：(　) 内为标准误，*** 为 $p<0.01$，** 为 $p<0.05$，* 为 $p<0.1$。

从回归结果可以看出，董事会规模和独董比例对各项指标的影响均不显著。从系数符号上来讲，董事会人数对总资产和营业收入有正向作用，这很可能是公司规模庞大需要更大的董事会；董事会人数对净利润增长率和资产增长率有负向作用，体现了董事会人数增加带来的低效率问题。独董比例的增加对总资产、净利润增长率和营业收入都有正向作用，对资产增长率有负向作用。独董流动性的系数在总资产、营业收入两项上显著为正，更大规模的公司对应着更强的独董流动性。

由上述回归结果可以知道，在现有董事会规模、独董比例和独董流动性的基础上，适当提升独立董事比例、增强独立董事流动性，有助于提升竞争力。

4. 高管薪酬如何影响了证券公司的竞争力

这一部分我们将利用中国上市证券公司从2006~2011年的数据，检验其与公司竞争力之间的量化关系。表12.17给出了度量证券公司竞争力的相关变量的描述性统计结果。

在回归分析之前，我们首先考察这3个上市公司高管薪酬指标的相关性，如果相关性很高，那么将3个变量集体放入回归方程中会引起多重共线性问题。表12.18列示了这3个变量的相关系数。显然，这3个指标的相关系数很高。因此，我们选择将它们分别放入回归方程，每次每个方程中只加入1个高管薪酬指标。

表 12.17　　　　中国上市证券公司高管薪酬的描述性统计

年份	统计量	年度报酬总额	前3名董事报酬总额	前3名高管报酬总额
2006	样本量	10	10	10
	均值（万元）	281.2	73.09	103.66
	标准差	47.9	19.53	6.69
	最小值	853.47	215.65	276.82
	最大值	212.96	66.38	78.76
2007	样本量	11	11	11
	均值（万元）	821.32	188.89	284.63
	标准差	911.79	176.35	303.53
	最小值	50.9	21.88	7.6
	最大值	2817	513	951
2008	样本量	11	11	11
	均值（万元）	824.52	197.22	246.87
	标准差	800.71	162.88	206.82
	最小值	56.32	19.1	16.6
	最大值	2479	518	653
2009	样本量	13	13	13
	均值（万元）	1474.17	349.93	475.81
	标准差	1123.33	262.95	353.81
	最小值	67.7	33.48	10.8
	最大值	4411.65	1041.04	1426.86
2010	样本量	16	16	15
	均值（万元）	2358.04	594.48	749.1
	标准差	1569.95	504.69	419.85
	最小值	70.03	33.48	347.14
	最大值	7209.33	2302.23	2053.7
2011	样本量	18	18	18
	均值（万元）	2301.5	620.13	739.85
	标准差	1350.22	625.88	318.82
	最小值	1032.61	36	319.96
	最大值	5609.3	2599.1	1656.34
全部样本	样本量	79	79	78
	均值（万元）	1500.68	381.45	479.15
	标准差	1380.01	445.38	395.97
	最小值	47.9	19.1	6.69
	最大值	7209.33	2599.1	2053.7

表 12.18　　中国上市证券公司高管薪酬指标间的相关系数

	年度报酬总额	前 3 名董事报酬总额	前 3 名高管报酬总额
年度报酬总额	1		
前 3 名董事报酬总额	0.89	1	
前 3 名高管报酬总额	0.9602	0.8237	1

我们首先讨论高管薪酬水平对公司总资产的影响。总资产是存量，与上期总资产密切相关。因此，我们仍然将上期总资产加入回归方程。为了控制自相关问题，报告 White 稳健标准误。考虑到薪酬水平具有较强的时间趋势性，我们加入了年份虚拟变量加以控制。

表 12.19 首先报告了高管薪酬情况对总资产对数的回归结果，其中第(1)至第(3)列为混合截面模型的结果，第(4)至第(6)列则为固定效应模型的结果。两种模型得到的结果是基本一致的，即高管薪酬与总资产之间存在较强的正相关性。

表 12.19　　高管薪酬对中国证券公司总资产的影响

被解释变量 总资产对数	(a) 混合截面模型			(b) 固定效应模型		
	(1)	(2)	(3)	(4)	(5)	(6)
上一期总资产对数	0.495**	0.603**	0.561**	0.495***	0.603***	0.561***
	(0.170)	(0.188)	(0.167)	(0.0663)	(0.0763)	(0.0655)
高管及董事总薪酬对数	0.735**			0.735***		
	(0.224)			(0.0959)		
前 3 名董事薪酬对数		0.568			0.568***	
		(0.288)			(0.119)	
前 3 名高管董事薪酬对数			0.636**			0.636***
			(0.205)			(0.0961)
2007 年哑变量	0.417*	0.412		0.969***	0.763*	0.962***
	(0.203)	(0.277)		(0.254)	(0.301)	(0.273)
2008 年哑变量	−0.138	−0.259	−0.651*	0.414	0.0932	0.311
	(0.327)	(0.363)	(0.262)	(0.255)	(0.297)	(0.269)
2009 年哑变量			−0.368	0.552*	0.352	0.594*
			(0.201)	(0.236)	(0.281)	(0.251)
2010 年哑变量	−0.243	−0.110	−0.567*	0.309	0.242	0.395
	(0.242)	(0.286)	(0.261)	(0.205)	(0.246)	(0.219)
2011 年哑变量	−0.552*	−0.352	−0.962***	0.0299	0.0324	0.0568
	(0.241)	(0.347)	(0.247)	(0.160)	(0.192)	(0.168)
深圳上市哑变量	0.0299	0.0324	0.0568	6.509***	6.051***	6.356***
	(0.141)	(0.129)	(0.141)	(1.275)	(1.538)	(1.369)
截距	7.061**	6.403*	7.319*			
	(2.482)	(3.081)	(2.795)			
样本量	67	67	66	67	67	66
调整后 R^2	0.866	0.807	0.840	0.256	0.325	0.268

注：(　) 内为标准误，*** 为 $p<0.01$，** 为 $p<0.05$，* 为 $p<0.1$。

高管薪酬与公司营业收入之间也存在类似的正相关性，如表 12.20 所示。

表 12.20　　　　高管薪酬对中国证券公司营业收入的影响

被解释变量 营业收入对数	(1) 固定效应	(2) 固定效应	(3) 固定效应
上一期总资产对数	0.503*** (0.0745)	0.603*** (0.0846)	0.537*** (0.0724)
高管及董事总薪酬对数	0.695*** (0.0972)		
前 3 名董事薪酬对数		0.554*** (0.119)	
前 3 名高管董事薪酬对数			0.691*** (0.0959)
2007 年哑变量	1.532*** (0.256)	1.343*** (0.296)	1.613*** (0.261)
2008 年哑变量	0.259 (0.266)	−0.0588 (0.302)	0.211 (0.260)
2009 年哑变量	0.743** (0.243)	0.556* (0.282)	0.847*** (0.244)
2010 年哑变量	0.429* (0.204)	0.358 (0.240)	0.478* (0.204)
2011 年哑变量	0.0679 (0.165)	0.0488 (0.193)	0.0888 (0.176)
截距	5.327*** (1.325)	5.065** (1.565)	5.352*** (1.396)
样本量	65	65	64
调整后 R^2	0.374	0.301	0.279

注：(　) 内为标准误，*** $p<0.01$，** $p<0.05$，* $p<0.1$。

5. 实证检验的结论

通过实证检验，得出如下结论。

中国证券公司第一大股东持股比例集中在 20% ~40% 之间，前十人股东持股比例集中在 60% ~80% 之间，属于股权高度集中型。在现有持股比例下，适当增加前十大股东持股比例，可以提升证券公司的净利润增长率、营业收入和资产增长率，增强证券公司的风险能力、营业能力和成长能力，从而提升竞争力。

董事会人数对净利润增长率和资产增长率有负向作用，体现了董事会人数增加带来的低效率问题。独董比例的增加对总资产、净利润增长率和营业收入都有正向作用，对资产增长率有负向作用。独董流动性的系数在总资产、营业收入两项上显著为正，更大规模的公司对应着更强的独董流动性。由上述回归结果可以知道，在现有董事会规模、独董比例和独董流动性的基础上，适当提升独立董事比例、增强独立董事流动性，有助于提升竞争力。

高管薪酬与总资产、营业收入之间存在较强的正相关性。

三、外部治理结构对中国证券公司竞争力的影响

本部分将从外部治理角度出发来考察公司治理结构对证券公司竞争力的影响。由于缺乏刻画外部治理结构的详细数据，本部分无法对该问题进行深入地实证考察，而将更多地倚重于理论分析。

（一）证券公司外部治理结构的主要机制

证券公司的外部治理结构主要包括控制权市场、经理人市场、产品市场、债权人、媒体、法律、宗教、文化，等等。外部治理机制通过直接和间接两种途径发挥作用。例如，法律法规直接对股东、董事和经理层行为起到约束作用，控制权市场则对股东大会起到间接约束作用。如图 12.7 所示说明了外部治理结构对证券公司治理效率的作用途径。图中实线箭头表示直接的治理作用，虚线箭头表示间接的治理作用。由图中可以看出，外部治理机制主要作用于董事会和经理层。

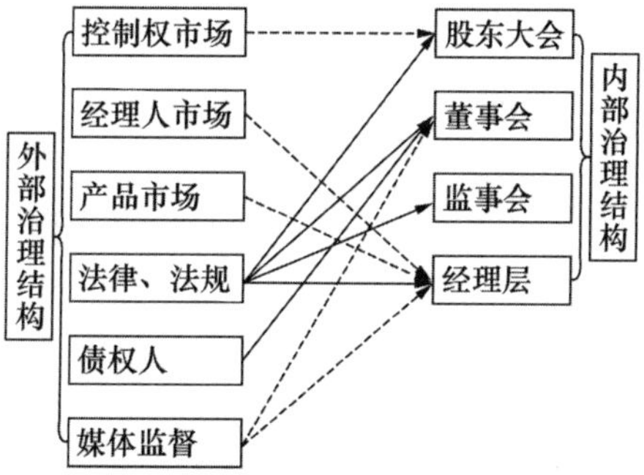

图 12.7　证券公司外部治理结构的主要机制

下文将分别介绍控制权市场、经理人市场、产品市场和监管机制这 4 种重要的外部治理结构，分析它们对中国证券公司的治理作用。

1. 控制权市场

在资本市场完善的情况下，公司控制权市场是最重要的外部治理机制。控制权市场行使治理职能的基本逻辑是：如果公司资质良好，但因为经理层未能发挥作用而业绩不佳时，公司股价会下跌，这为潜在的收购者提供了低价收购的机会。收购发生后，新股东通过改选董事会，更换经理人使因为两权分离而产生的治理问题得到解决。此外，当公司沦为“内部人控制”时，小股东只能通过抛售股票来行使自己的股东权利，抛售股票会造成股价波动，使经理人产生绩效和离职压力，从而对经理层起到一定的监督作用。

根据 Wind 并购数据库显示，从 2002 年初到 2011 年末，共发生 136 起证券公司的股权交易情况。其中，股权交易比例超过 20% 的有 42 起。图 12.8 对中国近 10 年来证券公司的股权交易情况进行了总结。2007 年和 2011 年是中国证券公司控制权市场较为活跃的年份。控制权市场的活跃很可能与股市整体状况相关，2007 年股市处于高位，各证券公司业绩较

好，2011 年股市处于低位，绝大部分证券公司处于亏损状态。当然，并不能简单地从股权交易的频次上判断控制权市场是否在发挥治理作用。

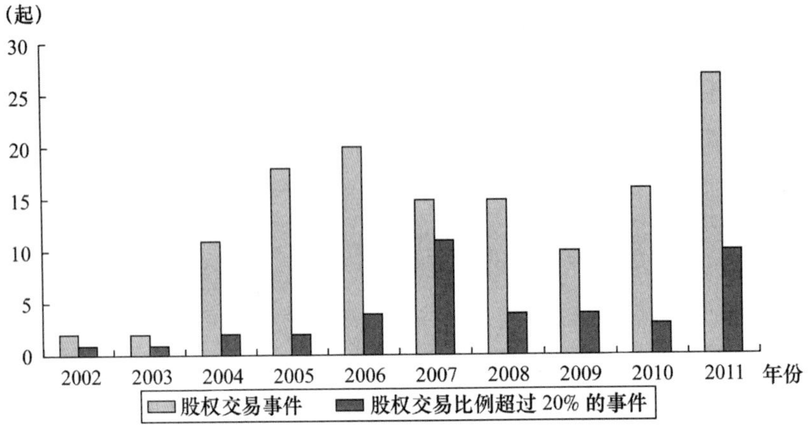

图 12.8　中国证券公司历年股权交易事件发生数量

资料来源：Wind 资讯。

2. 经理人市场

经理人的道德风险是公司治理诸多问题的源头。在契约理论中，克服道德风险较为有效的手段是委托人和代理人建立起长期、重复博弈的机制。在中国证券市场创立初期的相当一段时间里，各证券公司的高级管理人员由出资方委派，高级管理人员受到体制内的编制约束，不可能频繁流动。这种制度安排固然消除了一部分道德风险问题，并且经理人和股东的利益也容易达到一致，但终究是有悖于现代企业制度的。

随着证券公司竞争日趋激烈，业务严重同质化，编制约束弱化，证券公司高级管理人员也开始加速流动，高管离职、跳槽的新闻频繁见诸报端。表 12.21 对 2011～2012 年间中国证券公司高级管理人员的离职情况进行了简单列举。证券公司高管离职现象，虽不能完全解释为业绩压力导致的治理行为，但毕竟显现出中国证券公司高级经理人职位的流动性正在加强，经理人的市场化进程已经起步。

表 12.21　　2011～2012 年中国证券公司高级管理人员离职情况

高管姓名	职务	所属公司	离职方式	离职时间
马永谙	基金研究中心总经理	民生证券	主动辞职	2012 年 6 月
黄燕铭	研究部主管	瑞银证券	主动辞职	2012 年 4 月
滕　泰	副总裁	民生证券	主动辞职	2012 年 4 月
王珠林	总裁	西南证券	主动辞职	2012 年 2 月
汤维清	副总裁	招商证券	主动辞职	2012 年 2 月
薛荣年	总经理	平安证券	主动辞职	2012 年 1 月
杨　鹏	总裁	招商证券	主动辞职	2011 年 9 月
余维佳	副总裁	招商证券	主动辞职	2011 年 8 月

资料来源：从相关证券公司内部获取。

随着高管流动的加剧，经理人道德风险问题又重新浮出水面：如何保证经理人在短暂的任期内不做出损害公司长期利益的行为？答案是建立有效、透明的经理人市场。高级管理人员为了自己在经理人市场上的声誉，必须约束自己的行为，公司治理也就不会走向失控。目前，中国证券业的高级管理人员市场尚处于培育期，专门针对证券公司高管流动的猎头服务尚未出现。这一方面是由于中国经理人市场的整体状况决定的，另一方面也与证券业国有控股程度较高有关，高级管理人员仍然无法完全摆脱母公司人事束缚有关。

3. 产品市场

Hart（1983）首先阐释了产品市场的治理作用。此后，Stigliz（1983）、Schmidt（1997）等人丰富并发展了 Hart（1983）的理论。总的来讲，产品市场的竞争会通过以下四个途径优化企业的治理结构：一是竞争促使企业信息更快速地传播，企业间有学习效应；二是竞争促使企业展开锦标赛，有标尺效应；三是竞争带来的成本压力倒逼企业进行内部改革；四是产品市场的竞争造成的压力会对高级管理者起到监督作用，促使其提高努力水平。

目前，中国各证券公司业务严重同质化，各业务板块的竞争都日趋激烈。表 12.22 总结了中国证券公司当前面临的主要业务及行业内外的竞争程度。其中的内部竞争是指证券公司之间的业务竞争，外部竞争则是指证券公司和其他金融机构，如银行、基金、信托之间的竞争。从表中可以看出，经纪、承销等传统业务内部竞争都较为激烈，也是券商最主要的收入来源。创新业务虽然内部竞争较弱，但却面临着较强的外部竞争。

表 12.22　　中国证券公司当前面临的主要业务及行业内外的竞争程度

业务类型	业务名称	内部竞争	外部竞争
传统业务	经纪业务	强	弱
	投资银行	强	弱
	自营业务	弱	强
	资产管理	中	强
创新业务	融资融券	中	弱
	直接投资	中	强
	并购基金	弱	弱
	资产证券化	中	强
其他业务	IB 业务	强	强

4. 监管环境

就中国证券行业的现状来看，监管机制，包括法律、治理准则和行业自律，是最重要的外部治理机制。中国证券行业所有公司的治理行为均受到《公司法》和《证券公司治理准则（试行）》的约束，上市证券公司的治理行为同时受到证监会《上市公司治理准则》的约束；证券公司的直接监管机构是中国证券业监督管理委员会；中国证券业协会作为证券业的行业协会在公司治理上也发挥着一定的协调、监督作用。

（1）法律法规。

法律、法规在公司治理中的作用，近年来日益受到重视。法律、法规是治理的基础设施（Governance Infrastructure），是一切内部治理行为的强制约束。近年来兴起的法与金融学（LLSV，2002）将对法律治理作用的探讨扩展到法律的起源、法系的差别和投资者保护水平等领域，影响巨大。

目前，对中国证券公司治理起到约束作用的法律、法规主要有《公司法》《证券公司治理准则（试行）》《上市公司治理准则》《证券公司董事、监事和高级管理人员任职资格监管办法》等。

我国《公司法》于1993年12月29日经人大审议通过，运行6年后于1999年决定进行修改，2005通过了修订后的《公司法》，新法自2006年开始实行。《公司法》对有限责任公司和股份有限公司的股东会、董事会、监事会组织形式和职能以及董事、监事和高级管理人员的任职资格做出了规定，是公司治理的法律基石。任何公司都只能在《公司法》的法律框架内探讨最优的内部治理结构。

《公司法》针对所有公司给出了公司治理的基本框架，但并未针对证券公司做任何特殊规定。对证券公司的日常治理行为起到更为具体的约束作用的，是中国证券业监督管理委员会于2003年颁布的《证券公司治理准则（试行）》。该准则共八章，其中第二、第三、第四章分别对股东和股东会、董事和董事会、监事和监事会的任职资格、组织形式、日常运作和权责划分做出了明确规定；第五章对高级管理人员的任职资格以及指责范围做出了规定和说明；第六章对高级经理人员的激励和约束做出了指导；第七章确立了证券公司与客户关系的基本原则。整个治理准则突出了以下几个特点。一是对于公司内部治理的基本机制，即股东会、董事会和监事会规定明晰，强调不同股东之间的利益平衡与三会之间的制衡。例如，规定证券公司股东单独或与关联方合并持有公司50%以上股权的，董事、监事的选举应当采用累积投票制度，以保护中小股东参与决策的权利。二是兼顾股东与利益相关者在公司治理中的地位。股东在传统的公司治理理论中居于核心地位，建立有效治理机制的最终目的是最大化股东利益。随着公司治理理论和实践的发展，利益相关者在公司治理中的目的意义和手段意义都愈发得到重视，治理准则用单独一章规定证券公司与客户关系基本原则，正是考虑到了这一点。三是对于高管激励机制等问题留有弹性空间，发挥企业的自主性。关于什么是最有效的激励机制，目前学界尚未有定论，激励机制应该因公司、因时间而变动。因此，治理准则的第六章更多的是针对公司高管约束机制的规定，对于激励机制只是确立了“事后可验证”这一元规则。

对于上市证券公司，证监会于2002年颁布的《上市公司治理准则》是一部更加细致、更加严格的法案。其中包含了关于独立董事制度、信息披露制度等非上市公司较少涉及的内容。

除此之外，约束中国证券公司治理行为的法律、法规还有国务院于2008年颁发的《证券公司监督管理条例》，证监会于2006年颁布的《证券公司董事、监事和高级管理人员任职资格监管办法》等。这些法律、法规共同塑造了证券公司治理机制的框架，是证券公司建立现代企业制度、完善公司治理结构的法律保障。

（2）监管机构。

监管机构发挥着重要的外部治理作用。学界一般认为，监管机构发挥治理作用基于以下三方面的理由：一是信息永远是不对称的，控制权市场、经理人市场和产品市场都不能完全克服道德风险和逆向选择造成的市场失灵和治理失效，因此需要政府监管；二是公司治理的相关法律、法规的执行需要监督、惩罚，监管机构作为法律、法规的执行者行使治理职能；三是契约永远是不完备的，任何法律、法规都不能完全刻画、制约实际发生的治理行为，因此需要监管作为补充。

中国证券业监督管理委员会是证券公司的直接监管机构。证监会对证券公司的治理效应，主要体现在以下三方面：一是制定治理法规，例如于2003年颁布《证券公司治理准则（试行）》，于2006年颁布《证券公司董事、监事和高级管理人员任职资格监管办法》，于2012年就修改《证券公司治理准则（试行）》征求意见；二是对证券公司的日常治理行为监督、管理，例如证券公司高级管理人员的变更、任命均需报批证监会审核；三是不定期展开针对证券公司治理的专项活动。

从2004年到2007年，证监会展开了持续近3年的证券公司综合治理活动。该活动对证券公司内部治理结构的改善、治理法规体系的健全起到了深远作用。这次活动中几部证券公司治理的基础性法规相继出台，包括证监会于2006年7月和11月先后颁布了《证券公司风险控制指标管理办法》和《证券公司董事、监事和高级管理人员任职资格监管办法》。一大批证券公司遭到处罚。根据证监会统计，从活动开始至2006年10月，共有31家证券公司遭到处分。各证券公司按照证监会的要求进行了内部整改。至2006年12月，全部证券公司完成了基本信息披露要求；至2007年5月，全部证券公司完成了年度财务报告披露要求。综合治理工作于2007年末结束。

（3）行业协会。

除法律、法规和监管机构外，行业协会同样能行使监管职能，发挥治理作用。在法定监管机构缺失、治理法规和治理准则尚未形成的时代，各行业自发组织的行会发挥着极其重要的治理作用。可以说，在公司治理的历史上，行业协会发挥作用的时间跨度之久、覆盖面之广远超过正式监管机构和治理法规。

行业协会发挥治理作用的机制在于以下两点：一是从博弈论的角度来看，重复博弈中各参与主体为了克服机会主义行为所带来的损失，愿意付出一定的成本，达成自律协议，通过将违规者在下一期排除在游戏之外而达成每个参与者都按规矩行事的均衡；二是从成本收益分析的角度来看，公司治理效率的提升需要付出行业层面的固定成本，即公司治理具有规模效应，因此搭建共同的治理平台，分享信息，分摊法律、制度成本，就成为全行业的一致选择。

中国证券业协会成立于1991年，是依据《中华人民共和国证券法》和《社会团体登记管理条例》的有关规定设立的证券业自律性组织，属于非营利性社会团体法人，接受中国证监会和国家民政部的业务指导和监督管理。中国证券业协会的最高权力机构是由全体会员组成的会员大会，理事会为其执行机构。中国证券业协会实行会长负责制。截至2011年6月，协会共有会员239家，其中，证券公司107家，证券投资咨询公司86家，金融资产管理公司2家，资信评估机构5家，特别会员39家（其中地方证券业协会36家，证券交易所2家，证券登记结算公司1家）。该协会是中国证券公司的主要行业协会。

中国证券业协会所起到的治理作用主要表现为以下四个方面。一是组织各会员单位及时进行信息披露，包括证券公司基本情况披露、从业人员信息披露、公司年度财务报表披露等。二是制定自律条例，组织自律检查。根据本课题组统计，从成立至今，协会共发布近 100 部自律条例和相关通知。三是建立治理信息平台，协会将证监会等监管机构的治理法规及时汇总，方便各证券公司查阅及相互交流。四是促进对券商治理结构的理论学习，协会定期出版《证券行业发展报告》和《中国证券》杂志。

（二）证券公司外部治理结构与竞争力

从上文的介绍可以看到，证券公司面临的外部治理机制可以分为两类：一类是中国证券行业所共享的治理机制，如上文介绍的控制权市场、经理人市场、产品市场、监管机制；另一类则是因公司而异的治理机制，例如债权人等。对于证券行业所共享的治理机制，其质量改善对于证券公司竞争力的提升效果从横截面上不易通过计量分析来确认，从时间序列上需要分离出宏观经济环境等因素的作用。中国证券公司所共享的外部治理机制所对应的竞争力是证券公司在面对其相同或相似业务时与其他行业公司的竞争力。例如，在理财产品市场上，证券公司的竞争能力不仅体现在与其他证券公司自营理财产品的顾客争夺上，同样体现在与银行、信托、基金、保险公司所发行产品的竞争上。

控制权市场的发达对于证券公司竞争力的作用主要体现在当公司经营能力和盈利能力下降造成股价低估时，触动收购，新股东接管后改选董事会，更换经理人员完成对经营能力和盈利能力的修复，发达的控制权市场更容易实现上述过程，降低其中的搜寻、匹配成本。

经理人市场的发展对提升证券公司竞争力的作用体现为以下两点：一是经理人市场为声誉机制的形成提供了保障，对经理人在任时的行为起到了约束作用，直接提升证券公司的运营能力和盈利能力；二是经理人市场的成熟、高效运行，会降低证券公司董事会遴选高级管理人才的成本，缩短搜寻时间，降低不合适匹配的发生概率。

产品市场竞争性的增强对于证券公司竞争力的作用体现为以下三点：一是产品市场的竞争本身即是公司参与竞争的一个方面；二是产品市场竞争的激烈，使经理人感到业绩压力；三是产品市场的激烈竞争，会使代理成本较高的公司在竞争中处于劣势（设想由股东直接控制的公司与由经理控制的公司一起竞争），逼迫公司理顺治理结构，提高董事会决策效率，降低代理成本。

法律、法规和监管机构对提升竞争力的作用体现为以下三点。一是完善的治理法规可以降低证券公司的制度成本。治理法规是证券公司内部治理规章的基础，也是一切治理行为的硬约束，治理法规的完善、合理，一方面降低了证券公司的内部立法成本，另一方面有助于减少治理中的代理问题发生概率。二是有效监管保证了证券公司的平稳运行良性发展，预防重大风险事故的发生。任何治理法规都无法对治理行为做出全面约束，及时、准确、专业的监管可以补充治理法规的漏洞，有前瞻性的治理也会防范风险于未然，通过规范日常治理行为的细节杜绝重大治理事故的发生。三是及时的监管、整治活动会从整体上提升行业的治理水平，进而提升行业形象，吸引更多客户资源和盈利机会。

在此仅举一例说明监管对证券公司竞争力的提升：证券公司的综合治理对行业内公司的整体业绩有显著影响。2006 年底，综合治理工作已基本收官，证券公司扭转了连续 4 年整体亏损的局面。截至 2007 年底，全行业 106 家公司总资产和净资产分别是 2003 年底综合治理之前的 354% 和 283%。2007 年，全行业营业收入 2847 亿元，实现净利润 1320 亿元，盈利公司 104 家，各项主要财务指标均达到或超过历史最好水平。

四、结论与展望

（一）本文的主要结论

在对相关文献以及中国证券公司的发展历程作简要回顾后，本文首先对中国证券公司的治理结构和竞争力现状作了评估。我们的评估结果显示，规模和盈利水平，抗风险能力，经营水平和业务发展前景等因素是决定现阶段证券公司竞争力的重要因素。

通过对公司治理结构和证券公司竞争力之间的相互关系进行实证分析，得到如下结论。

第一，在内部治理结构方面，在现有持股比例下，适当增加第一大股东和前十大股东持股比例，可以提升证券公司的净利润增长率、营业收入和资产增长率，增强证券公司的风险能力、营业能力和成长能力，提升竞争力。这意味着在当前中国的经济金融环境下，股权的适当集中是有利于证券公司竞争力提升和进一步发展的。通过对中央汇金旗下证券公司治理结构调整经验的总结和与以摩根士坦利为代表的海外金融机构治理结构得失的对比，我们进一步验证了在复杂金融环境下证券公司股权的过度分散可能会导致较为严重的问题。

第二，在现有董事会规模、独立董事比例和独立董事流动性的基础上，适当提升独立董事比例、增强独立董事流动性，也有助于提升证券公司的竞争力。

第三，在外部治理结构方面，促进证券公司控制权市场的发展，培育证券公司高级经理人市场，完善治理法规，厘清监管思路，明确监管模式都是有助于提升证券公司竞争力的重要措施。

（二）中国证券公司改善治理结构的思路

从研究结论来看，中国证券公司要提高竞争力，需要从以下几方面入手改善公司治理结构。

1. 合理的股东构成及有效的股东大会运作

要调动大股东积极性，使大股东成为负责任的“积极股东”，切实履行股东职责，推动证券公司建立并完善“边界清晰、制衡有效、决策科学”的公司治理。“积极股东”要全面、及时和深入地了解证券公司的经营状况，通过公司治理渠道和股权董事参与重大经营决策，为证券公司在获取资源优势，制定合适战略方面发挥作用，确保股东行权不缺位、不越位、不错位；同时，要切实保护中小股东利益，让中小股东享有法定的参与决策的权利；要进一步规范股东大会运作，使股东大会起到公司治理基石的作用。同时，要发展机构投资者和实现股东多元化，在推进我国机构投资者多元化的基础上，通过完善市场环境、法制和舆论的影响，鼓励机构投资者逐渐改变短线炒作和“用脚投票”的机会主义风格，真正向价值投资转型，积极行使股东权利，从而激励和提升上市公司价值，也有利于维护我国资本市场的稳定和发展。大型海外投资机构可以借鉴挪威主权财富基金的经验，做积极的财务投资者。对于资产配置中达到一定持股比例的股权投资，可以更积极参与股东大会投票，在国际资本市场上发挥更专业和具有影响力的声音。

第一，积极行使股东大会投票权，参与公司重大事项决策。股东积极行使股东大会投票权，发挥对董事会和管理层的监督和影响力。以主权财富基金挪威政府养老基金（GPFG）为例，其采取的是组合型投资策略，但是其始终积极参与持股机构的股东大会投票。2011 年参与投票的议案数高达 11 万项，比 2001 年不足 5000 项显著上升。其中，投出反对票议案的比例高达约 10%，在议案审议中发挥积极影响。2011 年 4 月，可口可乐公司 26% 的股东通过股东大会投票，试图要求公司发表关于消费者关注的致癌物双酚 A 或 BPA 问题的声明，对可口可乐公司管理层施加压力。此外，股东还应尽可能地与管理层争夺委托投票权。

第二，主动发起股东大会议案，表达自身意见和诉求。股东除了被动地审议议案之外，还积极行使股东大会提案权，向公司管理层传递自己的意见，为公司经营发展指明方向。美国五大养老基金①在 1987 ~ 1993 年期间主动提起议案 266 份，占这一时期股东议案总数的 18%。2012 年 5 月 16 日，在摩根大通银行投资失误巨亏 20 亿美元后的股东大会上，出现了股东主动提出 7 项议案的罕见情况，主要包括：一是美国基督教长老会养老基金（Pensions of the Presbyterian Church）提议，要求摩根大通董事会应监督贷款政策的制定与落实，能够调整和弥补由于他们自身失误导致的不良贷款或者潜在的不良贷款。二是美国多米尼社会股权投资基金（Domini Social Equity Fund）提议，要求摩根大通涉及政治方面的捐款应有更多的透明度和问责机制。三是相关机构投资者敦促摩根大通采取政策，要求其高管持有的通过股权薪酬计划获得的股份，锁定期至少 1 年以上。

第三，与董事会和管理层进行沟通和协商，有效解决分歧。股东通过信函、电话、传真、个人访问等多种方式，主动与董事会和管理层进行沟通和协商，实现各方利益共赢。加州公务员养老基金每年会评估其股票组合中上市公司的绩效，把长期业绩低劣的公司列为“焦点公司”，约见这些公司的董事和高管，寻求不经投票表决就能解决问题的途径。淡马锡定期举办午餐会，邀请控参股机构董事会与淡马锡管理层或董事进行非正式的温和沟通。

第四，积极参与董事任免，使董事会代表股东利益。股东积极行使推荐或提名董事的权利，使董事会成为监督管理层、协调股东与管理层利益的主要渠道。对于管理不善、不能胜任的董事，股东及时解除其董事职务。2012 年 3 月，美国州县市雇员联盟养老基金对高盛集团施加压力，要求其改组董事会。同年 5 月，加州公务员养老基金和加州退休教师养老基金主动发起议案坚决反对沃尔玛公司涉嫌贿赂墨西哥官员的 9 名董事连任。

---

① 五大养老基金包括加州公务员养老基金（CalPERS）、加州退休教师养老基金（CalSTRS）、美国教师退休基金会（TIAA-CREF）、威斯康星州投资委员会（SWIB）和纽约市公共卫生基金会（NYC）。

2. 合理的董事会构成及有效运作

要注重董事会成员的专业背景搭配，在股权结构相对集中的证券公司，在大股东的推动下建立完善的"派出董事制度"，使派出董事成为公司治理的桥梁，成为发挥公司治理有效性的主力军，使得董事会在经营目标、经营环境的决策和把握上做到专业、精准、及时；要加强独立董事在董事会中的地位，使独立董事不流于形式，切实发挥监督、建议作用，并注意独立董事的专业背景和职业状况，使独立董事有监督的意愿、能力和时间；要进一步发挥专业委员会的作用，使专业委员会对于公司的审计、薪酬、提名和风控等工作起到实际的监督、指导作用，专业委员会成员应尽量选用独立董事；同时，要保持适度的董事会规模。目前，中国部分上市证券公司的董事会规模偏大，成员之间难以做到有效沟通、快速决策。在保证专业委员会人员齐备的情况下，适度缩小董事会规模将有助于提升决策效率，进而提升公司的竞争力。

新加坡公司治理委员会规定新加坡的公司要做点以下几点完善公司治理。一是独立董事占董事会 1/3 的比例，董事会要由一些具备核心资格，比如会计或财务、商业或管理、战略计划或行业知识的董事构成。董事长和 CEO 或董事经理的职责必须分开。提名委员会（NC）对董事任命做出建议，其大部分成员应当是独立的。董事会应当在召开董事会议之前获得完全、充分和及时的信息。二是薪酬事项。薪酬委员会（RC）应由大部分的非执行董事担任，应当为董事会提供一个有关薪酬的框架，以促进透明化、合理性和问责性。三是会计责任和审计事项。审计委员会（AC）的大部分成员必须是独立董事，应当具有会计或相关的财务管理的知识或经验。四是与股东的沟通事项。准则鼓励公司与股东进行定期、有效和公正的沟通。应避免对特定的群体披露，如果不小心发生这种情况，应当尽快在可行的情况下向别的群体公开信息。

此外，作为金融行业特别是市场化程度较高的证券公司的董事会，还应做到以下几点。

第一，发展战略关系证券公司未来方向，董事会应高度重视战略研究和选择。当前，全球金融机构开始进入一个新的重组并购高潮，国内一些金融机构特别是竞争程度较高的证券公司，面临着不断追赶同业可比对手的压力，正瞄准跨业经营和交叉服务，酝酿扩大规模，着手新一轮的并购。因此，证券公司战略选择的差异性成为一个值得注意的问题。作为证券公司的董事会，需要认真分析自身的优势和劣势，平衡利弊与得失，研究公司发展战略，找准市场定位，增强差别化竞争意识，加强资本管理，强化资本约束，帮助所在机构做出恰当的战略决策，做"战略性的董事会"。"战略性董事会"将制定战略作为董事会的首要任务。董事们需要认真地帮助公司克服所面对的挑战，了解公司的商业环境及近期的发展。"战略性的董事会"应认识到最大的风险是战略失误的风险，因此应避免因评估不当导致在信息不足的情况下做出判断，并需及时识别风险和增长机会。一旦做出决策，以后修正的机会将十分有限，因此要做到谨慎决策，就要真正发挥董事会各个成员的作用，就要允许有不同意见的争论，需要在董事会中鼓励不同的声音，这也正是淡马锡提出的应保持一种"健康的张力"。

第二，风险管理是证券公司永恒的主题，也是董事会的重要职责。近几年，我国证券公司经历了前所未有的高速发展，资产规模迅速扩大，为保增长、调结构、惠民生作出了一定贡献。同时应当看到，在发展过程中也积聚了一些风险，对此董事会应当引起高度重视。证券公司的董事会，在注重公司发展同时，应时刻注意防范控制风险，当前要特别重视战略风险、信用风险、市场风险和风险文化建设，推动所在证券公司全面加强风险管理的基础工作，提高风险管理的前瞻性和有效性。董事们应定期组织专题调研，加强对相关机构风险的分析研究，做好所在证券公司的风险管理和防控。

第三，薪酬制度建设是证券公司发展的基石，应纳入各金融机构董事会的重要议事日程。目前，大部分证券公司的薪酬制度仍然存在不少问题，需要不断完善和创新，如市场化程度仍然很低，人才流失问题日渐突出；长效激励机制缺失，绩效薪酬主要与当年利润挂钩，容易激发短期行为；绩效奖金递延支付，仅在部分证券公司的高管层执行，执行面过小，制度不完善等。董事会需要深入了解高管人员的长处和短处，参与公司高层领导的人才评估与选拔，监督及评估管理层表现。与此紧密相关的，是确定合理的薪酬水平，确保薪酬政策能够吸引和留住有才华、有干劲的高管人员，特别是在因市场或行业因素导致的业绩不佳的情况下。因此，董事会应重视证券公司薪酬体系和薪酬制度的建设，加强人力资源管理，建立激励相容的薪酬考核机制，建立市场化的人才引进机制。

第四，强化董事激励机制，董事会加强自身的建设，不断提高董事的履职能力。人力资源是企业的第一资源，证券公司应进一步加强董事的绩效管理与考核，丰富派出董事薪酬结构，激发派出董事工作热情和积极性。董事会需要具有不同专业特长的成员，并且通过定期更新，确保各位成员在进行决策时思想鲜明，吐故纳新，独立思考并具有前瞻性的眼光。优秀的董事会，应该是人力与技能、经验的优化配置，因此，董事会的有效性在于它的组成能否发挥其团队的长处与多元化所带来的优势，董事会的提名委员会每年需对董事会的人员构成进行评估。董事会的角色也不是单一不变的，而是有多重的定位。从监督到领航，根据企业的具体情况，给予管理层适当的援助，对董事会通过的重大议案需进行回顾检讨。董事会应该挑战管理层往前看并向前更跨进一步：管理成功、塑造增长、配合趋势、管控风险。董事会还必须面对股东对透明度越来越高的要求以及对回报的期望，董事会、管理层及股东之间的关系需要通过有效、及时与足够的沟通得以增强。此外，还要加强对董事的持续培训工作，根据董事专业情况和担任董事会专门委员会职务情况，加强针对性专业性培训，以持续不断地提高董事的履职能力。

3. 股东会、董事会、管理层之间应充分授权，各司其职、各尽其责

充分合理的授权是规范公司治理运作和提高公司治理运行效率的重要手段。股份公司特别是上市公司的运作，实际上就是股东大会、董事会、监事会、高管层及各层级职能部门和人员分级授权、依所获授权履行职责的系统。“分级授权”是上下级之间关于职责、权限的划分，是实现上下级之间分工的必要机制。从公司治理的角度实际上就是股东大会、董事会、高管层的分级授权。合理的授权是公司提高经营效率的重要手段，一方面该由董事会把控的由董事会进行决定，如战略等重大事项；另一方面，经营管理等日常运营事项由董事会充分授权管理层进行运作，有效地提高公司治理的运行效率，从而也提高了公司的经营效率。

加强和规范授权管理工作是股东行使出资人职责、履行董事监事权利的主要抓手，也是完善证券公司治理最重要的手段。部分证券公司长期以来没有独立、完整的授权方案，有关授权权限散落在各种监管规定中，对提高公司治理运行效率以及证券公司内部经营效率带来了诸多不便，建议建立健全基本授权制度，即股东大会对董事会授权方案、董事会对高级管理层授权方案，使股东会、董事会、管理层之间充分授权，各司其职、各尽其责。

（三）改善治理结构，提高中国证券公司竞争力的途径

1. 建立完善的高管激励与约束机制，培育证券公司高级经理人市场

我们仍然建议以年薪制为基础，搭配多种激励方式，尤其注重非物质激励（如荣誉、知识等）的使用。年薪制作为全球通行的付酬方式，是经过市场检验的最简单有效的激励机制，在目前证券行业处于业务调整期的情况下，有助于稳定管理层。与此同时，证券公司也不妨采取相对绩效考核方式。证券行业具有高风险且风险同质化特征，行业内的排名锦标赛所揭示的相对业绩客观反映了经理人的努力程度和领导能力，是制定报酬的可行参照物。最后，应注意奖励与约束的结合。目前，我们在证券公司高级管理人员约束上的问题远远大于奖励。普遍存在着约束主体混杂不清、约束形式过于简单等问题。

培育证券公司高级经理人市场。经理人市场若想发挥外部治理作用，必须形成市场内的声誉机制。声誉机制的形成，必须有足够的时间，但同时也依赖中介机构对信息的搜集、整理和甄别，监管机构的及时披露。目前，中国专门针对证券行业的猎头尚未出现，高级经理人员流动性不高，尚有相当大比例的高级经理人员不属于职业经理人。随着证券行业竞争的加剧，相信上述状况会有所转变。

2. 完善治理法规，改善监管模式

从我国实际来看，无论是从证券公司治理法规还是法律法规的执行力来看都存在较多缺陷，法律法规的不健全是制约证券公司治理结构运行效果的重要因素，因此必须完善外部制度环境，健全证券公司治理的相关法规，建议进一步完善《公司法》、《证券法》等公司治理基本法律制度，为公司治理规范运作提供法律基础。此外，在监管模式上，1997 年后，我国建立了集中统一的证券市场监管体制，加强了对上市公司及经纪商（证券公司）监管的法制化建设。证券公司管理和业务审批职责由中国证监会负责，形成了以证监会及其派出机构为主体，以证券交易所和证券业协会为补充的集中统一的监管体制。中国证券业目前的监管模式是集中监管，即政府管理为主，自律管理为辅。这种监管模式虽适合现阶段的国情，但从长期来看制约了证券市场和证券公司的发展。建议当资本市场趋于成熟时，借鉴发达国家经验，逐渐走向综合型监管模式，从政府管理逐步向立法管理和自律管理过渡。

3. 厘清监管思路，鼓励证券公司业务创新，促使证券公司提高竞争活力

业务多元化、差异化，是衡量市场竞争程度和运行效率的重要标准。产品服务的多元化，有利于丰富行业服务和产品种类，满足经济主体多样化融资需求，也有利于提高证券公司的盈利能力、抗风险能力和整个行业的融资服务水平。经营的差异化，则有利于市场细分，形成多层次服务体系，提高服务的专业化水平，也有利于数量众多的投行都能够获得生存发展的空间，保持竞争活力，提高行业竞争的水平、运行的效率、市场的稳定性。

根据产业生命周期理论，随着证券业的发展和市场的扩大，证券公司势必由全能型逐步向差异型转变。从美国的经验来看，即便是全能型的超级大型投行，也始终把差异化经营作为竞争的重要策略，不断巩固各自的特色和优势领域。我国证券公司虽已加快业务创新步伐，并开始探索差异化经营模式，但整个行业经营范围狭窄、业务单一，仍然存在依靠行情吃饭以及同质竞争的问题，证券公司多元化、差异化发展需大力推进。

实现证券公司多元化、差异化发展的关键在于创新。与美国证券公司（投行）相比，我国证券公司还处在初级发展阶段，创新程度还很不够，配置资金、分散风险的功能还不健全。监管部门应适应实体经济发展的客观需要，更新监管的理念、完善监管机制，坚持以市场为导向、适度监管的原则，鼓励业务条线、产品创新和组织创新，推动多层次金融市场建设，为证券公司多元化、差异化发展打开空间。同时，证券公司应抓住发展机遇，根据自身特色制订不同的发展战略，有针对性地培育细分市场上的核心竞争力。要加大业务创新力度，并推进与业务创新、差异化经营相配套的人才激励机制、风险防范机制、组织管理体系等机制体制创新，增强内涵式发展能力，成为具有竞争力、不可或缺的市场主体。

4. 在政策上优化证券公司外部发展环境，为提升证券公司国际竞争力创造条件

证券公司国际化发展，不仅是我国经济金融国际化发展的客观需要，也是证券业提升竞争力的内在要求。随着全球金融一体化进程的推进，尤其是20世纪80年代以来全球资本市场逐步融合，证券公司国际化成为美国等资本市场发达国家的潮流，也逐步成为发展中国家不可回避的趋势。通过国际化发展，美国大型投行不仅增强了盈利能力、拓展了收入来源，而且树立和巩固了海外市场的影响力。我国经济金融国际化不断发展，要求证券公司紧跟企业“走出去”步伐，稳步推进国际化发展战略，实现自身的“走出去”。当前，中金公司、中信、国泰君安、海通等证券公司已在我国香港、欧美等国家和地区设立分支机构，积极拓展海外业务。但总体说来，我国证券公司国际竞争力和服务企业“走出去”的能力都较有限，仍没有一家投行能与国际一流投行相抗衡，国际业务对证券业发展的贡献还不显著，我国证券公司国际化发展任重道远。

推进证券公司国际化，要把打造国际一流投行作为一项战略任务推进。其战略意义主要体现在三个方面。第一，是投行自身应对国际竞争和满足企业“走出去”的需要。第二，是我国金融体系健康稳定协调发展的需要。当前，工行、中行、建行等大型商业银行的资产规模已经位列世界500强，在海外已经投棋布子，国际竞争力和影响力迅速提升，但我国投行的发展很不匹配。第三，是维护我国经济金融安全、服务国家发展战略的需要。美国推进经济金融发展战略过程中，国际一流投行始终扮演着重要角色。近年来，美国超级投行继续凭借国际金融市场的主导权，不断唱空中国，使我国经济金融安全陷于被动不利地位。打造国际一流投行，应立足经济金融国际化发展战略，加强部际间协调沟通，推动证券公司与国内企业、其他金融机构携手“走出去”，充分发挥协同效应，树立良好的国际市场形象。同时，要适当通过海外并购，引进先进管理理念和模式、一流专业人才，尽快消除当地法律、文化等方面的障碍，提高国外市场竞争地位。

执笔人：吴　萌（申万宏源证券有限公司董事会办公室）

第十三章

我国商业银行应用金融衍生品借鉴研究

一、研究的背景与意义

（一）研究背景

当前，我国商业银行面临的内外部经济环境正在发生深刻变化。从美国到欧洲，针对新兴经济体的贸易壁垒不断强化，贸易保护现象不断涌现。国际评级机构和一些投资银行也在唱衰中国。一些投资者质疑我国未来经济增长能力，对中国金融体系的稳定性和资产质量也不看好。国内经济增速放缓，结构性矛盾十分突出，随着一系列市场化改革措施推进，对商业银行的经营管理和发展改革提出了巨大挑战。

首先，我国宏观经济增速放缓和结构调整加快，对商业银行传统以贷款为主的盈利模式和信贷资产质量提出挑战。目前我国经济增长已经步入中速增长期，投资与生产需求相对下降，加之“金融脱媒”加速，银行信贷增速将明显下降，信贷在社会融资中的占比也将不断下降，所以贷款快速增长作为银行盈利增长的主要推动力正在逐步衰竭。现有的巨大的信贷占比及其质量隐患可能在今后相当长一段时期对银行的盈利增长形成负面影响。从市场表现看，依靠贷款增存款、抓中收的方式也将难以为继。其次，利率市场化改革对以利差为主的盈利模式提出挑战。利率市场化后，银行间“争存揽储”加剧，银行将更多地通过较高成本的融资工具筹措资金，这必然推高资金成本；而贷款利率浮动区间加大，在大型客户、优质客户融资渠道日益拓宽的背景下，也在降低银行的贷款议价能力，所以存贷款利差收窄是必然趋势。再次，我国商业银行面临的金融监管更趋严格，对银行盈利和资本管理能力提出挑战。近年来，监管机构频繁出台业务规范性发展要求，涉及收费、外汇业务、影子银行、资本管理等多个领域。应该说，这些监管措施对规范市场发展具有正向作用，但短期内势必对银行的盈利增长带来较大压力。《商业银行资本管理办法》不仅提升了最低资本要求、增大了融资成本，关键是对商业银行提出了严格的资本约束，要求银行将业务发展保持在资本可承受范围之内。这就要求商业银行未来要向“资本占用少、收益高”的产品加快资产结构调整。最后，人民币国际化和汇率改革对海外业务拓展提出挑战。随着人民币国际化和汇率改革进程的加快，人民币境外业务快速发展。这对我国商业银行风险管理能力提出了严峻的挑战。

这些问题的影响是深远的，如何应对复杂多变的新形势，加快经营转型，加快创新步伐，实现可持续发展，是我国商业银行当前面临的重大而迫切的课题。仔细分析我国商业银行所面临的问题和严峻的外部环境，可以发现与美国商业银行20世纪70年代有许多相似之处。届时的美国，在社会高通货膨胀率、布雷顿森林货币体系崩溃、金融自由化和金融创新浪潮的冲击下，利率和汇率的波动急速加剧，这要求商业银行必须找到有效的方法规避它们带来的风险，再加上政府放松对各种行业的管制，以及飞涨的国际贸易和资本流动，客观上增加了商业银行对金融产品风险管理的需求。同时，金融业竞争的日益加剧对商业银行传统的盈利模式和盈利能力提出了严峻的挑战。在这样的情况下，金融衍生品应运而生，它有效地转移了投资者某些不愿承担的风险给愿意承担者，并在美国政府逐渐放松金融管制以及通信技术、信息处理技术的进步等有利条件的基础上实现了快速的发展，逐渐成为美国商业银行重要的收入来源。特别是20世纪90年代以来，西方几乎所有的大型银行和金融机构都参与到金融衍生产品的创造和交易，金融衍生品业务已经成为西方商业银行重要的非利息收入来源。同时，利用金融衍生品进行套期保值，也可以有效保全商业银行信贷资产，提高资产效率。由此可见，美国的先进经验和领先实践表明，金融衍生品将是未来一段时期内我国商业银行转型发展的一个重要的方向，其发展也为我国商业银行业务转型发展和金融衍生品的应用提供了有益的借鉴。

尽管金融衍生品市场一段时期以来取得了快速的发展，但是对其质疑的声音从未间断，特别是当市场上出现由金融衍生品导致的巨大金融损失时，它往往占据着新闻的头条。2007年爆发自美国的次贷危机，让世界金融秩序陷入一片混乱。在这次世界范围内的金融危机中，全美几乎所有的独立投资银行都未能幸免，即使那些公认的对经营风险控制非常严格的商业银行也难逃厄运。正是这次金融危机使得金融衍生品再次成为众矢之的，受到人们众多的指责。金融衍生品在为市场参与者提供有效风险管理工具的同时，又因其强大的杠杆特性给金融衍生品市场带来了灾难性的损失，金融衍生品的创新与发展遭到了前所未有的质疑，人们开始对商业银行应用金融衍生品的动因和必要性进行重新地审视，并对商业银行应用金融衍生品的作用、价值和意义产生怀疑。巴菲特曾断言“金融衍生品是大规模杀伤性金融武器，它带着致命的危险”。然而，任何事情都有其两面性，尽管金融衍生品与一些严重的危险事件相关，但是只要能够合理恰当地使用，它对现代经济发展依然非常有价值，越来越多的金融机构将继续使用它们。

（二）研究意义

商业银行的发展对国民经济至关重要，它一直与资本市场存在着紧密的联系。世界上一些发达的经济体，特别是美国、日本等金融业发达的国家，均采取并实行银行业金融机构与资本市场混业经营的模式，大力参与金融衍生品市场，在推动国民经济快速发展方面收到了良好的成效。

金融衍生品作为金融创新和发展的重要组成部分，是商业银行发展的一个重要方向，它有利于商业银行整个客户结构的转型，有利于实现商业银行业务结构的转型，有利于实现商业银行收入结构的升级，有利于提高商业银行风险管理的水平，必将对商业银行的经营和发展产生重要的影响，加强对金融衍生品的研究和利用也将成为商业银行改革与发展的重要课题之一。本文围绕商业银行为什么应用金融衍生品、应用金融衍生品需要什么样的内在条件及如何实施金融衍生品等核心问题，希望通过对商业银行应用金融衍生品的动因、美国利用金融衍生品的商业银行的内在条件实证分析，以及美国商业银行利用金融衍生品的背景、条件和实施步骤的分析借鉴，探讨国内商业银行发展金融衍生产品业务的必要性、可行性和可能的路径，以此带动商业银行的战略转型，并提升我国商业银行为客户提供金融衍生品交易服务、财富管理和风险管理服务的能力，提升自身及客户的国际竞争力。这些对于初涉金融衍生品交易的我国商业银行来说，具有重要的现实和社会意义。

二、商业银行应用金融衍生品动因分析

长期以来，我国社会各界对金融衍生品的应用和发展在认识上并不统一，特别是经过2008年的全球金融危机，人们对金融衍生品的应用产生了前所未有的质疑。因此，在研究我国商业银行应用金融衍生品时，首先要明确商业银行为什么需要应用金融衍生品，亦即商业银行应用金融衍生品的动因。

鉴于我国商业银行应用金融衍生品仍然处于起步阶段，相关统计数据存在不规范、不完善的问题，以其为样本进行分析将缺乏科学性、严谨性和说服力。因此，本文通过借鉴美国商业银行应用金融衍生品的先进实践和经验，借助其完备的统计数据，利用定性分析与实证分析相结合的方法，论证商业银行应用金融衍生品的动因。

（一）商业银行应用金融衍生品动因的定性分析

通常，商业银行参与金融衍生品交易，有的作为交易商，有的作为最终用户，有的两者兼有。图 13.1 显示了 2006 年以来每季度美国商业银行以不同身份持有的金融衍生品名义价值量情况。商业银行作为最终用户参与金融衍生品交易主要是为了对冲利率、外汇汇率或者商品价格等标的不可预知的变动风险，所有使用金融衍生品的商业银行都不同程度上的以最终用户的身份参与其中；但是作为交易商，往往只有部分大型商业银行为非金融企业或者金融同业提供金融衍生品经纪服务，而其他的银行很少提供此类服务。不管以什么样的角色，促使商业银行投入金融衍生产品市场的动因，来自于商业银行自身在经济金融体系中的功能定位以及外界金融生态环境要素变化等诸多方面。

1. 商业银行收入模式变化

19 世纪 70 年代以来，全球金融系统发生了重大演化，随着金融创新的不断深化，传统以存贷为主的银行业务重要性下降，商业银行收入模式也逐渐由传统“利差交易”模式向动态“风险经营”模式转变。商业银行向客户提供风险管理服务产生的费用收入是其参与金融衍生品交易的主要动因。

20 世纪 70 年代，在利率市场化推行前，美国银行业非利息收入占比仅为 18% ~25%；

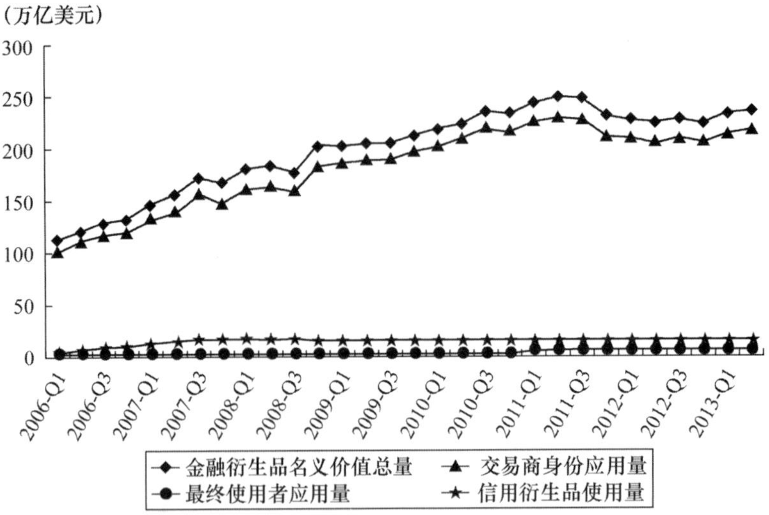

图 13.1　美国商业银行以不同身份持有的金融衍生品名义价值量情况

到了 80 年代后期利率市场化后，非利息收入占比提升到了 40% 左右；2012 年最新的统计数据显示，该比例高达 51%。利率市场化促使美国银行业通过金融衍生品交易拓宽了收入来源，实现了从息差收入占主导向收入多元化转型。然而，目前我国银行业利息收入仍占统治地位，2011 年银监会统计数据显示，我国 16 家上市商业银行平均的非利息收入占比为 14%，利息收入占比高达 85% 以上，仍然处于绝对统治地位，和美国银行多元化收入结构相比差距还非常明显。随着利率市场化的推进和金融体制改革的深化，我国商业银行亟须通过金融衍生品业务拓宽收入来源。

2. 商业银行自身风险管理的需要

商业银行有别于其他企业的最大特点在于其是经营风险的企业，特别是在经济全球化和一体化发展的大背景下，风险管理逐渐成为各家商业银行管理的核心。与此同时，商业银行的经营过程中面临的风险水平高低与其经营业绩必然有着密切的联系。商业银行为了实现自身资产保值增值并取得稳健发展，需要构建合理的资产负债结构，这需要商业银行运用资产负债比例管理理论，对其资产与负债比进行全面的管理。然而，商业银行借短贷长的模式不可避免导致期限错配，从而带来了一系列的流动性风险和利率错配风险；同时，商业银行在经营的过程中不可避免的面临着诸如市场风险、汇率风险、利率波动风险、信用风险、员工操作风险以及宏观经济体系系统性风险等诸多风险因素。这些风险因素在客观上会相应的增加商业银行未来收益的不确定性，有时甚至会造成商业银行不良贷款的增加和资产的重大损失，进而影响商业银行的经营业绩。

因此，为了实现经营的连续性和稳健性，降低破产概率，商业银行需要以最终使用者的身份利用金融衍生品对冲各种风险。

3. 外部金融环境改变的倒逼

19 世纪 60 年代以前，美国利率水平基本上停留在 2% ~4.5% 之间，利率浮动对商业银行影响不大。随着金本位制度的崩溃和美国监管机构利率管制的放开，美国的利率水平不受“Q 条例”的限制而变得起伏不定，国际市场上汇率波动幅度也变大了，由此导致美国的各种金融资产价格随之也出现了从未有过的剧烈波动，商业银行面临着日益剧烈的利率和汇率风险，进而引发对新的风险管理工具的需求。

随着金融全球化和自由化发展，我国商业银行正面临外部激烈竞争和内部监管的双重压力。我国银行业对外开放进程不断加快，外国金融机构、民营银行、非银行类金融机构及互联网金融快速扩张，蚕食商业银行的领地；同时，监管机构对于资本充足率的监管约束不断加强，混业经营的管制正在逐步放松，利率市场化的进程不断加快等，这些使得商业银行有动力利用金融衍生品将部分信贷资产转移到表外。由此可见，结合美国的经验表明，我国商业银行目前面临的外部金融环境变化正在倒逼我国商业银行利用金融衍生品应对各类风险。

4. 国际衍生品市场快速发展的推动

国际金融衍生品市场的规模巨大，并且发展速度很快，因此商业银行及其客户在日常经营中所面临的几乎所有的风险均能够在金融衍生品市场中找到相应的避险工具。同时，金融衍生品的高杠杆、契约性以及跨期性等特征使得商业银行可以以较低的资金成本快速转移与其金融商品相关的价值变化的风险或通过风险投资获取投机收益。在这样的背景下，商业银行，特别是大型商业银行积极参与金融衍生品市场交易。

从国际金融衍生品市场具体发展来看，自 20 世纪 80 年代以来，全球金融衍生品市场交易发展迅速。场内及场外市场的交易金额在 1986 ~ 1991 年间年均增长率分别高达 36% 和 40%；1991 年场内及场外金融衍生品市场合约名义价值量分别为 3. 5 万亿美元和 6 万亿美元，该数据在 2001 年时分别达到 23. 54 万亿美元和 111 万亿美元，同期全球场外交易市场的金融衍生品市值达到了 3. 8 万亿美元。从合约类型上看，利率类合约占比最高，居于主导地位。截至 2012 年 6 月底，全球场外金融衍生品名义价值量达到 639 万亿美元，2012 年底达到 633 万亿美元，合约总市值达到 24. 7 万亿美元（BIS，2012）；在经过 2008 年次贷危机的短暂影响后，迅速得以恢复和发展。图 13. 2 描述了全球场外金融衍生品近 6 年名义价值量和总市值的变化。

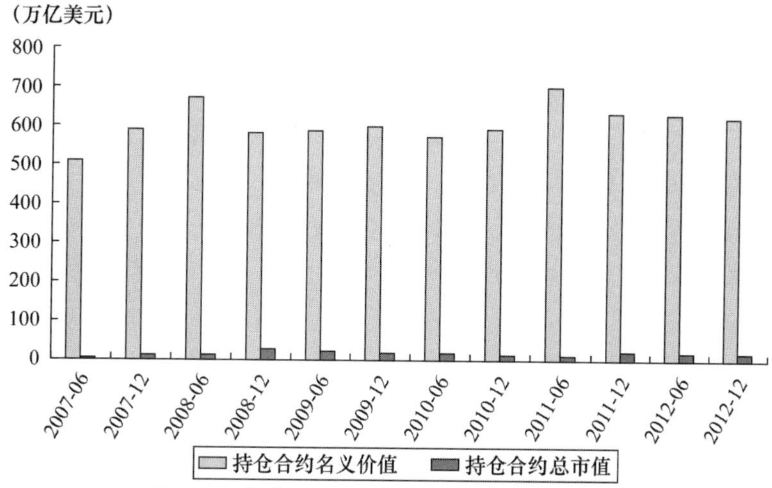

图 13. 2　全球场外（OTC）金融衍生品名义价值量

（二）商业银行应用金融衍生品动因的实证分析

商业银行基于自身收入模式变化、风险管理的需要、外部金融环境的促使以及国际金融衍生品市场快速发展的良好条件等动因考虑，积极参与金融衍生品市场。本部分将借鉴美国商业银行情况，通过实证分析的方式分析商业银行应用金融衍生品的动因。由此为我国商业银行未来金融衍生品的应用提供相应的借鉴、支撑和实证依据。

美国商业银行金融衍生品的使用和发展均处于世界领先地位，为了说明商业银行应用金融衍生品的动因，选取美国银行业具有典型的代表性和权威性。本文在实证分析时，根据美国各商业银行金融衍生品的发展情况选取合适的样本数据，并寻找真实、准确的数据源，构建相应的模型，确保实证结果的真实、可靠。同时，本文将分别从商业银行是否使用金融衍生品、是否使用某一种类的金融衍生品及每一种类金融衍生品的使用量三方面论证美国商业银行应用金融衍生品的动因。在模型选取上，本文分别使用截面数据模型和面板数据模型，避免使用单一模型造成的片面性，确保实证结果的可靠性。

1. 动因的量化因子分析

为实证分析商业银行应用金融衍生品的动因，需要将动因因子量化为可以计量的指标。本文仅将驱动商业银行应用金融衍生品的收入模式变化和风险管理需要两个起决定性作用的内在因子量化，进行实证分析。

（1）收入模式变化因子的量化。

商业银行收入模式的变化直观体现在商业银行的绩效，金融衍生品的应用对商业银行绩效的影响是检验金融衍生品的应用是否达到了商业银行改变收入模式的目的的重要指标。因此，本文选取商业银行的绩效指标作为收入模式变化因子的量化指标，通过分析商业银行应用金融衍生品对其绩效的影响，作为实证商业银行应用金融衍生品是否达到了改善收入模式目的的重要考虑维度。

（2）风险管理需要因子的量化。

金融衍生品普遍被认为是一项高风险的业务，这也是很多商业银行，特别是我国的商业银行在决策是否使用金融衍生品时的主要犹豫所在。目前在理论界，对于金融衍生品对企业风险的影响大致可以分为三类，有的认为金融衍生品的使用增加了企业的风险，有的认为减少企业的风险，有的认为两者之间没有必然的联系。然而，对于商业银行来说，金融衍生品的使用对其风险的影响并没有一致的研究成果。

因此，本文选取商业银行的风险指标作为风险管理需要因子的量化指标，通过分析金融衍生品的应用与商业银行经营风险的关系，实证商业银行应用金融衍生品是否达到了管理风险的目的。

2. 收入模式变化因子截面数据模型实证分析

（1）样本选取和数据源。

现代金融衍生品发端于美国，美国的商业银行是金融衍生品市场的主要参与者，其金融衍生品交易的规模（按名义本金计）大多数倍甚至数十倍于其资产规模。按照资产划分，截至 2013 年 6 月底，美国资产超过 30 亿美元的商业银行有 189 家。从金融衍生品的持有量看，拥有金融衍生品合约名义价值最多的前四大商业银行占了全部衍生品名义价值的93%，而持有金融衍生品合约名义价值量最大的25家商业银行拥有的金融衍生品名义价值量占了全部金融衍生品名义价值的几乎100%，如表13.1、图13.3所示。

表13.1　2013年6月底全美商业银行不同产品形态金融衍生品分布集中度情况表

	衍生品前四大银行（十亿美元）	占全部百分比（%）	所有其他银行（十亿美元）	占全部百分比（%）	所有银行（十亿美元）	占全部百分比（%）
期货和远期	38509	16.50	4849	2.10	43358	18.54
互换（掉期）	132759	56.80	8951	3.80	141710	60.60
期权	33341	14.30	2061	0.90	35402	15.14
信用衍生品	12883	5.50	499	0.20	13382	5.72
总计	217493	93.00	16360	7.00	233853	100

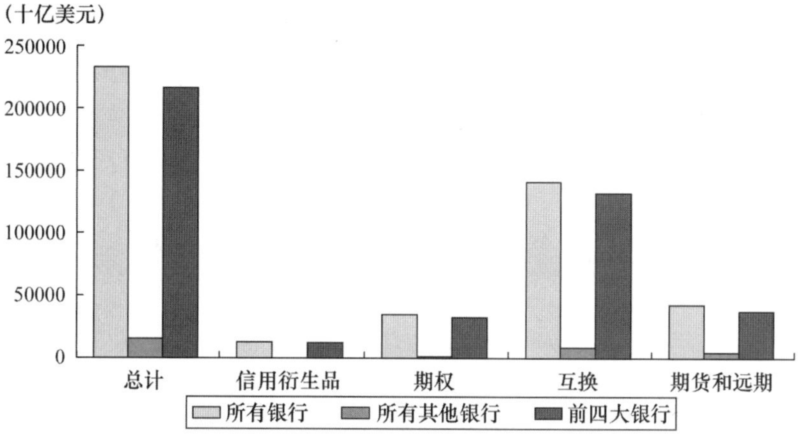

图13.3　2013年第二季度全美商业银行金融衍生品分布集中度情况

因此，本文在构建相应的实证模型时，对于截面数据模型，将选取相应时期资产规模大于30亿美元的美国商业银行；而在构建面板数据模型时，将选取相应时期持有金融衍生品合约名义价值量最大的前25家商业银行。这些样本能够覆盖几乎全部参与衍生品交易的商业银行和名义价值量，实证结果具有代表性。对于实证中的所有数据，均来自美国国家信息中心数据库、国际清算银行（BIS）金融衍生品半年报及美国货币监理署商业银行金融衍生品交易季报。

（2）截面数据模型构建基础。

为了体现出不同商业银行个体在金融衍生品使用上的差异性，进而使实证分析的结果具有典型的代表性，本文首先利用截面数据模型分析美国商业银行应用金融衍生品的动因。在收集截面数据时，为了确保样本数据的完整性、准确性，结合美国统计局数据披露的时滞性等因素，本文选取2011年第四季度资产超过30亿美元的179家商业银行和存款机构作为研究样本。该时期商业银行金融衍生品分布的集中度同2013年第二季度的数据相似，美国前五大商业银行金融衍生品的名义价值量占所有商业银行金融衍生品合约名义价值量的近96%，超过30亿美元的179家商业银行和存款机构的金融衍生品名义价值量几乎占全部商业银行的100%。因此，选取该截面数据可以代表美国整个商业银行金融衍生品的情况。

（3）虚拟变量截面数据模型分析。

1）因变量选择。

商业银行作为企业，在研究中通常谈论到的企业绩效均指的是企业的经营绩效。本文在实证分析商业银行的绩效时，也是指商业银行的经营绩效。商业银行的经营绩效是指在一定的时期内银行的经营效益和业绩。商业银行的绩效度量指标有很多，这些指标包括了营利性指标（如资产收益率、银行利差水平、非利息净收益率、利润率等）、资产运营水平指标、作为企业的偿债能力指标、资产流动性指标以及判断未来成长性的成长能力指标等方面。

本文选取商业银行资产收益率，即净利润与总资产的比值作为度量商业银行绩效的指标，实证分析商业银行应用金融衍生品对商业银行绩效的影响。资产收益率（ROA）衡量了商业银行每一美元资产所带来的利润，该指标将商业银行的资产负债表、损益表中的所有信息进行了有机结合，是银行运用其全部资产获取利润的能力的一个集中体现。

2）自变量选择。

净生息资产与总资产的比值（AEA）。该指标是指商业银行生息资产与有息资金的差除以总资产的比值，用以衡量商业银行资产的边际利润，该指标是商业银行绩效的重要影响因素。

总资产增长率（ZCR）。该指标衡量了商业银行的成长性，一家绩效良好的商业银行，其成长性必定良好。

一级资本杠杆率（Tier One Leverage Capital，TOLC）。该指标是指商业银行的一级资本与未加权表内外资产的比值，该指标是国际上监管机构对商业银行资本充足率考核的关键指标，巴塞尔资本协议Ⅲ的要求是不低于3%。核心资本是商业银行资产价值链中增值环节最大的一类资本，是商业银行所有资本的核心，在商业银行的所有资本中起着发动机的核心作用。

所有者权益比率（Owner's Equity Ratio，OER）。该指标是指所有者权益与总资产的比值，对于一个利润稳定增长或经营状况好的银行，该指标体现了银行的融资结构和所有者对企业的控制越稳固。

3）虚拟变量选择。

为了实证分析金融衍生品使用对商业银行绩效的影响，本文引入虚拟变量DUMMY，当一家商业银行使用金融衍生品时，该变量取值为1，如果一家商业银行没有使用金融衍生品，则该变量取值为0。

同时，本文选取商业银行总资产的对数（LA）作为模型的控制变量。

4）模型构建。

$$ROA_i = \beta_0 + \beta_1 LA_i + \beta_2 AEA_i + \beta_3 ZCR_i + \beta_4 TOLC_i + \beta_5 OER_i + \beta_6 DUMMY_i + \mu_i \quad (13-1)$$

模型（13-1）中β表示各影响因素的系数，μ表示随机扰动项；下标i表示不同的商业银行。

（4）总体变量截面数据模型分析。

在明确是否使用金融衍生品对商业银行绩效的影响情况下，本文将模型（13－1）中的虚拟变量 DUMMY 替换为商业银行金融衍生品合约名义价值量的对数（TDER），以此实证分析金融衍生品应用总量对美国商业银行收入模式变化的影响。样本、被解释变量、其他解释变量均不变，重新构建模型如式（13－2）所示：

$$ROA_i = \beta_0 + \beta_1 LA_i + \beta_2 AEA_i + \beta_3 ZCR_i + \beta_4 TOLC_i + \beta_5 OER_i + \beta_6 TDER_i + \mu_i \quad (13-2)$$

模型（13－2）中 β 表示各影响因素的系数，μ 表示随机扰动项；下标 i 表示不同的商业银行。

（5）不同类型金融衍生品变量截面数据模型分析。

根据对应的基础产品不同，选取利率衍生品名义价值的对数（IRD），外汇衍生品名义价值的对数（FECD），股票、商品及其他衍生品名义价值的对数（ECD）作为自变量加入模型进行实证分析；根据产品形态不同，选取期货及远期名义价值的对数（FFD）、期权名义价值的对数（OD）、互换（掉期）名义价值的对数（SD）等其他几个指标分别作为自变量进行实证分析，度量不同种类的金融衍生品对商业银行绩效的影响。加入按照对应的基础产品不同分类的金融衍生品使用情况变量后，模型如下：

$$\begin{aligned} ROA_i = & \beta_0 + \beta_1 LA_i + \beta_2 AEA_i + \beta_3 ZCR_i + \beta_4 TOLC_i + \beta_5 OER_i \\ & + \beta_6 IRD_i + \beta_7 FECD_i + \beta_8 ECD_i + \mu_i \end{aligned} \quad (13-3)$$

同样，加入按照产品形态不同分类的金融衍生品使用情况变量后，模型如下：

$$\begin{aligned} ROA_i = & \beta_0 + \beta_1 LA_i + \beta_2 AEA_i + \beta_3 ZCR_i + \beta_4 TOLC_i + \beta_5 OER_i \\ & + \beta_6 FFD_i + \beta_7 OD_i + \beta_8 SD_i + \mu_i \end{aligned} \quad (13-4)$$

3. 风险管理需要因子截面数据模型实证分析

（1）虚拟变量截面数据模型分析。

1）因变量选择。

在度量商业银行风险水平时，本文选取商业银行净损失与总平均贷款和租赁的比值（Net Loss to Average Total Loans & Leases，NL）作为因变量。该指标反映了商业银行总体贷款中产生的损失情况，体现了一定时期内商业银行所面临的总体风险水平。

2）自变量选择。

贷款和租赁损失准备与平均资产比值（Provision：Loan & Lease Losses，PLL）指标。该指标用以衡量商业银行针对风险计提的资产准备。通常情况下，商业银行应根据借款人的还款能力、还款意愿、贷款本息的偿还情况、抵押品的市价、担保人的支持力度和银行内部信贷管理等因素，分析其风险程度和回收的可能性，以判断其是否发生减值。如有客观证据表明其未来可能发生减值，则相应的应对其计提一定的贷款损失准备。该指标越高，说明商业银行的应对风险的能力越强，有利于商业银行经营的稳定性。

净贷款和租赁增长率（LLR）。该指标衡量了商业银行贷款的增长情况，商业银行贷款扩张的过程中，必定不同程度上的增加了潜在的风险水平。

一级资本杠杆率（Tier One Leverage Capital，TOLC）。它是指商业银行的一级资本与未加权表内外资产的比值，该指标是国际上监管机构对商业银行资本充足率考核的关键指标，巴塞尔资本协议Ⅲ的要求是不低于3%。

3）虚拟变量选择。

为了实证分析金融衍生品使用对商业银行风险的影响，本文引入虚拟变量DUMMY，当一家商业银行使用金融衍生品时，该变量取值为1，如果一家商业银行没有使用金融衍生品，则该变量取值为0。

同时，本文选取商业银行总资产的对数（LA）作为模型的控制变量。

4）模型构建。

$$NL_i = \beta_0 + \beta_1 LA_i + \beta_2 PLL_i + \beta_3 LLR_i + \beta_4 TOLC_i + \beta_5 DUMMY_i + \mu_i \qquad (13-5)$$

模型（13－5）中β表示各影响因素的系数，μ表示随机扰动项；下标i表示不同的商业银行。

（2）总体变量截面数据模型分析。

在明确是否使用金融衍生品对商业银行风险的影响情况下，本文同样将模型（13－5）中的虚拟变量DUMMY替换为商业银行金融衍生品合约名义价值量的对数（TDER），以此实证分析金融衍生品应用总量对美国商业银行风险的影响。样本、被解释变量、其他解释变量均不变，重新构建模型如下：

$$NL_i = \beta_0 + \beta_1 LA_i + \beta_2 PLL_i + \beta_3 LLR_i + \beta_4 TOLC_i + \beta_5 TDER_i + \mu_i \qquad (13-6)$$

（3）不同类型金融衍生品变量截面数据模型分析。

同样，为了确定不同种类的金融衍生品使用对商业银行风险的影响，需要进一步实证分析不同种类的金融衍生品的使用情况及使用量对商业银行风险的影响。加入按照对应的基础产品不同分类的金融衍生品使用情况变量后，模型如下：

$$\begin{aligned} NL_i = {} & \beta_0 + \beta_1 LA_i + \beta_2 PLL_i + \beta_3 LLR_i + \beta_4 TOLC_i \\ & + \beta_5 IRD_i + \beta_6 FECD_i + \beta_7 ECD_i + \mu_i \end{aligned} \qquad (13-7)$$

同样，加入按照产品形态不同分类的金融衍生品使用情况变量后，模型如下：

$$\begin{aligned} NL_i = {} & \beta_0 + \beta_1 LA_i + \beta_2 PLL_i + \beta_3 LLR_i + \beta_4 TOLC_i \\ & + \beta_5 FFD_i + \beta_6 OD_i + \beta_7 SD_i + \mu_i \end{aligned} \qquad (13-8)$$

4. 收入模式变化因子面板数据模型实证分析

本文在截面数据模型分析的基础，利用面板数据进一步验证商业银行应用金融衍生品的动因。

（1）样本的选择与数据来源。

上文分析表明，2011年第四季度，美国应用金融衍生品合约名义价值量最多的4家商业银行占全美所有商业银行应用金融衍生品名义价值量的93%。因此在进行面板数据分析时，本文考虑选取美国应用金融衍生品合约名义价值量排名前25的商业银行。

对于面板数据的时间区间，本文选择自2007年第二季度到2013年第二季度的25个季度的数据，样本银行为2013年第二季度金融衍生合约价值量排名前25位的商业银行。对于实证中的所有数据，均来自美国国家信息中心数据库按季度披露的各个商业银行财务数据，并通过整理获得。

（2）总体变量面板数据模型分析。

1）因变量选取。

本文在用面板数据分析金融衍生品应用对美国商业银行收入模式变化影响时，依然选取资产收益率（ROA）作为因变量。

2）自变量。

净生息资产与总资产的比值（AEA）。该指标是商业银行生息资产与有息资金的差与总资产的比值，主要用以衡量商业银行资产的边际利润水平。该指标越高，表明商业银行的资产边际利润水平越高，在保持资产平稳增长的前提下，商业银行绩效水平就高。

贷款及租赁损失准备与银行总资产的比值（PLL）。该指标表明了商业银行面临的违约风险大小，商业银行面临的潜在风险越高，则其需要计提的贷款及租赁损失准备就越高，不利于商业银行的经营，进而影响商业银行的绩效。

总资产增长率（TCR）。该指标衡量了商业银行的成长性，一家成长性良好的商业银行其绩效的增长相应要好。

金融衍生品合约名义价值与总资产比值（TDER）。由于面板数据选取的是金融衍生品合约名义价值量最大的前 24 家商业银行，因此这些银行均使用金融衍生品，无法像截面数据模型构件时选取虚拟变量，本文通过使用量指标衡量金融衍生品对商业银行绩效的影响。

3）控制变量。

本文在面板数据模型构建时，选取商业银行总资产规模的对数（LNA）作为控制变量。

针对面板数据模型，本文构建如下的回归模型：

$$ROA_{it} = \alpha_i + \beta_1 LNA_{it} + \beta_2 AEA_{it} + \beta_3 TCR_{it} + \beta_4 PLL_{it} + \beta_5 TDER_{it} + \mu_{it} \quad (13-9)$$

式中 i 为截面数，取值为 $i=1, 2, \cdots, 24$；t 为时间长度，取值为 $t=1, 2, \cdots, 25$。

根据 Hausman 检验结果，应该建立个体固定效应模型。

（3）不同类型金融衍生品变量面板数据模型分析。

在利用面板数据模型分析时，同样通过加入按照对应基础产品不同分类和按照产品形态不同分类的指标分别作为自变量，度量使用不同种类的金融衍生品对商业银行收入模式变化的影响。

加入按照对应的基础产品不同分类的金融衍生品使用情况变量后，模型如下：

$$\begin{aligned} ROA_{it} = {} & \alpha_i + \beta_1 LNA_{it} + \beta_2 AEA_{it} + \beta_3 TCR_{it} + \beta_4 PLL_{it} + \beta_5 CRD_{it} \\ & + \beta_6 IRD_{it} + \beta_7 FECD_{it} + \beta_4 ECD_{it} + \mu_{it} \end{aligned} \quad (13-10)$$

加入按照产品形态不同分类的金融衍生品使用情况变量后，模型如下：

$$\begin{aligned} ROA_{it} = {} & \alpha_i + \beta_1 LNA_{it} + \beta_2 AEA_{it} + \beta_3 TCR_{it} + \beta_4 PLL_{it} \\ & + \beta_5 FFD_{it} + \beta_6 OD_{it} + \beta_7 SD_{it} + \mu_{it} \end{aligned} \quad (13-11)$$

5. 风险管理需要因子面板数据模型实证分析

（1）总体变量面板数据模型分析。

1）因变量选取。

本文在利用面板数据分析金融衍生品应用对美国商业银行风险影响时，为了使分析的角度更加全面，增加实证分析的维度，本文对于商业银行风险指标的选取不再重复截面数据时选取的指标。

通过商业银行常用风险指标的对比分析发现，风险加权资产（risk-weighted assets）是一个理想的商业银行总体风险指数度量指标。风险加权资产是指商业银行为了反映自身的总体风险水平，将其拥有的资产通过分类方法，根据不同类别资产的风险性质确定不同的风险系数，并以各种资产确定的各自的风险系数去乘以资产数额，最后加总而得到。这种方法将商业银行所面临的利率风险、信用风险、汇率风险及市场风险等风险因素均加以考虑，有其全面性和代表性。因此本文选取商业银行风险加权资产与总资产的比值（RWA）作为面板数据模型的被解释变量，实证分析商业银行金融衍生品应用对其风险水平的影响。

2）自变量。

商业银行非利息收入与总资产的比值（NINI）。传统商业银行依赖高度垄断而获取高额的绝对利差的收入结构不可持续。如上文分析，商业银行应用金融衍生品的重要动因之一就是希望利用金融衍生品提高自身的非利息收入，金融衍生品利用的越多，则其非利息收入相应会提高，因此商业银行非利息收入的高低，间接表明了商业银行应用金融衍生品对其风险水平的影响。

净损失与总贷款及租赁的比值（NL）。该指标体现了商业银行的不良贷款水平，该指标越高，则商业银行面临的风险水平越高，损失越大。

表外项目（Off Balance Sheet）总额与总资产的比值（OBS）。表外业务是指商业银行从事的不列入资产负债表，但能影响银行当期损益的经营活动。商业银行的表外项目正日益成为银行新的业务增长点和重要的风险来源，因此本文选择该指标作为商业银行风险的重要影响因素。

次级票据和债券与总资产比值（SSN）。次级债券可以计入商业银行的附属资本，从而提高其资本充足率，是商业银行长期资本的重要来源。它在一定程度上可以改善银行的经营状况，提高商业银行抗风险能力。因此本文选取该指标作为商业银行整体风险水平的重要影响因素之一。

金融衍生品合约名义价值与总资产比值（TDER）。由于面板数据选取的是金融衍生品合约名义价值量最大的前24家商业银行，因此这些银行均使用金融衍生品，无法像截面数据模型构件时选取虚拟变量，本文通过使用量指标衡量金融衍生品对商业银行风险水平的影响。

3）控制变量。

本文在面板数据模型构建时，选取商业银行总资产规模的对数（LNA）作为控制变量。

4）模型形式设定检验。

在相关序列通过协整检验后，针对面板数据序列，本文构建如下的回归模型：

$$RWA_{it} = \alpha_i + \beta_1 LNA_{it} + \beta_2 NINI_{it} + \beta_3 NL_{it} + \beta_4 OBS_{it} + \beta_5 SSN_{it} + \beta_6 TDER_{it} + \mu_{it} \quad (13-12)$$

式中 i 为截面数，取值为 $i=1, 2, \cdots, 24$；t 为时间长度，取值为 $t=1, 2, \cdots, 25$。

（2）不同类型金融衍生品变量面板数据模型分析。

加入按照对应的基础产品不同分类的不同种类金融衍生品使用情况变量后，模型如下：

$$RWA_{it} = \alpha_i + \beta_1 LNA_{it} + \beta_2 NINI_{it} + \beta_3 NL_{it} + \beta_4 OBS_{it} + \beta_5 SSN_{it}$$

$$+\beta_6 CRD_{it} + \beta_7 IRD_{it} + \beta_8 FECD_{it} + \beta_9 ECD_{it} + \mu_{it} \quad (13-13)$$

加入按照产品形态不同分类的不同种类金融衍生品使用情况变量后，模型如下：

$$RWA_{it} = \alpha_i + \beta_1 LNA_{it} + \beta_2 NINI_{it} + \beta_3 NL_{it} + \beta_4 OBS_{it} + \beta_5 SSN_{it}$$
$$+\beta_6 FFD_{it} + \beta_7 OD_{it} + \beta_8 SD_{it} + \mu_{it} \quad (13-14)$$

6. 模型实证分析结果

上述模型（13-1）至模型（13-14），采用最小二乘估计方法，利用 EView6.0 进行计算。经过实证分析，按照是否使用金融衍生品、使用金融衍生品名义价值总量以及不同种类金融衍生品使用 3 个维度得到的金融衍生品使用对商业银行收入模式变化动因因子和风险管理需要动因因子影响分析结果汇总如表 13.2 所示。

表 13.2　　金融衍生品使用对商业银行动因因子影响分析结果汇总表

	截面数据模型		面板数据模型	
	收入模式变化因子（资产收益率，ROA）	风险管理需要因子（贷款和租赁损失准备与平均资产比值，NL）	收入模式变化因子（资产收益率，ROA）	风险管理需要因子（风险加权资产与总资产的比值，RWA）
是否使用金融衍生品指标（DUMMY）	0.005**	0.216402	—	—
金融衍生品使用名义价值总量指标（TDER）	0.0012***	0.0569**	0.0001***	0.001***
信用衍生品指标（CRD）	—	—	0.0012*	-0.0279***
利率类金融衍生品（IRD）	0.001***	0.053**	0.000034***	0.001***
外汇类金融衍生品（FECD）	0.000016	0.0296	0.00011	0.0017**
股票、商品及其他类金融衍生品（ECD）	-0.0004	0.0065	-0.0026	0.046
期货及远期类金融衍生品（FFD）	-0.0005	0.0572*	0.000036	0.0064***
期权类金融衍生品（OD）	-0.0006	0.0072	-0.00041*	0.0056***
互换（掉期）类金融衍生品（SD）	-0.0001	0.0145	0.0002***	-0.0011**

注：*、**、***分别代表在 10%、5%、1% 的程度上显著。

从本部分实证分析中可以得出如下结论：金融衍生品的使用对于商业银行的绩效具有显著的提升作用，但是按照单独应用不同种类金融衍生品的角度看，利率类金融衍生品相对于其他类别的金融衍生品来说，其对商业银行的绩效提升作用更加显著。同时，商业银行在应用金融衍生品的同时，由于金融衍生品的复杂性和高风险性，正如大家预期的那样，不可避免增加了商业银行经营的风险。但是，部分类别金融衍生品，如信用衍生品、互换

（掉期）类金融衍生品的应用降低了商业银行的风险水平，有利于商业银行自身的风险管理。

由此可见，在目前的金融环境和条件下，商业银行应用金融衍生品有其必要性，符合其动因预期，是一种有益的经营管理尝试。在风险可控的前提下，根据收益与风险匹配的原理，商业银行应用金融衍生品具有其现实和客观的必要性，也达到了改善收入模式，维持经营绩效和管理自身风险的目的；同时，商业银行在应用金融衍生品时应可能根据自身的经营需要，采取组合的应用策略，才能达到预期的效果。

三、商业银行应用金融衍生品内在条件实证分析

结合美国商业银行应用金融衍生品的最佳实践和先进经验发现，在美国并非所有的商业银行都应用了金融衍生品，不同的商业银行应用金融衍生品的程度也存在差异。因此，在明确了商业银行应用金融衍生品的动因的基础上，本部分通过借鉴美国商业银行金融衍生品情况，进一步明确商业银行应用金融衍生品须具备的内在条件，以此回答应用金融衍生品的商业银行需要具备什么样的内在条件，并为下文中美商业银行应用金融衍生品的内在条件差异性对比分析提供依据，由此判断我国商业银行现阶段是否具备应用金融衍生品的内在条件，从而为探寻适合中国特色的商业银行金融衍生品发展道路提供理论和实证的基础。

本部分将构建实证分析模型，从是否应用金融衍生品以及应用不同种类金融衍生品的程度的角度，分析商业银行应用金融衍生品的内在条件，为我国商业银行开展金融衍生品交易的时机、程度、条件等提供借鉴。

（一）应用金融衍生品内在条件的截面数据模型分析

本文首先构建截面数据模型，以美国商业银行为例，在大样本量的基础上，分析应用金融衍生品的商业银行具备的内在条件。在构建截面数据模型时，本文选取 2011 年第四季度美国资产超过 30 亿美元的前 179 家的商业银行作为研究样本，这些样本数据能够覆盖几乎全部参与衍生品交易的商业银行和名义价值量，能够确保实证结果具有代表性。对于实证中的所有数据，均来自美国国家信息中心数据库、国际清算银行（BIS）衍生品半年报及美国货币监理署商业银行金融衍生品交易季报。

1. 变量选取

（1）因变量。

本文选取商业银行金融衍生品名义价值与总资产的比值（TDER）作为因变量。商业银行金融衍生品名义价值量按照对应基础产品包括了利率、外汇、股票、商品及其他；按照产品形态分为期货及远期、期权和互换（掉期）。因此该比值代表了一个商业银行参与金融衍生品市场的程度，是作为度量应用金融衍生品的商业银行的内在条件特征的理想指标。

但是，上述指标仅能度量商业银行应用金融衍生品市场的程度，而无法度量其应用的

范围。因此，本文选取利率衍生品名义价值与总资产的比值（IRD），外汇衍生品名义价值与总资产的比值（FECD），股票、商品及其他衍生品名义价值与总资产的比值（ECD），期货及远期名义价值与总资产的比值（FFD），期权名义价值与总资产的比值（OD），互换（掉期）名义价值与总资产的比值（SD）等其他6个指标分别作为因变量，度量使用不同种类的金融衍生品的商业银行需具备的内在条件。

（2）自变量。

本文选取若干代表商业银行内在条件的指标作为实证分析模型的自变量，以此分析金融衍生品使用与商业银行所需条件之间的关系，发现其中的特点和规律。

1）银行规模变量。

本文选取商业银行的总资产的自然对数作为银行规模的度量指标（LTA），以此来验证银行规模对商业银行是否使用金融衍生品的影响。通常来说，银行规模越大越有可能在金融衍生品交易上投入人力和资金，这些银行业更容易参与到金融衍生品交易中。

2）银行盈利及盈利能力指标。

本文选取以下比值代表商业银行盈利及盈利能力指标。

净利息收入与银行总资产的比值（NII）。该指标用以衡量商业银行基于传统业务的盈利能力。如果一个商业银行拥有较高的净利息收入，那么它将寻求更多的中间业务收入，因此更倾向于通过金融衍生品交易达到投机或者销售的目的；而一个商业银行如果拥有较低的净利息收入，为了锁定风险更倾向于通过金融衍生品达到对冲风险的目的。

贷款及租赁损失准备与银行总资产的比值（PLL）。该指标表明了商业银行面临的违约风险，如果一个银行面临较大的贷款违约损失风险，则它更倾向于利用金融衍生品对冲风险。

净收入与商业银行平均总资产的比值（NI）。该指标用以衡量商业银行的整体盈利水平。

3）边际利润指标。

净生息资产与总资产的比值（AEA）。该指标是商业银行生息资产与有息资金的差除以总资产的比值，用以衡量商业银行资产的边际利润。

4）贷款及租赁指标。

净损失收益抵补率（ECNL）。该指标是税前营业收入净额加上证券的收益或损失、非经常性项目、贷款及租赁损失准备的和，除以净贷款和租赁损失的比值。该指标衡量了商业银行的收入在多大程度上覆盖了其损失。

5）流动性指标。

净贷款和租赁与总资产的比值（NLL）。该指标衡量了商业银行资产的流动性。该指标越高，表明在商业银行资金来源固定的假设前提下，商业银行的资金更多地占用在了向市场投放贷款，特别是当这些贷款为中长期贷款时，商业银行的资产流动性就越差。反之，如果这个比值越低，则表示在资金来源总量不变的前提下，商业银行还有多余的流动资产可以用于新的贷款投放。

6）资本指标。

一级资本杠杆比率（TOLC）。一级资本杠杆率定义为在银行控股公司合并财务报表的基础上，一级资本对资产负债表内总资产的比率。它代表了银行资本的充足性。

次级票据和债券与总资产比值（SND）。次级债券可以计入商业银行的附属资本，从而提高其资本充足率，是商业银行长期资本的重要来源，它在一定程度上可以改善银行的经营状况，提高商业银行抗风险能力。

7）成长性指标。

总资产增长率（TCR）。该指标衡量了商业银行的成长性。

8）对冲替代性指标。

Ge′czy，Minton，and Schrand（1997）指出，利用金融衍生品对冲由于市场不完善导致的风险是可行的，但是不是必需的，各类企业和商业银行必须综合考虑其面临的风险水平、管理成本以及监管环境。Joseph F. Sinkey（2000）指出现金分红比例和资产流动性是两个重要的对冲风险的替代选择指标。本文选择现金分红与净收入的比值（CD）为度量指标。

2. 截面数据模型构建

本文选取的样本数据为2011年第四季度全美国资产大于30亿美元的商业银行，属于截面数据。但是分析样本中的因变量和自变量数据发现，因变量是连续的；由于部分商业银行没有应用金融衍生品，或者没有应用某一个品种的金融衍生品，因此部分数据无法观测，所得到的因变量的观测值仅是总体的一个受限制的子集。如果利用传统的截面数据模型，并不能完全反映总体的实际特征，那么通过这样的样本观测值来推断总体的特征需要构建受限因变量模型。本文选取审查回归模型（Censored Regression Models），其典型的代表就是Tobit模型。

根据前文选取的因变量和自变量指标，本文构建如下Tobit模型，以此来分析商业银行应用金融衍生品与其内在条件之间的关系。在模型中，我们假设商业银行使用金融衍生品是与其自身的条件特征之间存在一定的联系的。具体的模型如下。

（1）是否使用金融衍生品的商业银行实证分析模型。

所有金融衍生品模型（模型Ⅰ）：

$$TDER_i = \beta_0 + \beta_1 LTA + \beta_2 NII + \beta_3 PLL + \beta_4 NI + \beta_5 AEA + \beta_6 ECNL + \beta_7 NLL + \beta_8 TOLC + \beta_9 SND + \beta_{10} TCR + \beta_{11} CD + \mu_i \quad i = 1,2,\cdots,n \qquad (13-15)$$

（2）使用不同种类金融衍生品的商业银行实证分析模型。

利率衍生品模型（模型Ⅱ）：

$$IRD_i = \beta_0 + \beta_1 LTA + \beta_2 NII + \beta_3 PLL + \beta_4 NI + \beta_5 AEA + \beta_6 ECNL + \beta_7 NLL + \beta_8 TOLC + \beta_9 SND + \beta_{10} TCR + \beta_{11} CD + \mu_i \quad i = 1,2,\cdots,n \qquad (13-16)$$

外汇衍生品模型（模型Ⅲ）：

$$FECD_i = \beta_0 + \beta_1 LTA + \beta_2 NII + \beta_3 PLL + \beta_4 NI + \beta_5 AEA + \beta_6 ECNL + \beta_7 NLL + \beta_8 TOLC + \beta_9 SND + \beta_{10} TCR + \beta_{11} CD + \mu_i \quad i = 1,2,\cdots,n \qquad (13-17)$$

股票、商品及其他衍生品模型（模型Ⅳ）：

$$ECD_i = \beta_0 + \beta_1 LTA + \beta_2 NII + \beta_3 PLL + \beta_4 NI + \beta_5 AEA + \beta_6 ECNL + \beta_7 NLL + \beta_8 TOLC + \beta_9 SND + \beta_{10} TCR + \beta_{11} CD + \mu_i \quad i = 1,2,\cdots,n \tag{13-18}$$

期货及远期模型（模型Ⅴ）：

$$FFD_i = \beta_0 + \beta_1 LTA + \beta_2 NII + \beta_3 PLL + \beta_4 NI + \beta_5 AEA + \beta_6 ECNL + \beta_7 NLL + \beta_8 TOLC + \beta_9 SND + \beta_{10} TCR + \beta_{11} CD + \mu_i \quad i = 1,2,\cdots,n \tag{13-19}$$

期权模型（模型Ⅵ）：

$$OD_i = \beta_0 + \beta_1 LTA + \beta_2 NII + \beta_3 PLL + \beta_4 NI + \beta_5 AEA + \beta_6 ECNL + \beta_7 NLL + \beta_8 TOLC + \beta_9 SND + \beta_{10} TCR + \beta_{11} CD + \mu_i \quad i = 1,2,\cdots,n \tag{13-20}$$

互换（掉期）模型（模型Ⅶ）：

$$SD_i = \beta_0 + \beta_1 LTA + \beta_2 NII + \beta_3 PLL + \beta_4 NI + \beta_5 AEA + \beta_6 ECNL + \beta_7 NLL + \beta_8 TOLC + \beta_9 SND + \beta_{10} TCR + \beta_{11} CD + \mu_i \quad i = 1,2,\cdots,n \tag{13-21}$$

在模型Ⅰ到模型Ⅶ中，μ 表示随机扰动项；下标 i 表示不同的商业银行。

本文采用极大似然法估计审查回归模型的参数，利用 EViews6.0，可得出实证分析的结果。

（二）应用金融衍生品内在条件的面板数据模型分析

在截面数据模型分析的基础上，为了利用面板数据可以控制截面模型中不变的不可观测异质性的优点，本文构建相应的面板数据模型，进一步分析应用金融衍生品的商业银行具备的内在条件。在截面数据模型样本数据和时间区间的选择上，本文依然选取 2013 年第二季度金融衍生合约名义价值量排名前 25 位的商业银行自 2007 年第二季度到 2013 年第二季度的 25 个季度的数据。

1. 变量的选取。

（1）因变量的选取。

在面板数据模型因变量的选取时，对于是否使用金融衍生品及金融衍生品使用量指标选取上，本文依然选取商业银行金融衍生品名义价值量与总资产的比值（TDER）作为被解释变量。同时，为考察使用不同种类金融衍生品的商业银行的条件特征，本文在选取利率衍生品名义价值量与总资产的比值（IRD），外汇衍生品名义价值量与总资产的比值（FECD），股票、商品及其他衍生品名义价值量与总资产的比值（ECD），期货及远期名义价值量与总资产的比值（FFD），期权名义价值量与总资产的比值（OD），互换（掉期）名义价值量与总资产的比值（SD）等其他 6 个指标分别作为因变量的同时，增加信用衍生品名义价值量与总资产的比值（CRD）作为因变量。

（2）自变量的选取。

为了使面板数据模型的实证分析更加有针对性、全面性，增加实证分析的精度，本文对于面板数据模型自变量指标的选取不再简单重复使用截面数据时选取的全部指标。而是选取截面数据模型中在 10% 显著性水平下显著的财务指标，将这些指标直接纳入或者找到同类型的其他指标纳入面板数据模型作为实证分析模的自变量，以此分析金融衍生品使用与商业银行条件特征之间的关系，发现其中的特点和规律。

1）银行规模变量。

在截面数据模型分析时发现，所有模型中，商业银行的总资产的自然对数指标（LTA）均显著，因此在面板数据模型中依然选取该指标。

2）银行盈利及盈利能力指标。

在截面数据模型分析中发现，净利息收入与银行总资产的比值（NII）指标在部分模型中显著，为了增加内在条件指标的全面性，本文在面板数据模型中选取该指标的同类型指标，即非利息收入与银行总资产的比值（NINI）作为衡量商业银行盈利能力指标纳入模型中。

同时，净收入与商业银行平均总资产的比值（NI）在所有模型中均不显著，为了考察商业银行收益水平对使用金融衍生品的影响，本文在构建面板数据模型时选取资产收益率（ROA）指标作为自变量之一。

3）边际利润指标。

在截面数据模型分析中发现，净生息资产与总资产的比值（AEA）指标在按照对应基础产品分类的模型中部分显著，而在其他模型中不显著。因此在面板数据模型中依然选取该指标。

4）贷款及租赁指标。

在截面数据模型分析中发现，净损失收益抵补率（ECNL）指标在按照产品形态分类的模型中显著，而在按照对应基础产品分类的模型中不显著。因此，在构建面板数据模型时，本文选取贷款和租赁损失与总贷款和租赁总额比值，对应国内亦即不良贷款率（NL）指标，衡量商业银行贷款损失情况。

5）流动性指标。

在截面数据模型分析中发现，净贷款和租赁与总资产的比值（NLL）指标在按照产品形态分类和按照对应基础产品不同分类模型中，均有部分显著，因此在构建面板数据模型中将不考虑该指标。

6）资本指标。

在截面数据模型中，一级资本杠杆比率（TOLC）指标在按照产品形态分类和按照对应基础产品不同分类模型中，均有部分显著，因此在构建面板数据模型中将不考虑该指标。次级票据和债券与总资产比值（SND）指标在按照对应基础产品不同分类模型中，部分显著，因此在构建面板数据模型中亦不考虑该指标。

但是为了增加考察资本类指标在面板数据模型中的影响，增加商业银行所有者权益与总资产的比值（ECA）指标作为面板数据模型的自变量。

7）成长性指标。

在截面数据模型中发现，总资产增长率（TCR）指标在所有模型中均不显著，表明商业银行成长性指标并非商业银行应用金融衍生品的显著性影响指标，因此在面板数据模型中将不考虑该指标。

2. 金融衍生品总体内在条件面板数据模型分析

本文首先构建金融衍生品总体内在条件面板数据模型。在相关序列通过单位根检验、协整检验后，针对面板数据序列，本文构建如下的回归模型：

$$TDER_{it} = \alpha_i + \beta_1 LNA_{it} + \beta_2 NINI_{it} + \beta_3 ROA_{it} + \beta_4 AEA_{it} + \beta_5 NL_{it} + \beta_6 ECA_{it} + \mu_{it} \quad (13-22)$$

式子中 i 为截面数，取值为 $i=1$，2，…，24；t 为时间长度，$t=1$，2，…，25。

在利用面板数据模型进行回归分析时，需要首先确定模型的设定形式，明确面板数据模型的影响形式。同样，本文借助 EView 6.0，利用 Hausman 检验确定模型应该建立个体固定效应模型。

3. 不同类型衍生品内在条件面板数据模型分析

在利用面板数据模型分析使用不同金融衍生品的商业银行的内在条件时，将模型中的被解释变量金融衍生品合约名义价值与总资产比值（TDER）更换为相应金融衍生品合约名义价值与总资产的比值（CRD）即可。在相关序列通过单位根检验、协整检验后，针对面板数据序列，本文构建如下的回归模型：

（1）信用衍生品内在条件面板数据模型。

$$CRD_{it} = \alpha_i + \beta_1 LNA_{it} + \beta_2 NINI_{it} + \beta_3 ROA_{it} + \beta_4 AEA_{it} + \beta_5 NL_{it} + \beta_6 ECA_{it} + \mu_{it} \quad (13-23)$$

（2）利率类金融衍生品内在条件面板数据模型。

$$IRD_{it} = \alpha_i + \beta_1 LNA_{it} + \beta_2 NINI_{it} + \beta_3 ROA_{it} + \beta_4 AEA_{it} + \beta_5 NL_{it} + \beta_6 ECA_{it} + \mu_{it} \quad (13-24)$$

（3）汇率类金融衍生品内在条件面板数据模型分析。

$$FECD_{it} = \alpha_i + \beta_1 LNA_{it} + \beta_2 NINI_{it} + \beta_3 ROA_{it} + \beta_4 AEA_{it} + \beta_5 NL_{it} + \beta_6 ECA_{it} + \mu_{it} \quad (13-25)$$

（4）股票、商品及其他类金融衍生品内在条件面板数据模型分析。

$$ECD_{it} = \alpha_i + \beta_1 LNA_{it} + \beta_2 NINI_{it} + \beta_3 ROA_{it} + \beta_4 AEA_{it} + \beta_5 NL_{it} + \beta_6 ECA_{it} + \mu_{it} \quad (13-26)$$

（5）期货及远期类金融衍生品内在条件面板数据模型分析。

$$FFD_{it} = \alpha_i + \beta_1 LNA_{it} + \beta_2 NINI_{it} + \beta_3 ROA_{it} + \beta_4 AEA_{it} + \beta_5 NL_{it} + \beta_6 ECA_{it} + \mu_{it} \quad (13-27)$$

（6）期权类金融衍生品内在条件面板数据模型分析。

$$OD_{it} = \alpha_i + \beta_1 LNA_{it} + \beta_2 NINI_{it} + \beta_3 ROA_{it} + \beta_4 AEA_{it} + \beta_5 NL_{it} + \beta_6 ECA_{it} + \mu_{it} \quad (13-28)$$

（7）互换（掉期）类金融衍生品内在条件面板数据模型分析。

$$SD_{it} = \alpha_i + \beta_1 LNA_{it} + \beta_2 NINI_{it} + \beta_3 ROA_{it} + \beta_4 AEA_{it} + \beta_5 NL_{it} + \beta_6 ECA_{it} + \mu_{it} \quad (13-29)$$

上述式子中 i 为截面数，$i=1$，2，…，24；t 为时间长度，取值为 $t=1$，2，…，25。

在利用面板数据模型进行回归分析时，需要首先确定模型的设定形式，明确面板数据模型的影响形式。同样，本文借助 EView 6.0，利用 Hausman 检验确定模型的设定形式，上述模型均应建立个体固定效应模型。因此，建立固定效应回归模型采用最小二乘估计方法，利用 EView 6.0，可得出计算结果。

4. 模型实证分析结果

经过实证分析，按照金融衍生品使用总量及不同类别金融衍生品名义价值总量两个维度，通过截面数据模型和面板数据模型分别得到了相应的实证结果。表 13.3 汇总了商业银行金融衍生品名义价值总量及信用衍生品名义价值量两种模型中，在 10% 显著性水平下显著的指标情况；表13.4汇总了按照对应的基础产品不同分类的不同类别金融衍生品名义价值量模型中，在10%显著性水平下显著的指标情况；表13.5汇总了按照产品形态不同分类的不同类别金融衍生名义价值量模型中，在10%显著性水平下显著的指标情况。

表13.3　　金融衍生品总量及信用衍生品模型指标显著性结果

	模型及财务指标	金融衍生品使用名义价值总量指标（TDER）	信用衍生品指标（CRD）
截面数据模型	总资产的自然对数（LTA）	11.444**	—
	净利息收入与银行总资产的比值（NII）	-8.81**	—
	净贷款和租赁与总资产的比值（NLL）	-0.338*	—
	一级资本杠杆比率（TOLC）	1.694**	—
面板数据模型	总资产的自然对数指标（LTA）	118.4052***	2.3452***
	非利息收入与银行总资产的比值（NINI）	1769.048***	21.1433***
	净生息资产与总资产的比值（AEA）	-251.4314***	-11.6246***
	贷款和租赁损失与总贷款和租赁总额的比值（NL）	-3.9577**	-0.0492
	所有者权益与总资产的比值（ECA）	744.597***	-2.3774

注：*、**、***分别代表在10%、5%、1%的程度上显著。

表13.4　　按照对应基础产品不同分类的模型指标显著性结果

	模型及财务指标	利率类金融衍生品（IRD）	外汇类金融衍生品（FECD）	股票、商品及其他类金融衍生品（ECD）
截面数据模型	总资产的自然对数（LTA）	10.4752**	2.9105***	0.2260***
	净利息收入与银行总资产的比值（NII）	-8.5106**	-0.6621	-0.0080
	净生息资产与总资产的比值（AEA）	-0.4551	0.15*	0.0055
	净贷款和租赁与总资产的比值（NLL）	-0.2935	-0.06792***	-0.0022
	一级资本杠杆比率（TOLC）	1.5824**	0.1547*	-0.0063
	次级票据和债券与总资产比值（SND）	-480.9169	75.2876*	0.3113
面板数据模型	总资产的自然对数指标（LTA）	109.734***	6.3872***	-0.0612**
	非利息收入与银行总资产的比值（NINI）	1638.828***	108.4051***	0.6715
	资产收益率（ROA）	-186.2569	-46.5675*	-0.4788
	净生息资产与总资产的比值（AEA）	-243.8854***	3.3659	0.7127***
	贷款和租赁损失与总贷款和租赁总额的比值（NL）	-3.2747*	-0.6155***	-0.0183***
	所有者权益与总资产的比值（ECA）	682.1296***	64.2184***	0.6263***

注：*、**、***分别代表在10%、5%、1%的程度上显著。

表 13.5　　按照产品形态不同分类的模型指标显著性结果

	模型及财务指标	期货及远期类金融衍生品（FFD）	期权类金融衍生品（OD）	互换（掉期）类金融衍生品（S）
截面数据模型	总资产的自然对数（LTA）	2.212***	2.6288**	12.366***
	净利息收入与银行总资产的比值（NII）	-1.31532***	-1.2331	-8.281**
	净损失收益抵补率（ECNL）	-0.01337*	-0.0119	-0.07375*
	净贷款和租赁与总资产的比值（NLL）	-0.04276*	-0.09472**	-0.1188
	一级资本杠杆比率（TOLC）	0.1043	0.3209**	1.5013**
面板数据模型	总资产的自然对数指标（LTA）	10.0577***	18.2475***	87.7549***
	非利息收入与银行总资产的比值（NINI）	166.9526***	307.7843***	1273.167***
	净生息资产与总资产的比值（AEA）	-9.2722	-32.2094***	-198.3252***
	贷款和租赁损失与总贷款和租赁总额的比值（NL）	-0.3112*	-0.7425**	-2.8549**
	所有者权益与总资产的比值（ECA）	89.0585***	148.7643***	509.1516***

注：*、**、***分别代表在10%、5%、1%的程度上显著。

从上述汇总结果可以发现，商业银行应用金融衍生品有一定的内在条件要求。在资产规模上往往要求较大；在收入结构上，往往要求具有较高的非利息收入和相对低的净利息收入；在贷款和租赁上，要求贷款租赁损失在贷款总额中的比例要低；在流动性上，要净贷款和租赁在总资产中的占比相对较低，即资产流动性要高；在资本结构上，净生息资产在总资产中的占比要低，一级资本杠杆比率和所有者权益占总资产的比值要高。

同时，商业银行在应用不同类别金融衍生品时对条件也有不同的要求。商业银行在应用信用衍生品时，在资产规模上往往也要求要大；在收入结构上，非利息收入占比要高；在资本结构上，净生息资产在总资产中的占比要低。对于按照对应基础产品不同分类的各类金融衍生品来说，各类金融衍生品的共同要求是商业银行需要具有较大的资产规模、较低的贷款和租赁损失与总贷款和租赁总额比值，以及较高的所有者权益与总资产的比值。同时，利率类金融衍生品在收入结构上要求净利息收入在收入结构中占比低，非利息收入在收入结构中占比要高；在资本结构上，净生息资产在总资产中的占比要低，一级资本杠杆比率要高。外汇类金融衍生品则同时要求商业银行在收入结构上，非利息收入在收入结构中占比较高；在盈利能力上，资产收益率不要求很高；在流动性指标上，要净贷款和租赁在总资产中的占比相对较低，即资产流动性要高；在资本结构上，净生息资产与总资产的比值要低，而次级票据和债券与总资产比值、一级资本杠杆比率要高。股票、商品及其他类金融衍生品则同时要求在资本结构上，净生息资产与总资产的比值要低。

对于按照产品形态不同分类的各类金融衍生品来说，各类金融衍生品的共同条件是商业银行需要具有较大的资产规模、较高的非利息收入占比、较低的贷款和租赁损失与总贷款和租赁总额比值，以及较高的所有者权益与总资产的比值。同时，期货和远期类金融衍生品在收入结构上要求商业银行净利息收入在收入结构中占比低；净损失收益抵补率不要求很高；在流动性上，要净贷款和租赁在总资产中的占比相对较低，即资产流动性要高。期权类金融衍生品则同时要求，在流动性上，要净贷款和租赁在总资产中的占比相对较低，即资产流动性要高；在资本结构上，净生息资产与总资产的比值及一级资本杠杆比率要高。对于互换（掉期）类金融衍生品则同时要求，商业银行净利息收入在收入结构中占比低；净损失收益抵补率不要求很高；在资本结构上，净生息资产与总资产的比值及一级资本杠杆比率要高。

四、中美商业银行应用金融衍生品差异性分析

金融衍生品在美国等西方发达国家市场已经具有几十年的发展历程，在产品的丰富度上，无论是场内交易还是场外交易均已经非常完备。然而，我国金融衍生品市场至今发展仍不完善，相关产品目前仍较少，交易不活跃，造成这种现象的原因是多方面的。本部分在借鉴美国商业银行的基础上，全面对比分析中美商业银行在应用金融衍生品的动因、内在条件、发展现状、发展时序、环境条件、配套措施等方面的差异性，为我国商业银行未来金融衍生品的应用提供一定的借鉴和参考依据，探寻适合我国国情的中国特色发展道路。

（一）中美商业银行应用金融衍生品动因差异性分析

中美商业银行应用金融衍生品在一定程度上具有动因的一致性。但是，我国商业银行与美国商业银行相比，在动因上又具有一定的差异性。

1. 我国大型国有商业银行依然处于垄断地位

上文的实证分析发现，资产规模是商业银行应用金融衍生品的重要门槛和内在条件。因此，我国大型国有商业银行将是未来金融衍生品市场的主要参与者。然而，目前我国大型国有商业银行在银行业中依然处于垄断地位，虽然面临着改革和转型的压力，但是并未带来生存的压力，也没有从根本上打破其收入模式，动摇其盈利的基础，导致作为应用金融衍生品主力的大型商业银行在动力上显得不足，极大削弱了其利用金融衍生品的积极性。

2. 我国商业银行体制存在弊端

2009 年，随着中国农业银行股份制改革的完成，宣告这场始于 20 世纪 90 年代的我国商业银行的股份制改造的彻底完成。至此，我国商业银行基本建立起了现代银行制度。但是，股份制改革并未从根本上解决我国银行业面临的深层次的问题，体制弊端一定程度上抑制了我国商业银行应用金融衍生品的动力和主观意愿。

首先，我国大型商业银行仍然属于国有控股，大部分股份制商业银行中国有股份仍占很高的比例。其次，我国商业银行股份制改革中虽然参照国外银行设立包括股东大会、董事会和监事会在内的现代企业制度和管理架构，但是在决策层的人事安排上仍然由国家任命，商业银行的管理者为政府官员。由此以来，再加上我国社会各界对金融衍生品高风险的认识偏见，必将导致我国商业银行经营过程中漠视“风险与收益相匹配”的原则，在其他低风险垄断利润的保障下，不愿尝试具有一定风险的金融衍生品业务。

3. 我国商业银行内部考核激励机制不完善

首先，与美国商业银行的事业部制不同，我国商业银行采取总分行组织架构下的部门银行制。在这种组织架构下，分行为了经营业绩，在风险可控的前提下具有尝试诸如金融衍生品在内的新型业务的需求，但是总行为了规避风险责任，往往对风险采取零容忍的态度，这种激励目标的不一致性阻碍了金融衍生品等新型业务的开展和应用。

其次，我国大型国有商业银行内部仍然采取行政级别，人员的考核、奖励、工资和绩效与行政级别挂钩，而人员专业类别、人员素质、所从事的岗位等在人员薪酬、福利等考核激励措施中权重较低，使得商业银行对金融衍生品业务领域的人才缺乏吸引力，并造成了人才的流失。这对于需要大量高素质人才的金融衍生品业务来说，直接导致内部活力的缺失。

（二）中美商业银行应用金融衍生品内在条件差异性分析

商业银行应用金融衍生品对内在条件有一定的要求。这些条件包括了商业银行的资产规模、收入的结构、贷款不良率指标、流动性指标以及资本结构等方面。通过对比分析我国与美国商业银行相应的指标情况，可以从中发现我国商业银行是否具备应用金融衍生品的内在条件。

1. 商业银行资产规模情况对比分析

2012 年底，美国商业银行资产规模占主要金融机构资产总额中的占比为 13%（见图 13.4）。而该数据在 1970 年时为 51%。

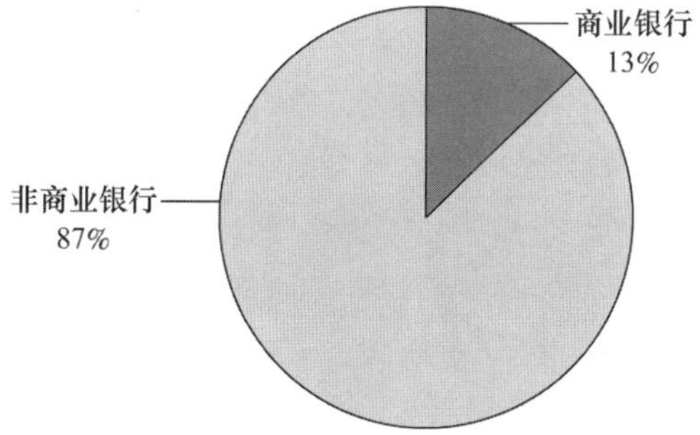

图 13.4　2012 年底美国商业银行资产规模在主要金融机构资产总额中的占比

2012 年底，在美国商业银行中，资产规模大于 3 亿美元的共有 188 家，其中 85% 以上均利用了金融衍生品，持有金融衍生品合约名义金额前 10 位的商业银行总资产规模也名列前茅。2012 年底，JP 摩根大通银行（JPMORGAN CHASE BANK）、美国银行（BANK OF AMERICA）、花旗银行（CITIBANK）和富国银行（WELLS FARGO）等 4 家资产规模最大的商业银行资产规模合计达到 5.95 万亿美元，占全美商业银行资产总规模的 42.8%。2010 年底，该数据为 5.37 万亿美元，在美国排名前 1000 家商业银行总资产规模中的占比几乎达到 50%。如果仅考虑前十大商业银行总资产规模，该比例甚至超过了 80%。

2012 年底，我国商业银行资产规模占主要金融机构资产总额中的占比为 86%，如图 13.5 所示。

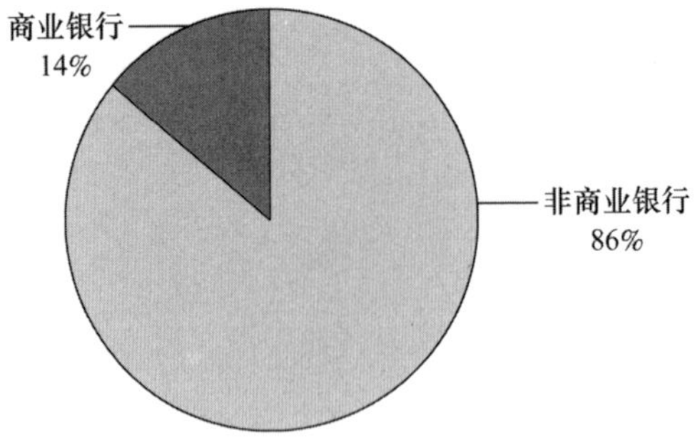

图 13.5　2012 年底我国商业银行资产规模在主要金融机构资产总额中的占比

我国四大国有商业银行总资产规模合计达到 61.06 万亿元，占商业银行（包括大型商业银行、股份制商业银行、城市商业银行、农村商业银行和外资银行，下同）资产总资产规模 104.6 万亿元的 58.4%。由此可见，从资产规模角度来看，我国商业银行与美国商业银行情况相当，完全有条件开展金融衍生品交易。

2. 商业银行收入结构对比分析

2012 年底，美国商业银行利息收入占全美商业银行总资产的比例为 4.16%。非利息收入占比为 0.67%。非利息收入在收入结构中占比大约为 40%，而该数据在 1970 年约为 20%。

美国 2012 年底资产规模和金融衍生品合约名义金额均排名第一的 JP 摩根大通银行，利息收入 410.56 亿美元，非利息收入 352.44 亿美元，非利息收入占比为 46%。如图 13.6 所示。

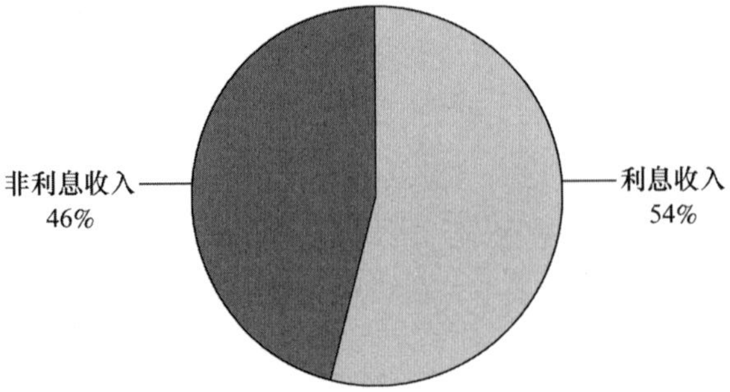

图 13.6　JP 摩根大通银行 2012 年底收入结构图

在 2013 年世界 500 强最赚钱的 50 家公司中，我国四大行是“唯一”跻身前 10 位的中国企业。虽然我国商业银行盈利能力很强，但是从收入结构上看，我国商业银行 2012 年底合计实现净利息收入 2.54 万亿元，占商业银行总资产的 2.43%，非利息收入 6270 亿元，占商业银行总资产的 0.6%；非利息收入在收入结构中占比为 20%，利息收入占比为 80%，与美国 20 世纪 70 年代银行业收入结构类似。

我国商业银行 2012 年底资产规模最大的中国工商银行，利息收入 7214.39 亿元，非利息收入 1191.17 亿元，非利息收入占比为 14%。如图 13.7 所示。

从收入结构上来看，虽然目前我国商业银行非利息收入与美国银行业相比仍然较低，但是与美国 20 世纪 70 年代的收入结构相比基本相同。

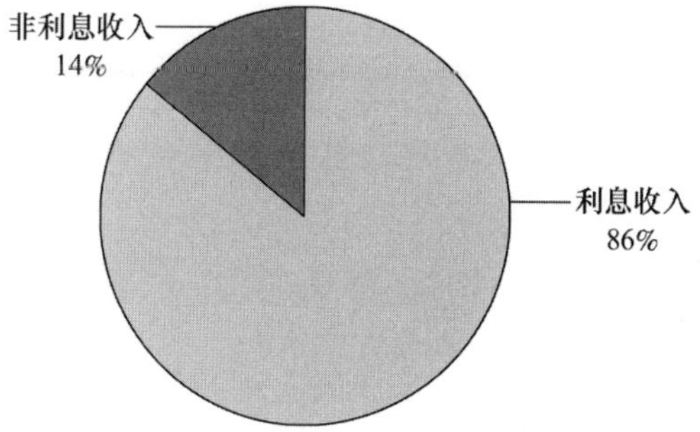

图 13.7　中国工商银行 2012 年底收入结构图

3. 商业银行不良贷款率对比分析

2012 年底，美国所有商业银行净损失占总贷款与租赁的百分比（Net Loss to Average Total LN&LS）为 0.4%，该指标衡量了美国商业银行的不良贷款率。而同期美国资产规模和金融衍生品合约名义金额最大的 JP 摩根大通银行该指标为 0.82%，美国银行、花旗银行和富国银行分别为 1.10%、2.19% 及 1%。

来自银监会的数据显示，我国商业银行 2012 年末不良贷款余额为 4929 亿元，比 2011 年末增加 647 亿元，不良贷款率为 0.95%。图 13.8 显示了 2010 年第四季度至 2012 年我国商业银行不良贷款余额及不良贷款率变化趋势。

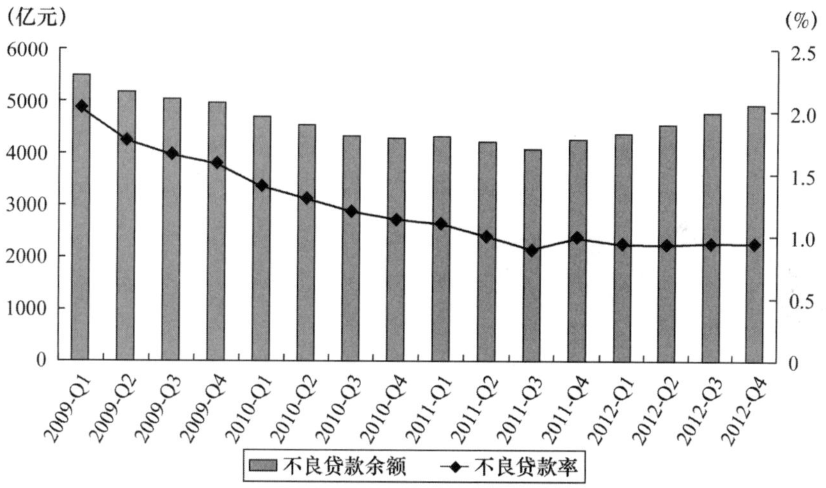

图 13.8　2010 年第四季度至 2012 年我国商业银行不良贷款余额及不良贷款率变化趋势图

2012 年底，我国工、农、中、建四大国有商业银行的不良贷款率指标分别为 0.85%、1.33%、0.95% 及 0.99%。按照不同机构类别的不良贷款余额及不良贷款率指标如图 13.9 所示。

通过对比可以发现，我国商业银行不良贷款率水平整体略高于美国银行业，但是与美国四大商业银行相比，作为金融衍生品主要参与对象的大型商业银行，其不良贷款率水平优于同期的美国银行。

4. 商业银行资产流动性对比分析

2012 年底，美国所有商业银行净贷款占总资产比为 58.9%，该指标衡量了美国商业银

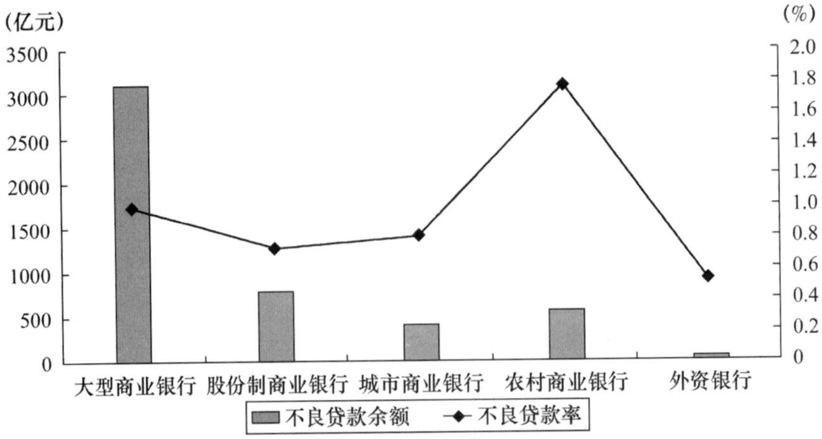

图 13.9　我国按照不同机构类别的不良贷款余额及不良贷款率指标图

行的资产流动性。而同期美国资产规模和金融衍生品合约名义金额最大的 JP 摩根大通银行贷款与总资产比值为 32.09%，美国银行、花旗银行和富国银行分别为 50.13%、44.09%、60.16%。同时，这 4 家银行的存贷比分别为 48.84%、66.12%、61.52%、76.60%。

我国商业银行 2012 年底，各项贷款余额为 51.7 万亿元，占商业银行总资产的 49.4%，比美国商业银行同期指标要低；从其他流动性指标上看，2012 年末，我国商业银行流动性比例（流动性资产/流动性负债）为 45.8%，商业银行存贷比为 65.3%。图 13.10 显示了近两年我国商业银行存贷比变化图。

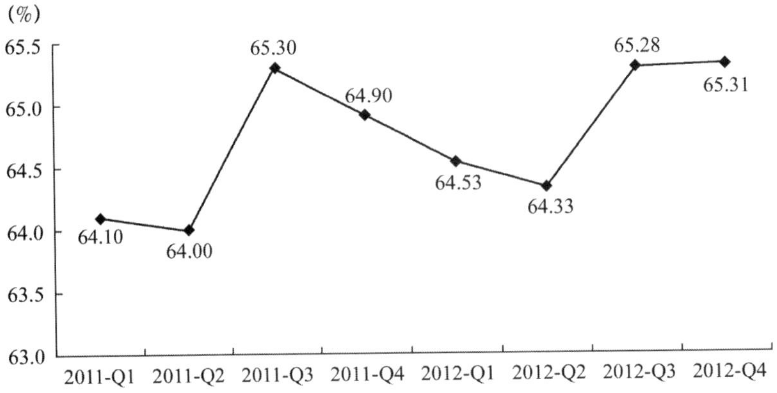

图 13.10　近两年我国商业银行存贷比变化图

2012 年底，我国工、农、中、建四大国有商业银行贷款与总资产比值分别为 47.02%、45.23%、51.78%、50.56%；存贷比分别为 64.10%、59.22%、71.99%、66.23%。

通过对比可以发现，我国商业银行流动性比较充裕，与美国银行水平在伯仲之间。

5. 商业银行资本结构对比分析

2012 年底，美国商业银行一级资本杠杆比率，也称为核心资本充足率为 10.39%，净生息资产在总资产中的占比为 92.66%，所有者权益与总资产的比值为 11.65%。同期美国资产规模最大的 4 家商业银行，JP 摩根大通银行、美国银行、花旗银行和富国银行的核心资本充足率分别为 6.16%、8.58%、8.97%、8.48%；净生息资产在总资产中的占比分别为 89.29%、85.37%、89.35%、91.25%；所有者权益与总资产的比值分别为 7.70%、12.04%、11.23%、10.56%。

我国商业银行（不含外国银行分行）2012 年末加权平均资本充足率为 13.3%，比 2011 年末上升 0.54 个百分点；加权平均核心资本充足率为 10.6%，比 2011 年末上升 0.38 个百分点。核心资本充足率稳步提升，如图 13.11 所示。

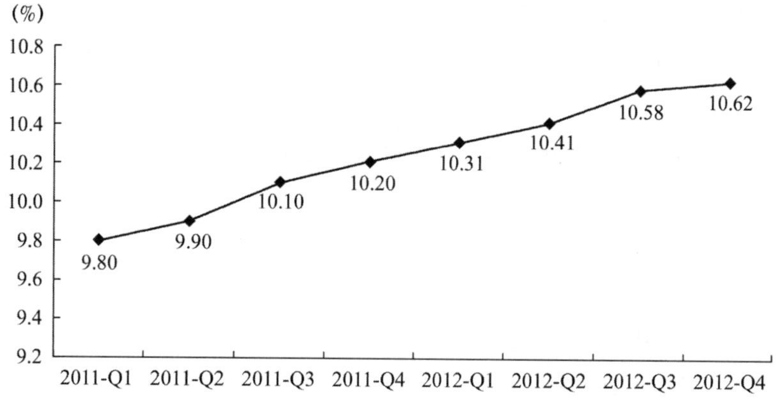

图 13.11　我国商业银行核心资本充足率

我国工、农、中、建四大国有商业银行核心资本充足率分别为 10.62%、9.67%、10.54%及 11.32%；净生息资产在总资产中的占比分别为 84.02%、85.41%、90.27%及 86.45%；所有者权益与总资产的比值分别为 6.03%、5.28%、5.83%及 6.30%。

从资本结构看，我国商业银行的核心资本充足率与美国商业银行相当，净生息资产在总资产中的比值比美国商业银行的指标稍低，从应用金融衍生品的角度来看，该指标优于美国商业银行。但是所有者权益与总资产的比值比美国商业银行低，表明我国商业银行目前依然采取的是规模制胜的经营策略，在资产规模盲目扩大的同时，权益资本并未得到有效补充，这不利于我国商业银行应对应用金融衍生品时面临的潜在风险。

以上分析发现，我国商业银行从自身内在条件角度看，已经为应用金融衍生品创造了良好的条件和基础。

（三）美国商业银行金融衍生品发展借鉴与环境条件

1. 美国金融衍生品发展时序

美国作为金融衍生品的发源地以及当今世界规模最大、创新最活跃的金融衍生品市场，引领了世界各地金融衍生品的发展趋势。1972 年 5 月，出于规避汇率风险的需要，美国芝加哥商业交易所（CME）国际货币市场部（IMM）推出了世界上首份外汇期货合约，自此美国金融衍生品产品创新层出不穷。纵观美国金融衍生品推出时序，发现其基本上走了一条从外汇类合约到国债类、利率类、股票类、互换类，最后到信用衍生产品的发展之路。

美国商业银行金融衍生品的发展基本上同步于国家金融衍生品的推出，美国商业银行金融衍生品的实施路径也可以说就是美国金融衍生品的实施路径。表 13.6 列出了美国商业银行主要金融衍生品推出的时间顺序。

表 13.6　　美国商业银行主要金融衍生品推出的时间顺序

时间	金融衍生品品种
1972 年	外汇期货（汇率期货）
1974 年	黄金期货
1975 年	抵押债券期货、国债期货、利率期货
1977 年	长期政府债券期货
1979 年	场外货币期权
1980 年	货币互换
1981 年	股票期权、股票期货、股票指数期货、利率互换
1983 年	外汇期货期权、股票指数期权
1984 年	远期利率协议
1985 年	欧洲美元期权、互换期权
1987 年	平均期权、复合期权
1989 年	利率互换期货
1990 年	股票指数互换
1991 年	证券组合互换
1992 年	特种互换
1993 年	信用衍生产品
1993 年以后	在金融衍生品基本类型的基础上不断创新，爆发式发展

资料来源：根据巴曙松《中国金融衍生品发展路径——从国际比较看中国选择》等文整理。

商业银行金融衍生品的发展与国家的经济环境和经济制度密切相关，纵观美国商业银行金融衍生品发展道路，发现都是在国家经济环境条件和相关配套措施成熟的过程中，逐步建立和推出的。

2. 美国商业银行金融衍生品发展时序及环境分析

根据对应的基础产品不同，金融衍生品可以分为汇率类金融衍生品、利率类金融衍生品、股票类金融衍生品和商品类金融衍生品。从美国商业银行金融衍生品发展时序可以看出，根据对应基础产品不同，美国商业银行金融衍生品发展路径为汇率类金融衍生品、股票类金融衍生品、商品类金融衍生品、利率类金融衍生品及信用衍生品，美国商业银行之所以选择如此发展路径与其所处的环境条件密不可分。

（1）汇率类金融衍生品应用及环境分析。

1972 年，国际外汇市场动荡不定，带来了不同国家货币汇率的大幅波动，美国的芝加哥商品交易所货币市场分部紧紧抓住市场机会和客户需求，向市场上首次推出了以英镑、加拿大元、瑞士法郎、德国马克、日元以及墨西哥比索等货币为标的的货币期货合约，标志着世界第一代现代意义上的金融衍生品的诞生。由于历史的渊源，当时美国乃至世界外汇业务都是由银行业或者大的投行把持，这在客观上促使美国商业银行金融衍生品的发展率先由汇率类金融衍生品开始。同时，美国商业银行率先应用汇率类金融衍生品与美元的国际货币地位和当时环境密不可分。

一是美元在国际货币体系中的主导地位。二是布雷顿森林体系的崩溃。布雷顿森林体系彻底崩溃以后，汇率的不断变动给商业银行的发展带来了一系列的问题，再加上美元国际货币体系的主导地位，客观上加剧了汇率变动对美国商业银行及美国经济的影响程度。三是美国较为宽松的外汇管制。

（2）贵金属类金融衍生品应用及环境分析。

在金本位制度和布雷顿森林体系框架下，商业银行为现货黄金的最大做市商，美国商业银行持有大量的黄金现货头寸。随着这两大制度和体系的瓦解，美国商业银行急需通过期货等手段规避黄金风险，黄金期货应运而生，商业银行应用黄金期货的具体环境包括：一是金本位制度的瓦解，布雷顿森林体系的崩溃，造成黄金价格的剧烈波动；二是美元汇率的波动，加大了具有储备功能的黄金价格风险。

（3）利率类金融衍生品应用及环境分析。

20 世纪 70 年代中期以来，为了治理国内经济和在汇率自由浮动后稳定汇率，美国推行金融自由化政策，以往的利率管制得以放松甚至取消，导致利率波动日益频繁而剧烈。面对日趋严重的利率风险，各类金融机构，特别是商业银行迫切需要一种既简便可行、又切实有效的管理利率风险的工具，利率期货正是在这种背景下应运而生的。美国商业银行应用利率衍生品的环境具体包括：一是美国利率市场化的逐步推进；二是利率市场化冲击美国商业银行传统盈利模式，加大了商业银行的经营风险；三是美国实行的存款保险制度，打破了商业银行“大而不能倒”的现象，增强了商业银行的忧患意识和危机意识。

（4）股票及其他商品类金融衍生品应用及环境分析。

进入 20 世纪 80 年代，美国的银行业中部分商业银行的经营范围逐步突破了传统意义上的存贷款业务的束缚，通过各种创新的手段和方式，开始向证券业、保险业和信托业渗透，再加上美国放松了对银行业的管制，商业银行作为机构投资者开始涉足股票证券市场。为了避免重蹈 20 世纪 30 年代的覆辙，通过合理手段规避股票市场的风险，当美国堪萨斯期货交易所（KCBT）于 1982 年 2 月开办首支股指期货品种——价值线综合指数期货交易时，美国商业银行也参与其中。这也是在当时历史环境下，美国商业银行的必然选择。一是 20 世纪 70 年代后的银行业危机促使美国放松对商业银行分业经营的严格管制。二是 20 世纪 80 年代初，逐渐从熊市中走出的美国股票市场，呼唤能够规避股票市场的系统性风险的工具。三是美国高度市场化的股票市场、双向的交易制度设计、合理的投资者结构及交易手段的信息化和程序化为商业银行参与股票类金融衍生品创造了良好基础。四是美国股票市场建立完善的卖空交易机制。五是随着程序化交易的不断发展，股票指数化投资开始盛行。

（5）信用衍生品应用及环境分析。

1992 年，美国纽约互换市场最早出现了信用衍生品，随后被国际互换和衍生品协会正式确定为一类特殊的金融衍生品。1993 年，J. P. Morgan、Merill Lynch 和 Banker Trust 开始经营信用衍生产品，标志着美国商业银行开始应用信用衍生品。信用衍生品的出现与美国商业银行逃避监管和控制风险密不可分。一是 20 世纪 80 年代后期到 90 年代初发生在美国的经济衰退和对商业银行资产的严格监管使得商业银行资产质量雪上加霜。二是商业银行客户违约现象突出，但是又需要与客户维持良好银企关系。三是商业银行面临的市场竞争日趋激烈，不得不寻求创新推出更好的产品和服务。

（6）金融衍生品在基本类型基础上向全类型、结构化、复杂化方向快速发展环境分析。

在基本类型金融衍生品的基础上，美国商业银行根据自身及市场的需要，不断应用各类新型的金融衍生品。对于外汇类金融衍生品，在外汇期货的基础上，相继应用了外汇远期、货币期权、货币互换以及具有外汇远期、外汇期货、外汇掉期（互换）和外汇期权中一种或多种特征的结构化产品。对于商品类金融衍生品，在应用黄金期货后，到20世纪80年代后，商业银行开始应用各类商品类金融衍生品。对于利率类金融衍生品，在利率期货的基础上，相继应用了利率互换、远期利率协议、利率期货、利率上限、利率下限、利率双限及互换期权等结构化产品。对于股票类金融衍生品，商业银行的应用范围也迅速扩展到股票期货、股票期权、股票指数期权以及上述类型的混合交易合约产品；对于信用衍生品，在信用违约互换的基础上，商业银行的应用范围也迅速扩展到总收益互换、信用联系票据和信用利差期权等品种。

3. 美国商业银行应用金融衍生品的配套环境分析

美国商业银行不同类型金融衍生品的应用和后续发展离不开独特的历史条件和环境，同时也离不开一些共性的、基础的金融市场和制度等配套环境，只有在金融市场完善且已经发展出丰富的品种和巨额的交易量的基础上，才能支撑起商业银行金融衍生品的发展。

（1）市场环境分析。

美国发达的金融市场环境，为商业银行应用金融衍生品提供了有利的交易环境和便利的交易条件。无论什么样的金融衍生品交易需求均能快速地找到交易对手，这也在客观上进一步促使美国商业银行金融衍生品交易的发展。

一是美国已经建立涵盖场内场外交易、品种丰富多样性的全方位、多层次金融衍生品市场。美国的金融衍生品市场实现了场内市场与场外市场有机统一。同时，美国金融衍生品产品丰富多样，金融衍生品品种的丰富性和多样性保证了商业银行的不同需求均可以找到合适的工具和交易对手。二是美国形成了以交易所和投资者为主体的自发创新机制，交易所和投资者承担着市场创新的主体。这种创新是在金融自由化体制下基于自身发展需要的自发式创新。三是商业银行金融衍生品应用具备了良好的客户基础。美国商业银行金融衍生品交易的信用风险交易对手来源中，大型企业客户占比达到34%，是仅次于银行及证券公司的第二大来源。美国商业银行在为其客户提供金融衍生品经纪服务的同时，往往把企业是否使用金融衍生品对冲自身风险作为贷款定价的重要参考指标。

（2）监管环境分析。

商业银行在开展金融衍生品交易时，市场监管制度是必要的基础条件之一。目前，美国经过长年的积累和发展，逐步形成了金融衍生品市场政府监管、行业协会内部管理和交易所自律的三级监管体制。

在金融衍生品会计披露上，由于大部分场外金融衍生产品交易均属于表外业务，无法在财务报表中加以确认和计量。因此，美国的主要做法是改造现有的会计报表模式，要求商业银行对金融衍生产品相关信息进行充分披露，确保财务报表所提供的会计信息不失真，充分体现财务报表的真实性和公允性。

（四）我国商业银行金融衍生品发展环境差异性分析

1. 中美商业银行应用金融衍生品环境差异性分析

我国商业银行金融衍生品的发展环境与20世纪70年代的美国商业银行有许多相似之处。首先，两国商业银行都面临着转型的巨大压力。其次，中美商业银行发展都面临宏观经济增速放缓和较高通货膨胀压力的挑战。然而，对于不同种类的金融衍生品的应用来看，我国商业银行与美国商业银行在环境上又存在众多的差异性，体现出了中国的国情和特色。

（1）汇率类金融衍生品应用环境差异性分析。

与美国在20世纪70年代推出汇率类金融衍生品相同，我国商业银行也是在面临汇率波动风险的情况下参与汇率类金融衍生品的交易。但是与美国相比，我国商业银行在应用汇率类金融衍生品时，在环境上又存在一定的差异性，这造成我国商业银行汇率类金融衍生品在品种、功能、规模等方面存在的差异。一是我国一直在推行汇率制度改革，但是仍未完全实现汇率自由化。二是我国资本项目兑换受到严格的管制。三是人民币还没有成为国际货币。四是十八届三中全会明确了未来汇率体制改革的路线图，汇率市场化形成机制不断加快。

（2）黄金及其他商品类金融衍生品应用环境差异性分析。

2008年，我国银监会规定商业银行可通过成为期货交易所会员的方式从事境内黄金期货交易业务，这标志着我国银行业首次获准从事境内期货业务。与美国商业银行应用黄金期货等商品类金融衍生品不同，我国商业银行具有特定的环境条件。一是我国商业银行黄金业务快速发展，但是并不承担价格波动风险。二是我国商业银行受制监管要求不能参与其他商品类金融衍生品的交易，但是供应链金融的发展为其提供了良好的环境和条件。这些都为分业经营模式下商业银行进一步应用商品类金融衍生品提供了良好的环境条件和基础。

（3）利率类金融衍生品应用环境差异性分析。

与美国商业银行20世纪70年代相同，我国商业银行面临着利率市场化稳步推进的影响，但是围绕利率市场化，我国商业银行所处的环境又具有其差异性。一是利率市场化稳步推进，但并未完全实现，相较美国等其他发达国家时间跨度较长。二是我国存款保险制度尚未建立。利率市场化的推进，增加了商业银行面临的风险，因此存款保险制度与之相伴而生。但是，目前我国仍尚未建立存款保险制度。三是十八届三中全会加快了金融体制改革步伐，全面利率市场化近在咫尺。

（4）股票类金融衍生品应用环境差异性分析。

2010年4月16日，我国股票指数期货正式上市交易，但是我国商业银行并未参与其中，这主要由于我国商业银行面临的环境差异造成的。一是我国商业银行采取分业经营的模式，但是各商业银行加速全牌照布局。二是我国股票市场市场化程度不高、投资者结构不合理、交易制度不完善。

（5）信用衍生品应用环境差异性分析。

对比美国商业银行应用信用衍生品时面临的环境，与我国商业银行目前所处的环境有众多的相似之处，这些环境包括宏观经济增速放缓、房地产价格快速增长带来房地产领域贷款风险的增高、日趋激烈的金融竞争格局等。然而，由于部分环境的差异性，成为影响我国商业银行信用衍生品发展的关键因素。一是具备了较大规模的现货市场基础。二是2008年全球金融危机的影响，将我国带入了对信用衍生品认识的误区。三是与美国由信用衍生品的使用者创新推出不同，我国信用衍生品市场缺乏投资者基础。

（6）在基本类型基础上向全类型、结构化、复杂化方向快速发展差异性分析。

我国商业银行应用的金融衍生品仅包括汇率类、利率类、黄金期货及信用违约互换等少量的基本类型，且以代客交易为主。在发展的过程中并未扩展基本类型的使用面，也并未在基本类型的基础上衍生出结构化、复杂的品类。但是在未来的推进过程中，与美国相比，我国商业银行又面临独特的发展环境。一是金融体制改革成为我国未来改革的重点，为商业银行全面开展金融衍生品业务带来了发展的动力。二是混业经营成为未来发展大势。一旦实现混业经营模式，将为我国商业银行金融衍生品在基本类型基础上向全类型、结构化、复杂化方向快速发展创造必要的环境和条件。三是我国商业银行国际化的步伐不断加快。

2. 我国商业银行应用金融衍生品的配套环境差异性分析

（1）市场环境差异性分析。

一是我国金融衍生品市场不完善。我国的金融衍生品是在商品期货基础上逐渐发展起来的，我国金融衍生品的场内市场也主要由期货市场构成，但是场内市场的发展范围狭窄、交易方式单一、交易品种也不够丰富，一定程度上并不能够满足经济全球化背景下我国机构投资者及个人投资者的需求，金融衍生品场内市场发育亟待完善。二是我国金融衍生品的推出是国家意志的体现，监管过度造成创新的动力和活力缺乏。与美国金融衍生品创新机制相比，我国金融衍生品新品种的推出均是国家行政意志的体现，尚未形成内生性、自发性的市场化创新机制，从而使市场缺少持续创新的活力和推动力。

（2）监管环境差异性分析。

目前，我国已经基本上建立起了三级监管的架构，但是这种监管框架是自上而下建立的，导致了制度的基础不够牢固，客观上要求必须进一步加强监管制度的建设。首先，要进一步健全金融衍生品市场的法律法规体系，进行金融衍生品市场法律法规体系发展规划；其次，要厘清金融衍生品市场各个监管主体的监管边界，对行业协会、自律组织及交易所适度放权；此外，还要进一步加强交易机构自身的内控体系建设。

同时，我国商业银行金融衍生品会计披露方面，虽然财政部、中国人民银行、中国证监会、中国银监会等相关政府部门及监管机构发布了一系列法律规范，但是总体来看，我国现有会计制度与金融衍生品交易依然存在部分冲突，具体体现在我国商业银行在金融衍生品方面存在信息披露不充分、会计计量不合理、统计口径不一致、会计确认和核算制度相对落后等。

（3）客户基础差异性分析。

与美国商业银行良好的客户基础环境相比，我国商业银行客户基础薄弱，并未将金融衍生品作为其贷款定价的重要参考指标，仅仅为客户提供部分代客衍生品交易业务，进一步限制了客户参与金融衍生品的积极性。

五、我国商业银行应用金融衍生品发展道路

我国商业银行金融衍生品的发展与二十世纪七八十年代的美国商业银行相比，具有相似的大的历史背景，但是在应用金融衍生品的动因、内在条件、现状及环境条件及配套措施等方面又存在众多的差异性。其中动因上的差异性，决定了我国商业银行金融衍生品的发展是一个缓慢的渐进过程；内在条件的差异性，决定了我国商业银行金融衍生品的发展是一个条件逐步完善的过程；而不同金融衍生品发展环境的差异性，决定了在发展时序和路径上不同于美国商业银行，需要走有中国特色的发展道路。

本部分将从内生机制、内在条件和环境配套及发展时序等方面提出我国商业银行应用金融衍生品的道路设想，以期为我国商业银行金融衍生品业务发展提供参考和借鉴。

（一）我国商业银行应用金融衍生品内生机制建设

1. 构建多层次资本市场，打破商业银行垄断地位

完善金融组织体系，构建多层次、多元化的金融服务体系，打破商业银行在金融机构中及大型商业银行在银行业内部的垄断地位，促使其充分参与市场竞争，感受经营的压力，承担经营的风险。首先，为企业提供多元化的融资渠道和融资工具，提高直接融资在社会融资规模中的占比，构建涵盖银行信贷、股票市场、债券市场、信托市场、保险市场、金融衍生品市场的多层次、多主体金融组织体系，打破商业银行贷款一家独大的局面。其次，降低金融机构的准入门槛，扩大民间资本进入银行业，促进中小股份制商业银行的发展。

2. 深化商业银行国有体制改革，破除国有体制弊端

首先，完善我国商业银行的现代企业制度。采取分散化、社会化的原则，逐步降低国有股份的占比，建立“产权明晰、责权明确、政企分开、管理科学”的现代企业制度，使得我国商业银行真正成为市场化的主体。其次，鼓励商业银行进行混合所有制改革，吸引非公有制企业和产业资本通过股票二级市场、定向增发等方式参股国有商业银行，进入商业银行董事会，参与商业银行的经营决策，推动国有商业银行市场化的改革。再次，完善我国商业银行的法人治理结构。改革我国商业银行管理层人事任命制度，建立职业经理人制度，按照市场化的方法选聘职业经理人，取消管理人员的行政级别，排除商业银行经营中的行政干预，提高管理层经营决策的自主性；明确股东大会、董事会和监事会的职责权限，充分发挥其在企业治理和经营中的作用。

3. 构建流程银行体系，建立合理考核激励机制

首先，在总分行部门银行制的基础上，构建流程银行体系作为事业部制改革的过度。其次，构建市场化的激励机制，破除行政级别制，将员工的绩效与其对企业的价值和贡献结合，为员工从事金融衍生品业务提供良好的发展通道，激发内部员工寻求通过开展金融衍生品业务为企业创造价值和贡献的积极性及能动性。

（二）我国商业银行应用金融衍生品的内在条件及环境配套

1. 商业银行内部条件及配套建设

商业银行应用金融衍生品需要具备一定的内在条件，但是金融衍生品的应用离不开相关内部配套的建设和完善。

（1）改善商业银行的收入结构和资本结构。

在国内金融环境不断变化的情况下，改变仅仅依靠规模扩张和利差收入为主的收入模式，通过发展各种金融市场、投资银行、现金管理等在内的业务，提高非利息收入在收入结构中的占比，提高收入的多元化水平。我国商业银行应不断根据客户需要，创新业务品种，不断优化收入结构，以适应市场和时代发展的需要。

同时，我国商业银行在规模扩张的同时，要不断提高权益资本的比例。权益资本代表了商业银行的资本金，是其抵抗经营风险的最后防线，也是商业银行开展业务创新，发展金融衍生品业务的资金保障。

（2）培育金融衍生品应用的客户基础。

目前，我国商业银行客户并未普遍将金融衍生品作为风险管理的重要工具，这既造成了商业银行金融衍生品应用缺乏相应的客户基础，也不利于我国金融衍生品市场的培育和发展。我国商业银行在不能大规模开展金融衍生品做市和自营业务的时期，应借鉴国外先进银行的经验和做法，引导客户逐渐建立利用金融衍生品进行风险管理的意识，在为客户提供信贷业务的同时，通过特殊的客户准入、风险评级、授信及贷款价格政策，不断引导客户利用金融衍生品对冲各种风险；期间不断根据客户经营中的需求，创新推出并不断丰富金融衍生品相关产品和服务，在培育金融衍生品交易客户基础、推动我国金融衍生品市场发展的同时，不断提高中间业务收入水平。

（3）完善商业银行金融衍生品的组织架构和制度建设。

在美国，商业银行金融衍生品交易通常由全球银行与市场部（GBAM）下辖的固定收益（FICC）和股票部门操作。同时，在固定收益部下，又进一步细分为固定收益产品、大宗商品、外汇等子条线，这些均涉及不同种类的金融衍生品业务。在销售方面，建立了与交易线并行的销售条线，通过协调全行资源，建立以客户为中心的销售支持体系，对销售人员也制定了严格的管理制度和考核办法。

因此，从我国商业银行自身角度看，应首先改变目前产品销售、交易和中台处理统筹兼顾的组织模式，适应金融衍生品市场专业性较强、市场变化快的特点，设立专门负责金融衍生品的组织机构，先期可在总行层面的金融市场类部门下设立二级部的形式，条件成熟时，再将机构升级为一级部门。在部门内部，设立销售、交易、（市场及策略）研究、结构（产品）等专业团队，分工协作；同时理清与中后台之间的职责关系，包括营运、信贷、技术、财会等部门，逐步实现交易和销售岗位的分离；逐步建立清晰的岗位职责制度和考核制度。同时，风险管理和内控部门应建立完善内部交易和风险控制制度。

（4）结合国家自由贸易区建设，构建金融衍生品试点体制机制。

目前，中国（上海）自由贸易试验区建设总体方案已经发布，方案中提出在充分考虑有效风险控制措施的前提下，针对全面利率市场化、人民币资本项目兑换以及跨境人民币使用等方面，可以在自贸区内创造条件进行先行先试，同时可在自贸区内对金融机构资产方的相关价格真正实现市场化定价，探索建立与自贸区发展相适应的外汇管理体制和机制，实现跨境融资自由化，逐步允许境外企业参与我国的商品期货交易，并鼓励和推动各类金融市场产品创新。因此，我国商业银行应当借助自贸区政策的东风，在自贸区分行开展金融衍生品各类新产品的试点，为自贸区分支机构开展金融衍生品业务制定相应的体制机制保障，为以后我国商业银行全面开展金融衍生品业务积累经验，探索适合自身发展的模式。

（5）加强商业银行金融衍生品交易的人才培养与储备。

金融衍生品业务复杂度高、专业性强，相应的人员除了需要有扎实的专业素质外，还需要对国内、国外金融衍生品市场具有深入的了解，要具备国际的视野和敏锐的洞察力。与以美国为代表的外资银行相比，我国商业银行金融衍生品领域的专业人才非常匮乏。因此，我国商业银行必须加快人才培养计划，培养一批符合自身发展需要的交易员、产品设计人员等专门人才，尽快将他们放到相应的岗位上，积累实战经验，完成人才的储备。

2. 市场环境及经济制度配套

商业银行金融衍生品的发展离不开国内经济环境条件的支撑，借鉴美国商业银行金融衍生快速发展时期的美国经济环境条件，我国应该在利率市场化、存款保险制度、汇率自由化及完善的金融衍生品品类和成熟的金融衍生品交易市场等方面分步骤实施，逐步建立起适合我国商业银行金融衍生品发展的经济环境。

（1）逐步形成较为完善的市场利率体系，全面实现利率市场化。

2013 年 7 月，我国的利率市场化取得重大突破，商业银行贷款利率完全放开，至此除了存款利率上限外，其他均已实现了名义上的市场化定价。在取消商业银行贷款利率的管制之后，作为利率市场化关键一步的存款利率市场化，下一步要按照“分步实施，有效推进”的策略，稳步推进。在利率市场化后续进程推进上，央行已经在征求各方意见的基础上设定了近期、近中期及中期的实施目标，近期目标是建立健全自主定价机制、取消贷款利率下限；近中期目标是形成较为完善的市场利率体系、健全中央银行利率调控能力；中期目标是全面实现利率市场化，使央行形成通过政策利率来进行宏观调控的能力。具体来说，可以采取以下步骤。

首先，借鉴贷款利率的做法，在近两年内逐步扩大储蓄存款利率浮动的区间，将存款利率的上限由目前的上浮 10% 扩大到上浮 20%，甚至 30%。对于定价能力较强的大型商业银行，可由其根据自身的条件，自行确定本行的存贷款利率。

其次，逐步减少现有的存贷款利率期限档次，由目前的活期、3 个月、6 个月、1 年、2 年、3 年及 5 年等 7 个档次调整为活期、1 年、3 年及 5 年等 4 个档次。

再次，由于目前我国商业银行的存款中，1 年期以上定期存款占存款比重约为 10%，比率相对较低。这部分作为长期存款，商业银行重新定价的期限较长、流动性不强，相对比较稳定，因此该部分存款利率的变动对商业银行整体资金成本影响非常有限，可以考虑率先放开 1 年期以上的定期存款利率。

最后，对于大额的定期存款，可以考虑借鉴美国利率市场化过程中推出的可转让大额存单（certificates of deposit，CD）。CD 利率可以自由浮动，期限一般为 14 天至 1 年，可以在不冲击银行存款成本和利差收入的情况下，显著提高存款利率市场化的程度，CD 可以考虑率先在银行间同业市场的同业存单中实现，逐步扩展至企业和个人。最后，全面放开存款利率，全面实现利率市场化。

（2）随着利率市场化的推进，尽快建立起我国的存款保险制度。

利率市场化的推进是一项复杂的系统工程，这项改革涉及价格体系建设、银行业金融机构定价机制建设，更为关键的是它必须配套建立完善的存款保险制度。利率市场化与存款保险制度相辅相成、互为前提条件。在利率市场化的推进过程中，不可避免的增加商业银行的风险，只有建立起存款保险制度，才能切实保护存款人切身利益，同时为商业银行参与金融衍生品等高风险业务提供制度保障。借鉴美国利率市场化的推进进程，可以发现在利率市场化推进的前期不可避免地会发生一定量商业银行倒闭事件。因此，存款保险制度还是确保利率市场化推进的重要条件。目前，我国在建立存款保险制度的相关基础准备工作已经比较充分，存款保险制度的建立必须同步于利率市场化的进程。下一步的关键是尽快确定我国存款保险制度的定位、缴存费率、费用分担机制、保险范围以及赔偿标准等方面的问题，完成相关顶层设计工作。

（3）完善汇率形成机制，实现人民币国际化。

商业银行外汇类金融衍生品开展的必要条件之一就是自由浮动汇率机制的形成。目前，世界经济处于后危机时代，全球经济仍处于寻求再平衡的反复震荡之中，世界经济发展动能依然不强，有些问题较 2008 年更加严重，问题暴露更加深刻，这在客观上却为我国汇率机制的建立和发展迎来了有利的时间窗口。我国汇率体制机制的改革要循序渐进地完善以市场供求为基础、参考一篮子货币进行调节的、有管理的浮动汇率制度，特别要改变目前人民币汇率单边升值的预期，加大人民币汇率双向浮动的幅度以及弹性和灵活性，充分发挥汇率在调节国际收支平衡等方面的作用，在保持人民币汇率合理、均衡、基本稳定的基础上，逐步扩大波动区间。

首先要逐步完善我国各项外汇交易制度，放松央行对汇率水平的管制力度，增强人民币汇率形成机制的弹性，发挥市场的基础性作用。进一步加大我国商业银行外汇类金融衍生品的发展力度，为我国企业提供丰富的外汇类金融衍生品产品体系，培育客户利用金融衍生品管理外汇风险的习惯，降低企业在走出去的过程中面临的风险水平。

其次，扩大人民币在亚洲区域内的贸易结算使用量，增加与亚太地区国家的人民币互换金额，使人民币逐步成为区域贸易结算货币，为人民币国际化创造条件。

再次，进一步完善我国的汇率形成机制、增强人民币汇率的弹性，逐步促进资本项目开放、拓宽人民币流入、流出渠道，增强人民币资产的流动性和透明性，提高人民币资产价格形成的公允性，从而进一步提高人民币在国际贸易结算及国际投资中的地位，并通过人民币国际计价、国际支付以及国际投资等职能逐步实现，最终成为国际储备货币。

（4）构建成熟的金融市场环境，完善我国金融衍生品产品体系。

金融市场构成包括货币市场、资本市场以及金融衍生品市场三大体系。其中货币市场是短期资金为主，资本市场是长期金融市场，而金融衍生品市场是风险管理市场，这三者之间相互作用，相互影响，共同构成了现代金融体系。一个有效率的金融衍生品市场应具备一定的广度、深度和弹性，要求其具有较大的市场容量、较快的信息流动速度、较低的交易成本以及活跃的交投量，只有这样才能吸引众多的金融衍生品投资者和投机者参与其中。

首先，要进一步完善我国的金融市场体系，构建涵盖银行信贷、股票市场、债券市场、保险市场、衍生品市场的多层次、多主体金融组织体系，形成各个组织相互协调、相互影响、各司其职的良性发展局面。其次，在发展金融衍生品市场机构投资者的同时，大力培育投机交易者。再次，丰富并完善我国金融衍生品的产品体系。与美国市场相比，我国金融衍生品品类依然不够丰富，特别是一些复杂的金融衍生品产品并未推出。应参照美国，在利率市场化、汇率自由化改革的进程中，逐步丰富和完善我国金融衍生品市场体系，特别是场外非标准化金融衍生产品，为商业银行金融衍生品的发展提供产品选择基础，提高金融衍生品的完整性。

3. 监管环境配套

（1）健全我国商业银行金融衍生品发展的监管体系和制度建设。

我国商业银行金融衍生品监管体系和监管制度并不完善。目前，我国商业银行在面对利率市场化提速和资本市场快速发展等各种压力，这在客观上促使商业银行加快通过抢“牌照”的方式布局混业经营，打破分业经营的壁垒。这对我国监管体系和法律制度基础提出了严峻的挑战。

首先，明确商业银行金融衍生品监管责任划分，并建立相应的协调沟通机制。其次，完善我国商业银行金融衍生品交易的制度基础。只有在信息透明、信息披露制度健全的情况下，市场的各参与方才能全面评估商业银行的风险状况等，为金融衍生品交易提供基本保障。再次，在统一的基础上，逐步研究建立针对不同类别的商业银行的差异化监管制度。我国商业银行在资产规模、条件特征、经营特点、风险偏好、竞争优势、风险管控能力等方面都存在显著的差异，应在统一的基础上体现出差异化，才能更好地促进商业银行金融衍生品的发展。

（2）把握金融衍生品产品创新的平衡度，逐步培育鼓励创新的氛围，加快金融衍生品的创新力度。

美国商业银行金融衍生品的每一项监管措施都是在产品创新的推动下出台的，美国采取的监管思路是只要现阶段监管规则没有明文禁止的行为，金融机构均可以做；这种监管文化与我国恰恰相反，我国的监管思路为只要监管规则没有明文规定允许开展的业务，金融机构均不可以做。这在客观造成了美国金融衍生品的过度创新和我国商业银行金融衍生品的创新不足，导致我国商业银行创新动力的不足。客观上，这两种极端做法都是不可取的，在金融衍生品产品创新上，既要抑制过度的创新，又要鼓励适度的创新。因此，下阶段，我国监管机构在构建了完备的监管体系和制度基础上，应形成监管自信，逐步调整监管思路，允许商业银行适度开展金融衍生品产品创新，促进我国金融衍生品市场的发展。

（三）我国商业银行金融衍生品发展时序

从美国商业银行金融衍生品的发展时序来看，每一种金融衍生品的实施都与商业银行所处的历史环境密不可分，它们有着各自特定的历史环境，又有部分共同的环境条件。商业银行金融衍生品的推出和发展时序并不存在一个放之四海而皆准的固定模式和顺序。

结合我国商业银行面临的各项基础条件和环境，未来我国商业银行金融衍生品发展应遵循利率类金融衍生品、汇率类金融衍生品、黄金及其他商品类金融衍生品、信用衍生品、股票类金融衍生品的路径，并在基本类型金融衍生品发展不断成熟和完善的基础上，逐步向全类别、结构化、复杂化方向发展。具体发展时序如下。

1. 优先发展利率类金融衍生品

从我国金融体制改革的进程看，放开存款利率上限，全面实现利率市场化已经迫在眉睫，我国的利率市场化的完成将先于汇率的市场化。随着利率市场化的推进，商业银行不可避免地会出现资产和负债在结构上的失衡，从而面临着由于资产收入和负债成本发生不均衡变动而带来的期限错配和缺口风险，将对商业银行的经营收益产生巨大冲击。同时，利率市场化一定程度上提高了商业银行的定价能力，这客观上也增加了部分议价能力较弱的客户的贷款价格水平，增加了这部分客户的财务负担，商业银行面临来自客户的贷款违约等的信用风险增加。对于商业银行客户来说，随着客户自身经营的发展，仅仅依靠部分金融衍生品转嫁自身的风险并不能满足投资者的风险管理需要，呼唤新型金融衍生品的出现。

因此，未来我国商业银行应重点优先发展利率类金融衍生品，不断丰富利率类金融衍生品品种，满足经济环境变化和发展过程中出现的各种风险对冲需要。

2. 同步发展外汇类金融衍生品

汇率体制改革与利率市场化改革相辅相成，密不可分。根据蒙代尔的不可能三角理论，要实现独立的货币政策及资本项目下资本的自由兑换和流动，不可避免采用弹性的浮动汇率制度。同时，利率工具作为汇率稳定的重要杠杆，形成完善的利率平价机制是保证资本跨境自由流动和汇率有效波动的重要前提。这决定了在利率市场化尚未完成的情况下，我国的汇率自由化改革必将是一个长期的过程，我国完全放开资本项目管制尚需时日，并且需要在利率市场化完成之后。但是随着生产和资本国际化的不断发展，国际资本流动的规模日益扩大，资本的逐利性使得汇率的波动必然引起不同市场间资金供求的变化，进而加大了利率的风险，因此汇率类金融衍生品必然要同步于利率类金融衍生品发展，两者结合才能够满足商业银行自身及客户风险对冲需要。

随着经济全球化的发展，我国经济发展的外贸依存度不断提高，特别是加入世界贸易组织以后，我国与世界经济的联系日益紧密，同时国际经济环境对我国经济发展的影响也日益加重。在此过程中，实施“走出去”的发展战略成为我国企业的必然选择，我国企业的国际贸易量及海外投资量快速发展，在此过程中必然涉及大量的资本流动和资金结算量，不可避免的为企业带来了由于汇率变动造成的价格风险、结算风险以及汇兑风险，一些依赖外贸生存的企业对汇率变动的敏感度非常高，直接决定了企业的经营状况和利润水平。2005 年以来，随着我国汇率制度改革步伐的加快，人民币汇率浮动的幅度和频率加大，使得企业对外汇避险工具的需求日益强烈。同时，我国商业银行纷纷在加大全球化发展的步伐，加快海外机构的建设和布局，业务的拓展使得持有的外币资产和负债，同样面临着一系列外汇市场风险。

因此，我国商业银行在近期应结合人民币汇率改革和人民币国际化进程的发展，重点研发和推出外汇类金融衍生品，不断满足我国企业全球化发展过程中产生的各种金融需求，在增加金融衍生品交易收入的同时，积累金融衍生品交易的经验。从目前我国商业银行金融衍生品合约名义金额量分布情况看，我国商业银行金融衍生品以外汇衍生品为主，已经具备了良好的发展基础，下一步重点是不断丰富外汇类金融衍生品的品种。在外汇远期的基础上，适当发展货币期权、货币互换以及具有外汇远期、期货、掉期（互换）和期权中一种或多种特征的结构化产品，并充分利用银行间市场，特别是具有较强能力的大型国有商业银行为中小银行提供各种交易平盘工具，以此满足商业银行客户全球化发展的需要，并以外汇类金融衍生品为窗口和突破口，积极参与世界金融衍生品市场。

3. 有条件地发展黄金期货和其他商品类金融衍生品

与美国商业银行不同，我国商业银行应在利率类和汇率类金融衍生品之后应用黄金期货，而其他商品类金融衍生品的发展又早于美国。分析中美发展黄金期货和其他商品类金融衍生品环境的差异性可以发现，造成这种现象的原因在于20世纪70年代作为现货黄金做市商的美国商业银行在布雷顿森林体系瓦解后，美国的利率市场化改革刚刚起步，而汇率波动给利率价格带来的风险滞后于且小于对黄金价格波动带来的风险；同时，仍然处于分业经营模式的商业银行并不能够参与其他商品类金融衍生品的资格。而我国商业银行参与黄金业务大多时候并不承担价格波动的风险，且现阶段推出的供应链金融等产品为其参与其他商品类金融衍生品提供了条件和基础。

因此，我国商业银行下一步应当不断加大黄金期货交易的广度和深度，开展无风险套利交易，并在黄金现货销售的基础上，借助贵金属类金融衍生品，创新贵金属融资产品，与大型黄金集团、黄金中下游企业充分合作，开展黄金租赁、黄金远期、黄金质押融资和贵金属同业拆借等金融业务，获取黄金价格波动带来的收益；与券商、信托、基金等资产管理公司合作，整合现货、期货市场资源，设计开发以黄金等贵金属为标的的理财产品。同时，结合已经开展的动产质押融资、标准仓单质押融资等供应链金融业务，根据抵质押的商品品类，利用商品期货等金融衍生品锁定贷款风险，扩大融资业务的规模；通过境外分行、子公司等理性参与境外原油等大宗商品场内、场外金融衍生品投资和套期保值交易，协助企业对冲大宗商品价格的波动风险，并获取投机收益。

4. 审慎应用信用衍生品

通过对比分析中美商业银行应用信用衍生品的环境，发现我国商业银行已经具备了应用信用衍生品的自身条件和环境基础。同时，信用衍生品在美国等发达国家的发展已经步入成熟阶段，积累了丰富的经验，可以为我国商业银行信用衍生品的发展提供有益的借鉴。因此，从发展路径上来看，在商品类金融衍生品之后，我国商业银行应充分发挥后发优势，审慎开展信用衍生品业务。

在发展信用衍生品的过程中，首先应当解决认识上的误区，明确适度的信用衍生品有利于为商业银行存量信贷资产和信用风险寻找合适的风险对冲工具，从而有利于稳定我国的金融市场。未来信用衍生品的发展应当逐渐从监管部门寻找突破口，在产品类型上应当从一些简单的基本类型入手，坚决杜绝各种复杂产品，特别是那些纯粹以投机为目的且经过多次衍生组合的产品，以此逐渐培育信用衍生品市场，促进市场的不断完善和成熟。

5. 最后发展股票类金融衍生品

我国商业银行分业经营的限制在短时期内将难以解除，商业银行证券牌照即使在短期内获得监管部门批准，商业银行也难以在短期内参与到股票类金融衍生品的交易中。因此，相对于美国，我国商业银行金融衍生品应用中，股票类金融衍生品的应用将滞后于其他金融衍生品。

在现阶段，商业银行可以借助股指期货市场的发展，在监管规定的框架内，联合证券公司、基金公司、资产管理公司、期货公司等，围绕股指期货研发并推出市场需要的金融产品，为高端私人银行客户提供统一的财富管理平台，为公司客户提供综合化的风险管理方案和投资咨询报告。随着混业经营的不断推进，更深入地参与股票类金融衍生品市场的各个层面，逐渐融合股票类金融衍生品的自营、代理经纪、结算等业务，为客户提供全面金融产品和服务的同时，获取股票市场的高额利润。

6. 最终创新并全面发展各品类、结构化、复杂化的金融衍生品

随着我国金融衍生品市场环境的不断完善，各项改革制度的完成，特别是股票市场、商品期货市场的不断完善和发展，商业银行混业经营的逐步实施，我国商业银行金融衍生品的发展最终将同步于世界市场，向着全品类、结构化、复杂化的方向发展。同时，加大金融衍生品创新力度，不断开发各种新标的的金融衍生产品，使我国的投资者可以对各种不同的风险种类进行交易、投机以及风险管理。

同时，在不具备大规模开展金融衍生品交易的背景下，可以充分利用理财产品市场快速发展的契机，代客开展 QDII 系列理财产品，在境外开展金融衍生品投资；推出黄金挂钩类理财产品，通过期货、期权等金融衍生品，将客户收益与国际黄金价格变动挂钩，间接参与国际黄金市场投资；开展结构性理财产品的研发和应用，通过掉期、期权、远期等金融衍生品，将客户收益与国际金融市场利率、汇率、债券、信用、股票、贵金属、商品等指标变动挂钩，间接参与国际金融衍生品市场。以此在维护客户关系，提高客户收益、增加中间业务收入的同时，参与国际金融衍生品市场的竞争，为未来全面开展金融衍生品业务积累经验、储备人才，打造坚实的基础。

六、结　论

本文采用借鉴的研究方法，围绕商业银行为什么应用金融衍生品、应用金融衍生品需要什么样的内在条件及如何应用和实施金融衍生品等核心问题，通过对美国商业银行金融衍生品发展的借鉴，在实证分析基础上，论证了商业银行参与金融衍生品市场的动因，明确了商业银行金融衍生品实施的内在条件要求；通过对比分析，明确了中美商业银行在应用金融衍生品动因、内在条件上的差异性，并通过美国商业银行金融衍生品的发展时序和环境条件的借鉴，对比分析了我国商业银行面临的环境条件的差异性，进而提出了我国商业银行金融衍生品的发展道路。具体来说本文主要结论如下。

第一，商业银行应用金融衍生品是在相关动因驱使下，满足现代发展和经营需要的一种必要的有益尝试。根据收益与风险匹配的原则，商业银行应用金融衍生品符合其动因预期。金融衍生品的应用对于商业银行的绩效具有显著的提升作用，但是按照单独应用不同种类金融衍生品的角度看，利率类金融衍生品相对于其他类别的金融衍生品来说，其对商业银行的绩效提升作用更加显著。同时，由于金融衍生品的复杂性和高风险性，正如大家预期的那样，不可避免增加了商业银行经营的风险。

第二，商业银行应用金融衍生品需要具备一定的内在条件。本文通过构建实证分析模型分析应用金融衍生品的商业银行的内在条件特征发现，商业银行应用金融衍生品，在资产规模上往往要求较大；在收入结构上，往往要求具有较高的非利息收入和相对低的净利息收入；在贷款和租赁上，要求贷款租赁损失在贷款总额中的比例要低；在流动性上，要净贷款和租赁在总资产中的占比相对较低，即资产流动性要高；在资本结构上，净生息资产在总资产中的占比要低，一级资本杠杆比率和所有者权益占总资产的比值要高。同时，应用不同种类的金融衍生品，需要的内在条件特征具有一定的相同点，也具有一定的差异性。

第三，我国商业银行已经基本具备应用金融衍生品的内在条件。通过中美商业银行应用金融衍生品的内在条件对比分析发现，我国商业银行在资产规模、贷款不良率、资产流动性等方面与美国商业银行相当；收入结构上虽然现阶段与美国商业银行差距较大，但是与美国商业银行20世纪70年代开始应用金融衍生品时期的结构类似，同时该指标的差距从另一个角度说明了我国商业银行急需通过开展金融衍生品业务提高非利息收入的占比，实现收入来源的多样化；而在资本充足率方面，我国商业银行与美国商业银行相比略低，但是从趋势来看，我国商业银行近些年通过多种手段不断提高资本充足率。由此可见，我国商业银行已经具备开展金融衍生品业务的内在条件。

第四，我国商业银行在应用金融衍生品的动因、内在条件、现状、环境条件及配套措施等方面与美国商业银行存在一定的差异性。在应用金融衍生品的动因上，我国商业银行主要受制于其所处的垄断地位、国有的体制以及考核激励机制等；在应用金融衍生品的内在条件上，仍需要相关内部配套的建设和完善；在金融衍生品的应用现状上，我国商业银行在持有合约名义金额、金融衍生品种类、分布集中度等方面与美国商业银行存在巨大的差距；在应用金融衍生品的环境方面，我国商业银行目前所面临的环境与美国商业银行20世纪70年有很多相似之处，但是具体到不同种类的金融衍生品，我国商业银行在应用环境上又存在很多的差异性。此外，我国目前的市场环境条件、金融衍生品监管环境及客户基础环境等方面仍然不完善，与美国相比存在较大的差距，这些都成为制约我国商业银行应用金融衍生品的重要因素。

第五，中美商业银行应用金融衍生品的差异性，决定了我国商业银行应用金融衍生品是一个缓慢的、渐进的、条件逐步完善的过程，并将采取与美国不同的发展道路。动因上的差异性，决定了我国商业银行金融衍生品的发展是一个缓慢的渐进过程；内在条件的差异性，决定了我国商业银行金融衍生品的发展是一个条件逐步完善的过程；应用现状的差异性，决定了我国商业银行的金融衍生品业务在短期内难以达到美国的发展水平，不可能一蹴而就；而不同金融衍生品发展环境和配套措施的差异性，决定了在发展时序和路径上不同于美国商业银行，需要走有中国特色的发展道路。从长期来看，我国商业银行应在完善体制机制和内在条件基础上，结合国家相关环境条件的建设，逐步建立自身的金融衍生品应用能力，并充分运用组合管理和对冲的手段，提升对客户的服务水平；并不断加大对金融衍生品交易和管理技术的资源投入，随时为金融衍生品的全面发展做好相关准备。

执笔人：谢海垚（中国建设银行总行产品创新与管理部）

第十四章

我国商业银行资本监管制度效应研究

——基于巴塞尔协议框架的分析

巴塞尔协议是一个被全球广泛采纳和遵循的银行资本监管统一框架，在过去 30 多年间，伴随着银行业的发展，进行了多次调整，先后形成了“BASEL Ⅰ”“BASEL Ⅱ”“BASEL Ⅲ”，风险为本的理念逐步深化。其中，1988 年资本协议（BASEL Ⅰ）建立了全球统一的资本充足率监管框架，确立了资本约束的基本理念；新资本协议（BASEL Ⅱ）对风险加权方法进行了根本性改造，提高了风险的识别和计量标准，密切了资本监管与银行风险管理之间的关系；BASEL Ⅲ则极大拓展了资本监管的范围，把系统性风险、流动性风险直接纳入风险监管框架。如果说 BASEL Ⅱ提供了资本监管的制度架构和技术，BASEL Ⅲ则在弥补 BASEL Ⅱ缺陷的基础上，提供了更加明晰的标准和更易操作的监管工具。随着 BASEL Ⅲ的发布，新一轮资本监管改革正在全世界范围内展开。近期，我国监管当局已基于 BASEL Ⅱ和 BASEL Ⅲ制定出未来资本监管制度框架的初步规划并开始着手建立我国新的银行资本监管制度。那么，作为改进基础的我国现行银行资本监管制度的微观、宏观效应如何，存在哪些缺陷？未来资本监管制度框架可能产生哪些影响、将带来哪些挑战，应该如何应对？

本文围绕制度效应的主题，对上述问题进行了探讨，并提出对策和建议。

一、现行制度对银行风险承担行为的约束效应检验

自巴塞尔协议实施以来，对于资本监管下银行如何调整其资本与风险资产的总量和结构，以及资本监管能否有效地降低单体银行乃至整个银行系统的风险水平，一直是理论研究与监管实践所关注和争论的热点。本部分在理论分析的基础上，采用 12 家银行的面板数据，对 2004 年《商业银行资本充足率管理办法》（以下简称《办法》）实施前后我国商业银行资本与风险调整行为的变化特征及原因进行了研究。

（一）资本监管对银行风险承担行为影响的理论基础

传统银行理论确认了银行道德风险的危害，由于存款者获知银行投资策略成本较高，

银行能够很方便地通过降低资本－资产比率来扩大资产规模，从而增加了资产风险，增大了破产可能性。鉴于这一理论，银行监管者设定最低资本要求，迫使银行从事风险投资的同时维持资本充足，这就是资本充足率监管的本质要求。

资本监管是否能够对商业银行风险产生有效约束，可以对提高资本标准对商业银行风险形成的影响展开分析。这里假定在一个经济系统中存在三种类型的资产：

①固定收益率为 s 的无风险资产，如政府发行的债券；

②银行发行存在偿还风险的金融债券，收益率为 r；

③商业贷款，在企业成功概率为 p，$1>p>0$，成功时支付收益率为 q。

其中，r 和 q 由模型内生决定，s 是外生变量。所有参与者均为风险中性。私人居民可以直接投资于第①、②类资产，但是只能通过银行将资金间接投入第③类资产。

用 c 表示银行在期初所拥有的资本，假设银行将这些资本以 s 的收益率进行投资。银行发行债券获得的资金 f 用于提供商业贷款。在贷款企业获得成功时，银行能够偿还 F，银行获利为 $sc+(q-r)f$；在企业投资失败时，银行获利 $\max(sc-rf,0)$。因此银行预期利润可以表示为：

$$E\pi = p(q)[sc+(q-r)f] + [1-p(q)]\max(sc-rf,0) - sc \tag{14-1}$$

如果 $sc>rf$，即银行在贷款企业项目失败情况下，仍然保持盈利，保证资本不被侵蚀，则上式与无限责任的预期利润完全相同，均衡类型也就相同。反之，如果 $sc<rf$，当 r 是由其市场外生决定时，则银行最大化条件：

$$\max_{q,c,p}(E\pi) = [p(q)q-r]f + (rf-sc)[1-p(q)] \quad \text{s.t. } c \geqslant \varepsilon \geqslant 0 \tag{14-2}$$

$$L = [p(q)q-r]f + (rf-sc)[1-p(q)] + \lambda(c-\varepsilon) \tag{14-3}$$

一阶条件：

$$p'(q)qf + p(q)f - f'(q)(rf-sc) = 0 \tag{14-4}$$

$$\lambda = s[1-p(q)] \tag{14-5}$$

$$\lambda(c-\varepsilon) = 0 \tag{14-6}$$

从一阶条件公式看出，$\lambda>0$，因此从第三条件得出：$c=\varepsilon$，即企业将在最低资本水平上经营。

存款市场竞争加剧和客户信息不对称问题缓解将纠正上述银行过度冒险的倾向。银行向债权人承诺的收益率 r 取决于银行市场行为。债权人预期到银行可能存在无法偿付事先承诺的支付，将要求提高收益率，以弥补银行投资项目失败时的风险。风险中性意味着资本市场均衡是以银行债券的预期偿付额与安全资产的偿付额相等为特征。因为银行债券的偿付额在成功时等于承诺的支付额，在项目失败时等于权益资本的数量，均衡条件为：

$$p(q)rf + [1-p(q)]sc = sf \tag{14-7}$$

上述均衡条件中如果对典型银行来说，r 是由其行为决定的，则银行最大化条件依然是：

$$p'(q)q + p(q) = 0 \tag{14-8}$$

资本标准的建立和提高也可以消除上述银行过度冒险行为，对上述最大化问题求导，假设最大化二阶条件成立，即：

$$\frac{\partial^2 E\pi}{\partial q^2} = 2p'(q)f + p''(q)[(q - r)f + s\varepsilon] < 0 \tag{14-9}$$

则：

$$\frac{\partial q}{\partial \varepsilon} = \frac{-sp'(q)}{\partial^2 E\pi/\partial q^2} < 0 \tag{14-10}$$

因此，随着资本标准的提高，银行将降低风险资产，从而控制过度冒险行为。

从上述理论分析来看，资本监管要求的提高确实可以降低商业银行风险，控制其过度冒险的行为，这是商业银行资本监管的主要目的。但是在现实生活中由于受到许多其他因素的影响，资本监管对商业银行风险的影响究竟如何需要进行实证研究。本文进行《办法》实施效应的实证检验。

（二）资本监管对银行风险承担行为影响的实证分析

2004 年，银监会发布并开始实施《办法》，要求在中国境内设立的商业银行在 2007 年 1 月 1 日前，必须达到 8% 的资本充足率和 4% 的核心资本充足率要求，同时，根据商业银行的资本充足率状况，做出了对不达标银行采取相应监管措施的制度安排。那么，《办法》实施前后，我国商业银行的资本充足率水平和资产风险状况发生了什么变化？下文拟从实证角度对这个问题进行探讨。

1. 模型设计

鉴于风险调整与资本调整存在影响的先后关系，忽视联立方程系统中内生变量之间的双向关系可能会影响实证分析的结果。参照 Shrieves 和 Dahl（1992）以及 Jacques 和 Nigro（1997）提出的同期模型和资本与风险的部分调整模型（Partial adjustment framewort），银行资本充足率和风险的调整是在同期发生的，银行资本充足率和风险水平的变化主要由两部分组成：由内部原因主导的自主调节和外部因素引致的变化，即：

$$\triangle CAR_{j,t} = \triangle^{d} CAR_{j,t} + E_{j,t} \tag{14-11}$$

$$\triangle RISK_{j,t} = \triangle^{d} RISK^{*}_{j,t} + S_{j,t} \tag{14-12}$$

$\triangle CAR_{j,t}$、$\triangle RISK_{j,t}$是 j 银行第 t 年资本充足率和风险水平的变动值，其中，$\triangle CAR_{j,t} = CAR_{j,t} - CAR_{j,t-1}$，$\triangle RISK_{j,t} = RISK_{j,t} - RISK_{j,t-1}$，$RISK_{j,t}$用 j 银行第 t 年不良贷款率来衡量。$\triangle^{d} CAR_{j,t}$、$\triangle^{d} RISK_{j,t}$是分别表示银行内生性因素在资本充足水平和风险水平变化上的调节程度。由于银行在资本充足水平和风险水平的调节上不可能在短时间内完全达到自身调节目标的要求，可以用银行目标资本充足率（$CAR^{*}_{j,t}$）、目标风险水平（$RISK^{*}_{j,t}$）与上一期的资本充足率和上一期的风险水平的一定差额表示，即：

$$\triangle^{d} CAR_{j,t} = \gamma(CAR^{*}_{j,t} - CAR_{j,t-1}) \tag{14-13}$$

$$\triangle^{d} RISK_{j,t} = \lambda(RISK^{*}_{j,t} - RISK_{j,t-1}) \tag{14-14}$$

$E_{j,t}$、$S_{j,t}$是外部影响因素（例如政策冲击）导致的随机扰动项。

本研究中的风险指标主要反映银行对利润和风险的追求行为（risk taking）。国外研究文献主要采用风险加权资产（Risk Weighted Asset）与总资产的比值作为银行风险的衡量指标，部分文献采用资产中不良贷款的占比作为风险指标。在研究中，也尝试采用银行公布的风险加权资产与总资产的比值作为风险指标，但由于在《办法》颁布实施前后大部分商业银行并未公布其风险加权资产数据，能够获得的数据非常少。鉴于上述原因，本文 $RISK_{j,t}$ 用 j 银行第 t 年不良贷款率来衡量。

商业银行的资本调整和风险调整除了与前期的资本充足水平和风险水平有关以外，还与银行资产规模、盈利能力有关，同时，商业银行的资本调整和风险调整存在相互影响关系。因此，在联立方程模型中，将资本的变动行为 $\triangle CAR_{j,t}$ 作为风险方程的解释变量，检验资本变动对资本风险变动的影响及影响的方向；将风险的行为 $\triangle RISK_{j,t}$ 作为资本方程的解释变量，检验资产风险变动对资本变动的影响。

导致资本充足率和风险变化的外部因素中最重要的就是银行所面临的资本监管压力，关于监管压力的选择：一种是概率法（probabilistic approach），若绝对差值与资本充足率标准差的比率下降至某一水平，银行面临监管压力；另一种是及时纠正制度（Prompt Corrective Action，PCA），一旦银行资本比率落入某一范围（比如8%），则面临监管压力。巴塞尔协议实施后，银行资本充足率水平普遍高于8%且保持一定的资本“缓冲带”。

在我国银行业的经营管理实践中，银行除了必须严格遵守8%的最低资本充足率水平外，是否实际已存在高于8%的目标，如是否实际已将10%作为资本管理的警戒水平，从而在此水平之上从事的经营活动也是本文研究的一项内容。

从《办法》中可以看出，监管当局不单针对那些资本不足的银行采取惩罚措施，而且对资本充足但临近底线的银行也采取预警措施。参照 Rime（2001）的研究成果，本文把监管压力分为惩罚压力和预警压力以及银监会颁布的《股份制商业银行风险评级体系（暂行）》中规定的银行资本充足状况评价标准，考虑到资本充足率的调整存在成本，本文规定：$LCAR_{j,t}$ 表示 j 银行第 t 年面临的监管惩罚压力，若 $CAR_{j,t-1} < 8\%$，$LCAR_{j,t} = 8\% - CAR_{j,t-1}$，否则 $LCAR_{j,t} = 0$；$MCAR_{j,t}$ 表示 j 银行第 t 年面临的监管预警压力，若 $8\% < CAR_{j,t-1} < 10\%$，$MCAR_{j,t} = 10\% - CAR_{j,t-1}$，否则 $MCAR_{j,t} = 0$；$HCAR_{j,t}$ 表示 j 银行第 t 年面临的监管压力，若 $CAR_{j,t-1} > 10\%$，$HCAR_{j,t} = CAR_{j,t-1} - 10\%$，否则 $HCAR_{j,t} = 0$。本文还包括银行资产规模（银行总资产的自然对数，LNSIZE）和盈利能力（平均总资产收益率，$ROAA$）。

设立联立方程为：

$$\triangle CAR_{j,t} = \alpha_0 + \alpha_1 LNSIZE_{j,t} + \alpha_2 ROAA_{j,t} + \alpha_3 \triangle RISK_{j,t} + \alpha_4 CAR_{j,t-1} + \alpha_5 LCAR_{j,t} + \alpha_6 MCAR_{j,t} + \alpha_7 HCAR_{j,t} + v_{j,t} \quad (14-15)$$

$$\triangle RISK_{j,t} = \beta_0 + \beta_1 LNSIZE_{j,t} + \beta_2 ROAA_{j,t} + \beta_3 RISK_{j,t-1} + \beta_4 \triangle CAR_{j,t} + \beta_5 LCAR_{j,t} + \beta_6 MCAR_{j,t} + \beta_7 HCAR_{j,t} + \zeta_{j,t} \quad (14-16)$$

本文以银行公开披露的年报为数据来源分析资本监管压力下的银行风险承担行为，研究样本的时间跨度为2003~2009年。为了分析《办法》实施后银行风险承担行为的变化，分2003~2004年和2004~2009年两个时间段进行了实证检验，并进一步按照国有（国有控股）商业银行、股份制商业银行的分类，对比分析了在监管惩罚压力、监管预警压力下银行风险承担行为的变化。计入样本的商业银行为工商银行、中国银行、建设银行、交通银行、中信银行、光大银行、华夏银行、深发展银行、招商银行、浦发银行、兴业银行、民生银行，共计 12 家①（农业银行数据空缺较多，没有计入样本）。这 12 家商业银行的资产和贷款占银行业总资产和贷款的比例约为 65%。

下面，根据我国银行业的实际情况以及数据的可获得性，将式（14-15）或（14-16）中各变量的定义及实际使用的数据归纳于表 14.1 中。

表 14.1　　　　变量的代号及定义

变　量	定　义	计算公式
$\triangle CAR_{j,t}$	j 银行第 t 年资本充足水平的变化	当年资本充足率减去上一年资本充足率
$\triangle RISK_{j,t}$	j 银行第 t 年风险水平的变化，	当年不良资产率减去上一年的不良资产率
$LNSIZE_{j,t}$	j 银行第 t 年的资产规模	银行总资产的自然对数值
$ROAA_{j,t}$	盈利能力	平均总资产收益率
$CAR_{j,t-1}$	j 银行第 $t-1$ 年的资本充足水平	j 银行第 $t-1$ 年的资本充足率
$NPL_{j,t-1}$	j 银行第 $t-1$ 年的不良资产水平	j 银行第 $t-1$ 年的不良资产率
$LCAR_{j,t}$	j 银行第 t 年面临的监管惩罚压力	若 $CAR_{j,t-1} < 8\%$，$LCAR_{j,t} = 8\% - CAR_{j,t-1}$，否则 $LCAR_{j,t} = 0$
$MCAR_{j,t}$	j 银行第 t 年面临的监管预警压力	若 $8\% < CAR_{j,t-1} < 10\%$，$MCAR_{j,t} = 10\% - CAR_{j,t-1}$，否则 $MCAR_{j,t} = 0$
$HCAR_{j,t}$	j 银行第 t 年面临的监管压力	若 $CAR_{j,t-1} > 10\%$，$HCAR_{j,t} = CAR_{j,t-1} - 10\%$，否则 $HCAR_{j,t} = 0$

2. 研究假设

假设 1：银行资产的规模越大，银行所投向的业务领域越广，风险分散程度越高，银行风险就越低，预期规模因素对一年后资本调整行为产生正向影响，对风险调整行为产生负向影响。

假设 2：银行资本与风险调整是动态的。一般认为，银行将根据上一期资本对当期的资本进行调整，资本较低的银行会增加本期资本。同样，银行根据上一期风险在当期对风险进行调整，上期风险较高的银行会在本期降低资产风险。前期资本充足水平变量包含在资本调整方程中，前期资本充足水平的系数预期为负。

假设 3：银行的监管压力越大，无论是银行股东还是管理层，都会将资本达标放在首要位置，通过减少风险加权资产，提高本期资本充足率水平，以避免受到监管当局的重点关注甚至惩罚。预期监管压力对资本调整行为产生正向影响，对风险调整行为产生负向影响。

3. 统计性描述

（1）资本充足率（CAR）。

2003 年以来，各银行资本充足率整体水平呈上升趋势，其中 2005～2007 年上升速度较快，尤其是 2007 年的上升幅度达到了 18.8%。主要是这 3 年内各大银行纷纷从资本市场上大举融资：通过 IPO、增资扩股补充核心资本，通过发行次级债、混合资本债券和可转债的

---

① 虽然 1994 年人民银行公布了资本充足率计算方法，但直到 1998 年监管当局才开始收集商业银行的资本充足率数据；从数据质量分析情况看，2003～2010 年的银行数据较为可靠。

方式补充附属资本。另外，国有银行还通过国家注资、股份制银行通过集团注资的方式补充核心资本。在此期间的标准差呈倒 U 字趋势，表明银行间 ROAA 的差异有小变大，从 2006 年后银行间的资本充足率水平的差距开始缩小，从 2009 年各大银行的资本充足率水平全部达到 8% 以上。大型银行资本充足率的平均水平要高于股份制银行。

表 14.2　　资本充足率样本统计性描述　　单位:%

年　度	平均值	标准差	最小值	最大值
2003	7.53	1.66	5.13	10.32
2004	7.82	2.80	2.30	11.50
2005	8.39	3.08	2.05	13.59
2006	9.26	3.68	3.71	14.05
2007	11.00	2.96	5.77	15.27
2008	11.37	1.99	8.58	14.32
2009	10.77	0.94	8.88	12.36

（2）总资产（TA）。

由图 14.1 及表 14.3 可知，2003 年以来，银行总资产规模整体水平呈上升趋势，近几年增长速度较为平稳，其中国有大型银行的规模扩张幅度较大，股份制商业银行规模扩张较为稳健。部分由于大型银行资本充足率的平均水平要高于股份制银行，其受到资本充足监管压力较小，资本表面的充足为其进行资产规模快速扩张提供了支持。

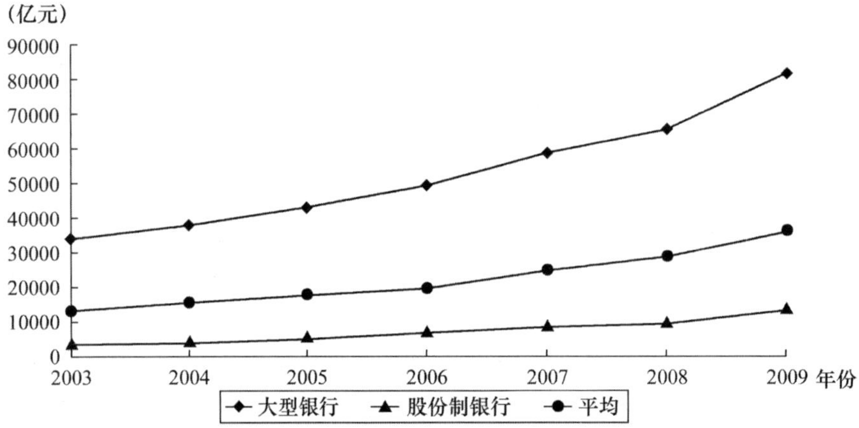

图 14.1　样本银行 2003～2009 年的总资产规模

资料来源：2003～2009 年样本银行年报。

表 14.3　　银行总资产样本统计性描述　　单位：亿元

年　度	平均值	标准差	最小值	最大值
2003	13753.98	17973.06	1934.53	52791.20
2004	15228.00	19213.25	2042.86	56705.21
2005	17716.60	21702.57	2292.16	64572.39
2006	20816.84	25014.09	2605.76	75094.89

续表

年　度	平均值	标准差	最小值	最大值
2007	25061.69	28623.71	3525.39	86842.88
2008	28922.11	31066.34	4744.40	91834.89
2009	36409.50	38352.87	5878.11	111517.56

（3）平均总资产回报率（ROAA）。

从图14.2及表14.4中可以看出，自2003年以来，我国商业银行平均资产收益率逐年增加，2004年由于国家注资使ROAA均值下降，2005年快速上升，2007年增加速度较快。在此期间的标准差始终维持在一定的水平，表明银行间ROAA的差异一直存在，其中大型银行的ROAA的平均水平要高于股份制银行，主要得益于其不良资产的剥离，大型银行因此能够轻装上阵。从近3年的数据看，ROAA整体水平持续稳定在0.9%~1%，说明银行业发展较为稳健。

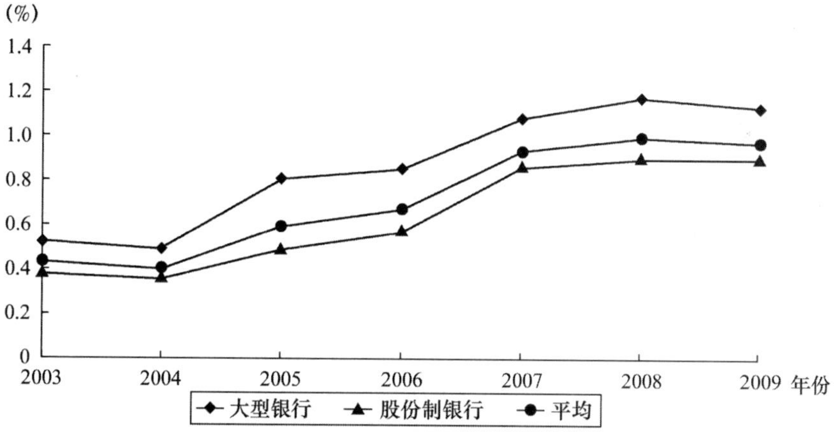

图14.2　样本银行2003~2009年的平均总资产回报率

资料来源：2003~2009年样本银行年报。

表14.4　平均总资产回报率样本统计性描述　单位:%

年　度	平均值	标准差	最小值	最大值
2003	0.43	0.22	0.05	0.83
2004	0.39	0.34	0.04	1.30
2005	0.59	0.23	0.14	1.11
2006	0.66	0.18	0.36	0.95
2007	0.93	0.26	0.41	1.36
2008	0.99	0.37	0.15	1.46
2009	0.97	0.21	0.48	1.24

（4）不良贷款率（NPL）。

由图14.3、表14.5可知，2003年以来，不良贷款率整体水平呈下降趋势。在此期间的标准差也逐年缩小，表明银行间不良贷款率的差异越来越小。

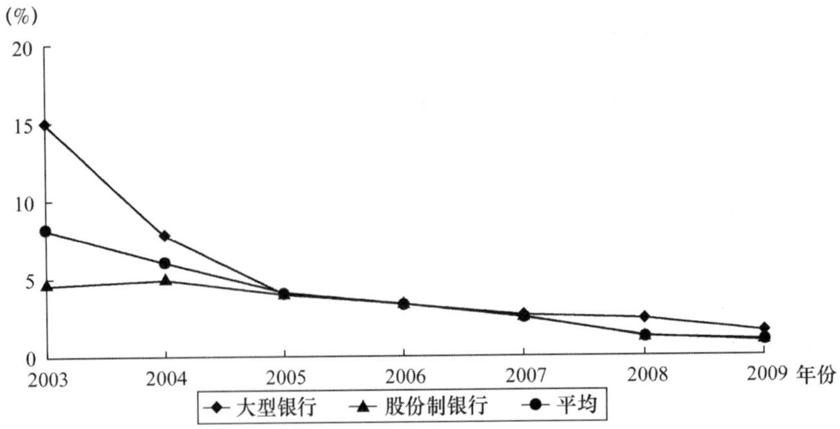

图 14.3　样本银行 2003～2009 年的不良贷款率

资料来源：2003～2009 年样本银行年报。

表 14.5　　不良贷款率样本统计性描述　　单位：%

年　度	平均值	标准差	最小值	最大值
2003	8.19	6.13	1.29	21.24
2004	5.97	5.14	1.31	18.99
2005	4.14	2.70	1.21	9.57
2006	3.39	2.22	1.25	7.98
2007	2.48	1.38	1.15	5.64
2008	1.61	0.62	0.68	2.65
2009	1.11	0.37	0.54	1.54

从表 14.6 看，资本充足率和不良贷款率呈负相关关系，银行总资产规模可能对资本充足率或者资本充足率变动有正相关关系，平均资产回报率可能给资本充足率带来正向影响，银行总资产规模和平均资产回报率均可能与不良贷款率或者不良贷款率变动形成负相关关系。

表 14.6　　各变量的相关系数矩阵图

变量	CAR	SIZE	ROAA	NPL
CAR	—	0.916	0.987	-0.913
SIZE	0.916	—	0.916	-0.896
ROAA	0.916	0.916	—	-0.921
NPL	-0.913	-0.896	-0.921	—

以上是从数据层面得到的统计性结论，进一步分离出各个因素的单独影响及影响程度，需要建立模型进行计量分析，以便对上述的统计性分析结果进行验证。

4. 计量分析结果

本文采用 EViews6.0 软件，对资本监管压力下的银行资本和风险的变化进行回归分析。模型设定，经过计算及 hausman 检验，取不变参数模型，采用横截面加权估计技术。表 14.7 通过 2003～2004 年和 2004～2009 年回归结果的对比分析，揭示了《办法》实施前后银行风险承担行为的变化情况。

表 14.7　　　　　　　　《办法》实施前后的估计结果

变　量	2003～2004 年				2004～2009 年			
	△CAR		△NPL		△CAR		△NPL	
	系数	P 值	系数	P 值	系数	P 值	系数	P 值
LNSIZE	－1.0305	0.0000	0.6171	0.0112	0.4260	0.0395	－0.1256	0.0969
ROAA	1.5733	0.0001	2.7477	0.1983	2.3988	0.0001	－0.4601	0.4178
△NPL	－0.2685	0.0000			－0.3037	0.0018		
△CAR			－1.1751	0.0004			－0.2988	0.0005
NPL			－0.1845	0.2132			－0.4919	0.0000
CAR	0.8400	0.0000			－0.5894	0.0025		
LCAR	1.7997	0.0000	2.6006	0.0101	0.4602	0.0561	－0.3701	0.0189
MCAR	0.1030	0.5944	2.1971	0.0175	0.2064	0.4139	0.0628	0.7665
HCAR	－1.8865	0.0000	－1.1407	0.3532	－0.1564	0.4929	－0.1348	0.3504
R^2	0.99		0.67		0.58		0.63	
DW	1.26		174		2.25		1.74	

注：*、**、***分别表示在 10%、5% 和 1% 水平下显著。

资料来源：2003～2009 年各商业银行年报，《中国金融年鉴》（2003－2010）及上市商业银行的招股说明书等。

从表 14.7 的回归结果来看，《办法》的实施对中国商业银行的资本充足状况和风险行为影响显著，但是与前面的假设并不一致，需要结合具体情况加以讨论，其中从 2004～2009 年间来看，假设 1 得到部分有效验证，假设 2 得到了完全验证，假设 3 中得到部分有效验证。

（1）资本调整方程。

《办法》实施前，LNSIZE 与△CAR 呈显著负相关关系，商业银行资产规模的变动对资本充足率的影响是显著的，资产规模不断扩张导致银行资本充足水平下降；ROAA 与△CAR 呈显著的正相关关系，银行资本利润率的提高推动资本充足率上升；△NPL 对△CAR 呈显著的负向影响关系，即贷款不良率的下降有助于 CAR 的提高；前期的 CAR 水平对△CAR 有显著的正向影响关系，资本充足率水平较高的商业银行提高其资本充足水平的意愿更强。从监管压力指标来看，低于 8% 监管标准的资本不足银行，其资本充足缺口越大，也即其监管惩罚压力越大，银行相应的资本补充力度也越大；CAR 介于 8%～10% 之间的资本相对充足银行，MCAR 与△CAR 之间的影响关系不显著，对资本调整的意愿并不强烈，但从估计结果看，资本充足率较高的银行其资本充足水平变动幅度较小；CAR 高于 10% 的银行，资本充足水平较高，反而倾向于降低资本规模。

《办法》实施后，银行资产规模的扩大对资本调整有显著的正向影响，在《办法》的硬性约束下，银行在稳步扩张的同时，更注重资本充足率的提高；ROAA 依然与△CAR 保持显著的正相关关系，银行资产利润率的提高推动资本充足率的快速上升；△NPL 对

△CAR 呈显著的负向影响关系，银行风险资产风险水平降低，资本充足水平提高；前期的 CAR 水平对△CAR 表现出显著的负向影响关系，资本充足水平较高的商业银行表现出缩小资本规模的倾向。从监管压力指标来看，CAR 低于 8% 监管标准的商业银行，银行相应的资本调整力度越大；CAR 介于 8% ~10% 之间和资本高于 10% 的银行，监管预警压力对资本调整造成的影响并不显著，但从估计结果看，CAR 介于 8% ~10% 之间的银行，监管预警压力越小，其提高资本充足水平的速度可能会越来越小；CAR 高于 10% 的银行，监管预警压力越小，对资本可能有意愿做反向微幅调整。

（2）风险调整方程。

《办法》实施前，LNSIZE 与△NPL 呈显著正相关关系，银行资产规模的变动对银行风险水平的影响是显著的，随着资产规模的扩张速度不断增长，NPL 随之上升；ROAA 与△NPL 在风险调整方程中的相关关系表现显著；△CAR 对△NPL 呈显著的负向影响关系；前期的 NPL 水平对△NPL 的影响关系并不明显，但是从估计结果来看，前期 NPL 较高的银行，本期不良贷款率下降速度缓慢。从监管压力指标来看，对于 CAR 低于 8% 监管标准的商业银行，其监管惩罚压力越大，反而促使银行投资高风险资产，说明《办法》出台以前的资本监管政策对银行风险行为的约束力不强；CAR 介于 8% ~10% 之间的银行，资本监管预警压力不大，表现出投资高风险资产的倾向；当 CAR 高于 10% 时，银行表现出降低风险的主动性。

《办法》实施后，银行资产规模的扩大对风险行为有显著的正向影响，在《办法》的硬性约束下，银行在稳步扩张的同时，导致了银行不良贷款率不断下降；△CAR 对△NPL 呈显著的负向影响关系；前期的 NPL 水平对△NPL 的影响已经变得非常明显，前期不良贷款率水平较高的商业银行，本期不良贷款率下降幅度反而更大。从监管压力指标来看，CAR 低于 8% 的银行，监管惩罚压力较大，银行倾向于降低不良资产比率，风险水平下降，因此监管压力与风险水平呈负向关系；CAR 介于 8% ~10% 的银行，仍存在着投资高风险资产的倾向，资本约束对风险的控制作用不明显；而 CAR 高于 10% 的银行，投资更谨慎，风险意识更强。

（三）实证检验结果评述

检验结果表明，《办法》的实施对商业银行资本水平提高和风险行为的约束效应显著，具体如下。

1.《办法》对资本充足率水平的影响显著

从统计分析结果来看，2004 年出台《办法》以来，我国银行业的资本充足率整体水平有了显著提高，银行风险水平逐步下降，资本监管取得了明显成效。我国 2003 年全国只有 8 家银行机构资本充足率达标，达标银行资产仅占所有银行资产的 0.6%；而 2010 年，我国 281 家商业银行的资本充足率水平全部超过 8%①。

从计量结果来看，《办法》实施以前，我国商业银行的资本监管处于软约束状态，商业银行缺乏对资本充足率管理应有的重视，存在盲目扩张资产规模和追求风险收益的内在冲

① 见银监会 2010 年年报。

动，导致银行资本充足水平下降，不良贷款率上升。《办法》实施以来，在资本的硬性约束下，银行稳步进行信贷扩张，并通过多种途径补充资本，资本充足率得到较大幅度提高；同时，银行表现出优先配置低风险性资产的倾向，说明风险意识有所增强。

2. 银行仍缺乏对风险的主动管理意识

首先，监管压力是银行提高资本充足率的主要动力。根据不同程度的监管压力，银行资本调整和风险调整幅度各有不同。资本充足率低于8%的商业银行，其资本缺口相对较大，所受到的监管惩罚压力也相对较大。《办法》实施前，这些银行倾向于通过投资高风险资产增加利润的方式来提高资本充足率；《办法》实施后，这些银行更注重资产结构的调整，即减少高风险权重资产，增加低风险权重资产。但是部分资本充足率处于较高水平的商业银行有对资本充足率做反向调整的倾向，即资本充足率达标后，这些银行没有了监管压力，资本充足率小幅下降，这在一定程度上说明监管压力是促使商业银行提高资本充足率的主要动力，表现出商业银行管理风险的被动性。而通过资本约束管控风险并进行风险调整的监管效果仍需要继续观察和验证。

其次，银行存在根据前期的资本水平与风险资产结构来调整下期的资本水平和风险资产结构的倾向。估计结果显示，前期资本充足率较低的银行，在本期表现出努力提高其资本充足率水平的倾向；前期风险水平较高（NPL较高）的银行，在本期会降低其风险水平（降低NPL）。根据上期调整下期的现象说明，《办法》实施后，监管机构明确了对资本充足率不达标银行的惩罚措施，但资产结构的调整、风险的缓释难以在短期内完成，为了免受监管惩罚，银行通常会根据前一期资本充足率和不良贷款率与目标水平的差距对本期水平做调整，以趋近监管要求。因此，资本约束并未与风险大小建立紧密的联系，资本多少并未反映出银行的实际风险水平。商业银行资本充足率管理方面存在很大的被动性。从另一个角度也说明，制度安排在建立资本约束与风险水平的联系方面还有待于加强。这个结论为我国资本监管制度改革的必要性提供了支持。

3. 国家保护无益于资本补充长效机制的建立

大型商业银行依靠注资、剥离不良资产等方式缩小资本充足率分母，减少风险加权资产，但未从真正意义上降低银行业风险，带来风险管理能力的提高。靠这种方式提高资本充足率后，反而为这些银行进行新一轮的资产规模扩张提供了可能。因此，单纯依靠外部渠道增加资本，或靠剥离手段降低不良资产占比，提高银行资本充足水平的做法，是一种短期行为，无法带来商业银行风险的实质下降和风险管理能力的有效提升。实证分析结果表明，银行资产利润率与资本充足率呈现显著的正相关关系，资产利润率的提高推动着资本充足率的快速上升，说明内源资本补充对提高资本水平的实质作用。因此不断改进管理，提高银行盈利水平，通过利润分配增加核心资本，建立资本补充的长效机制，才是解决未来资本缺口的有效渠道之一。

二、现行制度的亲经济周期效应检验

资本充足率约束的亲经济周期效应，是指在经济周期的上行和下行阶段，资本充足率监管机制所引发的商业银行信贷行为调整会加剧经济波动。具体而言，在经济周期的下行阶段，银行资产的市场价格降低，贷款坏账增加，资产质量下降，风险增大，资本充足率会迅速降低。按照巴塞尔协议的要求，银行需提取更高的拨备（呆账准备金），并配置更多资本以满足资本充足率的监管要求，这会带来银行信贷的紧缩效应，进而加剧经济衰退。在经济周期的上行阶段，银行面临的违约风险较小，资产质量相对较好，此时银行资金较为宽裕，可支持银行进行更大规模的扩张。本部分即收集 2007 ~ 2010 年底的最新数据，采用 CC-LM 的理论模型，分析资本约束对产出的影响。并且，在考查资本约束与信贷扩张关系的基础上，建立 VAR 模型及脉冲响应函数，检验我国资本监管制度亲经济周期效应的存在性。

（一）资本监管亲经济周期效应的理论分析

经分析证明，监管当局最低资本要求对商业银行的信贷扩张具有约束效应。传统的 IS-LM 模型只考虑了货币和债券两种资产，Bemanke and Blinder（1988）将信贷资产纳入了 IS-LM 分析框架，构建了 CC-LM 模型，论证了货币政策通过银行信贷对经济增长的影响。该分析框架的一个隐含假设是银行贷款和其他资产（如债券和货币）是不完全替代的，这是符合现实的（Kashyapandstein，1994）。上文已经分析了资本充足率监管会对造成银行信贷紧缩，而 CC-LM 模型认为银行信贷供给会对经济造成影响，因此可以利用 CC-LM 模型来分析资本充足率监管对经济增长的影响。

下面以 CC-LM 模型为基础分析资本约束对产出的影响。其中 LM 曲线代表货币市场均衡，CC 曲线同时代表商品市场和信贷市场均衡，CC 曲线和 LM 曲线的交点表示货币市场、商品市场和信贷市场同时均衡。

1. 商业银行实际资本充足率高于最低监管资本要求情况下的 CC-LM 模型作用机制

在图 14.4 中 R^* 左方实线部分（$R < R^*$），货币当局实施扩张型货币政策，LM 曲线向右移动到 LM^1，利率下降，产出由 Y_1 增加到 Y_2；同时，银行超额备付金上升，带动银行存款上升，由于商业银行信贷扩张不受最低资本约束，CC 曲线向右移动到 CC^1，投资上升，最终导致产出进一步增加到 Y_3。这是经典的货币政策传导模式。众所周知，若仅考虑货币渠道与曲线处于相同位置的曲线在货币扩张的条件下是不移动的。因此与传统的货币渠道传导效果相比，信用传导机制的存在增强了货币政策的效果。但正如上文所述，随着信贷扩张，商业银行的资本充足率不断下降，当下降到最低监管要求时，CC 曲线停止向右移动，如图 14.4 中虚线的位置，信贷传导机制不再发挥作用，产出的增长幅度将小于不受资本充足率约束时的增长幅度（$Y_4 < Y_3$）。

2. 商业银行资本充足率低于资本监管要求情况下的 CC-LM 模型作用机制

货币当局实施扩张型货币政策（如图 14.5），LM 曲线向右移动到 LM^1，利率下降，产出由 Y_1 增加到 Y_2。但受制于资本充足率的约束，商业银行信贷却无法同步扩张。若此时监管当局强制要求商业银行资本充足率达标，且商业银行不能增加资本，商业银行贷款供给的最高水平 $L = E/\theta$，CC 曲线将向左移动，如图 14.5 中的虚线位置。由于商业银行信贷供给水平下降，导致产出下降（$Y_3 < Y_2$），下降的幅度取决于商业银行资本充足率的水平，部分抵消了货币扩张的效果。货币政策与银行监管的目标是冲突的，造成了所谓的“松货币、紧信贷”的现象。若商业银行资本是可调整的，资本的供给随着需求增加而上升，那

么商业银行维持既有的贷款供给水平甚至扩大贷款的投放都是可能的（CC 曲线不向左移动甚至向右移动），实体经济的产出仍可保持一定的增长，增长的幅度取决于补充资本的速度和能力。通常情况下，商业银行补充资本所需的时间较长，若相当一部分商业银行资本充足率不能达到最低资本要求，短期内产出下降难以避免。但大量的资本从其他部门转向商业银行增加了全社会的成本，因此严格资本约束将对实体经济的资源配置产生影响。

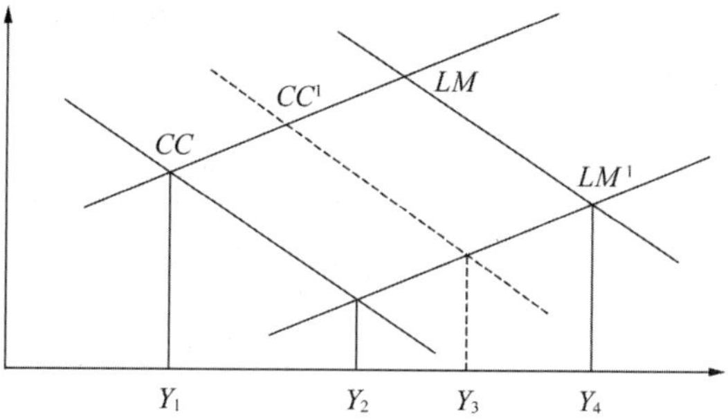

图 14.4　银行未受资本约束时的产出变动

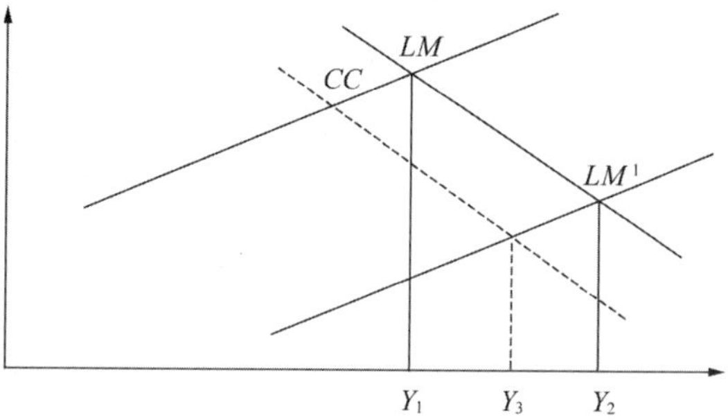

图 14.5　银行受资本约束时的产出变动

（二）我国资本监管亲经济周期效应的实证检验

1. 样本数据

考虑到系统中变量之间的当期影响，本文利用 VAR 模型分析 CAR、DL、DGDP 等 3 个变量相互之间的冲击效应。其中 CAR 代表银行的资本充足率水平，DL 代表贷款增长率、DGDP 为经济增长率。其中，资本充足率（Capital adequacy ratio，CAR）也被称为资本风险（加权）资产率，① 是一个银行的资产对其风险的比率。国家调控者跟踪一个银

① 加权风险资产是根据风险权数（权重）计算出来的资产。1994 年 2 月人民银行发布的《关于商业银行实行资产负债比例管理的通知》的附件二《关于资本成分和资产风险权数的暂行规定》，把金融资产划分为现金、对中央政府和人民银行的授信、对公共企业的债权、对一般企业和个人的贷款、同业拆放和居住楼抵押贷款等六大类表内资产，按风险程度设定风险权数。风险权数划分为 0%、10%、20%、50% 和 100% 五类，以此来计算商业银行的加权风险资产。其具体表达形式如下：CAP = 资产/风险。式中的风险可以是加权资产风险，也可以是各自国家调控者规定的最小总资产要求。如果使用加权资产风险，那么 CAP =（T1 + T2）/a≥8%。T1、T2 分别是两种类型的可以计入总量的资产：第一类资产（实际贡献的所有者权益加上未分配利润），即银行不用停止交易即可以化解风险的资产；和第二类资产（优先股加 50% 的附属债务），停业清理可以化解风险的资产，对储户提供相对较少额度的保护。最后的百分比代表了国家调控者的标准要求。

行的 CAR 来保证银行可以化解一定量的风险。贷款增长率。贷款是指贷款、贴现、透支等出贷资金的总称。经济增长率是末期国民生产总值与基期国民生产总值的比较，是反映一定时期经济发展水平变化程度的动态指标，也是反映一个国家经济是否具有活力的基本指标。

本节选取的样本数据是 2007 年第一季度至 2010 年第四季度数据（见表 14.8）。为了克服银行贷款水平值的季节性因素影响，本文采用季度同比贷款增速来衡量信贷行为，采用季度同比 GDP 增速来衡量经济增长率。

表 14.8　　银行受资本约束时的产出变动　　单位：%

时　间	CAR	DL	DGDP	时　间	CAR	DL	DGDP
2007 - Q1	7.67	15.56	20.83	2009 - Q1	11.3	24.42	5.33
2007 - Q2	7.71	16.23	21.56	2009 - Q2	11.1	30.33	5.50
2007 - Q3	8.14	17.37	22.23	2009 - Q3	11.4	31.45	6.58
2007 - Q4	8.37	16.56	22.88	2009 - Q4	11.4	32.98	8.55
2008 - Q1	8.17	16.23	21.05	2010 - Q1	11.1	24.07	16.91
2008 - Q2	8.32	15.17	21.10	2010 - Q2	11.1	19.21	17.15
2008 - Q3	8.70	14.73	20.50	2010 - Q3	11.6	18.68	16.83
2008 - Q4	12.05	15.23	18.15	2010 - Q4	12.2	19.65	16.74

资料来源：贷款增长率季度数据根据 2006 ~ 2010 年中国人民银行发布的信贷收支报表计算所得；GDP 增长率根据国家统计局发布的 2006 ~ 2010 季度统计数据计算所得，其中 GDP 绝对额取现价计算。

2. 实证检验

（1）平稳性检验。

首先对数据进行平稳性检验。令 $DCAR_t = CAR_t - CAR_{t-1}$，$DDL_t = DL_t - DL_{t-1}$，$DDGDP_t = DGDP_t - DGDP_{t-1}$。按 SIC 准则取滞后项数。其单位根检验结果如表 14.9 所示。

表 14.9　　各变量的 ADF 检验结果

变量	ADF 值	1% 临界值	5% 临界值	10% 临界值	P 值	检验结论
CAR	-2.2407	-4.7284	-3.7597	-3.3250	0.4367	非平稳
DCAR	-3.9691	-4.8001	-3.7912	3.3423	0.0377	平稳
DL	-4.4509	-4.9923	-3.8753	-3.3883	0.0217	平稳
DGDP	-0.7177	-2.7283	-1.9663	-1.6050	0.3887	非平稳
DDGDP	-2.9510	-2.7406	-1.9684	-1.6044	0.0063	平稳

由 ADF 检验结果可知：DL 为 I（0）单整；CAR 为 I（1）单整；DGDP 为 I（1）单整。因此，可以对 DL、DCAR、DDGDP 之间进行协整检验。其中 DCAR 表示资本充足率的变动程度，DDGDP 表示经济增长率的变动程度。

（2）协整检验。

资本充足率、贷款增长率与经济增长率的协整关系检验结果见表 14.10、表 14.11。

表 14.10　　　　Johansen 的迹统计量检验结果

原假设	特征值	迹统计量	5%临界值	伴随概率
0 个协整向量	0.8078	39.101	29.797	0.0032
至多 1 个协整向量	0.4930	16.012	15.494	0.0418
至多 2 个协整向量	0.3715	6.5029	3.8414	0.0108

表 14.11　　　　Johansen 的最大特征值统计量检验结果

原假设	特征值	迹统计量	5%临界值	伴随概率
0 个协整向量	0.8078	23.0891	21.1316	0.0262
至多 1 个协整向量	0.4930	9.5099	14.2646	0.2461
至多 2 个协整向量	0.3715	6.5029	3.8414	0.0108

从以上协整检验的结果可知存在协整关系，协整关系估计为：

$$\mu_t = DDGDP + 7.262546DCAR + 0.260220DL \quad (14-17)$$

对应的协整方程为（方程括号内数值为标准差）：

$$DDGDP = -7.262546DCAR + 0.260220DL \quad (14-18)$$

$$(1.15622) \qquad (0.09473)$$

由协整检验结果可以看出资本充足率、借贷增长率与经济增长率之间都存在着稳定的协整关系。这一结果与理论研究结果是一致的：在经济发展过程中伴随着资本监管变动、贷款变动等问题，即发展问题与资本监管、贷款增长往往是紧密相关的。

在具有协整关系的变量中，贷款增长率与经济增长率之间存在正向协整关系，银行资本的变动与经济增长率的变动程度之间的协整关系为负向。这一结果的经济含义是：信用传导机制的存在增强了货币政策的效果，促进实体经济的发展；而资本约束则对实体经济产生反向影响。

本文认为从长期的情况来看，以 GDP 来描述的经济状况与贷款供给呈正向关系，即经济状况较好时常常伴随着信贷增长较快，经济增长放缓时则伴随着信贷的紧缩；资本充足率状况与贷款供给同样是正向影响的关系，资本充足率较高时信贷旺盛，而信贷萧条期银行的资本充足率状况也并不理想；而 GDP 与资本充足率的长期稳定关系是反向的，即 GDP 增长越快时，资本充足率并不是更高，而当经济处于萧条期时，资本充足率可能位于高点。考虑这一结果的合理性，我们认为恰恰是由于银行经营中的亲经济周期性造成的。虽然短期来说，银行的资本充足率状况应该随着经济周期的好转而好转，随着经济的下滑而恶化，但从长期来看，经济状况较好时伴随着过度的放贷行为，从而积累了不良贷款的风险，进而导致了资本充足率的下降。

（3）VAR 模型及脉冲响应函数。

1）DCAR 关于 DDGDP、DL 的脉冲响应。

图 14.6a 反映了 DCAR 关于 DDGDP、DL 的脉冲响应情况。具体轨迹为：当 DDGDP 一个标准差的冲击发生后，DCAR 开始出现正向反应，大约在第 3 期达到最大值，大约为 0.213%，此后，冲击响应迅速减弱，并于到第 4 期左右减弱为 0；随后，DCAR 围绕零轴

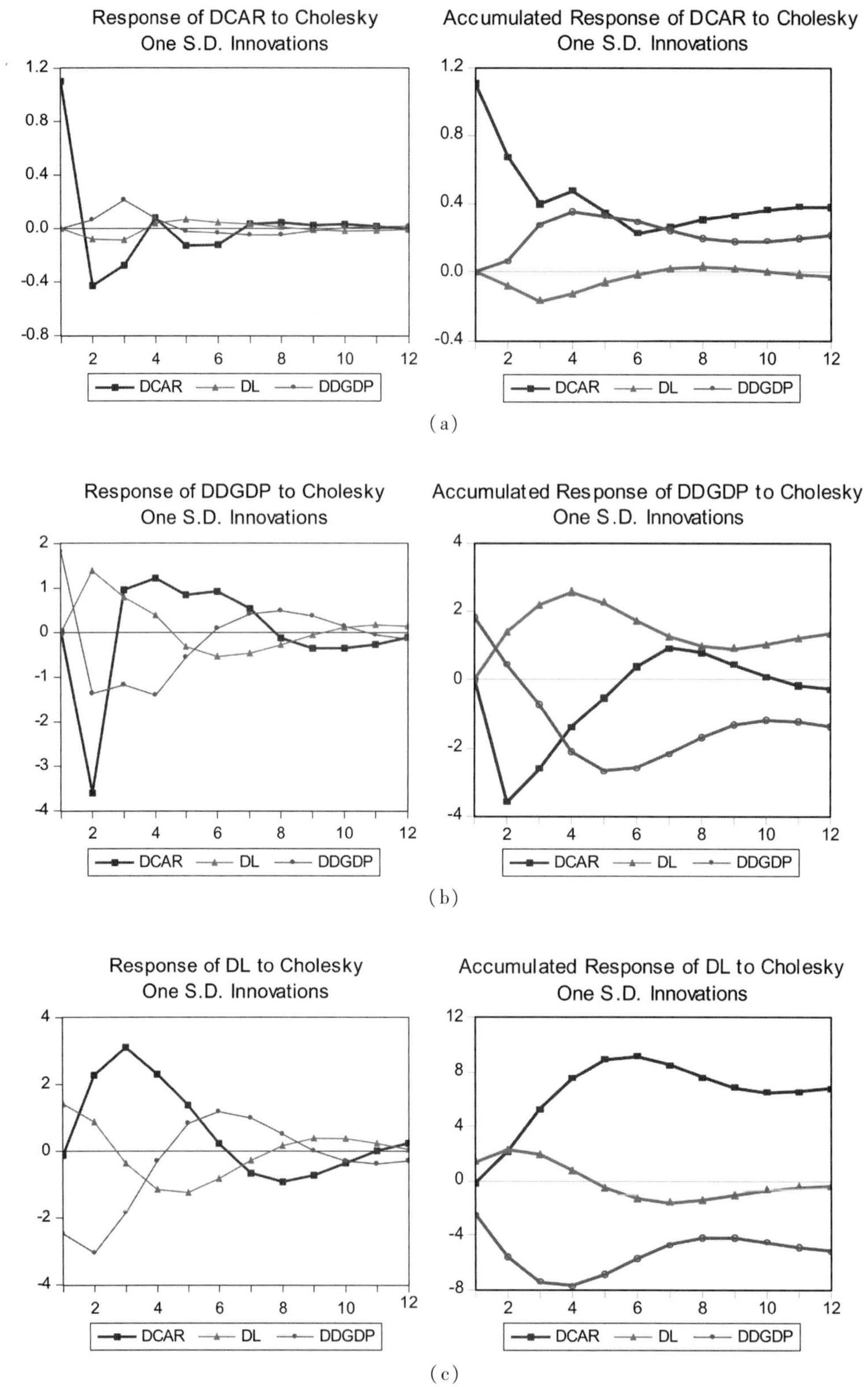

图 14.6　DCAR、DDGDP、DL 的脉冲响应及累积响应图

呈现微弱的小幅波动；从累积效应看，第 4 期达到 0.353% 的峰值，随后逐渐下降，一直保持在 0.20% 左右的水平。

当 DL 一个标准差的冲击发生后，DCAR 开始出现负向反应，大约在第 3 期达到最小值，大约为 -0.087%，此后，冲击的负向响应变弱，到第 4 期左右已经变为 0.040%，第 5 期达到 0.068%，此后围绕零轴一直低幅上下震荡；从累积效应看，第 4 期达到 -0.168% 的峰值，随后逐渐上升，到第 10 期几乎等于 0。

我们可以看出：DDGDP 和 DL 对 DCAR 的冲击反应是即时产生的，说明传导速度很快。GDP 增长率的正向变动导致 CAR 同向变动，并且产生了 0.20% 左右的长期累积效应，信贷规模的正向变动导致 CAR 反向变动，但是最后短期效应和长期累积效应在第 8 期几乎消失。

2）DL 关于 DDGDP、DCAR 的脉冲响应。

图 14.6b 反映了 DL 关于 DCAR、DDGDP 的脉冲响应情况。具体轨迹为：当 DCAR 一个标准差的冲击发生后，DL 开始出现正向反应，在第 3 期达到最大值，大约为 3.11%。此后，冲击响应开始下降，一直持续到第 6 期后变为负向反应，第 10 期重现上升势头；从累积效应看，第 6 期达到 9.17% 的正峰值后，到第 10 期一直为正。

当 DDGDP 一个标准差的冲击发生后，DL 立即出现负向反应，在第 2 期达到最大值，大约为 -3.06%，此后，冲击响应到第 4 期变为正向反应，第 6 期最高达到为 1.18%，第 9 期变为 0 值后转为负值；从累积效应看，第 4 期达到 -7.68% 的峰值，随后逐渐上升，但是到第 10 期一直为负。

3）DDGDP 关于 DL、DCAR 的脉冲响应。

图 14.6c 反映了 DDGDP 关于 DCAR、DL 的脉冲响应情况。具体轨迹为：当 DCAR 一个标准差的冲击发生后，DDGDP 开始出现反向反应，在第 2 期达到最大值，大约为 3.61%。此后，冲击响应于到第 3 期迅速变为正向反应，变为 0.96%；随后，DCAR 逐渐下降，从第 8 期变为小幅的负向反应；从累积效应看，第 2 期达到 3.61% 的负峰值后，到第 7 期出现正峰值，到第 10 期归零。

当 DL 一个标准差的冲击发生后，DDGDP 开始出现正向反应，在第 2 期达到最大值，大约为 1.39%，此后，冲击响应力度迅速下降，到第 5 期已经变为负向反应，第 6 期最低达到为 -0.540%，第 10 期接近于 0；从累积效应看，第 4 期达到 -0.168% 的峰值，随后逐渐上升，到第 10 期几乎等于 0。

脉冲响应分析有以下三方面结论。

一是 GDP 增长率的变化对资本充足率变动的影响。假设当经济处于上行期，GDP 增长率的正向变化使银行的资本充足率得到进一步提高，在半年内达到最高的影响值，大约为 0.213%，随后影响力度减弱至逐渐消失，但是累积效应一直保持在 0.20% 左右的水平。

二是资本充足率的变动对贷款增长率的影响。由于 GDP 增长率的正向影响，银行的资本充足率水平得到提高，银行的监管压力变小，在利润最大化的要求驱动下，银行开始扩大信贷规模。银行资本充足率提高对银行信贷规模的影响在半年内也达到最高的影响值，大约为 3.11%。比较之后发现，DCAR 给 DL 带来的影响要远远大于 DDGDP 给 DCAR 带来的影响；而且DCAR对DL的累积效应在5个季度内达到9.17%的峰值后，一直保持较为稳定的正向影响。

三是贷款增长率对GDP增长率变动的影响。银行资本充足时，其信贷冲动得到充分释放，信贷规模的扩张对经济增长率的影响在一个季度内就达到最大值，大约为1.39%，此后，冲击响应力度减弱，一年后变为负值，但是半年内仍为正值。说明信贷大规模扩张对经济增长率的变动影响较为迅速，但是持续性不强。

（三）实证检验结果评述

本部分利用VAR模型建立了相应的脉冲响应函数，考察了资本充足率、贷款增长率与经济增长率变化之间的长期均衡关系，通过分析证明，我国的资本监管存在亲经济周期效应。

1. 资本充足率、信贷增长率与经济增长率之间存在着稳定的长期均衡关系

这一实证检验的结果与理论研究结果是一致的，即资本监管、信贷增长与经济增长紧密相关，信贷增长率与经济增长率之间存在正向的协整关系，资本充足率的变动与中国经济增长率的变动协整关系为负向。这一结果的经济含义是信用传导机制的存在增强了货币政策的效果，促进实体经济的发展，而资本约束则对实体经济产生反向影响。

2. 我国的资本监管存在亲经济周期效应，即资本充足率标准变动加剧经济周期波动

脉冲响应函数的结果表明，由于经济的快速增长，为银行提供了良好的经营环境，经营业绩保持较高水平，融资能力进一步增强，融资成本得以下降；另一方面，银行的授信对象——企业的经营能力得到恢复和发展，同时资金周转良好，提高了偿还能力，使银行信贷资产的整体风险水平降低。银行的资本充足率水平在这一期间虽提高不多，但保持在一个较为充足、平稳的状态。在资本充足状况下，银行出于追求利润最大化目的，放贷意愿较强，同时经济的繁荣也带来了旺盛的信贷需求，供需配合，促使信贷规模快速增长，进而投资规模扩大，促使经济进一步增长。经济下行时情况正好相反。

综合上述分析可以看出，强化资本约束将产生加剧经济波动的负效应。

三、不同计量方法的资本节约效应分析

BASEL Ⅱ的目标之一是提高资本监管制度风险敏感性，确保资本要求能够抵补银行面临的主要风险。要达到这一目标，必须在技术手段的支持下，对风险加以准确识别、计量、监测和控制。BASEL Ⅱ根据风险计量技术的发展程度，将重要且可以准确量化的风险纳入第一支柱，因此，风险计量技术基础成为影响BASEL Ⅱ风险敏感性的重要因素。本部分将在与G10国家测算数据对比的基础上，从BASEL Ⅱ信用风险资本计量①的技术角度探讨其对资本充足率和资本要求的影响。

如上所述，BASEL Ⅱ提供了信用风险资本计量标准法和内部评级法。银行采用不同方

① 信用风险加权资产占风险加权资产总额的90%以上，具有代表性。

法计算风险加权资产，资本节约效应也不同。巴塞尔委员会在制度上体现了对银行使用高级方法的激励安排，即方法越高级，资本节约效应越显著，希望借此鼓励银行尝试采用和完善内部评级体系，在实现资本节约的同时提高风险管理水平。但在实际操作过程中，由于我国在实施环境、市场深度、技术水平等方面的差异，预期的资本节约效应是否能实现有待于讨论。

（一）不同方法的资本节约效应考察

1. 标准法（RSA）①

BASEL Ⅱ中的信用风险标准法与 BASEL Ⅰ大致相同，即根据几个信用风险暴露的几个档次赋予固定的风险权重，但在 BASEL Ⅱ中采用了外部评级，风险敏感度得以提高。同时 BASEL Ⅱ改变了部分资产的风险权重，如将逾期贷款的风险权重规定为 150%，比 BASEL Ⅰ规定的最高权重 100% 提高很多。BASEL Ⅱ中标准法的另一个突破是扩大了银行可使用的抵押、担保和信用衍生产品的范围以及合格担保人的范围，使得银行可以通过上述信用风险缓释工具来对冲风险，以减少资本计提。此外，标准法还规定了对零售风险暴露的特殊处理方法，特别是下调了住房抵押贷款和其他一些零售业务的风险权重，例如除逾期贷款外，零售资产的风险暴露可以给予 75% 的风险权重，而对于符合审慎标准的住房抵押贷款给予 35% 的风险权重（武剑，2006）。这都在很大程度上鼓励银行根据各项风险资产权重的高低对自身资产结构进行调整。巴塞尔委员会的定量测算报告指出，在 G10 国家银行资产结构中，零售业务、批发贷款占较大比重，国际活跃银行更倾向于发展批发贷款业务，其资本消耗程度大；规模相对较小的银行则侧重于发展零售类业务。在两类银行都采用标准法的情况下，零售业务份额的变化，特别是住房抵押贷款组合的变化对降低资本要求的贡献率最大，其中大银行的贡献度为 6.3%，中小银行的贡献度为 6.2%。此外，公司和中小企业类资产组合对最低资本要求降低的变化影响幅度较大，但其在资产组合中所占比重相对较少，因而总体贡献率较低，而股权类敞口的变化百分比和相对贡献都相对较小（见表 14.12）。

表 14.12　　G10 国家银行标准法下主要资产结构变化结果（百分比平均数）

资产组合	G10 国家大银行			G10 国家中小银行		
	大小	最低资本要求变化	贡献度	大小	最低资本要求变化	贡献度
批发	32.2	7.9	2.5	21.8	-4.1	-0.9
中小企业	8.6	-2.5	-0.2	16.4	-0.5	-0.1
专业贷款	4.6	-5.5	-0.3	1.5	7.2	0.1

① 在 BASEL Ⅲ发布前，我国只允许境内商业银行选择内部评级法，但随着 BASEL Ⅲ的正式发布，制度实施基础将由之前的新资本协议扩大到境内所有的银行业金融机构。为了确保规模小、风险管理水平和能力不高的银行能在新框架下接受资本监管，银监会拟将标准法（在我国将被命名为“权重法”）纳入新体系。

续表

资产组合	G10 国家大银行			G10 国家中小银行		
	大小	最低资本要求变化	贡献度	大小	最低资本要求变化	贡献度
零售	26.5	-26.9	-7.1	36.0	-25.0	-9.0
按揭	22.3	-28.3	-6.3	22.1	-28.2	-6.2
中小企业零售	1.8	-23.4	-0.4	5.8	-20.0	-1.2
股票权益	3.2	5.3	0.2	3.2	-0.9	0.0
购买应收账款	0.3	-6.2	0.0	0.3	-3.4	0.0
证券化	3.0	7.4	0.2	1.7	30.6	0.5

资料来源：巴塞尔委员会网站，BCBS（2006）整理。

2. 内部评级初级法

内部评级法（IRB）主要是采取银行内部二维即客户和债项的信用评级体系，全面评估银行所面临的信用风险。其中，借款人评级与违约概率（Probability of Default，PD）对应，测算借款人违约的可能性。债项评级与违约损失率（Loss Given Default，LGD）对应，考量在违约出现时，潜在损失量的估计值，并以此确定业务所需最低监管资本。在BASEL Ⅱ实施以前，银行主要是被动地对分子进行管理，即通过补充资本以满足资本充足率要求。而BASEL Ⅱ的内部评级体系则提供了另外一种更有效、且能激励银行加强风险管控的方法，即通过分母管控，即主动选择风险承担方式，合理进行资本配置，压缩风险资产规模，达到提高资本经营管理效率的目的。在BASEL Ⅱ中，贷款被细分为6项：即公司类、银行类、主权类、股权类、零售类和特殊贷款类，对不同贷款类型对应的资本要求不同，有利于对风险进行精确识别和计量。通过资本计量，能够清晰地分辨出不同资产业务资本耗用水平，从而有的放矢地对银行资产结构进行合理调整。那么实施该方法在改进风险管理的同时，对资本充足率水平的影响如何？又将带来资本要求怎样的变化呢？

（1）从资本充足率角度的考察。

对5家大型银行和3家股份制银行的①测算情况表明，初级法下这些银行资本充足率平均为11.2%，比同期BCBS定量测算中G10国家大银行平均水平低2.2%。根据对BASEL Ⅱ初级法与现行方法实施影响的比较情况看，我国测算银行初级法下资本充足率平均下降0.19个百分点，而同期G10国家大银行实施BASEL Ⅱ后资本充足率总体为上升趋势，平均上升2.4个百分点。这说明，在我国，采用内部评级初级法不一定带来资本充足率的上升。

另外，各家银行初级法下资本充足率与现行方法相比增减不一，具体情况见表14.13。其中银行3资本充足率上升1.41个百分点，银行8上升1.09个百分点，银行1上升0.23个百分点，其余5家银行资本充足率均为下降，其中下降较多的为银行5（下降1.77个百

① 包括5家国有商业银行、招商银行以及中信和光大银行。测算依据银监会已颁布或已起草并征求意见的新协议指引，其中《商业银行资本充足率计算指引》。

分点）和银行4（下降1.93个百分点）。

表14.13　　初级法下BASEL Ⅱ资本充足率变动情况　　单位：%

银行	现行方法测算值	IRB初级法测算值	变动
银行1	10.68	10.91	0.23
银行2	10.40	9.61	-0.79
银行3	12.23	13.64	1.41
银行4	12.12	10.19	-1.93
银行5	10.07	8.30	-1.77
银行6	11.70	11.28	-0.42
银行7	11.14	10.74	-0.40
银行8	10.57	11.66	1.09
加权平均	11.39	11.20	-0.19
G10大银行	11.00	13.40	2.40

从资本要求角度看，测算银行最低资本要求（MRC）① 较现行方法平均增加5.63%，同期BCBS定量测算结果显示，G10国家大银行平均减少13.4%，与资本充足率变化情况一致，我国银行MRC整体变动方向与G10国家大银行相反。

综合上述分析可以看出，在信用风险计量同一方法框架下，并未给所有银行都带来预期的资本节约效应，对个别银行甚至产生了资本节约的负效应，这与内部评级法的内在激励机制相悖。

（2）从资本要求角度的考察。

考察不同资产组合的资本节约效应，能够得到与国际大银行相似的结论。如表14.14所示，内部评级初级法下零售类资产组合的信用风险资本要求下降较为明显，平均下降7.94%②。公司类资产组合则各行变动不一。从单体银行结果看，零售类资产组合MRC在初级法下普遍下降，仅个别银行的个别资产组合的MRC微升；而公司类资产组合的MRC各银行变动方向则差异较大，比如对一般公司的贷款，银行1在IRB方法下下降了9.96%，而银行5则上升15.55%、银行7上升7.47%。

表14.14　　主要信用风险暴露最低资本要求（MRC）变动情况表　　单位：%

银行	合计MRC±	一般公司	中小企业	个人住房抵押	循环授信	其他个人	其他
银行1	-29.78	-9.96	-8.49	-3.20	-2.10	-5.50	-0.53
银行2	-14.11	-8.87	-3.79	0.00	0.00	0.00	-1.45
银行3	-24.60	-7.21	-2.78	-8.47	-6.35	-6.51	6.73

① 为了与BCBS定量测算口径保持一致，使用最低资本要求（MRC）对影响资本充足率变动的分子和分母因素进行分析，MRC增加表明资本充足率下降，反之则上升。

② 零售类资产组合为个人住房抵押、循环授信和其他个人的3项合计。

续表

银行	合计 MRC ±	一般公司	中小企业	个人住房抵押	循环授信	其他个人	其他
银行 4	1.60	0.78	-0.70	0.00	0.00	0.00	1.53
银行 5	19.05	15.55	3.42	-2.84	-0.15	0.15	2.92
银行 6	-8.99	-5.47	1.59	-3.76	0.03	-0.31	-1.07
银行 7	-7.17	7.47	-1.58	-6.14	-2.21	-5.85	1.14
银行 8	-3.92	2.28	0.52	-4.74	-1.28	-0.69	0.15
加权平均	-10.88	-1.26	-2.26	-3.60	-1.32	-3.02	0.58

注：本表中合计 MRC 变动情况指 IRB 法覆盖部分与现行方法比较。

按照 IRB 法的逻辑，风险加权资产的减少、资本充足率上升，将带来最低资本要求（MRC）的减少。而增加资本耗用少的业务如零售业务尤其是个人住房抵押贷款业务的比重将带来较好的资本节约效应。因此，从资本占用成本和资本使用效益角度考虑，银行会增加资本占用少的资产业务而减少资本占用多的业务。BASLE Ⅱ正是通过这样一种制度安排，鼓励商业银行发展资本节约型业务，借此达到改进风险管理、提高经营效益，最终实现金融体系稳定的目标。

3. 内部评级高级法

从 5 家测试银行内部评级高级法的计量结果看，高级法下资本充足率与现行方法相比平均上升 0.86 个百分点，上升幅度小于同期 G10 国家大银行平均水平（见表 14.15）。

表 14.15　　高级法下 BASEL Ⅱ资本充足率变动情况　　单位:%

银行	现行方法测算值	IRB 高级法测算值	变动
银行 1	10.68	14.46	3.78
银行 2	10.40	10.30	-0.10
银行 3	12.23	13.41	1.18
银行 4	12.12	10.19	-1.94
银行 5	10.07	—	—
银行 6	11.70	—	—
银行 7	11.14	—	—
银行 8	10.57	12.20	1.63
加权平均	11.39	12.67	0.86
G10 国家大银行	11.00	13.50	1.20

从表 14.15 可以看出，与内部评级初级法相比，内部评级高级法给多数测试银行带来了较为明显的资本节约效应，即资本充足率明显上升，其主要原因是测算银行采用内部模型法计算违约损失率（LGD）和贷款期限（M）等风险因素后对资本的节约效应。内部评级高级法下，测算银行资本充足率较现行方法有所上升，但银行间差异较大。如银行 1 采用 IRB 高级法资本充足率上升 3.78 个百分点，而银行 4 却下降了 1.94 个百分点。

（二）几种方法资本节约效应的比较分析

本部分从资本充足率和资本要求变化两个角度，对国际国内大型银行采用不同计量方法做了资本节约效应方面的研究。得到如下结论。

一是国际大银行实施内部评级初级法的资本节约效应显著，但在我国存在不确定性。从对试行银行的测算情况来看，与现行方法相比，采用内部评级初级法带来了资本充足率平均水平的下降，即对这些银行的资本充足要求升高，这与国际大银行变动方向相反。

二是资本节约的激励机制在高级方法运用中得到印证，即内部评级高级法具有较为明显的资本节约效应，但没有国际大银行显著。展望未来，高级法的资本节约效应及内嵌的激励机制安排将使更多银行产生方法升级的冲动，但受到数据、技术以及监管资源的制约，商业银行实施高级方法的基础条件还面临挑战。落实到资本要求上，由于内部评级高级方法并不成熟，所以未来很长一段时间，国内银行享受不到高级方法带来的资本节约好处。

三是通过调整资产结构降低风险从而减少资本成本的制度安排是有效的。分析表明，零售类资产组合的资本占用较一般公司业务（国际上为批发业务）组合更节省资本，其中个人住房抵押贷款的资本节约效应较为显著。因此，从资本占用成本和资本使用效益角度考虑，银行会增加资本占用少的资产业务而减少资本占用多的业务，如采取增加零售业务在资产业务中的比重，稳定发展一般公司业务，从而减少资本占用，提高资本的使用效率。

四是我国资本充足率计算基础的一致性有待于提高。无论采用初级方法还是高级方法，在同一技术框架下计算结果的银行间差异性说明，我国在信用风险资本计量的一致性上还有待于提高。如，在对长期平均 PD、主标尺的映射的政策引导，以及数据基础完善方面还有待于加强，相关制度安排的科学性还有待于探究。

四、BASEL Ⅲ资本监管新标准影响的前瞻性分析

在参与国际资本监管制度改革的同时，银监会制定了落实国际监管新标准的初步规划（以下简称《规划》），其中包括资本充足率、杠杆率、动态拨备以及流动性四大监管工具，并提出了具体标准。考虑到系统性风险，同时为体现差别监管原则，《规划》对系统重要性银行和非系统重要性银行分别提出了差异化的实施时间安排和达标时点要求，充分体现了 BASEL Ⅲ的实施要求。本部分仅对资本充足率新标准潜在的影响进行量化分析。

（一）对资本充足水平影响的国际国内比较分析

资本充足率是资本充足水平的具体体现，从其计算特点分析，分子分母的变化都将引起资本充足水平和资本要求的变化。新标准下，资本充足率分子缩小，分母扩大同时资本充足率整体标准提高，加之杠杆率合规要求的增加，都将带来资本要求的提高。

1. 资本定义变化对资本充足率的影响——分子角度

BASEL Ⅲ对资本进行了重新定义，其中，一级资本主要包括普通股和留存收益等，二级资本包括受偿顺序次于存款和一般债务且原始期限至少 5 年的资本，取消了专门用于低

于市场风险的三级资本；并规定统一在普通股层面上对商誉、递延税资产、金融机构普通股的非并表投资、债务工具和其他投资性资产的未实现收益等项目进行扣除。同时，各国央行和监管当局都认为有必要建立资本留存缓冲，并要求在最低监管要求之上的资本留存缓冲比率应达到2.5%，以满足扣除资本扣除项后的普通股要求。新的资本定义将对处于不同市场环境的国家带来不同影响。

（1）国际影响。

新资本定义实施后将带来国际银行尤其是国际大型银行资本充足率的较大幅度下降。巴塞尔委员会定量测算表明，在实施对普通股进行统一的扣除后，以普通股形式存在的资本数额大幅度下降，使得普通股比例、一级资本比率和总资本比率都不同程度地下降。表14.16显示，在实施新资本定义后，87家国际大银行的一级普通股比率下降了41.3%，一级资本比率下降了30.2%，总资本比率下降了26.8%，而中小银行各项比率的变化幅度相对较小，一级普通股比率、一级资本比率和总资本比率分别下降了24.7%、14.1%和16.6%。

表14.16　　新资本要求下各项资本比率的变化　　单位：%

	银行数量	风险加权资产变化	普通股比率变化	一级资本比率变化	总资本比率变化
G10国家大银行	87	7.3	-41.3	-30.2	-26.8
G10国家中小银行	136	3.2	-24.7	-14.1	-16.6

资料来源：巴塞尔委员会定量影响测算报告（QIS），2010（12）。

考察资本充足率水平下降的原因，主要是合格资本计入标准的提高，导致合格资本下降；同时资本扣除项的增加导致资本数量进一步下降。如表14.17对普通股下降原因的分析可以看出，商誉的扣除对其贡献率是19%，即商誉的扣减引起了普通股比率下降了19%，递延税资产的贡献率为7%，无形资产的贡献率为4.6%，对金融机构普通股的非并表投资的贡献率为4.3%，而其他扣减项目，如养老金资产和证券化收益等对普通股比率的影响较小。

表14.17　　新资本要求下普通股扣除项对普通股比率的影响　　单位：%

	银行数量	商誉	无形资产	金融机构非并表投资	递延税资产	按揭服务权	其他扣除项	普通股变化
G10国家大银行	87	-19.0	-4.6	-4.3	-7.0	-0.4	-3.6	-41.3
G10国家中小银行	136	-9.4	-2.3	-5.5	-2.8	0.0	-3.7	-24.7

资料来源：巴塞尔委员会定量影响测算报告（QIS），2010（12）。

（2）国内影响。

由于我国的核心资本中不认可任何形式的混合资本工具，仅包括普通股和留存收益；对商誉、未并表金融机构资本投资、贷款损失准备金缺口实施了严格的资本扣除，不允许商业银行发行专门用于抵御市场风险的三级资本，因此与国际银行业相比，尤其是同西方大型商业银行相比，严格的资本定义对我国的影响相对较小（见表14.18）。

从影响我国商业银行资本要求的因素分析看，导致最低资本要求（MRC）上升的主要因素是净递延税收资产的扣除和可计入附属资本准备金变化引起的。其中资本扣减及准备金因素引起MRC平均上升10.08%，但各银行间差异较大，如银行4仅引起MRC上升2.33%，而银行7则引起MRC上升23.45%。

净递延税收资产和可计入附属资本的准备金是导致银行MRC上升的主要原因。其中，在现行法下无须扣除的净递延税收资产在BASEL Ⅱ下需从资本中扣除，平均引起MRC上升3.67%，贡献度为36%；而新的拨备计提方法对准备金的影响主要表现在：现行方法下允许银行将"贷款损失一般准备"计入附属资本，而BASEL Ⅱ下则允许银行将各行实际计提准备数量与预期损失（EL）的差额或非IRB法覆盖资产的贷款损失准备中超过最低监管要求的部分计入附属资本，不再区分一般准备或专项准备。两种方法之间的差异将引起MRC的变动。从测算银行结果看，BASEL Ⅱ下可计入附属资本的准备金普遍低于现行方法，其中银行7甚至出现准备金缺口（即实际计提准备数量低于预计损失值）需要在资本中扣减。因此，BASEL Ⅱ下准备金处理方法的变动普遍导致MRC上升，平均上升6.65%，贡献度为66%。具体情况见表14.18。

表14.18　　资本扣减及准备金因素变动情况表　　单位:%

银行	合计MRC ±	净递延税资产	准备金缺口	其他扣减项	计入附属资本的超额准备
银行1	9.68	2.49	0.00	-0.08	7.26
银行2	11.32	4.17	0.00	-3.70	10.84
银行3	9.51	2.54	0.00	-0.39	7.36
银行4	2.33	2.09	0.00	0.00	0.25
银行5	14.37	6.55	0.00	0.35	7.47
银行6	9.75	4.79	0.00	1.21	3.75
银行7	23.45	0.00	3.67	1.79	17.99
银行8	7.20	1.44	0.00	0.50	5.26
平均	10.08	3.67	0.27	-0.50	6.65

从上述分析可以看出，净递延税收资产的扣除和可计入附属资本的准备金变化是引起国内商业银行MRC上升的主要因素。

2. 风险加权资产调整对资本充足率的影响——分母角度

风险加权资产（RWA）是指对银行的资产进行区分，根据不同类别资产的风险性质确定不同的风险系数，以这种风险系数为权重求得加权风险资产总额。根据类别的不同，风险加权资产由信用风险加权资产、市场风险加权资产和操作风险加权资产3部分构成。BASEL Ⅱ对风险加权资产度量的目的主要是用于计算最低资本要求。

（1）国际影响。

在引入BASEL Ⅲ后，资本定义、交易对手风险（CCR）、银行账户中的证券化（Sec BB）、压力状态下的风险值（sVaR）、股权标准测量方法（SMM）和交易账户中的新增风险资本计提和证券化（IRC & Sec TB）的变化都对风险加权资产的计量产生了影响。定量影响测算结果表明，上述有关风险权重规则的调整导致全球74家国际化大银行的风险加权资产平均上升23%，美国、英国和瑞士的大银行由于广泛参与场外衍生交易业务，风险加权资产增加的幅度最大；相对而言，中小银行所受的影响非常小，全球133家中小银行的风险加权资产仅上升4%。从表14.19中可以清晰地看出BASEL Ⅲ下风险加权资产的变化情况，对于西方大银行来说，风险加权资产较现行方法增加了23%：其中交易对手风险导致RWA增加7.6%，贡献度为33%；资本定义导致风险加权资产上升6%，贡献度为26%。

表14.19　　风险加权资产变化的构成情况　　单位:%

	银行数量	总风险加权资产变化	资本定义	CCR	Sec BB	sVaR	SMM	IRC & Sec TB
G10国家大银行	74	23.0	6.0	7.6	1.7	2.3	0.2	5.1
G10国家中小银行	133	4.0	3.2	0.3	0.1	0.3	0.1	0.1

资料来源：巴塞尔委员会定量影响测算报告（QIS），2010（12）。

（2）对我国银行业的影响。

从国内情况看，我国商业银行资金来源主要是存款，长期坚守传统业务模式，而且衍生工具和证券化产品规模不大，并不像西方国家那样无限制地扩张和复杂化，因此国际上资产证券化、交易对手信用风险以及交易业务风险权重的大幅度提高对我国银行没有显著影响。

3. 资本充足率标准提高的影响

理论分析表明，采用新资本定义，在提高银行资本质量，增强资本在极端情形下弥补损失能力的同时，将带来资本充足率尤其是核心资本充足率的较大幅度下降，进而导致分子进一步缩小，而增加资本的风险覆盖范围则导致加权风险资产——分母的进一步扩大，分子、分母共同作用将导致资本充足率的下降。实施证明，对分子——合格资本以及分母——风险加权资产要求的提高将给国际大型银行带来很大影响。

除了对分子、分母的要求外，巴塞尔委员会在BASEL Ⅲ中提高了对资本充足率的整体要求，即将最低资本充足率要求调整为四个层次，一是最低监管资本要求的提高：3个最低资本充足率要求，即核心一级资本充足率不低于5%，一级资本充足率不低于6%，最低总资本充足率不低于8%；二是资本留存缓冲：针对所有银行，增加2.5%留存超额资本的要求；三是逆周期缓冲资本：针对所有银行，增加0～2.5%的反周期超额资本要求，即正常情况下维持0的水平，在信贷超常增长、经济过热的情况下则可要求增提至2.5%的水平；四是系统重要性银行的附加资本：针对系统重要性银行，增加了附加资本要求，暂定为1%。总体来看，正常情况下，系统性银行和非系统性银行的总资本充足率水平将分别不低于11.5%和10.5%。考虑反周期影响，则分别提高到14%和13%的水平。

综合考虑资本充足率分子、分母的变动以及资本充足率整体标准提高的因素，商业银行普遍面临资本要求提高带来的资本补充压力。从国际情况看，部分国际化大银行为达到4.5%的最低普通股比率存在的资本缺口达1650亿欧元，如果需要达到7%的最优比率，则需要追加资本金5710亿欧元。对于规模相对较小的中小银行来说，由于新标准下资本比率的变化幅度相对较小，因而资本供需缺口较小，分别为80亿欧元和250亿欧元。表14.20提供了有关国际大银行、中小银行在2009～2019年间，为满足普通股比率要求所需要追加的资本金。

表14.20　部分银行满足普通股比率要求面临的总资本供需缺口　单位：亿欧元

	G10国家大银行	G10国家中小银行
银行数量	87	136
普通股资本缺口—4.5%	1650	80
普通股资本缺口—7.0%	5770	250

注：所观测的银行均为面临资本缺口的银行。

资料来源：巴塞尔委员会定量影响测算报告（QIS），2010（12）。

从国内情况看，监管当局已经根据巴塞尔委员会的要求制定引入针对系统性风险的资本指标的规划，包括资本留存超额资本、反周期超额资本和系统重要性银行的附加资本等。这些要求将带来资本要求的进一步上升。

（二）对资本充足水平影响的情景分析

由于我国资本监管新标准尚未公布更未开始实施①，没有相关数据为实证分析提供支持，故采用压力测试的常规分析方法——情景模拟法，对过渡期内我国商业银行未来资本缺口及影响进行模拟分析。

根据国际标准，我国拟将国内商业银行分为系统重要性银行②和非系统重要性银行③两类，本文以银监会公布的2010年底的银行数据为基期数据，同时考虑到我国“十二五”规划对经济发展速度做出7%的要求，基于上文的数据，考察贷款增长率与GDP增长率、总资产增长率之间的计量关系，最后假定总资产增长率为10%，贷款增长率为15%，同时假定风险加权资产的增长率为10%，建立情景分析模型，对资本监管造成的银行资本缺口、利润变动等展开情景分析。

1. 对系统重要性银行影响的情景分析。

（1）对系统重要性银行影响的情景假设。

系统重要性银行的数据参考大型商业银行的数据，其总资产为458815亿元，贷款余额为235191亿元，不良贷款率为1.15%，2010年整体资本充足率为12.2%，基期资产收益率为1.22%，企业所得税为25%；根据历史数据估计，风险加权资产按照总资产乘以0.57

① 根据银监会规划，系统重要性银行从2012年初开始实施。

② 银监会尚未出台系统性重要银行和非系统性重要银行的界定标准。本文根据商业银行规模，参照银监会相关文件中对大型银行的界定，暂将工商银行、农业银行、中国银行、建设银行、交通银行和招商银行划入系统性重要银行范畴。

③ 非系统重要性银行的数据参考股份制商业银行的数据，包括中信银行、光大银行、华夏银行、广东发展银行、深圳发展银行、招商银行、上海浦东发展银行、兴业银行、中国民生银行、恒丰银行、浙商银行、渤海银行。

估算为261524亿元，进而估算资本总额为31906亿元①。

表14.21 系统重要性银行资本监管新标准（假设2011年底执行，2013年底达标）

系统重要性银行	监管要求
核心一级资本	≥5%
一级资本	≥6%
总资本	≥8%
总资本+留存超额资本+逆周期超额资本+附加资本	≥14%

（2）对系统重要性银行影响的情景分析。

情景1：信贷增长率为15%，以利润补充资本缺口。

从表14.22可以看出，按照上述的情景假设，以2010年底大型商业银行12.2%的资本充足率水平为基准，每年需要增加0.6%，至2013年底可以达到14%的资本充足率要求。

表14.22 贷款增速15%情景下系统重要性银行的资本缺口

项目	财务指标	2010年	2011年	2012年	2013年
基础数据	总资产规模（亿元）	458815	504696	555166	610682
	总资产增长率（%）	—	10	10	10
	贷款余额（亿元）	235191	270469	311040	357696
	不良贷款余额（亿元）	3081	3543	4075	4686
	贷款规模增长率（%）	—	15	15	15
	贷款增量（亿元）	—	35279	40570	46656
	风险加权资产（亿元）	261524	287677	316444	348089
	风险加权资产增量（%）	—	10.00	10.00	10.00
	资本充足率要求（%）	12.20	12.80	13.40	14.00
	资本（亿元）	31906	36823	42404	48732
	资本增量（亿元）	—	4917	5581	6329
总体资产收益率水平分析					
未考虑资本变化影响	基期资产收益率水平（%）	1.22	1.22	1.22	1.22
	当年税前资产收益率水平（%）	1.63	1.63	1.63	1.63
	本年税前利润（未考虑资本增量）（亿元）	7463	8210	9031	9934
资本变化影响	本年税前利润（考虑资本增量）（亿元）	—	3293	3450	3605
	本年税前资产收益率水平（考虑资本增量）（%）	—	0.65	0.62	0.59
	本年税后资产收益率水平（%）	—	0.49	0.47	0.44
	本年资产收益率增量（%）	—	-0.73	-0.75	-0.78
	资产收益率变化率（%）	—	-60	-62	-64

① 银监会网站，统计数据：http：//www.cbrc.gov.cn/chinese/info/twohome/index.jsp？itemCode=9。

从表 14.22 中可以看到自 2011 年以后每年的资本缺口，在贷款保持 15% 的增长幅度，缺口靠利润补充的前提下对资产收益率的影响情况如下：2011 年银行形成的资本缺口为 4917 亿元，假定银行全部用利润弥补，将使 2011 年的资产收益率下降 60%；2012 年银行形成的资本缺口为 5581 亿元，假定银行全部用利润弥补，将使 2012 年的资产收益率下降 62%；2013 年银行形成的资本缺口为 6329 亿元，假定银行全部用利润弥补，将使 2012 年的资产收益率下降 64%。

由此可见，为了达到新标准要求，银行在资产规模扩张速度保持 15% 的前提下，完全用利润来补充资本缺口，每年会使资产收益率下降 60% 以上，这对系统重要性银行的经营业绩将会产生很大影响。

情景 2：信贷增长率为 14%，以利润补充资本缺口。

在上述情景中，假定贷款增长率下降 1 个百分点，为 14%，相关情景分析如表 14.23 所示。

表 14.23　　　　贷款增速 15% 情景下系统重要性银行的资本缺口

项目	财务指标	2010 年	2011 年	2012 年	2013 年
基础数据	总资产规模（亿元）	458815	501637	548457	599646
	总资产增长率（%）	—	9.33	9.33	9.33
	贷款余额（亿元）	235191	268118	305654	348446
	不良贷款余额（亿元）	3081	3512	4004	4565
	贷款规模增长率（%）	—	14	14	14
	贷款增量（亿元）	—	32927	37536	42792
	风险加权资产（亿元）	261524	285933	312620	341798
	风险加权资产增量（亿元）	—	9.33	9.33	9.33
	资本充足率要求（%）	12.20	12.80	13.40	14.00
	资本（亿元）	31906	36599	41891	47852
	资本增量（亿元）	—	4693	5292	5961
总体资产收益率水平分析					
未考虑资本变化影响	基期资产收益率水平（%）	1.22	1.22	1.22	1.22
	当年税前资产收益率水平（%）	1.63	1.63	1.63	1.63
	本年税前利润（未考虑资本增量）（亿元）	7463	8160	8922	9754
资本变化影响	本年税前利润（考虑资本增量）（亿元）	—	3466	3630	3794
	本年税前资产收益率水平（考虑资本增量）（%）	—	0.69	0.66	0.63
	本年税后资产收益率水平（%）	—	0.52	0.50	0.47
	本年资产收益率增量（%）	—	-0.70	-0.72	-0.75
	资产收益率变化率（%）	—	-58	-59	-61

从表 14.23 可以得到如下结论：2011 年银行形成的资本缺口为 4693 亿元，较情景 1 的资本缺口缩小 224 亿元，假定银行全部用利润弥补，将使 2011 年的资产收益率下降 58%；

2012 年银行形成的资本缺口为 5292 亿元，较情景 1 的资本缺口缩小 289 亿元，假定银行全部用利润弥补，将使 2012 年的资产收益率下降 59%；2013 年银行形成的资本缺口为 5961 亿元，较情景 1 的资本缺口缩小 368 亿元，假定银行全部用利润弥补，将使 2012 年的资产收益率下降 61%。

由此可见，为了达到监管标准，系统性银行如果仅靠利润补充资本缺口，会带来经营业绩的大幅度下降。而在控制贷款规模的前提下，虽然会降低对经营业绩的影响程度，但影响十分有限，且对信贷规模的控制一方面会削弱银行的竞争力，另一方面会减少以信贷为主的传统商业银行的实际盈利能力。

2. 对非系统重要性银行的影响分析

（1）对非系统重要性银行的影响的情景假设。

非系统重要性银行的数据参考股份制商业银行的数据，其 2010 年底总资产为 148617 亿元，贷款余额为 80729 亿元，不良贷款率为 0.70%，2010 年整体资本充足率为 12.2%，基期资产收益率为 1.06%，企业所得税为 25%；根据历史数据估计，风险加权资产按照总资产乘以 0.57 估算为 84712 亿元，进而估算资本总额为 10335 亿元①。

表 14.24　非系统重要性银行资本监管新标准（假设 2012 年底执行，2016 年底达标）

非系统重要性银行	监管要求
核心一级资本	≥5%
一级资本	≥6%
总资本	≥8%
总资本 + 留存超额资本 + 逆周期超额资本	≥13%

（2）对非系统重要性银行影响的情景分析。

情景 3：贷款年增速为 15%，以利润补充资本缺口。

从表 14.25 可以看出，根据上述情景假设，以 2010 年底数据为基准，非系统重要性银行每年需要增加 0.14%，至 2016 年底可以达到 13% 的资本充足率要求。假定这一期间的资本缺口全部由利润弥补，贷款保持 15% 的增长速度，则各年变化情况如下：2011 年银行形成的资本缺口为 1164 亿元，假定银行全部用利润弥补，将使 2011 年的资产收益率下降 50%；2012 年银行形成的资本缺口为 1293 亿元，假定银行全部用利润弥补，将使 2012 年的资产收益率下降 51%；2013 年银行形成的资本缺口为 1437 亿元，假定银行全部用利润弥补，将使 2012 年的资产收益率下降 51%；2014 年银行形成的资本缺口为 1597 亿元，假定银行全部用利润弥补，将使 2012 年的资产收益率下降 52%；2015 年银行形成的资本缺口为 1774 亿元，假定银行全部用利润弥补，将使 2012 年的资产收益率下降 52%；2016 年银行形成的资本缺口为 1910 亿元，假定银行全部用利润弥补，将使 2012 年的资产收益率下降 51%。

① 银监会网站，统计数据：http：//www.cbrc.gov.cn/chinese/info/twohome/index.jsp? itemCode =9。

表 14.25　　贷款增速 15%情景下非系统重要性银行的资本缺口

项目	财务指标	2010 年	2011 年	2012 年	2013 年	2014 年	2015 年	2016 年
基础数据	总资产规模（亿元）	148617	163479	179826	197809	217590	239349	263284
	总资产增长率（%）	—	10	10	10	10	10	10
	贷款余额（亿元）	80729	92838	106764	122778	141195	162374	186730
	不良贷款余额（亿元）	565.1	650	747	859	988	1137	1307
	贷款规模增长率（%）	—	15	15	15	15	15	15
	贷款增量（亿元）	—	12109	13926	16015	18417	21179	24356
	风险加权资产（亿元）	84712	93183	102501	112751	124026	136429	150072
	风险加权资产增量（%）	—	10.00	10.00	10.00	10.00	10.00	10.00
	资本充足率要求（%）	12.20	12.34	12.48	12.62	12.76	12.90	13.00
	资本（亿元）	10335	11499	12792	14229	15826	17599	19509
	资本增量（亿元）	—	1164	1293	1437	1597	1774	1910
总体资产收益率水平分析								
未考虑资本变化影响	基期资产收益率水平(%)	1.06	1.06	1.06	1.06	1.06	1.06	1.06
	当年税前资产收益率水平(%)	1.41	1.41	1.41	1.41	1.41	1.41	1.41
	本年税前利润（未考虑资本增量）(亿元)	2100	2310	2542	2796	3075	3383	3721
资本变化影响	本年税前利润（考虑资本增量）(亿元)	-	1147	1248	1359	1479	1609	1811
	本年税前资产收益率水平(考虑资本增量)(%)	-	0.70	0.69	0.69	0.68	0.67	0.69
	本年税后资产收益率水平（%）	—	0.53	0.52	0.52	0.51	0.50	0.52
	本年资产收益率增量(%)	—	-0.53	-0.54	-0.54	-0.55	-0.56	-0.54
	资产收益率变化率（%）	—	-50	-51	-51	-52	-52	-51

由此可见，非系统性银行为了达到监管新标准，在信贷规模年增速 15% 的前提下，如果完全用利润来补充资本缺口，会使资产收益率下降 50% 以上，这对经营业绩有很大影响。

情景 4：贷款增速 14%，以利润补充资本缺口。

从表 14.26 可以看出，假定贷款增长率下降 1 个百分点，即保持年增速 14%，则不同年度形成的资本缺口和对经营业绩的影响情况如下：2011 年银行形成的资本缺口为 1094 亿元，较情景 3 的资本缺口缩小 70 亿元，假定银行全部用利润弥补，将使 2011 年的资产收益率下降 48%；2012 年银行形成的资本缺口为 1208 亿元，较情景 3 的资本缺口缩小 85 亿元，假定银行全部用利润弥补，将使 2012 年的资产收益率下降 48%；2013 年银行形成的资本缺口为 1335 亿元，较情景 3 的资本缺口缩小 103 亿元，假定银行全部用利润弥补，将使 2012 年的资产收益率下降 49%；2014 年银行形成的资本缺口为 1474 亿元，较情景 3 的资本缺口缩小123亿元，假定银行全部用利润弥补，将使2012年的资产收益率下降49%；2015年银行形成的资本缺口为1627亿元，较情景3的资本缺口缩小147亿元，假定银行全部用利润弥补，将使2012年的资产收益率下降50%；2016年银行形成的资本缺口为1738亿元，较情景3的资本缺口缩小172亿元，假定银行全部用利润弥补，将使2012年的资产收益率下降48%。

表14.26　　　　贷款增速14%情景下非系统重要性银行的资本缺口

项目	财务指标	2010年	2011年	2012年	2013年	2014年	2015年	2016年
基础数据	总资产规模(亿元)	148616.9	162488	177653	194234	212363	232183	253854
	总资产增长率（%）	—	9	9	9	9	9	9
	贷款余额（亿元）	80729	92031	104915	119603	136347	155436	177197
	不良贷款余额(亿元)	565.1	644	734	837	954	1088	1240
	贷款规模增长率（%）	—	14	14	14	14	14	14
	贷款增量（亿元）	—	11302	12884	14688	16744	19089	21761
	风险加权资产（亿元）	84712	92618	101262	110714	121047	132345	144697
	风险加权资产增量（%）	—	9.33	9.33	9.33	9.33	9.33	9.33
	资本充足率要求（%）	12.20	12.34	12.48	12.62	12.76	12.90	13.00
	资本（亿元）	10335	11429	12638	13972	15446	17072	18811
	资本增量（亿元）	—	1094	1208	1335	1474	1627	1738
总体资产收益率水平分析								
未考虑资本变化影响	基期资产收益率水平(%)	1.06	1.06	1.06	1.06	1.06	1.06	1.06
	当年税前资产收益率水平(%)	1.41	1.41	1.41	1.41	1.41	1.41	1.41
	本年税前利润（未考虑资本增量）(亿元)	2100	2296	2511	2745	3001	3282	3588
资本变化影响	本年税前利润（考虑资本增量）(亿元)	—	1202	1302	1411	1528	1655	1850
	本年税前资产收益率水平(考虑资本增量)(%)	—	0.74	0.73	0.73	0.72	0.71	0.73
	本年税后资产收益率水平(%)	—	0.55	0.55	0.54	0.54	0.53	0.55
	本年资产收益率增量(%)	—	-0.51	-0.51	-0.52	-0.52	-0.53	-0.51
	资产收益率变化率（%）	—	-48	-48	-49	-49	-50	-48

注：银监会网站，统计数据：http://www.cbrc.gov.cn/chinese/info/twohome/index.jsp? itemCode=9。

因此，为了达到监管新标准，非系统银行将会面临经营绩效的大幅度下降，即使商业银行降低信贷扩张速度，也对挽救下降趋势帮助不大。其信贷规模收缩1%，资产收益率较信贷规模不变情况下减少了3个百分点的降幅，没有实质改进。且这种方式会削弱银行的实际盈利能力和竞争力。因此，单纯靠收缩信贷规模并不是提高资本充足率的有效途径。

3. 对资本缺口的进一步评估

为了情景分析体现审慎性，上述分析对 GDP 指标的设定进行了保守估计。

从以上分析可以看出，为了达到监管标准，在 GDP 增速 7%、贷款年增速 15% 的前提条件下，从 2011 年至 2013 年，系统性银行和非系统性银行共需补充资本 26002 亿元，其中系统性银行需补充 22108 亿元，非系统性银行需补充 3894 亿元；在 GDP 增速 7%，信贷年增速 14% 的前提条件下，从 2011 年至 2013 年，两类银行共需补充资本 19529 亿元，其中系统性银行需补充 15892 亿元，非系统性银行需补充 7531 亿元；从 2011 至 2016 年，若按贷款增速 15% 计算，非系统性银行需补充资本 9175 亿元。需要说明的是，GDP 增速 7% 是一个保守的假定，如果按照我国近 10 年来的平均增长速度，会带来更大的资本缺口。

以上分析表明：资本缺口补充压力是未来系统性银行和非系统性银行共同面临的巨大挑战，而且系统性银行的资本补充压力大于非系统性银行；仅靠利润补充资本将造成商业银行资产收益率的大幅下降；控制信贷增长速度，适当收缩信贷规模，对商业银行经营业绩下降改善幅度不大，而且还会削弱银行的竞争力。

（三）资本监管新标准影响分析结果

BASEL Ⅲ除对 BASEL Ⅱ的体系框架进行强化外，最重要的贡献是统一和明晰了资本监管的相关标准。对过渡期内我国实施资本充足率监管新标准影响分析结论如下。

一是严格的资本定义导致资本充足率分子缩小，进而资本充足率下降，资本要求上升。新的资本定义提高了对合格资本的计入标准，可计入合格资本数额呈现下降趋势，同时资本扣除项的增加导致资本数量进一步下降。但影响程度存在差异性：国际上对不同规模的影响程度有所不同，国际大型银行受到的影响远远大于中小银行；由于我国现行办法对分子进行了严格规定，所以国内银行受到的影响小于国际大型银行。

二是资本对风险的覆盖范围扩大导致资本充足率“分母”扩大，资本充足率下降，资本要求上升。从国内情况看，我国商业银行资金来源主要是存款，而且衍生工具和证券化产品规模不大，并不像西方国家那样无限制的扩张和复杂化，因此“分母”扩大短期对我国银行没有显著影响。但从长期看，我国商业银行综合化经营试点刚刚起步，信息技术的发展、金融自由化的趋势和金融竞争的加剧，使银行需要调整业务模式，创新产品以适应市场和客户的变化。而业务创新特别是表外业务、跨市场业务、衍生品交易必将产生新型风险，随着对这些业务资本要求的提高，资本增提压力将进一步上升。

三是资本充足率监管标准的提高使资本要求上升。在资本充足率分子缩小、分母扩大导致资本充足率呈现下降趋势的情况下，BASEL Ⅲ提高了对资本充足率的整体要求，从国内情况看，监管当局已经根据巴塞尔委员会的要求制定针对系统性风险的资本监管计划，包括资本留存超额资本、反周期超额资本和系统重要性银行的附加资本等。总标准的上升将带来资本要求的进一步上升。

四是按照资本充足率监管新标准，对系统性银行和非系统性银行资本缺口和资产收益率的情景分析表明，过渡期内乃至今后更长的时间，无论是系统性银行和非系统性银行未来都将面临较大的资本补充压力。因此，在资本监管约束趋严的态势下，寻求保持资本充足水平，探寻可持续发展的有效路径是银行业的重要课题。

五、资本要求提高和亲经济周期缓释带来的挑战和对策分析

由于信贷与宏观经济之间存在的长期稳定关系，如果不采取措施，亲经济周期效应将随资本对信贷约束作用的强化而扩大，这将对宏观经济造成负面影响，进而给资本监管带来更大挑战。接下来，拟围绕资本充足率达标和亲经济周期缓释问题进行对策探讨。

（一）资本要求提高带来的挑战与对策分析

前述分析表明，资本监管新标准将引起资本充足率的下降，进而导致资本要求的提高；即使我国采用内部评级初级法对占风险加权资产绝大比重的信用风险进行计量，也不一定会带来预期的资本节约效应。因此从长期看，我国商业银行资本充足率达标将面临较为严峻的挑战。根据资本充足率的计算特点，可以考虑通过“分子策略”和“分母策略”提高资本充足率。

1. 资本补充面临的挑战和对策——从分子角度的分析

商业银行可以通过多种方式补充资本，若从资本来源角度来看，则可以分为内源资本补充和外源资本补充两大类：内源资本补充是指商业银行通过内源利润留存的模式来对资本金进行补充的方式，这种方式并不会对资产负债结构及股权结构带来影响，且有筹资成本低的优点，但对银行经营提出很大挑战；外源资本补充则是通过发行股票、长期次级债券等形式补充资本金，其筹资成本高，会对资产负债结构、股权结构带来一定的影响。由此可见，商业银行补充资本面临很大压力。

（1）挑战。

一是增资扩股需求大但资本市场容量有限。作为外源融资的主要方式，资本市场融资可以使商业银行在较短的时期内获得长期且稳定的资本金，并且上市之后，银行还能够综合运用资本市场工具进行融资以继续筹集资本，如增发配股、发行可转债等模式。但是，上市银行过分依靠资本市场融资来补充资本金会受到一定的限制。首先，增资扩股会增大资本市场压力和风险。其次，随着股东投资意识的不断增强，当期资本回报率对银行的资本约束越来越明显：一方面，股东希望银行尽可能进行高杠杆运作，提高银行资本回报；另一方面，为了不让自身利益受到稀释，在投资实力有限的情况下，股东往往不愿意银行增资扩股。因此，商业银行应当慎重利用资本市场进行再融资。

二是长期次级债损失吸收能力有限。国际上银行也通常会通过发行次级债的模式来对商业银行的资本金进行补充。次级债的优点在于其不会稀释原有股东权益和收益，但银行间互相持有次级债情况的出现可能会对次级债的资本特性带来损害。银监会于2009年10月出台了《关于完善商业银行资本补充机制的通知》，对发行次级债补充资本做出了一系列的规定，限制了次级债作用的发挥。另外，长期次级债务具有资本的属性。但除非银行破产或清算，长期次级债务不能弥补银行日常经营损失，因此它并不具备核心资本的抗风险

功能，仍然属于债务资本，并不是银行的自有资本，最终仍要偿还，因此其损失吸收能力有限。

（2）对策分析。

事实上，不同资本补充方式各有优缺点，商业银行应当权衡利弊，做出科学安排。

一是构建内源式补充资本的长效机制。就交易成本而言，内源资本补给方式应该是资本补充的最佳方式，其最大好处是，银行在这一机制下处于主动的地位，不必依赖资本市场，具有充分的灵活性。同时由于其筹资成本最低，不会稀释影响老股东的股权比例而受到银行的青睐。近几年，国内银行盈利能力大幅度提升使得扩大资本留存具备现实可行性。从2009年银行业相关数据看，盈利增速虽低于前3年平均水平，但仍维持较高的增速，预计未来一段时期内银行业年均税收利润不低于7000亿元，按50%资本留存率计算，内部资本积累可以解决50% ~60%的资本需求，并且有助于缓解资本市场扩容的压力。因此，为增加核心资本，商业银行应适当减少现金分红比例，优先采用配股的方法进行利润分配，树立长期发展的理念，构建内源式补充资本的长效机制。

二是提高经营效率，扩大利润来源。由于资产业务随其风险大小将不同程度地消耗资本，能为商业银行提供低风险且稳定利润的中间业务则成为内源资本补充的重要利润来源。广义的中间业务是指不构成商业银行表内资产、表内负债，形成银行非利息收入的业务。狭义的中间业务是将广义中间业务中的或有业务。因此，商业银行应当重视中间业务的发展，不断开拓中间业务，进行中间业务的创新，最终实现基本盈利模式从存贷差占绝对优势转向存贷差和中间业务并重的轨道上来。

2. 控制风险加权资产规模的挑战和对策——从分母角度的分析

资本管理“开源”也需“节流”，在补充资本、扩大分子的同时，应同时采用分母策略，即通过合理调整资产结构、积极发展低风险权重的业务，提高经济资本计量水平，合理运用资产证券化工具实现缩小分母的目的。但在实际操作过程还面临诸多问题。

（1）挑战。

一是经济发展推动信贷不断扩张，增量资产风险资产仍在累增。2009年，为支持国内经济尽快复苏，银行业新增贷款达到创纪录的9.59万亿元，贷款增速达32.8%；贷款的高速增长在直接扩大当期资本需求的同时，也使银行业的平均资本充足率由2008年底的12%下降至11.4%。在今后很长一段时间里，将影响商业银行中长期资本充足率水平。国内外实证研究结果表明，通常情况下信贷激增后的几年里不良贷款将上升，商业银行需增提贷款损失准备金以吸收信贷损失，由此将导致银行盈利水平下降，有时不得不动用资本冲销损失，削弱了银行资本积累能力，甚至使银行陷入“伴随快速信贷快速增长的贷款质量下降”的财务困境（王胜邦，2010）。从2009年国内银行新增贷款结构来看，相当一部分贷款投向了地方政府的融资平台以及波动性较高的房地产行业，而自2010年以来严格的信贷紧缩措施，可能导致不良资产较快显现，资产质量向下迁徙的压力很大。

二是存量信贷结构调整面临挑战。从我国商业银行业务结构看，信贷业务仍占主导地位，通过利息差来获取利润，使得信贷资产在银行整个风险资产中占了较大比例，这种增长模式短期很难改变。从长期看，国有商业银行综合化经营试点刚刚起步，信息技术的发展、金融自由化趋势和金融竞争的加剧，迫使银行业的业务模式和产品要不断发展变化以适应市场和客户的变化，而巴塞尔委员会提高了对这些业务的资本要求。另据理论分析表明，即使实体经济增速下降导致信贷需求收缩，为防止存量贷款的质量恶化，并维护信贷关系，银行仍倾向于对现有项目提供信贷支持，商业银行在信贷结构调整方面面临困惑。

（2）对策分析。

根据巴塞尔协议，不同的风险资产将被赋予不同的风险权重，即相同数量规模的资产由于资产结构、种类以及风险的不同，其风险加权资产的总量也不相同。在新的资本监管框架下，资本计提对风险的敏感度进一步增强，因此应注重资产结构调整，优化盈利模式。

一是发展经济资本管理模式，引导增量资产的结构调整。BASEL Ⅰ到 BASEL Ⅲ都对风险资产进行了相关的阐述，其中一条重要的规则是对不同性质的资产赋予不同的风险权重，提倡商业银行按照经济资本管理思路进行资产的合理调整。因此，商业银行应测算并把握资本监管规制改革对不同业务资本要求、收益率的影响，根据业务的监管资本要求和风险度进行资产结构调整，引导资产流向评级优、效益好的客户、产品、行业和地区，拓展资本节约型业务，缓解资本补充压力。总体上看，由于国内银行总资产中高风险权重的信贷占比较高，通过调整资产结构降低资本要求还有一定空间。上文分析表明，零售资产组合在带来风险分散化效应的同时，由于其被赋予的较低风险权重，可以带来明显的资本节约效应，因此扩大零售业务比重将是未来商银行资产业务的发展方向。

二是合理控制信贷增量，提高存量资产质量。一方面，商业银行应注意规模的适度扩张，增加规模扩张的计划性。另外，按照 BASEL Ⅱ 的规定，不良资产的风险权重已经调增到 150%，这就迫使商业银行必须进一步缩小不良贷款的比例，提高信用风险的管理能力。商业银行通过不断提高信贷管理水平，清收盘活不良资产，改善资产质量，减小核销或冲减呆账的压力，直接降低风险资产总额，从而通过分母途径提高资本充足率。

三是积极发展资产证券化业务，探索结构性融资渠道。资产证券化就是银行把不具有流动性的资产从企业整体风险中隔离出来，随后以该资产为信用基础，在资本市场上进行融资，这种融资成本相对较低。虽然 2005 年国家开发银行和中国建设银行有相关信贷资产证券化的试点，但是 2008 年金融危机却使我国资产证券化发展陷入了停滞期。但事实证明，发展资产证券化业务，有利于银行加快从贷款持有型向贷款流量管理型转变，探索出一条银行总资产规模不无限扩大，资本占用不无限增加，但是却可以持续发展的新路子（杨凯生，2010）。商业银行可以利用资产证券化减少风险资产比重，降低风险加权资产，从而能够提高资本充足率。为此，监管部门应在总结吸取金融危机的教训的基础上尽快完善相关政策，加强资产证券化市场和法律建设，为商业银行合理进行资产业务创造良好的条件。

（二）亲经济周期效应缓释的挑战与对策分析

关于亲经济周期的缓释策略，国内方面虽然做过一些基于理论层面的探讨，但还很不充分。随着国际资本监管规制的发展，动态资本监管工具的轮廓变得越来越清晰，动态拨备、第二支柱压力测试等一些可发挥亲经济周期作用的监管工具即将被纳入资本监管新的政策框架中。因此，对这些监管工具的适用性、使用效果以及面临的挑战做出前瞻性分析，开展对拟使用新资本监管工具的评估，寻求克服顺经济周期效应的解决方案非常必要。

1. 降低风险权重函数输入因子的亲经济周期性

上文分析表明，BASEL Ⅱ方法将导致监管资本要求的周期性波动，特别在内部评级法下，内部估计的 PD、LGD 和 EAD 等风险参数与经济周期的相关性更强，由此带来了资本监管亲经济周期的叠加效应，而且随着资本充足率标准的提高会逐渐增强。为了降低这种负面效应，需从降低风险权重函数输入因子——PD、LGD、EAD 的亲经济周期性入手，首先降低风险权重函数的亲经济周期性。

关于参数的审慎性处理，内部评级法对数据提出很高要求。一是 PD 估计。虽然内部评级法允许商业银行采取 3 种方法估计违约概率，即内部违约经验、外部映射、违约模型法，但无论采用何种方法，用于计算资本要求的 PD 应反映长期平均违约经验。此外，上文的分析表明，为了降低风险参数的亲经济周期性，要尽可能采用跨周期评级方法估计 PD，同时在设计经济周期因素时，应考虑宏观经济出现温和衰退而不是低谷时的情形（王胜邦，2008）。数据方面，虽然 PD 反映未来 1 年内债务人的违约可能性，但估计违约概率必须具备 5 年数据观察期，并且数据应覆盖包括经济衰退期在内的整个经济周期。二是 LGD 估计。内部评级法规定①，商业银行估计的 LGD 不能小于违约加权长期平均损失率；LGD 必须反映经济衰退时期的损失严重程度，以保证违约损失率的估计值在所有可以预见到的经济条件下都保持稳健和可靠。理想状况下，估计 LGD 数据应涵盖一个完整的经济周期，在任何条件下数据历史观察期都不得低于 7 年。另外，因为经济衰退时期违约借款人增加，违约加权长期平均损失率更接近于违约概率较高时期的损失率，内部评级法鼓励采取违约加权长期平均损失率估计 LGD，但这种方法对数据质量和长度提出很高的要求。三是 EAD 估计。内部评级法规定，违约风险暴露应是长期违约加权均值，银行应保守地确定估计值的误差范围；如果银行能合理预测出违约概率与违约风险暴露正相关，对违约风险暴露的估计必须留有较大程度保守调整的余地；若经济周期内违约风险暴露估值不稳定，经济低迷时期的违约风险暴露应比长期平均数更保守，商业银行应使用经济低迷时期的违约风险暴露。

（1）挑战。

从降低整个风险函数的亲经济周期性来说，审慎估计风险参数需有符合条件的数据支持，但薄弱的数据基础是我国面临的最大挑战。

当前，各行在数据整合过程中仍不同程度面临数据积累不足、数据长度尤其是 LGD 建模数据长度不够、质量不高，数据一致性较差和数据不衔接等问题。究其原因，主要是长期以来大部分行未建立统一、完整的数据标准，即使已经建立内部评级体系的银行，在数据质量管理政策、标准、问责体系、流程等方面尚不完善，数据管控的工作流程还没有有效发挥作用，造成了部分数据缺乏一致性、完整性和准确性。

此外，由于我国多年经济持续保持高速增长，对我国经济周期的定义理论界存在很大分歧，因此，相对于估计风险参数数据处理时的要求，我国没有完整经济周期数据，使商

---

① 见《商业银行信用风险内部评级体系监管指引》。

业银行在经济衰退期 LGD 的处理、EAD 估计的“低迷时期”数据收集等问题的处理方面面临很多困惑；同时外部数据的利用尤其是资产管理公司数据的使用与校准、折现率替代指标的适用性等仍困扰着各家银行。这些都对精确地估计风险参数，审慎降低风险参数亲经济周期影响的技术处理构成挑战。

（2）对策分析。

在数据基础方面，已进入监管新框架实施准备阶段并实施内部评级法的银行①应在前期努力的基础上，强化数据基础建设：一是尽快在集团层面建立和完善风险数据库和数据集市，制定统一的数据定义和标准，加快对数据的收集、挖掘、整理、映射、分析和实证检验工作。二是加快抵质押物管理系统建设，为准确估计 LGD 打牢基础；三是要加强对现有数据的维护，确保风险参数估计的准确性。一个较为明显的现象是，通常正在使用的评级系统所需要的相关数据维护得就好，而与现行评级系统不直接相关的数据质量则较差，这就给进一步的风险分析和未来的评级系统优化升级造成了障碍。拟实施内部评级法的银行应及早动手做数据方面的准备，因为达到数据质量和数据长度的要求并非是一蹴而就的。从调查情况看，除上述 7 家大型银行在数据管理方面取得的进展外，国内大多数银行数据管理意识与先进的风险管理需要相比尚存较大差距，对于数据的检查评估或是没有建立有效的制度流程，或是执行不到位，从而造成有些数据长期未收集、缺失字段长期未弥补等状况。

2. 动态拨备

银监会在制定实施国际新监管标准的初步规划中，将建立和落实动态拨备制度作为实施国际新监管标准的一项重要举措。2010 年 11 月 15 日，银监会发布的《关于加强当前重点风险防范工作的通知》中提出了动态拨备率监管新规。通知中明确要求“商业银行贷款损失准备金占贷款余额的比例原则上应不低于 2.5%，同时贷款损失准备金占不良贷款的比例原则上应不低于 150%，两者按孰高原则要求执行”。新的监管标准体现了动态拨备思想，是对现有拨备制度的完善、补充和发展。

（1）挑战。

动态拨备监管标准的提出使我国在拨备制度建设方面迈出了一大步，对维护我国银行体系的稳健性具有重要意义。然而，推进新标准的实施还面临以下挑战。

首先是制度基础面临的挑战。为实现与国际财务报告准则的一致性，2006 年，财政部出台新企业会计准则。其中《企业会计准则第 22 号　金融工具确认和计量》的发布，使 2005 年的《金融企业呆账准备提取管理办法》自动失效，也使我国现行的银行监管指引和企业会计准则的目标之间分歧变大，在拨备具体的计提方法和比例，以及相关科目设置、会计处理的观点方面存在明显不同。要实施新标准，银行会计的管理部门和银行经营的监管部门之间仍需进一步加强沟通与协调，以形成统一可行的制度基础。但是基于我国国情，要使会计目标和监管目标达到有效融合，还需要花费大量的沟通成本和时间成本。

其次是数据基础面临的挑战。拨备新标准的阈值计算需要建立在至少一个完整经济周

① 已进入资本监管新框架的银行与新资本协议银行对应。

期的历史数据基础上，依靠数据的支持设定符合我国国情的参数和构造模型。其中的数据需要长时间的积累，对动态拨备模型也需要进一步研究和验证。比较而言，西班牙银行迄今已经积累了16年的经验数据，并针对自身的金融范式建立了较为成熟的模型，而我国商业银行相关数据的积累工作从近几年才刚刚开始。由于数据积累、参数设置、模型设定等多方面的因素制约，实施拨备新标准在数据方面缺乏支持，更多是依赖于经验判断，因此，制定出的拨备标准科学性不强，说服力也较弱。

最后是激励机制面临的挑战。贷款拨备率指标的引入，使银行追求企业价值、回报投资者与提高银行经营的稳健程度目标间的冲突更加明显，引发监管的又一难题。贷款拨备率对所有银行执行同一标准，其政策效果相当于对资产质量较高的银行提出了更高的拨备覆盖率要求，在一定程度上形成了“扶劣限优”的结果，与风险为本的监管原则本质上相背。一方面制约质优银行的业务发展，另一方面保护和纵容了绩差银行，不利于形成良性、公平的市场竞争机制。逆周期拨备监管的目的，在于平衡经济周期拨备计提的压力，而非在经济繁荣期承担全部或大部分的拨备压力。如果对拨备要求过高，会导致风险控制能力强的银行拨备过剩，削弱内生成长和补充资本能力，有悖于激励相容理论，最终对银行的经营效率和长期发展带来负面影响。

下面根据表14.27的计算结果，分别对三种情形进行分析。

表14.27　　　　我国商业银行2010年三季度末的相关指标

公司名称	2.5%贷款拨备率要求需拨备（亿元）	贷款拨备率（%）	实际计提拨备（亿元）	准备金缺口（亿元）	ROAA（%）	补缺后ROAA下降百分点（%）	较补缺前ROAA下降幅度（%）
工商银行	1642.50	2.42	1587.86	-54.64	1.35	0.04	3.21
农业银行	1195.00	3.32	1587.80	392.80	0.99	—	—
中国银行	1390.00	2.19	1216.66	-173.34	1.17	0.18	15.67
建设银行	1342.50	2.44	1306.88	-35.62	1.46	0.04	2.41
交通银行	542.50	2.05	444.63	-97.87	1.11	0.28	24.85
中信银行	300.00	1.43	171.20	-128.80	1.23	0.69	56.19
光大银行	185.00	2.31	170.92	-14.08	1.00	0.10	10.50
华夏银行	127.50	2.49	126.98	-0.52	0.65	0.01	0.86
深发展银行	100.00	1.45	57.80	-42.20	1.00	0.67	66.86
招商银行	325.00	2.05	266.01	-58.99	1.24	0.27	21.49
浦发银行	270.00	1.85	199.44	-70.56	1.10	0.39	35.67
兴业银行	207.50	1.38	114.36	-93.14	1.15	0.59	51.38
民生银行	247.50	1.95	192.60	-54.90	1.09	0.34	31.66

资料来源：根据各银行2010年三季度财务报告计算所得。

情形一：如果一家银行的不良贷款率大于1.67%，则只要这家银行拨备覆盖率达到

150%，贷款拨备率也能同时达标。年报显示，只有农行的不良贷款率大于1.67%。假定农行保持现有拨备水平不变和不良贷款率保持不变，经过测算，在同时满足两项监管指标的情况下，农行仍可以继续放贷3091亿元。如果不良贷款率向1.67%逼近，则可增信贷规模更大。由此可见，在这种情形下，通过施监管新规约束银行信贷规模作用是有限的。

情形二：如果一家银行的不良贷款率小于1.67%，那么只要这家银行贷款拨备率达到2.5%，则拨备覆盖率也能同时达标。以浦发银行为例，该行为了达到贷款拨备率2.5%的监管标准，要么补提70.56亿元的拨备，要么减少贷款2802.94亿元，因此实质上形成了对银行优质资产质量的惩罚性要求，对资产质量优良银行和资产质量较差银行的拨备计提要求没有体现出差异性，而所以过大的拨备计提压力反而容易挫伤银行保持高质资产的积极性。

情形三：假定在2010年三季度末补提拨备，将贷款拨备率提至2.5%，将导致各商业银行的净利润有不同程度的下降，导致ROAA下降，其中大型银行的ROAA平均下降0.10个百分点，平均下降幅度为7.73%；股份制银行下降0.39个百分点，下降幅度为35.25%。经营成本的提高、盈利水平的降低，必然使银行的市场形象受到影响，进而降低公司的市场价值。

（2）对策分析。

综合来看，在经济上行期宏观审慎监管功能得以充分发挥的同时，还要兼顾银行作为经济实体拓展业务和提高经营业绩的需求。针对下一步动态拨备制度的改进与完善，本文提出如下建议。

一是在经济运行的同一阶段对不同银行实施差别化监管。对于高不良贷款率的银行，可以在不降低贷款拨备率的前提下，适当提高拨备覆盖率要求，促使其提高拨备，以应对未来可能更高的不良贷款率。在至少保证150%或者稍高的拨备覆盖率要求前提下，适当降低那些低不良贷款率银行的贷款拨备率要求。如果按股份制银行2008年底的平均不良贷款率1.35%来计算，股份制银行的贷款拨备率最初可以设置为2%，然后逐步过渡到2.5%。另外，对贷款分类偏离程度较小、迁徙控制良好、潜在风险较低或者管理能力强、战略目标明确的银行可适当调低拨备指标要求，反之调高拨备指标要求。

二是在经济运行的不同阶段对同一银行实施差别化监管。在经济上行期，当不良贷款下降幅度较大时，即使计提拨备总量下降，也有可能保持较高的拨备覆盖率；在经济下行期，当不良贷款上升幅度较大时，即使增加计提拨备总量，拨备覆盖率也会不断下降。因此，可以考虑在经济上行期间适当提高拨备指标要求，而在经济下行期间则允许在大量核呆前提下考虑降低拨备指标，但总体仍应达到或超过2.5%和150%。

三是设计动态拨备指标时应考虑未来影响因素。一方面，需要考虑货币政策转向对动态拨备率的影响。近几年，中国正在从宽松的货币政策转向稳健的货币政策，预计未来几年我国银行信贷增速会逐步降低。而连续3年的信贷扩张，将导致信贷风险大量集聚。根据国际经验，信贷激增后不良贷款显现往往存在滞后效应，因此需对拨备率进行调增处理。另一方面，需要考虑未来产业结构调整涉及的未来不良贷款。根据我国经济发展新模式，未来我国产业结构将面临重大调整，一些产能过剩、主业需要转型、“双高”型行业的贷款，今后会形成大量的不良贷款，因此拨备率同样需要进行调增。

四是建立激励相容的实施机制。财政部于 2010 年 7 月公布了《金融企业呆账准备提取管理办法》修订版征求意见稿，办法中也提出建立金融企业动态拨备制度。银行监管部门需与财税部门加强沟通，一方面能在拨备计提方法上继续达成共识，另一方面为拨备作为成本列支和对拨备实行税收优惠寻求制度支持，从而鼓励商业银行主动计提拨备，提足拨备。同时，银行监管部门应当及早制定并出台动态拨备的相关指引，使商业银行动态拨备监管有章可循。

3. 动态资本管理

资本监管新框架下，最低资本要求应该包括两部分：一是第一支柱下根据风险权重函数计算的资本要求；二是监管当局基于商业银行的内部资本充足评估程序或启动监督检查程序得出的判断性资本要求。因此，总资本要求的周期性是否缓解还取决于第二支柱监管当局所作出的判断是否充分考虑了经济周期因素，即抵消或扩大了第一支柱资本要求的亲经济周期性。

Segoviono 和 Lowe（2002），Greenspan（2002）等人的研究结果表明，在第二支柱框架下，监管当局可以根据第一支柱资本要求的变化，要求商业银行在经济繁荣时期增加超额资本，以备经济衰退时期之需，这有助于平滑资本充足率的波动，弱化新资本协议的顺经济周期效应。Estrena（2004）也指出通过在经萧条期设立“明智的最低资本要求”可以削弱顺周期性的影响。为了缓解资本监管的顺周期性，巴塞尔委员会发布了《逆周期资本缓冲操作国际监管指引》，一方面向银行业提供额外资本缓冲，防止信贷过度增长诱发系统性风险并防范系统性风险导致的潜在损失，因此，当信贷周期逆转时，监管部门可及时释放缓冲资本，以消化损失、减少监管资本要求束缚信贷资金供给的风险。另一方面，可以限制银行系统对经济波动的放大作用。资本缓冲加强了单个机构以及整体系统抵抗风险的能力，有利于抵制信贷扩张和冒险行为，同时也能减小顺境结束后压力出现的可能性（朱元倩，2010）。

（1）挑战。

一是中国经济周期的基准很难界定。自 1978 年改革开放以来，中国始终处于经济高速增长中，30 多年来 GDP 年增长率的平均水平为 9.8%，即使是衰退时期的 GDP 也保有较高增长率。对于中国的经济周期，其基准很难界定，经济学界尚无一致的论断。无论采取哪一种周期判定方法，都带有一定的主观性。另外，中国的宏观调控力度与效果均大于欧美国家，经济刺激政策对商业银行行为有很强的导向性，同时中国的信贷周期与经济周期往往有相反的表现，且并非源于市场规律，而是体现了较强的政策干预效果。因此，政策因素的影响增加了分析中国市场周期性的复杂程度。

二是经济上行和下行的拐点很难预测。一方面由于统计数据存在的时滞性，信息传导到监管当局释放超额资本要求和商业银行投放信贷也需要一段时间，不利于经济刺激政策的及时性和有效性，经济运行中往往仅能观测到当前时点是上行期或下行期，很难预测拐点。另一方面，中国的金融深化程度与欧美发达国家有差距，对“信贷过度增长”的判定尚无合理标准，因此，按照巴塞尔委员会根据拐点动用逆周期监管工具的设计在操作上存在很大难度。

三是信贷周期与经济周期的关系难以界定清晰。信贷周期与经济周期并不同步，且根据上文分析看，二者具有相互作用。一方面，信贷周期滞后于经济周期，这主要是由内部评级法的滞后性造成。另一方面，信贷投放对经济周期的影响也具有滞后效应。这是因为信贷对国民经济的作用并不能立刻显现，需要经历投资、生产、分配、消费的一系列过程。由于二者互为因果，即同时存在反馈（feed-back）与正馈（feed-forward）的效应，因此，信贷与GDP在宏观经济系统中均为内生因素，根据经济周期的界定来调节信贷投放是很难达到预期效果的。如果不将经济周期与信贷周期纳入同一宏观模型体系进行分析，很难清晰地界定亲经济周期效应，并影响到对采取措施时间节点的判断。

（2）对策。

一是综合考虑多种变量，科学设置参考指标。一方面，信贷总量/GDP比值被认为是进行资本缓冲决策的参照起点，常被用于构建决策模型、解释决策影响因素，因此，各监管部门应建立贷款总量/GDP比值的常规披露制度。另一方面，监管机构可根据本国国情，采用多种变量因素及信息，如多种资产价格、实际GDP增长情况、信贷环境调查等，有效评估信贷的持续增长和系统性风险状况。

二是结合实际，灵活使用信贷总量/GDP做趋势分析。一是分析信贷总量/GDP比值时，应考虑分母GDP是否能反映出系统性风险积聚情况，当比值仅因GDP周期性变化而变化时，便不适合作为资本缓冲决策因素。二是信贷总量/GDP比值的长期变化趋势计算仅作为一种数理方法，无法很好地反映出拐点情况，因此，监管部门本身应对经济体中信贷持续水平做出独立判断，而该比值仅仅作为一项参考因素。

三是多种方式释放，有效防范信贷不足。当信贷增速减缓、系统性风险减弱时，监管部门可选择释放部分缓冲资本。一方面，可考虑采用长时间逐步释放的方法，及时公布银行系统的经营状况，利用缓冲资本消化商业银行的经营损失或冲抵新增风险加权资产要求。另一方面，可考虑采用迅速释放的方法，减少缓冲资本释放时间不确定对经济体信贷状况的冲击。监管部门在决定采用迅速释放法的同时，还应说明缓冲资本的预期释放期限，减少商业银行资本要求的不确定性，也便于各商业银行评估释放缓冲资本对其资本状况产生的影响。

四是上述对策难对动态资本监管中存在的问题作用有限，如资本缓冲操作效果可能会受货币政策、财政政策影响，因此，应审慎评估相关宏观经济政策、财政政策、监管措施等对资本缓冲操作的影响，减少资本缓冲操作的偏差。另外关于相关部门如何配合，政策如何衔接，与其他工具如何衔接和配合等等，对这些问题的研究还有待于下一步深入。

4. 压力测试

在BASEL Ⅱ框架下，压力测试被证明是亲经济周期缓释的另一个有效工具。压力测试提醒银行管理者警惕与大量风险相关的不利后果，并提示当大冲击发生时，用于吸收损失的资本数额。在经历长时期良好的经济和金融形势后，易于产生对不利条件的疏忽和风险低估，压力测试提醒管理者考虑到意料之外的事件严重性，提供了不同的风险视角，显示出其在资本管理方面的可靠性和重要性。因此，在经济膨胀时期，创新导致大量新产品涌现但相关数据缺乏时，压力测试是不可或缺的管理工具。压力测试也是对其他风险管理方法和途径的有效补充，在提供风险的前瞻性估计、克服模型与历史数据缺陷、促进内外部沟通、告知银行的风险容忍度，以及在为资本和流动性管理规划提供反馈、为压力条件下的风险缓释和应急预案做出提供便利等方面发挥着重要作用。

（1）挑战。

我国商业银行在开展压力测试面临以下挑战。

一是在测试组织方面的挑战。在开展的调研中发现，大多数银行日常开展的压力测试是由专门的业务线或风险类别的独立单位进行的，当在第二支柱下对整个银行内的定量和定性压力测试进行整合时，会遇到一些组织障碍，协调难度大、协调成本高。二是一些银行开展的压力测试仅仅表现为对风险函数的孤立应用，而极少考虑业务领域之间的相互影响，从而使其可信度降低；三是董事会、高管层参与程度低，具体表现在设定压力情景、对压力测试报告的分析、制定并落实应急预案方面，董事会和高管层很少参与，因此压力测试结果并未得到重视和有效运用。

二是在测试方法和技术方面的挑战。基于历史数据、运用统计关系预测未来风险发展的测试方法存在局限性。首先，在既定的长期稳定的历史信息中常暗示着一些有利条件，使得模型设定的前提为既不会遇到严重冲击，又不会在系统内积累脆弱性，而一旦真实情况显露，历史数据关系如相关性就失去了可靠性。其次，金融危机的发生证明，在压力条件下常会产生系统效应，风险特性将迅速随之发生变化，从而对冲击起到放大作用。再次，由于极端反应事件发生概率极小，在依靠历史数据的模型中所占份额很小，因此很难被定量模拟。此外，国内商业银行在压力情景设定方面也存在较多问题：如设定过程中主观因素较多，主要参考专家建议，缺乏相应的可供借鉴的历史情景。同时在调查中也发现，国内商业银行压力测试框架弹性不够，难以在经济加速衰退乃至危机到来时做出快速反应，如在第二支柱下不能快速汇总风险敞口，设计新的情景或修正模型。

三是在数据基础方面的挑战。数据质量、长度不足制约了银行鉴别、统计压力情景下资本要求的能力，从而对压力测试的有效性造成影响，具体表现为压力测试所需数据的质量不高，完整周期数据难以获得等。我国商业银行开展压力测试普遍面临外部宏观经济数据收集难度大，数据时间序列较短且欠缺连续性导致预测准确性不高等问题。此外，由于我国连续 7 年处于经济高速增长，因而缺乏完整宏观经济周期数据，特别是衰退期数据无法获得。由于压力测试工作的计算量巨大，相应测试系统的开发滞后，仅通过人工利用 SAS、SPSS 和 EXCEL 等多种外部工具，需耗费大量时间，工作效率短期难以提高。

四是资源配置方面的挑战。开展压力测试需要配置充分的资源，但调查表明，国内商业银行普遍面临资源配置不足的问题。压力测试工作对从业人员的专业知识和银行业务技能要求很高，但各行从事压力测试人员的数量较少，资源配置不能满足需要，如只有工行成立了专门的压力测试团队，其余各行从事压力测试的专业人员往往同时兼做其他多项工作，难以集中精力投入压力测试工作的研究和实施。

（2）对策。

一是完善压力测试治理架构。“在金融危机中顺利过渡的银行高管层大多对开展压力测试有着积极兴趣，能将测试结果纳入战略决策考虑。”（巴塞尔委员会，2009）国际国内经验表明，各行对董事会和高级管理层在压力测试设定目标、定义情景、讨论压力测试结果、评价潜在行为和决策制定等环节的参与，能确保压力测试结果在风险管理和资本规划方面的有效运用。

二是强化数据基础建设。数据质量是有效开展压力测试工作的基础，只有具备充足的数据才能建立外生变量和内生变量之间的关系。因此，要做好极端情境下的数据收集整理和保存工作，同时注重收集保存不同周期中各类宏观经济、金融等影响资本充足率和风险计量的外部数据以及一般量化模型预测失效的例外数据等，提高对经济下行期资本需求的预测能力。另外，还需改善压力测试方面软件环境，强化信息系统建设，提高测试工作自动化程度和测试效率。

三是提高和改进压力测试技术。巴塞尔委员会认为银行未来的改进方向包括持续检查情景并不断更新，应对环境的快速变化，检查新产品以鉴别潜在风险，改进对银行账户以及市场、信用、流动性风险之间相互作用风险的识别和汇总，对时间维度和反馈效应进行适度评估等。

四是加强压力测试人才的引进与培养。一方面，商业银行根据工作开展的需要有针对性组织培训；另一方面，由于各行开展压力测试时间不长，建议监管部门建立成员行间和国际的横向技术交流平台，为分行业、分情景设计相应的压力测试标准化方案、探索资产组合层面压力测试模型的开发。

六、结　论

本研究是在我国与全球商业银行资本监管制度改革同步推进的大背景下展开的。文章根据我国未来资本监管制度新框架的主要元素，在对现行制度效应进行理论和实证分析的基础上，探讨了 BASEL Ⅱ + BASEL Ⅲ模式下的资本监管制度新框架及其影响。文章将资本充足率作为反映资本约束以及制度演进的主要指标和变量，按照先微观、后宏观的政策效应传导路径，首先考察新标准和新方法对资本充足水平、进而资本要求的微观影响。同时，根据制度演进的脉络探讨资本监管约束强化过程中的亲经济周期效应。通过分析，得出以下结论。

（一）微观层面

一是在资本监管现行制度下，监管压力是商业银行提高资本充足率的主要推动力，商业银行为满足监管规定被动提高资本充足率水平。实证分析结果表明，资本水平未充分揭示银行的真实风险水平，对资本更多是被动“调整”而非针对风险的主动“管理”；风险管控效果随资本约束的加强而提升，而且资本越充足的银行，风险管控意识越强。这个结论为强化资本硬约束，建立风险更敏感的资本监管制度新框架提供了理论支持。

二是在资本监管新框架下不同银行采用相同资本计量方法计算资本的结果存在较大差异，鼓励商业银行实施内部评级法的激励机制在我国有可能失效。统计测算结果表明，我国商业银行采用 BASEL Ⅱ内部评级初级法产生资本节约效应不如预期显著。考虑到实施内部评级法的高昂成本，资本节约效应将进一步降低，由此导致激励机制在这一环节的失效，这与国际大银行的表现存在较大差异。实施内部评级高级法的资本节约效应较为显著，激励机制发挥了作用，使更多银行产生方法升级的冲动，但受到数据、技术、监管资源，以及实施基础条件、市场环境和技术水平等方面的制约。因此按照目前的制度设计，未来很长一段时间内，国内银行享受不到高级方法带来的资本节约好处。另外，由于银行间差异性较大，据此计算的资本充足率银行间可比性下降，说明相关制度在科学性和关键技术的一致性方面还存在较大的改进空间。

三是BASEL Ⅲ的新标准对我国的短期影响有限，但从长期看，严格的资本定义将导致资本充足率分子缩小，分母扩大，进而导致资本充足率下降。而在资本充足率要求分子、分母结构调整的基础上，资本充足率标准的提高，杠杆率、动态拨备的采用将使得银行必须付出更大的经营成本以保证发展的稳定性和可持续性，这都将带来资本要求的提高，使商业银行面临资本充足率下降、资本要求提高的挑战。其中，系统性银行因为资本充足率标准更高而面临更大的压力。分析表明，单纯靠控制信贷规模缩小分母的做法并不能带来经营绩效的实质提高，只有加强对“分子、分母”的统筹管理，在扩大分子（补充资本）的同时缩小分母（发展资本节约型业务，进行资产结构的合理调整）才有助于保持资本充足水平的长期稳定。

（二）宏观层面

一是资本充足率与经济增长率之间都存在着稳定的均衡关系，具体表现为亲经济周期效应，且随方法升级、资本充足率要求提高而扩大。本文通过实证分析验证了我国资本监管在现行制度背景下亲经济周期性效应的存在性。进一步的分析表明，新框架下，BASEL Ⅱ内部评级法将产生亲经济周期叠加效应且随方法升级而加强，如果不采取措施，亲经济周期效应将随BASEL Ⅲ资本要求的提高进一步扩大，这将对宏观经济造成负面影响，进而给资本监管带来更大挑战。这个结论为建立宏观审慎的资本监管新框架提供了理论依据，同时体现了引入动态资本、动态拨备、压力测试等亲经济周期缓释工具的必要性。

二是从亲经济周期缓释策略之动态拨备监管工具的政策设计看，已明确的动态拨备标准“商业银行贷款损失准备金占贷款余额的比例原则上应不低于2.5%，同时贷款损失准备金占不良贷款的比例原则上应不低于150%，两者按孰高原则要求执行”存在“扶劣限优”的缺陷。按照目前的指标设计，对所有银行执行贷款拨备率同一标准，其政策效果相当于对资产质量好的银行提出更高的拨备要求。这一方面会导致风险控制能力强的银行拨备过剩，削弱其内生成长和补充资本能力，对质优银行的经营效率和长期发展带来负面影响；另一方面该指标隐含的机制保护和纵容了绩差银行，还为监管“套利”行为提供了途径。因此，动态拨备监管指标设置的科学性有待于提高。

执笔人：李佳颐（中国民生银行总行风险管理与质量监控部新资本协议实施管理中心主任）

附录一

我国期货交易所国际化发展战略研究[①]

——李莉博士后出站报告摘要

目前，我国经济发展进入新常态，经济改革站在新的起点上，“供给侧改革”理念不断强化，“一带一路”战略持续推进，走出去的国家战略再起航，期货市场发展的基础和环境不断改善，这些都为我国期货交易所国际化发展提供了新的机遇，也提出了新的要求。期货交易所是期货市场重要的组织者和期货创新的主要推动者，在规则制定、撮合交易、监督履约和一线监管等方面发挥着重要作用。期货交易所国际化发展路径的正确选择，对于我国期货市场健康发展、提升服务实体经济能力有着至关重要的影响。因此，我国期货交易所的国际化战略研究有着迫切的现实意义。

本研究的主要研究思路及研究逻辑如下。

首先，研究了我国期货交易所国际化的必要性和意义。一是深入推进“一带一路”战略和贯彻落实“供给侧改革”要求我国商品期货交易所加快国际化步伐，在交易品种、交易制度、交易技术、国际惯例等各个方面适应实体企业需求，为企业提供套期保值服务，也为经济新的发展和变化更好地保驾护航。二是期货交易所尤其是商品期货交易所的国际化适应了大宗商品贸易的国际性。大宗商品贸易的国际化，必然要求为其提供避险工具的期货市场及一线监管者期货交易所实现国际化。三是国外交易所的快速发展倒逼国内交易所的国际化发展。我国期货交易所如果不加快创新发展步伐并与先进的国际惯例接轨，则在未来的世界定价体系中难有立足之地。

其次，选取国际上知名的、成熟的期货交易所，主要包括CME集团、ICE、我国香港交易所、日本期货交易所（期货市场）、新加坡交易所和我国台湾交易所等，对这些交易所的国际化战略及国际化特点和机制进行总结和对比研究，为研究我国期货交易所走向国际化的各类模式打下基础。可以看出，欧美期货交易所属于完全开放模式下的市场，并购重组是交易所国际化的必要手段，国际化发展也与交易所战略密不可分。更重要的是，期货交易所国际化最终仍要回归于产品和服务上，产品和服务是起点也是终点，既是期货交易所的立足根本，也是未来的发展方向。只有辐射本土化的品种才具有国际化的禀赋，其国

① 本文在郑州商品交易所期货及衍生品研究所汪琛德所长、中国农业大学常清教授的共同指导下完成。

际化程度随着该品种的贸易不断扩大而不断提高。美国的 CBOT 和 CME 最初成立的时候并没有刻意国际化，其会员组成主体上都是美国的公司，交易的品种都是本土化的品种，设立交易所的初始目的也并不是去发现全球的商品价格。但是，由于其在世界大豆贸易界有良好的信誉，加之 CBOT 规范运营，在客户的海外业务需求不断扩大的前提下，为更好地满足客户需求，CBOT 的国际化发展也不断推进。

再次，对我国期货交易所国际化的现实状况、具备的条件和基础进行梳理和分析。指出，尽管我国期货交易所已通过保税交割、注册品牌交割、引入 QFII、开展夜盘交易、加入国际性期货期权行业协会，以及签署谅解备忘录实现信息共享和研讨交流等方式进行了一定尝试，但国际化的实质性步伐尚未迈开。为提高交割效率，支持期货交易所在境外设立交割仓库和办事处，推动完善“保税交割”的相关政策，也将是未来期货交易所国际化的重要抓手和举措。从投资者范围来看，目前我国期货市场的投资者仍主要局限于国内，这使得我国重要大宗商品价格的世界认可度不高。在境外投资者“引进来”方面，近年来境外投资者仅可通过 QFII 参与我国金融期货市场，其他模式暂未实施，尤其是商品期货领域的“引进来”机制尚不畅通。但是，我国期货交易所具备的独特的国际化条件、上市品种的国际化背景、国际化的人才储备优势、优秀的风险管理体系和其他有利的外部条件，已经为期货交易所的国际化奠定了良好基础。

复次，将我国期货交易所的国际化模式进一步划分为引入境外投资者（“引进来”）和对外战略合作（“走出去”）两大类进行细分研究。市场经济环境下，“走出去”和“引进来”之间是相互促进的关系，一个充分国际化的商品期货市场应该是这两方面开放的充分结合，但由于“引进来”受到更多市场内外部客观条件的制约，现阶段“走出去”比“引进来”要更具现实意义。在此背景下，循序渐进地寻求开放和发展是主旋律。更进一步地，本文提出了我国期货交易所“引进来”及“走出去”的几种主要的具体模式，并创新性地指出：就“引进来”而言，在特定商品开放模式下，初期应不引入境外会员或少引入境外会员，境外投资者可主要以个人或机构投资者的身份参与我国期货市场；而就“走出去”而言，“走出去”应该分层次、有步骤地展开。例如，可在本研究总结的“当即即可开展的开放模式、证监会明确支持并着力推进的模式、等待时机成熟之后再推进的模式及可作为对外开放补充形式的模式”的模式分类下，针对各个阶段的具体特点选择适宜的开放模式。对我国期货交易所而言，国际化的初级阶段如何选取合适、适当的品种是至为重要的关键一环，因此，本研究对我国期货交易所在特定品种开放模式下的品种选择也做了重点研究。

最后，从主体资格、交易制度、结算管理、交割管理和风险控制等方面初步给出了我国期货交易所国际化时应配备的各类配套制度和基本保障。鉴于特定品种开放模式是现阶段证监会着力推进且具有较大实施可能性的一种国际化模式，对制度建设的论述就建立在这种模式之上。例如，结算管理探索了在特定品种开放模式下，我国期货交易所未来的结算频率、结算模式、保证金账户管理及结算风险控制等问题。

本研究将夯实我国期货交易所国际化的理论基础，做好我国期货交易所国际化的程序设计和模式选择的战略规划工作，为我国期货交易所的国际化业务细则制定提供具体支持，因此，本研究具有重要的应用需求前景。在具体研究中，本研究利用比较分析研究和数量统计研究方法，将理论和实务相结合，分析得出我国期货交易所走向国际化的具体可选途径和实施方案。

附录二

常清教授所指导学生的论文题目列表

自 2005 年以来，常清老师在中国农业大学指导的学生共计 118 人，其中博士研究生 16 名、学术硕士 21 名，以及 86 名工商管理硕士（共 123 人次，其中 5 名同学跨年级）。

博 士

姓 名	论文题目	学位获得年份
李 婧	我国商业银行资本监管制度效应研究——基于巴塞尔协议框架的分析	2011
陈 君	我国橡胶期货国际定价影响力研究	2010
王 军	交叉套期保值问题研究	2011
张晓磊	期货价差套利研究——跨期、跨市异常价差分析	2011
赵栋强	中美期货交易所体制比较研究——基于价格发现功能的分析	2012
张一锋	股票指数期货与现货市场关系研究——基于中国内地与海外市场的比较研究	2012
吴 萌	中国证券公司治理结构研究——基于竞争力提升的视角	2013
李团团	我国期货市场统一结算体系研究——基于期货结算机构设置的视角	2013
李自学	我国商品期货国际定价影响力分类比较研究	2014
谢海垚	我国商业银行应用金融衍生品借鉴研究	2014
王志刚	我国铜企业战略套期保值研究	2014
罗曼丽	影响我国股指波动性主要因素研究	2014
王天祥	中美货币政策对大宗商品价格影响分析	2015
王 倩	期货大宗商品价格波动的差异性研究——以大豆、铜和原油为例	2015
程 安	国际油价波动对我国石油产业链的影响效果研究	
陈 林	我国逆周期战略物资储备调控研究	

学术型硕士

姓 名	论文题目	学位获得年份
王 军	从大豆产业剧变看国际大豆产业重新分工	2008
金胜琴	我国大豆进口贸易中的点价研究	2008

续表

姓 名	论文题目	学位获得年份
屈 冉	国际贸易作价方式与套期保值策略——以大豆和铜为例	2009
石 宇	中国期货市场工业品和农产品跨期套利差异性分析	2009
秦云龙	我国铜和大豆期货国际定价影响力研究	2010
宫婷婷	中国航油场内场外套期保值方式比较研究	2010
谭 毅	基于财务报表的股票价值投资分析	2011
左 娴	《巴塞尔协议Ⅲ》背景下我国商业银行资本金缺口与补给机制研究	2011
王 蓉	我国农产品期货与相关上市公司股票价格相关性研究——以白糖和大豆为例	2012
刘 冰	“中国因素”对国际原油价格影响的分析	2012
杨蕊霞	我国大豆加工企业套期保值策略研究	2012
缪晓峰	白糖定价权研究：基于中远期市场和期货市场	2013
王宏明	我国黄金期货价格与黄金资源类上市公司股价关系的实证研究	2013
房志瑞	金融衍生品的使用对我国商业银行绩效的影响研究	2014
董 帅	沪深300股指期货与非标的股票指数关系的实证研究——以上证综指和深证成指为例	2015
霍相宇	创业板IPO新股超额收益影响因素研究	2015
王 玥	我国棉花价格改革与风险管理	2015
王梦宇	我国大宗商品期货价格波动对同行业股票价格的影响分析——以铜、黄金、白糖为例	2016
马瑞琨	中国股票期货现货价格研究——波动性、相关性、超前滞后关系	2017
王思洋	原料奶现货价格波动对乳业上市公司股价的影响研究——基于商业模式视角	2017
刘兴超	美国农产品期货价格与商业性持仓的关系研究	2017

工商管理硕士（MBA）

姓 名	论文题目	学位获得年份
王光廷	股指期货的动态套期保值研究	2007
俞佳松	中国企业利率互换交易研究——基于“特变电工”案例的分析	2007
郭宇宏	国内涉棉企业利用期货市场现状分析	2007
王 伟	证券公司作为IB参与股票指数期货的全面风险管理	2007
郭显文	完善国内商业银行全面风险管理的探讨	2007
韩晋芳	我国期货公司内部控制与风险管理研究	2007
李炎子	期货公司人才流失问题研究	2007
杨丽敏	我国商业银行金融衍生品交易的法律制度风险及对策研究	2007
王 磊	建立我国电力期货市场的可行性研究	2007
吴晓曼	我国企业运用期权管理外汇	2007
刘 鸿	证券期货债券组合投资比例探讨	2008

续表

姓　名	论文题目	学位获得年份
李自学	HOP股票市值风险管理研究——基于“中国交通建设”案例的实证研究	2008
周　健	试论石油期货在战略石油储备中的作用	2008
史建勋	我国建立天然气期货市场的可行性研究	2008
徐恩泽	我国股指期货不同投资方式的风险管理研究	2008
李翔宇	股指期货跨市套利研究	2008
张文杰	我国期货保证金安全监控体系研究	2008
李照谦	基于国家经济安全看发展我国期货市场的战略选择	2008
张　燕	论中国期货公司的国际化发展道路	2008
张　斌	利用期货市场加强国家资源储备的方式及风险管理	2009
李团团	农产品期货交割方式的比较研究	2009
周妍延	中国期货经纪公司的效率评价与影响因素	2009
刘春艳	我国农户参与套期保值方式的研究	2009
李艳朋	中国农业产业投资者应用套期保值的现状分析及对策研究	2009
林俊华	不同趋势阶段铜最优套期保值比率和策略研究	2009
陈　飞	沪深300股指期货仿真交易套期保值实证研究	2009
张道文	中国私募期货投资基金发展问题研究	2009
马凤营	企业套期保值设计与风险管理	2009
王贵山	基于模糊理论的期货程序化交易系统的设计与研究	2010
姜守磊	程序化交易系统在国内期货市场中的应用研究	2010
商白云	宏观经济先行指标对国内期货价格走势之影响力分析	2010
周　越	铜与糖类上市公司股票价格与期货价格关联性对比分析	2010
李　伟	中国商业银行的套期保值贷款研究	2010
焦永光	我国期货公司差异化营销策略研究	2010
李昱颉	中外期货交易所体制比较研究	2010
高　波	中小焦炭企业利用钢材期货进行交叉套期保值的操作研究	2010
曹译夫	当前金融危机下中国期货业发展问题研究	2010
马玉清	我国股指期货市场功能检验	2011
白利娟	沪深300股指期货市场与现货市场联动性研究	2011
阚天君	天然橡胶的战略套期保值研究	2011
丁细华	白糖期货价格发现功能实证分析及应用	2011
郑海波	股指期货在结构性理财产品投资中的运用策略	2011
王　倩	中国农产品期货价格指数研究	2011
焦振坤	股指期货合约设计对其流动性的影响	2011
何丽玲	国内外小麦价格关联性实证分析	2011
余柏文	沪深300股指期货套期保值功能发挥的研究	2011

续表

姓　名	论文题目	学位获得年份
安冀苗	航空业燃油套期保值复杂工具与简单工具的案例比较	2011
陈　喆	国内房地产企业套期保值的必要性及前景分析	2012
孟晨光	基于行为金融学的期货动量投资策略研究	2012
范小伟	深南电 & 东航衍生品风险管理案例再研究	2012
李　由	推出 20#橡胶期货的必要性和可行性分析	2012
张立莉	期货公司财务管理的特点及问题研究	2012
杜　亮	套期保值在银行贸易融资业务中的应用研究	2012
邵　梅	我国沪深 300 股指期货对股票现货市场的影响分析	2012
雷雨君	高频交易在我国证券的应用研究——以股指期货市场为例	2012
王中华	豆粕期货在饲料企业中的应用研究	2012
李　博	中美利率变动对大宗商品期货价格影响的实证分析——以大豆期货为例	2012
马永东	中美期货市场监管体制比较研究	2012
严　芳	中国钢材套期保值实证研究	2012
王　河	轮胎生产企业天然橡胶套期保值问题研究	2012
李银涛	五金贸易行业钢材套期保值方案优化研究	2012
金　靓	汇率变动对航空公司的影响及相应对策——以中国南方航空公司为例	2013
程　安	构建我国多层次石油市场的战略研究	2013
武德娟	中国银行业介入商旅管理业务的研究	2013
周　瑶	推出浓缩苹果汁期货的必要性和可行性分析	2013
张庆华	中国大豆全价值链企业期货套期保值模式研究	2013
冯苏强	中国单抗药物产业下的 A 公司投资价值分析	2013
陈丽萍	中国涉农企业导入整合营销传播的策略研究	2014
张金月	我国大宗商品场外市场交易方式对比研究	2014
宋建民	恒生 AH 股 A 指数与 H 指数关联性实证分析及套利策略	2014
胡志坚	我国融资融券业务发展模式研究	2014
李　壮	微利时代下 A 钢贸公司套期保值方案设计	2014
朱大明	中药和西药上市企业投资价值比较分析	2014
隋　超	美元指数与大宗商品价格关系的实证分析	2014
邰琳琳	市盈率、市净率与股票价格指数的关联性分析	2015
马红军	AT 公司销售团队薪酬设计	2015
李锦峰	速冻水果行业销售模式创新研究	2015
冯学敏	私募股权投资促进产业升级转型的探讨——以酒店餐饮业为例	2015
周　洲	对散户在 A 股投资中改进突破交易的分析	2015
王　蓓	中美大豆期货市场发展及其关系	2015
冯素叶	我国期货品种活跃度差异的实证分析	2016

续表

姓　名	论文题目	学位获得年份
王中江	投资时钟理论在中国家庭金融资产配置中的应用研究	2017
王譞帅	中美私募证券投资基金特征的比较研究	2017
杨　丽	主要工业品和农产品价格周期的差异性分析——以原油和大豆为例	2017
高　聪	我国股票市场中成交量与收益率的关系	2017
郭　进	四星维度领导股实证分析	2017
谢冰心	玉米购销企业“期货＋保险”运作模式研究	
张传亮	大豆期货价格的影响因素分析	

后 记

匹夫者说

光阴似箭，时光荏苒，心似少年，岁已迟暮。

忙忙碌碌中头发已稀疏，喜怒哀乐中两鬓已斑白。

2016 年教师节之际，一些在京同学聚会，庆祝我退休前的最后一个教师节，顺便提起退休时如何画好在农大当老师的句号。王军、李自学、王天祥、谢海垚提议给我编一本论文选集，我认为不妥。因为我认为自己理论贡献不多，没有重大的理论创新。后来我提议编一本博士论文集，以记录10 年师门之研究，顺便答应做个序。

学生们都希望我以作序的方式小结一下我的理论与实践，与大家分享。我想了几天，终于在去万柳高尔夫球场的路上，想出了“匹夫者说”这个题目。因为我们都是大时代的小人物，可谓“匹夫”，但是“匹夫不可夺志”，匹夫之说有时也会是时代强劲的音符，也有记载的价值。于是应学生之请，整理一下自己的立志、言行与希望，顺笔记之。

一、匹夫之志

乡下少年之立志

“少年别有赠，含笑看吴钩。”“少年心事当拏云。”这些诗句是我中学语文老师课外教我的，一直记得。这位老师深受我的崇拜，他课外教了我许多文学名篇，如《陋室铭》《爱莲说》等，还有岳飞、文天祥、陆游等的诗词。当时在“文革”后期，课本上没有这些。当然还有从别人那里学来的只言片语，如屈原的名句，还有一生难忘的“国家兴亡，匹夫有责”。

一个青少年的立志除了读书之外，一定会受家长、老师、朋友的影响。我生长在“文革”这样一个特殊年代，黑白颠倒，沉渣泛起，文明隐去，野蛮横行。然而小环境还会渗透出一丝光明。我的外祖父是乡下唯一有文化的地主，贫下中农们开过批斗会之后，实在无聊，让他念些古书取乐。我从小跟他一起生活，他念过《说岳全传》《七侠五义》，对我少年立志影响很大，形成了我后来不识时务的“精忠报国”情怀，致使仕途坎坷，而做人做事侠义之风，又致使常常被骗，成为谈笑中段子里的主人翁。

我在少年时代是和我外祖父一起生活的。他在抗日战争时期和解放战争时期曾经因掩护共产党地下交通员而被捕入狱，而解放后又被分了财产，“文革”时更被批斗，但是，他始终认为为人应该“善良”。他的胸怀和乐观对我性格的养成影响极大。我的祖父是个传奇人物，据父母讲，他曾因打抱不平，单枪匹马到军营里枪毙了一个营长，带上他所承诺保护的人扬长而去。我念中学时他偶尔会讲起他们那代人如何揭竿而起组织抗日的故事。他怀念台儿庄抗日的英雄，在那场战役中，许多官兵大刀都砍卷了，站立怒目而亡。

我崇拜英雄。

我高中毕业后成为一名民办教师，有了看书的便利。一起读书的几位挚友互相推荐稀有的书籍传看，常兴照不知从何处找了一本《文天祥传》，给我和常俊阁传阅。先贤的那种明知不可为而为之的精神深深打动了我，对我以后的为人处事影响颇大。

由于文化传承基因的影响，我在当民办教师期间，带着眼前的问题，希望从书本里找到答案：为什么中华民族如此伟大，现在却如此落后？社会主义制度如此优越，为什么我们每天食不果腹，衣不蔽体？可当时的报纸和一些能够看到的书籍，却无法回答我的疑问。所以我当时想，有一天我成为理论家，一定要成为一个为国为民的理论家，求真务实，探索真理。

我立志解民生之多艰。

大学时代的鸿鹄之志

1978 年考入吉林大学经济系，是我人生的一个新起点。接到入学通知书正值秋季，夜不能寐，浮想联翩，自然少不了人生之立志，当然也伴有名利的成分。庆幸自己终于能够有机会进入大学学习，施展才能，圆少年时代的梦想了。

改革的大潮裹挟着人们，涌向未来，有的人欣喜，有的人沮丧。当时校园里流行着一句浅薄的话：经济的繁荣，法律的昌盛，文学的衰败，哲学的贫困。作为时代骄子，庆幸自己在校友常兴照指点下选择了一个能够实现自己志向的专业。入学后如饥似渴学习经济学，寻找解民生多艰的真理，豪情万丈，志在千里。

大学第一个学期，由于肝炎流行，政治经济学考试改为写一篇小论文。我当时以生产力和生产关系、经济基础和上层建筑为题写了一文，出乎意外地受到了詹连富老师的盛赞，并在小结时放言：“你们班里未来会出现经济学大家，常秀才可能就是其中一名。”（“常秀才”为大学时代曾用名，后读了于谦的诗，诗中有云“要留清白在人间”，我为了明志，改为现名）

詹老师的鼓励影响了我的一生，每当灰心丧气之时，都会使我重振信心。

我在后来的研究生涯中，考虑自己功利的成分太少，以至于没有当上“大官”，显得不太识“时务”，可能来源于内心的良知。我始终认为，人民助学金供我念大学，报效国家是理所当然，过于功利，心中难安。

大学的学习使我初步掌握了经济研究的思维与方法。毕业后面临两个选择，一种选择是做大学问，研究纯理论问题，争取成名成家；另一种选择是研究具体的体制改革问题，献身于改革大业，但可能成不了名。感谢冥冥之中的安排，让我在大学时代学习了计划管理专业，了解它的根本错误逻辑。要解决我国商品短缺的问题，必须彻底改革它。

我立志成为一个改革研究者。

年少张狂，不知深浅，在研究生时期发表了几篇小论文，追随恩师励瑞云先生写了几本书，认为自己很有研究能力，有新观点、新思想，这在同学中引起了不良的一面。好心的同学劝我不要骄傲，观点要中庸一些，支部组织生活经常批评我个人英雄主义。现在回想起来，我仕途坎坷可能早就注定了的，是性格所致。研究生毕业时我被分配到国家计委工作，我坚决要求调到原国务院价格研究中心，毕业后直接到月坛北小街2号报到工作，但是没有工资，全靠夫人翟丽梅的收入生活，后来才调配成功。

母校一位刘姓老师，利用开会之际，特意到我工作的单位，给人事处长反映：此人有独立之思想，不像其他同学，只学教科书，听老师讲，他读书太杂，思想自由，不太稳定，要控制使用。此事过了多年之后，人事处长才告诉我此事，他告诫我别思想太自由，若是满腔热血，不谙世道，可能毁了前程。

然而，我已义无反顾地成为一名改革斗士。

大时代之大志向

我在国务院发展研究中心工作了近八年，这也是我人生中的黄金八年。在这里，谈笑皆鸿儒，往来无白丁。在马洪、孙尚清等经济学界泰斗之麾下，尽情地学习，自由地研究，意气风发，忘我地工作，彻底地履行了学生时代的理想，为中华崛起而努力！

参与田源先生领导的价格组工作，一开始是志大才疏，有热情，有动力，但是政策研究业务不熟，不知道往何处使劲。好在当时大家都面对新课题，都要重新学习。记得当时离校时恩师励瑞云先生告诫我们：“愚师也是边学边教，你们工作后也会如此。因为旧知识不适用了，新知识大家都得学，只要肯学，工作中踏踏实实，从小事做起，定会成功。”大约用了一年的时间，我开始能够熟练地完成政策研究任务了，在价格改革讨论中有了一定的影响力，在为价格改革的努力中践行着自己的理想。

商品价格改革的成功已经成为我为之奋斗的目标。

我国价格改革通过双轨过渡，走向市场价格体制，是我国改革的成功标志之一。在这个过程中，由于工作关系，我参与了价格改革一系列重大问题的研究。这一阶段的论文发表比较密集，有一次吴敬琏先生对我讲：“阁下是多产作者，我所主编的几本杂志都有你的论文发表。”

20世纪80年代后期，面对双轨制价格信号的紊乱和流通秩序的混乱，舆论界有观点认为放开价格的改革失败了，提出了著名的放开价格不等于市场形成的观点。

此时，我们这些中青年体制改革研究者被推上了风口浪尖：如何完成价格改革的历史使命？如何才能形成真正的市场价格？

于是，我们对成熟的市场经济国家的价格形成机制进行深入的研究，研究他们的商品价格体系如何运行，如何调节资源的合理配置。当时我们都不约而同地开始研究期货市场的作用：只要大宗商品价格形成是合理真实反映了供求关系，后续产品价格的合理性就迎刃而解了。

从 1988 年春开始，我开始了一生为之奋斗的期货市场研究。

匹夫不可夺志

在下海之风鼓舞下，得益于张宜生先生的帮助，我决心从理论研究走向期货实务的实践，下海创办了几家期货公司，如深圳实达、上海东方，最后回到北京创办了金鹏期货公司，致力于从实践中带头建设好期货行业。

志大才疏，焦头烂额，是这一阶段的真实写照。我骨子里的侠气，使我经常被骗。由于自己从不说假话，也认为别人一样诚信。这一阶段经历了在地狱般烂泥中的苦苦挣扎，与太多混混、骗子、小人、贪赃法官的交集，有着无数的苦难。

尽管我在并不擅长的商海里挣扎，但丝毫不影响我从另外一个角度研究如何建设好期货市场。我的师长和朋友给予我支持，童宛生教授、黄国雄教授、陶琲教授、陈宝瑛研究员、杜岩先生、李经谋先生、王献立先生、张邦辉先生、贺强先生、胡俞越先生等人，见面就鼓励我，他们都对我发表在《期货日报》（1989 年 9 月 11 日）上的文章《初衷难改　追求不悔》大力称赞，支持我以期货市场发展为己任。

最令我感到温暖的一件事是恩师陈吉元先生对我的鼓励。在期货业处于最低潮、政府大力整顿之时，他让我以期货市场发展的目标为题目做博士论文。他告诉我：一个人做利国利民的事情，不能希望人人都称赞你，再者改革本身就会损害一些利益集团的利益，只要你认准了，就坚定不移地去践行，要经得起打击。希望你不仅做一个中国期货市场的创始者，还要为其发展不断推出新理论、新观点，推动期货市场发挥应有的作用。在恩师的指导下，我在中国社会科学院读博士学位课程过程中，完善了定价中心的理论，并出版了《中国期货市场发展的战略研究》一书。

李经谋先生鼓励我：你笔耕不止，论文篇篇观点鲜明、实用，我每篇都仔细研读。

从庙堂之高到江湖之远，任何环境，任何情况，从不忘初衷，志之坚，不可摧，“自许封侯在万里”。

二、匹夫之说

六十功名尘与土，赤子之心伴日月。

自从进入大学学习开始，一以贯之的一件事情是注重经济问题研究。回顾自己的研究生涯，虽然没有取得重大理论突破，但是仔细想来也是颇有收获。

价格改革的理论研究

在国务院发展研究中心价格组工作的最初一段时间，主要是做了一些与价格改革有关的调研工作，负责物价形势分析和抢购等专项研究。这一阶段根据自己的实践，围绕着两个方面发表了一系列论文。

一是关于中国价格改革的目标思考。经过反复比较和研究，提出了我国价格改革的目标是市场价格模式的观点，同时对双轨制改革发表了一些文章。

二是关于通货膨胀的思考。比较研究发现，我国通货膨胀是在短缺经济条件下，由投资消费双膨胀引发的，提出了体制转换下中国式通货膨胀机理研究的观点，引起了国际同行的关注。日本著名发展经济学家石原亨一推荐了我的论文，刊发在日本亚洲经济研究所的刊物上。

20 世纪 80 年代是一个创新经济理论的年代，如价格改革者们总结了农产品价格改革的经验，提出了双轨制价格过渡到市场价格体系的理论，这些理论根源于那个伟大时代的伟大改革实践，是先有实践后有理论。

期货市场产生的理论研究

从 1988 年开始，我主要从事建设我国期货市场有关理论政策和方案研究，针对实践中提出的重大课题予以回答，形成了那个时期主要的理论观点。

一是怎样才能完成物价改革的任务。

针对当时放开价格≠市场形成、物价双轨制改革失败论，改革者们必须从理论上回答这一系列重大问题，如什么是市场价格体系？如何达到这一目标？我们在研究中发现，一些发达国家的物价体系基础是大宗商品的价格形成，关键在于建立有序法治的期货市场，形成合理的基础产品价格，从而理顺物价体系，完成物价改革的任务。围绕这一体系，开展了关于期货市场功能作用的研究。

二是物价双轨制条件下能够建立期货市场。

发达国家的期货市场是在完全自由竞争条件下随着贸易方式的自然演变而产生的，我国是在价格双轨制条件下建立期货市场，前无古人，有质疑声是正常的。为了建立期货市场，必须回答这一问题。当时我提出物资商品的市场流通部分足以支撑期货市场试点的论点取得了大家的共识。

三是建立期货市场如何解决金融投机。

“投机倒把”在工商局属于严禁行为，纯粹的“买空卖空”的投机行为当时在理论上属于否定之列。但是，建立期货市场没有投机是不可能正常运行的。因此，我在研究试点方案时期，发表了一系列论述投机的文章，为参与期货交易的投机资金正名。

我国期货市场发展的理论研究

1993 年正式创办公司担任法人之后，我一半精力学习管理公司（实际上我不懂人心之险恶，没有驾驭能力，所以公司管理一塌糊涂），另一半精力追踪研究期货市场建设中的突出问题。

1996 年，延续过去长期的思考，我提出了“定价中心”的理论。

最早在海南中商所一个刊物上发表了一篇小文，提出我国期货市场发展的目标是建成亚太时区的定价中心，后来《中国证券报》王坚先生找我写了一篇文章，开始系统地阐述了“定价中心”的理论。

关于定价中心的论述，大多收录在我先后出版的 3 本专著里面：2001 年出版的《中国期货市场发展战略研究》、2005 年出版的《期货市场前沿理论探讨》和 2008 年出版的《资本市场热点问题探讨》。

欣喜的是我的学生们不断拓展研究这一课题，提出了定价影响力等理论，并分品种进行了定价国内外关联性的研究。

三、匹夫之行

我一直在自我挑战，试图打破研究者只会提出问题、不会实操解决问题的界限，做到知行合一，践行改革梦想。

从研究到试点：敢开先河

我所从事的研究工作，从专业分工来讲，只写咨询研究报告就算完成任务了。对于建立期货市场的工作，当时大家都有畏难情绪，因为谁都没有做过期货交易，对于期货市场架构和运行知之甚少。我当时清楚地认识到，若仅仅提出建立期货市场的必要性、讲讲期货市场的功能，结果可能只是发表了一些文章，解决不了物价改革的关键问题。于是我决心尝试从研究理论政策到制定总体试点方案，再细化到设计交易所规则、合约，步步深入实务，争取试办成功。

对于研究者来讲，研究应该怎么办还是相对容易，但是办成所研究之事是很困难的。进行试点方案和建设交易所的具体研究，的确超出了我们的能力范围。

在进行具体研究之时，我得到了一位美国朋友的帮助，这位美国友人值得大书特书，他叫威廉 · D · 格罗斯曼，1981 年进入 CBOT（芝加哥期货交易所）工作，1987 年任副总裁。他在任亚太办事处工作期间，和夫人张桂英女士出于对中国的热爱，竭尽全力帮助我们的设计工作。我和他合著的《期货市场的理论政策与管理》，收录了他和我共同的研究，例如“对郑州试点的研究”“合约标准化的建设”“发展郑州市场的十点建议”等等，今天读来，仍为之赞叹。

我当时作为中国期货市场试点方案的主要设计者，许多设计来自于格罗斯曼先生的帮助。正是由于他的帮助，我们才顺利地建立了期货交易所，而他为此偏离了到中国为 CBOT 开拓市场的主要任务，所以“丢了饭碗”。遗憾的是，我无权无势，无法报答。

从政策研究到试办交易所的设计工作，今天看来还算及格。当然，交易所能否成功运行，还要靠交易所筹备组中有杰出的领导人，如郑州的李经谋、李守堂、王献立，深圳的张宜生、郑元亨、管焱彬、彭刚等，上海的余国聪、胡月征、汤庆荣，大连的姜丽华、曲立峰、石佳星等。

从学者到“期民”“股民”：挑战极限

许多记者在写文章时，都将我下海经商写成从学者到企业家，主要因为我办了几家期货公司。实际上，我不是一个很称职的企业管理者，长春金鹏期货公司无偿送人，自己背了近2000万元的债务，上海金鹏期货公司经营了十几年，最后总计投入产出还亏近千万元，只有金鹏期货公司我亲自经营，才免于亏损，但是从一个当时业内有名的“大公司”办成了现在一个对业内贡献很少的公司。

1997年之后，我办公司遇到了困难：市场萎缩，官司不断。公司总部1995年从业人员有600多人，到1998年还剩下不足18人，当时司法腐败问题严重，又无法可依，导致个别道德低下的客户诉讼获利。如个别客户在交易中亏损找期货公司赔偿，理由是交易单没有他签字，利用司法贪腐，勾结不良法官，盈利了归自己，亏损了诉讼期货公司赔偿。在公司资不抵债的情况下，我被迫开始市场交易，逐步用交易获利来弥补公司亏空。

我一个朋友感叹：好人好报。你对股东负责，不让东家亏空，你对朋友负责，包揽了交易亏空，所以交易才能不断获利。

虽然出于无奈之选，我只有用自己的研究能力来对公司负责，“逼上梁山”，但苍天还是分外眷顾我，让我在市场交易中理论结合实际，有了自己的投资之道，成为一个有获利能力的“期民”“股民”。

我所创设的公司，历经劫难，几经风雨，但始终踏踏实实地为中国期货市场的发展添砖加瓦。还要感谢一直追随我的学生们，他们不计较报酬，一直兢兢业业在公司工作，如喻猛国、陈旭、张立莉、石宇、张晓磊，等等。

从庙堂之高到江湖之远：不忘初衷

正如老友张宜生所预言，我从来不可能成为一个“商人”，不可能集中精力经营，因为我爱护期货市场像爱护自己的眼睛一样，心系整个期货市场的建设，这一生都转不过弯来。

1991年，我去陕西财经学院讲学时，老同学胡怀邦负责科研处工作，我俩商量编写一本大学统一用教材。我们的建议得到了22所院校的支持，于是1992年5月在陕财召开了第一次编写会议，同年11月在郑州粮食批发市场召开了为期3天的统稿会。1993年7月，由陕西人民出版社出版《期货市场教程》，我任主编，胡怀邦、李经谋、俞海任副主编，我国第一本大学期货专业教材问世。

同时，北京商学院德高望重的价格学学者童宛生教授和我商量，将硕士研究生的价格方向改为期货市场方向，并请我多上一些课程，我欣然应允。从此，我国有了培养期货人才的大学。办成了这个专业，我一直很自豪，这为人才辈出奠定了基础。今天看来，成绩斐然。

为了有重点地培养人才，根据当时电大成人教育的特点，我和童宛生教授主编了一本电大教材《期货交易实务》，于 1993 年出版并在广播电视大学系统使用。此教材主要针对一些商务人员而有目的地编写，根据电大杨孝堂副主编反馈，我所编写的教材简明扼要，在商务类专业很受欢迎。

孔子曰：名不正则言不顺，言不顺则事不成。我国的舆论界担负着宣传引导舆情的重大社会职能，但是由于没有专业性报纸，许多似是而非的报道会误导社会。我和李经谋先生谋划了多年，最后终于在他的努力下，《期货导报》问世。北京办事处设在我当时开办的金鹏期货公司办公场所，我指导北京办事处采访编辑。

我在《期货日报》纪念二十周年专刊上发表了一篇长文《我与<期货日报>的两次结缘》，详尽地回忆了这段历史。2002 年我在担任中国期货业协会副会长之时，一段时间出任过该报社长兼总编辑。

从联席会到协会：奋力担当

1993 年我下海成立金鹏期货公司，进行境外期货代理。虽然已经进入商界，但是思维并没有发生变化，主要精力不是在思考如何挣钱，还是在期货交易所的建设上。当时还和李经谋一起，研讨推出农产品期货合约的相关事宜。因为有色产品比较容易标准化，而农产品相对复杂，有一定的难度。

随着期货合约上市交易，各地兴起了办期货交易所热。由于郑州、深圳、上海 3 家交易所的财富效应，各地争办交易所。各地交易所的章程和规则都是互相抄改，上市品种形成竞争。此时，市场缺乏流动性，一些交易所的工作人员为了活跃交易，直接与客户勾连，发动行情，随意修改规则，可谓“朝令夕改”。

面对这种乱局，我和田源先生挺身而出，联合一些有识之士，如白志良、于旭波等人，成立了一个民间自律组织：全国期货经纪业联席会。大家形成合力，对交易所一些有损于市场健康发展的行为进行斗争。由于我们俩是市场的创始人，又联合一大批有责任心的期货公司，所以起了一定的作用。即使在明确证监会主管期货、治理整顿之时，证监会期货部当时的领导也非常尊重我们，因而联席会发挥了历史性的作用。

2000 年夏天，时任证监会副秘书长汪建熙找到我，让我牵头筹办中国期货业协会。当时我就提出要办一个真正的协会：民间自律，会员自筹资金，找专业性人才，开展自律和拓展宣传工作。于是我将联席会秘书处 3 个人找来，在我公司办公，筹备协会。2000 年 12 月 29 日，中国期货业协会在京西宾馆召开了成立大会。

中国期货业协会成立之后，我当仁不让地担当重任。时任秘书长彭刚先生，因为我和他有师生之份，所以在工作中，我没有把他当成证监会派来的干部。当时证监会期货部张邦辉先生负责，因我们一直是非常好的朋友，志同道合，他非常支持我的工作。在如此甚好的环境中，我们奋力拼搏，夜以继日地做着发展期货市场的工作。

实行行业自律，要防止个别从业人员欺诈客户，防止期货公司恶性竞争。我请北京工商大学胡俞越教授牵头编从业人员教材，协会组织考试，以资格管理为契机，规范从业人员行为。并提请证监会期货部支持，将最低手续费收入写入证监会管理文件。

参与交易所规则修改与完善，与最高法院专家沟通协调，研讨期货市场司法解释，让司法公平，保障市场规范发展。

大力宣传期货市场，提倡高校人员研究市场。这期间会议不断，面对一些热点问题，提出我们专业性的看法。在此期间，我主管《期货日报》。我提倡的高校期货课教师每年聚会研讨也搞得卓有成效。这一阶段虽然很忙，但是每日都处于兴奋之中，因为终于能够将自己所想的发展期货市场的措施付诸实践。

“自许封侯在万里”——我在一本书后记中这样写道。

直到 2006 年，证监会人事部门找我谈话：协会要官办了，你对组织上有什么要求？我笑了笑，扬长而去。

然而，我从来不改初心，“任尔东南西北风”。像我年少时所崇拜的鲁迅先生一样，用讲演、用文章继续着我的追求。

从投资实践到投资教育：使命使然

报效国家需要从小事做起，需要从自己的力所能及做起，一步一个脚印奔向大目标。

从 2003 年开始，许多我尊敬的师友鼓励我到大学去办投资专业，培养人才，为定价中心目标的实现奠定人才基础。俗话说“百年树人”，我当时计划去北京商学院，也接洽过中国人民大学和北京大学，最后在中国农业大学王秀清、辛贤、郭沛、付文阁等人的感召下，于 2005 年 7 月 7 日去农大人事处报到，成为一名农大教师。

中国农业大学经济管理学院是我从事教学科研环境最好的地方，院里不仅有自由的学术氛围，而且学术包容度极高。这一阶段，主要研究集中于投资之道，教授《投资大师经验借鉴》《期货市场分析》《期货投资实战策略》。我的研究方向虽然在院里属于边缘，但是同事们都给予了我空间，允许我自由地研究。12 年的教学生涯，没有打击，只有包容。

中国农业大学时任校长陈章良先生是我很尊敬的一位教育家，他锐意改革，打破陈规陋俗，将农大这所行业性学校办成了知名的综合性大学。当时我对于去农大教书有很多顾虑。2005 年 6 月的一天，校办主任打电话给我，说陈校长请我吃饭，我如约去了金码大厦。陈校长给我讲了学校引进人才之事，并让我提出条件，他决定振兴农大的文科教育。我只是说担心当老师有许多杂事，我还有一些公司的工作。他干脆地讲了几条意见：按引进人才规则办事；专职教授，不参与一些无关的活动；有困难直接找校长办理；从现在开始只能使用农大名片，宣传农大新专业。陈校长是一个讲信誉的君子，直到他离开之际，还关心我评二级教授职称之事，坚持让书记关照。他有非常重的振兴文科情结。

从分管校领导郭大副校长，到院里各位负责同事，对于我开设什么课程，如何讲课，都是特殊照顾，从不干涉，使我边教学边整理零散的研究，形成了期货投资学的教学体系。

我心里感谢经管学院的各位同事，他们做学问严谨的态度，处理事务的君子之风，使我难忘，如陈宝峰、李平教授帮我办理博士生答辩手续，方芳老师教我熟悉学院规矩，年轻的领导人郭沛、司伟、任金政、张瑞海、尹金辉、杨欣、马铃、马晓燕等人多方面照顾我，MBA 教育中心同事们对我照顾周到，金融系何婧、李晓峰等老师多方帮助，使我教学没有顾虑。

尤其令我感动的是辛贤副校长，有一次他和付文阁商量在我退休后如何保留我的办公室，支持我的继续教学和科研工作。

四、匹夫之责

我终生的追求是将我国期货市场建设成为亚太时区的定价中心，在实现民族崛起的中国梦伟大征程中贡献自己的微薄力量。

因为“国家兴亡，匹夫有责”！

定价中心，我之责任

“天下熙熙，皆为利来，天下攘攘，皆为利往。”

我国的经济学界承接了现代经济学的一切研究成果，有许多杰出的大家结合中国国情，提出了自己系统的经济学说。在理论研究方面，大有可能比肩诺奖。

但是，关于我国的改革核心问题即市场机制在当代中国如何发挥作用，以及在当代国际化条件下价格如何调节国家和民族之间的分配等问题研究不多，这也是我在长期研究中的一个困惑。我个人认为，西方发达国家是在自由市场经济基础上发展而来，价格形成的问题、市场体系问题已经在古典经济学中进行了理论总结，而我国是从计划经济转轨而来，应该是我国独特的经济学命题。此命题研究者很少，可能是此行业与名利不沾的缘故吧，研究者出不了名，又没有利可图，因此鲜有后来者。

当前，关于期货市场形成公平合理的大宗商品价格，从而形成了商品价格市场价格体系的观点基本上取得共识，只是在个别方面还有一些新生代研究者由于入门不久还存在争议。但是，对于 21 世纪初期十几年急速的国际化条件下期货市场的新功能，学术界研究甚少。

在当今世界，期货市场由于其定价功能，又延伸出一个新的功能：在不同国家和民族之间分配财富。

自从 2005 年国际能源、原材料价格暴涨之后，我一直苦苦思考着这问题：为什么我国成为一个加工工业大国后为全世界创造出了丰富的商品，但除了劳动力苦力收入之外，财富收入甚少？直观地看，世界商品价格体系变化不利于我们：我们需要能源原材料，其价格随着供求关系暴涨，我们大量生产的产品价格却难以随之上涨，加工制成品主要是订单生产、贴牌生产，仅仅挣加工费，没有品牌等其他高级服务业收入。

最为遗憾的是像“三桶油”这样的巨型企业，也没有专业人才主动参与国际原油的价格形成，主动地预测未来，在国际贸易中占得先机，为国家多创造财富，而是边缘化地随油价上涨和下跌，茫然不知所措，只能将价格风险转移给民众。而反观美国的石油公司和航空公司，占尽先机，享受市场红利。

现实告诉我们，能否建成定价中心，不仅关系到产业的国际竞争力、经济强大的问题，而且关系到财富在国家、民族间分配的重大问题。

人间正道，无愧先贤

从屈子上下求索到文天祥留取丹心，从岳飞踏破贺兰山缺到邓世昌成仁报国，中国的先贤们为后人做出了光辉的榜样，形成了优秀的民族基因一代代传承，也指明了民族精英们前进的道路。

我经常对我的学生讲，我们这一代是第一批全国统考的大学生，是人民助学金培养的，所学知识是属于人民的。当时刚刚从民生凋敝中开始改革开放，人民吃不饱穿不暖，恢复高考，选拔精英接受良好的教育，就是为了让这些人成为改革开放的骨干力量，实现民族复兴。所以，我始终认为，我们这一代人是必须为国家强盛付出自己一生的人。

为国家强盛、民族复兴而奋斗是每一个正直的知识分子毕生的追求。由于社会分工不同，每一个人必须在自己的岗位上做出踏踏实实的努力，任何时候都应以民族利益为重，个人利益服从民族利益。这样才能无愧祖宗。

当然，我们也不得不看到，同样是受到高等教育的人，有些人由于追求名利，出卖了自己的灵魂，用卑鄙的手段升官发财，横行于世。但这只是树之枯枝，水之逆流，无碍大树参天，水流浩荡。

作为中国期货市场的创始者，面对我国期货市场几十年变化不大、迄今不能与全球竞争的现状，常常心急如焚。我无权无势，但是有头脑可以用于思考研究，有三尺讲台可以用于培养激励后人，有一支笔可以著文传播。所以，我可以自豪地讲，我的战斗从未有停歇，我已竭尽全力，做了力所能及的事情，报效着勤劳善良的人民。

《期货日报》副主编陈邦华一直是我的好同事好朋友，2014 年他主持的中国期货业领袖年会，将“特别贡献奖”颁发给我，嘉奖我关于“定价中心”理论的研究。2016 年他参与筹备某地期货大会，并致力于推荐我作主题讲演。后来一位主办官员认为我现在只是一个教授了，影响力不够，所以另请他人。他为此很为我不平。我对他讲，现在开会都是请官员和洋人，世之风气，无须不平。我很理解这位官员的苦衷。

行到山穷处，坐看云起时。这些都是浮云。

人在年轻时，都有自己的远大理想。人到迟暮时，都会回顾自己的人生。一个理想报国的人，岁暮之年回顾过去所作所为，无愧先贤，应该是一种幸福之事。人生光辉灿烂，生命超越平凡。

况且，“烈士暮年，壮心不已”。

践行梦想，后生接力

由于业界朋友抬爱，我近几年除了在农大 MBA 和我几位学生民办的期货证券实战班讲课之外，还在北大金融衍生品期货研修班、清华大学金融学院期货研修班，以及浙大、西安交大等学校间歇性上课，结识了许多期货实战高手，和他们进行了深入的交流，他们都是从一个个小散户一步一步地走向成功的投资者，并不比国际上一些大投资家逊色。我常常和一些高手交流过后，感到除了体制障碍，从人才角度看，建成定价中心大有希望。

由于研究界友人照顾，国内的一些重要的课题研究和市场发展研讨，都请我去参加。每一次参加会议，我都有许多收获，理论工作者和业内专家的研究已经相当深入有效，他们的真知灼见常常鼓励着我，让我在市场的冬天看到了未来的草长莺飞。

最令我振奋的是 2016 年 6 月份我与中国证监会副主席方星海的一次交流。从交流中我感到他是一名智慧的领导者，他有尽其所能将我国的市场建成世界性定价中心的决心，我非常高兴。

由于北京商学院童宛生教授的努力，将原来的价格研究方向改为期货方向，在童老师带领下，我和胡俞越教授共同努力带出了一批优秀的毕业生，他们在各自的岗位上辛勤地为市场的发展做出贡献。2005 年我到中国农大之后，尽其所能地培养了一批博士、硕士、MBA，他们有的已经在业内有所成就。他们是未来市场建设的主力军，经过他们的努力拼搏，我坚信我所研发的“定价中心”一定会从理论设想变成现实。

长江后浪推前浪，江山代有人才出。

最令我欣慰的是，践行理想，有后生接力。

出版这本论文集，是为了接力者更好地踏着它起跳冲刺。

我衷心地希望：在中华民族伟大复兴的年代，民族优秀的基因迸发，形成浩荡之势，一扫腐朽和腐败，荡除污垢和沉渣。

让卑鄙是卑鄙者的墓志铭，高尚是高尚者的通行证。

常　清

2016 年 12 月 31 日草稿

2017 年端午节终稿